NZZ Libro

Paul Widmer

Schweizer Aussenpolitik und Diplomatie

*Von Charles Pictet de Rochemont bis
Edouard Brunner*

Verlag Neue Zürcher Zeitung

Bibliografische Information der Deutschen Nationalbibliothek

Die Deutsche Nationalbibliothek verzeichnet diese Publikation
in der Deutschen Nationalbibliografie; detaillierte bibliografische Daten
sind im Internet über http://dnb.d-nb.de abrufbar.

2., nachgeführte Auflage
© 2014 Verlag Neue Zürcher Zeitung, Zürich

Gestaltung, Satz: Gaby Michel, Hamburg
Druck, Einband: CPI – Clausen & Bosse, Leck

Dieses Werk ist urheberrechtlich geschützt. Die dadurch begründeten Rechte, insbesondere die der Übersetzung, des Nachdrucks, des Vortrags, der Entnahme von Abbildungen und Tabellen, der Funksendung, der Mikroverfilmung oder der Vervielfältigung auf anderen Wegen und der Speicherung in Datenverarbeitungsanlagen, bleiben, auch bei nur auszugsweiser Verwertung, vorbehalten. Eine Vervielfältigung dieses Werks oder von Teilen dieses Werks ist auch im Einzelfall nur in den Grenzen der gesetzlichen Bestimmungen des Urheberrechtsgesetzes in der jeweils geltenden Fassung zulässig. Sie ist grundsätzlich vergütungspflichtig. Zuwiderhandlungen unterliegen den Strafbestimmungen des Urheberrechts.

ISBN 978-3-03823-632-0

www.nzz-libro.ch
NZZ Libro ist ein Imprint der Neuen Zürcher Zeitung

Inhalt

Vorwort 7

Das Besondere an der Schweizer Aussenpolitik 11
Aussenpolitik in einer direkten Demokratie 12
Die Neutralität als Richtschnur 24

Charles Pictet de Rochemont,
Der Genfer Patrizier auf dem Wiener Kongress, 1755–1824 36
Landwirt, Homme de lettres und Diplomat 36
Als Genfer auf dem Wiener Kongress 49
Als Schweizer auf der Zweiten Pariser Friedenskonferenz 62
Menschenbild 72
Ein besorgter Sicherheitspolitiker 79
Neutralität und öffentliche Meinung 88

Johann Konrad Kern,
Der erste Diplomat des neuen Bundesstaates, 1808–1888 96
Der freisinnige Staatsmann 98
Im Spannungsfeld Napoleons III. 104
Savoyen oder die Verlockungen der Macht 115
Kein Glück mit der grossen Politik 123
Die helvetische Mischung: Neutralität und Humanität 130

Numa Droz,
Der erste Bundesrat mit Lust auf Aussenpolitik, 1844–1899 139
Ein politisches Naturtalent 141
Das System Droz – eine organisatorische Revolution 152
Im Clinch mit Bismarck 161
Die internationale Schweiz – von der Vorsehung erkoren 169

Max Huber,
Für das Recht gelebt, am Völkerbund gescheitert, 1874–1960 181
Ein grossbürgerlicher Patriot mit pazifistischem Einschlag 185
Weichenstellungen in der Schweizer Aussenpolitik 196
Mit dem Herz für die Neutralität 200
Mit dem Verstand für den Völkerbund 211
Das Gerede von der Sendung bitte etwas leiser! 219
Ideale und Illusionen 232

Giuseppe Motta,
Der Idealist als Realpolitiker, 1871–1940 240
Der charmante, aber zähe Politiker aus der Leventina 240
Die Ära Motta 249
Ein Idealist von Natur aus 254
Die Prinzipien seiner Aussenpolitik 264
Der Zwang zur Interessenpolitik 276
Schwere Entscheide, richtige Entscheide 289
Ein würdiger Platz in der Geschichte 296

Max Petitpierre,
Der umsichtige Verwalter der Neutralität, 1899–1994 301
Bundesrat *malgré lui* 302
Aussenpolitik auf dem Tiefpunkt 309
Neutralität und Solidarität 316
Vom Paria zum Vorbild 328
Kopfzerbrechen wegen der Sowjetunion 339
Distanz zu den internationalen Organisationen 348
Mit neuem Besen das Departement auskehren 359
Eine nüchterne Aussenpolitik 365

Edouard Brunner,
Ein Meister seines Fachs 369
Im Diplomatenmilieu zu Hause 371
Im Bann der Ost-West-Beziehungen 380
Wenig Anregungen zur europäischen Integration 393
Veränderungen in der Neutralitätsauffassung 397
Auf der Suche nach Guten Diensten 402

Schlussbemerkung 414

Anhang 421
Anmerkungen 423
Abkürzungsverzeichnis 441
Quellen- und Literaturverzeichnis 443
Personenregister 451

Vorwort

Personen machen Geschichte. Und die Geschichte macht Personen. Niemand kann sich den Zeitbedingungen entziehen. Jeder Mensch kann sich nur so entfalten, wie es die geschichtlichen Verhältnisse erlauben. Was hätte ein genialer Atomphysiker machen können, wenn er 1313 geboren wäre? Was könnte ein Topmanager bewirken, wenn ihm nicht ganze Stäbe zuarbeiteten? Wir alle hängen von der Vorarbeit von Millionen in der Vergangenheit und der Mitarbeit von Tausenden in der Gegenwart ab. Was der Einzelne ausrichtet, ist gering im Vergleich zu dem, was durch die geschichtlichen Strukturen bereits vorgegeben ist. Deshalb geriet die Einzelbiografie im letzten Drittel des 20. Jahrhunderts unter Historikern etwas in Verruf. Die tonangebenden Schulen dekretierten, man verteile die Gewichte falsch, wenn man die Bedeutung von Persönlichkeiten hervorhebe; Strukturen und Kollektive zählten, nicht der Einzelne. Schon Bert Brecht hatte über die traditionelle Geschichtsschreibung gespöttelt: »Der junge Alexander eroberte Indien. Er allein? Caesar schlug die Gallier. Hatte er nicht wenigstens einen Koch bei sich?«

Die Einwände sind berechtigt. Wer die strukturellen Zwänge übersieht, gewichtet falsch. Aber man muss diese Aussage mit einem Nachsatz koppeln: Innerhalb der strukturellen Gegebenheiten kommt es sehr auf die Persönlichkeit an. Das trifft auf die sogenannt grosse Politik wie auf das Alltagsgeschehen zu. Der Ausgang vieler internationaler Konferenzen hängt, mögen auch Hunderte von Delegierten daran teilnehmen, vom Geschick von zwei oder drei Personen ab. Deren Talent entscheidet über Gelingen oder Misslingen. Und in kleinen Angelegenheiten herrschen die gleichen Regeln. Es ist daher berechtigt, Aussenpolitik biografisch darzustellen. Einzelne Bundesräte und Diplomaten haben die Schweizer Aussenpolitik besonders geprägt. Sie gingen mit Rat und Tat voran. Sie setzten Massstäbe. Zudem erleichtert die biografische Darstellung, wie mir scheint, den Zugang zur Aussenpolitik. Diese wird fassbarer. Ideen und Konzepte mischen sich mit Menschlichem, zuweilen auch Allzu-Menschlichem. Das widerspiegelt die Wirklichkeit getreuer, als wenn man den politischen Gehalt von den handelnden Menschen loslöst.

Aber die biografische Sicht hat, dessen bin ich mir bewusst, auch unübersehbare Nachteile. Vieles wird einer Person zugeschrieben, was im Grunde aus der Anstrengung von vielen resultiert. Zehn bleiben im Dunkeln, einen stellt man ins Licht. So kommt im Kapitel über Max Huber dessen fruchtbare Zusammenarbeit mit den Bundesräten Calonder und Motta oder mit dem Genfer Professor William Rappard wohl etwas zu kurz. In der Schweizer Aussenpolitik ist es besonders problematisch, personenbezogen vorzugehen. Denn wenn es eine Aussenpolitik in der Welt gibt, die gerade nicht die Handschrift von Einzelpersonen trägt, dann ist es die eidgenössische. Nicht ein Aussenminister fällt die Grundsatzentscheide, sondern der Bundesrat, ein Kollegium. Gesamthaft trägt er die Verantwortung. Und in den allerwichtigsten Fragen entscheidet der Souverän, das Volk. Das Schweizer Staatswesen ist auf die Allgemeinheit hin angelegt. Es schiebt nicht die Einzelperson in den Vordergrund. Vielmehr ist man jedem Personenkult abhold. Man vertraut mehr der Vernunft des Volks als der Staatskunst von Einzelnen oder Eliten. Bis ins 20. Jahrhundert hinein war es, von einer Ausnahme abgesehen, nicht einmal rein äusserlich möglich, die Aussenpolitik mit einem Bundesrat in Verbindung zu setzen. Denn der Vorsteher des Politischen Departements wechselte im jährlichen Turnus.

Wenn ich trotzdem sieben Persönlichkeiten und deren aussenpolitische Leistungen darstelle, dann in der Überzeugung, dass die Vorteile die Nachteile überwiegen. Dabei geht es mir weniger darum, Lebensläufe in allen Einzelheiten zu schildern. Das Biografische soll nur das Verständnis aussenpolitischer Zusammenhänge erleichtern. Vielmehr möchte ich aufzeigen, wie gewisse Ideen, namentlich die Neutralität, die Schweizer Aussenpolitik durchziehen. Sie prägen die gesamte Geschichte, wechseln indes je nach Epoche ihren Gehalt. Solche Schnittstellen, wo Ideen eine neue Wendung nehmen, wollte ich offenlegen. Zum Beispiel: In der Amtszeit von Minister Kern empfand man erstmals das Bedürfnis, das Privileg der Neutralität mit solidarischen Taten zu ergänzen; Numa Droz suchte, beinahe avantgardistisch, eine aktive Neutralitätspolitik einzuschlagen; Max Huber rang sich, wenngleich schweren Herzens, von der integralen zur differenziellen Neutralität durch; Max Petitpierre legte die Neutralität in der Nachkriegszeit wieder rigoroser aus; und Edouard Brunner verhalf den Gedanken der Neutralität mit einem Engagement in den Menschenrechten zu verbinden. Ausser Schnittstellen aufzuzeigen, sollten die einzelnen Porträts noch eine andere Aufgabe erfüllen: Sie sollten jeweils für einen ganzen Zeitabschnitt stehen und untereinander eine Kette bilden. Die vorliegende Abhandlung möchte ein Panorama der Schweizer Aussenpolitik bieten, das vom Wiener Kongress bis an die Schwelle zur Gegenwart reicht.

Welche Personen genügen den doppelten Kriterien? Für das 19. Jahrhundert fiel die Wahl nicht schwer. Sie lag sozusagen auf der Hand. Charles Pictet de Rochemont handelte auf dem Wiener Kongress die internationale Anerkennung der ständigen Neutralität aus. Dafür erntete er schon von der Tagsatzung höchste Anerkennung. Johann Konrad Kern ist der erste professionelle Diplomat des neuen Bundesstaates. Er legte das Rüstzeug für einen aussenpolitischen Apparat. Numa Droz ist der erste Bundesrat, den man zu Recht als Aussenminister bezeichnen kann. Mit ungewohntem Elan versuchte er der Schweiz eine aktive Aussenpolitik zu verschreiben. Schwieriger wird die Auswahl im 20. Jahrhundert. Das Angebot wird breiter, die Selektion delikater, vor allem je näher man an die Gegenwart heranrückt. Ich habe mich für Max Huber, die Bundesräte Motta und Petitpierre sowie Edouard Brunner entschieden. Warum? Max Huber setzte sich wie kein Zweiter für eine Verrechtlichung der internationalen Beziehungen ein. Er wollte das Recht auf Kosten der Macht stärken. Seine Vorschläge für die Streitschlichtung und sein Einsatz für den Beitritt zum Völkerbund bilden in dieser Hinsicht einen Höhepunkt in der Schweizer Aussenpolitik. Giuseppe Motta, der bedeutendste Aussenpolitiker, den die Schweiz je stellte, ist Pflichtfach – aber auch ein Musterfall dafür, wie ein Idealist von Natur aus unter den Zeitzwängen einen realpolitischen Kurs verfolgen muss. Max Petitpierre führte die Schweiz am Ende des Zweiten Weltkriegs aus einem aussenpolitischen Tief heraus und prägte mit seiner vorsichtigen Politik die zweite Jahrhunderthälfte massgeblich. Schliesslich Edouard Brunner. Warum gerade er unter den Zeitgenossen? Weil er der kreativste war. Mit seinem Flair für politische Zusammenhänge wuchs die Schweiz in der KSZE über sich hinaus – und dies ausgerechnet in einem Forum von der Art, wie die Schweiz sie bisher gescheut hatte: einer rein politischen Konferenz.

Bücher über die Geschichte der Schweizer Aussenpolitik haben kaum Konjunktur, zumal wenn sie in den Zeitraum vor den Zweiten Weltkrieg vorstossen. Warum habe ich dennoch eines geschrieben? Vorab weil es interessant ist zu wissen, wie es war; und sodann, weil es lehrreich ist zu erfahren, wie sich die Schweizer Aussenpolitik mit ihren Ideen, aber auch mit ihrem Apparat, auf den heutigen Zustand hin entwickelt hat. Vieles kann man, so abgedroschen es tönen mag, nur in einem historischen Kontext verstehen. Auf die Schweizer Aussenpolitik trifft diese Feststellung wegen der grossen Bedeutung, welche die Neutralität hat, besonders zu. Denn alle Erwartungen, welche die Neutralität für die Zukunft weckt, leiten sich ab aus der reichen historischen Erfahrung. Eine Neutralität ohne historische Dimension ist ein Schatten ihrer selbst.

Diesem Buch liegt das Verständnis zu Grunde, dass die Geschichte eine Lehrmeisterin ist. Sie vermittelt Kenntnisse und Einsichten zur Staatskunde, sie lässt an den Erfahrungen anderer teilhaben. Ob man aus der Geschichte die richtigen Lehren zieht, steht allerdings auf einem andern Blatt geschrieben. Und ob man genügend alert ist, um die historischen Vorgaben mit den veränderten Rahmenbedingungen der Gegenwart zu synchronisieren, ist ebenfalls eine offene Frage. Wer indes die Geschichte studiert, hat zumindest die Chance, dass er Fehler, die andere begangen haben, vermeiden kann. Er kann Ursache und Wirkung von Ereignissen wie in einem Sandkasten überprüfen – und Folgen für das eigene Handeln daraus ziehen. Ein gründliches Studium der Geschichte und der Philosophie bereitet, meint Henry Kissinger, am besten auf die Staatsgeschäfte vor. Ich teile diese Ansicht.

Zum Schluss möchte ich festhalten, dass dieses Buch ausschliesslich die persönliche Meinung des Autors wiedergibt. Es verpflichtet das Eidgenössische Departement für auswärtige Angelegenheiten in nichts.

Zagreb, im Sommer 2002

P. S. 1   Die Texte aus dem Französischen, Englischen und Italienischen übersetzte ich im Allgemeinen selbst. Auf Französisch zitierte ich zuweilen kürzere und einfachere Passagen im Original; im Englischen machte ich, auf breitere Sprachkenntnisse zählend, davon grosszügiger Gebrauch.

P. S. 2   Die diplomatischen Titel bereiten den Unvertrauten häufig Schwierigkeiten. Deshalb einige Erklärungen. Bis Mitte der fünfziger Jahre hatte die Schweiz, ausser den konsularischen Vertretungen, nur Gesandtschaften oder Legationen. An deren Spitze stand ein Gesandter oder Minister, seine Mitarbeiter waren, hierarchisch abgestuft, Gesandtschafts- oder Legationsräte, Gesandtschafts- oder Legationssekretäre sowie Attachés.

Seit der Umwandlung der Gesandtschaften in Botschaften steht einer Botschaft oder Mission ein Botschafter oder Missionschef vor, gefolgt an grösseren Orten von einem Minister, sonst unterstützt von Botschaftsräten, Botschaftssekretären und Attachés.

Botschaften gibt es nur in Hauptstädten. Über sie wickelt ein Land die Geschäfte mit den Staatsorganen eines andern Landes ab. In wichtigen Städten kann jedoch ein Staat mit einem Konsulat oder einem Generalkonsulat vertreten sein. Ein Generalkonsulat wird von einem Generalkonsul geleitet, der seinerseits von Konsuln und Vizekonsuln assistiert wird. Das Generalkonsulat ist für die Kontakte mit den Regionalbehörden und für die Betreuung der Schweizer Kolonie zuständig. Es ist dem Botschafter des jeweiligen Residenzlandes unterstellt.

Das Besondere an der Schweizer Aussenpolitik

Das Schweizer Staatswesen ist etwas Bemerkenswertes. Es hebt sich von der europäischen Umgebung ab. Darüber kann man sich ärgern, oder darauf kann man stolz sein – nur eines kann man nicht: dies übersehen. Die Schweiz war und ist auch heute noch in vielem verschieden von andern Staaten. Schon wie sie entstand, besagt einiges. Weder dynastische Bestrebungen noch ethnische trieben die Staatsbildung voran; Konfession oder gemeinsame Sprache waren auch nicht entscheidend. Handfeste Machtinteressen freilich waren den Schweizern nicht weniger fremd als den Nachbarn. Aber sie waren nicht allein ausschlaggebend. Der Schweizer Staat kristallisierte sich ebensosehr aus Ideen heraus. Im Inneren gab und gibt eine bestimmte Vorstellung von Freiheit den Ausschlag: Das Volk soll alle wichtigen Dinge selbst entscheiden, und zwar so, dass die direkt Betroffenen das Sagen haben, also nach föderalistischem Verfahren. Wer die Folgen eines Entscheids zu tragen hat, soll auch die entsprechenden Befugnisse bekommen, angefangen auf der untersten Stufe, der Gemeinde, über den Kanton bis zur obersten, dem Bund. Nach aussen verfolgt die Schweiz seit langem die Idee der Neutralität. Freiwillig ging sie Pflichten ein, um im Kriegsfall das Recht beanspruchen zu können, nicht in einen Konflikt hineingezogen zu werden. Und damit ist sie gut gefahren.

Die Neutralität und die direkte Demokratie sind in der Schweizer Bevölkerung tief verankert. Sie finden ausserordentlich hohe Zustimmung. Von Generation zu Generation werden sie bejaht. Mittlerweile sind sie zu so etwas wie Patentlösungen geworden: tausendfach erprobt und deshalb wenig hinterfragt. Das macht die politische Lage stabil, das intellektuelle Leben indes etwas langweilig. Damit tun sich einige Kritiker schwer. Sie sprechen mit Bezug auf die beiden Begriffe von Mythen. Nicht ganz zu Unrecht. Was sich oft bewährt hat, dem schreibt man gern Positives zu – selbst dann, wenn es nicht gerechtfertigt ist. Man gibt sich nicht jedes Mal Rechenschaft über den Wirkungszusammenhang. Deshalb kommt es gelegentlich zu Übertreibungen. Doch abgesehen von solchen Fehlgriffen haben Neutralität und direkte Demokratie nichts von Mythen an sich. Deren Ursprünge im Schweizer Staatswesen sind bekannt, die jeweilige Entwicklung exakt ablesbar. Die direkte Demokratie entstand im Spätmittelalter aus der Genossenschaftsidee, die Neutralität als Lehrstück aus existenziell gefährlichen Situationen, markiert durch Stationen wie die Niederlage bei Marignano (1515), das Defensionale zu Wil (1647) und verschiedene Tagsatzungsbeschlüsse im 17. Jahrhundert.

Die Schweiz hat diese Ideen gelebt. Natürlich nicht perfekt. Zuweilen, zerstritten in Stadt und Land, in Katholiken und Protestanten, in Oberschicht und Unterschicht, führte sie eher eine Persiflage auf. Aber der Wille, das Staatswesen nach eigenen Vorstellungen zu formen, erlosch nie. Er schimmerte selbst in verwirrten Zeiten durch die Trübnis. Dem Ausland entging die Eigenart der Eidgenossenschaft nicht. Staatskundliche Literatur wie Reisebeschreibungen bezeugen es: man empfand dieses Land als anders. Um 1780 wollte der französische Schriftsteller und Politiker Abbé François Raynal auf dem Rütli ein Denkmal errichten. Ein Obelisk sollte die eidgenössische Freiheit versinnbildlichen. Als Goethe davon erfuhr, schüttelte er den Kopf. Was sollte diese Narretei, schrieb er an Lavater. Die Schweiz brauche nichts Derartiges, keine Denkmäler. Denn, meinte er, euer »Monument ist eure Constitution«.[1] Das war ein grosses Kompliment – vor allem wenn man bedenkt, dass die Schweiz zu diesem Zeitpunkt nicht einmal eine Verfassung im heutigen Sinn hatte. Aber Goethe dachte nicht an Schriftstücke. Was ihn beeindruckte, war, wie die Schweizer den Freiheitsgedanken lebten. Das Denkmal der Schweiz bildeten Staat und Gesellschaft in ihrer besonderen, freiheitlichen Gestalt. Das konnte man täglich erleben in einem, wie später der Franzose Ernest Renan gesagt hätte, »plébiscite de tous les jours«. Das Lebendige bedurfte keiner Gedenksteine.

Aussenpolitik in einer direkten Demokratie

Wie sich die Schweiz als Kleinstaat im Konzert der Mächte behauptet hat, ist ein grossartiges Kapitel europäischer Geschichte. Nur wenige dürften dieser Feststellung widersprechen. Die helvetische Aussenpolitik indes gilt meistens als langweilig, als nicht der Rede wert. Dennoch hat das eine viel mit dem andern zu tun. Hätte die Aussenpolitik versagt, hätte die Geschichte der Schweiz einen andern Verlauf genommen. Woher also diese Ungereimtheit, dieser inkonsequente Blick? Die grossen Linien der Vergangenheit beschwingen die Fantasie stets mehr als die Gegenwart mit ihrem Gemisch von Kleinkram und potenziell geschichtlich Bedeutsamem. Zudem sind viele aussenpolitische Abhandlungen in einem solchen Jargon geschrieben, dass sie selbst den motivierten Leser ermatten. Aber solche Erklärungen reichen nicht aus. Der eigentliche Grund für das scheinbare Missverhältnis liegt tiefer. Er hat nichts mit einem verdeckten Widerspruch zu tun. Im Gegenteil. Eine schlichte Aussenpolitik ist eher eine Vorbedingung für den geschichtlichen Erfolg der Schweiz, für das Glück eines Kleinstaats.

Der Historiker Ildefons von Arx schrieb zu Beginn des 19. Jahrhunderts eine vortreffliche Geschichte des Kantons St. Gallen. Viel Raum nehmen die Streitigkeiten ein, die hundert Jahre zuvor das Toggenburg erschüttert und den letzten Krieg in der Alten Eidgenossenschaft ausgelöst hatten. Darüber berichtet der Prälat des Langen und Breiten. Dann kommt er auf die andern Landschaften zu sprechen, das Rheintal, das Fürstenland oder die Stadt St. Gallen. Und er meint: »Glücklich waret ihr übrigen Bezirke des Landes. Die Geschichte scheint eurer über die Toggenburger Händel vergessen zu haben; aber eben das ist der stärkste Beweis eures glücklichen Zustandes.«[2] Wohlergehen und Glück eines Landes stehen, so kann man etwas verknappt sagen, in einem umgekehrten Verhältnis zur Geschichtsträchtigkeit von Ereignissen. Wo alles gut geht, gibt es wenig zu berichten; wo alles drunter und drüber geht, kann man Bände füllen.

Also hat die Schweiz gar keine Aussenpolitik? Solche Ansichten kann man immer wieder vernehmen. Oder, noch ein Quäntchen witziger formuliert: Besteht die Schweizer Aussenpolitik gerade darin, jede Aussenpolitik zu vermeiden? Nun, das ist eine gute Pointe, mit viel Richtigem und nicht weniger Falschem. Die Behauptung enthält einen wahren Kern, und um diesen zur Geltung zu bringen, verzerrt sie die Proportionen.

Zuerst zum Richtigen: In der Aussenpolitik entscheiden in der Tat, wenn es hart auf hart geht, die Grossmächte. Kleinstaaten haben wenig zu sagen. Das war schon immer so und ist heute nicht anders. Pictet de Rochemont musste auf dem Wiener Kongress vor verschlossenen Türen warten, bis ihm die Vertreter der Grossmächte gnädigst mitteilten, was sie über Genf und die Schweiz beschlossen hatten. Nach dem Ersten Weltkrieg erhielt die Schweiz keine Einladung zum Pariser Friedenskongress. Sie musste sich selbst aufdrängen, damit die Grossen Vier sie überhaupt zur Kenntnis nahmen. Und heute bestimmen die fünf ständigen Mitglieder des Sicherheitsrates über Krieg und Frieden – sofern die Vereinigten Staaten, die einzige Supermacht, dies überhaupt zulassen und ihr Gewicht nicht anders ausspielen. Edouard Brunner kann davon etwas erzählen. Als ihn der UNO-Generalsekretär zu seinem Sonderbeauftragten für den Nahen Osten ernannte, liessen ihn die USA gewähren, gaben ihm indes zu verstehen, dass sie es nicht schätzen würden, wenn er ihren eigenen Friedensbemühungen in die Quere käme. In der Aussenpolitik ist, ob man es mag oder nicht, Macht dasjenige, was zählt. Auf dieser Ebene kann ein Kleinstaat nicht mitspielen. Er muss sich mit Bescheidenerem abgeben.

Richtig ist an der Pointe noch etwas anderes. In einem Land wie der Schweiz ist die Aussenpolitik der Innenpolitik völlig untergeordnet. In machtbewussten Nationalstaaten, etwa im Wilhelminischen Deutschland oder in Frankreich, wurde heftig darüber debattiert, ob der Aussenpolitik oder der Innenpolitik der Primat zukomme. Eine solche Diskussion wäre hierzulande abstrus. Wer immer den Vorrang der Aussenpolitik verföchte, würde schon bei der nächsten Volksabstimmung zur Vernunft gebracht. In der Schweiz hat sich die Aussenpolitik nach der Innenpolitik zu richten, und nicht umgekehrt. Macht und Prestige nach aussen gelten dem Bürger in einer kleinstaatlich geprägten Demokratie wenig, die Beschränkung der Staatsmacht und die Wahrung von Mitspracherechten, auch wenn sie eine wirksame Aussenpolitik beeinträchtigen, dagegen viel.

Kleinstaaten eignen sich nicht für eine machtbewusste Aussenpolitik, dafür bieten sie vorteilhafte Bedingungen für eine freiheitliche Entwicklung nach innen. Diesen Gedanken hat Jacob Burckhardt am besten ausgedrückt. Der weise Basler Historiker wusste, wovon er sprach. Niemand kannte die grossen Vorbilder, die griechischen Stadtstaaten und die Republiken der italienischen Renaissance, besser als er. Der Grossstaat ist da, um die epochalen Entscheide zu fällen, um einer ganzen Zivilisation den Weg zu weisen; der Kleinstaat hat dem nichts entgegenzusetzen; er kann diesen Vorteil nur mit einer freiheitlichen Ordnung im Innern kompensieren. Max Weber pflichtete ihm bei. Echte Demokratie, lehrte er, könne nur auf dem Boden von Gemeinwesen erblühen, die auf politische Macht verzichteten; ein Staat wie Deutschland hätte dagegen »die verdammte Pflicht und Schuldigkeit vor der Geschichte«, sich um die Weltpolitik zu kümmern.[3] Auch heute sollte man sich in der Schweiz bewusst sein, dass man nicht beides gleichzeitig haben kann: in der Innenpolitik die Vorteile eines Kleinstaats, in der Aussenpolitik das Prestige einer Grossmacht. Das eine setzt dem andern Grenzen.

Und nun zu den verzerrten Proportionen: Macht, ja, sie bestimmt das Kräftefeld in der Aussenpolitik. Aber in den internationalen Beziehungen geht es nicht nur darum, Macht krude durchzusetzen, sondern auch sie zu bändigen, ihre Wucht abzufedern, sie im verbindlichen Netz des Völkerrechts zu zähmen. Hier kommt die Diplomatie ins Spiel. Sie ist Machtpolitik mit andern Mitteln. Man könnte auch sagen: ihr gesitteter Ausdruck. Sie versucht, die Projektion der Gewalt, die Demonstration der Stärke, das Diktat der Macht zurückzudrängen und durch die Kraft des Wortes zu ersetzen. Darauf sind nicht alle Staaten gleichermassen angewiesen. Nicht

Imperien und Grossstaaten entwickelten die Diplomatie, wiewohl sie sich ihrer gern bedienen; mit ihrer militärischen Macht im Rücken könnten sie dieses Instrument notfalls auch entbehren. Kleinere Staaten, und Handelsnationen im Besonderen, sind dagegen auf die Diplomatie angewiesen. Athen bedurfte ihrer, Sparta dagegen nicht. Republiken wie Venedig oder Dubrovnik erschlossen und sicherten sich ihre Märkte nicht selten mit der Diplomatie. Sie ersetzte ihnen die Armeen, die ihnen fehlten.

Im Gegenspiel von Macht und Recht gedeiht die Diplomatie. Und in diesem Widerstreit entfaltet auch der Kleinstaat seine Aussenpolitik. Gegen die Macht der Grossen verbündet er sich mit dem Recht. Auf diese Weise sucht er in den Fährnissen der Weltpolitik zu bestehen. So dachte man in der Schweiz seit alters her. Pictet de Rochemont verhandelte nach diesem Grundsatz, Minister Kern liess sich von ihm leiten und sprach von der »Macht unseres guten Rechts«, und Max Huber prägte mit der Autorität des Völkerrechtlers den Satz: »Der kleine Staat hat seine grösste Stärke in seinem guten Recht.«

Ein Land wie die Schweiz hat durchaus eine Aussenpolitik. Sie hat ja auch Interessen zu vertreten und Werte zu verteidigen. Aber ihre Aussenpolitik unterscheidet sich erheblich von jener einer Grossmacht. Sie hat ein eigenes Profil, ist bescheidener, zurückhaltender, auch machtloser. Vor allem betont sie das Recht viel stärker. Die Verbindung von ausgeprägtem Rechtsbewusstsein und mangelnder eigener Hausmacht ergibt zuweilen einen spezifischen Vorteil, nämlich dann, wenn es um die uneigennützige Friedensvermittlung geht. In bestimmten Kräftekonstellationen traut man einem Neutralen am ehesten zu, selbstlos und ohne Hintergedanken zu handeln. Was jeder Vermittlung zugrunde liegt, die unparteiische Haltung, praktiziert er ja schon seit langem. Freilich kann eine Schweiz nur dort wirken, wo man sich ihrem Spruch freiwillig beugt. Denn ihr fehlen die Machtmittel zur gewaltsamen Durchsetzung. Folglich fallen die meisten Vermittlungen – darüber darf man sich keinen Illusionen hingeben – für die Schweiz von vornherein ausser Betracht.

Seit mehr als hundert Jahren übernimmt die Schweiz zu Gunsten von Dritten gelegentlich Mandate, die diese wegen eines Konfliktes nicht selbst ausführen können. Man spricht von so genannten Guten Diensten. Worum geht es dabei? Im engeren Sinn um Friedensvermittlung eines unbeteiligten Dritten, im weiteren Sinn um alles, was ein Staat im Dienste des Friedens für andere tut. Dazu gehört die Übernahme von Schutzmachtmandaten ebenso wie die Gastgeberrolle für internationale Organisationen. Zum Beispiel vertritt die Schweiz zur Zeit die Interessen der USA im Iran. Warum tut sie dies? Die eine Antwort lautet: aus Gründen der Kompensation, um das neutralitätsbedingte Abseitsstehen in einem Konflikt wettzumachen. Das ist richtig, doch nur die halbe Wahrheit. Die andere Hälfte findet man in der innenpolitischen Tradition, im eigenen Antrieb.[4] Schon in der Alten Eidgenossenschaft zog man bei Streitfällen gern Dritte zu Rate, um eine Lösung herbeizuführen. Der Vergleich, die Schlichtung, der Schiedsspruch, die Vermittlung sind Verfahren, die sich in der Innenpolitik bewährten. Die Schweiz zehrt von ihrer eigenen Erfahrung und fühlt sich berufen, diese auf die internationalen Beziehungen zu übertragen. Hierin erkennt sie einen spezifischen Beitrag ihrer Aussenpolitik.

Die Friedensvermittlungen stehen der Schweiz wohl an. Sie sind eine konkrete Hilfe für einen oder mehrere Staaten. Im Idealfall nützen sie, wie etwa das diskrete Wirken von Botschafter Olivier Long zur Beendigung des Algerienkrieges, dem internationalen Klima insgesamt. Damals sprach man von einem »Geist von Evian«. Freilich darf man die Bedeutung dieser Sparte nicht überbewerten. Selbst wenn die unabkömmlichen Voraussetzungen erfüllt sind, entscheidet nicht selten der Zufall, wem Mandate anvertraut werden. Aus dem Standort Genf als Sitz internationaler Organisationen wäre beinahe nichts geworden. Die Schweiz hat das Rennen um den Sitz des Völkerbundes um ein Haar verloren. Hätte nicht Präsident Wilson mit seinem Votum den Ausschlag gegeben, dann hätte die Mehrheit der Gründungsmitglieder Brüssel bevorzugt. Und warum unterstützte Wilson Genf? Weil er als Sohn eines presbyterianischen Predigers Calvin hoch verehrte und deshalb eine Zuneigung zur Reformationsstadt hatte. Auch kommen grosse, weltbewegende Fälle selten vor. Das amerikanische Mandat im Iran hatte das EDA am Anfang bis an die Grenzen der Belastbarkeit gefordert. Nach der Besetzung der amerikanischen Botschaft in Teheran hatten die Zentrale in Bern wie die Botschaften in Washington und Teheran beinahe rund um die Uhr gearbeitet. Doch die meisten Fälle laufen nicht nach diesem Muster ab. Sie bestehen aus einem bescheidenen Service.

Bedeutende Mandate waren schon immer selten. Sie waren der Schweiz nie zugeflogen, weder im 19. Jahrhundert noch vor dem Ende des Kalten Krieges. Diesbezüglich herrschen heute einige Illusionen vor. Im Zeitraffer lässt man die Geschichte Revue passieren und vermeint unter dem Eindruck der raschen Abfolge, ehedem hätten die andern Nationen bei der Schweiz angestanden, um deren Vermittlung zu erbeten. Dem war nie so. Vergleicht man die letzten Jahrzehnte, ergibt sich folgendes Bild: In den sechziger Jahren vermittelte die Schweiz dreimal (algerischer Unabhängigkeitskrieg 1961, Nordvietnam – USA 1968, Biafrakonflikt 1969), in den fünfziger und siebziger Jahren keinmal, in den achtziger einmal (Grossbritannien – Argentinien 1984), in den neunziger Jahren zweimal (UdSSR – Afghanistan 1991, kolumbianischer Guerillakrieg 2000). Das entspricht einem Durchschnitt von gut einem Fall pro Jahrzehnt.

Das Ergebnis sieht freilich etwas anders aus, wenn man die Guten Dienste im weiteren Sinn betrachtet. Hier sind die Dienste der Schweiz in jüngster Zeit weniger gefragt. Insbesondere die Zahl der Schutzmachtmandate ist drastisch gesunken, von einem Höhepunkt von über 200 Mandaten während des Zweiten Weltkriegs über einige Dutzend in der Nachkriegszeit auf blosse 5 in der Gegenwart. Der Hauptgrund für den Rückgang liegt indes nicht in einem Versagen der Schweiz, sondern in der politischen Grosswetterlage, in zyklischen Schwankungen. Auf Phasen mit einer erhöhten Nachfrage – meistens Kriegszeiten – folgen stets Ruhepausen. Im Krieg brechen viele Staaten die diplomatischen Beziehungen untereinander ab. In Friedenszeiten geschieht dies glücklicherweise eher selten. Allerdings kommt die Schweiz um eine gewisse Selbstkritik nicht umhin. Sie verstärkte den unausweichlichen Rückgang noch mit eigenen Massnahmen. Während einiger Jahre war sie nämlich gar nicht darauf erpicht, derlei Mandate zu übernehmen. Im Kosovokrieg lehnte sie gar eine entsprechende Anfrage ab. Danach kamen Zweifel an ihrer traditionellen Disponibilität auf.[5]

Zweifellos ist es in den letzten Jahren auch schwieriger geworden, Genf als Standort von internationalen Organisationen zu verteidigen. Doch die Lage ist nicht so schlecht, wie gelegentlich lamentiert wird. Mit intensiven Anstrengungen gelang es der Schweiz im vergangenen Jahrzehnt immerhin, eine wichtige internationale Organisation wie das GATT nach dessen Umformung in die WTO, die Welthandelsorganisation, in Genf zu behalten, derweil die UNO inmitten des Kalten Krieges, der angeblich hohen Zeit der helvetischen Guten Dienste, ihr zweites europäisches Standbein in Wien aufschlug und einige Organisationen aus Genf abzog. Insgesamt hat sich die Schweiz anständig behauptet. Sie konnte zwar keine spektakulären Erfolge vorweisen. Aber ihre Leistungen dürften gutem europäischen Durchschnitt entsprechen, in vielem vergleichbar mit Österreich oder den skandinavischen Ländern. Die 90er Jahre schneiden bei einem Quervergleich mit andern Nationen und in einem Längsschnitt durch die Geschichte der Schweizer Aussenpolitik weder vorteilhaft noch unvorteilhaft ab. Sie halten ungefähr die Mitte.

Im Vergleich zu allen Guten Diensten, die in der Welt erbracht werden, ist der Schweizer Anteil allerdings gesunken. Denn in den letzten Jahren haben die internationalen Vermittlungen stark zugenommen, die Nachfrage nach Schweizer Angeboten ist jedoch nicht gestiegen.[6] Dafür gibt es verschiedene Gründe. Die UNO, mit Abstand der wichtigste Vermittler, hat sich neues Prestige erworben und wird noch mehr berücksichtigt als früher. Sodann treten Organisationen als Akteure auf, die es vor einigen Jahren noch gar nicht gab, etwa die EU oder die OSZE; schliesslich springen zunehmend Staaten in die Bresche, die mit Rückendeckung von internationalen Organisationen oder im Verbund mit einer Staatengruppe vorgehen, beispielsweise Spanien mit der EU oder Norwegen mit der NATO. Das sind Fakten, die man zur Kenntnis nehmen muss.

Was bedeuten sie? Hat das Schweizer Modell abgewirtschaftet? Kaum. Auch die Vermittlung kennt verschiedene Bedürfnisse. Für die Schweiz bestehen durchaus Chancen – für traditionelle Gute Dienste oder, warum auch nicht, ebenfalls im Verbund mit andern Staaten oder einer internationalen Organisation. Aber die Eidgenossenschaft muss wissen, was sie will, sie muss sich bewusst sein, wo ihre Stärken liegen. Vermittlungen, die man mit Macht untermauern muss, kommen für sie nicht in Frage. Hingegen kann sie sich dort nützlich erweisen, wo man einen Vermittler sucht, der erstens in niemandes Diensten steht und zweitens eine glaubwürdige Neutralitätspolitik als Vertrauenspfand ausweist. Doch sind solche Dienste noch gefragt? Die Wahrscheinlichkeit spricht dafür, wenngleich, wie in der Vergangenheit, nicht gerade häufig. Dies freilich ist kein Unglück. Denn Gute Dienste sollten als Dienstleistung und nicht als Prestigeangelegenheit verstanden werden. Man sucht sie nicht; man übernimmt sie eher aus einem Pflichtgefühl heraus. Schliesslich darf man nicht übersehen, dass der Vermittler meistens nur Enttäuschung, wenn nicht gar Undank erntet. Auch die Schweizer Bemühungen scheiterten weit öfter, als dass sie mit einem Erfolg geendet hätten. Von den vorher erwähnten sechs Aktionen von 1950–2000 glückte nur gerade jene im algerischen Unabhängigkeitskrieg.

Gute Dienste sind nur ein Nebenaspekt der Aussenpolitik. Auch wenn die Schweiz sich gern für solche Aufgaben disponibel hält, benötigt sie diese nicht, um sich selbst zu bestätigen. Der Wert ihrer Aussenpolitik wird nicht daran gemessen, oder nur zum geringeren Teil. Das entscheidende Profil gewinnt sie mit dem, was sie in ihrem eigenen Namen unternimmt. Hat die Schweizer Aussenpolitik jedoch ein eigenständiges Profil? Zweifelsohne. Und das Profil hat einen Namen. Dieser lautet »Neutralität«. Wer von Neutralität spricht, denkt an die Schweiz. Die Eidgenossenschaft ist bis heute das klassische Vorbild eines immerwährend neutralen Staats. Das Profil hat auch eine Ursache. Sie heisst »direkte Demokratie«. In keinem andern Land der Welt wird die Aussenpolitik dermassen unmittelbar vom Volk bestimmt. Das wirkt sich aus – nicht nur an der Urne, sondern auch darin, wie der Bundesrat in seinen Entscheiden den Volkswillen oft schon vorwegnimmt. Unter den Bedingungen direkt-demokratischer Verhältnisse betreibt man eine andere Politik als in einer parlamentarischen Demokratie oder einer konstitutionellen Monarchie.

Was macht die Aussenpolitik in einer plebiszitären Demokratie so besonders? Es ist das eigenartige Kräfteverhältnis zwischen politischer Elite und Volk. In allen Ländern, auch in der Schweiz, unterscheiden sich die aussenpolitischen Auffassungen der Eliten – oder was sich dafür hält – vom Volk in vielen Bereichen. Aber zwischen der Schweiz und dem Ausland gibt es einen markanten Unterschied. Er liegt darin, wer sich durchsetzt. Im Ausland sind es meistens die politischen Eliten, in der Schweiz überdurchschnittlich häufig das Volk. Verfügte das Volk in der Eidgenossenschaft nicht über das letzte Wort in aussenpolitischen Kernfragen, dann würde sich die Schweizer Aussenpolitik, diese Vermutung sei gewagt, nicht wesentlich von jener der umliegenden Länder unterscheiden. Sie wäre längst im westeuropäischen »Mainstream« aufgegangen. Die Schweiz ist das, was sie ist, dank der direkten Demokratie.

Wer in der Schweiz Aussenpolitik an leitender Stelle betreibt, darf nie vergessen, dass das Volk das letzte Wort spricht. Das engt einige Optionen ein. Man kann zuweilen gerade jene Entwicklungen nicht mitvollziehen, die im internationalen Trend liegen. Von Johann Konrad Kern über Max Huber bis zu Max Petitpierre vernimmt man das Argument, die Schweiz könne diesen oder jenen Weg nicht beschreiten, weil das Volk ihn nie genehmigen würde. Das ist keine billige Redensart, sondern ein Erfahrungssatz. Die schwierige helvetische Annäherung an die europäische Integration belegt es bis zur Neige, ein historischer Rückblick bestätigt es mit zusätzlichen Beispielen. Ohne die Oberaufsicht des Volkes wäre einiges anders verlaufen. Die Schweiz hätte sich mit dem Beitritt zum Völkerbund nicht so schwer getan, und 1946 hätte sie wohl so wie Schweden die Aufnahme in die UNO beantragt. Doch Petitpierre wusste, dass ein Beitritt ohne ausdrückliche Anerkennung der Neutralität am Volkswillen scheitern würde. Deshalb hat er ihn nie ins Auge gefasst. Das Volk, der Souverän, hat den Bundesrat immer wieder gezwungen, eine besondere, manchmal auch eine eigenwillige Aussenpolitik zu führen.

Die Eliten sind offener für die internationale Zusammenarbeit als das Volk. Sie haben Kontakte mit ausländischen Kollegen und sind mit ihnen vernetzt. Häufig konferiert man mit den Peers in den vertrauten Runden, die sich in gleicher Kombination, aber wechselnder Konfiguration rund um den Globus ablösen. Man kennt die gemeinsamen Themen und spürt die globalen Trends. Die Kontakte mit ausländischen Kollegen bringen es mit sich, dass man die nationalen Verhältnisse vermehrt aus übergeordneter Sicht beurteilt. Die internationale Vogelschau ersetzt die nationale Froschperspektive. Je mehr man sich mit internationalen Problemen befasst, umso mehr versteht man von den grenzüberschreitenden Einwirkungen. Die Neigung, die nationalen Standards den internationalen Erfordernissen anzupassen, wächst. Mit der Integration ins internationale Umfeld nimmt naturgemäss auch der Wunsch zu, die Anpassungen nicht bloss passiv zu vollziehen, sondern sie aktiv mitzugestalten. Man möchte selber auf internationaler Ebene einen Einfluss ausüben.

Dieser Wunsch indes findet beim Schweizervolk deutlich weniger Anklang. Da man weniger Kontakte zum Ausland pflegt, ist man weniger informiert, aber auch weniger dem Druck der Peers ausgesetzt und somit weniger anfällig für die Anwandlungen des Zeitgeists. Man nimmt die Aussenpolitik und ihre Probleme gelassener. Man bemüht sich nicht, an der Spitze des Fortschritts zu marschieren. Nicht ungern überlässt man es andern, erste Erfahrungen zu sammeln. Wenn man freilich den andern den Vortritt lässt, dann bleibt nicht mehr viel Raum, um Entwicklungen zu gestalten. Zwischen den Eliten und dem Volk besteht in der Schweiz, wie wahrscheinlich überall, ein Gefälle in der geistigen Offenheit. Da das Marschtempo in der Schweiz jedoch letztlich vom Volk bestimmt wird, schlägt dieser Befund in der Eidgenossenschaft viel stärker auf die Aussenpolitik durch als in parlamentarischen Demokratien. Aus ihm erklärt sich die besondere Gangart der Schweizer Aussenpolitik. Sie beschränkt, negativ vermerkt, die helvetischen Gestaltungsmöglichkeiten in der internationalen Politik, sie verlangsamt, neutral konstatiert, die aussenpolitischen Entscheidungsprozesse, und sie bewahrt, positiv verbucht, vor etlichen zeitbedingten Irrwegen. Die bekannte eidgenössische Bedächtigkeit in der Aussenpolitik hat hier ihren Ursprung.

Eliten neigen dazu, sich anzugleichen. »Chief Executive Officers« sind rund um den Globus versetzbar, von einer multinationalen Firma in eine andere. In der Diplomatie war das Standesverhalten schon immer international normiert, vor dem Zeitalter der Nationalstaaten sogar viel ausgeprägter als heute. Diplomaten waren von Land zu Land austauschbar. Sie liessen sich wie Heerführer von fremden Monarchen anheuern und verteidigten deren Aussenpolitik auf dem internationalen Parkett. Der Waadtländer François Louis de Saint-Saphorin vertrat während des Spanischen Erbfolgekrieges den Kaiser in der Schweiz und gleichzeitig die reformierten Orte in Wien. Hernach ging er im Auftrag Berns zum Friedenskongress in die Niederlande, knüpfte Kontakte zum Kurfürsten von Hannover und künftigen König von England, wollte diese Dynastie dann in Bern vertreten, was die Gnädigen Herren indes ablehnten, so dass er schliesslich für das hannoveranisch-englische Haus am Hofe Karls VI. in Wien wirkte. Der berühmte Völkerrechtler Emer de Vattel war und fühlte sich als Neuenburger, aber er diente weder der Schweiz noch dem König von Preussen, sondern dem Kurfürsten von Sachsen, und dies einige Jahre lang als dessen Gesandter in Bern. Der Schaffhauser Johann Rudolf Schmid von Schwarzenhorn, gebürtig von Stein am Rhein, vertrat den Wiener Hof bei der Hohen Pforte in Konstantinopel, erachtete sich selbst jedoch als Schweizer Patriot.

Diese Art von Freizügigkeit gibt es heute nicht mehr. Diplomatische Missionen werden fast ausnahmslos nur eigenen Staatsangehörigen anvertraut. Doch das diplomatische Corps verfügt nach wie vor über einen eigenen Verhaltenskodex, um das Zusammenarbeiten zu erleichtern. Teilweise beruht dieser auf Gewohnheitsrecht, teilweise ist er in völkerrechtlichen Übereinkommen festgelegt. Was für die Diplomatie gilt, trifft abgeschwächt auf die aussenpolitischen Eliten insgesamt zu. Sie gleichen sich in vielem rund um den Globus. Nicht selten fällt es deren Vertretern leichter, sich mit Kollegen aus andern Ländern zu verständigen als mit Landsleuten aus einer andern Schicht. Das alles ist normal – ausser dass es in der Schweiz zuweilen mit dem Volkswillen zusammenprallt. Denn das Volk setzt seine Prioritäten anders, es reagiert aus einem innenpolitischen Blickwinkel heraus. Mit dem erwähnten Misstrauen gegen Zeitströmungen bremst es den Elan der politischen Eliten.

Die Schweiz hielt sich lange einen kostspieligen aussenpolitischen Apparat vom Hals. Die Alte Eidgenossenschaft hatte keine ständigen Vertretungen im Ausland. Die eidgenössische Tagsatzung verzichtete auf dieses Vorrecht, das andere souveräne Staaten mit Stolz wahrnahmen. Auch die einzelnen Orte leisteten sich diesen Luxus nicht. War einmal Not am Mann, entsandte man eine Sonderdelegation. Diese erfüllte ihren Auftrag und kehrte hernach wieder nach Hause zurück. Zahlreiche Monarchen unterhielten indes ständige Missionen in der Schweiz, allen voran der französische König, dessen Botschafter in Solothurn residierte. Die Helvetik, die alles nach französischem Muster zuschnitt, brach dann mit dieser schlichten Kultur. Sie errichtete ständige Gesandtschaften, zuerst, 1798, natürlich in Paris, dann in Mailand und Wien. Aber die helvetische Diplomatie konnte nicht richtig Wurzeln schlagen. Mit der Mediationsakte von 1803 und erst recht mit der Restauration von 1815 erlahmte das Interesse an Vertretungen, und die beiden Gesandtschaften in Paris und Wien – Mailand wurde nach wenigen Jahren wieder geschlossen – vegetierten mehr dahin, als dass sie Schweizer Präsenz markierten. In ihrem Heimatland konnten die beiden Gesandten mit keinem Aussenministerium korrespondieren, denn es gab schlicht keines. Alles, was man hatte, war ein Briefkasten. Der jeweils amtierende Vorort der Tagsatzung nahm die Nachrichten entgegen. Die Gesandtschaften hingen sozusagen in der Luft.

Eine eigentliche aussenpolitische Infrastruktur mit einer Zentrale und permanenten diplomatischen Aussenposten gibt es erst seit der Gründung des Bundesstaates von 1848. Johann Konrad Kern ist der erste Berufsdiplomat. Doch auch in der modernen Schweiz verlief der Aufbau alles andere als geschmeidig. Die Schweizer konnten sich nie recht mit Aussenpolitik und Diplomatie anfreunden. Diese sind ihnen zu abgehoben, zu wenig kontrollierbar. Im Vergleich zu innenpolitischen Fragen hängt das Aussenpolitische nicht nur vom eigenen Willen ab, sondern auch von Partnern, über die man nicht verfügen kann. Der junge Bundesstaat erachtete die Beziehungen zum Ausland als ziemlich nebensächlich. Das geht schon aus der Organisation seiner Verwaltung hervor. Er schuf kein eigenes Departement für auswärtige Angelegenheiten. Den Verkehr mit dem Ausland bündelte er lieber mit der Aufrechterhaltung von öffentlicher Ruhe und Ordnung im Innern in einem einzigen Ministerium. So entstand das Politische Departement. Und die Leitung dieses Departementes sollte, da es ja nicht übermässig belastete, jeweils der Bundespräsident übernehmen.

Das Departement selbst verdiente am Anfang diesen Namen kaum. Abgesehen von der Bundeskanzlei, auf die der Bundespräsident stets zurückgreifen konnte, stand seinem Vorsteher in Bern mehrere Jahre gerade ein Sekretär oder überhaupt niemand zur Verfügung. Allmählich setzte ein Aufbau ein. Aber der Bundesrat musste jede neue Massnahme zäh den Parlamentariern oder dem Volk abringen. Denn eine grosse Mehrheit befürchtete, der Ausbau der Diplomatie erfolge auf Kosten der republikanischen Gesinnung. Man argwöhnte, einige wenige wollten Privilegien ergattern, welche mehr dem eigenen Ego schmeichelten als der Allgemeinheit nützten. Und das wollte man nicht. Diese Überzeugung wirkt heute noch nach. Das Schweizer Staatswesen soll, lautete schon der Wunsch von Bundesrat Friedrich Frey-Hérosé, von Schlichtheit zeugen, nicht von aussenpolitischer Selbstdarstellung: »Die Kraft der Republik liegt in ihrem Innern und nicht in äusserem Schein, und sie sucht ihre Würde nicht in Ostentationen [also mit Imponiergehabe oder Events] bei Fremden, sondern darin, dass sie ihre Selbständigkeit gegen das Ausland zu behaupten versteht und ihre Verwaltung redlich und gut zum Wohl des Landes einzurichten versteht.«[7]

Woher stammt diese Skepsis, um nicht zu sagen Abneigung gegenüber der Aussenpolitik? Sie hat tiefe Wurzeln und dürfte bis zur eidgenössischen Staatsgründung reichen. Nirgends sonst bildeten im feudalen und aristokratischen Europa bäuerliche Genossenschaften eigene Territorien. Sie schüttelten die Oberhoheit eines Landesherrn ab, um sich im eigenen Bündnis gegenseitig Schutz und Trutz zu gewähren. Der Monarch, dessen Legitimation sich ja gerade daraus ableitete, dass er seinen Untertanen Schutz versprach, war überflüssig geworden. Den Schutz gewährte man sich selbst. Im eigenen Gemeinwesen schaute man selbst nach dem Rechten, und nach aussen hatte man keine Ansprüche. Die Eidgenossenschaft schlug ab dem 14. Jahrhundert einen eigenen Weg ein. Sie wurde tief republikanisch. Diese Prägung kam ihr selbst im Zeitalter des Absolutismus nicht völlig abhanden. Kein einziger Ort, nicht einmal der mächtige Stand Bern, ahmte voll den Prunk eines absolutistischen Hofes nach. Mochte der französische König, mochten deutsche Klein- und Kleinstfürsten grandios auftreten – die aussenpolitische Repräsentation mit ihrem zeremoniellen Gepränge war in der Alten Eidgenossenschaft immer suspekt.

In der modernen Eidgenossenschaft nach 1848 war es nicht anders. Die Schweiz gab sich republikanisch karg. Man übte sich in aussenpolitischer Askese und vernachlässigte die Repräsentation bis an die Grenzen des Anstands. Eine Mehrheit von Schweizern empfand zeremonielle Veranstaltungen als grossmännisches Getue, auf das man gern verzichtete. Offizielle Staatsbesuche gab es lange Zeit nicht, und später dosierte man diesen exquisiten Luxus mit dem Tropfenzähler. Kaiser Wilhelm II. musste dem Bundesrat seine Besuchswünsche mehrmals zu verstehen geben, bis er endlich eine Einladung erhielt. Einmal pro Jahr, nicht mehr, empfing der Bundesrat ein ausländisches Staatsoberhaupt; der Bundespräsident selber reiste jedoch nicht ins Ausland. Kein Land musste einen Gegenbesuch gewärtigen. Die Schweiz streifte diese nicht unsympathisch schlichten Sitten erst vor wenigen Jahren ab. Seither schwingt sie im üblichen aussenpolitischen Besucherrhythmus mit.

Mit einem derartigen Staatswesen und solchen Sitten passte die Schweiz im 18. und 19. Jahrhundert schlecht in die politische Landschaft Europas. Sie war ein Fremdkörper. Jahrzehntelang war sie ausschliesslich von Monarchien umgeben. Nur die Vereinigten Staaten jenseits des Atlantiks schworen ebenfalls auf die Volkssouveränität. Die beiden Länder fühlten sich geistesverwandt. Nicht zufällig kam die Bezeichnung »Schwesterrepubliken« auf. Sie wiesen in der Tat viele Gemeinsamkeiten auf. In der Aussenpolitik schlugen die USA ähnliche Pfade ein wie die Schweiz. Sie hielten sich, ermahnt durch George Washingtons Abschiedsrede, möglichst von der Weltpolitik fern und beschränkten den aussenpolitischen Apparat auf ein Minimum. Bezeichnenderweise wollten die Amerikaner, wie die Eidgenossen, ohne ein eigentliches Aussenministerium auskommen. Sie begnügten sich mit einem »State Department«, dem nebst der Aussenpolitik noch zahlreiche andere Aufgaben anvertraut waren. Doch das Schicksal hatte der grossen Nation einen andern Weg bestimmt. Wider Willen zu einer Weltmacht aufgerückt, konnten sich die USA spätestens seit dem Ersten Weltkrieg keine isolationistische Beschaulichkeit mehr leisten. Sie mussten ihr Gewicht in die internationale Waagschale werfen und nicht selten auf fremden Kriegsschauplätzen intervenieren. Das Herz vieler Amerikaner schlägt indes nach wie vor für ein abgeschirmtes Leben fern von aussenpolitischen Komplikationen, ohne die lästigen internationalen Verstrebungen und ohne die Regieanweisungen eines angeblich hochnäsigen State Department mit seinen Diplomaten in Nadelstreifenanzügen.

Die Neutralität als Richtschnur

Die direkte Demokratie verursacht, wie erwähnt, das eigenständige Profil der Schweizer Aussenpolitik. Und die Neutralität bringt es zum Ausdruck. Gewiss, Aussenpolitik ist auch in der Schweiz mehr als nur Neutralitätspolitik. Viele Bereiche der auswärtigen Beziehungen haben mit Neutralität nichts zu tun. Sie sind neutralitätsneutral. Aber die Neutralität ist mit Abstand der wichtigste Grundsatz der eidgenössischen Aussenpolitik. Sie ist die Richtschnur in den grossen aussenpolitischen Fragen. Über die Jahrhunderte hinweg hat sich die Schweiz daran gehalten – und das Ausland hat die Eidgenossenschaft daran gemessen. Spätestens seit dem 16. Jahrhundert hat die Schweiz diesen Weg eingeschlagen und ziemlich konsequent verfolgt. Im Jahr 1800 wusste der berühmte Historiker Johannes von Müller aus Wien zu berichten, »dass man hier... von der Schweiz gar und ganz nichts Anderes will, als dass sie wieder die alte, unschuldige, neutrale Schweiz werde«.[8] Und noch vor rund 20 Jahren konnte Staatssekretär Albert Weitnauer festhalten: »Aus eigener Anschauung erhielt ich bestätigt, dass der Schwerpunkt der Arbeit des Departements für auswärtige Angelegenheiten... in Neutralität und Neutralitätspolitik zu suchen und zu finden ist. An diesem Massstab ist alles zu messen, was der schweizerische Staat und seine Diener an der äusseren Front tun und was sie ganz bewusst unterlassen.«[9]

Von der Renaissance bis ins 20. Jahrhundert verstand und versteht man unter Neutralität dasselbe, nämlich die Nichtbeteiligung an einem Krieg zwischen zwei oder mehreren Staaten. Dieser Grundsatz findet als abstraktes Prinzip meistens Zustimmung. Denn er könnte, von allen angewandt, ein Element des Weltfriedens sein. Wenn jeder Staat sich verpflichtete, keinen Krieg zu beginnen und sich auch nicht in einen von andern angezettelten Krieg hineinziehen zu lassen, dann existierte, würden diese Prinzipien denn eingehalten, Weltfrieden. Doch selbst wenn die immerwährende und bewaffnete Neutralität nur von einem einzigen Staat praktiziert wird, ist sie ein Friedensfaktor. Sie bringt mit ihrer Berechenbarkeit Stabilität in die unruhigen aussenpolitischen Konstellationen. Anzumerken bleibt, dass die staatliche Neutralität in keiner Weise die freie Meinungsäusserung der Bevölkerung berührt. Was der Staat tut, ist das eine, was die Bevölkerung denkt und sagt, ein anderes.

Die überwältigende Mehrheit der Schweizer hat die Neutralität immer als etwas Positives aufgefasst. Auch das Ausland bewertete die Neutralität ähnlich – meistens ohne Begeisterung, aber aus der Einsicht heraus, dass damit immerhin etwas mehr Stabilität geschaffen werde. Selbst jene Staatsmänner, die wie Fürst Metternich diesem Status nichts Positives abgewannen, empfanden ihn wenigstens nicht als störend. Sonst hätten die Mächte auf dem Wiener Kongress die Neutralität nicht anerkannt, noch hätte der Völkerbund oder die KSZE sie später bekräftigt.

Aber ganz unproblematisch ist die Neutralität nicht. Denn sie hat einen Makel: Sie kennt keine Anteilnahme. Vom Standpunkt der Machtbeschränkung aus betrachtet ist sie ein vorbildliches Instrument, vom Standpunkt der Moral aus besehen kann sie bedenklich sein. Sich an einem Krieg nicht zu beteiligen, ist an sich gut, was aber, wenn ein Krieg gerecht ist, wenn es um den Kampf zwischen dem Recht und dem Unrecht geht? Ist dann ein Abseitsstehen zu rechtfertigen? Diese Fragen werden heute wieder häufiger gestellt. Neu sind sie deswegen nicht. Das Mittelalter war vom gerechten Krieg zutiefst überzeugt. Der Kampf der Christenheit gegen ihre Feinde duldete kein Ausscheren. Dem gerechten Krieg, dem »bellum justum«, musste sich jeder unterziehen. In den Religionskriegen der frühen Neuzeit, als jede Konfession den gerechten Krieg unter Berufung auf den gleichen Gott für sich reklamierte, wurde diese Theorie jedoch brüchig. Immer mehr drang die Ansicht durch, es sei besser, den Krieg als Machtkampf zu betrachten und die Gerechtigkeit ausser Spiel zu lassen. Nun erst konnte man den in der Antike gerissenen Faden wieder aufnehmen und die Neutralität erneut als eine Form staatlicher Existenz geltend machen. Neutralität setzt ein Minimum an Toleranz voraus.

Die Schweiz war stets von der moralischen Berechtigung ihrer Neutralität überzeugt. Sie bezog eine Position, die Kants kategorischem Imperativ genügt hätte: Wenn alle Staaten nach dem gleichen Prinzip wie die Schweiz lebten, dann herrschte Friede auf der Welt. Die moralische Frage würde sich gar nicht erst stellen. Und um ausserhalb ihrer Grenzen nach dem Rechten zu sehen, dazu reichten die helvetischen Kräfte nicht aus. Dennoch empfand auch die Schweiz die mangelnde Anteilnahme als ein moralisches Manko. Diesen unbefriedigenden Zustand wollte sie mit zweierlei Massnahmen, mit humanitären und politischen, kompensieren. Auf der humanitären Ebene ergänzte sie den Grundsatz der Neutralität mit karitativer Tätigkeit. In allen europäischen Kriegen leistete sie grosszügig humanitäre Hilfe. Sie unterstützte auch vorbehaltlos Institutionen wie das Internationale Komitee vom Roten Kreuz. Auf der politischen Ebene erbrachte sie seit dem Deutsch-Französischen Krieg von 1870 Gute Dienste. Sie übernahm Aufgaben, welche die am Krieg Beteiligten nicht mehr selbst ausführen konnten. Doch diese Leistungen ändern nichts daran, dass im Ausland die Berechtigung der Neutralität periodisch, vor allem in Zeiten intensiver Konflikte, angezweifelt wird.

Bezogen auf die Neutralität geraten Macht und Moral, solange Frieden herrscht, kaum in Konflikt. Dann schlummert die Neutralität. Reibungsflächen entstehen aber, sobald ein Krieg entflammt und jemand für sich den Status der Neutralität beansprucht. Was in der Theorie und in Friedenszeiten einleuchtet, gilt nicht mehr, wenn Krieg herrscht. Schon Gustav Adolf meinte: »Was ist das für ein Ding: Neutralität? Ich verstehe es nicht. Es ist nichts damit.«[10] Wer auf Leben und Tod kämpft, hat wenig Verständnis für jemanden, der beiseite steht. Er wird mit allen Kräften zu beweisen suchen, weshalb die Neutralität im Prinzip richtig, im konkreten Fall jedoch falsch ist. Er wird ihr die Berechtigung auf Grund der ausserordentlichen Natur des jeweiligen Krieges absprechen.

Dieser Widerspruch, dass man die Neutralität im Prinzip anerkennt, sie jedoch in existenziell gefährdeten Momenten bestreitet, beschattet die Neutralität, seit sie herangewachsen ist. Und die Schweiz verspürt ihn, seit ihre Neutralität international anerkannt wurde. Der erste Sündenfall ereignete sich just zu dem Zeitpunkt, als sich die Staatengemeinschaft auf dem Wiener Kongress anschickte, der Schweiz ihren Wunsch zu erfüllen und die Neutralität zu verbriefen. Kaum hatten die Grossmächte das Versprechen abgegeben, die Neutralität zu respektieren, forderten sie die Schweiz auf, diese zu brechen. Als Napoleon aus seiner Verbannung auf der Insel Elba entflohen war und den Siegermächten erneut die Stirn bot, musste die Eidgenossenschaft den alliierten Truppen den Durchzug durch ihr Gebiet gewähren, damit diese gegen Frankreich aufmarschieren konnten. Wie wurde dieser Verstoss begründet? So wie stets: Es handle sich nicht um einen normalen Krieg, es gehe nicht einfach um Macht, sondern um einen einmaligen Kampf zwischen Recht und Unrecht. Napoleon war nicht ein gewöhnlicher Feind; er war der »*ennemi du monde*«, der Feind der Menschheit. Unter solchen Umständen, hiess es, durfte es kein neutrales Abseitsstehen geben. Die Neutralität liess man gelten für traditionelle Kriege – oder das, was man dafür hielt –, aber nicht für den existenziellen Kampf, in welchem man gerade steckte.

Diesem Schema entlang wurde die Schweizer Neutralität immer wieder angefochten. Gegen Ende des Ersten Weltkriegs erreichte die Anti-Neutralitätswelle einen vorläufigen Höhepunkt. Die Lehre vom gerechten Krieg, die in der Neuzeit keine wesentliche Rolle mehr gespielt hatte, gewann erneut an Boden, und im gleichen Zug schwand das Verständnis für eine grundsätzlich neutrale Aussenpolitik. Man sprach ihr aus moralischen Gründen die Berechtigung ab. Kein Geringerer als Präsident Woodrow Wilson erklärte im April 1917 vor dem amerikanischen Kongress: »*Neutrality is no longer feasible or desirable where the peace of the world is involved and the freedom of its peoples.*« Diese Botschaft war in erster Linie an das amerikanische Volk gerichtet und betraf die eigene Aussenpolitik. Denn die USA waren eben daran, ihre Neutralität aufzugeben, um an der Seite der Entente in den Krieg einzugreifen. Aber sie disqualifizierten auch insgesamt die Neutralität als ein Friedensmittel. Die Neutralität mochte wohl der Ausbreitung eines Konfliktes Schranken setzen. Aber was war dieser Vorteil schon im Vergleich zu deren Nachteilen? Mit ihrem Abseitsstehen schwächte sie den Kampf gegen das Böse.

Folgerichtig sah Wilson nach Kriegsende in seinem Entwurf für eine neue Staatenorganisation keinen Platz für die Neutralen vor. Ein System von kollektiver Sicherheit sollte den Weltfrieden garantieren. Wer dagegen verstiess und einen andern Staat angriff, der beging nicht nur ein Verbrechen am angegriffenen Land, sondern an der gesamten Staatengemeinschaft. Der Angreifer musste von allen gemeinsam bestraft werden. Ein Abseitsstehen von Neutralen durfte es nicht geben, da das Recht gegen das Unrecht stand. Deshalb sollten Neutrale, so wollte es Wilson ursprünglich, im Völkerbund keine Aufnahme finden. Vom Konzept her waren Völkerbund und Neutralität unvereinbar. Als die Organisation dann gegründet wurde, goss Wilson etwas Wasser in den Wein. In zähen Verhandlungen gelang es dem Bundesrat und seinem Rechtsberater Max Huber, für die Schweiz eine Sonderstellung zu erlangen. Die Liga anerkannte die immerwährende Neutralität und nahm die Schweiz trotz dieses Statuts in ihren Schoss auf. Damit gab die neue Organisation, wenngleich nur widerstrebend, zu verstehen, dass die Neutralität unter besonderen Umständen auch künftig als aussenpolitische Richtlinie eines Staates gerechtfertigt sein könne.

Mit der Aufnahme in den Völkerbund war freilich die Debatte nicht abgeschlossen. Im Vorfeld des Zweiten Weltkriegs flammte sie erneut auf und wurde auf theoretischer Ebene noch grundsätzlicher ausgetragen. Der englische Jurist Sir John Fisher Williams erklärte 1936, es könnten bald Kriege kommen, die es jedem moralisch denkenden Menschen verunmöglichten, nicht Stellung zu nehmen. Carl Schmitt, der ebenso brillante wie fatal verstrickte Jurist im Dritten Reich, griff diesen Gedanken auf, drehte ihn aber um. In der Tat, meinte er, gebe es für die Neutralen in der weltpolitischen Auseinandersetzung keinen Platz mehr. Die Vorbereitungen für einen gerechten und totalen Krieg seien bereits angelaufen, und die Totalität schliesse per definitionem die Neutralität aus. Falls die Neutralen das Gebot der Stunde nicht erkennten, würde ihnen später, wenn die neuen Mächte den Sieg errungen hätten, Unheil drohen.[11] Die Schweiz liess sich von derartigen Überlegungen allerdings kaum beeindrucken. Es ist eine Ironie der Geschichte, dass der amerikanische Unterstaatssekretär Stuart E. Eizenstat mit seinen Vorwürfen an die Adresse der Schweiz gut 50 Jahre nach dem Krieg Carl Schmitt Recht zu geben schien: Von unerwarteter Seite wurde die Schweiz stark unter Druck gesetzt, obschon sie ausgerechnet das nicht getan hatte, was Schmitt von ihr gefordert hatte: nämlich für das so genannte Neue Europa Partei zu ergreifen. Stattdessen hatte sie an ihrer Neutralität festgehalten.

Auch in der Schweiz tauchten und tauchen sporadisch Zweifel am Sinn der Neutralität auf. Sie entspringen im Wesentlichen zwei Quellen: Die einen fühlen sich durch die Neutralitätspflichten zu stark eingeengt, die andern bezweifeln, ob die Neutralität noch eine angemessene Anwort auf die Herausforderungen der Zeit biete.

Viele Schweizer sind es nicht, die im Laufe der Geschichte unter der Neutralität gelitten haben oder heute noch daran leiden. Aber einzelne Protagonisten gab es immer. Ihnen erschien die Neutralität wie ein Korsett. Sie sahen nicht ein, weshalb sich ihr Land freiwillig Schranken auferlegen sollte. Meistens waren diese Einzelkämpfer von einer Sendung erfüllt, welche sich unter den Bedingungen der Neutralität nicht verwirklichen liess. Einer der dramatischsten Richtungskämpfe tobte, als der neue Bundesstaat gerade entstanden war. Der Liberalismus hatte in der Eidgenossenschaft mit dem Sieg über den Sonderbund eben triumphiert. Was sollten die Schweizer nun tun? Im eigenen Land eine liberale Ordnung errichten und sich damit zufrieden geben oder sich an die Spitze der liberalen Bewegung in Europa stellen? Wie sollte die Tagsatzung auf ein Angebot von König Albert von Savoyen reagieren, der mit den aufständischen Lombarden gegen das reaktionäre Österreich ziehen wollte? Sollte die Schweiz das Bündnis annehmen und die Flamme der Freiheit durch Europa tragen? Oder sollte sie auf neutrale Distanz gehen?

In der Tagsatzung entspann sich eine heftige Debatte über Realpolitik und idealistische Aussenpolitik. Der Waadtländer Henry Druey stritt vehement für ein Bündnis. In der neuen Auseinandersetzung gehe es nicht mehr um Kriege zwischen Dynastien, bei denen ein neutrales Abseitsstehen angebracht sei, sondern um das Prinzip der Freiheit. Da dürfe sich die Schweiz nicht mehr auf die Neutralität berufen. Die Schweiz müsse Partei ergreifen und Truppen ins Ausland schicken. Andere radikale Vorkämpfer sekundierten ihm. Sie erklärten: Es »werden die nach Freiheit ringenden Völker nach der Eidgenossenschaft als ihrer Leiterin und Vorkämpferin sich umsehen und mit Recht erwarten dürfen, dass die Schweiz ihre Sympathien nicht bloss durch Worte, sondern auch durch Taten kundgebe... Im Hinblick auf das Urtheil der Geschichte sei es an der Zeit, aus einer passiven Rolle herauszutreten und in dem grossen Drama, das sich vorbereite, eine entscheidende Stellung einzunehmen.«[12] Die radikale Minderheit unterlag indes der liberalen Mehrheit. Diese wog mit kühlem Kopf die europäischen Machtverhältnisse ab und verzichtete darauf, eine »Leuchte der Freiheit« zu werden und, wie die Radikalen es wollten, einmal »ein kräftiges Schweizerwort in der allgemeinen Politik mitzusprechen«. Ein halbes Jahr nach diesem denkwürdigen Richtungskampf wurde Druey ins erste Bundesratskollegium gewählt. Rasch bekehrte er sich zu einem zuverlässigen Verteidiger der Neutralität.

Einige Jahrzehnte später plädierte nochmals ein angehender Bundesrat dafür, die Neutralität abzustreifen. Oberst Emil Frey, im amerikanischen Sezessionskrieg ein Freiwilliger auf Seiten der Union, ein tatkräftiger Haudegen mit einem Hang zu markigen Worten, verkündete 1888 an der St. Jakob-Schlachtfeier in Basel: »...dieses eigenthümliche Neutralitätsdogma hat unsere Begriffe von Vaterlandsvertheidigung und nationaler Würde korrumpiert. Also fort mit dem Worte aus unserem nationalen Lexikon! Wir sollen und wollen darum keineswegs teilnehmen an fremden Händeln! ... Aber die Freiheit des Handelns wollen wir uns wahren...«[13] Der Wunsch, die eigene Handlungsfreiheit durch einen Verzicht auf die Neutralität auszuweiten, stiess vor allem in Offizierskreisen auf geneigte Ohren. Bis in den Ersten Weltkrieg hinein wurden derartige Forderungen erhoben, nicht häufig, aber deswegen nicht minder deutlich vernehmbar. Desgleichen fehlte es auf dem Höhepunkt des Kalten Krieges nicht an Stimmen, die einer vorbehaltlosen Einordnung in das westliche Verteidigungsbündnis das Wort redeten. Wenn in unseren Tagen einzelne Stimmen die Abschaffung der Neutralität und den Beitritt zur NATO propagieren, dann ist dies kein einmaliger Vorgang. Bestrebungen dieser Art hat es seit der Gründung der modernen Schweiz gegeben. Aber sie waren marginal, begrenzt auf intellektuelle Zirkel. Im Volk lösten sie nur schwachen Widerhall aus. Damit blieb ihnen auch, entsprechend den Gesetzmässigkeiten der helvetischen Demokratie, der politische Erfolg versagt.

Über die Jahrhunderte hinweg hielt sich die Schweiz aussenpolitisch ziemlich konsequent zurück. Sie schlug die Ratschläge von Neutralitätsgegnern aus den eigenen Reihen in den Wind und liess sich zu keinen aussenpolitischen Abenteuern verleiten. Aber sie erlag auch nicht verlockenden Angeboten aus dem Ausland, die gelegentlich an sie herangetragen wurden. Im Westen und im Osten wurden ihr Gebietserweiterungen sozusagen auf dem Silbertablett serviert. Doch sie packte nicht, wie es dem Durchschnittsverhalten eines europäischen Staats der Neuzeit entsprach, gierig zu. Vielmehr handelte sie äusserst vorsichtig – so, als wäre sie sich bewusst gewesen, dass jede Gebietserweiterung für einen neutralen Staat mehr Risiken als Chancen birgt. Denn früher oder später würden jene, welche aus einer Position der Schwäche heraus ein Territorium abtreten mussten, wieder auf das verlorene Gebiet Anspruch erheben.

Das Chablais und Faucigny, zwei savoyische Landschaften südlich des Genfersees, gaben mehrmals zu erkennen, dass sie sich gern der Schweiz anschlössen. Im Jahr 1814 entsandten sie eine Delegation an die Tagsatzung mit der Bitte um Vereinigung mit der Schweiz. Doch die Eidgenossenschaft erklärte, ihr seien alle Vergrösserungsabsichten fremd. Später ersuchten die Nordsavoyer dreimal um eine militärische Besetzung durch die Schweiz, aber diese reagierte nie; und im Jahr 1860, als Napoleon III. dieses Gebiet Frankreich einverleibte, baten gar 12 000 Savoyer in einer Petition um den Anschluss an die Eidgenossenschaft. Viele Schweizer, darunter auch der Gesandte Kern in Paris, konnten den Verlockungen kaum widerstehen. Aber letztlich obsiegte in bedächtigen Beratungen immer die Stimme der Vernunft. Sie lief auf Enthaltung hinaus. Hätte die Schweiz anders entschieden, wäre sie mit grosser Wahrscheinlichkeit in einen Krieg mit Napoleon III. verwickelt worden.

Nicht anders erging es den Vorarlbergern. Auch deren Wunsch wurde von der Schweiz nicht erhört. Nach dem Ersten Weltkrieg, als Österreich-Ungarn aufgeteilt wurde, wollte die grosse Mehrheit nicht länger in Rest-Österreich verbleiben. Unter Berufung auf das Selbstbestimmungsrecht suchten die Vorarlberger den Anschluss an das westliche Nachbarland. In einer Volksabstimmung von 1919 sprachen sich beinahe 80 Prozent für die Schweiz aus. Doch der Bundesrat liess sich nicht aus seiner Reserve locken. Er wartete die Ergebnisse der Pariser Friedenskonferenz ab. Nur wenn die Grossmächte das Selbstbestimmungsrecht der Vorarlberger anerkannt hätten, wäre er bereit gewesen, das Gesuch ernsthaft zu prüfen. Dazu kam es indes nicht. Der Bundesrat musste seine Verzögerungstaktik nicht bereuen. Im Gegenteil, sie stellte sich später, als Hitler 1938 in Österreich einmarschierte, als Glücksfall heraus. Zu welchen Abenteuern hätte wohl eine Gebietserweiterung den Vorwand geliefert?

Es ist ein einzigartiger Vorgang, dass ein Staat in der frühen Neuzeit die Neutralität zu seinem aussenpolitischen Grundsatz erhob und diese Politik über Jahrhunderte hinweg bis in die Gegenwart befolgte. Etwas Vergleichbares gibt es in Europa nicht, nicht einmal entfernt. Die Neutralität ist im Allgemeinen eine recht kurzlebige Angelegenheit. Nur in raren Ausnahmen, etwa in Schweden, dauerte sie mehr als zwei oder drei Generationen. Im 19. Jahrhundert erhielten, nebst der Schweiz, mehrere Staaten eine vertraglich festgelegte Neutralität, so Malta, die Republik Krakau, Belgien und Luxemburg. Keinem war es beschieden, das Statut auch nur hundert Jahre zu wahren. Und heute sind die Partner aus der zweiten Hälfte des 20. Jahrhunderts daran, sich der Neutralität zu entledigen. Österreich und Schweden gehen zunehmend auf Distanz, sie wollen nur noch allianzfrei sein; Finnland wartet den günstigen Augenblick ab, um der NATO beizutreten. Was Wunder, dass man auch in der Schweiz darüber nachdenkt, ob die Neutralität im zeitgenössischen sicherheitspolitischen Kontext noch Sinn macht.

An sich erwartete man, die Anwort würde in der Schweiz ähnlich ausfallen wie in den andern ehemals neutralen Staaten. Die Eidgenossenschaft ist in das gleiche aussenpolitische Umfeld eingebettet, sie unterliegt denselben Einwirkungen wie Österreich oder Schweden. Umgeben von der Europäischen Union, liegt sie inmitten einer Friedensgemeinschaft, und die epochale Auseinandersetzung zwischen Kommunismus und freiheitlicher Ordnung ist einer neuen Form der Zusammenarbeit gewichen. Zudem ist die Schweiz von den neuen Gefahren des Terrorismus nicht weniger betroffen als die übrigen Nationen. All das ruft nach einer gleichen Beurteilung und, logisch gesehen, ähnlichen Konsequenzen in der Praxis. Doch die Anwort fällt in der Schweiz anders aus. Im Gegensatz zu den drei bisherigen Neutralen ist die Schweiz bekanntlich der EU nicht beigetreten, und in der Sicherheitspolitik rückt sie ebenfalls nur behutsam von ihrer traditionellen Linie ab. Der Grund liegt, wie erwähnt, im Machtwort des Volks. Die überwältigende Mehrheit der Schweizerinnen und Schweizer will, alle Umfragen bestätigen es, von einer Einschränkung der Neutralität nichts wissen, geschweige denn von deren Abschaffung. Woher rührt das?

Man kann das Besondere am Schweizer Neutralitätsverständnis nur historisch erklären. Die Schweiz ist von ihrer ausserordentlich langen Neutralitätsgeschichte tief geprägt. Sie verfügt diesbezüglich über einen wesentlich reichhaltigeren Erfahrungsraum als jede andere Nation. Deshalb hegt sie auch andere Erwartungen. Sie durfte die Segnungen der Neutralität vielfach erfahren. Wem sonst war dies vergönnt? Zudem erlebte sie, wie sich ihre Neutralität als Konstante in einer Welt bewährte, deren politischer Horizont sich bald aufheiterte, bald verdüsterte. Im Nachhinein hatte es sich stets als weise erwiesen, an der Neutralität unbeirrt von aussenpolitischen Konstellationen festzuhalten. An den Wegscheiden war es freilich nicht, wie man rückblickend vermuten könnte, derart einfach gewesen, den richtigen Entscheid zu finden. Immer gab es auch Vernunftgründe, die ein Abrücken von der Neutralität als Richtschnur aussenpolitischen Verhaltens nahelegten. Dazu einige Beispiele.

Der erste Fall dieser Art trat ausgerechnet im Jahr 1815 ein – zum Zeitpunkt, da die Grossmächte die Schweizer Neutralität schriftlich anerkannten. Gleichzeitig errichteten die Mächte auch die Heilige Allianz. Sie beabsichtigten, in einem grossherzigen Neuanfang Europa gemeinsam nach den Grundsätzen des Christentums, der Gerechtigkeit, der Liebe und des Friedens zu leiten. Dazu verpflichteten sie sich mit Schwüren und Deklarationen. Die Schweiz war somit, da Frankreich bald auch in die Allianz aufgenommen wurde, von einer Friedensordnung umgeben, die, hätte sie ihren Zweck erfüllt, jegliche Neutralität überflüssig gemacht hätte. Wozu also noch eine Verpflichtung auf die Neutralität? Solche Fragen wurden schon damals gestellt. Sie kamen auch Pictet de Rochemont zu Ohren. Doch dieser warnte vor Illusionen. Die Friedensordnung, das war gut und recht. Würde sie auch Bestand haben? Seine Menschenkenntnis wie seine politische Vernunft mahnten ihn zur Vorsicht. Früher oder später würden wieder Konflikte ausbrechen. Deshalb solle die Eidgenossenschaft ihre Aussenpolitik nicht nach den Verheissungen der Stunde richten, sondern auf das solide Fundament der bewaffneten Neutralität stellen.

Einen neuen Grundsatzentscheid musste die Schweiz nach dem Ersten Weltkrieg fällen. Sollte sie dem Völkerbund beitreten? Und durfte sie, wie von den Gründern ursprünglich gefordert, die Neutralität aufgeben? Der Bundesrat wollte der neuen Organisation beitreten. Aber er wollte auch die Neutralität wahren. Er wusste, dass das Volk für einen Beitritt zum Völkerbund ohne Neutralitätsvorbehalt nie zu gewinnen war. In aufwendigen Verhandlungen erreichte er sein Ziel. Doch die Schweiz musste, ehe sie aufgenommen wurde, Konzessionen eingehen. Diese schlugen sich in der »differenziellen« Neutralität nieder. Max Huber, der Hauptarchitekt der Völkerbundsvorlage, glaubte, diesen Kompromiss gerade noch knapp verantworten zu können. Er meinte: Hält die Liga, was sie verspricht, dann ist die Abmachung problemlos und die Neutralität wird hinfällig; nimmt der Völkerbund einen andern Verlauf, dann wäre die Schweiz mit ihren Konzessionen weit, vielleicht sogar zu weit gegangen. Mit seiner Skepsis sollte er Recht bekommen. Der Bundesrat war heilfroh, als die Schweiz 1938, ein Jahr vor dem Krieg, zur integralen Neutralität zurückkehren konnte.

Nach dem Zweiten Weltkrieg fand sich der Bundesrat in einer ähnlichen Situation wieder. Erneut schloss sich die Staatengemeinschaft zu einer weltumspannenden Organisation zusammen, und wieder wollte diese keine Neutralen aufnehmen. Die Schweiz wäre der UNO gern beigetreten, aber nur mit einem Neutralitätsvorbehalt. Da die Gründungsmitglieder dies ausschlossen, blieb sie fern. Die unerfreulichen Erfahrungen mit dem Völkerbund erleichterten ihr das Abseitsstehen. Sie versuchte nicht mehr, einen Sonderstatus zu erbetteln. Aber Petitpierre beschlichen zuweilen doch Zweifel, ob die Neutralität in einer bipolar aufgespaltenen Welt noch vertretbar sei. Zwischen dem Westen und dem Osten, zwischen Liberalismus und Kommunismus, der Freiheit und der Unfreiheit gab es, so schien ihm mitunter, keinen Platz mehr für einen Neutralen; die Schweizer Interessen und die Weltlage geboten einen Schulterschluss mit dem freien Westen. Die Neutralität hatte sich, davon war Petitpierre überzeugt, in der Vergangenheit fraglos bewährt, aber taugte sie auch noch für die Zukunft?

Ähnliche Zweifel sollten nach dem Ende des Kalten Krieges etliche Schweizer umtreiben: Zwar stand nun eindeutig ausser Frage, was Petitpierre zuweilen noch bezweifelt hatte: nämlich, dass die Neutralität eine zweckmässige Antwort auf eine bipolar gespaltene Welt war. Aber die bohrende Frage erstreckte sich erneut auf die Zukunft: Kann man in einem Europa, das die epochale Spaltung überwunden hat und von einer Friedensgemeinschaft wie der Europäischen Union geprägt wird, noch neutral sein? In aussenpolitisch interessierten Zirkeln verneint man die Frage zusehends. Heute dürfte Skepsis bis Ablehnung überwiegen.[14] Für viele hat sich die Neutralität überlebt. Sie ist anscheinend zu einem lästigen Traditionsballast verkommen.

Doch ist sie das wirklich? Die Kritik an der Neutralität hat ihre Geschichte. Über die Zeiten hinweg erfolgte sie nach dem gleichen Schema:

Kaum jemand bestreitet den Nutzen der Neutralität in der Vergangenheit, doch die gleichen Personen bezweifeln, ob das, was sich bisher bewährt hat, vor den Herausforderungen der Zukunft bestehen könne. Die Beurteilung der Vergangenheit und die Erwartungen an die Zukunft klaffen auseinander. Im Rückblick erweist sich die Neutralität nach jedem Zeitabschnitt als bestandene Politik; im Vorblick erwarten die Kritiker vor jedem neuen Zeitabschnitt deren Versagen. Dieser Knick in der Wahrnehmung von Vergangenheit und Zukunft ist erstaunlich. Er entspricht eigentlich nicht den Regeln der Logik. Positive Erfahrungen sollten optimistische Erwartungen erzeugen. Warum folgern einige aus einer positiven Vorlage gerade ein zukünftiges Versagen? Die Antwort liefert nicht die Neutralität selbst; sie hat sich bewährt und kann als solche fortgesetzt werden. Es ist der jeweilige Wandel im aussenpolitischen Umfeld, der Befürchtungen erweckt. Die Schweiz kann ihn nicht oder nur marginal beeinflussen. Er droht Herausforderungen zu stellen, die mit der herkömmlichen Neutralität nicht mehr zu bewältigen sind.

Die kritischen Überlegungen folgen der Neutralität wie ein Schatten. In irgendeiner Form sind sie immer präsent. Aber sie verursachen selten einen Sinneswandel und, wenn schon, nur einen behutsamen. Denn beim Abwägen der Argumente senkt sich die Waagschale doch zu Gunsten der Neutralität. Warum sollte man das Erprobte zugunsten von etwas Vagem oder Vermutetem aufgeben? Ausserdem ist die Neutralität im Schweizervolk zu sehr verankert, als dass Radikallösungen in Betracht kämen. Ein freiwilliges Abrücken würde das Selbstverständnis der Nation schwer erschüttern. Die Neutralität ist ein eminenter Faktor des nationalen Zusammenhalts. Sie stiftet Identität. So dürfte es besser sein, eine Aussenpolitik zu verfolgen, die vielleicht intellektuell nicht in allen Punkten voll befriedigt, dafür von der grossen Mehrheit des Volkes getragen wird, als einen konzeptionell optimalen Kurs zu steuern, der die Bevölkerung spaltet.

Die Aussenpolitik eines neutralen Kleinstaats ist nüchtern. Sie beruht auf einfachen Prinzipien und ist folglich berechenbar. Ein Kleinstaat kann sich keine Eskapaden leisten, wenn er ernst genommen werden will. Er muss sich der Grenzen seiner Macht bewusst sein. »Aus dem grossen Spiel um Macht und Einfluss in der Welt« hat sich die Schweiz, wie Albert Weitnauer erklärte, längst zurückgezogen. »Wir haben keinerlei Einfluss auf die Weltgeschichte. Sie ereignet sich, ohne dass wir etwas dazu tun könnten.«[15] Mit der Neutralität verzichtet die Schweiz in der Tat darauf, im Ernstfall ihr Gewicht in die Waagschale zu werfen. Aber an dem Kernthema der Aussenpolitik, dem ständigen Ringen um Frieden, nimmt sie durch ihr vielfältiges Engagement unterhalb der Kriegsschwelle auch teil, sei es allein, sei es zusammen mit andern Staaten oder im Verein mit internationalen Organisationen – und nicht zuletzt durch ihr Zeugnis.

Ein ständig neutraler Staat bringt allein durch seine Existenz zweierlei zum Ausdruck: Zum einen verkörpert er Skepsis. Er setzt hinter alle Entwürfe vom ewigen Frieden ein Fragezeichen. Neutral zu sein macht nur Sinn, wenn man den Ausbruch von bewaffneten Konflikten als Möglichkeit nicht ausschliesst. Dieser Status enthält ein Eingeständnis, dass man den künftigen Verlauf der Geschichte weder kennt noch ihn bestimmen kann. Und er bekundet auch den Willen, das eigene Verhalten, was immer kommen mag, im Voraus festzulegen. Zum andern bedeutet er Hoffnung. Mit seiner Verpflichtung zum Gewaltverzicht nach aussen liefert er im Kleinen, so wie die UNO im Grossen, einen Beitrag zu einer Staatenordnung, die den ewigen Frieden ermögliche.

Die Schweiz steht den internationalen Friedensbemühungen nicht fern. An vielen beteiligt sie sich direkt. Doch sie weiss auch, dass die Bestrebungen und Hoffnungen der Menschheit die eine Seite und die realen Zeitverhältnisse die andere Seite ein und derselben Medaille bilden. Zwischen beiden Kräften spielen sich die aussenpolitischen Auseinandersetzungen ab. Die ethische Verantwortung sollte die Politik leiten. Aber sie tut es nicht immer. Das Pendel der Politik kann auf die positive wie negative Seite ausschlagen. Es gibt keinen irreversiblen Prozess hin zum Frieden, nicht einmal in Europa. Jeder Fortschritt muss errungen und stets von neuem gesichert werden. Darüber darf man sich keinen Illusionen hingeben. Eine realistische Aussenpolitik ist die beste Voraussetzung, um idealere Verhältnisse zu schaffen. Wie dies in der Schweiz geschehen ist, versuchen die nächsten Kapitel darzustellen.

Charles Pictet de Rochemont
Der Genfer Patrizier auf dem Wiener Kongress
1755–1824

Landwirt, Homme de lettres und Diplomat

Keine Mythen ranken sich um Charles Pictet de Rochemont. Er ist seit langem halb vergessen. Die erste und einzige Biografie wurde vor mehr als hundert Jahren geschrieben. Diplomaten vom Schlag eines Pictet erregen das Interesse der Öffentlichkeit nicht. Der Genfer Patrizier war ein Calvinist, wie er im Buch steht: rechtschaffen, streng, durchdrungen vom »service public«, dem Dienst an der Öffentlichkeit. Die Zuträger einer »chronique scandaleuse ou amoureuse« gehen dagegen leer aus. Aus solchem Material liessen sich früher keine Kalendergeschichten und heute keine »home stories« machen. Dennoch lohnt es sich, die Biografie dieses Mannes kennen zu lernen. Er ist nicht nur einer der grössten Diplomaten, den die Schweiz je hervorgebracht hat, er ist auch ein Homme de lettres von Statur, ein faszinierender Intellektueller, eine vielseitige Persönlichkeit im Schnittpunkt von Staat, Wirtschaft und Wissenschaft, gewissermassen ein schweizerischer Jefferson.

Charles Pictet wurde 1755 in Genf geboren. Seine Vorfahren waren 1474 aus dem hochsavoyischen Neydens eingewandert. Seither hatten sie in schier ununterbrochener Linie Magistratspersonen, Akademieprofessoren und Pastoren gestellt – eine Dauerleistung, wie sie wohl nur in der calvinistischen Kombination von Leistungsdruck und Genussdiät zu erreichen ist. Die Pictets gehörten bald nach ihrer Einbürgerung zum innersten Kern des Genfer Patriziats und behaupteten sich in dieser Position bis auf den heutigen Tag. Charles Pictets gleichnamiger Vater war Offizier in sardischen und holländischen Diensten gewesen. Nach seiner Rückkehr liess er sich in der Weingegend des Mandement, in Cartigny, nieder. Weil er sich in einem Brief gegen die Verurteilung und Verbrennung von Rousseaus »*Emile*« und »*Contrat social*« durch den Kleinen Rat ausgesprochen hatte, tadelte ihn die Regierung scharf, sie liess seinen Brief hochoffiziell zerreissen und schloss ihn für ein Jahr aus dem wichtigen Rat der Zweihundert aus. Von diesem Vorgehen tief verletzt, verzichtete der altgediente Offizier während zwölf Jahren, an den Beratungen des hohen Gremiums teilzunehmen. Rousseau aber entgalt die Zivilcourage, indem er dem ihm persönlich nicht bekannten Herrn einen Dankesbrief schrieb.

Der Sohn des ehemaligen Regimentskommandanten erhielt eine Erziehung, die ihm später sehr zustatten kam. Sein Vater schickte ihn mit 13 Jahren ins berühmte Internat von Haldenstein, das Martin Planta nach liberalen christlichen Grundsätzen und im Geiste der Helvetischen Gesellschaft führte. In dieser Eliteschule, von Pestalozzi und Fellenberg als vorbildlich bewundert, erlernte Charles Pictet nicht nur Sprachen, Wissenschaft und handwerkliche Fertigkeiten, er kam auch mit Zöglingen zusammen, die später seinen Weg kreuzen sollten, namentlich mit dem Zürcher Hans von Reinhard, eidgenössischer Landammann von 1806–1813, und dem Waadtländer Frédéric César de Laharpe, dem Zarenerzieher, Freund der Französischen Revolution und Mitglied des Helvetischen Direktoriums.

Mit zwanzig Jahren trat Pictet in französische Dienste. Er wurde Leutnant im Schweizerregiment de Diesbach. Dort erwarb er zwei Eigenschaften, die er als Diplomat zur vollen Entfaltung brachte: einen hohen Grad an Selbstbeherrschung und ein sicheres Auftreten. Nach zehn Jahren, nun im Grade eines Majors, verabschiedete er sich aus dem Solddienst; er kehrte nach Genf zurück, wurde bald in den Rat der Zweihundert aufgenommen und mit der Aufgabe betraut, das desolate Militärwesen in Genf neu aufzubauen. Zudem wurde er 1790 zum Gerichtsauditor berufen. Dieses Amt mit Polizeiaufgaben war damals wenig begehrt. Wer es innehatte, exponierte sich stark und setzte sich erheblichen Gefahren aus. Denn in der Rhonestadt tobten schon seit mehreren Jahren heftige Kämpfe zwischen dem aristokratischen Regime der »*Négatifs*« und der demokratischen Bewegung, den »*Représentants*«. Die aufsteigende Schicht der »Représentants« forderte mehr Rechte, während sich die Aristokraten mit ihren Privilegien ängstlich abzukapseln versuchten.

Das Feuer der Grossen Revolution flackerte zuerst in Genf, ehe es in Frankreich mächtig auflöderte und den ganzen Kontinent erfasste. Pictet, ein von Natur aus konservativer Mensch, aber mit aufgeklärtem Blick für die Zeiterfordernisse, ein rechtschaffener Sachwalter und daher bis weit in die demokratischen Zirkel hinein hoch geachtet, sollte den neuen Zeitgeist bald am eigenen Leib erfahren. Ende 1792 stürzten die »Egaliseurs« die verkorkste Aristokratenherrschaft. Sie vertrieben auch Pictet aus seinem Amt. Zahlreiche Genfer indes wollten auf die Fähigkeiten des gemässigten Vertreters des Ancien Régime nicht verzichten und wählten Pictet in eine neugeschaffene, von revolutionärem Geist erfüllte parlamentarische Versammlung. Als 1794 der jakobinische Terror aus Frankreich nach Genf überschwappte, wurde allerdings auch Pictet verhaftet. Ein Revolutionsgericht verurteilte ihn zu einem Jahr Hausarrest. Pictet konnte freilich noch von Glück reden. Übler erging es seinem Schwager François de Rochemont. Der 28-jährige Anwalt wurde in den ehemaligen Stadtgräben, dort, wo sich heute die Promenade des Bastions befindet, erschossen.

Pictet, seit 1786 mit Adélaïde-Sara, einer Tochter des Staatsschreibers Ami de Rochemont, verheiratet, zog sich nach dem Umsturz ins Privatleben zurück. Als vielfältig interessierter Mensch wusste er sich gut zu beschäftigen. Aber es behagte ihm nicht mehr in seiner Heimat. Er spielte mit dem Gedanken, nach Amerika auszuwandern. Um sich vom Land, das eben erst die Unabhängigkeit erkämpft hatte, ein Bild zu machen, beschaffte er sich einschlägige Literatur. Dabei gefiel ihm vornehmlich ein Buch von Jedidiah Morse, einem Theologen aus Massachusetts. Dieser hatte 1789 in Boston eine umfassende Landeskunde von den dreizehn amerikanischen Staaten publiziert. Pictet begann darin zu lesen, und dabei passierte ihm Folgendes: »Ich suchte Informationen für meine vagen Zukunftspläne [die Auswanderung]. Ich wollte mich von den vergangenen und gegenwärtigen Zuständen ablenken, indem ich über einen Haufen Begebenheiten, die mir bemerkenswert schienen, einige Ideen zusammentrug. Aber allmählich packte mich meine Arbeit. Ich dachte mir, eine Übersicht über die Wirkung der wahren Freiheit – im Gegensatz zum Fanatismus, den man mit diesem Namen ehrt – könnte gut tun... Es ärgerte mich auch nicht, ich gestehe es, meine lange unterdrückten Gefühle abzulassen und meine Verachtung für die modischen Prinzipien zu veröffentlichen. Ich versuchte noch von der Freiheit zu reden, als ihr Name schon längst mit dem Verbrechen Hand in Hand zu gehen schien.«[16]

Je mehr Pictet bei Morse las, desto mehr freundete er sich mit den Zuständen in Amerika an; er entschloss sich, das Buch ins Französische zu übersetzen und mit Einschüben von anderen Autoren zu ergänzen. Unter dem Titel *»Tableau de la situation actuelle des Etats-Unis d'Amérique«* veröffentlichte er 1795 in Paris ein eigentliches Handbuch über die Vereinigten Staaten mit je einem Kapitel zu Geschichte, Geografie und Volkswirtschaft der 13 Einzelstaaten. Ihm war auch nicht entgangen, wie die junge Nation mit ihrer umwerfend neuen Verfassung, die sie sich vor ein paar Jahren gegeben hatte, Europa herausforderte. Seinem Buch fügte er eine Übersetzung der Verfassung von 1787 an – eine der ersten französischen Ausgaben der Epoche machenden Konstitution. In der Einleitung zum *»Tableau«* öffnete er sein Herz und liess seiner Meinung freien Lauf. Zu jenem Zeitpunkt galten seine Sympathien ganz der Neuen Welt und seine Verachtung dem Alten Kontinent: »Was für ein Vorbild für Europa! Was für ein Kontrast im Geist der Nationen! Was für einen widerwärtigen Geschmack hinterlässt nicht die Rückkehr zu unserer Misere und unseren bedauerlichen Irrtümern, nachdem man das grossartige und löbliche Schauspiel des glücklichen und freien Volkes gesehen hat...!«[17] Die Vereinigten Staaten haben, wie er seine Abhandlung in einem Satz zusammenfasst, »die Prinzipien einer freien Regierung mit weit mehr Erfolg als jede andere Nation in die Tat umgesetzt«.[18]

Derartiges im Jahr 1795 zu publizieren zeugte von Mut. Der Schrecken der Jakobinerherrschaft in Paris und des Terrors in Genf steckte den alten Familien noch in den Gliedern. Jedenfalls getraute sich zur selben Zeit die »Société des arts« in Genf nicht, ihren Jahresbericht publik zu machen. Denn Marc-Auguste Pictet, der berühmte Bruder in der Akademie der Wissenschaften, hatte es nicht unterlassen, an der Totentafel ehrend des Regierungsrates Naville zu gedenken, den die Revolutionäre im Vorjahr erschossen hatten. Eine Veröffentlichung erachtete man als zu gefährlich. Doch allmählich heiterte sich der politische Horizont auf – bei allen Turbulenzen, die wahrlich in nicht geringer Zahl noch bevorstanden. Pictet nahm von seinen Auswanderungsplänen Abstand, mit Bedacht widmete er sich zwei anderen Aufgaben.

Zusammen mit seinem Bruder Marc-Auguste griff er die Idee seines Freundes Frédéric-Guillaume Maurice auf, eine Zeitschrift mit drei Abteilungen herauszugeben. Marc-Auguste kümmerte sich um den wissenschaftlichen Teil, Charles um die agronomischen und literarischen Belange, derweil Maurice die Verwaltung übernahm. Maurice, von Hause aus Agronom, ehedem auch Auditor und Mitglied des Rates der Zweihundert, sollte schon bald ein delikates Amt übernehmen. Während mehrerer Jahre war er in einem Genf, welches das Direktorium der Französischen Republik einverleibt hatte, Stadtammann.

Charles Pictet schrieb häufig selbst Artikel in den agronomischen Heften. Er erörterte etwa den Nutzen der Maiskulturen für die Sirupproduktion, die Beigabe von gerösteten Kartoffeln ins Brot, den Anbau von Weizen und Luzerne; nicht selten berichtete er auch über Fellenbergs Anstalten in Hofwil. Während die mit *»Agriculture anglaise«* betitelten Hefte auch Beiträge aus der Schweiz und Briefe aus andern Ländern Europas brachten, enthielten die Hefte der *»Littérature«* fast ausschliesslich Übersetzungen englischer Belletristik, Philosophie und Geschichte. Hinzu kamen Buchbesprechungen aus dem angelsächsischen Raum, oft wohl aus Pictets Feder, jedoch, im Gegensatz zu den agrarischen Artikeln, nie namentlich gezeichnet. Nur in einem Brief über Hofwil bekannte sich Pictet in der literarischen Abteilung zu seiner Autorschaft. Ansonsten beschränkte sich die eigene Meinung jeweils auf die knappe Einleitung zu den einzelnen Heften.

Im Januar 1796 erschien das erste Faszikel der Zweimonatsschrift *»Bibliothèque Britannique«*. Der Name war Programm. Dem revolutionären Gedankengut Frankreichs wollte man das liberale Gesellschaftsmodell Grossbritanniens entgegenstellen. Das Genfer Patriziat war aus Tradition anglophil. Pictet, der 1787 eine mehrmonatige Studienreise nach England unternommen hatte, bediente sich zuweilen selbst in seiner privaten Korrespondenz des Englischen. Zahlreich sind auch die Genfer, die aus der Enge ihrer Stadt entfliehend in London Zuflucht suchten. Jean-Louis Delolme, eine etwas farbige Gestalt, prägte mit seiner Schrift *»La constitution de l'Angleterre ou l'état du gouvernement anglais«* das positive Bild vom englischen Staatswesen nachhaltig im Ausland. Pictets Unternehmen reiht sich in diese Bemühungen ein. Im Verlagsprospekt heisst es, einer der Gründe, weshalb man die Zeitschrift lanciere, sei es, »dem Studium von Theorien, die für leidenschaftliche und oberflächliche Menschen so verführend, aber im Endresultat eben nichtig seien, das entgegenzusetzen, was allein zur Wahrheit führe, nämlich das Studium von Tatsachen«; auch wolle man helfen, »die totale Ignoranz« gegenüber den Sitten, Institutionen und Fähigkeiten Englands abzubauen; diese Ignoranz sei ja ohnehin nichts anderes als eine Frucht des Nationalhasses.[19]

Nachdem Genf 1798 von Frankreich annektiert worden war, mussten sich die Herausgeber allerdings verpflichten, von der Publikation politischer Artikel abzusehen. Dafür durften sie von überall her wissenschaftliche Beiträge entgegennehmen, insbesondere auch von britischen Mitarbeitern. Da Napoleon mit der strikten Kontinentalsperre nicht nur den Warenverkehr, sondern auch den Geistesaustausch zwischen England und Frankreich erheblich behinderte, erhielt die *»Bibliothèque Britannique«* sozusagen eine monopolartige Stellung. Wer sich über den wissenschaftlichen Fortschritt Grossbritanniens orientieren wollte, dem stand auf Französisch nur dieses Organ zur Verfügung. Die Zeitschrift wurde gerade für französische Gelehrte zu einer unentbehrlichen Lektüre. Die Herausgeber verstanden es, sich mit einem ansprechenden Programm und hochstehenden Beiträgen innert kürzester Frist hohe Achtung zu verschaffen. Madame de Staël, die ebenso berühmte wie exzentrische Grande-Dame der Literatursalons, schwärmte nicht nur von Pictet und lud ihn fast demütig bittend – aber erfolglos – ein Mal über das andere in ihren Zirkel nach Coppet ein; nach den Napoleonischen Kriegen intervenierte sie auch beim britischen Prinzregenten, dem nachmaligen König Georg IV., damit die Herausgeber für ihre ausserordentliche Leistung ausgezeichnet würden. Dieser griff die Anregung sogleich auf. Er schenkte den drei Genfern 500 Pfund Sterling »als Belohnung für die Dienste, welche die Zeitschrift zu Gunsten Englands, der Literatur und der Wissenschaft erbracht hatte«.[20] Eine deutliche Sprache spricht auch eine andere Anekdote. Als Pictet auf dem Wiener Kongress dem französischen Aussenminister Talleyrand begegnete, meinte dieser, Napoleon hätte die »Bibliothèque Britannique« gern mit einem Publikationsverbot belegt. Verschmitzt soll Talleyrand angefügt haben: »Doch insofern Sie die öffentliche Meinung auf Ihrer Seite hatten, wäre eine Unterdrückung einem Staatsstreich gleichgekommen.«[21]

Tatsächlich hielten sich die Herausgeber an die Auflage, keine politischen Artikel zu veröffentlichen; aber ebenso peinlich achteten sie darauf, keinen Satz in ihr Periodikum einzurücken, den Napoleon zu seinen Gunsten hätte auslegen können. Tapfer widerstanden sie jeglichem Druck, ihr Organ den Plänen des Welteroberers dienstbar zu machen. Mit Informationen, die für sich selbst sprachen, überstanden sie würdevoll die Napoleonische Diktatur. Genf verdankt viel von seinem intellektuellen Prestige, das es über die Annexionsphase hinaus retten konnte, dieser Publikation. Nach der Bezwingung Napoleons hatte die »Bibliothèque Britannique« ihr politisches Programm erfüllt. Aber das Organ erschien weiter. Die Herausgeber tauften es 1816 in »Bibliothèque Universelle« um, und unter diesem Namen lebte die literarisch-kulturelle Zeitschrift bis 1930 fort. Das »Archive des Sciences« dagegen, gleichfalls der »Bibliothèque« entsprungen, erscheint noch heute, betreut von der Genfer »Société de Physique et d'Histoire naturelle«.

Noch mehr als mit der Literatur beschäftigte sich Pictet jedoch mit der Landwirtschaft – aus Interesse, aber auch um den Lebensunterhalt für sich und seine Familie zu bestreiten. Denn die Revolution hatte an seinem Vermögen gezehrt. Im Herbst 1798 konnte seine Frau aus der Konkursmasse ihres Schwagers Lullin vor den Toren Genfs, im savoyischen Lancy, ein grosses Gut kaufen.[22] Pictet bewirtschaftete den Hof mustergültig. Voller Enthusiasmus suchte er die landwirtschaftlichen Produktionsmethoden zu verbessern. Bald schon sollte er bei aufgeklärten Agronomen grosse Beachtung finden. In den Jahren 1817/18 liess er im Park des Lullin'schen Anwesens, auf einer anmutigen Anhöhe mit Blick auf die Calvin-Stadt, eine neoklassizistische Villa bauen, das so genannte »Château«, das heute als Gemeindehaus von Lancy dient.

Pictet war von seiner Weltanschauung her ein Physiokrat. Er glaubte, jede gesunde Volkswirtschaft müsse auf der Landwirtschaft aufbauen, dem Handel und Gewerbe komme lediglich eine nachgeordnete Bedeutung zu. Mit den bedeutendsten Physiokraten seiner Zeit, dem Franzosen Pierre-Samuel Dupont de Nemours, stand er – wie auf der anderen Seite des Atlantiks der Physiokrat von Virginia, Thomas Jefferson – in brieflichem

Kontakt. Am meisten bewunderte er indes Philipp-Emanuel von Fellenberg. Der Berner Aristokrat hatte ungefähr zur gleichen Zeit wie Pictet einen Hof erworben. Auf seinem Gut Hofwil bei Münchenbuchsee richtete er im Geiste Pestalozzis einen landwirtschaftlichen Musterbetrieb und verschiedene Bildungsanstalten ein, die von der einfachen Armenschule über eine landwirtschaftliche Ausbildungsstätte bis zur Lehrerfortbildung reichten. Pictet vertraute ihm seinen jüngeren Sohn Adolphe zur Erziehung an.

Wie Fellenberg strebte Pictet eine möglichst harmonische Ausbildung von handwerklichen und geistigen Fähigkeiten an. Er liebte die körperliche Arbeit und legte oft selbst Hand an. Sein besonderer Stolz als Landwirt galt seinen Merinoschafen. Als er seinen Betrieb aufzog, kaufte er aus der königlichen Schäferei von Rambouillet ein Dutzend Lämmer dieser spanischen Rasse. Seine Zucht erwarb sich innert weniger Jahre einen hervorragenden Ruf. Bald bekam er Bestellungen aus aller Herren Länder. Im Jahr 1809 bezog gar Zar Alexander I. 1500 Tiere und siedelte die Herde in der Gegend von Odessa an. Bei diesem Handel kam Pictet übrigens auch mit Herzog Armand-Emanuel de Richelieu, damals Verwalter der südlichen Provinzen Russlands, in Kontakt. Später sollte er ihm, nun Aussenminister Ludwigs XVIII. geworden, bei Verhandlungen in Paris erneut begegnen. Thomas Jefferson, um nochmals eine Parallele aufzuzeigen, pflegte ebenfalls die Merinozucht als sein Steckenpferd. Aber im Gegensatz zum Genfer Landedelmann war seinem Stall kein Glück beschieden.[23]

Wie jeder echte Physiokrat schenkte Pictet seine Aufmerksamkeit auch der Industrie und dem Gewerbe – freilich nicht, um mit möglichst vielen Ausfuhren, wie die Merkantilisten es predigten, die Staatskassen zu füllen, sondern um die Produktivität in der Landwirtschaft zu verbessern. So liess er in Troinex Torf stechen, oder in seinem Dorf führte er eine englische Töpferei ein, vor allem aber verarbeitete er die Wolle seiner Merinoschafe selbst und stellte qualitativ hochwertige Schals her. Daneben bemühte er sich stets, landwirtschaftliches Gerät zu verbessern. Seine Erfindungen erläuterte er nicht nur der gelehrten Welt in der *»Bibliothèque Britannique«*; er führte sie, beispielsweise den belgischen Pflug, auch den Bauern der Umgebung selbst vor – auch in dieser Hinsicht dem Weisen von Monticello ähnlich wie kein zweiter Schweizer Staatsmann.

War das Leben auf dem Gut in Lancy eine Idylle? Glaubt man den Berichten des Berner Aristokraten Karl Viktor von Bonstetten, dann hatte es Pictet verstanden, auf seinem Heimwesen die Sehnsucht nach Arkadien zu stillen. Landwirtschaft und Literatur, körperliche Arbeit und Künste, Wohltätigkeit und geselliges Leben soll seine Familie harmonisch gepflegt haben. Pictet und seiner Frau lag das Volkswohl am Herzen. Frau Pictet unterrichtete die Mädchen des Dorfes im Spinnen, er brachte den Bauern der Umgebung neue Bewirtschaftungsmethoden bei. Das Ehepaar Pictet empfing gern Gäste – aber nicht unbedingt die »socialites« aus dem Umkreis der Madame de Staël. Nachdem sich Pictet auf seinem Gut niedergelassen hatte, meinte er, es sei wohltuend, »von den unnützen gesellschaftlichen Zwängen befreit zu sein«.[24] Das eitle Gesellschaftsleben als »l'art pour l'art« behagte ihm mit seiner eher introvertierten Natur nie, auch später nicht, als der Wiener Kongress diese Lebensart in Hochform kultivierte.

Die besten Mannesjahre verbrachte Pictet als Gentleman-Farmer auf dem Land. Zwanzig Jahre lang hatte er die Staatsgeschäfte hinter sich gelassen. Er gab sich ausschliesslich der Landwirtschaft und der literarisch-wissenschaftlichen Publizistik hin. Doch ereignislos verlief sein Leben nicht. Sein Alltag war erfüllt von einer ganzheitlichen Existenz. Theorie und Praxis deckten sich bei ihm stärker als bei den meisten Intellektuellen. Was er auf seinem Betrieb erlebte, das verarbeitete er geistig und korrespondierte darüber via die *»Bibliothèque Britannique«* mit anderen Physiokraten; und was ihm seine Zeitschrift an interessanten Neuerungen zutrug, das suchte er auf seinem Gut in die Tat umzusetzen. Auch knüpfte er als Landedelmann und angesehener Literat wertvollere internationale Kontakte, als es ihm die Genfer Regierungsgeschäfte wohl ermöglicht hätten. Jedenfalls bekräftigte er im Rückblick auf seine diplomatischen Missionen mehrmals, wie ihm die *»Bibliothèque Britannique«* und die Landwirtschaft seine Aufgabe erleichtert, ja den Zugang zu den europäischen Fürstenhöfen erst ermöglicht hätten. »Je bénis et rebénis«, schrieb er seiner Tochter Amélie, »l'agriculture et la Bibliothèque Britannique, qui, comme bonnes amies qu'elles sont, ont été mes introductrices auprès de ces respectables princes.«[25]

Das beschauliche Leben in Lancy endete jedoch abrupt, als der alte, etwas raubeinige Ami Lullin in den letzten Dezembertagen von 1813 an die Pforte klopfte. Der ehemalige Syndic von Genf forderte Pictet auf, in eine provisorische Regierung einzutreten. Napoleons Reich stand vor dem Zusammenbruch. Genf wollte die französische Herrschaft so rasch wie möglich abschütteln und die Unabhängigkeit zurückerlangen. Der 58-jährige Pictet, gesundheitlich etwas angeschlagen und mit Arbeit überhäuft, entzog sich dem Ruf nicht. Rasch entschlossen handelte er mit einer Handvoll Gleichgesinnter. An Silvester riefen sie die Restauration der Republik aus. Am 1. Januar 1814 zogen sie, was während 13 Jahren verboten war, die Genfer Fahne vor dem Hôtel de Ville auf; am 4. Januar brach Pictet zusammen mit dem ehemaligen Justizleutnant Joseph Des Arts und dem ehemaligen Auditor Auguste Saladin de Budé nach Norden auf, um sich bei der Koalition für die Wiederherstellung Genfs zu verwenden. Sie zogen zuerst nach Bern, wo sich Pictet beeilte, in Hofwil seinen Freund Fellenberg, der eben aus dem Hauptquartier der Koalitionsarmee zurückgekehrt war, zu besuchen. Diese Begegnung war folgenreich.

Fellenberg genoss in ganz Europa hohes Ansehen. Seine Ausbildungsstätten verwirklichten das, was Pestalozzi erdacht hat, in der Praxis jedoch nicht zu organisieren vermochte: mustergültige Anstalten für Arme, Bedürftige und Lernwillige. Zar Alexander I. bewunderte ihn, und die Zarin liess es sich nicht nehmen, Hofwil zu besuchen. Fellenberg gab seinem Freund den Rat, die Genfer Delegation möge sich sogleich nach Basel begeben, dort den Zugang zu den Spitzen der Koalition suchen und sich insbesondere an Karl Freiherrn zum Stein, den Berater des Zaren, wenden. Dieser bedeutsame, in seinen Manieren aber etwas ungehobelte deutsche Reichsfreiherr empfing Pictet und verstand sich gut mit ihm. Er war ganz Ohr für die Genfer Bestrebungen und riet der Delegation, sich den Schweizern an die Fersen zu heften: »Il faut vous coller à la Suisse«, sagte er.[26] Die beiden andern Abgesandten erkannten, dass Pictet ein privilegiertes Vertrauensverhältnis anzubahnen vermochte, das sich für Genf als sehr nützlich erwies. Ihnen selbst stand diese Möglichkeit nicht offen. Sie mussten ihre Rolle zurücknehmen und spielten von Anfang an die zweite Geige.

Sobald die kaiserlichen und königlichen Hoheiten in Basel anlangten, drängte sich die Genfer Deputation vor und wollte sich die förmliche Anerkennung ihrer Republik verbriefen lassen. Das gelang ihr nicht. Noch waren die Souveräne, nach einem Kampf auf Leben und Tod, zu sehr mit Napoleon beschäftigt; sie mussten ihn in seinen Stammlanden niederringen. Die Genfer Delegation kehrte indes mit schön klingenden Antworten an den Léman zurück. Pictet aber blieb. Baron Stein, zum Generalgouverneur der besetzten Gebiete in Frankreich ausersehen, unterbreitete ihm ein schmeichelhaftes Angebot. Er sollte sein Generalsekretär werden, mit direktem Zugang zum Zaren, zum Kaiser von Österreich und zum König von Preussen, verantwortlich für die Verwaltung von ungefähr 20 französischen Départements. Pictet zierte sich etwas; er verstehe, wie er meinte, nur wenig von der Staatsverwaltung. Schliesslich willigte er ein, nicht zuletzt, um die Anliegen seiner Heimatstadt fördern zu können. Aber er setzte gewisse Bedingungen. Eine davon war, dass man ihm, der von Hause aus nicht sehr vermögend war, kein Gehalt ausrichte, sondern lediglich die Spesen entschädige. Er wollte sich seine Unabhängigkeit nach allen Seiten hin wahren, auch gegenüber der übermächtigen Koalition. Eine andere Bedingung war, dass ihm keine Repräsentationspflichten oblägen.

In den tonangebenden Kreisen Genfs war man ob Pictets zukünftiger Position begeistert. Man malte sich schon dessen Einflussmöglichkeiten in rosigsten Farben aus. Karl Viktor von Bonstetten, von Natur und Geburt mit zahllosen Vorzügen ausgestattet, eine einnehmende Erscheinung, intelligent, wohlhabend und weltgewandt, aber etwas willensschwach und nirgendwo richtig in seiner Haut, weder im Ancien Régime noch bei den Erneuerern, voller hochfliegender Pläne, doch ohne Ausdauer, dieser Bonstetten beglückwünschte Pictet mit den Worten: »Ich glaube, die Sache mit Cincinnatus sei in der römischen Geschichte abgehandelt. Bisher belegten die Ackermänner die letzten Ränge in der Gesellschaft. Nun voilà, da kommen Sie und springen vom belgischen Pflug direkt ins Kabinett der Herrscher dieser Welt.«[27] Pictet überlegte bereits, wer sich von seinen Bekannten als Präfekt eines französischen Départements eignete. Seinen Bruder Marc-Auguste suchte er mit beinahe überschwänglichen Worten für diese Aufgabe zu gewinnen. Rund 20 französische Départements in den Händen von Genfer Präfekten? In der Tat ein hochgemutes, wenn nicht gar verwegenes Projekt. Doch daraus wurde nichts.

Seinen Posten als Generalsekretär konnte Pictet nicht richtig antreten. Zwar verlieh ihm der Zar den Titel eines russischen Staatsrates, um den hohen Beamten auch mit dem nötigen Prestige auszustatten. Aber auf den Kriegsschauplätzen überrollten sich die Ereignisse, die Koalitionsarmeen rückten im Dauermarsch tief ins französische Herzland vor, lieferten auf den ewigen Schlachtfeldern der Ardennen und der Champagne der napoleonischen Rumpfarmee erbitterte Gefechte und stiessen dann zur Ile de France vor. In deren Windschatten fuhren auch die Karossen der Diplomaten in Paris ein. Napoleon dankte am 11. April 1814 ab, am 30. Mai schon schlossen die Sieger mit Frankreich den Ersten Pariser Frieden; eines Genfers zur Verwaltung der besetzten französischen Gebiete bedurfte man nicht mehr.

· Aber die Stadtrepublik betraute gern ihren Repräsentanten, der bis in die innersten Bereiche der Macht vorgedrungen war, mit der Vertretung ihrer Interessen bei den Friedensverhandlungen. Der Provisorische Rat stellte ihm gleich das übliche Beglaubigungsschreiben aus – allerdings auf unübliche Weise. Man gab ihm eine Carte blanche. Der Staatsschreiber drückte das Siegel auf das unterschriebene Dokument, das Übrige sollte Pictet selbst einsetzen. Man wusste in Genf nicht recht, bei welchem Souverän und mit welchen Worten man den »Ministre plénipotentiaire« akkreditieren sollte. Bei der schriftlichen Instruktion gab sich die Regierung weniger wortkarg. Mit Datum vom 10. Februar 1814 sandte sie Pictet einen recht langen Forderungskatalog – lang namentlich, wenn man bedenkt, dass die Auftraggeber schon in der Einleitung einräumen, der Gesandte möge sich am besten an die Memoranden halten, die er selbst verfasst hätte. Im Übrigen treffe das Sprichwort »mitte sapientem ed nihil dicas« (schicke den Weisen und sage nichts) auf niemanden besser zu als auf ihn.[28] Doch die Genfer Instruktionserteiler konnten sich einem bürokratischen Naturgesetz nicht entziehen: Je mehr Personen einen Text gestalten, umso länger wird er. Jeder möchte seinen Beitrag und seine Sonderinteressen einbringen. Die klare Linie aber verschwindet in einer Ansammlung von Zweitrangigem.

Pictet wusste jedoch genau, was die Hauptsache war. In erster Linie strebte er die volle Eingliederung Genfs in die Eidgenossenschaft an. Doch die Tagsatzung zierte sich. Sie begehrte die Aufnahme der grossen verbündeten Stadt im Westen, die mit 25 000 Einwohnern doppelt so gross war wie Basel, die grösste Stadt der Eidgenossenschaft, keineswegs um jeden Preis. Der Provisorische Rat von Genf hegte noch im Februar 1814 Zweifel, ob es überhaupt zu einer Vereinigung komme. Eine erstaunliche Episode berichtet zudem Pictet. Am 26. Mai anerkannten die europäischen Mächte Genfs Zugehörigkeit zur Schweiz. Tags darauf traf Pictet die Abordnung der Tagsatzung, die eben in Paris angekommen war. Die Delegierten wussten somit noch nicht, was sich am Vortag in den Verhandlungen ereignet hatte. Bei dieser Begegnung hätte der Berner Friedrich von Mülinen gesagt, Genf sollte von der Idee, der Eidgenossenschaft beizutreten, Abstand nehmen; der Waadtländer Henri Monod sodann gab zu verstehen, es wäre für Genf recht schwierig, in die Confoederatio Helvetica aufgenommen zu werden, und der dritte, der Schwyzer Alois von Reding, hätte den Genfer Wunsch ohnehin immer abgelehnt.[29] Bereits aufgenommen und noch immer ausgeschlossen – ein synchrones Missgeschick hatte die innere Einstellung der Tagsatzungsdelegation entlarvt.

Die Art, wie die Grossmächte in Paris über die Unabhängigkeit und die Zugehörigkeit Genfs zur Schweiz entschieden, wirft auch ein Schlaglicht auf deren Umgang mit den Kleinstaaten. Weder die Schweizer noch die Genfer wurden je offiziell darüber informiert, was die vier Mächte beschlossen hatten. Sie mussten die Mitteilung den Zeitungen entnehmen – und auch dort hätte man die knappen Zeilen, die Genf betreffen, beinahe übersehen. Im Friedensvertrag vom 30. Mai wird der wichtige Entscheid bloss in Klammern erwähnt: »...la République de Genève (qui fera partie de la Suisse)...« Spöttisch bemerkte Pictet, als er den Vertragstext im »*Moniteur*« las: »Nous sommes Suisses, par parenthèse.«[30] Noch salopper ging man mit der Schweiz um. Genfs Zugehörigkeit zur Schweiz wurde ausgesprochen, ehe die Tagsatzung selbst darüber entschieden hatte, ob sie Genf überhaupt aufnehmen wolle.

Auch Pictet befürchtete, die Schweiz könnte die Aufnahme noch verweigern. Damit die verhaltenen Eidgenossen Interesse an der abgeschnittenen Stadt bekämen, benötigte Genf, davon war er überzeugt, eine Landverbindung zur Waadt und einen Gebietszuwachs um die Stadt herum. Der neue Kanton sollte zumindest die Lücken zwischen den drei Exklaven in Savoyen und Frankreich schliessen können. Für Genf und die Schweiz hätte er sodann gern die Landschaften Chablais und Faucigny erworben. Das Chablais liegt am Südufer des Genfersees, das Faucigny schliesst sich daran an und zieht sich in die Hochalpen hinauf. Insbesondere lag ihm indes das Pays de Gex am Herzen. Wiederholt intervenierte er bei seinen Gesprächspartnern, damit Genf diesen Landstrich an seiner westlichen Flanke erhielte. Allerdings vergeblich.

Ausser der Zugehörigkeit zur Schweiz erreichte Genf im Ersten Pariser Friedensvertrag vom 30. Mai 1814 fast nichts: keine Landverbindung zur Waadt, stattdessen lediglich die fade Zusicherung, die Strasse über Versoix ungehindert benützen zu können; auch keine Verbindung zu den Exklaven, dem Mandement, der Gegend um Jussy und dem Dorf Genthod; man bekam schlicht keinen einzigen Quadratmeter Land. Einzig die Vertröstung, auf dem Kongress in Wien würden noch Retouchen vorgenommen, beliess etwas Hoffnung. Die politische Grosswetterlage war eben ungünstig. Ludwig XVIII. hatte sich erfolgreich dagegen gesträubt, seine katholischen Untertanen den Fängen der Calvin-Stadt auszuliefern. Und er konnte sich bei den andern Herrschern durchsetzen. Die in Paris versammelten Souveräne entschieden, Frankreich in den Grenzen von 1792 wiederherzustellen – ein enorm grosszügiges Friedensangebot, wenn man bedenkt, was für ein Elend Frankreich mit zwanzig Jahren Krieg in Europa verursacht hatte; grosszügig auch, wenn man sich vor Augen hält, was für Verträge die Sieger nach dem Ersten Weltkrieg diktierten und wie sie nach dem Zweiten Weltkrieg keine Hand mehr zu einem Friedensvertrag reichten.

Für Pictet war der Misserfolg bei der Gebietserweiterung umso mehr eine bittere Pille, als er sich bereits am Ziel gewähnt hatte. Er glaubte, das Pays de Gex für Genf schon gewonnen zu haben. Jean-Gabriel Eynard, sein Neffe und Sekretär während der Pariser Mission, notierte nachträglich auf dem Wiener Kongress Folgendes über ein Gespräch mit Johann Philipp von Wessenberg, dem österreichischen Unterhändler auf den Friedensverhandlungen:

»Wessenberg sagte: ›Ich will Ihnen beweisen, dass wir für Ihren Kanton schon einen grossen Teil dieses Gebietes [Pays de Gex] erhalten haben.‹ Während er dies sagte, schaffte er einen Stapel mit Dokumenten von der Pariser Konferenz herbei; dabei haben wir zu unserem höchsten Erstaunen und unserem Leidwesen gesehen, dass die Bevollmächtigten der Alliierten am 10. Mai von Frankreich die Abtretung des ganzen Pays de Gex mitsamt dem Fort de l'Ecluse und Collonge an den Kanton Genf verlangt hatten; der französische Minister willigte am 12. Mai ein, das ganze Gebiet, das Genf von der Schweiz trennte, allerdings ohne Collonge und das Fort de l'Ecluse, den Alliierten zu übergeben; das Dokument, das diese Abtretung festhält, war bereits von allen alliierten Mächten und dem französischen Bevollmächtigten, de la Forest, den Talleyrand zu diesem Schritt ermächtigt hatte, unterzeichnet. Wir fragten darauf Herrn von Wessenberg, was denn diese bereits getroffene Anordnung noch hätte ändern können.

Er antwortete: ›Eine deplatzierte Grosszügigkeit von Zar Alexander. Dieser sagte ständig, der Friede sei für Frankreich nicht genügend vorteilhaft, und Herr von Nesselrode [sein Unterhändler] sagte dann in dessen Namen, man müsse Frankreich das Pays de Gex, das es bereits abgetreten hätte, zurückerstatten. Deshalb hätte man diese Anordnung annulliert.‹

Wir waren ganz konsterniert. Wessenberg, der dies bemerkte, sagte: ›Sie verstehen, dass ich Ihnen dies im Vertrauen sage; sie dürfen davon keinen Gebrauch machen.‹«[31]

In einem vertraulichen Schreiben an den Genfer Staatsschreiber Turrettini bestätigte Pictet den Sachverhalt. Auch er hatte dem Gespräch mit Wessenberg beigewohnt. Er ärgerte sich masslos über den Vorgang. »Und wenn man bedenkt, dass alles wegen einer überzogenen Grosszügigkeit, die man jetzt zu Tode bereut, zunichte gemacht wurde!... Und was für ein Pech, dass Laharpe während dieser Krise, von der er keine Kenntnis hatte, unsichtbar war! Ich hätte ihn wachgerüttelt... Ich glaube, ich würde mich aufhängen, hätte ich nicht alles getan, was machbar war. Nun, man hatte das Gebiet abgetreten, ... warum sollte man es nicht noch einmal abtreten?«[32]

An der Tatsache, dass der Zar mit einem Federstrich den Vertrag annulliert hatte, war jetzt nicht mehr zu rütteln. Für Pictet, den russischen Staatsrat, war dies erniedrigend. Seinerzeit jedoch, am Ende der Pariser Friedensverhandlungen, ahnte Pictet nur, dass etwas schief gelaufen war – er wusste nicht, weshalb. In der Hoffnung, auf dem angekündigten Wiener Kongress doch noch einige Verbesserungen zu erzielen, schickte er am 2. Juni den vier Mächten eine Note, deren Sprache an Deutlichkeit nichts zu wünschen übrig liess. In der Einleitung hob er hervor, dass ein Anschluss Genfs an die Eidgenossenschaft einen Beitrag zu einer wirksamen Neutralität der Schweiz und folglich zur Ruhe in Europa leiste. Dann fährt er fort:

»Diese Aufnahme schien einen direkten Gebietsanschluss vorauszusetzen, d. h. einen Zugang zum Genfer Gebiet.

Es steht dem Unterzeichneten nicht zu, die Gründe zu beurteilen, welche den Verzicht auf ein System rechtfertigen, zu dem sich die Minister der alliierten Mächte seit ihrem Einzug in die Schweiz bekannten; noch am 1. Mai gaben die Bevollmächtigten in Zürich unserer Regierung entsprechende Zusicherungen ab. Das Pays de Gex bleibt nun bei Frankreich... Muss Genf nun nicht befürchten, dass sein Antrag auf Aufnahme als Kanton von der eidgenössischen Tagsatzung als nicht konform mit den grundlegenden Erfordernissen der Schweiz erachtet wird?«[33]

Pictet versuchte, aus der verfahrenen Situation noch das Beste herauszuholen. Da die savoyischen Angelegenheiten erst in Wien endgültig geregelt werden sollten, hinterlegte er bereits einen Vorschlag, wonach die Grossmächte das Chablais und Faucigny der Schweiz übertragen möchten. Aber gross konnten die zusätzlichen Gewinne nicht sein; denn an den Strukturen des ganzen Friedensschlusses wurde nicht mehr gerüttelt.

So schrieb denn Pictet in seinem Schlussbericht über die Pariser Mission an die »Magnifiques Seigneurs«, an den Genfer Staatsrat: »Ich fühle, dass das Ergebnis meiner Mission für Genf wenig befriedigend ist.... Dennoch glaube ich nicht, einen schwerwiegenden Fehler begangen oder eine wichtige Demarche unterlassen zu haben.... Es besteht noch etwas Aussicht, einen direkten Landzugang und einige Gebietsarrondierungen auf friedlichem Weg zu erreichen.«[34]

Als Genfer auf dem Wiener Kongress

Eigentlich hatte sich Pictet in Paris nicht wohl gefühlt. Das mondäne Leben in der Metropole, fern von seiner Familie, behagte ihm nicht. Er sehnte sich, wie er gelegentlich seinen Briefpartnern anvertraute, an den Pflug zurück. Dieses Glück indes war ihm nicht lang gegönnt. Die Genfer Regierung war mit seinen Leistungen mehr als zufrieden. Deshalb betraute sie ihn, zusammen mit Staatsrat François d'Ivernois, mit der bedeutendsten Mission, die Genf je zu vergeben hatte. Schon im September sollte er wieder aufbrechen, dieses Mal an den Wiener Kongress. Begleitet wurde er erneut von Jean-Gabriel Eynard, dem Sekretär. Die Genfer Delegation war, wie sich herausstellen sollte, hervorragend zusammengestellt. Was allerdings die Titel anbelangte, nahm sie sich merkwürdig aus und machte dem internationalen Anspruch Genfs alle Ehre. Der eine Gesandte war ein russischer Staatsrat, der andere trug ein britisches Adelsprädikat, der Sekretär sodann sollte später von Griechenland den Titel »Ministre plénipotentiaire« erhalten. Ansonsten freilich repräsentierten sie die innere Machtstruktur der restaurierten Republik zutreffend. Zwei entstammten dem gehobenen Milieu der alteingesessenen Familien, und der Vertreter der »Représentants« hatte sich in Grossbritannien adeln lassen.

François d'Ivernois (1757–1842), ein Publizist, stand in den Verfassungskämpfen an der Spitze der »Représentants«, der demokratischen Opposition; er wurde 1782 von den Aristokraten, da sich die »Négatifs« behaupten konnten, verbannt, kehrte erst 1792 von Irland nach Genf zurück, geriet aber 1794 in die Mühlen der Schreckensherrschaft, so dass er nach England emigrierte, sich dort publizistisch gegen die Französische Revolution engagierte und seiner Verdienste wegen in den Adelsstand erhoben wurde. 1814 kehrte er erneut heim, wurde Staatsrat und sogleich an den Wiener Kongress geschickt. Denn die Genfer Regierung hatte erkannt, wo der Schwachpunkt des Pariser Abkommens lag. Die Stadtrepublik hatte zwar ihre Unabhängigkeit wiedererlangt, sie wurde von den Grossmächten auch als Teil der Schweiz anerkannt, aber sie besass keine Landverbindung zur Schweiz. Talleyrand schickte sich schon an, eidgenössische Truppen, die über das französische Versoix nach Genf zogen, an der Grenze kontrollieren zu lassen. Das musste sich ändern. Aber wie? Am besten wohl über den britischen Aussenminister Lord Castlereagh. Doch den Briten hatten, so schien es Pictet, auf der Pariser Konferenz alle Genfer Begehren gleichgültig gelassen. Ihn und die britische Delegation für die Anliegen der Rhonestadt zu interessieren, das war die Aufgabe, für die d'Ivernois mit seinem guten Zugang zu Whitehall ausersehen war.

Jean-Gabriel Eynard (1775–1863) schliesslich war ein reicher Bankier und mit Pictets Nichte, Anna Lullin, verheiratet. Sein immenses Vermögen erwarb er vornehmlich, als er 1801 als Einziger eine Anleihe des Herzogs von Parma zeichnete. Dieser wurde alsbald König von Etrurien und erkor Eynard zu seinem Hoffinancier. Seiner Heimatstadt Genf stellte er sich, obgleich er meistens in Frankreich oder Italien lebte, mehrfach zur

Verfügung. Auf dem Wiener Kongress notierte er fleissig seine Beobachtungen. Sein Tagebuch gilt, wie es einem Bankier eignet, als ebenso zuverlässig wie trocken. Ab 1824 unterstützte er vorbehaltlos den griechischen Freiheitskampf und spendete dabei ein Vermögen. Zur Finanzierung der Befreiungstruppen und zum Aufbau des neuen Staates schoss er 700 000 Franken vor. Griechenland ernannte seinen grosszügigen Gönner zum Gesandten »auprès de toutes les cours d'Europe«. Der Abgeordnete Léon de Malleville meinte 1846: »Nicht die europäischen Regierungen haben Griechenland gerettet; vielmehr haben die öffentliche Meinung und ein einfacher Bürger von Genf, Herr Eynard, ganz Europa zur Unterstützung von Griechenland aufgerufen.«[35]

Eynard war, übrigens auch d'Ivernois, mit seiner Frau am Wiener Kongress. Die beiden Damen pflegten, wie es der Mode entsprach, einen Salon für die illustre Gesellschaft. Die Diplomaten sollen an beiden Orten gern eingekehrt sein, besonders bei Madame Eynard, einer bildhübschen Frau und guten Sängerin. Die Genfer Delegation benützte die gesellschaftlichen Veranstaltungen gezielt, um ihre Interessen zu fördern. Am 26. Dezember 1814 notierte Eynard im Tagebuch:

»Gestern waren wir bei Lord Castlereagh zum Abendessen. Der Minister war mit uns charmant. Anna [Eynards Frau] sang die Barkarole ›Compatite mi, sior Zanetto‹. Lord Castlereagh war entzückt; er kam auf mich zu und sagte mit seinem eigentümlichen Akzent:
›Sie haben eine charmante Frau; sie ist so einfach und so schön. Oh! Ich wusste nicht, dass sie so gut singt; sie versuchte nicht, sich in den Vordergrund zu drängen. In Genf erzieht man die Jugend sehr gut. Ich habe Genf sehr gern und werde mein Möglichstes tun, um dieser Stadt zu helfen.‹
Diese Worte sind gute Vorzeichen für unsere Angelegenheiten...«[36]

Pictet verfügte nicht nur über beste Beziehungen, er verstand es auch wie kein Zweiter, diese mit Menschenkenntnis und Augenmass einzusetzen. Wie konnte er russische Minister, österreichische Erzherzöge und britische Unterhändler dazu bewegen, sich für Genfer und schweizerische Belange zu verwenden? Warum ist es der Schweiz, diesem republikanischen Stachel im Fleisch der Monarchen, nicht so ergangen wie der Republik Genua, dem stolzen Venedig oder zahlreichen deutschen Klein- und Zwergstaaten? Sie alle fanden vor dem Kongress keine Gnade. Warum schonten die Grossmächte die Schweiz als Einzige von den ehemaligen Republiken in Europa? Warum zerstückelte man dieses Land nicht entlang dem Alpenkamm? Napoleon hatte ja schon vorexerziert, wie man es anstellt, als er das Wallis Frankreich einverleibte. Auch gab es genug Stimmen, die mit dem deutschen General Karl Friedrich Freiherr von Knesebeck über die Schweiz als »das wahre Krähwinkel« spotteten und den Anschluss an Deutschland verlangten.[37]

Selbstverständlich spielten machtpolitische Überlegungen für das Überleben der Schweiz eine Rolle. Auf dem Wiener Kongress sollte Europa nach dem vertrauten Grundsatz des Gleichgewichts neu geordnet werden. Dieses schwammige Prinzip hatte die Kabinettspolitik im absolutistischen Zeitalter beherrscht. Unter seiner Flagge wurden zahllose Kriege ausgefochten – kein Wunder, dass der Schriftsteller und Söldner Ulrich Bräker, der im Siebenjährigen Krieg aus den preussischen Gefechtskolonnen desertierte, über das »Ungeheuer Gleichgewicht« spottete.[38] Nun beabsichtigten die Staatsmänner, das von Napoleon umgekrempelte Europa erneut auf dieses Fundament zu stellen. Es galt, den Kontinent vor den Hegemoniegelüsten Frankreichs zu schützen, ohne die bezwungene Nation so zu demütigen, dass sie sogleich nach Revanche trachtete. Die Schweiz, zwischen den historischen Erzrivalen Österreich und Frankreich gelegen, nahm im Gleichgewichtskonzept eine wichtige Stellung ein. Russland und England erkannten dies. Gerade sie, die keine direkten Interessen in der Schweiz hatten, hielten ihre Hände schützend über die Confoederatio Helvetica.

Doch waren es nicht ausschliesslich politische Kalküle, die der Schweiz das Überleben sicherten. Anderes kam hinzu. Vorerst darf für einmal die unbeholfene Tagsatzung ein Verdienst beanspruchen. Geschlossen setzte sie sich in Paris und auf dem Wiener Kongress für die Unabhängigkeit und die Neutralität der Schweiz ein, mochte sie auch in allen anderen Fragen zerstritten sein. Ermuntert durch Zusicherungen von verschiedenen Grossmächten, nicht zuletzt von Metternich, vom britischen und russischen Gesandten, gab die Tagsatzung der Delegation, die im Herbst 1814 nach Paris aufbrach, eindeutige Instruktionen mit. Als Erstes müssten die Diplomaten die Anerkennung einer freien und unabhängigen Schweiz erreichen. »Der zweite«, hiess es sodann in der Instruktion vom 15. September, »höchst wichtige Gegenstand, um dessen Anerkennung sich die Gesandtschaft auf dem Kongresse bewerben soll, ist unsere Neutralität, von jeher die Hauptbasis der schweizerischen Politik, drei Jahrhunderte hindurch getreulich verwahrt, und deren unerlässliche Nothwendigkeit die Ereignisse der letzten sechzehn Jahre sattsam bewiesen haben.« In der Begründung für die Neutralität klingen schon die Motive an, die später beinahe kanonische Geltung beanspruchen: Eine neutrale Schweiz sei zu jedermanns Vorteil, »da ... ganz Europa in der neutralen und friedlichen Schweiz ein Unterpfand seiner Sicherheit und eine der ersten Bedingungen des politischen Gleichgewichts ... findet«. Schliesslich forderte das oberste Organ der Eidgenossenschaft die Gesandten auf, »sich eifrigst dafür zu verwenden, dass ein solcher Grundsatz ausdrücklich in den allgemeinen Friedensschluss aufgenommen werde«.[39] Die Tagsatzung erhielt von den Grossmächten die erbetenen Zusagen. Somit hatte sie das Wichtigste selbst gesichert. Pictet aber oblag es, den vagen Zusicherungen eine verbindliche Form zu verleihen.

An zweiter Stelle hat sich Frédéric-César de Laharpe (1754–1838) sehr verdient gemacht. Der Waadtländer Patriot, der in seinem leidenschaftlichen Kampf gegen die Berner Obrigkeit selbst vor der Kollaboration mit den französischen Invasoren nicht zurückschreckte und ausserdem als Mitglied des helvetischen Direktoriums arg in Verruf geraten war, warb später vorbehaltlos, als wollte er seine Schuld tilgen, bei Zar Alexander für seine Heimat. Und er stiess nicht auf taube Ohren. Denn der schwärmerische Alexander hatte nicht vergessen, was er Laharpe, seinem ehemaligen Erzieher, verdankte. In jenen Monaten, da die Grossmächte das Gerüst der neuen Friedensordnung beschlossen, hatte er Laharpe als Privatsekretär an seine Seite genommen. Dieser begleitete ihn auf dem Frankreichfeldzug. Hatte der Erzieher aus Rolle früher schon in seinem Schützling die Zuneigung zur republikanischen Schweiz eingepflanzt, so vermochte er nun, zusammen mit seinem Landsmann Antoine-Henri Jomini, dem General in russischen Diensten, den Zaren felsenfest von der Existenzberechtigung der neuen Kantone und der Schweiz als Ganzem zu überzeugen.

Als sich Alexander nach der Völkerschlacht von Leipzig 1813 in Frankfurt aufhielt, empfing er auf Laharpes Empfehlung eine Schweizer Delegation. Ohne einen Augenblick zu zögern, sicherte er in der Audienz zu, er werde für die Neutralität eintreten. Seine Meinung stand unverrückbar fest. Hätte der russische Herrscher nicht derart eindeutig Stellung bezogen, dann wäre die Schweiz auf den Friedensverhandlungen wohl nicht so gut gefahren. Bitter vermerkte Metternich in seiner autobiografischen Denkschrift, wie schwierig es war, gegen des Zaren Zuneigung zur Schweiz anzukommen: »Laharpe, Jomini und andere schweizerische Revolutionäre hatten beim Kaiser Alexander nachdrücklich auf das, was sie die Achtung der helvetischen Neutralität nannten, gedrungen.... Sie veranlassten das Eintreffen einer schweizerischen Deputation in Frankfurt, um die Bestätigung der Neutralität zu verlangen. Der Kaiser von Russland... ermangelte... nicht, die Deputation mit der besten Hoffnung zu entlassen, dass die Neutralität der Schweiz nicht werde verletzt werden.«[40] Auf dem Wiener Kongress vertrat Laharpe mit grossem Erfolg die Interessen der neuen Kantone Waadt, St. Gallen, Aargau, Thurgau und Tessin. Er konnte verhindern, dass, wie Metternich es wünschte, die alten Untertanenverhältnisse wieder hergerichtet wurden.

Häufig spöttelte Pictet über die ungewandten eidgenössischen und einzelörtischen Abordnungen in Wien. Manchmal war er ungerecht; er liess sich von seinem Flair für Pointen wohl etwas wegtragen. Bei Laharpe jedenfalls verfehlte die Kritik das Ziel. Was der ehemalige Schulkamerad aus dem Haldensteiner Internat geleistet hatte, war grossartig; er hätte in aller Fairness ein Kompliment verdient. Dazu aber konnte sich Pictet nicht aufraffen. Stets begegnete er seinem Kollegen mit Distanz, ja mit Misstrauen. Denn auf der Ersten Pariser Friedenskonferenz hatte Laharpe gegen die Genfer Interessen agiert. Der Waadtländer Patriot hatte nicht vergessen, wie vortrefflich die Genfer Aristokraten mit ihren Berner Standesgenossen im Ancien Régime auskamen, wenn es um die Unterdrückung der Freiheitsbestrebungen in seiner Waadt ging. An einem vergrösserten, von den Patriziern beherrschten Genf lag ihm nichts. Vielmehr sah er darin eine erneute Gefahr für seinen republikanischen Kanton. Und die Schweiz würdigte Laharpes Verdienste auch kaum. Der Ruch, verräterische Dinge getan zu haben, verfolgte ihn über das Lebensende hinaus.

Pictet schliesslich, um den letzten Grund zu nennen, hatte die diplomatische Kleinarbeit meisterhaft ausgeführt. Assistiert von d'Ivernois, hatte er es verstanden, die diplomatischen Schlüsselfiguren für die Idee der Schweiz, für einen unabhängigen, demokratischen und neutralen Kleinstaat, einzunehmen. Überzeugend vertrat er das, wofür die Schweiz in ihren besten Zeiten immer eingestanden war und woraus sie ihre Legitimität als Staat bezog: republikanische Freiheit. Aber er sprach nur wenig davon. Er suggerierte die Idee, er kreierte, wie man heute sagen würde, ein Image, das den Rahmen für die Erörterung konkreter Probleme abgab. Schwebte Zar Alexander damals – später hatte der Zar ganz andere mystische Vorstellungen – nicht das Bild einer Schweiz vor, die als Erziehungsrepublik die Errungenschaften der Aufklärung vorlebte? Also musste der Zar in dieser Auffassung bestärkt werden, am besten durch Laharpe, der sich diesem Auftrag ohnehin aus eigenem Antrieb unterzogen hätte. Die Briten wiederum liessen sich von einer Schweiz begeistern, wie sie der Reiseschriftsteller William Coxe glänzend beschrieben hatte, einem romantischen Flecken Erde, den Freiheit und einfache Sitten zierten. Also musste d'Ivernois alles unternehmen, damit sich die britischen Unterhändler, Lord Castlereagh, Lord Stewart und General Wellington, diese vorteilhafte Einstellung bewahrten. Die österreichischen Erzherzöge Johann und

Karl wusste Pictet ebenfalls für seine Sache zu gewinnen. Johann war den Alpenländern von Herzen zugetan, Karl war dem Genfer Minister wegen einer besonderen Leistung zu Dank verpflichtet.

Der Verleger Cotta hatte Pictet – offensichtlich schon damals eine Vertrauensperson – gebeten, die Memoiren des verstorbenen Fürsten Karl Josef von Ligne, des grössten Salonlöwen auf dem Wiener Kongress, kritisch durchzulesen. In unzähligen Nachtstunden rang sich Pictet durch das Manuskript von 1200 Seiten. Angewidert vom Gesellschaftsklatsch bemerkte er in einem Brief: »Cotta hat damit, wie mir scheint, schlecht spekuliert. (Er hat dafür Fr. 22 500 bezahlt.) Denn auf diesen Seiten hat es enorm viel Plunder. Ich hielt es für meine Pflicht zu verhindern, dass viele anständige Menschen kompromittiert würden; ich sorgte dafür, dass viel Schmutz nicht gedruckt wurde und dass der mächtige Cotta, der als liberaler und feinfühliger Mann gilt, ein Freund der ›Bibliothèque britannique‹ wird. Deshalb übernahm ich diese peinliche und unentgeltliche Aufgabe...«[41] Cotta verzichtete nach Pictets Verdikt auf eine Publikation; andere sprangen später an seiner Stelle ein. Erzherzog Karl aber, über den Fürst Ligne viel zu ratschen wusste, war dem Genfer Gentleman ewig dafür dankbar, dass er einige Anekdoten aus den Memoiren gestrichen hatte, ehe diese in Zirkulation kamen.

Das gute Einvernehmen mit den beiden Erzherzögen war wichtig. Denn auf österreichischer Seite unterstützten vor allem sie und der zuverlässige Freiherr Johann von Wessenberg die Genfer Delegation. In Metternich, dem unangefochtenen Regiemeister der grandiosen Konferenz, fanden sie zwar einen stets liebenswürdigen, wenngleich raren Ansprechpartner vor; aber ihnen entging nicht, wie wenig den viel beschäftigten Fürsten die Genfer Anliegen interessierten und wie unverbindlich sich dieser gab. Pictet äusserte sich nicht so bissig wie Talleyrand über den »Papillon Metternich«; er hätte jedoch dessen Worten nicht widersprochen. »Was soll man von einem Mann erwarten«, schrieb der französische Aussenminister seinem König, »der in den ernstesten Lagen den grössten Teil seiner Zeit auf läppische Dinge verwendet...«[42] Immerhin hatte sich der Genfer Gesandte mehrmals Termine beim österreichischen Aussenminister geben lassen, stundenlang im Vorzimmer gewartet, um dann feststellen zu müssen, dass der Fürst erst kurz vor Mittag dem Schlafzimmer entwich und nun keine Zeit mehr für den Vertreter eines Kleinstaates aufbrachte.

Am wichtigsten war für Pictet die russische Abordnung. Sie nahm sich der Genfer und Schweizer Interessen am gründlichsten an. Stets lieh ihm Baron vom Stein das Ohr. Aber der Einfluss des Freiherrn war beim Zaren seit dem Ersten Pariser Frieden gesunken. Dafür war Johannes Anton Graf Capo d'Istria im russischen Verhandlungsteam aufgetaucht. Dieser Unterhändler aus Korfu wurde nicht nur Pictets bevorzugter Ansprechpartner, er wurde zu seinem Freund. Capo d'Istria teilte mit Pictet eine physiokratische Weltanschauung. Er hatte Fellenbergs Gut besucht und dem Zaren sehr vorteilhaft darüber berichtet, so dass sich dieser selbst für Fellenbergs Ideen begeisterte. Das physiokratische Beziehungsnetz durchzieht Pictets gesamtes Wirken. Seine Bedeutung kann man nicht hoch genug einschätzen.

Capo d'Istria kannte die Schweiz aus eigener Anschauung. Während kurzer Zeit war der russische Gesandte bei der Eidgenossenschaft akkreditiert gewesen. Im Herbst 1813 hatte er sich in Zürich niedergelassen. Seine Mission bestand – wie auch jene seines österreichischen Kollegen Ludwig von Lebzeltern und des britischen Gesandten Sir Stratford Canning – vornehmlich darin, die Schweiz dem Bündnis gegen Napoleon zuzuführen. Aber daneben verspürte er auch Interesse für die Schweizer Verhältnisse. Immer wieder versicherte er den führenden Köpfen der Tagsatzung, dass die Grossmächte bei einer Neuordnung Europas die schweizerische Neutralität anerkennen würden. Er machte sich schon vor dem Wiener Kongress zum Anwalt der Eidgenossen. Der russische Diplomat liebte die Schweiz auch. »Il est presque aussi bon Suisse que moi«, schrieb Pictet dem Landammann von Wyss.[43] Im Jahr 1814 scheint Capo d'Istria sogar mit einer Flugschrift ins innenpolitische Leben der Schweiz eingegriffen zu haben. In einem achtseitigen Aufruf ermahnte er die Schweizer, sich mit einer neuen Gesinnung am Aufbau des erneuerten Staates zu beteiligen, statt sich ständig über die Verletzung der Neutralität zu beklagen und in altem Kantönligeist zu hadern. Zu diesem Schritt hatte er sich entschlossen, da er als Freund der Schweiz mit ansehen musste, wie das Land in Vorwürfen und Gegenvorwürfen versank.[44]

In den intensivsten Verhandlungsphasen suchte Pictet den russischen Bevollmächtigten täglich morgens um fünf Uhr auf und besprach mit ihm die Traktanden. Sie stimmten in vielem überein, namentlich dass die Schweiz über militärisch sichere Grenzen verfügen müsse und dass, um dieses Ziel zu erreichen, Gebietsarrondierungen auszuhandeln seien. Capo d'Istria machte sich die Schweizer und Genfer Wünsche zu Eigen und brachte sie als russische Begehren in das Grossmächtekollegium ein. Nicht grundlos erklärte Pictet in seinem Schlussbericht über den Wiener Kongress:

»...von allen, die sich für unseren Erfolg interessierten, hat sich niemand mit mehr Aufmerksamkeit, Wohlwollen, Intelligenz und Durchschlagskraft für uns eingesetzt als Capo d'Istria. In 92 Unterredungen habe ich ihn immer gleich angetroffen, nämlich als besten Führer und Ratgeber und mit einer unglaublichen Geduld, obschon die Schweizer Angelegenheiten ihm häufig genug Grund geboten hätten, davon angewidert zu sein...«[45]

Capo d'Istria seinerseits erklärte Eynard, als er 1818 den Bankier auf dem Kongress der Heiligen Allianz in Aachen traf: »Herr Pictet hat in Wien eine seltene Beharrlichkeit bewiesen. Wie gross auch die Schwierigkeiten waren, die man ihm bereitete, er liess sich nie entmutigen; er ist unbeirrt seinen Weg gegangen und war damit schliesslich erfolgreich. Ich erinnere mich, dass er mich jeden Morgen besuchte. Ob die Nachrichten gut oder schlecht waren, er hat immer kühles Blut bewahrt.«[46] Die Zusammenarbeit von Capo d'Istria und Pictet war ein Glücksfall. Die gegenseitige Hochachtung reichte weit über den Bereich der Diplomatie hinaus. Staaten haben ja, wie Palmerston sich ausdrückte, keine Freunde, sie haben Interessen. Hier aber hat sich aus kargen gemeinsamen Interessen heraus eine tiefe Freundschaft entwickelt. Der Korfiote liess es sich denn auch nicht nehmen, Pictet im Jahr 1824 das letzte Geleit auf den Friedhof von Plainpalais zu geben und ihn als besten Freund zu betrauern. Genf seinerseits zeigte sich für die unermesslichen Dienste erkenntlich. 1816 ernannte es ihn zum Ehrenbürger. Und Eynard setzte sich mit seinem ganzen Vermögen vorbehaltlos für den griechischen Freiheitskampf ein; er ermöglichte Capo d'Istria, das Lebensziel zu verwirklichen, nämlich Präsident eines vom türkischen Joch befreiten Griechenlands zu werden.

Pictet verfügte auf dem Diplomatenkongress über ein ausserordentliches Prestige. Er verdankte es nicht einem mächtigen Staat, er hatte es sich selbst erworben. Mit seiner *»Bibliothèque britannique«* war er eine intellektuelle und moralische Autorität in ganz Europa, als Musterlandwirt nahm man ihn in Fachkreisen ernst. Der Genfer Vertreter war sich bewusst, dass er viele Zugänge zur Führungsriege des Kongresses seinem Ansehen verdankte, das er sich sozusagen in seinem Exil in Lancy erworben hatte. Man interessierte sich für den angesehenen Herrn Pictet, man wollte nicht unbedingt den Bevollmächtigten Genfs sprechen. Pictet aber benützte seinen Privatbonus, um seine amtlichen Aufträge zu fördern. So besuchte der Herzog von Richelieu in Wien den Landwirt Pictet, dessen Merinozucht er schätzte. Auf dem Zweiten Pariser Kongress sollte Pictet mit dem Herzog, der unterdessen Talleyrand als Aussenminister abgelöst hatte, viel zu tun haben. Auch Talleyrand spendete auf dem Wiener Kongress Pictet Komplimente vornehmlich privater Natur. Er begrüsste den Herausgeber der »*Bibliothèque britannique*«, eines Organs, das er, sofern man seiner doppelzüngigen Sprache traut, als »*sans aucune comparaison, le meilleur recueil existant*« erachtete.[47]

Einzig mit der englischen Delegation fand Pictet, obgleich anglophil veranlagt, nicht den richtigen Ton. Schon in Paris hatte er Lord Castlereagh misstraut. Dessen spröde Natur, auch das etwas ungelenke Auftreten hatte er als Desinteresse an den Genfer Angelegenheiten gedeutet. In Wien oblag es dann d'Ivernois, die Beziehungen zu den britischen Gesandten zu pflegen. Das war eine vorteilhafte Korrektur. D'Ivernois erkannte sogleich, dass es Castlereagh nicht an gutem Willen gebrach, sondern an gesellschaftlichem Schliff. Pictet hingegen hatte das Misstrauen zu einer schwerwiegenden Fehlbeurteilung verleitet. Wie Archivdokumente belegen, hatte sich der britische Aussenminister sehr wohl in den Pariser Verhandlungen für Pictets Wünsche verwandt[48], und in Wien fochten der berühmte Wellington, Lord Stewart und Canning in vorderster Front für Genf.

Pictet verstand sich als Missionschef mit seinem Zugeteilten gut. Der einzige namhafte Meinungsunterschied betraf diesen Punkt. In einem Zusatz zu Pictets Schlussbericht erklärte sich d'Ivernois mit allem ausser mit der Bewertung der englischen Delegation einverstanden. In seiner Stellungnahme behauptete er, der Anteil der englischen Unterhändler am Verhandlungserfolg sei grösser als jener Capo d'Istrias.[49] Wieweit dies zutrifft, kann man bei Verhandlungen, an denen die Genfer Delegierten selbst nie teilnehmen konnten, nicht beurteilen. Möglicherweise redete d'Ivernois etwas auf die eigene Mühle. Mehr Verdienste der englischen Abordnung würden auch auf deren Gesprächspartner, und somit auch auf d'Ivernois, abfärben; zudem war er unmittelbar vor dem Wiener Kongress in Sondermission in London gewesen – ein weiteres Motiv, das dazu verleiten konnte, die Bedeutung der englischen Delegation hervorzukehren, um auf diese Weise den eigenen Einfluss zu unterstreichen. Wie dem auch sei; belegen lässt sich lediglich, dass d'Ivernois mit seiner Kritik, die englische Unterstützung verdiente bessere Noten, Recht hatte.

In Wien gastierte eine ganze Schar von Abgesandten aus der Schweiz. Nebst der offiziellen Tagsatzungsdelegation antichambrierten der Fürstabt von St. Gallen, der seine Stiftslande zurückerlangen wollte, der zielstrebige Berner Zeerleder, der für den Verlust der Waadt und des Aargaus die Ajoie und den fürstbischöflichen Jura einhandelte, der Aargauer Rengger, vier Bündner Aristokraten, ein Bieler Vertreter und andere mehr. Alle verfolgten die Eigeninteressen ihrer Kantone oder Orte. Pictet pflegte mit ihnen, ausser mit dem einflussreichen Laharpe, kaum Kontakt. Auch die Vertreter der Tagsatzung mied er nach Möglichkeit. Denn sie führten sich so auf, dass man sich ihrer schämen musste. Der Missionschef, Hans von Reinhard, Zürcher Bürgermeister und Landammann der Schweiz, war in seiner Heimat recht angesehen, den Anforderungen des internationalen Parketts jedoch keineswegs gewachsen. Dem haushälterischen Stadtvater ging die Sicht für das Ganze ebenso ab wie ein entschlossener Wille. Er war zudem eine ängstliche Natur. D'Ivernois spottete, Reinhard hätte Angst, er könnte in einem Wasserglas ertrinken.[50] Äusserte er dennoch einmal eine Meinung, fühlte sich sein Stellvertreter, der Basler Bürgermeister Johann Heinrich Wieland, regelmässig bemüssigt, ihm in aller Öffentlichkeit zu widersprechen. Der Dritte im Bunde, der Freiburger Jean de Montenach, schliesslich hintertrieb alles, was auch nur entfernt den Anschein erweckte, es könnte einer Patrizierherrschaft »pur et dure« zuwiderlaufen. »*En tout*«, schrieb Pictet nach Hause, »*c'est une pitié que cette députation de la Diète. La Suisse n'avait pas besoin de ce ridicule.*«[51] Als sich Napoleon von der Insel Elba absetzte und auf Paris zustürmte, irrten die uninformierten Schweizer ahnungslos durch die Wiener Gassen. Verzweifelt schrieb Pictet: »Die Schweiz ist abgeschrieben: erstens wegen den Ereignissen, zweitens wegen ihrer mangelnden Geschlossenheit, drittens wegen dem Personal, das sie an den Kongress schickte.«[52] Zusammen mit Capo d'Istria heckte er Pläne aus, wie man den Schaden, den die Tagsatzungsgesandten anrichteten, am besten eindämmen könnte.

Seit dem 1. November 1814 waren die Minister der fünf Grossmächte unter dem Vorsitz von Metternich in Wien zum Kongress zusammengetreten. Auf Vorschlag von Graf Capo d'Istria hatten sie einen Ausschuss für Schweizer Angelegenheiten gebildet. Russland schickte in diese Kommission den Freiherrn zum Stein, Grossbritannien seinen Botschafter in Wien, Lord William Stewart, Österreich den Freiherrn von Wessenberg und Preussen, das sich bei Schweizer Fragen stark zurückhielt, den hoch geachteten Wilhelm von Humboldt. Capo d'Istria und Sir Stratford Canning, beides erwiesene Freunde der Schweiz und bis zu den Verhandlungen Gesandte ihrer Höfe bei der Eidgenossenschaft, waren dem Ausschuss als Berater beigesellt. Die Zusammensetzung der Kommission war viel versprechend. Pictet unterhielt mit allen ausgezeichnete Beziehungen. Sein Gegenspieler war indes Talleyrand oder dessen Statthalter im Ausschuss, der Freiherr Joseph von Dalberg, ein naturalisierter Franzose aus Mainz. Der wachte darüber, dass die Schweiz ihre Westgrenze nicht auf Kosten Frankreichs vorschob.

Was Pictet in Wien erreichte, war so etwas wie ein halb volles oder ein halb leeres Glas. Im Vergleich zu jenen Staaten, die entgegen dem Willen ihrer Bevölkerung andern Ländern zugeschlagen wurden, war die Bestätigung der Zugehörigkeit Genfs zur Eidgenossenschaft und die geringe territoriale Vergrösserung des Kantons schon viel. Immerhin erhielt die Stadt einen Landstrich am linken Seeufer von Vésenaz bis Hermance und einige Ortschaften an der Stadtgrenze, beispielsweise Carouge. Die Bevölkerung des Kantons nahm mit 9000 neuen Einwohnern um rund zwanzig Prozent zu. Auch wurden die savoyischen Provinzen Chablais und Faucigny neutralisiert, wobei die Eidgenossenschaft das Recht erhielt, diese Landschaft südlich des Sees, zwischen dem Wallis und Genf, im Kriegsfall zu besetzen.

Gemessen an den eigenen Wünschen enttäuschten jedoch die Verhandlungsergebnisse. Das sehnlichst begehrte Pays de Gex wurde Genf nicht zugesprochen, der lückenlose Anschluss der Exklaven auch nicht; die Stadtrepublik erhielt nicht einmal eine schmale Landverbindung über Versoix zur Waadt. Dabei hatte Pictet mit allen Mitteln versucht, das Pays de Gex einzuhandeln. Er hatte die Berner und die Waadtländer verärgert, auch in der Tagsatzung beargwöhnten nicht wenige die kecken Vorschläge des »Newcomers«. Denn Pictet wollte das Pays de Gex gegen die Ajoie tauschen. Frankreich sollte mit dem militärisch exponierten Landkeil jenseits des Jura aus der Liquidationsmasse des Fürstbistums Basel entschädigt werden. Aber alles fruchtete nichts. Niedergeschlagen schrieb Jean-Gabriel Eynard am 10. Februar 1815 in sein Tagebuch:

»Heute hielt der Kongress eine Sitzung über die Schweizer Angelegenheiten ab. Man beschloss, die Ajoie Bern zu geben. Metternich hat diesen Vorschlag am meisten unterstützt. Wir wissen nicht weshalb. England hat zugestimmt und Frankreich hat das, was es wünschte, erhalten. Russland war gegen diesen Vorschlag, aber es muss notgedrungen unterschreiben. Von uns hat man noch kaum gesprochen. Hier gibt es fast nur noch Diplomaten, die mit den Vereinbarungen unzufrieden sind. Alle sprechen schlecht übereinander, und jeder schiebt das ärgerliche Verhandlungsergebnis seinem Nachbarn in die Schuhe.«[53]

Überhaupt hatte Pictet mit allen Mitteln versucht, für Genf das Maximum aus dem Poker um Länder und Rechte herauszuholen. Nicht minder riskant als der vorgeschlagene Ajoie-Deal war sein Spiel mit verdeckten Karten auf Kosten Graubündens. So schlug er den Österreichern einmal heimlich vor, die Abtretung des Veltlins, das seiner Meinung nach die Bündner ohnehin nicht zurückerlangen konnten, mit Landersatz in der Umgebung von Genf zu kompensieren. Selbst um den Willen der Tagsatzung scherte er sich in der grössten Hitze des Verhandlungsgefechts recht wenig. Die Neutralisierung des Chablais und Faucigny betrieb er als Genfer Unterhändler im Alleingang, lange bevor ihn die Tagsatzung dazu mandatierte. Wie kühn er in der Schlussphase des Kongresses in fragwürdige Randzonen vorstiess, verdeutlichen folgende Zeilen an Turrettini: »Bitte beachten Sie, dass die Leute aus der Schweiz in dieser Angelegenheit [d. h. Abtretung des Veltlins gegen Landerwerb um Genf] so im Dunkeln tappen (davon zeugen die Bemerkungen Reinhardts von gestern Abend ebenso wie jene von vielen andern Abgesandten), dass sie uns keineswegs beschuldigen können, den Verlust des Veltlins oder die Nachteile einer Neutralisierung verursacht zu haben (übrigens Nachteile, die durch die Vorteile grossartig aufgewogen werden). Sie sind überzeugt, dass die Neutralisierungsidee von den Engländern stammt, und wir lassen sie in diesem Glauben.«[54]

Obwohl die Ergebnisse des Wiener Kongresses wie jene des Ersten Pariser Friedens in Genf nicht nur eitel Freude erzeugten, wies Pictet in seinem Schlussbericht auf etwas mit verhaltenem Stolz hin: »Wir dürfen uns beglückwünschen, keinen Gebrauch von jenen anrüchigen Mitteln gemacht zu haben, welche die Diplomatie zwar zulässt, die aber rechtschaffenen Menschen zuwider sind. Wir haben als Ehrenmänner und nicht als Intriganten gehandelt. Was uns gelang, erreichten wir ohne den Einsatz von Geld oder Frauen.«[55]

Die Delegation der eidgenössischen Tagsatzung, die auf dem Wiener Kongress, wie erwähnt, alles andere als vorteilhaft aufgetreten war, durfte immerhin am 20. März 1815 eine Erklärung von acht Staaten – neben den Grossmächten auch Spanien, Portugal und Schweden – entgegennehmen, in welcher diese Mächte der Schweiz die immerwährende Neutralität zugestanden. Im Anhang elf zu den Akten des Wiener Kongresses verfügten sie: »In Anerkennung, dass das allgemeine Interesse zu Gunsten der Eidgenossenschaft den Vorteil einer immerwährenden Neutralität verlangt und den Willen, der Schweiz durch Zurückerstattung und Abtretung von Gebieten die Mittel zu geben, um ihre Unabhängigkeit zu sichern und ihre Neutralität aufrechtzuerhalten,... erklären die Mächte: dass alle Mächte, sobald die eidgenössische Tagsatzung in gebührender Form ihre Zustimmung zu allen Bedingungen, welche diesem Geschäft zugrunde liegen, gegeben hat, eine Akte ausstellen, welche die Anerkennung und die Garantie der immerwährenden Neutralität der Schweiz innerhalb ihrer neuen Grenzen ausspricht...«[56] Die förmliche Anerkennung war somit auf einen späteren Zeitpunkt in Aussicht gestellt. Sie konnte derzeit noch nicht erfolgen, weil sich die Eidgenossenschaft noch kein gemeinsames Verfassungsgerüst gegeben hatte. Der Bundesvertrag von 1815 wurde den eidgenössischen Ständen von den Grossmächten förmlich aufgezwungen: ohne Verfassung keine Anerkennung der Unabhängigkeit und der Neutralität.

Im Prinzip war die Neutralität unbestritten gewesen. Preussen war an dieser Frage nicht interessiert; England unterstützte alles, was der britischen Politik des Gleichgewichts auf den Kontinent entgegenkam; auf Alexander I., den unerschütterlichen Freund, durfte die Schweiz immer zählen; Frankreich, das Einwände gehabt hätte, musste froh sein, wenn es sein eigenes Territorium ungeschmälert retten konnte; und Metternich nahm die Neutralität nicht ernst. Er betrachtete sie als Nebensache, allenfalls als günstigen Vorwand, um Interventionsrechte geltend zu machen. Aber er übersah nicht, dass sich realpolitisch die Neutralität zugunsten von Österreich auswirkte. Denn die Schweiz entschwand aus dem Pariser Glacis, jenem Vorhof französischer Macht, in welchem sie seit der frühen Neuzeit gelegen hatte. Ansonsten beargwöhnte Metternich mehr die republikanische als die neutrale Schweiz; er befürchtete, Laharpe werde in den Alpen ein Refugium für Revolutionäre aus allen Ländern einrichten.[57]

Als Schweizer auf der Zweiten Pariser Friedenskonferenz

Die Tinte auf dem Dokument der Wiener Erklärung war kaum getrocknet, als die Grossmächte die Schweiz bedrängten, die Neutralität aufzuheben. Der Kongress war nämlich von Napoleons Flucht aus seinem Exil auf der Insel Elba überrascht worden. Während dieser nach seiner Landung in Cannes das Rhonetal hinaufeilte und im Siegeszug auf Paris zustrebte, erklärten ihm die alliierten Souveräne den Krieg. Am 6. Mai unternahmen die vier Grossmächte eine Demarche bei der Tagsatzung; sie forderten die Schweiz zum Koalitionsbeitritt auf. Was sollte die Schweiz tun? Sollte sie neutral bleiben oder sich den Alliierten anschliessen? Die neuen Kantone wollten nicht gegen Napoleon in den Krieg ziehen; sie verdankten ja ihre Unabhängigkeit seinem administrativen Genie. Die alten Stände dagegen gehorchten schweren Herzens der Not der Stunde und überstimmten den Widerstand. So unterzeichnete die Schweiz am 20. Mai, zwei Monate nach der Neutralitätserklärung, eine Militärkonvention, worin sie dem »System« der Verbündeten beitrat, sich am Kampf gegen Napoleon beteiligte und den Alliierten bei Bedarf das Recht zum Truppendurchzug einräumte.

Warum war die Schweiz bereit, von der eben zugestandenen Neutralität abzurücken? Natürlich wich sie den machtpolitischen Verhältnissen. Auch befürchtete man, Napoleon könnte erneut in die Schweiz einfallen. Ausserdem gab die Tagsatzung moralischem Druck nach. Die Alliierten erklärten nämlich, mit Napoleons Rückkehr sei eine nicht vorhersehbare, eine völlig andersartige Situation entstanden. Der Endkampf gegen den »ennemi et le perturbateur du monde«, gegen den Feind und den Störer des Weltfriedens, sei eine moralische Pflicht; sie betreffe alle. Napoleon hätte sich »ausserhalb die bürgerlichen und gesellschaftlichen Beziehungen begeben«.[58] Er war, mit anderen Worten, zum Feind der Menschheit erklärt worden. Sich in einer solchen Lage abzukapseln bedeutete in der Sicht der kriegführenden Mächte nicht nur eine indirekte Stellungnahme für den Störenfried, sondern eine verwerfliche egoistische Haltung. Neutralität durfte es unter diesen Umständen nicht geben. Die Realpolitik, zu der man sich eben noch bekannte, hat in den Augen der Kriegführenden vor dem Ausnahmezustand keinen Bestand. Im Kampf auf Leben und Tod wird das, was realpolitisch für die einen vernünftig ist, für die anderen moralisch verwerflich.

Pictet stimmte im Genfer Staatsrat für den Beitritt zur Militärkonvention. Der junge Kanton, am 19. Mai 1815 erst förmlich in die Eidgenossenschaft aufgenommen, müsse den Tagsatzungsbeschluss geziemenderweise mittragen. Aber im Innersten hoffte er, die Durchzugsrechte würden toter Buchstabe bleiben. Seine Befürchtungen teilte er Erzherzog Johann in einem Brief vom 6. Mai mit. Wenn die Österreicher, wie er nun gerüchteweise vernehme, über den Simplon marschierten und ein anderes Korps bei Basel nach Frankreich einfalle, dann sei die Gefahr gross, dass Napoleons Truppen in die Schweiz einmarschierten, wo ein schlimmer Bürgerkrieg auszubrechen drohte. Die eine Hälfte des Landes, insbesondere die Waadt, würde sich mit Napoleon solidarisieren, die andere mit der Koalition. Prinzipielle Bedenken wegen der Verletzung der Neutralität äusserte er nur am Rande: »Je prie V[otre] A[ltesse] I[mpérial] de supposer maintenant que les Puissances, respectant la neutralité du territoire helvétique qu'elles viennent de proclamer, n'entrent en France que de Mayence à la mer et de Chambéry à Nice.«[59] Es kam freilich zweifach anders: Die österreichische Armee rückte über den Simplon und von Schaffhausen bis Basel nach Frankreich vor. Und Napoleons Truppen drangen nicht in die Schweiz ein. Dazu bestand keine Zeit.

Tatsache bleibt somit, dass die Schweiz im Jahr 1815 selbst Hand bot zur Verletzung der Neutralität. Sie gestattete den Durchzug der verbündeten Truppen, ja sie beteiligte sich sogar offensiv am Feldzug gegen Frankreich.

Hatte sie keine Möglichkeit, ihre erklärte Neutralität zu bewahren? Es ist für den Historiker leicht, ein Urteil zu fällen, aber schwer, einem Sachverhalt gerecht zu werden. Entscheidungssituationen enthalten immer mehr Elemente, als die Nachwelt erfährt. Es gibt Ausgesprochenes und Unausgesprochenes, und oft lösen beiläufige Elemente, die nicht überliefert werden, eine Handlung aus. Diesen Vorbehalten zum Trotz muss man sich fragen, ob die Tagsatzung im Jahr 1815 die Gefahr richtig einschätzte, ob sie nicht eine prinzipienfestere Haltung hätte einnehmen können, ja müssen. Denn die Schweiz hatte auf dem Wiener Kongress sehr gewichtige Freunde.

Kaiser Franz und Zar Alexander hatten sich im Jahr 1813, als Metternich die ersten Durchmarschpläne vorlegte, heftigst gegen die Verletzung der schweizerischen Neutralität gewehrt. Metternich freilich fädelte seine Pläne umsichtig ein. Er entlockte General Niklaus Rudolf von Wattenwyl eine schriftliche Bestätigung, wonach die eidgenössischen Truppen einen Grenzübertritt der alliierten Armee nicht militärisch bekämpfen würden. Erst jetzt, als die Schweiz stillschweigend in den Durchmarsch einwilligte, genehmigte Kaiser Franz das Unterfangen. Metternich seinerseits verkündete, er hätte Zusicherungen, wonach die Schweizer Bevölkerung die verbündeten Truppen bejubeln werde. Dem war jedoch nicht so. Zar Alexander fühlte sich betrogen. Er verzieh Metternich das durchtriebene Spiel nie. Die Verletzung der Schweizer Neutralität verursachte ein jahrelanges Zerwürfnis zwischen den beiden Staatsmännern. Als ihn der österreichische Staatskanzler vor vollendete Tatsachen gestellt hatte, sagte ihm der Zar, wie Metternich in seinen Memoiren selbst berichtet: »»Der Erfolg krönt die Unternehmungen ... Als verbündeter Monarch habe ich Ihnen nichts weiter zu sagen; als Mensch jedoch erkläre ich Ihnen, dass Sie mir ein nicht mehr gutzumachendes Leid zugefügt haben...‹«[60]

Wie hätte Pictet reagiert, wäre er damals schon Gesandter der Tagsatzung gewesen? Sieht man, was er für Genf erbracht hatte, dann darf man vermuten, er hätte Monarchen, denen eine unversehrte Schweiz fast mehr am Herzen lag als den schweizerischen Magistraten, darin bestärkt, ihren Überzeugungen treu zu bleiben und die Pläne des Staatsdieners Metternich zu verwerfen. Mit seinem Takt und seiner Menschenkenntnis wäre ihm diese Aufgabe vielleicht gelungen. Die Militärkonvention vom 20. Mai 1815 ist ein sprechendes Beispiel dafür, wie der richtige Mann am richtigen Ort fehlte. Aber das sollte sich bald ändern.

Am 16. August 1815 stellte die Tagsatzung die Instruktionen für den Gesandten aus, der die Eidgenossenschaft am Zweiten Pariser Friedenskongress zu vertreten hatte. Er hiess Pictet de Rochemont. Der diplomatische Ausschuss beglückwünschte sich, die Interessen den »geschickten und sichern Händen« des erprobten Ministers anvertrauen zu können. Pictet selbst zierte sich erneut etwas, den Auftrag anzunehmen. Er versuchte, offensichtlich vergeblich, François d'Ivernois zu bewegen, sich um die Mission zu bewerben. Mit vorgespielter Untertreibung schrieb er ihm: »... Es hat etwas Lächerliches, jemanden zum Geschäftsträger oder zum Tagsatzungsabgeordneten zu wählen, der wie ich den politischen Angelegenheiten Europas seit 25 Jahren fern steht oder von jenen der Schweiz wenig weiss.«[61]

Pictet erhielt von der Tagsatzung lange Instruktionen; sie füllten fünf Seiten; nebst den Genfer Anliegen, vor allem der fehlenden Landverbindung über Versoix zur Waadt, sollte er sich für die Rückgabe des Veltlins an Graubünden verwenden, sodann die Abtretung der Stadt Konstanz, einiger Gemeinden bei Schaffhausen und die Schleifung der Festung Hüningen vor Basels Toren erwirken. Sollten die Grossmächte nach der erneuten Provokation Napoleons von ihrem früher beschlossenen Grundsatz abrücken, wonach Frankreich wieder innerhalb der Grenzen von 1792 herzustellen sei, dann würde auch die Schweiz ihre Zurückhaltung aufgeben und zusätzliche Gebiete wie das Pays de Gex fordern. Ansonsten jedoch verpflichtete die Tagsatzung Pictet zu folgendem Verhalten bei allen Gebietsfragen: »Bezüglich der Form soll die Schweiz so weit als möglich vermeiden, Forderungen zu formulieren und den Anschein zu erwecken, auf Kosten Frankreichs Vorteile erzielen zu wollen; bezüglich der Sache muss sie sich äusserste Mässigung auferlegen.«[62] Das waren kluge Instruktionen, die auf realpolitischer Weisheit ruhten. Aus allen Ansprüchen, die über wohlerworbene Rechte hinausgingen, erwuchsen schon bald grosse Komplikationen. Die Neutralisierung Nordsavoyens sollte es in jeder grösseren aussenpolitischen Krise des 19. Jahrhunderts belegen.

Aus der Fülle der Aufträge überragte allerdings einer alle andern. Das Kerngeschäft der Eidgenossenschaft war die förmliche Anerkennung der immerwährenden Neutralität. Das musste Pictet unter allen Umständen erreichen. Die Instruktionen lauteten: »Das grosse Anliegen, das sich die Schweiz in den zukünftigen Verhandlungen vor allem sichern möchte, betrifft ihre Neutralität, Grundlage ihrer politischen Unabhängigkeit und ihrer militärischen Sicherheit. Die verbündeten Mächte erachten diese als unabdingbar für die zukünftige Ruhe Europas; der Nachdruck, mit dem sie die Anerkennung in der Erklärung vom 20. März 1815 vorgenommen haben, verpflichtet Herrn Pictet de Rochemont, die seitherige Entwicklung im Lichte dieses Prinzips zu sehen und die Kabinette auf die Folgen aufmerksam zu machen. Eine zur Neutralität verpflichtete Schweiz muss mitunter über jene Widerstandskraft verfügen, die ihrer geografischen Lage und ihrer Bevölkerung gerecht werden; sie muss die Mittel haben, um sich gegen einen Angriff verteidigen zu können und sich vor einem beherrschenden Einfluss Frankreichs oder eines anderen Nachbarstaats zu schützen.«[63]

Mit Fleiss und Würde unterzog sich Pictet wiederum seiner Aufgabe. Ihm gelang, was die Grundlage aller erfolgreichen Diplomatie ist: Er gewann das Vertrauen seiner Gesprächspartner. Da kein mächtiger Staat ihm Ansehen verlieh, war dies überwiegend sein persönliches Verdienst. Er konnte nur das eigene Prestige und Geschick einsetzen. Das aber wusste er wie kein Zweiter zu nutzen. Entscheidend war die bereits erwähnte Freundschaft mit Graf Capo d'Istria, seinem »Guide«, wie er ihn scherzhaft nannte; hilfreich waren die ausgezeichneten Beziehungen zu den Erzherzögen Karl und Johann, nützlich war die alte Bekanntschaft mit dem Herzog von Richelieu. Aber dazu kam noch etwas anderes. Als gefestigte Persönlichkeit wusste er, wo die Grenzen der Zutraulichkeit waren. Metternichs freundliches Gebaren schätzte er völlig richtig als Ausdruck der Unverbindlichkeit ein; Talleyrand begegnete er – bei aller Höflichkeit – mit dem nötigen Misstrauen, und mit Baron von Wessenberg, Metternichs Stellvertreter, stellte er eine solide »working relationship« her.

Pictet verstand es, seine Gesprächspartner von sich einzunehmen, seine Anliegen in einen politischen Zusammenhang einzuordnen und vor diesem Hintergrund seine konkreten Wünsche vorzubringen. Er formulierte die Interessen so, dass sie nicht nur der Schweiz zum Vorteil gereichten, sondern auch den Gesprächspartnern attraktiv erschienen. Als Vertreter der Eidgenossenschaft propagierte er nicht die republikanische Freiheit oder die besondere Existenzberechtigung des Kleinstaates. Das alles setzte er voraus. Vielmehr suchte er die Grossmächte davon zu überzeugen, dass die Schweiz, damit sie den Neutralitätsauftrag erfüllen könne, über sichere militärische Grenzen verfügen müsse; sie bedurfte der Sicherheit nicht weniger als die Grossmächte, die dieses Recht für sich selbst beanspruchten. In diesem Sinn kämpfte er für die Schleifung der Feste Hüningen, für die lückenlose Landverbindung Genfs zur Waadt und, die Instruktionen der Tagsatzung im regionalen Eigeninteresse strapazierend, für ein schweizerisches Mitspracherecht, ein »droit de regard« im französischen und savoyischen Hinterland von Genf – und war damit weitgehend erfolgreich.

Über die Neutralität sprach Pictet in Paris kaum. Das war auch nicht nötig. Sie war ja auf dem Wiener Kongress der Tagsatzungsdelegation bereits zugestanden worden. Die meisten Mächte nahmen dieses Traktandum auf die leichte Schulter. Sie hatten Wichtigeres zu tun. So kam es, dass der Ausschuss um Sir Stratford Canning, der die Anerkennung der immerwährenden Neutralität verfassen sollte, dieses Geschäft auf andere abschob. Dank Capo d'Istrias diskreter Disposition gelangte der Redaktionsauftrag in die Hände des Genfer Freundes. In einer helvetischen Sternstunde ergriff Pictet die einzigartige Gelegenheit und formulierte die Anerkennung der schweizerischen Neutralität so, dass sie genau zu dem wurde, was die Tagsatzung in ihrer Instruktion verlangt hatte: zur »base de son indépendance politique et de sa sûreté militaire«. Er drückte das jahrhundertealte Selbstverständnis der Eidgenossenschaft, das sich um die Neutralität herum gebildet hatte, in zeitgeschichtlich korrekten Termini aus. Der wichtigste Teil lautet: »Die Signatarstaaten der Erklärung vom 20. März anerkennen mit der vorliegenden Akte vollumfänglich, dass die Neutralität und die Unverletzbarkeit der Schweiz sowie ihre Unabhängigkeit von allen äussern Einflüssen im wahren Interesse der Politik von ganz Europa liegen.«[64] Am 20. November 1815 besiegelten die fünf Grossmächte sowie Portugal das Schlüsseldokument der schweizerischen Aussenpolitik.

Mit der Formulierung »im wahren Interesse der Politik von ganz Europa« sicherte Pictet der Schweiz ihren Platz in der neu definierten Gleichgewichtspolitik; er brachte die Neutralität in Einklang mit dem Konzert der Grossmächte. Die Schweiz konnte ihre eigenständige Politik verfolgen, und diese war anerkannter Bestandteil des europäischen Ganzen. Nicht, dass Pictet die Verankerung der eidgenössischen Politik in den europäischen Interessen selbst erfunden hätte! Auf jenen Konferenzen berief man sich gern und häufig auf Europa. Die Formel »im Interesse Europas« war in Mode. Auch der Deutsche Bund, das neue Gebilde auf dem Boden des alten Reiches, lag im besonderen Interesse Europas. So wollte es Metternich – freilich nicht ohne Hintergedanken. Wer eine Friedensordnung garantierte, erwarb sich auch gewisse Interventionsrechte.[65] Den Anschluss Genfs an die Eidgenossenschaft hatte Pictet den vier Mächten ebenfalls schon mit dem Argument, dieser sei vorteilhaft für die »tranquillité de l'Europe«, schmackhaft gemacht.[66] Oder in der Erklärung der Mächte vom 20. März 1815 heisst es, »l'intérêt général« fordere für die Schweiz den Vorteil der immer währenden Neutralität. Die Tagsatzungsinstruktion für Pictet schliesslich erklärte die Neutralität als Voraussetzung »für die zukünftige Ruhe Europas«.

Damals wie heute durfte etwas den Interessen Europas nicht zuwiderlaufen, wenn es aussenpolitisch berechtigt sein sollte. Pictets Formulierung entsprach dem Zeitgeist, gleichzeitig aber gliederte sie die eidgenössische Aussenpolitik in die neue Friedensordnung ein. Eine unabhängige und neutrale Schweiz widersprach weder der Gleichgewichtspolitik noch der

Legitimitätsidee, den beiden Pfeilern der europäischen Politik des 19. Jahrhunderts; sie vertrug sich mit beiden und erhöhte deren Glaubwürdigkeit. In einem monarchischen Umfeld behauptete sich somit die Schweiz mit ihren zwei Sonderformen: der Neutralität als Aussenpolitik und dem Republikanismus als Innenpolitik.

Zum problematischen Truppendurchzug verfasste Pictet auch einen Abschnitt. Er war sich bewusst, was für Gefahren dieser Sündenfall in sich barg. Was für einen Sinn machte denn eine immerwährende Neutralität, wenn man schon bei der erstbesten Gelegenheit von ihr abwich? Wer konnte eine Neutralitätserklärung noch ernst nehmen? Sorgfältigst formuliert legte er den Mächten die Zusicherung in den Mund, wonach der Schweiz aus dem Truppendurchzug, zu dem sie freiwillig Hand geboten habe, keine nachteiligen Folgen erwachsen dürften. Die Schweiz hätte in Zeiten höchster Gefahr bewiesen, dass sie im Interesse Europas grosse Opfer bringe. Gerade deshalb verdiene sie, in den Genuss der immer währenden Neutralität zu gelangen. Den ersten Testfall, den die Neutralität nicht bestanden hatte, münzte Pictet in einen besonderen Grund für deren Legitimität um.

Ausserdem hatte Pictet die Neutralisierung Nordsavoyens in die Akte aufgenommen. Die Tagsatzung liess sich von den Genfern in dieses Geschäft hineinziehen – allerdings nur unter der Bedingung, dass die Schweiz im Kriegsfall selbst über die militärische Besetzung des Chablais und Faucigny bestimmen konnte. Man wollte sich Rechte erwerben, aber keine zusätzlichen Pflichten aufbürden – eine Lösung, die in der Geschichte selten aufgeht. Mit Mitspracherechten in einem anderen Land, mit einem so genannten »droit de regard«, kann man manchmal eine verfahrene Situation überbrücken; langfristig aber schaffen solche Halbheiten mehr Probleme, als sie lösen. Hier sollte es, wie noch zu zeigen sein wird, nicht anders kommen.

Den weitaus grössten Teil seiner Zeit als Abgesandter in Paris verwandte Pictet indes auf Gebietsforderungen. Er musste rasch erkennen, dass er mit seinen Instruktionen nicht durchkam. Niemand wollte etwas vom Anschluss Mülhausens an die Schweiz hören, die ideale militärische Grenze auf den Juragräten von Basel nach Genf liess sich nicht verwirklichen, die Gebietsforderungen im Veltlin, um Bormio und Chiavenna, um Konstanz und Schaffhausen – sie alle blieben unerfüllt. Die Kantone Graubünden und Waadt hielten denn auch, als die Tagsatzung Pictets Verdienste würdigte, mit ihrer Kritik nicht zurück: Der Schweizer Unterhändler hätte weder die Rückerstattung des Dappentals im Jura noch die Rückgabe des Veltlins oder von Worms (Bormio) und Cleven (Chiavenna) zielstrebig verfolgt.⁶⁷ Lediglich mit der Hauptforderung, der Landverbindung von Genf über Versoix zur Waadt, drang er durch. Dazu kamen noch einige Abrundungen des Genfer Territoriums, die er auf der Sonderkonferenz in Turin zwischen dem König von Sardinien und der Eidgenossenschaft Anfang 1816 ausfeilte. Ausserdem erreichte er, dass das Pays de Gex als Zollfreizone wirtschaftlich an Genf angebunden wurde – etwas, das bis auf den heutigen Tag Bestand hat.

Gemessen an den Instruktionen der Tagsatzung war Pictet ein Unterhändler mit gemischtem Erfolg. Alles gelang ihm nicht. Bedenkt man aber, dass ehedem so stolze Staaten wie Venedig oder Genua auf dem Kongress keine Gnade fanden, dann sieht seine Bilanz anders aus. Er verlieh der Schweiz ein Gewicht, das mit ihrer Grösse wie mit ihrem damals jämmerlichen Zustand scharf kontrastierte. Das Vorbildliche an Pictet liegt weniger im Erfolg als in der Art, wie er vorging. Als er an die Zweite Pariser Friedenskonferenz gesandt wurde, überreichte er beispielsweise sein Beglaubigungsschreiben am Hof Ludwigs XVIII. nicht. Er meinte, ein solcher Schritt würde sich ungeziemend ausnehmen; es schiene, als ob auch die Schweiz über das geschundene Frankreich herfallen möchte; das brächte die öffentliche Meinung gegen die Eidgenossenschaft auf, und Frankreichs Regierung würde sich in den Verhandlungen verhärten. Statt gross in der Öffentlichkeit aufzutrumpfen, zog er es vor, hinter den Kulissen zu agieren. So viel Takt brachte die Schweiz in der Diplomatie nicht immer auf, geschweige denn auf anderen Gebieten. Pictets Verhalten war das schiere Gegenteil von dem, was sich die Schweiz noch vor zwei Monaten geleistet hatte. Damals war General Niklaus Franz von Bachmann mit über 20 000 Mann ins Burgund eingefallen; als Nachhut zu den verbündeten Truppen trachtete man das erlegte Frankreich auch noch auszuweiden – eine Peinlichkeit sondergleichen für die Schweiz, die seit mehr als 300 Jahren keinen Offensivkrieg mehr geführt hatte.

Pictet war ein Intellektueller mit Statur und Stil, ein Mann des Seins und nicht des Scheins, weltläufig, aber stark in der Heimat verwurzelt, kein Parteigänger, sondern ein offener Mensch für liberales Gedankengut. Deshalb wählte ihn auch das revolutionserschütterte Genf 1792 in die Legislative. Als Diplomat hütete er sich, Empfindlichkeiten zu zeigen. Ein Vertreter eines Kleinstaates dürfe, meinte er, sich diese Schwäche nicht leisten. Urteilsscharf und kristallklar formulierte er seine Meinung. Nach allen Seiten abgesicherte, verwaschene Berichte waren nicht seine Sache. Im Gegenteil, er liebte, wie aus der umfangreichen Korrespondenz mit Albert Turrettini hervorgeht, den pointierten Ausdruck. Vor allem aber war er sich stets bewusst, welche Rolle er an der diplomatischen Front zu spielen hatte: Die Aussenpolitik ist da, um eine erspriessliche Innenpolitik zu ermöglichen – und nicht umgekehrt.

Sein Pariser Verhandlungsauftrag war sehr schwierig. Die vier Grossmächte entschieden wie schon in Wien alles unter sich. Pictet wurde, gleich den andern Vertretern von Mittel- oder Kleinstaaten, zu keiner einzigen Verhandlung zugelassen; ja, er wurde nicht einmal angehört. Alle Anliegen musste er über Mittelsmänner vorbringen. Aber weil er sein hohes Ansehen angemessen in den Dienst seines Auftrages zu stellen wusste, gelang ihm dies. Allerdings hatte ihm die Tagsatzung das Leben noch zusätzlich erschwert. Sie hatte ihn bekanntlich instruiert, mit äusserster Zurückhaltung aufzutreten. Die Schweiz wollte nicht »demandeur« sein. In seinem Schlussbericht liess er denn auch sachte Kritik durchschimmern: »Ich bitte Ihre Exzellenz zu bedenken, dass der eidgenössische Minister grösseren Schwierigkeiten unterworfen war als jeder andere, weil seine Mission darin bestand zu erhalten, ohne zu verlangen; die französischen Bevollmächtigten aber konnten tagtäglich während seiner Abwesenheit die zaghaft vorgebrachten Ansprüche bekämpfen und zur Seite schieben, während die zerstreuten Gönner [d. h. die Grossmächte] mit sich selbst, mit ihren wichtigeren und dringenderen Anliegen beschäftigt waren.«[68]

Wie Pictet allen Schwierigkeiten zum Trotz seine Gesprächspartner für sich einnahm und für die Schweizer Angelegenheit gewann, wie er mit grosser Menschenkenntnis spürte, wem er vertrauen durfte, das war seine Meisterleistung. Für einen Diplomaten, der von den eigentlichen Verhandlungen ausgeschlossen war, hat er Ausserordentliches erreicht. Die Tagsatzung hatte dies seinerzeit erkannt. Sie dekretierte nach den grossen Konferenzen: »Charles Pictet de Rochemont hat sich die grössten Verdienste um die Schweizerische Eidgenossenschaft erworben. Er besitzt die heiligsten Anrechte auf öffentliche Achtung und Dankbarkeit.«[69] Der Kanton Genf seinerseits verlieh ihm den Titel eines »Conseiller d'honneur«. Ausserdem wollte ihm der Staatsrat ein Silberservice im Wert von 10000 Florin schenken. Aber Pictet lehnte dieses Geschenk ab. Er erklärte sich hingegen bereit, den Gegenwert in Münzen anzunehmen, um damit Primarschulen in den neu erworbenen Gemeinden des ehemals savoyischen Umlandes zu errichten. Und so geschah es.

Nach vollbrachter Mission zog sich der Landedelmann wieder auf sein Gut zurück, züchtete Merinoschafe und widmete sich seiner *»Bibliothèque Britannique«*. Er nahm allerdings weiterhin am öffentlichen Leben regen Anteil. Ohne seine Kräfte zu schonen, stritt er für den Abbruch der Genfer Befestigungsanlagen und nahm heftige Attacken in Kauf. Auch verteidigte er die Schweiz mit zwei Broschüren. Vor allem die Schrift *»De la*

Suisse dans l'intérêt de l'Europe, ou Examen d'une opinion énoncée à la Tribune par le Général Sébastiani« fand grosse Beachtung.[70] General Sébastiani, ein korsischer Offizier, der schon an Napoelons Italienfeldzug teilgenommen hatte und unter Louis-Philippe zum Marschall aufstieg, hatte in der »Chambre des Députés« im Sommer 1820 die Meinung geäussert, Frankreich müsste bei einem erneuten Krieg mit Deutschland die Schweiz besetzen, da es nicht mehr über natürliche Grenzen verfüge. Pictet bestritt diese Ansicht vehement. Mit einer Besetzung der Schweiz würde Frankreich nicht nur Unrecht begehen, es würde auch militärisch nichts erreichen und moralisch viel verderben.

Schlau berechnend gab Pictet die Schrift anonym in Paris heraus. Seinem Sohn, den er mit dieser Aufgabe betraute, schrieb er: »Der vorgeschlagene Titel wird viel mehr Leute zum Lesen bringen, als es mein Name vermöchte. Die Ultras werden es lesen, um zu erfahren, wie einer der ihren einen Chef der Liberalen angreift. Die Liberalen werden es lesen, um zu erfahren, was man gegen einen der ihren vorzubringen wagt. Der ›demi-solde‹ [die Generäle Napoleons im Ruhestand] wird es lesen, um zu erfahren, ob man das System des Bonaparte-Generals billigt oder verurteilt. ... Was die Schweiz betrifft, so wird jedermann das Buch lesen, weil Sébastiani mit seiner dreisten Naivität die Tagsatzung gegen sich aufgebracht hat ...«[71] Zuerst vermuteten viele in Paris, hinter der Schrift stecke der berühmte Schweizer Stratege Antoine-Henri Jomini, ehemals General in Napoleons Armee. Doch dieser sprang Pictet im nächsten Jahr mit einer eigenen anonymen Schrift bei. Auch Johann Wieland, der querköpfige Basler Kollege auf dem Wiener Kongress, griff zur Feder und unterstützte den Standpunkt seines Landsmanns.[72]

In Frankreich dagegen erhielt Sébastiani, ein Mann der Linken, Unterstützung von konservativer Seite. Der legitimistische Staatsphilosoph Louis de Bonald zweifelte die echte Unabhängigkeit der Schweiz gleichfalls an. Dieses Land habe zwar eine Verwaltung, aber es verfüge über kein »pouvoir politique«, keine letzte Entscheidungsbefugnis und somit keine echte Souveränität; vielmehr verdanke die Schweiz ihre Existenz der Gunst der Grossmächte. Diese Behauptung erzürnte Frédéric-César de Laharpe. Anonym auch er, stürzte er sich in ein polemisches Wortgefecht. In seinem Beitrag »*Observations d'un Suisse sur les réflexions dirigées, en 1820 et 1821, contre l'indépendance de la Suisse*« erklärte er: »Mais la Suisse ne doit point à ses Puissances son indépendance: elle ne doit celle-ci qu'à elle-même.«[73] Die Schweiz sei unabhängig, weil die Eidgenossen auf dem Rütli ein Schutzbündnis geschworen hätten, weil sie sich erfolgreich bei Morgarten und Sempach geschlagen hätten, weil sie die andern respektierten

– übrigens die einzige solide Grundlage der Legitimität –, sodann weil die öffentliche Meinung auf ihrer Seite stehe und weil die Schweizer mit ihrem Staatswesen zufrieden seien.[74]

Zwei Generationen später gaben einige Schweizer, die der Neutralität überdrüssig waren, de Bonald aus einem merkwürdigen, weil patriotischen Blickwinkel Recht. Ihrer Meinung nach ging der Schweiz mit der selbst auferlegten Neutralität der Wille zur Macht ab. Johann Caspar Bluntschli, einst konservatives Haupt der Zürcher Regierung, nun geachteter Rechtsprofessor in Heidelberg, erklärte den Verzicht eines Neutralen auf den Krieg schlicht für eine »Selbstentmannung«[75]. Solche Stimmen, die einen mangelhaften Gestaltungswillen in der eidgenössischen Aussenpolitik beklagten, erschollen zur Jahrhundertwende hin immer lauter. Noch am Vorabend des Ersten Weltkriegs verlangte ein Artikel in der Schweizerischen Militärzeitschrift, die Schweiz solle sich ihre volle aussenpolitische Handlungsfreiheit zulegen und die Neutralität abschaffen. »Ein souveräner Staat darf und kann in Fragen seiner grossen Politik nicht an juristische Klammern gebunden werden. Er muss trotz der rechtlichen Bindungen eine vollkommene Aktionsfreiheit in allen vitalen Fragen behalten. ... Diese Freiheit fehlt unserer Aussenpolitik, wenn diese an ein zur fixen Idee gewordenes Prinzip, an das Prinzip der Neutralität gebunden wird. ... Die Schweiz kann ohne weiteres auf ihre Neutralität verzichten.«[76] Die Schüsse von Sarajewo erledigten allerdings diese kühnen Sätze über Nacht. Was sich im Frieden gut angehört hatte, klang töricht, als ringsum der Krieg tobte.

Menschenbild

Pictet war kein Liebhaber der Aussenpolitik. Machtfragen, eitler Verhandlungspoker, auch die harmloseren Scharmützel um Protokoll und Vorrang lagen ihm wenig. Er betrachtete die Aussenpolitik vielmehr als eine Notwendigkeit, wahrscheinlich sogar als ein notwendiges Übel. Ein Land muss sich nach aussen absichern, um im Innern gedeihen zu können. Aussenpolitik war in seiner Sicht eine Dienerin der Innenpolitik. Sie verteidigt die Unabhängigkeit des Landes auf der diplomatischen Ebene, indem sie, im Falle der Schweiz, der Neutralität und der territorialen Unversehrtheit Nachachtung verschafft. Weitergehende politische Aspirationen sollte die Schweiz nicht haben. Irgendwelche Wünsche nach Mitgestaltung der europäischen Verhältnisse lagen ihm fern. Mit dieser Einstellung fiel es Pictet nicht schwer, nach den grossen Konferenzen, da die Unabhängigkeit und die Neutralität der Schweiz gesichert und die Grenzfragen geregelt waren, auf weitere diplomatische Missionen zu verzichten und sich ins Privatleben zurückzuziehen.

Sucht man den Kern, um welchen herum sich Pictets aussenpolitisches Verständnis entspann, dann stösst man zu Moral und Sittlichkeit vor. Sie bilden das Fundament eines Staates; sie sind die Vorbedingung für eine gute Politik. Als Genfer Calvinist setzte er strenge Massstäbe. Wie ein altrömischer Senator strebte er die »virtus« an, die innige Verbindung von Tugend, Tüchtigkeit und Gottesfurcht. Mit seiner Vorliebe für die Landwirtschaft, seiner schriftstellerischen Tätigkeit und seinem Sinn für den »service public«, vornehmlich aber mit seinem rigiden moralischen Anspruch und seinem vorgelebten Beispiel gemahnt er in vielem an eine Gestalt wie den alten Cato, den Cato Censorius. Wenn das sittliche Fundament morsch ist, steht es, hätte Pictet gesagt, um einen Staat schlecht. Entschieden widersprach er Madame de Staël, die eine Zeitlang von Napoleon Grosses erwartete. Vor dem Staatsstreich vom 18. Brumaire glaubte sie, der Korse könnte mit seiner Persönlichkeit in Frankreich eine Wende zum Bessern herbeiführen. Pictet schrieb ihr: »Die Sitten gewinnt man nicht wie Schlachten. Man formt eine Generation nicht mit derselben Leichtigkeit, wie man eine zerstört. Selbst wenn Sie Engel als Gesetzgeber und Führer hätten, gäbe es für die Franzosen kein Glück, solange es weder öffentliche noch private Moral gibt.«[77] Einzelpersonen können nicht im Handumdrehen Mängel beheben, mit denen ein ganzes Volk befallen ist. Nur die Erziehung in Familie und Schule kann dies mit viel Geduld und in langwieriger Anstrengung bewirken. Die Heranbildung von frommen Sitten ist eine Gemeinschaftsaufgabe, die Eltern und Erzieher über Generationen pflegen müssen.

Ohne Zweifel gründet Pictet sein Menschenbild mehr auf den so genannten gesunden Menschenverstand als auf philosophische Systeme. Er ist ein Pragmatiker durch und durch. Ganz im Einklang mit seiner Vorliebe für angelsächsische Denkart verachtet er die Errungenschaften der Aufklärung nicht, aber er wendet sich entschieden dagegen, den Intellekt zum Massstab aller Dinge zu erheben. Die Vernunft darf sich nicht nur aus dem Verstand ableiten, man muss sie auch durch religiöses und sittliches Empfinden zügeln – ein Ja zur Vernunft, aber ein Nein zum überbordenden Vernunftkult der Französischen Revolution. Entschieden bekämpfte er deren Exzesse. Deshalb schrieb er ja sein Buch über die Vereinigten Staaten, und deshalb lancierte er die *»Bibliothèque britannique«*. Er wollte in Erinnerung rufen, dass es vernünftige Alternativen zum sophistischen Terror in Frankreich gibt. Im *»Tableau de la situation actuelle des Etats-Unis d'Amérique«*

beklagt er die Lage auf dem europäischen Kontinent bitter: »Die Amerikaner verlangen von der Wahrheit solide Bürgschaften, sie verwahren sich gegen jede Art der Fremdbestimmung. Ihrem unabhängigen Genie und ihrer aufgeklärten Vernunft haben wir nur eine erniedrigende Schwundstufe der menschlichen Vernunft entgegenzusetzen – eine Vernunft, die sich der Tyrannei von einigen sakrosankten Begriffen unterwirft.«[78] Wo die Vernunft nicht richtig angewandt wird, kann das Staatswesen nicht gedeihen. Vorwurfsvoll hält Pictet dem europäischen Leser den Spiegel hin: Mit einem verirrten System herrschen hier Krieg und Unfreiheit, in Amerika dagegen Friede, Freiheit, »vertu«, also gesittete Verhältnisse und wirtschaftliches Wohlergehen.

Einfachheit und fromme Sitten sind die Grundlage eines gesunden Staatswesens. Sie garantieren die Unabhängigkeit eines Staates von innen heraus. Staatsbürger mit diesen Eigenschaften sind bereit, ihre Freiheit zu verteidigen. Die Kunst des Staatsmanns besteht darin, den natürlichen Hang der Völker zum Krieg zu zähmen. Zivilisation, Aufklärung und Völkerrecht helfen ihm dabei. Allerdings muss er auch verhindern, dass mit der Zivilisation die Verteidigungsbereitschaft erlahmt. Er muss also ein Gleichgewicht zwischen zivilisatorischer Verfeinerung und kraftvoller Selbstbehauptung finden. Bodenbeschaffenheit und Volkscharakter üben einen starken Einfluss auf die Sitten aus, nach Pictet einen noch stärkeren als die zivilisatorischen Errungenschaften. Die Chancen der Schweiz, nicht in ein verderbliches Fahrwasser zu geraten, beurteilt er vor allem auf Grund der Geopolitik als recht gut. Dabei erwartet der Genfer Bürger den korrigierenden Einfluss eher von den Bewohnern der kargen Alpen als von den reichen Städtern in der Ebene:

> »Die verweichlichten Nationen, die, mit einem milden Klima versehen, die reichen und offenen Ebenen bewohnen, müssen erleben, wie sich die Mächte um ihre Beute streiten. Die kahlen Berge dagegen mit einem rauen Klima sind die Garanten der Unabhängigkeit. Der Himmel, der seine Gunst dem Menschen nur mit Mass gewährt, wollte nicht, dass sich ein moralisches Gut wie die Freiheit leicht mit den Vorteilen des natürlichen Reichtums und dem klimatischen Vergnügen verbindet. Die Schweiz dürfte keinen Eroberer verlocken...«[79]

Einfache und fromme Sitten stärken ein Staatswesen von innen, Völkerrecht, Kultur und Aufklärung bändigen den Eroberungswillen – dennoch betrachtet Pictet die internationalen Beziehungen mit tiefer Skepsis. Es gibt nur zeitlich befristete Friedenszustände. Schuld daran, dass es keinen endgültigen Frieden geben kann, ist die menschliche Natur. Mögen die zwischenstaatlichen Verhältnisse noch so gut geregelt sein, mag das Recht einen Frieden von allen Seiten absichern: Der Mensch neigt von Natur aus zum Streit und die Staaten zum Krieg. Selbst die beste Friedensordnung garantiert nicht den Bestand des Friedens. Pictet warnte nach den napoleonischen Kriegen vor der Illusion, mit dem Wiener Kongress und dem System der Heiligen Allianz sei eine unerschütterliche Friedenszeit angebrochen. In seiner Schrift von 1821 zur Verteidigung der Schweizer Neutralität erklärt er:

»Man hat schon die Bemerkung vernommen, noch nie hätte sich eine günstigere Gelegenheit eingestellt, um ein friedliches System zu errichten. Aber eine so grosszügige und selbstlose Politik einzuschlagen, wie die Vereinbarungen der europäischen Familie es in ihrer denkwürdigen Versammlung von 1815 fordern, wäre zu viel verlangt. Man kann weder von den Nationen noch von der Politik, die ihre Führer einschlagen, erwarten, dass sie all die Invasionen, Plünderungen, Ungerechtigkeiten, Erniedrigungen, die sie zu erleiden hatten, einfach vergessen.

Wenn man das Verhalten von Gestalten beurteilt, die einen Einfluss auf die grosse Politik ausüben, darf man nicht ausser Acht lassen, dass die Beziehungen der Völker untereinander von Natur aus feindlich sind und« – ironisch – »dass die Kunst, die Interessen der Nationen durcheinander zu bringen, eines der schönsten Probleme der Zivilisation bildet; es ist den Menschen wohl nicht gegeben, dieses Problem je ganz zu lösen.«[80]

Dem skeptischen Menschenbild entsprechen Pictets rigorose Anforderungen an die Regierenden. Sein Idealbild ist ein nüchterner, gottesfürchtiger, hart arbeitender und moralisch gestrenger Mann. Die Sittenverderbnis lauert überall. Deshalb bekämpft er auch als liberaler Republikaner das Soldlaufen und die Annahme von ausländischen Orden. Freilich findet er auf dem internationalen Parkett – und auch unter den Schweizern – nur selten einen Politiker, der das Rigorosum eines modellhaften Genfer Calvinisten erfüllt. Pictet hält in seiner Korrespondenz nicht mit kritischen, bisweilen auch zynischen Bemerkungen zurück. Beurteilt er schon den Menschen skeptisch, dann schüttelt er über die Regierenden häufig nur den Kopf. Die Vergnügungen, Liebeleien und das Getriebe des Wiener Kongresses beispielsweise stiessen ihn ab. Aber als Realist ist er vor Enttäuschungen gefeit. Er hat diese bereits eskomptiert; man weiss ja, dass die

Welt ohnehin nicht so verläuft, wie man es sich wünschte. Das gilt nicht nur für Einzelpersonen; auch die Politik von ganzen Nationen verhält sich so. Man beansprucht für sich selbst Rechte, die man anderen gerade abspricht; man verfolgt eine Politik der »double standards«, und mit dem Recht des Stärkeren versucht man sie durchzusetzen. Ein solches Politikverständnis verwirft Pictet. Ein schönes Beispiel für seinen Unmut findet sich in einem Brief, den er zu Beginn des Wiener Kongresses seiner Tochter Amélie sandte. Am 10. November 1814 schrieb er:

> »Dieser Wiener Aufenthalt bietet uns nebst andern Merkwürdigkeiten jene von Herrschern in Frack und Schnürschuhen, die Walzer tanzen und sich um die Frauen drängeln wie unsere Philosophiestudenten. Mein Gott!... Mit den Ellbogen an einem König anecken, ist ein unangenehmes Erlebnis; man weiss gar nicht, wie man sich benehmen soll. Wenn man einen Schritt rückwärts nimmt, riskiert man, einem Kaiser auf die Füsse zu treten. Indem man die Rangunterschiede in diesen Saturnalien nivelliert, vermengt man auch die Ideen, und vor allem zerstört man jene Illusionen, die dem Herrscher zur Aufrechterhaltung der Ordnung nützlich sind. Ich gestehe, dass ich eine nach der andern verliere, und ich bedaure dies. Desgleichen schwindet meine Hoffnung, dass aus diesem Unterfangen, von welchem das notleidende Europa alles erwartet, ein solides Resultat herauskommt. Wohin kann man sich nur wenden, um die Besorgnis, die dieser Zustand auslöst, zu mildern? Es gab einmal ein England, das die Vorsehung, so schien es, ausersehen hatte, das öffentliche Recht in der zivilisierten Welt aufrecht zu erhalten – und nun kündigen die Admirale den Amerikanern an, man werde deren Küstenstädte niederbrennen und die Küsten verwüsten. Ist das wirklich die gleiche Nation, die eben den Sklavenhandel abgeschafft hat? Arme Menschheit! Man bekommt nichts als Abscheu vor den Menschen und einen Schrecken vor den Regierenden, wenn man all dies sieht.«[81]

In seiner privaten Korrespondenz schreibt Pictet plastisch, ja spritzig; wenn man ihn liest, langweilt man sich nie. Die Schreiben mit offiziellem Charakter fasst er vorsichtiger, abgerundeter ab. Aber nie würde er ins Nichtssagende abgleiten oder ins Floskelhafte ausschweifen. Er ist ein Mann mit Überzeugungen, liebt diese, steht zu ihnen und gibt ihnen gern schriftlichen Ausdruck. Er ist indes kein Politästhet. In die eigenen Formulierungen verliebt er sich nicht, noch vergisst er darob die Sache, um die es geht. Immer argumentiert er zielbezogen. Deutlich kommt dies in einem Briefwechsel mit Frédéric-César de Laharpe zum Ausdruck. Der Waadtländer, der Effekthascherei nicht ganz abgeneigt, wie bereits sein Pamphlet gegen de Bonald belegt, beklagte sich über die Engstirnigkeit der Schweizer Politiker. Pictet teilt im Prinzip diese Ansicht. Nach allem, was er mit den Gesandten der Tagsatzung erlebt hatte, kann er sie nur bestätigen. Aber das entbindet nach seiner Auffassung nicht von der Verpflichtung, über das Stadium der Kritik hinauszugehen. Man muss versuchen, das zu beheben, was zur Kritik Anlass gibt.

Laharpe hatte Pictet am 6. Juni 1814 geschrieben:

»In der Schweiz gibt es, abgesehen von einem Dutzend Männern, nur Staatsmänner von Kleinstädten, für die jede Weitsicht oder das allgemeine Interesse eine Versündigung gegen Gott darstellt. Sprechen Sie mit diesen Gestalten über Angelegenheiten aus ihrer Pfarrei, über diese und jene kleine Beschäftigung, über dieses und jenes Ehrenämtchen usw...., dann wird man Sie verstehen. Aber wenn Sie von den Interessen der ganzen Schweiz sprechen, dann ist es, als ob Sie sich in einer unverständlichen Sprache ausdrückten... Mir macht das alles nichts mehr aus. Ich gestehe sogar, dass mir die Schweizer Angelegenheiten einen unüberwindlichen Abscheu einflössen.«[82]

Pictet antwortete unmissverständlich, aber in ausgefeilten Wendungen, da er sich mit Laharpe ja zum Zeitpunkt des Briefwechsels nicht gerade gut verstand.

»Mit Ihnen, Monsieur, bedauere ich den kleinlichen Geist, der sich anscheinend jener bemächtigt hat, die sich in solchen Positionen befinden, dass sie einen Einfluss auf das Schicksal des Vaterlandes haben. Es ist ein engherziger und aufgepeitschter Geist, der sich über kleine Interessen hermacht und jene Gefahren aus den Augen verliert, die das öffentliche Leben bedrohen. Aber erlauben Sie mir, Monsieur, Ihnen zu sagen, dass mir Ihre Entmutigung weder hinreichend begründet noch Ihrer guten Philosophie oder Ihres Charakters würdig zu sein scheint. Die Schweiz läuft, wie Sie eingestehen werden, höchste Gefahr, aufgeteilt und aus der Liste der unabhängigen Staaten gestrichen zu werden. Wie könnten Sie sich je über eine derart schreckliche Katastrophe hinwegtrösten, wenn Sie nicht das Gefühl hätten, alles in Ihrer Macht Stehende unternommen zu haben, um dies zu verhindern?«[83]

Skepsis und Zuversicht vertragen sich wie Feuer und Wasser. Pictet vereinte aber beides in sich. Seine tiefe Skepsis gegenüber der menschlichen Natur sowie den sittlichen und intellektuellen Fähigkeiten der Politiker wog er mit einer aufklärerischen Zuversicht in die Verbessserungsfähigkeit des Menschen und in die Lernfähigkeit von Völkern auf. Das Scharnier zwischen dem natürlichen, instinktmässigen Verhalten von Menschen und Staaten einerseits und einer zivilisierten, aufgeklärten Entwicklung in der Staatengemeinschaft andererseits sind Religion und Erziehung – Religion insbesondere im Sinn einer Selbstbeschränkung, indem man sich Gebote auferlegt, indem man, anders gesagt, die zehn Gebote beachtet. In religiöser Hinsicht ist Pictet ganz in der Tradition seiner Heimat verwurzelt. Sein Vertrauen in den erzieherischen Fortschritt bezieht er dagegen aus der Aufklärung. Die Erziehung ist in seinem Menschenbild enorm wichtig. Sie wird über den Bestand der Eidgenossenschaft entscheiden. Sie gibt dem Land die Kraft und die Möglichkeit zum innern Zusammenhalt. Ohne Einigkeit, die auf einer sittlichen Übereinkunft beruht, verfehlt ein Land seine Bestimmung. Früher oder später wird es den Machtgelüsten der Nachbarn anheimfallen. Pictet ist überzeugt, dass die Schweiz an sich gute Grundlagen zur staatlichen Existenz besitzt. Mit erzieherischen Massnahmen kann sie das Staatswesen festigen und sich als Republik mit innerer Stärke in einem Europa der Monarchien behaupten.

Einem politischen Testament gleich hält Pictet in seinem Schlussbericht über die Zweite Pariser Friedenskonferenz seine Wertvorstellungen fest. Am 27. November 1815 schreibt er dem Präsidenten der Tagsatzung:

»Die lange Unterdrückung, der Ruin, die Entzweiungen, der verderbliche Einfluss, der auf uns von aussen kam, sowie die auseinanderklaffenden Interessen der Kantone und der Bürger – sie alle säten in der neuen Generation verderbliche Keime, einen Geist und eine Veranlagung, die mit den wirklichen Erfordernissen und Notwendigkeiten von freien Staaten nur wenig gemein haben. Eine gut geleitete Erziehung wird bei uns die frommen und reinen Sitten zurückbringen. Sie wird den Charakter der Leute stählen und ihnen wieder jenen starken Ausdruck eidgenössischer Unabhängigkeit verleihen, dem die Schweiz um ein Haar nur noch in ihrer Geschichte begegnet wäre. Das Vorbild unserer Väter ist für unsere Kinder keineswegs verloren. Diese sind allerdings dazu ausersehen, auch alle zeitgenössischen Errungenschaften zu nutzen, um dem Vaterland besser dienen zu können. Unsere Erziehungsanstalten, berühmt in ganz Europa, werden freundschaftliche Beziehungen zwischen den Kindern der verschiedenen Landesteile knüpfen. Der besondere Schutz der Vorsehung und die Gunst der Grossmächte haben die Schweiz gerettet und das neue politische System errichtet. Die Schweiz selbst wird das heilbringende Werk vollenden, »en fondant« – so lautet es im Original – »sur l'esprit religieux, sur les principes et les habitudes d'une éducation vraiment républicaine, les vertus et le dévouement des citoyens qui feront sa gloire et sa force, en la replaçant, en la maintenant à la hauteur de son antique renommée«.[84]

So wie ein Cato, ein Cicero, ein Sallust die Rückkehr zu den »mores maiorum«, den Sitten der Väter beschworen, schliesst Pictet sein Testament mit einem Aufruf zur Rückkehr zu alteidgenössischer Grösse. Das Interessante an seiner Auffassung liegt darin, dass die Rückkehr zu klassischen Werten über den Umweg einer Erziehung führt, die durch die Aufklärung geläutert ist. Pictets Menschenbild ist, etwas grob gesprochen, konservativ, die Verwirklichung dagegen progressiv. Ein ähnliches Schema liegt auch seiner Staatsauffassung zugrunde.

Ein besorgter Sicherheitspolitiker

Pictet verfolgte als Diplomat im Auftrag der Tagsatzung, aber auch aus eigener Überzeugung ein konservatives Ziel. Er wollte, dass die Schweiz wieder sich selbst sein konnte. Sie sollte, wozu die Tradition sie berief, als republikanisches Staatswesen eine neutrale Aussenpolitik führen. Dieses Bestreben fügte sich nahtlos in die restaurative Absicht des Wiener Kongresses ein. Selbst Metternich konnte ihm, bei allem Misstrauen gegen die Republikaner und deren angeblich verkappte Revolutionssympathien, nicht die Legitimität des Hergebrachten absprechen. Aber die Art, wie Pictet dieses Ziel in der Schweiz verwirklichen wollte, griff weit über den restaurativen Aktionsradius hinaus. Statt sich mit einer neuen Version des Ancien Régime, einem Staatenbund, zufrieden zu geben, verwiesen seine Ideen bereits auf den Bundesstaat von 1848. Unumwunden verlangte er, dass die Eidgenossenschaft, um sich als Staat behaupten zu können, drei Reformen unverzüglich an die Hand nehmen müsse. In seiner eigenen Sprache lautet es so: »Il faut à la Suisse, sous peine de mort, une régénération; cela est évident à mes yeux.«[85] Sie benötigte, wie er in einem Memorandum darlegte, das der Genfer Staatsrat mehrheitlich genehmigte: 1. ausreichende Bundeseinnahmen, 2. eine starke Zentralregierung, 3. ein Milizsystem, das aus jedem Bauern einen Soldaten und aus jedem Soldaten einen Bürger mache.

Solche Forderungen stiessen nicht nur bei der Tagsatzung auf taube Ohren, auch in Genf fanden einige, der Gutsbesitzer aus Lancy presche etwas gar forsch vor, er weiche vom rechten Weg, das heisst vom Bundesvertrag von 1815 ab. Der stramm konservativ gesinnte Syndic Joseph Des Arts mahnte mit gestrengen Worten. Was er, Pictet, da fordere, seien hübsche Utopien, völlig gleich den Vorschlägen des Abbé de St. Pierre – also den Schriften jenes Rousseau, dessen Werke man in Genf noch vor fünfzig Jahren auf den Scheiterhaufen geworfen hatte. Des Arts, der als Gesandter Genfs bei der Tagsatzung in Zürich weilte, weigerte sich, Pictets Memorandum der diplomatischen Kommission oder Präsident von Wyss zu übergeben. Damit würde man nur Genf und Herrn Pictet selbst schaden. Es gehe nicht an, dass der Staatsrat eines kleinen und brandneuen Kantons den alten Ständen vorschreibe, wie sie ihre Staatsgeschäfte zu führen hätten. Und – »Ce n'est pas tout, Monsieur. Kaum hat sich die Schweiz einigermassen beruhigt und mit Hilfe der alliierten Mächte, aber gegen den Willen mehrerer Kantone einen Bundesvertrag angenommen, meint der Kanton Genf, die Revision dieses Vertrages verlangen zu müssen, um eine starke Zentralregierung zu errichten, usw., usw.! Hier sind wir Abgesandte, um im Sinne des Bundesvertrags zu handeln und abzustimmen; so lauten unsere Instruktionen, die uns der Souveräne Rat gegeben hat; und nur er könnte uns von der Verpflichtung entbinden, dementsprechend zu handeln.«[86] Des Arts' ganzes Wesen muss sich gegen Pictets Ansinnen gesträubt haben. Wie sonst wäre er selbst vor einer Befehlsverweigerung nicht zurückgeschreckt?

Nicht nur bei den innenpolitischen Reformen hatte Pictet eine klare Vorstellung dessen, was die Schweiz vorkehren müsste, um inmitten von Monarchien zu bestehen. Auch in der Aussenpolitik erkannte er dort, wo andere nur grau sahen, sachte Schattierungen, sichtete er schon Konturen politischer Formationen. Nebst einem glaubwürdigen Militärwesen, das dem ehemaligen Kommandanten der Genfer Miliz am Herzen lag, sollte sich die Schweiz mit dreierlei Mitteln gut positionieren, um ihre Unabhängigkeit und Souveränität gegenüber den Ansprüchen anderer Staaten erfolgreich zu wahren: 1. mit einer möglichst sicheren militärischen Grenze, 2. mit einer strikten Neutralitätspolitik und 3. durch einen geschickten Umgang mit der öffentlichen Meinung in Europa.

Mit Abstand am meisten befasste sich Pictet mit Grenzfragen. Als Unterhändler musste er sich notgedrungen mit dieser Materie abgeben. Zahlreich waren die Wünsche, die von den Kantonen über die Tagsatzung an ihn herangetragen wurden. Die meisten blieben, wie schon erwähnt, unerfüllt. Vereinzelte Orte beschlich wohl das Gefühl, der eidgenössische

Vertreter setze sich zu einseitig für die Interessen seiner Genfer Heimat ein. Jedenfalls bekam Pictet die Stimme der Bündner Standesherren nicht, als ihn die Tagsatzung zum Gesandten an die Turiner Konferenz schickte. Etwas diplomatischer, aber in der Sache nicht weniger abweisend gab sich Bern. Der selbstbewusste Stand gab zu bedenken, dass der König von Sardinien einen Bevollmächtigten aus Genf als Provokation auffassen müsste. Man entsende nicht den Vertreter eines Kantons, der in die strittigen Verhandlungsfragen am meisten verwickelt sei. Eine Retourkutsche für die Ajoie, die Pictet im Austausch für das Pays de Gex lieber Frankreich als Bern zugeschlagen hätte?

Pictet befasste sich fast ausschliesslich mit einer sicheren Militärgrenze im Südwesten der Schweiz und an der Westgrenze von Basel nach Genf. Hier hegte er grosszügige Vorstellungen – wohl etwas zu grosszügig, wenn man bedenkt, dass jede Grenzkorrektur auf Kosten eines Nachbarn geht. Seine Berichtigungen zwischen Basel und Pruntrut, entlang dem Doubs und bis zum Fort de l'Ecluse, die Gebietserweiterungen um Genf bis auf die Jurahöhen hinauf und weit nach Savoyen hinein hätte nie die Schweiz begleichen müssen, sie wären stets auf Kosten Frankreichs oder Savoyens erfolgt. Zum Grenzverlauf im Osten und Norden des Landes machte er sich keine grossen Gedanken. Aber diese Regionen standen auch nicht prioritär auf der Tagesordnung der Friedenskonferenzen. In der epochalen Neuordnung ging es, was die eidgenössischen Angelegenheiten betraf, in erster Linie um die Schweiz als Ganzes und die fragile Westgrenze zu Frankreich.

Als Intellektueller stellte Pictet Einzelprobleme gern in einen grösseren Zusammenhang. Er erwog sie vom Grundsätzlichen her. Ein Schlüssel zum Verständnis der Aussenpolitik war ihm die Geografie. Aus ihr glaubte er, viele Probleme diagnostizieren und etliche Lösungen ableiten zu können. Er war ein Anhänger einer geopolitschen Interpretation von Geschichte und Politik. »Ein geistreicher und vernünftiger Autor«, schreibt er in seiner Streitschrift gegen Sébastiani, »hat gesagt, die Geografie sei die Lehrmeisterin der Politik. Die Geschichte belegt diese Wahrheit recht gut mit den Begehrlichkeiten der Regierungen wie mit den Hindernissen, die ihnen dabei im Weg stehen; sie belegt sie mit den typischen Charaktereigenschaften von Völkern... Man muss folglich mit Betrachtungen zur militärischen Geografie der Schweiz beziehungsweise der Nachbarstaaten beginnen, wenn man die Wechselwirkungen dieser Mächte sowie Vorbeugemassnahmen gegen den häufigen Rückfall in den Krieg studieren möchte.« Nach einigen Bemerkungen zum natürlichen Grenzschutz der Alpen fährt er fort: »Wenn man alle Staatsgrenzen so ziehen könnte, wie es die geografischen Erfordernisse empfehlen, dann käme es zweifelsohne weniger häufig zum Krieg. Denn die Begehrlichkeiten müssten Hindernisse überwältigen, die man mit menschlicher Kraft nicht zum Verschwinden bringen kann. Aber die historischen Ereignisse, unendlich kompliziert durch Zufall und die Leidenschaft der Menschen, führten zu Staatsformationen, deren flächenmässige Ausdehnung nicht in allen Punkten mit den Friedensinteressen übereinstimmt.«[87] Die gröbsten Fehler zu korrigieren sei exakt eine Aufgabe des Wiener Kongresses gewesen.

Dem Geopolitiker Pictet bereitete es keine Mühe zu zeigen, wo die Geografie Grenzberichtigungen zu Gunsten der Schweiz erforderte. In seinen weitreichenden Ansprüchen liess er sich von der Logik, und nicht vom politischen Instinkt, leiten. Seine Darlegungen sind in sich schlüssig – sie leiden nur am Mangel, mit dem die Geopolitik generell behaftet ist: Mit leicht veränderten Voraussetzungen kann man das Gegenteil von dem, was es nachzuweisen gilt, nicht weniger schlüssig beweisen. Flüsse und Bergketten bieten sich beispielsweise als militärische Sicherheitsgrenzen an. Wenn der Geopolitiker den Schutz von Bergketten höher bewertet als jenen von Flüssen, dann wird er, hypothetisch gesprochen, das Vorarlberg als ideale Abgrenzung der Ostschweiz einstufen, vertritt er dagegen die umgekehrte Ansicht, dann gehört das österreichische Bundesland auch vom topografischen Standpunkt aus sinnvollerweise nicht zur Schweiz. Wie fragwürdig es ist, aus der Geopolitik weitreichende Konsequenzen zu ziehen, belegte Pictet eigentlich selbst am besten. Mit geopolitischen Argumenten wollte er General Sébastiani widerlegen, der selber auch geopolitisch argumentierte – nur kam der Franzose gerade zum gegenteiligen Schluss, nämlich dass Frankreich im Kriegsfall die Schweiz präventiv besetzen müsste. Pictet überzeugt in seiner Schrift wesentlich mehr, sobald er auf andere Argumentationsebenen wechselt, etwa jene der Legitimität oder der Neutralität.

Pictet schätzte die Auswirkungen der Geografie auf die Aussenpolitik sehr hoch ein. »Il n'y a rien de solide que ce qui est géographiquement et politiquement raisonnable«,[88] bemerkt er in der Schrift *»De la Suisse dans l'intérêt de l'Europe«*. Er erhob die Geopolitik fast in den Rang einer Prädestinationslehre. Ihrem Kräftefeld kann man sich kaum entziehen. Ein Ereignis hatte ihn in diesem Glauben ganz besonders bestärkt: der Bau der Simplonstrasse durch Napoleon. Diese an sich bewundernswürdige Leistung veränderte die Stellung der Schweiz im europäischen Staatengefüge. Die Alpen, bisher natürlicher Schutzwall, waren nun an einer empfindlichen Stelle durchbrochen, der Simplon bot mit einer Militärstrasse ein bequemes Einfallstor, in wenigen Tagen konnten fremde Truppen das

Wallis hinuntermarschieren und standen vor der Toren Genfs. Pictets Sicherheitsgefühl war erschüttert. Bei einem Krieg zwischen Frankreich und Österreich musste die Schweiz notgedrungen als bequemstes Durchmarschgebiet herhalten. Selten um ein kräftiges Sprachbild verlegen, meinte er, »inskünftig sei es möglich, aus der Lombardei in Pantoffeln zum Genferseebecken zu kommen, so wie man früher in Pantoffeln aus Frankreich nach Italien ging«.[89]

Seiner Meinung nach gab es nur eine Lösung: Die Simplonstrasse musste zerstört werden. Auf dem Wiener Kongress setzte er alle Hebel in Bewegung, um die Vertreter der Grossmächte für diese Idee zu gewinnen. Aber er drang nicht durch. Seine Ahnung sollte sich indes nur zu rasch bewahrheiten. Drei Monate nur nach seiner Intervention auf dem diplomatischen Parkett rückten 60000 österreichische Truppen über den gut ausgebauten Simplon gegen Napoleon heran. Auf dem Zweiten Pariser Frieden brachte Pictet die Forderung erneut auf. Jedoch niemand wollte ihn hören. Auch in der Schweiz brachte man seiner Radikallösung nicht viel Verständnis entgegen. Die zivile Nutzung dieser schönen Passstrasse lockte zu sehr. Pictet liess sich seine Überzeugung trotzdem nicht nehmen. In seiner Schrift gegen General Sébastiani griff der alte Herr sein »Ceterum censeo« wieder auf: im Interesse einer wirksamen Verteidigung der Schweiz müsse man die Simplonstrasse in den Naturzustand zurückführen.

Ähnlich verbissen kämpfte er für die Zerstörung der Genfer Befestigungsanlagen. Er stach damit in ein Wespennest. In einer kleinen Schrift, die er 1818 herausgab, ermahnte er Genf, sich nun ganz in die Schweiz einzugliedern und die eidgenössischen Bande noch stärker zu knüpfen; der junge Kanton müsse einsehen, dass die Verteidigung Genfs nicht mehr auf der Bastion, sondern im Herzen der Zentralschweiz erfolge. Mit bestechender Logik, aber abgehobenem Realitätssinn folgerte er hieraus, man solle die nutzlosen städtischen Befestigungsanlagen, die nur eine falsche Sicherheit vorspiegelten, zerstören.[90] Als Pictet seinen Vorschlag im Grand Conseil vortrug, übergossen ihn, den hochverdienten Diplomaten, mehrere Redner mit ätzender Kritik. Ernsthaft widersprach ihm auch Henri-Guillaume Dufour, der nachmalige General im Sonderbundskrieg. In einer Zeit, die sich voll der Restauration hingab, war es unklug, die Zerstörung eines der markantesten Symbole des Herkömmlichen zu beantragen. Die Anfeindungen machten Pictet in den letzten Lebensjahren zu schaffen. Dennoch liess er von seinen Sicherheitsvorstellungen nicht ab. Er trat, wie er es immer getan hatte, unerschrocken für das ein, was er als richtig erachtete. Er soll, berichtet sein Biograf, auf dem Totenbett gemurmelt haben: »Ma conscience en fortifications me coûte la vie, mais j'ai fait mon devoir.«[91]

An Selbstvertrauen hatte es Pictet nie gemangelt. Wahrscheinlich hielt er sich für den grössten militärischen Sicherheitsdenker in der Schweiz. Jedenfalls hegte er keine hohe Meinung von den andern. Als er die Instruktionen für die Zweite Pariser Konferenz in Zürich in Empfang nahm, berichtete er Staatsschreiber Turrettini, in der Tagsatzung scheine niemand auch nur die geringste Ahnung von sicheren Militärgrenzen zu haben. Mit entwaffnender Offenheit schrieb er:

> »Hier weht der Wind ganz nach grösster Mässigung, das heisst Null [Erweiterung] für den Fall, dass das System des integralen Bestandes [Frankreichs], das Talleyrand Alexander angeblich erfolgreich unterbreitet hat, durchkommt. Aber wenn jemand etwas nimmt, dann werden wir auch nehmen, und zwar viel. Das bedeutet, dass es am Verlangen, uns zu vergrössern, nicht fehlt. Was die guten Grenzen angeht, so legt weder jemand Wert darauf noch scheint jemand auch nur ein einziges Wort davon zu verstehen. Bis jetzt begreife ich nicht ganz, was ich in Paris überhaupt tun sollte.«[92]

War Pictets Verachtung des sicherheitspolitischen Sachverstandes seiner Kollegen gerechtfertigt? Die Frage bleibe dahingestellt. Eindeutig im Unrecht ist er dagegen, wenn er der Tagsatzung unterstellt, sie begehre insgeheim neue Ländereien. Gerade das wollte sie nicht, und sie hatte in diesem Punkt auch nie geschwankt. Die Instruktionen, die Pictet nur vier Tage nach seiner saloppen Bemerkung erhielt, waren unmissverständlich:

> »Im Allgemeinen widerstreben jedoch der Tagsatzung Gebietsvergrösserungen von einer gewissen Bedeutung, erstens weil daraus ganz natürlich eine proporzmässige Ausdehnung der militärischen Verteidigung erfolgt, sodann weil solche Vorteile, die man von einem derzeit geschwächten und erniedrigten Staat erlangt, früher oder später, sobald sich der Respekt erheischende Nachbarstaat wieder im Gefühl seiner Stärke wähnt, Ressentiments hervorrufen könnte und die Schweiz in ärgerliche Streitigkeiten verwickeln würde; die Schweiz sähe sich schliesslich gezwungen, jedes Mal, wenn in Europa ein Krieg ausbricht, eine Armee auszuheben und sich in Kosten zu stürzen.«[93]

Das war eidgenössische Realpolitik im besten Sinn. Auch in der Stunde der leichten Beute lässt man sich nicht blenden. Man hält vielmehr an den

Grundsätzen fest, die sich bewährten und das Staatswesen festigten. Aber es gab einen, der an namhafte Erweiterungen dachte. Und das war Pictet selbst. Ihm schwebte Grosses vor, zumindest in der Genfer Region. Er wollte das Pays de Gex für die Schweiz gewinnen; im Jura forderte er die Abtretung des Val des Rousses; er glaubte, die Schweiz sollte in ihrem wohlverstandenen Sicherheitsinteresse Anspruch auf das nordsavoyische Hinterland von Genf erheben, ja selbst auf das ganze Chablais und Faucigny; schliesslich drängte er auf die Neutralisierung der beiden hochsavoyischen Provinzen. Die Tagsatzung ihrerseits hatte im Frühjahr 1814, als die Notabeln der beiden letztgenannten Provinzen um den Anschluss an die Eidgenossenschaft baten, die Petition nicht einmal beantwortet. Rund hundert Jahre später sollte sich der Bundesrat gleich verhalten. Nach dem Ersten Weltkrieg zögerte er eine Antwort auf ein ähnliches Gesuch aus dem Vorarlberg so lange hinaus, bis sich das Nachkriegschaos lichtete und die Frage sich nicht mehr stellte.

Pictet war ein hervorragender Diplomat, ein beeindruckender Physiokrat und ein faszinierender Intellektueller. Aber auch er war nicht rundum perfekt. Wenn die sicherheitspolitischen Grundsätze in ihm die Oberhand gewannen, liess er sich von idealen Vorstellungen begeistern und trug den realpolitischen Beschränkungen zu wenig Rechnung. Zum Vorteil der Eidgenossenschaft zügelte hin und wieder die träge Tagsatzung, manchmal auch das Genfer Ratskollegium seinen intellektuellen Elan. Das war so mit den Gebietsforderungen, aber auch mit der Simplonstrasse und den Genfer Befestigungsanlagen. Auch im aussenpolitischen Kontext erwies sich die Zurückhaltung der Tagsatzung langfristig als richtig. Hätte sich die Schweiz das Chablais und Faucigny angeeignet, wäre sie mit grösster Wahrscheinlichkeit in den Kampf um die italienische Einigung verwickelt worden. Napoleon III., eitel und sprunghaft in seinen Vorhaben, hätte es sich kaum entgehen lassen, die historischen Ansprüche Savoyens auf dieses Gebiet einzufordern. Schon die Neutralisierung der beiden Provinzen, welche die Tagsatzung übrigens auch wesentlich zurückhaltender betrieben hatte als Pictet, sollte im ganzen 19. Jahrhundert, insbesondere im Revolutionsjahr 1848, im italienischen Einigungskrieg und im Deutsch-Französischen Krieg gefährliche Komplikationen heraufbeschwören, ja zuweilen fast zu Kampfhandlungen ausarten.[94] Der komplizierte Zustand bildete bis nach dem Ersten Weltkrieg einen Zankapfel zwischen Frankreich und der Schweiz. Das Arrangement war dazu angetan, die Sicherheit im südwestlichen Zipfel der Schweiz mehr zu gefährden als zu erhöhen.

In zwei Punkten hatte sich die Tagsatzung gegen das, was Pictet auf der Zweiten Pariser Konferenz ausgehandelt hatte, verwahrt. Sie gab ihm diesbezüglich strikte Instruktionen nach Turin mit.[95] Der eine Punkt betraf die Neutralisierung Nordsavoyens. In Zürich war man entsetzt, als man nach Pictets Rückkehr vernahm, wie tief nach Savoyen hinein sich das neutralisierte Gebiet erstreckte. Man warf dem Unterhändler vor, er hätte die Sonderzone weiter ausgedehnt, als ihn die Tagsatzung ermächtigte. Deswegen rügte man ihn scharf. Schriftlich verbot man ihm, sich zu diesem Thema in Turin zu äussern. Sollte ihn der König von Sardinien auf die Neutralisierung ansprechen, dann müsse Pictet ihm erwidern, die Tagsatzung wünsche darüber selbst und in der Schweiz zu verhandeln.[96]

Weshalb Pictet in dieser Frage seine Befugnisse überschritt, lässt sich leicht erklären. Es war seine panische Angst vor der neuen Simplonstrasse. Diese Heerstrasse führte vom Simplon (und Grossen St. Bernhard) durch das Wallis und südlich des Lémans nach Genf, dem Schlüssel zur Südwestschweiz. Das Problem in Pictets Augen war Folgendes: Genf und die Schweiz hatten auf der Ersten Pariser Friedenskonferenz nicht jene vorteilhaften Grenzkorrekturen erreicht, die sie zur militärischen Verteidigung benötigten; die Landschaften Chablais und Faucigny, die Pictet so gern erworben hätte, verblieben beim König von Sardinien. Doch dieser war nicht im Stand, von Turin aus das militärisch abgeschnittene Gebiet nördlich der Alpen zu verteidigen. Es wäre für die französische Armee ein Leichtes gewesen, in das Savoyerland einzumarschieren, die Piemonteser Truppen matt zu setzen, Genf vom Wallis abzuschneiden und endlich die Rhonestadt im Handstreich einzunehmen. Um dies zu verhindern, betrieb Pictet die Neutralisierung mit allen Mitteln. Sie bot, nachdem ein Erwerb nicht gelang, die zweitbeste Lösung. In ein neutralisiertes Gebiet einzumarschieren, würde sich Frankreich nicht getrauen. Am 17. Februar 1815 erläuterte Pictet dem Grafen Capo d'Istria diese Zusammenhänge ausführlich. Im Schreiben heisst es: »Aber wenn das erwähnte Gebiet [d. h. das Chablais und Faucigny] in der immerwährenden Neutralität der Schweiz eingeschlossen ist, dann würde ein solches Unterfangen [d. h. ein Einmarsch] sehr schwierig und die Erfolgsaussichten fragwürdig. Da für Frankreich die Gefahr bestünde, es mit allen Garanten der schweizerischen Neutralität zu verderben, dürfte es sich kaum auf etwas Derartiges einlassen.«[97]

Der zweite Kritikpunkt betraf den Küstenstreifen am linken Genferseeufer von Vésenaz bis Hermance. Die Grossmächte hatten auf dem Wiener Kongress diesen Landstrich bereits Genf zugestanden. In Paris tauschte nun Pictet dieses Anrecht gegen St. Julien und einige andere Ortschaften ein, vor allem wiederum aus Sicherheitserwägungen, sodann weil er glaubte, auf diese Weise die Exklave Jussy besser an das übrige Kantonsgebiet anschliessen zu können. Dagegen erhob die Tagsatzung Einspruch. Sie erklärte:

»Wir erachten die Kongressakte als grundsätzliche Basis der Schweizer Politik und die von ihr ausgesprochene Gebietsanerkennung als einen höchst wertvollen Titel. Es wäre gefährlich, daran etwas herumzubessern. Im Allgemeinen ist das Prinzip der genauen Festlegung ein mächtiger Schutz gegen den Missbrauch von Verfahren, die auf Beliebigkeit beruhen und unter denen die Schweiz in der Revolutionszeit ja sehr zu leiden hatte. Ein schwacher Staat darf nicht mit seinen Grenzen spielen. Im Gegenteil, für ihn ist es am besten, so wenig wie möglich in Verhandlungen einzutreten und nur mit grösstem Widerstreben etwas, was ihm in einem früheren Vertrag zugestanden wurde, in einem nachträglichen abzuändern. Dieser Grundsatz bewahrheitet sich gerade unter den gegenwärtigen Umständen.«[98]

Die Tagsatzung befahl Pictet, den Abtausch rückgängig zu machen. So kommt es, dass Collonge-Bellerive, Corsier, Anières und Hermance heute zur Schweiz gehören, St. Julien dagegen zu Frankreich. Aus heutiger Sicht hat bei diesem Handel wohl die Tagsatzung den besseren Geschäftsinstinkt bewiesen. Aber das ist nicht das Entscheidende. Die Interventionen waren vielmehr in beiden Fällen klug, weil sie auf weisen Grundsätzen beruhten. Wenn es um die militärische Sicherheit ging, erlag Pictet oft seinen Idealvorstellungen, die intellektuell in sich schlüssig waren, die aber das Säurebad der widersprüchlichen Substanzen der Tagespolitik nicht überstanden hätten. Die Tagsatzung jedoch hielt, selbst als die Aussicht auf Machterweiterung lockte, an ihren Grundsätzen fest, die sie sich im Verlauf einer wechselvollen Geschichte angeeignet hatte. Mit realpolitischem Sensorium wusste sie, dass in der Aussenpolitik nichts überzeugender wirkt als Berechenbarkeit. Und für die Schweiz hiess dies Selbstbeschränkung. Sie musste die Grossmächte in deren Vertrauen bestärken, dass sich die Schweiz strikte an die selbst auferlegte Politik hält, wollte sie als neutraler und republikanischer Kleinstaat inmitten eines monarchischen Umfeldes respektiert werden. So wie Pictet auf dem Wiener Kongress eine Tagsatzungsabordnung, die sich in perspektivenloser Zerstrittenheit verirrte, behutsam unterstützte, korrigierte die altehrwürdige Institution nun den Übereifer ihres Gesandten in den wenigen Fällen, in denen es der Korrektur bedurfte.

Neutralität und öffentliche Meinung

Das zweite Mittel, um die Unabhängigkeit zu sichern, war die Neutralität. Darüber sprach Pictet allerdings wenig – nicht weil die Sache für ihn unbedeutend war, sondern weil diese Selbstverständlichkeit keiner langer Worte bedurfte. Nichts lag der Schweiz auf dem Wiener Kongress und den Pariser Friedenskonferenzen mehr am Herzen, als die immerwährende Neutralität von den Grossmächten verbrieft zu bekommen. Aber darüber verhandelte man kaum. Gerungen wurde um Gebiete und Grenzen. Seitenlange Berichte sandte Pictet zu diesen Fragen. Über die Neutralität dagegen findet man wenig. Sie erscheint nur in den Instruktionen und in den Schlussberichten des Ministers. Dazwischen ist sie kein Thema. Niemand opponierte dem Wunsch der Schweiz, ihrer seit Jahrhunderten gepflegten aussenpolitischen Tradition einen völkerrechtlichen Status zu verleihen. Die meisten begrüssten diese Absicht im Interesse einer europäischen Friedensordnung, und den Zynikern gefiel, dass es keinen einzigen Quadratmeter Land erforderte, um diesen Wunsch zu erfüllen.

Öfter als auf das Wort »Neutralität« stösst man in der Verhandlungskorrespondenz auf die »Neutralisierung«. Sie bezieht sich jedoch nicht auf die Schweiz, sondern auf Nordsavoyen. Ab und zu spricht Pictet auch von einer »helvétisation«, einer Helvetisierung dieser Provinzen. Damit lieferte er den besten Beweis dafür, dass man überall erkannte, was das Hauptmerkmal der Schweiz ausmacht: die Neutralität. Die lange Tradition des eidgenössischen Stillsitzens war derart mit dem Staatswesen der Schweiz verschmolzen, dass Neutralität und Schweiz in einem Begriff aufgingen. Stillschweigend, aber vielsagend bedeutete »helvétisation« natürlich nichts anderes als eine Neutralität nach Schweizer Art. Man musste diesen Zusammenhang nicht mehr erklären; da sich das Vorverständnis verfestigt hatte, konnte man ihn mit einem neuen Begriff abrufen.

Pictet hatte ein pragmatisches Verhältnis zur Neutralität. Obschon er als nachdenklicher Mensch gern grundsätzliche Positionen aus den verschiedenen Handlungsschichten herausschälte und obgleich er als traditionsbewusster Genfer die Geschichte der Eidgenossenschaft hoch achtete, äusserte er sich nur selten zur Neutralität als einem unumstösslichen Prinzip der Schweizer Aussenpolitik. In seiner späten Schrift *»De la Suisse dans l'intérêt de l'Europe«* gibt es eine derartige Passage. Nicht ohne Pathos meint er dort: »Nicht gegen die Franzosen, auch nicht gegen die Österreicher hat sich die Schweiz zu verteidigen. Sie muss vielmehr jedes gewaltsame oder listige Eindringen, jeden beabsichtigten oder tatsächlichen Übergriff abwehren. Ihr Gebiet muss wieder unantastbar heilig werden, versehen mit einem Prestige, das man sich durch die Bewährung in der Zeit erworben hat. Ein solcher Vorteil kann nie zu teuer erkauft sein. Denn hier treffen sich die zeitgenössischen Interessen mit dem überlieferten helvetischen Ruhm.«[99] Das ist eine bedeutsame Stelle. Sie drückt wohl Pictets innerstes Empfinden aus.

Tatsächlich sieht er die Neutralität immer unter zwei Aspekten: Sie ist ein kluges Instrument schweizerischer Aussenpolitik, gleichzeitig fügt sie sich als wichtiger Baustein ins europäische Gleichgewicht ein. Beide Elemente sind miteinander verknüpft; sie müssen sich gegenseitig stützen, um Bestand zu haben. Eine Neutralität kann es nur geben, wenn die andern Staaten diese Art von schweizerischer Politik achten. Sind sie bereit, dies zu tun, dann begeben sie sich freilich in eine gewisse Abhängigkeit vom Wohlverhalten der Schweiz. Ein europäisches Gleichgewicht, wie es der Wiener Kongress konzipierte, kann sich nur halten, wenn die Schweiz ihrer Verpflichtung zur Neutralität voll nachkommt. Um dem Vertrauensvorschuss gerecht zu werden, den ihr die andern Staaten trotz des unrühmlichen Untergangs der alten Eidgenossenschaft gewährten, muss die Schweiz, ihrem eigenen Ruhm nacheifernd, sich abermals in der Zeit bewähren. Sie muss sich durch eine berechenbare Aussenpolitik auszeichnen. Das verschafft ihr den Ruf der Verlässlichkeit und rechtfertigt das Vertrauen, ohne die es eine Neutralität im europäischen Interesse nicht geben kann.

Im Alltag denkt Pictet freilich weniger an die vielen Staaten Europas, die ein Interesse an der Schweizer Neutralität haben, als an die Gefahren, die an der Landesgrenze lauern. Die Neutralität hat im zeitgenössischen Kontext durchaus eine klar zugewiesene sicherheitspolitische Aufgabe. Sie ist die angemessene Antwort des Kleinstaats, um sich vor den beiden benachbarten Grossmächten zu schützen. Pictet beunruhigen Frankreich und Österreich, deren ständige Rivalität und deren machtpolitischer Ehrgeiz; er befürchtet, bei einem Konflikt könnten sie die eidgenössische Gebietshoheit erneut missachten und die Schweiz in einen Krieg hineinziehen. Wenn er von der Neutralität spricht, dann schweben ihm eigentlich immer diese Gefahren vor Augen. Die Zweckmässigkeit der schweizerischen Neutralität misst sich daran, ob sie den ihr zugedachten sicherheitspolitischen Schutz gewähren kann. Über die süddeutschen Staaten, die ja auch an die Schweiz grenzen, verliert er dagegen kein Wort.

Ohne Umschweife erklärt Pictet, was er von der Neutralität konkret erwartet, welche aktuellen Aufgaben sie zu gewährleisten hat: »Es liegt im Friedensinteresse von Europa, dass die Schweiz für die französische wie die österreichische Armee gleichermassen unzugänglich ist. Es liegt im

Schweizer Interesse, mit beiden in einem guten Einvernehmen zu stehen, in Friedenszeiten weder auf die eine noch die andere Seite zu neigen und im Krieg beide gleichermassen als Feind zu behandeln, wenn sie auf eidgenössisches Territorium überzugreifen beabsichtigen oder dieses mit nackter Gewalt verletzen.«[100] Pictet war allerdings Realpolitiker genug, um zu wissen, dass diese förmliche und korrekte Gleichbehandlung in der Praxis die französischen aussenpolitischen Ambitionen wesentlich stärker eingrenzte als die österreichischen. Frankreich hatte während Jahrhunderten die Schweiz als Vorhof ihres Machtbereichs betrachtet. Von Paris ging auch nach dem napoleonischen Zeitalter die grössere Bedrohung aus als vom fernen Wien. In einem Schreiben vom 31. Juli 1815 an Erzherzog Johann kommt diese Einstellung deutlich zum Ausdruck:

»Ein Zusammentreffen von einzigartigen geschichtlichen Umständen hat der Schweiz eine gut zu verteidigende Grenze zu jenem Nachbarn gegeben, der am unruhigsten ist und den sie am meisten zu befürchten hat – nicht unbedingt, weil dieser aus Rache oder aus Machtgelüsten etwas gegen die Schweiz unternehmen will, sondern weil die Schweiz ihn von jenem Feind trennt, an dem er sich früher oder später revanchieren wird. Will man diese einzigartige Gelegenheit, aus der Österreich den grössten Nutzen ziehen würde, verstreichen lassen?«[101]

Aus dieser Argumentation hört man fraglos viel Taktik heraus. Pictet wollte Österreich für seinen Wunsch, die Schweizer Westgrenze auf Kosten Frankreichs zu korrigieren, gewinnen. Deshalb präsentierte er seinen Standpunkt Erzherzog Johann sehr vorteilhaft. Dennoch ist eines unübersehbar: Bei aller generellen Gültigkeit, welche die Schweizer Neutralität beansprucht, hatte sie in Pictets Zeit einen ganz konkreten Zweck: Sie war vor allem ein Mittel, um sich aus der österreichisch-französischen Rivalität herauszuhalten, und in diesem Spannungsfeld war ihre unmittelbare Funktion in erster Linie, französische Übergriffe abzuwehren.

Dieser doppelte Aspekt der Neutralität – einerseits ist sie ein generell gültiges Prinzip, und andererseits ist sie ein konkretes sicherheitspolitisches Instrument – hat sich seit der völkerrechtlichen Anerkennung im Jahr 1815 bis heute nicht geändert. Die Neutralität gilt potentiell in jeder aussenpolitischen Lage, erlangt aber in militärischen Konflikten eine spezifische Ausrichtung. Im Ersten Weltkrieg war sie durch die Auseinandersetzung zwischen der Entente und den Achsenmächten bestimmt, im Zweiten Weltkrieg zwischen den Alliierten und dem Dritten Reich, im Kalten Krieg durch die latente Konfrontation zwischen den Staaten des

Warschau-Paktes und der NATO. An der Verpflichtung, eine Politik zu verfolgen, die es der Schweiz gestattet, sich aus einem Krieg herauszuhalten, ändert sich indes nichts. Sie gilt auch dann, wenn kein militärischer Konflikt am Horizont droht.

Drei Kriterien erachtete Pictet für unabdingbar, um die Neutralität mit jener Glaubwürdigkeit auszustatten, ohne welche sie nichts ist als eine hohle Deklaration: »Il faut que cette neutralité soit réelle, effective et solide.«[102]

Aber was heisst das, eine »wirkliche Neutralität«? In erster Linie wohl Grundsatztreue. Ein Staat muss die mit diesem Statut verbundenen Pflichten genau erfüllen. Er darf nicht bloss die Rechte für sich reklamieren. Nur indem er die Pflichten streng auslegt und sie befolgt, gewinnt er das unerlässliche Vertrauen der Staatengemeinschaft. Interpretiert er die Pflichten einmal so und einmal anders, dann gerät er in den Ruch des Opportunismus und verschleudert das Kapital, auf dem die Neutralität beruht: die Glaubwürdigkeit. Er bestätigt dann jenes Zerrbild, das der Freiherr zum Stein, kauzig wie er war, Pictet unter die Nase rieb. In ernsten Verhandlungen foppte er ihn mit den Worten: »Die Schweizer haben sich immer mit der ganzen Welt herumgebalgt und dann geschrien: Ich bin neutral! Das ist so, wie wenn ich aus meinem Zimmer heraus Passanten angriffe und mich nachher einschlösse und schrie: Ich bin neutral!«[103]

Eine »wirksame Neutralität« – das zweite Kriterium – kann es nur geben, wenn ein Staat bereit ist, sein Statut mit militärischer Macht zu verteidigen. Die besonderen Rechte des Neutralen werden nicht nur von den andern Staaten gewährt: Der begünstigte Staat muss auch alle Vorkehrungen treffen, um sie selbst durchzusetzen. Pictet war – allerdings erst nach den üblen Erfahrungen der Truppendurchmärsche von 1813 und 1815 – in dieser Hinsicht sehr rigoros. Er meinte, nur schon zu zögern, ob man einen Übergriff auf die Gebietshoheit mit Gewalt beantworten würde, wäre ein falsches Signal. Nicht der leiseste Zweifel dürfe sich bezüglich der Verteidigungsbereitschaft einschleichen. Auch müsste sich die Schweiz selbst gegen ein befreundetes Land, das ihr zu Hilfe eilen wollte, wehren.

»Ob die Schweizer es wollen oder nicht, ... das kleinste Zögern im Ernstfall würde Gefahren heraufbeschwören. Die Kriegspolitik der Schweiz ist einfach, und das Verhalten ist klar vorgezeichnet. ... [Die Schweiz] darf weder die Truppenstärke noch deren Positionierung noch die Gefahren [lange] berechnen. Die grösste Gefahr ist nämlich immer das Zögern; man muss kämpfen, bevor man antwortet.

Nach der Gefahr, vor der eindringenden Macht zu zögern, besteht die grösste ohne Zweifel darin, dass die bedrohte Macht zu Hilfe eilen will. Doch was nützen der Schweiz die Erfolge der einen oder andern, wenn sie selbst zum Schlachtfeld wird? Für eine kleinere Macht, die sich auf ihrem Boden beschützen lassen will, gibt es kaum bewaffnete Freunde. Mögen die Erinnerungen an die beiden letzten Jahre des vergangenen Jahrhunderts im Gedächtnis der Schweizer haften bleiben und sich auf die Kinder übertragen.«[104]

Schliesslich muss sich die Neutralität, um »solide« zu sein, durch Stetigkeit auszeichnen. Sie muss sich in der Zeit bewähren. Jede bestandene Prüfung stärkt die Neutralität, jede Verletzung erschüttert nicht nur die Wirksamkeit der Neutralität, sondern dieses Instrument selbst. Ein Land kann sich nur bewähren, wenn seine Einwohner über die erforderlichen Charaktereigenschaften verfügen. Nach Pictet zeichneten sich die alten Eidgenossen durch Rechtschaffenheit, Tapferkeit und Treue aus. Diese Eigenschaften muss die Schweiz auch in Zukunft ausweisen, wenn die Neutralität wieder in ihrem Staatswesen verankert sein soll. Ohne feste moralische Grundlagen kann es keine solide Neutralität geben. »Europas Vertrauen in die Schweizer Entschlossenheit kann sich nur im Laufe der Zeit einstellen. Sie ergibt sich nicht nur aus einem guten Militärwesen; sie hängt auch von ... einem wohlverdienten Ruf unbeugsamer Rechtschaffenheit, von schlichten und strengen Sitten sowie von moralischer Unabhängigkeit ab.«[105] Pictets aussenpolitische Anschauung geht von einem asketischen Menschenbild aus, es führt auch dorthin zurück.

Die Schweiz ist mit der Neutralitätserklärung von 1815 gut gefahren. Sie ist auf dieses diplomatische Meisterstück zu Recht stolz. Wie Zar Alexander schon zu Metternich sagte: Der Erfolg krönt die Unternehmungen. Der Schweiz war er in diesem Fall reichlich beschieden. Aber unbedenklich war die *»Acte de reconnaissance et de garantie de la neutralité perpétuelle de la Suisse et de l'inviolabilité de son territoire«* nicht. Die Anerkennung und die Garantie erfolgten im Rahmen einer europäischen Friedensordnung, die von den Grossmächten diktiert wurde. Wer die Politik der Heiligen Allianz in der Restaurationszeit verfolgt, kann nicht übersehen, dass Metternich, der Hauptinitiant der Friedensordnung, aus der Schlussakte ein Interventionsrecht ableitete. In seiner Sicht erstreckte sich die Garantie auf den restaurierten staatsrechtlichen Zustand insgesamt. Die Schweiz war nicht mehr berechtigt, ohne Zustimmung der Garanten von der Bundesakte von 1815 abzurücken. Im Umfeld des Sonderbundskrieges wollte er dieses Interventionsrecht auch aktivieren.[106] Mehrmals forderte er die anderen Garantiemächte zur Massregelung der Schweiz auf. Nur der Ausbruch der Revolution in Paris, in Berlin und nicht zuletzt in Wien im Jahr 1848 hinderte ihn daran, seine Absicht zu verwirklichen.

Gewiss, die Schweiz hatte die Neutralitätsurkunde stets anders ausgelegt. Sie hatte säuberlich zwischen einer Anerkennung der Neutralität und einer Garantie der Unversehrtheit ihres Gebietes unterschieden, um Interventionsgelüsten vorzubeugen. Doch diese juristischen Feinheiten befriedigten lediglich die eigene Auffassung, sie wurden durch die Dokumente nicht gestützt. Mehrere Instruktionen der Tagsatzung sprachen von einer »Garantie der Neutralität«; Pictet selbst verwandte diese Formulierung gelegentlich auch, obschon er in seinem Schlussbericht über die Zweite Pariser Friedenskonferenz zwischen einer Anerkennung der Neutralität und einer Garantie des Territoriums unterschied; doch letztlich vermengte auch die massgebende Urkunde im erwähnten Titel die beiden Sachverhalte. Selbst Edgar Bonjour, der sich unerlässlich bemühte, die beiden Stränge auseinander zu halten, musste eingestehen, dass sie verknäult waren.[107] Erst die Bundesverfassung von 1848 löste die Schweiz aus diesem Deutungszwist. Mit der Aufhebung des Bundesvertrags von 1815 erlosch jegliche Verpflichtung und jeglicher Anspruch der ausländischen Mächte, die inneren Zustände in der Eidgenossenschaft zu garantieren. Die Schweiz hatte sich die neue Verfassung ohne ausländische Garantie gegeben. Und mit einer korrekten Neutralitätspolitik im italienischen Befreiungskampf wie im deutsch-französischen Krieg verhalf sie ihrer eigenen Auslegung zum Durchbruch, wonach die Neutralitätsurkunde in dem Sinn zu verstehen sei, dass die Grossmächte die Unversehrtheit des schweizerischen Territoriums garantiert, die Neutralität dagegen lediglich anerkannt hätten.

Neben der Neutralität und einer guten Sicherheitspolitik erachtete Pictet den geschickten Umgang mit der Öffentlichkeit als wichtiges Element der Aussenpolitik. Die Öffentlichkeit hat sich seiner Ansicht nach zur geheimen obersten Instanz in den internationalen Beziehungen aufgeschwungen. Ihre Autorität müssen selbst Grossmächte anerkennen, ihrem Druck müssen sich Macht und Ehrgeiz beugen. Diese modern anmutende Auffassung war seinerzeit alles andere als üblich. Sie erstaunt. Wie kam Pictet dazu? Wahrscheinlich drangen hier die Erfahrungen des Intellektuellen und Publizisten durch. Er hatte sich mit seiner *»Bibliothèque britannique«* bereits an die Öffentlichkeit gewandt; er wusste, was Ideen bei einer breiten Leserschaft zu bewirken vermögen. Das internationale Publikum erachtete er als natürlichen Verbündeten der Schweiz. Das Volk hat seiner Einschätzung nach weit mehr Sympathien für einen Kleinstaat und eine

Republik als die Regierenden. Deshalb lohnt es sich, direkt an die Öffentlichkeit zu appellieren. So kann man den nötigen Druck auf die ausländischen Regierungen erzeugen, damit diese die Anliegen der Schweiz gebührend berücksichtigen.

In seiner Schrift zur Verteidigung der Schweizer Neutralität erklärte Pictet, welch grosse Rolle er der öffentlichen Meinung zuschreibt: »Für eine ruhige und gedeihliche Entwicklung ist die Schweiz mehr auf die Meinung Europas als auf die Gunst der höfischen Kabinette angewiesen. Wenn deren Irrtümer oder Intrigen die Schweiz zu kompromittieren trachten oder gefährden, dann wird die europäische Meinung die Eidgenossenschaft retten, sofern diese deren Gunst durch ein ehrenhaftes Verhalten gewonnen hat.«[108] Oder an anderer Stelle heisst es: »Jeder Mensch, der etwas nachdenkt, spürt, dass die öffentliche Meinung heute in Europa so etwas wie ein oberstes Richteramt ausübt.«[109]

Nicht nur auf abstrakter Ebene schätzte Pictet die Macht der Öffentlichkeit richtig ein, auch im Tagesgeschäft wusste er sie einzusetzen. Er und seine Kollegen aus dem Genfer Staatsrat scheuten sich nicht, bei Bedarf eigenhändig Beiträge für ausländische Zeitungen zu verfassen. Als er mit der englischen Delegation auf dem Ersten Pariser Friedenskongress unzufrieden war, schrieb er Ende Mai 1814 aus dem Verhandlungssaal an Turrettini: »Meiner Meinung nach muss man weiterhin auf die öffentliche Meinung in England einwirken, damit man uns auf dem Wiener Kongress besser behandelt. Ein öffentlicher Aufschrei muss der Sache des Schwachen, die man hier bereits aufgegeben hat, Gerechtigkeit widerfahren lassen und unsere Kollegen zum Handeln zwingen. Wenigstens darf man nichts unversucht lassen, damit dies geschieht.«[110] Wie ernst es ihm mit diesem Ratschlag war, geht aus dem Postskriptum zum Brief hervor. Dort bemerkt er, er lege eine Kopie des Artikels von Ami Lullin bei, den dieser für die Londoner *»Times«* verfasst hatte. Der Magistrat Lullin hatte in einer andern Angelegenheit ans englische Publikum appelliert: Die österreichische Armee hatte auf ihrem Durchzug die Kanonen der Stadtrepublik beschlagnahmt, was die Genfer Regierung aufgebracht hatte. Mit heftigen Protesten, mit einer Sondermission bei Kaiser Franz in Wien und eben auch mit öffentlichen Demarchen gelang es den Genfern, zumindest eine Anzahl davon zurückzuerhalten.

Pictet ist nicht der Vater der Schweizer Neutralität. Diese Auszeichnung verdient der heilige Bruder Klaus, der den heillos zerstrittenen Eidgenossen am Ausgang des Mittelalters den Weg mit dem »Stillesitzen« wies. Während Jahrhunderten befolgten die Schweizer seinen Rat ziemlich konsequent. Dem neuzeitlichen Drang nach einem grossen und starken Staat sowie dem Wettkampf um Gebietserwerb und Eroberungen begegneten sie freiwillig mit Machtverzicht. Eigenständig widerstanden sie den Versuchungen der Zeitläufte und hatten den Mut, einen Sonderweg einzuschlagen. Aber im Innern rissen auch bei ihnen erbärmliche Missstände ein. Neid und Missgunst nahmen überhand, der Gemeinsinn schwand. Am Ende des 18. Jahrhunderts verschanzten sich die einen hinter ihren herkömmlichen Privilegien, die andern schwärmten vom revolutionären Umbruch, die Verteidigungsbereitschaft erlahmte. Orientierungslos und zerstritten, wurde die Schweiz eine leichte Beute der französischen Eroberer. Die alte Eidgenossenschaft ging fast kampflos unter.

Der Verlust der Unabhängigkeit belehrte die Schweizer bald eines Besseren. Einhellig schätzte man nun das, was man früher besessen hatte. Man wollte den Faden wieder dort aufnehmen, wo er abgerissen war. Niemand opponierte dagegen; alle wollten an die Tradition aussenpolitischer Neutralität anknüpfen. Instruiert von der Tagsatzung, brachte Pictet auf der Zweiten Pariser Friedenskonferenz eine Erklärung ein, wie sie der Wiener Kongress angefordert hatte. Und die Staatengemeinschaft verabschiedete darauf die Neutralitätserklärung. In diesem Akt lag nun allerdings etwas Neuartiges. Dass die Grossmächte sich gemeinsam verpflichteten, die schweizerische Neutralität anzuerkennen, das hatte es bisher nicht gegeben. Pictet wurde somit zum Urheber der erneuerten oder der völkerrechtlich verbrieften Neutralität. Er verstarb am 28. Dezember 1824 in Lancy.

Johann Konrad Kern
Der erste Diplomat des neuen Bundesstaates
1808–1888

Eine brillantere Karriere, als Johann Konrad Kern sie im öffentlichen Leben der Schweiz durchlaufen hatte, lässt sich kaum denken. Er hatte nicht nur die höchsten Stufen in Windeseile erklommen; welches Amt auch immer ihm anvertraut wurde, er füllte es mit Sachverstand und Autorität aus. Mit 26 Jahren Präsident des Thurgauer Grossen Rates und erster Tagsatzungsgesandter, mit 30 Jahren eidgenössischer Oberst, Mitglied in allen wichtigen Kommissionen der Tagsatzung, zudem in einer Schlüsselstellung in der Kommission zur Revision der Bundesverfassung, zwischendurch Schweizer Geschäftsträger in Wien, dann, nach der Gründung des Bundesstaates, Nationalrat und Präsident der Grossen Kammer, hernach Thurgauer Ständerat, erster Präsident des Bundesgerichts, erster Präsident des neu geschaffenen Schweizerischen Schulrats, schliesslich Gesandter in Frankreich und prominentester Diplomat der Eidgenossenschaft: was fehlte in dieser Laufbahn noch? Ja, Bundesrat wurde Kern nie – nicht weil ihm der Weg an die Spitze der Landesregierung verbaut war, sondern weil er, wie er glaubhaft versicherte, dies nicht angestrebt hatte.

Und dennoch: trotz aller Auszeichnungen, trotz aller Tüchtigkeit und Strebsamkeit zögert man, Kern in einer Studie über die ideengeschichtliche Entwicklung der Schweizer Aussenpolitik gesondert hervorzuheben. Er war ein tatkräftiger Politiker und ein präziser Verwalter, er war ein Schaffer, aber ein ausnehmend kreativer Denker war er kaum. Selbst sein Biograf musste sich, nachdem er Jahrzehnte seines Lebens aufgeopfert hatte, um den Werdegang und die Verdienste des Thurgauer Staatsmanns bis in die letzten Verästelungen darzustellen, zu dieser bitteren Erkenntnis durchringen. Keinem andern Schweizer Politiker wurde eine derart monumentale zweibändige Darstellung zuteil. Aber als Albert Schoop sein Lebenswerk vollendete, zog er folgende Bilanz: »Die umfangreiche Biografie, die wir diesem thurgauischen Staatsmann widmen, rechtfertigt sich weniger durch ein aussergewöhnliches Format seiner Persönlichkeit als durch die Vielfalt und Intensität seiner Tätigkeit.« Und an anderer Stelle bemerkte er: »Was Kern an positiven Leistungen vollbracht hat, sind Taten eines Politikers, eines Staatsmannes und Diplomaten, der die Theorie andern überlässt und sich selber in der täglichen Kleinarbeit des parlamentarischen, administrativen und diplomatischen Betriebes erschöpft.«[111]

Warum also ein Porträt von Kern? Niemand verkörperte die Aussenpolitik des jungen Bundesstaates mehr als Kern, und die Diplomatie der Eidgenossenschaft gewann eigentlich erst mit seiner langjährigen Mission in Frankreich professionelle Konturen. Mit grosser Selbständigkeit erschloss Kern auf seinem Pariser Posten der Schweiz einen Zugang zur so genannten grossen Politik. Selbstverständlich oblagen die aussenpolitischen Angelegenheiten dem Gesamtbundesrat und nicht dem Gesandten in Paris; betreut wurden sie vom jeweiligen Bundespräsidenten, der während seines Präsidialjahres das Politische Departement übernahm. Doch der alljährliche Wechsel an der Departementsspitze verhinderte den Aufbau aussenpolitischen Sachwissens beträchtlich. Und auf Mitarbeiter konnte der EPD-Chef kaum zählen. Denn das winzige Ministerium in Bern bestand aus ihm und, wenn alles gut ging, einem Sekretär. Unter diesen Umständen fiel es Kern nicht schwer, sich in aussenpolitischen Belangen ein solches Gewicht zu verschaffen, dass man ihn gelegentlich als »achten Bundesrat« titulierte. Seine überaus lange Amtszeit in Paris, von 1857–1883, wie seine ausgezeichneten Beziehungen zu den führenden Köpfen der Schweizer Politik und Wirtschaft kamen ihm dabei zugute.

Aber es gibt noch einen tieferen Grund, weshalb dieser Mann Beachtung verdient. Kern ist ein herausragender Repräsentant des liberalen Bürgertums, jenes staatstragenden Freisinns, der die moderne Schweiz gegründet und ausgebaut hat. Wie er handelte, entsprang nicht einfach seinem persönlichen Empfinden. Er verlieh vielmehr der vorherrschenden Gesinnung beredten Ausdruck. Auch reflektieren seine aussenpolitischen Auffassungen Grundmuster der schweizerischen Aussenpolitik, die sich bis auf den heutigen Tag erhalten haben. Sie betreffen namentlich das ambivalente Verhältnis der Schweizer zur Macht in den zwischenstaatlichen Beziehungen. Zwar geht der Schweiz der Wille zur Macht ab; man hat sich seit Jahrhunderten auf Selbstbescheidung eingerichtet und ist damit auch gut gefahren. Aber in satten Stunden träumt man doch davon, auf der Weltbühne eine grössere Rolle zu spielen. Man wünscht sich, dass die Macht, um die man nicht kämpfen will, einem in den Schoss fällt. Vornehmlich mit den so genannten Guten Diensten lässt man sich zwischen die verfeindeten Akteure bitten; man sucht sich eine vermittelnde Rolle zuzuschreiben und die eigene Bedeutung auf der Weltbühne aufzuwerten. Echte Besorgnis oder humanitäres Engagement mögen solche Einsätze veranlassen, doch Prestigeüberlegungen spielen in fast allen Fällen mit und verleihen dem Dienen oder Vermitteln erst den politischen Reiz.

Kern hatte die ganze Spannweite der Guten Dienste, dieses politischen

Ersatzangebots eines Kleinstaats, schon gekostet. Im eingeschlossenen Paris von 1870/71 übernahm die Schweiz zum ersten Mal die fremden Interessen anderer Staaten. Das Königreich Bayern und das Grossherzogtum Baden hatten die Schweizer Gesandtschaft mit dem Schutz ihrer Landsleute betraut. Mit unermüdlichem Einsatz erledigte Kern dieses bescheidene und dienende Mandat. Aber er wagte sich auch in die risikoreiche Friedensvermittlung vor. Doch sein Vorstoss wurde von Bismarck rasch abgewürgt. Ausser einem Fiasko blieb nichts übrig. Kern musste erleben, wie etwas, das man in guter Absicht unternimmt, von andern als Hybris empfunden wird. Die Geschichte der Schweizer Aussenpolitik wird die eine Erfahrung immer wieder bestätigen: Die Guten Dienste eines Kleinstaats scheitern in internationalen Konflikten häufiger, als dass sie gelingen – auch wenn in der Erinnerung die wenigen Erfolge die Proportionen anders erscheinen lassen.

Der freisinnige Staatsmann

Johann Konrad Kern wurde 1808 im thurgauischen Berlingen am Untersee geboren. Sein Vater war ein wohlhabender Landwirt und Weinhändler. Der zweite Sohn, für das Theologiestudium ausersehen, durchlief die Lateinschule in Diessenhofen und das Carolinum in Zürich, um darauf in Basel das Theologiestudium aufzunehmen. Nach einem Jahr wechselte er indes zur Jurisprudenz, setzte seine Studien in Berlin beim berühmten Rechtshistoriker Carl von Savigny fort und promovierte schliesslich im Alter von 22 Jahren mit Auszeichnung in Heidelberg. Bevor er sich 1831 als Anwalt in Berlingen niederliess, hielt er sich mehrere Monate in Paris auf. Schon ein Jahr nach seiner Rückkehr wählten ihn die Thurgauer in den Grossen Rat. Nun schlug er eine politische Laufbahn ein, die ihn in Schwindel erregendem Tempo an die Schalthebel der Macht in seinem Heimatkanton und in der Eidgenossenschaft beförderte. In Frauenfeld lief nichts mehr ohne Kerns Zutun. Zwölf Jahre lang bestimmte das so genannte Triumvirat (Kern, Johann Melchior Gräflein, Johann Baptist von Streng) alle wichtigen Staatsgeschäfte.

In jungen Jahren schon hatte sich Kern auch finanzielle Selbständigkeit erworben. Er war geschäftstüchtig. Gelegentlich handelte er mit Liegenschaften. Aber die erfreulichen wirtschaftlichen Verhältnisse brachte wohl vorab seine Ehe mit Aline Freyenmuth mit sich. 1834 hatte er die Tochter des Regierungsrates und Staatskassiers Johann Konrad Freyenmuth aus dem Schloss Frauenfeld geheiratet. Das Paar liess sich im Kantonshauptort nieder, und sein Heim wurde bald zum gesellschaftlichen Mittelpunkt der Kleinstadt. Frau Kern, die eine vorzügliche Bildung genossen hatte, war nicht nur die engste Beraterin ihres Mannes; mit ihrem offenen Wesen war sie auch eine beliebte Gastgeberin. Sie besass, was Kern vielleicht abging, Ausstrahlung. Vor allem war sie indes sozial eingestellt. Und sie praktizierte ihre Überzeugung. Immer wieder fanden Minderbemittelte beim kinderlosen Paar Unterkunft. Als Diplomatengattin sollte sie Grosses leisten – insbesondere, wie später zu berichten ist, während der Belagerung von Paris. Nicht zu Unrecht heisst es im »*Lebensbild einer edlen Frau*«, einem Nachruf auf Frau Kern: »Ganz auf Pestalozzis Grundsätzen fussend und auch seine Liebe teilend, wollte sie den Armen mehr geben als nur einige mechanische Fertigkeiten, sich durchs Leben zu schlagen: Bildung, Erziehung, sittliches Empfinden, sittliche Kraft und das alles in herzlicher Liebe.«[112]

Innert kürzester Zeit zählte Kern zu jenen Politikern, welche die Erneuerung der Schweiz am entschiedensten anpackten, zuerst im Kanton, dann im Bund. Er war eine zentrale Figur in der Regenerationszeit, die 1830 mit tumultuösem Machtwechsel in verschiedenen grossen Kantonen begann und 1848 in den neuen Bundesstaat mündete. Wo immer wichtige Entscheide in Staat und Wirtschaft anstanden, hatte Kern seine Hand im Spiel. Der Thurgauer Politiker war, wie man damals sagte, ein Mann des Fortschritts. Besonnen, bienenfleissig, überaus strebsam und bis in jede Faser seines Wesens beherrscht, positionierte er sich auf dem liberalen Flügel des Freisinns. Er wusste mit radikalen Feuerköpfen vom Schlage eines Ulrich Ochsenbein wenig anzufangen. Von der Vernunft, nicht von Gefühlen liess er sich leiten. Mit den verfügbaren Mitteln trieb er die Stärkung der Bundesgewalt zielstrebig voran. Bald schon wurde er, nebst seinem Freund Jonas Furrer oder später nebst dem genialen Alfred Escher, zum Musterbild eines tatkräftigen, aber gemässigten Freisinnigen. Überall achtete man ihn, beliebt hingegen war er, der Typus des Klassenersten, nicht sonderlich. Mit Blick auf Kern sprach ein Zeitgenosse von einer »kühlen Überlegenheit, die eigentlich nur wenige vertrugen«.[113]

Im Sonderbundskrieg spielte Kern eine führende Rolle. Auf sein Betreiben verlangte der Thurgau als erster Stand, jener Bund, den sieben katholische Kantone zur Wahrung der angestammten Rechte und nicht zuletzt zum Schutz vor Übergriffen mutwilliger Freischärler gebildet hatten, sei aufzulösen. In dramatischem Ringen brachte er schliesslich eine Mehrheit, wenngleich nur die knappste, auf seine Seite. Zahlreichen liberalen und konservativen Protestanten missfiel, auch wenn sie nur wenig Sympathien für das Schutz- und Trutzbündnis der Katholiken und Föderalisten aufbrachten, die ultimative Politik der Radikalen mit ihren Drohungen und dem Säbelrasseln. Zwar suchte Kern bis zuletzt den Krieg zu verhindern. Der schreibgewandte und präzise formulierende Jurist verfasste gar die Versöhnungsproklamation. Auch entsandte ihn die Tagsatzung noch am Vorabend des Kriegsausbruchs als eidgenössischen Repräsentanten nach Schwyz, um einen Waffengang abzuwenden. Aber als Berichterstatter der Siebnerkommission, jenes Gremiums, das die Weichen in Richtung Krieg oder Frieden stellte, wirkte er massgeblich an den Vorbereitungen zum einzigen Krieg in der Geschichte der modernen Schweiz mit. Als entschiedener Befürworter einer militärischen Lösung legte er der Tagsatzung den Antrag vor, den Sonderbund mit Gewalt aufzulösen. Den Weg zu einem Bundesstaat wollte er sich nicht mit rückwärts gewandten Bündnissen verbarrikadieren lassen.

Nachdem General Guillaume Henri Dufour, kein Freund eines militärischen Kräftemessens, aber ein pflichtbewusster Offizier, den Krieg auf das Nötigste beschränkt und rasch beendet hatte, konnte sich Kern der neuen Bundesordnung zuwenden. Als Tagsatzungsgesandter wurden ihm in der Kommission zur Revision der Bundesverfassung wichtige Chargen anvertraut. Vorerst entwarf er das Programm für eine Totalrevision der Verfassung, später redigierte er zusammen mit dem Waadtländer Henry Druey die Botschaft und den Entwurf für die neue Verfassung. Was den Inhalt des neuen Dokumentes betrifft, so stammt nur wenig aus Kerns Feder. Seine Aufgabe bestand darin, Vorhandenes zu einem sinnvollen Ganzen zusammenzufügen. Dabei konnte er auf verschiedene Vorlagen zurückgreifen, insbesondere auf die vom überragenden St. Galler Staatsmann Gallus Jakob Baumgartner und dem Italo-Genfer Pellegrino Rossi ausgearbeitete »Bundesurkunde«, die bei der ersten Präsentation im Jahr 1832 nur Spott und Kritik geerntet hatte. Nebst andern reichte auch der Luzerner Arzt und Philosoph Ignaz Paul Vital Troxler einen ausformulierten Verfassungsentwurf ein. Er war ein unermüdlicher Anwalt der amerikanischen Verfassung mit ihrem Zweikammersystem, dem Ausgleich zwischen dem Bund und den Einzelstaaten sowie den »checks and balances« in der Gewaltenverteilung. Sein Einsatz sollte nicht vergeblich sein. Die Bundesverfassung von 1848, dieser Kompromiss zwischen Föderalisten und Zentralisten, lehnt sich in vielem an das amerikanische Vorbild an. In organisatorischer Hinsicht dagegen hatte sich Kern grosse Verdienste für das Zustandekommen der neuen Verfassung erworben. Und da Verfahrensfragen jedes Endresultat entscheidend formen, trägt auch das Grunddokument der modernen Schweiz Kerns Handschrift.

Die Bundesversammlung übersah die besonderen Verdienste des Thurgauer Staatsmanns nicht. Zur Belohnung wählte sie ihn zum schweizerischen Geschäftsträger in Wien. Am 28. Juli 1848 schrieb Kern voller Begeisterung an seinen Bruder Johann Martin: »In aller Eile zeige ich Dir für Dich und zu Handen meiner übrigen Brüder an, dass ich gestern im ersten Scrutinium [Wahlgang] mit fünfzehn Stimmen als Geschäftsträger der Schweiz nach Wien gewählt worden bin. ... Die Stelle ist wohl die schönste, welche die Eidgenossenschaft zu vergeben hat (das Gehalt ist 12 000 Schweizer Franken); aber doch kann ich für einmal nur zu provisorischer Übernahme mich verstehen.«[114] Die Entlöhnung war in der Tat, sieht man die nackte Zahl, für eidgenössische Verhältnisse fürstlich. Die ersten Bundesräte bezogen lediglich ein Gehalt von Fr. 5000. Allerdings musste ein Gesandter oder Geschäftsträger aus seinem Salär auch die Angestellten und Mitarbeiter entlöhnen sowie die Repräsentation berappen. Später sollten verschiedene Diplomaten klagen, dass der Lohn nicht einmal ausreiche, um die letztgenannte Aufgabe zu decken.

Mit einer provisorischen Annahme des diplomatischen Postens bedingte sich Kern das Recht aus, seine zahlreichen Ämter in der Schweiz beizubehalten. Er sistierte seine Tätigkeit lediglich für, wie er dachte, etwa vier Monate. Erst dann wollte er den endgültigen Schritt in die Diplomatie wagen. Der Thurgauer »*Volksmann*« war darüber empört. In einem Kommentar vom 4. August 1848 schrieb die Zeitung: »Unsere Beamtungen sind keine Ruhepfründen.«[115] Doch Kern sollte kein Einzelfall bleiben. Die Politiker des jungen Bundesstaates scheuten davor zurück, sich auf Aussenposten zu verpflichten. Davon zeugen die vielen Absagen, die der Bundesrat auf seine Angebote für diplomatische Besetzungen erhielt, wie auch die halbherzigen Zusagen. Der Glarner Landammann und Nationalrat Joachim Heer eröffnete die neue Gesandtschaft in Berlin im Jahr 1867 nur unter der Bedingung, dass er weiterhin Landammann in seinem Heimatkanton bleiben könne. Nichts ging ihm über die Landsgemeinde. Nach ihrem Kalender hatten sich auch die eidgenössischen Angelegenheiten in Berlin zu richten. Wenn es auf den ersten Maiensonntag zuging, verschob er alle Geschäfte und reiste ins Glarnerland ab.[116] Auch Ständerat Philipp Mercier, ebenfalls ein Glarner, zog es selbst im schrecklich bewegten Jahr 1918 vor, statt den Umbruch in Berlin stetig vor Ort zu verfolgen, an den Sitzungen des »Stöckli« teilzunehmen.

Ende August 1848 brach Kern nach Wien auf. Am 6. September überreichte er dem Freiherrn Johann von Wessenberg das Beglaubigungsschreiben. Er kannte den Aussenminister gut, da dieser von seinem früheren Wohnsitz in Konstanz aus gelegentlich an den Sitzungen der Gemeinnützigen Gesellschaft des Kantons Thurgau teilgenommen hatte. Entsprechend freundlich empfing ihn Wessenberg. Aber Kern fühlte sich in Wien nicht in seinem Element, und er fasste keine Wurzeln. Bereits einen Monat nach seiner Ankunft schrieb er seinem Bruder: »Die Geschäfte geben mir nicht viel zu tun. Die Stelle ist in dieser Beziehung für mich ... zu leicht, zu ruhig.«[117] Viel zu schaffen machten ihm auch die wilden Strassenkämpfe, die im Revolutionsjahr 1848 in Wiens Gassen tobten. Ein Ereignis erschütterte ihn besonders. Er musste mit ansehen, wie die Menge den Leichnam des gelynchten Kriegsministers Latour schändete. Noch in seinen Erinnerungen spürt man etwas vom Schauder, der ihn durchfahren hatte: »So drang denn ... der Pöbel in das Gebäude ein, wo sich Letzterer [Latour] befand, in der Absicht, den Minister aufzuspüren und umzubringen. Wirklich wurde derselbe im obern Stocke entdeckt, ergriffen, misshandelt, mit Stichen durchbohrt und dann an einen Laternenpfahl gehängt. Ich sah die abscheuliche Szene, wie ein Arbeiter den Leib des Ministers mit einem Bajonette durchbohrte, und dies Ereignis hat einen so tiefen Eindruck auf mich gemacht, dass ich ihn mein Leben lang nie vergessen werde.«[118] Als kurz hernach die österreichische Regierung den ausländischen Vertretungen nahe legte, das belagerte Wien aus Sicherheitsgründen zu verlassen, bedurfte es beim Schweizer Geschäftsträger keiner Überredungskünste. Er zog nicht nur aus der Hauptstadt ab, er legte auch gleich sein provisorisches Mandat nieder und kehrte in die Schweiz zurück, wo er bereits am 1. November eintraf. Anderthalb Monate hatte das Wiener Experiment gedauert.

Wieder heil in Frauenfeld installiert, stürzte sich Kern erneut voll in die kantonale und eidgenössische Politik. Die Thurgauer wählten ihren edelsten Honoratior sogleich in den eben geschaffenen Nationalrat. Binnen Jahresfrist sollte er in der grossen Kammer das Präsidium übernehmen. Sein Einfluss in der neuen Bundesversammlung war gross; Kern wurde nur noch von Alfred Escher, mit dem ihn eine enge Freundschaft verband, überschattet. Einer Wahl in den Bundesrat stellte er sich hingegen nicht. Zwar drängten zahlreiche Kollegen den Redaktor der neuen Bundesverfassung, sich als Kandidat zur Verfügung zu stellen. Sein Name tauchte schon in den Zeitungen auf. Eine Weile lang zögerte Kern, ob er die verlockende Herausforderung annehmen solle. Doch dann entschied er sich dagegen. Seine Chancen, von der Bundesversammlung ins erste Bundesratskollegium gewählt zu werden, wären mit seinem Leistungsausweis und bei seiner konzilianten Persönlichkeit hoch gewesen. Aber er hing zu sehr am Thurgau, als dass er nach Bern übersiedeln wollte; zu viele Geschäfte hätte er unvollendet zurücklassen müssen, namentlich die Errichtung einer Kantonsschule, die ihm besonders am Herzen lag. Dass er 1849, als ihm der Bundesrat den Gesandtenposten in Wien nochmals anbot, postwendend abwinkte, versteht sich von selbst. Dagegen liess sich der gewiefte Jurist gern ins Bundesgericht wählen, wo man ihm gleich den Präsidentensessel anbot. Bundesgerichtspräsident zu sein war damals noch ein leicht zu bewältigendes Nebenamt.

Im Thurgau missfiel Kerns Machtfülle allerdings immer mehr Leuten. Eine starke demokratische Opposition erhob sich und bekämpfte das so genannte Regime der Triumvirn, mit welchem Kern nun schon eine halbe Generation lang alle Fäden im Kanton zog. Der alerte Staatsmann erfasste die Situation und gab Anfang der fünfziger Jahre verschiedene kantonale Ämter ab. Zusehends verlagerte er seine Tatkraft aus der Politik in die Wirtschaft. So gründete er, um dem Bauernstand den Kreditzugang zu erleichtern, eine kantonale Hypothekenbank. Am meisten drängte es ihn jedoch, etwas auf jenem Gebiet zu verwirklichen, das die Geister wie kein zweites Thema faszinierte und den Fortschritt schlechthin verkörperte: dem Eisenbahnwesen. Da erwiesen sich die guten Beziehungen zum Eisenbahnbaron Alfred Escher als besonders nützlich. Kern bemühte sich mit aller Kraft, den Thurgau vorteilhaft an das schweizerische Netz anzubinden. Der Erfolg sollte ihm nicht versagt bleiben. Eschers Nordostbahn legte die Linie zum Bodensee statt über St. Gallen, wie Bevölkerungsdichte und Wirtschaftsstärke es nahe gelegt hätten, über Frauenfeld und Weinfelden. Schliesslich trat Kern im Herbst 1853 selbst in die Direktion der Nordostbahn ein, gab alle kantonalen Ämter auf und übersiedelte nach Zürich.

Doch auch in Zürich wuchsen Kern schnell öffentliche Aufgaben zu. Ohne Mühe konnte Escher seinen Juniorpartner für die Idee einer eidgenössischen Universität begeistern. Als Berichterstatter in der nationalrätlichen Hochschulkommission war Kern geradezu ideal positioniert, um dem Projekt zum Durchbruch zu verhelfen. Das Vorhaben scheiterte indes im Ständerat, aber eine abgemagerte Version liess sich mit hartnäckigem Engagement dennoch verwirklichen. Im Februar 1853 beschloss die Bundesversammlung, eine eidgenössische technische Hochschule zu gründen; im August ernannte der Bundesrat den vielseitigen Kern zum ersten Präsidenten des neuen Schweizerischen Schulrats. Kern oblag es, die Gründung des Polytechnikums an die Hand zu nehmen und mit klugen Berufungen den Lehrkörper aufzubauen. Als Bundesbeamter musste er sich nun aus dem Bundesgericht und dem Nationalrat verabschieden; die Thurgauer Regierung verschaffte ihm jedoch gleich einen Platz im Ständerat, so dass seine Stimme im Parlament auch weiterhin erhalten blieb.

Im Spannungsfeld Napoleons III.

Eine neue Richtung nahm Kerns Leben, als Ende 1856 der Schweiz wegen Neuenburg ein Krieg mit Preussen drohte. Als die Waffen schon klirrten, versuchte der französische Kaiser noch ein letztes Mal, im Konflikt zu vermitteln. Und wo Napoleon III. ins Gesichtsfeld der Schweiz trat, da scheint es, als ob er Kern mit magnetischer Kraft angezogen habe. In seltsamer Fügung durchkreuzte das Schicksal des Louis Napoleon immer wieder den Werdegang des einfachen Thurgauers vom Untersee und formte dessen Biografie an entscheidenden Stellen. Ohne die Begegnung mit Napoleon III. hätte Kerns Leben einen andern Verlauf genommen. Wäre er Diplomat geworden? Wohl kaum. Wäre er so kometenhaft ins Firmament der eidgenössischen Politik aufgestiegen? Man darf es bezweifeln. Grund genug also, um einen Blick auf die merkwürdigen Schnittpunkte zu werfen.

Kern kannte Louis Napoleon von Kindheit an. Dessen Mutter Hortense de Beauharnais, die bildhübsche Stieftochter und Schwägerin Kaiser Napoleons I., hatte 1817 das Schloss Arenenberg gekauft. Die umgängliche und freigebige Exkönigin von Holland hielt sich mit ihrem Hofstaat oft am Untersee auf, wo sie sehr beliebt war. Der junge Kern erhielt ab und zu eine Einladung auf das nahe gelegene Schloss; die Gymnasiasten Louis und Konrad tauschten in den Ferien wohl ihre Erfahrungen aus. Der alte Kern wollte jedoch nicht wahrhaben, dass ihn in seiner Jugend eine Freundschaft mit dem Prinzen verbunden hätte. In seinen Erinnerungen schrieb er:

> »Man hat oft gesagt, es habe ein Freundschaftsverhältnis zwischen mir und dem Prinzen bestanden, als dieser auf Arenenberg wohnte, was sich leicht durch den Umstand erklärt, dass das Dorf Berlingen, wo ich geboren bin und wo ich meine Jugend zubrachte, nur eine halbe Stunde von Arenenberg entfernt liegt. Es ist also ganz natürlich, dass ich hin und wieder, wie übrigens auch andere Altersgenossen aus der Umgegend, nach Arenenberg ging. Ein spezielles Freundschaftsverhältnis zwischen dem Prinzen und mir hat jedoch nie bestanden. Napoleon betrachtete sich selbst seinen Mitbürgern gegenüber immerfort als einen ›Prinzen‹ und blieb sich seines Ranges in jedem Augenblick bewusst.«[119]

War dem wirklich so? Kerns Biograf bestreitet dies und wirft dem alten Memoirenschreiber Opportunismus vor.[120] Nach dem Sturz Napoleons III. hätte Kern die freundschaftlichen Beziehungen, deren er sich ehedem so gern rühmte, verleugnet. Die nachweisbar vielfältigen Kontakte im Thurgau, frühere Äusserungen von Kern und nicht zuletzt die Übernahme der Gesandtschaft in Paris, die ja gerade wegen der hervorragenden Beziehungen Kerns zum Kaiser der Franzosen erfolgte, sprechen in der Tat für Schoops Ansicht, obgleich persönliche Beziehungen letztlich schwer einzustufen sind. Eines bleibt jedenfalls unbestritten: Kein Schweizer Politiker – vielleicht ausser General Dufour, dem Lehrmeister Napoleons III. in der Genie- und Artillerieschule zu Thun – kannte den Prinzen so gut wie Kern, und vor allem: Napoleon kannte keinen Schweizer so gut wie den Jugendgefährten aus Berlingen. Diese Konstellation sollte sich auf Kerns Lebenslauf auswirken.

Seinen ersten grossen Auftritt in der eidgenössischen Politik erlebte Kern im so genannten Louis-Napoleon-Handel. Dabei ging es um Folgendes: Weil der Prinz im Thurgau populär war, verlieh ihm die Gemeinde Salenstein, auf deren Gebiet Schloss Arenenberg liegt, 1832 das Ortsbürgerrecht, und der thurgauische Grosse Rat schenkte ihm hernach das Kantonsbürgerrecht. Der Bezirk Diessenhofen wollte ihn gar als Abgeordneten in den Grossen Rat entsenden. Louis-Napoleon seinerseits tat einiges, um seine Verbundenheit mit Land und Leuten zu bezeugen: Er wurde Berner Artilleriehauptmann, Präsident des Thurgauer Schützenvereins, und in der Flugschrift »*Considérations politiques et militaires sur la Suisse*« befasste er sich mit der Verfassungsreform von 1832. Aber letztlich beschäftigte sich der höfliche Emigrant mit solchen Dingen nur nebenbei. In seinem tiefsten Innern war er nicht nur ein französischer Staatsbürger, er war ein Bonaparte, der nach dem Tod von Napoleons einzigem Sohn, dem Herzog von Reichstadt, unverhohlen Anspruch auf den französischen Thron erhob. Dies war seine Hauptaspiration, die er von Jahr zu Jahr kecker anmeldete. 1836 liess sich der Thronanwärter mit einigen Kumpanen zu einem tollkühnen Husarenstreich hinreissen; er entfachte in Strassburg einen Putsch, der, völlig dilettantisch inszeniert, schon im Anfangsstadium kläglich in sich zusammenbrach. Louis-Napoleon wurde verhaftet und nach Amerika verbannt. Heimlich kehrte er jedoch schon nach einigen Monaten auf den Arenenberg zurück und agitierte von neuem gegen Frankreich. Jetzt, im August 1838, intervenierte der Bürgerkönig Louis-Philippe. Ultimativ verlangte er von der Schweiz die Ausweisung des Unruhestifters. Und damit schlug Kerns Stunde; er trat ins Rampenlicht der eidgenössischen Politik.

In seiner ersten grossen Rede auf der Tagsatzung stellte Kern das französische Begehren in einen grundsätzlichen und völkerrechtlichen Zusammenhang. Die Schweiz durfte seiner Meinung nach Louis-Napoleon auf keinen Fall ausweisen. Denn der Prinz war mit der Verleihung des

Thurgauer Bürgerrechts Schweizer geworden. (Die juristische Lage war allerdings nicht so klar, wie es Kern wahrhaben wollte; denn der Thurgauer Regierungsrat hatte das vom Grossen Rat verliehene Bürgerrecht in ein Ehrenbürgerrecht umgewandelt, da der Beschenkte nicht, wie es das kantonale Recht erforderte, auf seine bisherige Staatsbürgerschaft verzichtete; die Tatsache, dass Frankreich zu jenem Zeitpunkt dem Napoleoniden die französische Staatsbürgerschaft aberkannt hatte, verwirrte indes die Sachlage zusätzlich.) Kern argumentierte mit voller Überzeugungskraft für die Würde des Kleinstaats. Die Schweiz müsse sich die französische Einmischung in ihre Flüchtlingspolitik strikt verbitten. Mit einer Ausweisung würde sie sich nicht nur dem Diktat einer Grossmacht beugen und gegen das Recht, im gegebenen Fall das Asylrecht, verstossen, sie gäbe letztlich auch ihre Souveränität preis. Er rief aus: »Es ist Zeit zu zeigen, dass die sich steigernden Forderungen des Auslandes auch ihre Schranken finden, dass die Eidgenossenschaft sich nicht als eine Provinz von Frankreich, sondern als ein selbständiger Staatenbund betrachtet wissen wolle, und dass sie als solcher ihre völkerrechtliche Stellung zu wahren entschlossen sei...« Sein Plädoyer schloss er mit einem seiner Lieblingsgedanken: »Ist auch die Forderung von einem grossen, mächtigen Staat gegen einen kleinen gerichtet, so sollen wir nicht vergessen, dass wir in dieser Frage eine grosse Macht für uns haben, die Macht unseres guten Rechts.«[121] Die Auffassung, dass das Recht der beste Verbündete des Kleinstaats sei, wird sich von nun an wie ein roter Faden durch die Schweizer Aussenpolitik ziehen.

Kerns Rede beeindruckte die Tagsatzung. Aber die Meinungen über das Sachgeschäft gingen weit auseinander. Kühl rechnende Kantone fragten sich, warum die Schweiz die Kastanien für einen exzentrischen französischen Thronprätendenten aus dem Feuer holen solle. Während sich der Thurgau hartnäckig weigerte, seinen Mitbürger aus dem Gebiet der Eidgenossenschaft zu verweisen, eskalierte die Situation. Nach neuen Interventionen, sekundiert von andern Grossmächten, zog Louis Philippe starke Truppenverbände an der Schweizergrenze zusammen; die Kantone Genf und Waadt ihrerseits, ganz auf den Thurgauer Kurs eingeschworen, mobilisierten mit leidenschaftlichen Appellen ihre gesamte Mannschaft. Kern entfaltete nun eine rastlose Tätigkeit; in Gesprächen und Zeitungsartikeln, mit Briefen an Freunde und Politiker forderte er, dem Druck Frankreichs zu widerstehen und die nationale Würde zu wahren. Die öffentliche Meinung stand ganz auf seiner Seite, und angesehenste Respektspersonen bezeugten ihm ihre Bewunderung. Oberst Guillaume Henri Dufour, der nachmalige General, schrieb ihm Anfang September: »Je sentais le besoin, mon cher Président, de vous adresser mes remerciements sur votre noble conduite, et de soutenir votre courage par l'assurance que la majorité des populations de plusieurs Cantons sympathisent avec vous et ont accueilli avec transport la décision de Thurgovie.«[122]

Die Schweiz bereitete sich schon auf das Schlimmste vor, als Louis-Napoleon die explosive Konfrontation selbst entschärfte. Noch ehe die Tagsatzung das französische Gesuch beantwortete und, worauf viele Anzeichen deuteten, wahrscheinlich zurückgewiesen hätte, teilte er am 20. September 1838 der Thurgauer Regierung mit, er werde die Schweiz, um sie aus der Notlage zu befreien, freiwillig verlassen. Die »Hardliner«, Kern eingeschlossen, bedauerten diesen sanften Ausgang. Ihrer Meinung nach hätte der Prinz den Entscheid der Tagsatzung abwarten müssen. Zu gern hätten sie Frankreich die Stirn geboten. Sie wollten einer Grossmacht beweisen, wie ein Kleinstaat seine Würde wahrt.

Dramatische Gefährdungen von aussen sind die beste Medizin für den Zusammenhalt im Innern. In solchen Momenten zeigt sich, wozu eine staatliche Gemeinschaft fähig ist. Der Louis-Napoleon-Handel von 1838 war das Schlüsselereignis einer Eidgenossenschaft, die in einem restaurierten Europa wieder Tritt fassen musste. Die Identität der Schweiz war durch den Umbruch im Gefolge der Französischen Revolution noch immer geschwächt. Nun brach im Widerstand gegen das französische Begehren das ganze Selbstverständnis der republikanischen Eidgenossenschaft durch; es bäumte sich der Wille auf, sich als Demokratie inmitten monarchischer Staaten zu behaupten, bekundet in der Bereitschaft, die eigenen Rechte notfalls mit den Waffen zu verteidigen. Der Streit mochte sich um eine berühmte Person entfacht haben; doch längst hatte er sich vom Inhalt der französischen Intervention entfernt; es ging um die Intervention selbst, ja um die Würde der Nation. Die Schweiz hat diese Prüfung leidlich gut bestanden. Sie verhielt sich nicht nur Louis-Napoleon gegenüber ehrenhaft, sie selbst ging aus dem Kräftemessen gestärkt hervor. Napoleon aber sollte nicht vergessen, was für einen gewandten Verteidiger er in der Person des Dr. Kern gefunden hatte. Er wollte ihn mit einem Souvenir beschenken. Kern wies jedoch dankend ab, da er die Entgegennahme einer Auszeichnung mit seinen Grundsätzen nicht vereinen konnte.

Kerns zweite Aufgabe im napoleonischen Spannungsfeld verhielt sich geradezu spiegelbildlich zur ersten – allerdings mit der bemerkenswerten Abweichung, dass keine Schweizer Staatsbürgerschaft ins Spiel kam. Louis-Napoleon, mittlerweile Präsident von Frankreich und seit dem Staatsstreich vom Dezember 1851 unumschränkter Alleinherrscher, beschwerte sich jetzt über die Umtriebe französischer Flüchtlinge in Genf, die gegen sein Regime agitierten und sogar in aller Öffentlichkeit einen militärischen Einfall nach Frankreich berieten. Er verlangte deren Ausweisung. Der Bundesrat entsandte darauf zwei eidgenössische Kommissare in die Rhonestadt, einer davon war Kern. Sie sollten die vom Radikalen James Fazy geleitete Regierung, die mit weit geöffneten Armen Revolutionäre aus allen Ländern aufnahm, in die Schranken weisen und die Genfer Flüchtlingspolitik in Einklang mit den eidgenössischen Vorgaben bringen. Kern griff recht hart durch – wohl härter, als sein Auftrag lautete. Problematischer war hingegen etwas anderes. Die Genfer Presse behauptete, Kern stehe in direktem Kontakt mit Paris. Sie streute die Vermutung aus, er willfahre den Wünschen Napoleons. Beweisen liess sich diese Anschuldigung nicht. Aber eines ist gewiss: Kerns Freund und Napoleons ehemaliger Oberstquartiermeister in Thun, Guillaume-Henri Dufour, benachrichtigte seinen einstigen Schützling in den Tuilerien über die von Kern eingeleiteten Massnahmen, und bald konnte der Schweizer Gesandte aus Paris vermelden, die Gemüter in den Regierungskreisen hätten sich besänftigt.

Kurz danach, als Louis-Napoleon im Sommer 1852 die Eisenbahnlinie Paris–Strassburg einweihte, entsandte der Bundesrat, um die Beziehungen zum Herrscher in Frankreich zu verbessern, eine offizielle Zweierdelegation zu den Festlichkeiten. Sie bestand aus Dufour und Kern, den beiden Freunden des Herrschers. Der Präsident, der die verfassungsmässige Ordnung bereits beseitigt hatte und sich eben anschickte, sich gemäss seinem lange gehegten Traum zum Kaiser der Franzosen aufzuschwingen, behandelte die Delegation fürstlich – oder, wie Dufour sich ausdrückte, wie verwöhnte Kinder.[123] Überall wies er seinen helvetischen Lehrmeistern Ehrenplätze an. In der Schweiz schüttelte man allerdings weiterum den Kopf. Radikale Kreise verstanden den Zweck der Reise überhaupt nicht; sie verachteten vielmehr die Entsendung von Vertretern als reine Liebedienerei, ein unwürdiger Akt für einen republikanischen Staat. Der Bundesrat indes glaubte, eine solche Geste sei nötig, um sich wenigstens an der Westgrenze politisches Wohlwollen zu erhalten. Denn die Beziehungen zu Österreich und Deutschland hatten sich rapide verschlechtert, die ersteren wegen der italienischen Flüchtlinge, die aus der habsburgischen Lombardei im Tessin Zuflucht suchten, die letzteren wegen Neuenburg.

Mit der Neuenburger Krise zog es Kern erneut in Napoleons Orbit – und dieses Mal endgültig. In der Stunde höchster Gefahr setzte sich der Thurgauer Ständerat auf Geheiss der Landesregierung mit Napoleon III. zusammen, um den preussischen König Friedrich Wilhelm IV. zu besänftigen, der seine Ansprüche auf Neuenburg bedroht sah und diese notfalls mit der Waffe in der Hand verteidigen wollte. Neuenburg war von Anfang an eine schwärende Wunde im neuen Bundesstaat. Immer wieder kam es zu Konflikten zwischen der Schweiz und dem Haus Hohenzollern. Denn die rechtliche Stellung Neuenburgs war unbefriedigend gelöst. Seit 1815 war Neuenburg ein Schweizer Kanton, aber gleichzeitig war es auch ein Fürstentum, seit 1707 dem König von Preussen unterstellt, der sich auch Fürst von Neuenburg und Graf von Valendis (Valangin) nennen durfte. Im Frühjahr 1848 beseitigten radikale Montagnards die feudalistische Aristokratenherrschaft, und in einer Volksabstimmung hiess eine satte Mehrheit die republikanisch-demokratische Verfassung gut. Auch die Tagsatzung genehmigte die neue Verfassung. Aber sie versäumte es, von Friedrich Wilhelm IV. den förmlichen Verzicht auf seine Souveränitätsrechte im Neuenburgischen zu erwirken. Mit der einseitigen Nichtigerklärung wollte sich Friedrich Wilhelm IV. indes nicht abfinden. Vielmehr liess er sich seine Rechte 1852 international bestätigen. Dennoch warf der Konflikt in den folgenden Jahren keine hohen Wellen. Die Schweiz störte der formelle Anspruch des Königs nicht, und Preussen mochte diese Petitesse nicht zu einer Staatsangelegenheit aufblasen.

Dies änderte sich jedoch im Jahr 1856. Damals inszenierten königstreue Neuenburger, nicht ohne wohlwollendes Kopfnicken des Fürsten, einen Aufstand, den die Republikaner allerdings schon in zwei Tagen niederschlugen. Sie nahmen über 530 Royalisten gefangen. Der König von Preussen forderte sogleich die bedingungslose Freilassung seiner Getreuen. Der Bundesrat lehnte diese Forderung jedoch ab. Er wollte sein Pfand nicht ohne Gegenleistung aus der Hand geben. Nun begann ein langwieriges Seilziehen. Friedrich Wilhelm bat den französischen Kaiser um Vermittlung. Dieser akzeptierte mit Vergnügen. Schliesslich glaubte er, die Schweiz besser zu kennen als jeder andere Monarch. Aber an sich war der eitle, sprunghafte und stets auf sein Prestige bedachte Herrscher als Vermittler denkbar ungeeignet. Sein Wort hatte zu wenig Gewicht, und seine Lust zum Ränkespiel konnte er nicht zügeln. Diesen Mangel an Geradlinigkeit sollte die Schweiz unverzüglich zu spüren bekommen.

Im Oktober bot Napoleon III. der Eidgenossenschaft seine Guten Dienste an, doch gleichzeitig ermunterte er Berlin hintenherum, die Schweiz militärisch einzuschüchtern.[124] Im November versuchte General Dufour in einer offiziösen Mission einen Kompromiss mit Paris auszuhandeln – allerdings vergeblich. Preussen erhöhte nun den Druck beträchtlich. Es brach Mitte Dezember die diplomatischen Beziehungen zur Schweiz ab und drohte eine Mobilmachung an. In der Schweiz, vor allem in der Westschweiz, machte sich eine hektische Kriegsstimmung breit.

Über Weihnachten bot der Bundesrat in aller Eile zwei Divisionen auf und ernannte den im Sonderbundskrieg bewährten Dufour erneut zum General. In dieser delikaten Situation wollte der Bundesrat ein erneutes Vermittlungsangebot des französischen Kaisers, trotz dessen notorischer Unzuverlässigkeit, nicht ausschlagen; und da die Landesregierung nicht vergessen hatte, dass Napoleon III., als er Dufour verabschiedete, sich nach Kern erkundigt hatte, entsandte sie dieses Mal den Vizepräsidenten des Ständerates auf die schwierige Sondermission.

Der »Envoyé extraordinaire« brach am Silvesterabend auf. Am 4. Januar 1857 lud ihn der Kaiser zur Tafel in die Tuilerien. Es war ein grosser Empfang. Napoleon bot ihm den Ehrenplatz neben der Kaiserin an, führte ihn nach dem Essen ins Arbeitskabinett und plauderte mit dem Thurgauer Gefährten bis um 23 Uhr. Im vertraulichen Gespräch – Napoleon zeigte dem Schweizer sogar die eigenhändig geschriebenen Briefe des Hohenzollern – gewann Kern den Eindruck, der preussische König sei bereit, auf seine Souveränitätsrechte über Neuenburg zu verzichten, sobald die Schweiz die gefangenen Royalisten freigelassen habe. Napoleon versprach, in diesem Sinn auf Friedrich Wilhelm IV. einzuwirken. So kam ein mündlicher »Deal« zustande. Kern kehrte nach Bern zurück und überzeugte Bundesrat und Parlament vom Wert der Vereinbarung. Danach schob die Landesregierung die Royalisten ohne viel Aufhebens ins Ausland ab; Preussen hingegen veröffentlichte am 15. Januar die angedrohten Mobilmachungsdekrete nicht.

Die akute Krise war damit entschärft, aber das Problem mitnichten gelöst. Deshalb schickte der Bundesrat Kern am 21. Januar erneut nach Paris, um im aufkeimenden Geist der Versöhnung die rechtliche Lage ein für alle Mal zu bereinigen. Dies dauerte freilich viel länger als gedacht. Denn Friedrich Wilhelm IV., wankelmütig wie er war, schreckte bald wieder vor dem eigenen Mut zurück und wollte auf das »von den Gottlosen zertretene Ländchen am Jura« nicht verzichten.[125] Zudem beschworen einige Neuenburger Royalisten den König, für sein Fürstentum zu kämpfen. Deren politische Scheuklappen verdrossen Graf Bismarck enorm. Er spottete: »Ein Theil der gefangenen Royalisten ist jetzt hier, die quälen den armen König aufs Äusserste, lieber Preussen aufzugeben als Neuenburg, und thun als hätten sie ganz unermessliche Verdienste, während sie doch etwa in der Lage von jemand sind, der einem dienstfertig Feuer zur Cigarre geben will und dabei das Haus ansteckt.«[126] Eine Zeitlang schien es, als ob die Schweiz in eine Falle getappt sei und Preussen die helvetischen Vorleistungen nicht honoriere. Kern geriet massiv in die Schusslinie der Kritik. Zahlreiche Radikale in der Schweiz, die aufmüpfig auf einen Krieg eingestimmt waren, beschuldigten ihn, er hätte sich von Napoleon an der Nase herumführen lassen. Sie forderten den Bundesrat lauthals auf, den angeblich unfähigen und vertrauensseligen Gesandten unverzüglich zurückzurufen.

Auch Bismarck, der zur preussischen Delegation in Paris gehörte, erwartete, dass der Konflikt in einer kriegerischen Auseinandersetzung ende. Für sich persönlich zog er bereits Konsequenzen; als er im März zu den Verhandlungen nach Frankreich aufbrach, beauftragte er seinen Bankier, gewisse Aktien so rasch wie möglich zu verkaufen.[127] Doch er verspekulierte sich nicht nur finanziell, sondern auch politisch. Letztlich traf genau das ein, was er unter allen Umständen vermeiden wollte. Die Schweiz gab im Konflikt etwas nach – zu wenig nach preussischer Ansicht, aber ausreichend für die andern Grossmächte, so dass diese Berlin unter Druck setzten und vom »Romantiker auf dem Thron«, der zusehends in Schwermut verfiel, Konzessionen verlangten.

Nach einer zermürbenden Zeit der Ungewissheit mit undurchsichtigem Vorgeplänkel begannen am 5. März endlich die Verhandlungen – freilich vorerst nur unter den Grossmächten. Der Schweizer Vertreter musste – wie schon auf dem Wiener Kongress – vor der Tür warten. Erst ab dem 25. März wurde Kern zu den Beratungen zugezogen. Die Sitzungen schleppten sich mehr als zwei Monate hin, bis am 26. Mai schliesslich die längste Konferenz, die Grossmächte je über einen eidgenössischen Streitfall abhielten, mit einem Vertrag schloss. Kern hatte seinen Auftrag klug erfüllt. Das Dokument enthielt keine Bestimmungen, welche die Unabhängigkeit Neuenburgs oder die Souveränität der Schweiz beschnitten hätten. Der Kompromiss lautete im Wesentlichen: Friedrich Wilhelm IV. – aber nur er selbst, nicht seine Nachfolger – durfte sich weiterhin »Fürst von Neuenburg und Graf von Valangin« nennen; er musste jedoch ausdrücklich auf seine Rechte in diesem Kanton verzichten. Die Schweiz hatte ihr Ziel erreicht: Die andern Staaten anerkannten die völlige Souveränität der Eidgenossenschaft über Neuenburg; Preussen hingegen fühlte sich, wie Bismarck grollend bemerkte, in seinem Ansehen herabgemindert und gedemütigt. Vornehmlich Österreich beschuldigte er, die Krise um Neuenburg ausgenützt zu haben. Und der zukünftige Kanzler sann schon nach Vergeltung, nach einer Abrechnung mit dem Rivalen innerhalb des Deutschen Bundes.

Als Kern nach erfüllter Mission in die Schweiz zurückkehrte, erlebte er, wie wetterwendig die Politik sein kann. Eben noch verhöhnt und verspottet, schnellte seine Popularität in ungeahnte Höhen. Auf dem eidgenössischen Schützenfest in Bern umjubelte man den erfolgreichen Emissär, La-Chaux-de-Fonds verlieh ihm das Ehrenbürgerrecht, und ein Tabakfabrikant aus Payerne schenkte ihm ein halbes Tausend Zigarren mit der Bemerkung, er habe nun seinem Spitzensortiment den Namen »Kern-Zigarren« gegeben.[128] Der Bundesrat indes fragte den Schulratspräsidenten an, ob er bereit wäre, die wichtige Gesandtschaft in Paris zu übernehmen. Nun hatte die Regierung gesehen, was ein Diplomat bewirken kann. Denn der bisherige Minister in Paris, der radikale Walliser Politiker Joseph-Hyacinthe Barman, war seinem Amt sichtbar nicht gewachsen. Sein Ansehen war gering; die Tuilerien blieben ihm verschlossen, und als Kern in Sondermission in Paris verhandelte, hatte er sich mit kleinlicher Eifersucht und läppischen Intrigen blossgestellt. So legte ihm der Bundesrat den Rücktritt nahe, Kern dagegen liess sich bewegen, den neuen Posten zu übernehmen.

Im September 1857 übersiedelte das Ehepaar Kern nach Paris, und im November überreichte der neue »Envoyé extraordinaire et ministre plénipoteniare« dem Kaiser das Beglaubigungsschreiben. Bei diesem an sich hochformellen Anlass wurde Kern wie ein alter Freund aus der gemeinsam verbrachten Zeit am Bodensee empfangen. Napoleon III. sagte: »C'est avec plaisir que je reçois comme représentant de la Suisse un ancien ami. J'y reconnais une marque de bon vouloir du Gouvernement fédéral.«[129] Auch Kaiserin Eugénie bereitete ihm einen herzlichen Empfang. Solches sprach sich rasch herum. Der privilegierte Zugang zum Hof gab Kern Prestige und verschaffte ihm von Anfang an eine respektierte Position im diplomatischen Korps wie auch Ansehen in der Pariser Gesellschaft.

Doch der unermüdliche Schaffer liess es nicht dabei bewenden. Er nutzte die Vorteile seiner Position geschickt aus. 1862 gelang es ihm, einen alten Grenzstreit, der die schweizerisch-französischen Beziehungen seit dem Wiener Kongress belastete, in zügigen Verhandlungen salomonisch zu beheben: Das strategisch nicht unwichtige Dappental im Waadtländer Jura wurde zwischen Frankreich und der Schweiz aufgeteilt. 1864 sodann schloss er mit Frankreich einen Handelsvertrag – das erste umfangreiche Wirtschaftsabkommen, das die Eidgenossenschaft in ihrer Geschichte einging. Mit seinen freihändlerischen Prinzipien verhalf dieser Vertrag der Schweizer Exportwirtschaft in Frankreich und in Übersee zum Durchbruch; als Modell wirkte er auch bahnbrechend auf ähnliche Abkommen mit andern Ländern. Abgesehen von seinen Verdiensten um Neuenburg ist das Vertragswerk von 1864 – nebst dem Handelsabkommen wären noch je eines über die Niederlassung, den gegenseitigen Schutz des literarischen, künstlerischen und gewerblichen Eigentums sowie über nachbarschaftliche Verhältnisse zu erwähnen – zweifelsohne die Meisterleistung in Kerns Diplomatenlaufbahn.

Die ersten Pariser Jahre bildeten überhaupt den Höhepunkt in Kerns Berufsleben. Der Minister konnte schalten und walten, wie es ihm gefiel. Er war allseits geachtet. Bundesrat Schenk hielt nach der ersten Begegnung in seinem Tagebuch fest: »Er ist ein Mann von bedeutendem Selbstgefühl und Eigenliebe, aber, was auch nicht zu leugnen ist, von gewissenhafter Tätigkeit, grosser Geschäftsgewandtheit und politischem Verstande.«[130] Bis zur Wahl von Emil Welti in den Bundesrat wurde die Schweizer Aussenpolitik, da sich der Bundesrat dafür wenig interessierte, vorwiegend in der Pariser Gesandtschaft formuliert. Seine spätere Kompetenzbeschränkung verschmerzte Kern nur schwer. Nicht selten schimmert zwischen den Zeilen seiner Korrespondenz ein Missvergnügen über die vermeintliche Herabsetzung hervor.

Mit den Jahren freilich schienen die guten Beziehungen zu den Tuilerien eher ab- als zuzunehmen. Kern erlebte auch seine Enttäuschungen. Napoleon war wirklich das, als was er galt: ein stets liebenswürdiger, aber selten zuverlässiger Staatsmann. In der Krise um Savoyen, die nach der Einigung Italiens ausbrach, sollte der Schweizer Gesandte dies am eigenen Leib zu spüren bekommen. Dennoch überrascht, wie kaltblütig, wie teilnahmslos Kern, der sich ehedem gern seiner guten Beziehungen zum Hof rühmte, den Fall des Empereurs beobachtete: kein Wort des Trostes für die bedrängte Familie, kein Zeichen der persönlichen Anteilnahme, als Napoleon III. nach der vernichtenden Niederlage bei Sedan am 2. September 1870 in deutsche Kriegsgefangenschaft geriet. Sein Biograf meint denn auch: »Wer aber bedenkt, in welcher Gunst der Schweizer Diplomat eine Zeit lang am Tuilerienhof gestanden hatte, muss doch bedauern, dass sich Dr. Kern in diesen schweren Wochen seit Kriegsbeginn keinen Augenblick um das persönliche Schicksal jener kümmerte, welche ihm in den Glanzzeiten des Second Empire doch manchen Dienst erwiesen hatten.« Und als Zeugen führt er den bayrischen Diplomaten Dr. Wilhelm Cahn an, der am 4. September 1870 ins Tagebuch notierte: »Ich kam nach sechs Uhr auf die Gesandtschaft, wo Doktor Kern mit Lardy [seinem Stellvertreter] noch arbeitete. Ich ging zu Frau Kern, um ihr über das Gesehene zu berichten. Aus dem Munde dieser Frau vernahm ich die ersten Worte tiefsinnigen Mitleids mit dem Unglück der kaiserlichen Familie.«[131]

Mehr pflichtbewusster Diplomat als anteilnehmender Mensch, bemühte sich Kern sogleich um korrekte Beziehungen zu den neuen Machthabern. Sobald die Zusammensetzung der Führungsriege feststand, aber noch ehe sich die Kräfteverhältnisse geklärt hatten, drängte er den Bundesrat, die Regierung der nationalen Verteidigung anzuerkennen. Am 8. September 1870 willigte die Landesregierung zögernd ein; sicherheitshalber wies sie den Gesandten an, diesen Akt in Wort und Schrift zurückhaltend zu formulieren. Kern beeilte sich mit Erfolg. Nach den Vereinigten Staaten, die ihm noch zuvorgekommen waren, anerkannte die Schweiz als erstes Land die republikanische Regierung. Der Gesandte war zufrieden; er liess dies den neuen Aussenminister Jules Favre, mit dem er seit geraumer Zeit bekannt war, wohl in etwas wärmeren Worten wissen, als ihn der Bundesrat angewiesen hatte. Er drückte ihm die Sympathie des Schweizer Volkes für die neue Schwesterrepublik aus, und er beglückwünschte ihn zum langjährigen Kampf für Freiheit und Fortschritt. Endlich war die Eidgenossenschaft nicht mehr ringsum von Monarchien eingeschlossen.

Kern war auch in der Dritten Republik ein geachteter Diplomat. Voller Energie setzte er sich für die Linderung der Not während der Kriegswirren ein. Seine grosse Erfahrung wie auch seine Intelligenz kamen der Entwicklung der gegenseitigen Beziehungen sehr zustatten. Aber seine besten Jahre hatte er hinter sich. Allmählich liessen seine Kräfte nach. Ende der siebziger Jahre zeigte sich immer mehr, dass er seinen Platz einem Jüngeren räumen sollte. Doch Kern, der schon ins achte Jahrzehnt schritt, wollte dies nicht einsehen. Sein langjähriger loyaler erster Mitarbeiter, Charles Lardy, bemerkte im Frühjahr 1881: »Ich halte ihn nicht nur für ungenügend vorbereitet für die Verhandlungen, sondern auch unfähig, sie zu führen.«[132] Bei der Neuaushandlung des Handelsvertrages im Jahr 1882 kam es denn auch tatsächlich zu peinlichen Szenen. Bundesrat Numa Droz musste selbst nach Paris reisen und zeitweise in die Verhandlungen eingreifen, um den Abschluss des Abkommens zu sichern.

Im November konnte sich der hochverdiente Minister endlich dazu aufraffen, seine Demission einzureichen. Er verliess Paris, wo er 25 Jahre gewirkt hatte, im März 1883; dann kehrte er nach Zürich zurück. Seinen Lebensabend benutzte er, um seine »*Politischen Erinnerungen 1833 bis 1883*« zu schreiben. Es sollte keine Autobiografie werden, sondern Denkwürdiges, das es im Leben dieses Mannes so reichlich gab, festhalten. Doch leider war er nicht mehr im Vollbesitz seiner Kräfte. »Müde und verbraucht, überblickte er«, wie Schoop bemerkte, »den zu bewältigenden Stoff nicht mehr.«[133] Nach einem Leben rastloser Tätigkeit im Dienste der Öffentlichkeit waren viele Ereignisse aus seinem Gedächtnis entschwunden; sie fehlen in den Erinnerungen vollständig, namentlich auch seine Begegnungen mit dem Prinzen Louis Napoleon. Im Jahr 1888 verschied der verdiente Mann. Kern, nicht nur eine der zentralen Gestalten des Kantons Thurgau und des neuen Bundesstaates, sondern auch der erste berufsmässige Diplomat der Schweiz, geriet schon bald in Vergessenheit. Dass sein Platz in der Geschichte nicht völlig verblasste, ist lediglich der monumentalen Darstellung des Thurgauer Historikers Albert Schoop zu verdanken.

Savoyen oder die Verlockungen der Macht

Das grösste Problem, mit dem sich Kern in den Anfangsjahren seiner Pariser Mission zu beschäftigen hatte, betraf Savoyen. Mit geradezu atavistischem Instinkt stocherte die Eidgenossenschaft seit dem Wiener Kongress in der unbefriedigend geregelten Neutralisierung Nordsavoyens herum, wann immer eine internationale Krise ihr dazu Gelegenheit bot. Eine Minderheit glaubte jeweils, die Stunde sei gekommen, um helvetische Ansprüche anzumelden. Doch war es stets ein erbärmlicher Auftritt, nie mit der Autorität einer entschlossenen Regierungspolitik unternommen, immer nur von einigen Politikern propagiert, die auf den Rockschössen der Grossmächte gern eingeheimst hätten, was ihnen unentgeltlich oder zu einem geringen Preis zufallen sollte. Die Neutralisierung Nordsavoyens war in ihrer Zweideutigkeit – gab sie der Schweiz ein Besetzungsrecht, gar eine Besetzungspflicht oder keines von beiden? – von Anfang an ein brüchiges Konstrukt; dennoch erlagen gerade aussenpolitisch interessierte Schweizer immer wieder der Versuchung, die dürftigen Mitspracherechte als Einstieg zu einem Gebietsanspruch zu missbrauchen.

Auch der Schweizer Gesandte in Paris wurde in diese Frage verwickelt. Er war indes kein radikaler Heisssporn wie Bundesrat Jakob Stämpfli oder der Genfer Politiker James Fazy, die am liebsten mit dem Gewehr im Anschlag in Nordsavoyen einmarschiert wären. Verschiedentlich bremste er deren Übereifer. Er führte in erster Linie Weisungen des Bundesrates aus, beeinflusste diese allerdings auch massgeblich in seinem, auf den Erwerb der Landschaften Chablais und Faucigny gerichteten Sinn. Als Diplomat und Jurist entging ihm wohl nicht, auf welch abschüssiges Terrain er sich begab. Letztlich verstrickte er sich in einen ironischen Widerspruch. Kern, als einer der Mitbegründer des Bundesstaates von 1848, wusste genau, dass sich die moderne Schweiz im Widerstand zur Ordnung des Wiener Kongresses formiert hatte; eigenmächtig und allen Interventionsgeräuschen zum Trotz hatte sie im Revolutionsjahr 1848 den Bundesvertrag von 1815 aufgehoben, ihr Staatswesen weiterentwickelt und sich jeden Verweis auf die Kongressakte verbeten; bei ihren Ansprüchen auf Nordsavoyen erwartete indes dieselbe Schweiz von den Grossmächten ein Verhalten, das sie, bezogen auf sich selbst, strikte abgelehnt hatte, nämlich dass die Garanten den puren Status quo des Wiener Kongresses verteidigten.

Besonders akut wurde die Krise um Savoyen 1860. Napoleon III. verlangte von Italien Savoyen und Nizza als Entgelt für seine Unterstützung im Krieg gegen Österreich (1859). Er sollte beides erhalten. Zu den Gebieten, die Italien an Frankreich abtrat, gehörten auch die Landschaften

Chablais und Faucigny. Sie waren seinerzeit vom Wiener Kongress zum Schutz der Schweiz vor französischen Übergriffen mit einem Neutralitätsstatut belegt worden. Was war nun vorzukehren, wenn genau jenes Land sich der Pufferzone bemächtigte, das man mit diesem Servitut auf Distanz halten wollte? Etwas anderes verschärfte die Lage noch zusätzlich. Zahlreiche Savoyards konnten sich nicht für einen Wechsel zu Frankreich begeistern. Wie schon 1848, als einige revolutionäre Feuerköpfe ihre Heimat mit Gewalt in die französische Zweite Republik führen wollten, und wie später im Herbst 1870 nach dem Sturz des Second Empire, so forderten viele Savoyer auch jetzt die Schweiz auf, die Neutralitätszone militärisch zu besetzen. Die Bewohner des Chablais und des Faucigny reichten gar eine Petition mit 12 000 Unterschriften ein, worin sie um den Anschluss ihrer Distrikte an die Schweiz baten. Beides blieb folgenlos. Weder Napoleon noch die Eidgenossenschaft mochten diese Wünsche erfüllen. Der Kaiser wollte über sein ganzes Gebiet unumschränkt herrschen, und die Schweiz liess sich in Nordsavoyen lieber Rechte bestätigen, als Verpflichtungen einzugehen.

Während und nach dem italienischen Befreiungskampf hielt Napoleon die Schweiz über Monate mit Täuschungen hin. Als der Kaiser die Abtretung Savoyens mit Graf Cavour schon längst vereinbart hatte, beteuerte der Aussenminister dem Schweizer Gesandten noch, es gebe überhaupt keine Vorgänge, welche die schweizerische Neutralität beeinträchtigen könnten. Anfangs traute Kern den offiziellen Versicherungen und schickte beruhigende Berichte nach Bern. Aber allmählich fiel es ihm wie Schuppen von den Augen, dass er die ganze Zeit hinters Licht geführt worden war und Napoleon drauf und dran war, Savoyen Frankreich einzuverleiben. Nun riet er dem Bundesrat, dringend die Grossmächte zu kontaktieren, um mit diplomatischen Mitteln eine Annexion abzuwenden. Falls sich die Pläne des Kaisers indes nicht mehr verhindern liessen, sollte die Schweiz auf der Abtretung des Chablais und des Faucigny bestehen.

Am 31. Januar 1860 gewährte Napoleon dem Minister die nachgesuchte Privataudienz. In freundlicher Atmosphäre konnte Kern die Schweizer Ansichten zu Savoyen darlegen. Seine Regierung, sagte er, sähe es am liebsten, wenn in Savoyen der Status quo gewahrt würde. Sollte dies indes nicht möglich sein, weil Frankreich diese Landschaft annektiere, dann müsste die Schweiz »mit der grössten Entschiedenheit darauf dringen, dass ihr auf dem neutralisierten französischen Gebiete eine solche Grenze angewiesen werde, welche eine möglichst günstige militärische Verteidigungslinie bilde, wie solche nach dem Urteil aller unserer tüchtigsten Militärs unumgänglich nötig sei, wenn nicht die schweizerische Neutralität zu einer Illusion werden soll«. Sodann zeigte Kern dem Kaiser auf einer Landkarte, wie sich der Bundesrat eine solche Sicherheitsgrenze vorstellte: Sie umfasste das Chablais und das Faucigny sowie den savoyischen Teil des Genevois. Naopoleon III. war offenbar etwas überrascht, als er den Umfang der Schweizer Forderungen konkret vor sich sah. Er bemerkte zu Kern: »Aber die Schweiz würde ja in solcher Weise fast die Hälfte von Savoyen für sich in Anspruch nehmen.«[134] Nach diesem Einwand verzichtete der Schweizer Minister darauf, den Rest seiner Instruktionen vorzutragen. Er hätte nämlich auch noch Anspruch auf das Dappental und das Pays de Gex erheben müssen – alles Vorstellungen, die aus dem geostrategischen Arsenal von Pictet de Rochemont stammten. Stattdessen berichtete Kern nach Bern: »So sehr ich ... mit Ihnen die Wichtigkeit des Pays de Gex für die Schweiz anerkenne, so fand ich doch – um Ihren eigenen Ausdruck zu gebrauchen – ›den Moment hiezu nicht schicklich‹.«[135]

Napoleon verschloss sich Kerns Darstellung nicht, er gab aber auch keine Zusicherungen ab. Er hörte gut zu und kommentierte das Vernommene kaum. Wollte er auf die Forderungen eingehen oder nicht? Man wusste es nicht. Nach einigen Tagen teilte indes Aussenminister Edouard Thouvenel dem Schweizer Gesandten mündlich mit, Frankreich würde, sollte es Savoyen angliedern, das Chablais und das Faucigny an die Schweiz abtreten. Kern konnte die überwältigende Nachricht kaum glauben, deshalb erbat er sie schriftlich. Sein Misstrauen war gerechtfertigt; er sollte das Schriftstück nie erhalten. Entweder hatte Napoleon seine Meinung, kaum hatte er sie geäussert, wieder geändert, oder er hatte das ganze Manöver von Anfang an auf Täuschung angelegt. Denn in jenen Tagen musste er das argwöhnische Ausland, vor allem Grossbritannien, beschwichtigen. London hatte bereits kundgetan, ein Wechsel Savoyens zu Frankreich würde nicht im Interesse des europäischen Gleichgewichts liegen. Und England war just in jenen Tagen daran, einen wichtigen Handelsvertrag mit Frankreich zu ratifizieren. In dieser Situation wirkte eine freundliche Geste an die Adresse der Schweiz internationale beschwichtigend.

Sobald der Handelsvertrag am 10. März ratifiziert war, legte Napoleon jedoch jegliche Zurückhaltung ab. Er liess nun alle Welt wissen, dass er Anspruch auf Savoyen erhebe und von einer gesonderten Volksabstimmung in den beiden nördlichen Distrikten nichts halte. Eine erneute Vorsprache von Dufour und Kern vermochte den Kaiser nicht umzustimmen. In aller Freundlichkeit wies er die Schweizer Forderungen zurück. Die helvetische Diplomatie erlitt einen blamablen Gesichtsverlust. Mit alten Sicherheitsvorstellungen, die zu verteidigen die Eidgenossenschaft ohnehin nicht bereit war, hatte sie hoch gepokert und verloren. Das war nicht nur ein gefährliches, es war vor allem ein unkluges Verhalten. Kern und einige Bundesräte steigerten sich nun gewissermassen in eine Psychose hinein. Ihnen ging es nicht mehr um ein günstiges Sicherheitsdispositiv am Genfersee, ihnen ging es mehr um die gekränkte nationale und, im Fall von Kern, auch persönliche Ehre. Gerade der zuverlässige Gesandte, der sich in seiner Rechtschaffenheit lange an die offiziellen Verlautbarungen hielt und Annexionsgerüchten keinen Glauben schenken wollte, musste sich hintergangen vorkommen. Er warb nun mit blindem Eifer für eine internationale Konferenz und suchte die Grossmächte für die Sache der Schweiz zu gewinnen. Doch diese winkten frühzeitig ab, was Kern jedoch nicht wahrhaben wollte, so dass der britische Botschafter in Paris Ende März ans Foreign Office meldete: »He [Kern] is a very foolish man.«[136]

Noch viel weniger verständlich war die Haltung des Bundesrates. Bald liess sich die Landesregierung zu kriegerischen Tönen hinreissen, bald nahm sie, namentlich unter dem Druck der Bundesversammlung, die Tonlage zurück. Der Bundesrat war in jenen Jahren alles andere als eine geschlossen auftretende Behörde. Er war in sich gespalten. Die Gemässigten um Jonas Furrer wussten, dass sich die grosse Mehrheit des Schweizervolkes für die Savoyer-Frage nicht ereifern mochte. Sie waren auf ein behutsames Vorgehen und auf Ausgleich bedacht. Aber dem Anführer der Radikalen, Bundesrat Jakob Stämpfli, gelang es immer wieder, ein schwankendes Mitglied wie Friedrich Frey-Herosé auf seine Seite zu ziehen. Unter Stämpflis Führung wollte die radikale Partei sogar mit Waffengewalt in die savoyische Zone einrücken – wozu übrigens auch die Wiener Kongressakte die Schweiz in Friedenszeiten nicht ermächtigte. Mit Mobilmachungsbefehlen heizte der Vorsteher des Militärdepartementes die Stimmung an. Und einige Dutzend Genfer Hitzköpfe liessen sich gar zu einem bewaffneten, aber tölpelhaft verlaufenen Einfall nach Thonon hinreissen.

Doch die Radikalen vertraten in der Schweiz nur eine Minderheit. Altliberale Politiker wie Alfred Escher und entschiedene Demokraten wie Jakob Dubs drangen schliesslich mit ihrer Stimme der Vernunft durch. Sie hielten die Schweiz davon ab, im Taumel um die verletzte Ehre den politischen Instinkt zu verlieren. Napoleon III. aber führte in ganz Savoyen ein Plebiszit über den Anschluss durch. Dank massiver Propaganda stimmte auch im Chablais und im Faucigny – nur sechs Wochen nach der Petition um Aufnahme in die Eidgenossenschaft – die Mehrheit nach Napoleons Wunsch. Die französische Regierung anerkannte indes, dass auf dem savoyischen Grenzgebiet ein Neutralitätsstatut liege, das man nicht durch einen einseitigen Akt aufheben könne. Sie versprach, sich mit der Schweiz und den Garanten des Wiener Kongresses an einen Tisch zu setzen. Doch auch das waren, wie das meiste im chimärisch realen Nachbarschaftskonflikt, nichts als leere Worte.

Vorderhand gediehen die Illusionen, welche den unklaren Verhältnissen entsprangen, hüben und drüben weiter. Napoleon III., sich ganz in den Fussstapfen seines Onkels wähnend, träumte unvermindert davon, die politische Landkarte in Europa zugunsten Frankreichs umzukrempeln. 1863 erklärte er selbstherrlich vor dem französischen Parlament, die Verträge des Wiener Kongresses seien überholt und hätten keine Gültigkeit mehr. Er wollte eine internationale Konferenz einberufen, um die Ergebnisse von 1815 zu korrigieren und eine neue Friedensordnung auszuhandeln. Dazu lud er auch die Schweiz ein. Sie sollte mit den Grossstaaten gleichberechtigt an einem Tisch sitzen. Diesem verlockenden Angebot konnte Kern nicht widerstehen – und Bundespräsident Constant Fornerod, damals Vorsteher des EPD, noch viel weniger. In einem weitschweifigen Antrag an den Gesamtbundesrat pries er die Einladung so, als ob Helvetiens Traum wahr würde: »La Suisse est invitée à l'égal des plus grands Etats, elle est appelée à se faire représenter au même titre qu'eux et il lui est fourni inopinément une occasion de reprendre ses réclamations si elle le juge à propos.«[137] Auch ein wohlvertrautes Argument aus unseren Tagen fehlte nicht: Die Schweiz müsse in jenen Gremien Einsitz nehmen, wo die wichtigen Entscheide gefällt werden, ansonsten isoliere man sich.

Immerhin realisierte Fornerod bei allem Enthusiasmus, dass der französische Vorstoss auch gewisse Gefahren barg, namentlich dass die völkerrechtliche Anerkennung der Schweizer Neutralität, auf die man im italienischen Einigungskrieg so grossen Wert legte und um die sich der ganze Savoyerhandel letztlich entspann, gleichfalls zur Disposition gestellt würde. So beschloss der Bundesrat, die Einladung zum Kongress anzunehmen, aber nur unter gewissen Bedingungen, beispielsweise dass jeder Staat frei darüber entscheide, welche Beschlüsse er mittrage und welche nicht. Mit solchen Auflagen hätte die Schweiz das französische Projekt erheblich verwässert und den Sinn der Friedenskonferenz direkt in Frage gestellt. Während Napoleon III. die vom Wiener Kongress errichtete Ordnung ersetzen wollte, versuchte die Schweiz gerade dies zu verhindern. Der Bundesrat hielt von vornherein fest, dass die Verträge von 1815, was die Schweiz angehe, »all ihre Geltung und ihren Wert« behielten. Wozu dann noch eine Konferenz? Aus eidgenössischer Sicht vor allem aus einem Grund: »Die savoyische Frage ist«, wie der Bundesrat bemerkte, »noch hängig, [die Konferenz] bietet eine einzigartige Gelegenheit, sie dem europäischen Souverän in Erinnerung zu rufen.«[138] Dass man auch darüber verhandeln müsse, war eine weitere Bedingung des Bundesrates. Die

Schweiz konnte indes ihren eigenen Verhandlungsmut nicht auskosten. Grossbritannien, das selbstbewusste Empire, bereitete nämlich dem Konferenzspuk ein banales Ende. Es beantwortete Napoleons Einladung zum Friedenskongress mit der nüchternen Bemerkung, eine solche Veranstaltung sei überflüssig.

Neue Illusionen kamen sodann im Deutsch-Französischen Krieg auf. Damals wandten sich wiederum einige Notabeln der nordsavoyischen Distrikte an die Eidgenossenschaft. Sie erbaten 1870 eine militärische Besetzung der neutralisierten Zone, um deren Bewohner vor den Ungewissheiten zu schützen, die sich nach dem Fall des Second Empire und dem deutschen Sieg in Frankreich ausbreiteten. Jakob Dubs, unterdessen in den Bundesrat gewählt und vor dem Einzug von Emil Welti (1867) dessen starker Mann, hätte diesem Ruf nun, im Gegensatz zu 1860, liebend gern entsprochen. Bedenkenlos hätte er sich in Bismarcks Kriegsstrategie einspannen lassen, um Nordsavoyen der Schweiz einzuverleiben. Aber als solches ruchbar wurde, empörten sich viele Schweizer, und Frankreich protestierte energisch. Auch Kern gewann im Deutsch-Französischen Krieg einer Besetzung, mit welcher die Schweiz unausgesprochen Partei für Deutschland ergriffen hätte, nichts ab. Er riet davon ab. So reagierte denn die Schweiz auch dieses Mal gleich wie in früheren Fällen, das heisst, sie war innerlich zerstritten und liess ein Gesuch so lange unbeantwortet, bis sich die Frage nicht mehr stellte.

Die abwartende Haltung entzog freilich auch Dubs' überspannter Vision von der Schweiz als schiedsrichterlicher Grossmacht den Boden. Kein Bundesrat hat je so ungehemmt aussenpolitische Phantasien entworfen wie der kraftvolle Zürcher Politiker, dem sonst ein Sensorium für das real Mögliche durchaus nicht abging. Dubs wollte radikaler als jeder andere die passive Neutralität in eine aktive ummodeln. Die Schweiz sollte sich nicht nur von den Kriegen zwischen den Monarchien fernhalten, sie sollte ihr Abseitsstehen vielmehr ausnützen, um als Schiedsrichter zu walten. Doch diese Bestimmung konnte sie nur erfüllen, wenn sie sich das Gewicht einer Grossmacht zulegte. Die Annexion Nordsavoyens sollte den Anfang zu dieser moralisch begründeten Expansion bilden, anschliessend sollte sich die Schweiz über ganz Savoyen und Norditalien bis nach Venedig ausdehnen. Dubs träumte von einer Schweiz, die vom Rhein bis ans Mittelmeer reichte und über einen eigenen Hafen mit der republikanischen Schwesterrepublik in Nordamerika verbunden wäre. In seinem Kopf entstand eine Allianz von mächtigen neutralen Republiken, die ein Gegengewicht zu den kriegführenden Monarchien bildeten und diese mit moralischer Berechtigung ihrem Schiedsurteil unterwerfen konnten.[139]

Einige Jahre später war es wieder ein Bundesrat, der seinen Tagträumen erlag und vom Erwerb der »halbschweizerischen« Gegend fantasierte. Als um die Jahreswende von 1886/87 ein neuer Krieg zwischen dem Deutschen Reich und Frankreich auszubrechen drohte, erkundigte sich der Vorsteher des Militärdepartementes, Bernhard Hammer, beim deutschen Gesandten, ob die Schweiz, wenn sie an Deutschlands Seite kämpfte, ihr Gebiet um Genf herum erweitern könnte. Reichskanzler Bismarck antwortete ironisch, es sei ebenso neu wie erfreulich, dass die Schweiz Annexionsgelüste hege. Selbstverständlich könne die Schweiz »als eventueller Verbündeter Deutschlands ohne weiteres dessen volle Zustimmung zu jeder beliebigen Aneignung französischen Gebietes haben«.[140] Hammer, der wohl im Auftrag des Gesamtbundesrates handelte, bekam mit dieser erfreulichen Antwort erst recht Appetit. Er liess nun nachfragen, ob Deutschland die schweizerischen Gebietswünsche auch dann erfüllen würde, wenn Frankreich die Schweizer Neutralität respektierte und die Eidgenossenschaft somit nicht gegen Frankreich in den Krieg zöge. Auf diese Krämerfrage reagierte Bismarck mit vernichtender Herablassung. Er gönne, so liess er verlauten, der Schweiz selbstverständlich jede Vergrösserung nach Westen, aber eine bindende Erklärung dazu könne er nicht im voraus abgeben. Damit war der hochfliegende Vorstoss erledigt, und alles blieb beim Alten.

Die Versuchung der Macht lockte in Savoyen immer wieder. Sie umwehte die Schweizer Aussenpolitik während des ganzen 19. Jahrhunderts. Aber sie drang nie tief ins Herz der führenden Politiker, und die Bevölkerung war gegen Anwandlungen dieser Art ohnehin mehrheitlich gefeit. Hätte der Bundesrat seine Sicherheits- und Expansionswünsche problemlos realisieren können, so hätte er es gewiss gern getan. Dafür zu kämpfen, war er jedoch so wenig bereit, wie darauf zu verzichten. Zwischen Illusion und Wirklichkeitssinn, zwischen Rechtsanspruch und Pflichtgefühl hin- und hergerissen, schob er ein Fehlkonzept vor sich hin, dessen Geltungsanspruch zusehends verblasste. Seitdem Nordsavoyen an Frankreich übergegangen war, hatte der schon immer verschwommene Neutralisierungsanspruch seine Begründung vollends verwirkt. Wozu sollte die Schweiz mit einer militärischen Besetzung einen Riegel zwischen Frankreich und Österreich beziehungsweise Italien schieben, wenn dieser Riegel nun selbst zu Frankreich gehörte? Auch in militärischen Kreisen erkannte man die Fragwürdigkeit des eigenen Anspruchs immer mehr. Der Vorsteher des Militärdepartementes, Bundesrat Eduard Müller, meinte kurz vor der Jahrhundertwende in einem Memorandum zur Savoyerfrage, die viel gepriesenen Vorteile der Neutralisierung seien in Wirklichkeit militärisch von geringem Wert. Doch hat er daraus den logischen Schluss gezogen? Mitnichten. Statt sich aufzuraffen und die Altlasten zu bereinigen, empfahl er, unverzagt den entkräfteten Anspruch aufrechtzuerhalten, um die begehrten Gebiete, sollte sich dereinst eine günstige Gelegenheit bieten, der Schweiz einzuverleiben.[141]

Derart unentschlossenen schlängelte sich der Bundesrat bis zum Ersten Weltkrieg durch. Er selbst glaubte kaum noch an seine Argumente, zumal bei führenden Köpfen im Militärdepartement ein Umdenken stattgefunden hatte. Generalstabschef Theophil von Sprecher bestritt – im Gegensatz zu seinem Vorgänger – den Verteidigungswert einer militärischen Besetzung Nordsavoyens. In einem Bericht von 1913 widerlegte er die gesamte Strategie, die Pictet de Rochemont zur Verteidigung Genfs aufgebaut hatte.[142] Dennoch entschied der Bundesrat am Vorabend des Krieges nach längerer Erörterung, in der Neutralitätserklärung zuhanden der kriegführenden Staaten das militärische Besetzungsrecht für Nordsavoyen erneut zu bekräftigen. Aber als Frankreich mit der Mont-Cenis-Bahn Truppen nach Italien beförderte und die Bestimmungen von 1815 verletzte, war er nicht bereit, seinem Anspruch Beachtung zu verschaffen. Nach dem Krieg zog Frankreich daraus seine Konsequenzen und sägte den toten Ast kurzerhand ab. Es erklärte das Neutralitätsstatut für beendet. Und die Schweiz musste sich in der generellen Flurbereinigung nach dem Ersten Weltkrieg, als Präsident Wilson mit neuen Grundsätzen die Friedensordnung des Wiener Kongresses zu Grabe trug, den veränderten Umständen beugen. Aber sie liess sich ihre Zustimmung entgelten. Sie verzichtete in Artikel 435 des Versailler Friedensvertrages auf die Neutralität Nordsavoyens nur unter der Bedingung, dass sich Frankreich seinerseits verpflichte, die immerwährende Neutralität der Schweiz von allen Signatarstaaten im Friedensvertrag von Versailles anerkennen zu lassen. So geschah es denn auch. Indem die Schweiz vom Savoyer Geschäft abliess, stärkte sie ihr Hauptanliegen, die eigene Neutralität.

Allerdings waren damit noch nicht alle Probleme vom Tisch. Die Freizonen um Genf, die von grosser wirtschaftlicher Bedeutung waren, beschäftigten das Land noch lange. Nachdem sich das Volk in jenen Jahren das Staatsvertragsreferendum erkämpft hatte, unterlagen die Verhandlungsergebnisse über die Freihandelszonen im Pays de Gex und in Nordsavoyen dem Plebiszit. In einer denkwürdigen Abstimmung von 1923, dem ersten Staatsvertragsreferendum, desavouierten die Stimmbürger die Unterhändler. Die Abmachungen mit Frankreich wurden verworfen. Was nun folgten, waren endlose diplomatische Verhandlungen, mehrere Notenwechsel und langwierige Vergleichs- und Schiedsverhandlungen.

Mehrmals wurde der Ständige Internationale Gerichtshof im Haag angerufen. Jahrelang belastete dieses Geschäft die Beziehungen mit Frankreich. Erst 1932 fand der Gerichtshof einen tragfähigen Kompromiss. Dieser befriedigte zwar keine Seite voll, schuf aber immerhin Verhältnisse, die bis in die Gegenwart Bestand haben. Frankreich wurde verpflichtet, ab 1934 seinen Zollkordon wieder hinter die Freizone zu verlegen, aber es behielt das Recht, an der Schweizer Grenze Fiskalgebühren auf Importe aus der Schweiz zu erheben.

So endete nach mehr als einem Jahrhundert die hartnäckigste aussenpolitische Illusion der Schweiz, von Pictet vornehmlich aus Genfer Regionalinteressen aufs Tapet gebracht, von seinen sicherheitspolitischen Nachahmern wie eine Trumpfkarte aufbewahrt, bei allen grösseren Krisen aus der Westentasche gezogen und jedesmal übertrumpft und etwas abgegriffener wieder eingesteckt. Nein, Savoyen hatte die Eidgenossenschaft nie zu einem ernsthaften politischen Engagement bewogen, aber immer wieder zu machtpolitischen Begierden verleitet.

Kein Glück mit der grossen Politik

In der Savoyer Angelegenheit blieb Kern der Erfolg auf der ganzen Linie versagt. Weder konnte er die Angliederung der Provinz an Frankreich verhindern, noch erreichte er eine Bekräftigung des Neutralitätsstatuts für das Chablais und das Faucigny oder gar deren Abtretung an die Schweiz. Vielmehr bröckelten die eidgenössischen Anrechte ständig ab, verursacht durch fremdes, aber auch eigenes Tun. Die Schweiz war nämlich nicht bereit, in den entscheidenden Momenten ihre Rechte mit Macht durchzusetzen. Auch auf anderen Gebieten hatte Kern kein Glück. Wie jeder Diplomat, der etwas auf sich hält, hätte er gern bei den Hauptfragen der internationalen Politik ein Wort mitgesprochen, hätte er gern einen Krieg abgewendet und den Frieden vermittelt. Verschiedentlich wagte er sich in die »grosse Politik« vor – in jene Bereiche, wo es nicht mehr vorrangig um die eigenen Interessen geht, sondern um die von andern, wo man sich selbstlos im Einsatz für Drittstaaten vergibt und doch das eigene Prestige nie ganz vergisst.

Als Kern 1870 den Krieg zwischen Frankreich und Deutschland wegen der spanischen Thronfolge heraufziehen sah, suchte er in letzter Minute mit eigenen Demarchen das Unheil abzuwenden. Wohl konnte er die Verbitterung, in die sich die beiden Erzrivalen von Tag zu Tag steigerten, nicht übersehen; dennoch hoffte er, ein diplomatischer Vorstoss könnte den Ausbruch des Konflikts verhindern. Ohne Auftrag des Bundesrates, ganz in Privatmission, schlug er den Pfad der aktiven Neutralitätspolitik ein. Er fädelte einen Vermittlungsversuch ein. Dieser gedieh allerdings nicht weit, da ihn die Ereignisse überrollten.

Als Kern zu Ohren kam, Napoleon III. habe von Wilhelm I. eine Zusicherung verlangt, wonach das Haus Hohenzollern nie mehr einen Kandidaten für den spanischen Thron stellen werde, ahnte er, dass der deutsche König diese demütigende Forderung nicht erfüllen konnte. Sie hätte für Deutschland, nachdem Prinz Leopold seine Kandidatur ohnehin schon zurückgezogen hatte, einen Gesichtsverlust sondergleichen bedeutet. Eine Zurückweisung der französischen Forderung indes kam einer Erniedrigung des Empereurs gleich. Um sich aus der Falle der tödlichen Beleidigung zu ziehen, glaubte man im gereizten Klima von Berlin und Paris, sich nur in den Krieg stürzen zu können. Kern suchte nach einem diplomatischen Ausweg, nach einer Lösung, die alle halbwegs befriedigt und beiden Seiten erlaubt hätte, das Gesicht zu wahren. Er begab sich zu seinen Kollegen, dem britischen Botschafter und dem italienischen Gesandten, und schlug ihnen vor, die unerfüllbare französische Forderung durch eine Erklärung der Grossmächte zu ersetzen, die gewisse Garantien für die spanische Thronfolge enthielte. Um Frankreich aus der selbst geschaffenen Notlage zu helfen, sollte als erster Schritt eine unbeteiligte Macht, am besten England, von Preussen eine versöhnliche Erklärung verlangen. Auch der Quai d'Orsay, den Kern ins Vertrauen zog, begrüsste den Vorschlag; der deutsche und der spanische Botschafter, von Kern ebenfalls über die Absichten orientiert, liessen sich zu wohlwollenden Kommentaren, zu »friendly noises« herbei. Aber die Vermittlung erfolgte zu spät. Als Kern in Paris mit seinen Kollegen konferierte, traf aus Bad Ems bereits die Depesche ein, König Wilhelm habe sich geweigert, den französischen Botschafter zu empfangen. Und nun bestimmten die Gesetze der Kriegsmaschinerie den weiteren Gang. Der Bundesrat seinerseits dankte seinem Diplomaten für die unautorisierte Friedensvermittlung und die umfassende Berichterstattung. Kern selbst tröstete sich in seinen »Erinnerungen« mit den Worten: »Wenn einige Tage hätten gewonnen werden können, so würde es vielleicht gelungen sein, Europa das blutige Schauspiel zu ersparen, dem es beigewohnt hat.«[143]

Eine andere Aufgabe fiel Kern zu, als deutsche Truppen Ende September 1870 Paris umzingelt hatten, jeden Verkehr mit der Stadt unterbanden und später die Innenstadt wochenlang bombardierten. Der Schweizer Gesandte war im Laufe der Jahre zum dienstältesten Missionschef aufgerückt. Nachdem der päpstliche Nuntius mit zahlreichen anderen Diplomaten das belagerte Paris verlassen hatte, wurde er an Stelle des Doyens zum Sprecher des diplomatischen Corps. Kern war von seiner Ausbildung, aber auch von seiner Veranlagung her Jurist. Er liebte das Gesetzte, das Geordnete. Solche Eigenschaften können sich vorteilhaft mit den diplomatischen Erfordernissen ergänzen. Sie kommen sich jedoch immer dann in die Quere, wenn eine juristische Sicht nicht durch politische Souplesse abgefedert wird. Das Recht ist – oder zumindest sollte es sein – in der Innenpolitik eines Staates eine unumstössliche Instanz. Im zwischenstaatlichen Verkehr gelten indes andere Regeln. Gewiss sollte das Völkerrecht im Verhältnis der Staaten untereinander idealerweise eine ähnliche Wirkung entfalten wie das innerstaatliche Recht. Aber es wäre eine Verkennung der Realität, wenn man übersähe, dass in der Weltpolitik das Recht nur dort blühen kann, wo Machtfaktoren es gestatten. Ist dies nicht der Fall, dann hat in den internationalen Beziehungen die Macht das letzte Wort.

Zuerst verlangte Kern im Namen der ausländischen Vertretungen, dass die deutsche Besatzung das Recht auf ungehinderten diplomatischen Verkehr mit den jeweiligen Hauptstädten beachte. Bismarck indes wollte nur einen offen Kurierdienst zulassen, das heisst, die Deutschen hätten den gesamten Schriftverkehr kontrollieren können. Kern protestierte gegen diese schikanöse und völkerrechtswidrige Behandlung. Aber er erhielt, mit Ausnahme der republikanischen Vereinigten Staaten, wenig Flankenschutz von den betroffenen Regierungen – die eigene inbegriffen –, und so konnte er sich nicht durchsetzen. Die eigenen Kuriersendungen hätte er indes nie deutschen Fahndern gezeigt. Diese Schmach umging er, indem er zu anderen Mitteln, unter anderem zur Ballonpost, griff. Seine Berichte an den Bundesrat vertraute er in Paris dem Piloten eines Freiballons an, der die Besatzungszone überflog und hinter der deutschen Linie landete. Mit einigem Glück erreichte diese Art von Luftpost nach Tagen oder Wochen Bern.[144]

Als Sprecher des diplomatischen Corps protestierte Kern auch gegen die unangekündigte Beschiessung von Paris. Sie war seiner Ansicht nach eine flagrante Verletzung des Völkerrechts. Erstens waren Kriege gegen Staaten und nicht gegen die Zivilbevölkerung zu führen; mit der Bombardierung von Wohnquartieren verstiessen die Deutschen gegen dieses grundlegende Gebot; zweitens räumte die Besatzungsmacht den Ausländern keine Möglichkeit ein, Leib und Gut rechtzeitig in Sicherheit zu bringen. Kern untermauerte seinen Protest mit gewichtigen Belegen aus der völkerrechtlichen Literatur. Bismarck blieb davon unbeeindruckt und wies die Beschwerde zurück. Er habe, so replizierte der Bundes- beziehungsweise Reichskanzler, die ausländischen Missionen lange genug aufgefordert, die französische Hauptstadt zu verlassen; sodann sei Deutschland sehr wohl ermächtigt, Paris unter Feuer zu nehmen, nachdem sich die französischen Truppen in der Stadt verschanzt hätten und der deutsche Belagerungsring ständig wie aus einer Festung heraus beschossen werde. Selbst eine Autorität wie der Neuenburger – und somit Schweizer – Völkerrechtler Emer de Vattel erlaube im Extremfall, wenn eine Stadt nicht anders zu bezwingen sei, diese zu zerstören. Da die französische Regierung ihre Hauptstadt in eine Festung verwandelt habe, sei dieser Extremfall gegeben.

Wer hatte Recht? Wie häufig im Völkerrecht, ist die Frage nicht eindeutig zu beantworten. Das Urteil hängt davon ab, wie man die einzelnen Kriterien gewichtet. Und das ist letztlich ein politischer Akt. Kern beschäftigte in jenen Tagen auf der Gesandtschaft auch einen bayerischen Mitarbeiter, da die Schweiz während des Krieges die Interessen des Königreichs Bayern vertrat. Der Schweizer Gesandte hielt auf Wilhelm Cahn, der sich um die in Paris verbliebenen Bayern kümmerte, grosse Stücke. Dieser beurteilte die Rechtslage jedoch wesentlich anders als sein Vorgesetzter. Mitte Januar 1871 notierte er in seinem Tagebuch: »Lebt man in einer belagerten Festung, deren Verteidiger seit fast vier Monaten Tag und Nacht auf die belagernde Macht schiessen, so muss man gewärtig sein, dass Letztere eines schönen Tages Gleiches mit Gleichem vergelten wird. Die Diplomaten, die jetzt miterdulden müssen, haben sich ihre Lage selber geschaffen.«[145] Und nachdem Bismarck eine Replik Kerns wiederum gnadenlos zurückgewiesen hatte, bemerkte Cahn mit fatalistischer Zustimmung: »Bismarck hat das letzte Wort gehabt und Recht behalten.«[146]

Den peinlichsten Misserfolg erlitt Kern indes, als er auf Geheiss des Bundesrates versuchte, sich in die Friedensverhandlungen zwischen dem Deutschen Reich und Frankreich einzuschalten. Anfang Februar 1871 hatte die Landesregierung beschlossen, die Savoyerfrage ruhen zu lassen; stattdessen strebte man – auch hier geisterten noch Pictets Sicherheitsvorstellungen herum – eine Gebietserweiterung an der Nordwestgrenze zwischen Basel und dem Pruntruter Zipfel an. Wenn das Oberelsass von Frankreich an Deutschland übergehe, dann sollte die Schweiz aus strategischen Gründen ihr Gebiet etwa in der Grösse des Kantons Freiburg ausweiten können. Kern wurde eine höchst delikate Mission übertragen. Er sollte diesen Wunsch zuerst an die französische Regierung herantragen, damit Frankreich das Schweizer Ansinnen in den Verhandlungen mit den Deutschen sich zu Eigen mache, und dann musste er auch mit Bismarck über den Schweizer Anspruch sprechen. Ministerpräsident Adolphe Thiers und

Aussenminister Jules Favre begegneten Kern mit viel Verständnis. Aber was konnten sie noch ausrichten? Frankreich war vernichtend geschlagen, und Bismarck war nicht mehr gewillt, mit den Besiegten zu verhandeln. Er diktierte vielmehr die Friedensbedingungen. Thiers und Favre beklagten das rücksichtslose Vorgehen des Kanzlers und baten ihrerseits den Gesandten, bei Bismarck für Frankreich einzutreten. Kern versprach, sich dafür zu verwenden.

Am 23. Februar unternahm Kern die heikelste Vorsprache seines Lebens. Es war eine Doppeldemarche, von der jeder Teil für sich genommen schon mehr als problematisch war. Abends reiste er nach Versailles, wo ihn Bismarck, von einem Rheumaanfall heftig geplagt, um 21 Uhr auf einer Chaiselongue liegend empfing. Nach einem höflichen Anerbieten, angesichts des schmerzgeplagten Zustandes des Kanzlers auf die Vorsprache zu verzichten, was dieser jedoch grosszügig ablehnte, legte Kern instruktionsgemäss dar, weshalb die Schweiz aus militärischen, wirtschaftlichen und politischen Gründen eine Eingliederung des Elsasses ins Deutsche Reich nur gutheissen könne, wenn ihre Nordwestgrenze ausgedehnt werde. Hernach muss er auch ein gutes Wort für Frankreich eingelegt haben.

Bismarck meinte, als Kern sprach, nicht richtig zu hören. Nach den Aufzeichnungen von Thiers, den Kern nach der Audienz sofort informierte, soll er den Gesandten mit den Worten angeherrscht haben: »Was suchen Sie hier? In was mischen Sie sich? Das sind Fragen, die zwischen Frankreich und uns gelöst werden müssen, und ihr Neutrale habt euch nicht einzumischen. Wir haben Bedingungen gestellt, die unwiderruflich festgelegt sind, und wenn sie nicht angenommen werden, beginnt der Krieg von neuem.«[147] Dem Bundesrat sandte Kern eine etwas abweichende Version. Aus ihr geht nicht hervor, dass er sich auch für Frankreich verwandt hatte. Der französisch abgefasste Bericht enthält lediglich Bismarcks Antwort auf die Gebietsforderungen. Und diese ist nicht weniger kategorisch: »Ich sehe nicht, weshalb Ihre Neutralität gefährdeter sein soll, wenn wir statt Frankreich Ihre Nachbarn sind. Haben wir Ihrer Regierung irgendeinen Anlass gegeben, uns zu misstrauen? Ich möchte noch anfügen, dass man uns in unserem Kampf gegen Frankreich allein liess; wir legen Wert darauf, auch im Frieden allein zu sein und keine Einmischung von anderen Mächten zuzulassen.«[148]

Zerknirscht kam Kern aus der Unterredung heraus. Seine Mission war gescheitert, noch ehe sie richtig angelaufen war. Bismarck würde, das war nun klar, keine Konzessionen machen, weder an Frankreich noch an die Schweiz. Vor der Audienz hatte er noch dringendst zwei Experten für die Gebietsverhandlungen angefordert. Kaum hatte er jedoch die Tür in Versailles hinter sich geschlossen, so telegrafierte er sofort noch vor Ort dem Bundesrat, er solle die Experten zurückhalten, sie würden nicht mehr benötigt. Auch solle die Schweiz nicht, wie von Thiers angeregt, beim Zaren vorsprechen, damit sich dieser bei Kaiser Wilhelm für eine mildere Behandlung Frankreichs verwende. All dies sei nutzlos. Bismarck seinerseits reagierte nach der Audienz ebenfalls sogleich und liess seinen Unmut über Kerns Vorsprache noch auf einem anderen Kanal aus. Nachts um halb zwölf telegrafierte er dem deutschen Gesandten in Bern und beauftragte ihn, mit Bundespräsident Carl Schenk Kontakt aufzunehmen. Er solle ihn über Kerns Demarche informieren und ihn bitten, dem Gesandten in Paris weitere Schritte dieser Art zu untersagen.

Bismarcks »back channel« wirkte so, wie der Reichskanzler es sich erhofft hatte: Er säte Zwietracht. Schenk, der die Instruktionen für die kaum begründbaren, ja unwürdigen Gebietsforderungen als Chef des Politischen Departementes an erster Stelle zu verantworten hatte, ergriff die Chance, um sich von der gescheiterten Mission zu distanzieren und die Schuld auf Kern abzuwälzen. Eine Demarche, die von ihrem Auftrag her falsch war, stellte er behende so dar, als ob sie lediglich von ihrer Ausführung her missraten wäre. Kern hatte gewiss seine Möglichkeiten – und wohl auch seine Fähigkeiten – zur Vermittlung krass überschätzt. Mit Schweizer Gebietsansprüchen an Bismarck heranzutreten und sich gleichzeitig zum Fürsprecher Frankreichs aufzuschwingen war in der Tat ein schwerer Fehler. Aber wäre der Reichskanzler milder gestimmt gewesen, wenn Kern nur von neuen Grenzen gesprochen hätte? Man darf es bezweifeln. Weshalb sollte das siegreiche Deutsche Reich gewähren, was die Schweiz vom unterlegenen Frankreich nicht erlangte? Schenk massregelte die Galionsfigur der Schweizer Diplomatie so, als ob er einen kleinen Sekretär vor sich hätte. Er verbot dem Gesandten, mit Bismarck fortan ohne ausdrückliche Instruktionen über Fragen zu sprechen, welche die Schweizer Neutralität beschnitten: »Wir legen mit Ihnen, Herr Minister, Werth darauf, keine den Rechten der Neutralität zu nahe tretenden Doktrinen aufkommen zu lassen, und müssen Sie daher ersuchen, sich jeder ferneren Verhandlung mit Hrn. von Bismarck in dieser Sache zu enthalten, wofern Ihnen dafür nicht ein spezieller Auftrag ertheilt wird.«[149]

Die misslungene Mission hat in der eidgenössischen Diplomatie noch ein Nachbeben verursacht. Das Verhältnis zwischen Bundesrat Schenk und Kern verkrampfte sich. Der Bundespräsident schien eine Weile lang am Verhandlungsgeschick des Gesandten insgesamt zu zweifeln. So kritisierte er auch heftig die Art, wie Kern mit Bismarck über die Rückführung der in der Schweiz internierten französischen Ostarmee, der so genannten

Bourbaki-Armee, verhandelte. Er muss Kern in einem Brief, der nicht mehr vorhanden ist, vorgeworfen haben, die Kompetenzen überschritten und in den Verhandlungen zu wenig Standfestigkeit bewiesen zu haben. Jedenfalls fasste Kern die Rüge in diesem Sinn auf. Denn am 15. März 1871 verteidigte er sich in einem Schreiben, das Schenk in seinem Privatarchiv ablegte, folgendermassen:

»Ich glaube durch meine ganze Haltung während des letzten Konfliktes des Diplomatischen Korps bewiesen zu haben, dass ich Forderungen und Handlungen von Bismarck, welche ich als Verletzung der Rechte anderer Staaten ansehen kann, mit aller Entschiedenheit entgegenzutreten den Mut habe. Ich würde es auch in gegenwärtiger Frage getan haben, wenn ich mich hätte überzeugen können, dass dies durch die Ehre und die Interessen unseres Landes oder gar noch durch spezielle Instruktionen geboten sei... Es ist das erste Mal in meinem Leben während achtunddreissig Jahren kantonaler und eidgenössischer Funktionen..., dass mir auch nur von ferne, auch nur andeutungsweise der Vorwurf gemacht worden wäre, ich habe mir erteilte Instruktionen überschritten. Ich trage das ruhige Bewusstsein in mir, eine solche Beurteilung auch diesmal nicht verdient zu haben... Ich füge aber auch bei, dass ich nur höchst ungern und nicht ohne ein gewisses Widerstreben die beiden Missionen übernommen hatte, die mich mit Bismarck in Verhandlungen bringen mussten... Ich bin also nicht bloss einverstanden, wenn ich keine diesfälligen... Aufträge zu solchen Negotiationen mehr erhalte, sondern wünsche es sehr, und bitte Sie, dahin zu wirken, dass ich künftig damit verschont werde.«[150]

Der Erfolg hat immer viele Väter, der Misserfolg hat keine. Auch Kern distanzierte sich von seiner misslungenen Mission so rasch als möglich. Über seine Vermittlung zu Gunsten Frankreichs sprach er nicht mehr; in seinen »Erinnerungen« erwähnt er sie mit keinem Wort; er verdrängte sie aus seinem Gedächtnis. Die eidgenössischen Gebietsforderungen hingegen hatte er, wie er dem Bundesrat sogleich nach der Unterredung mit Bismarck schrieb, innerlich nie gebilligt. Er hatte sie vorgebracht, weil es ihm als Beamten so aufgetragen war. Schlüssig begründete er, weshalb er den Standpunkt des Bundesrates für falsch erachte: Erstens waren die Forderungen von vornherein aussichtslos; deshalb hätte man sie gar nie stellen sollen. Zweitens waren sie unklug. Hätte Deutschland entgegen allen Erwartungen eine Grenzberichtigung zugestanden, so hätte die Schweiz aus militärischer Sicht eine kleine Verbesserung erreicht, politisch hätte sie sich hingegen einen grossen Verlust eingehandelt. Denn früher oder später, sobald Frankreich seine Schwäche überwunden hätte, würde es der Schweiz eine Vergrösserung, die auf seine Kosten erfolgte, übel nehmen. Mit einer Grenzerweiterung im Nordwesten wäre der Schweiz ein zukünftiger Konfliktherd entstanden. Solche Folgen von Gebietsübertragungen hatten bescheidene, aber weise Politiker der eidgenössischen Tagsatzung schon während des Wiener Kongresses bedacht.[151]

Die helvetische Mischung: Neutralität und Humanität

Kein Erfolg war Kern im Savoyer-Handel beschieden, nichts erreichte er zehn Jahre später an der Nordwestgrenze, noch bewirkten seine Vermittlungsbemühungen im Deutsch-Französischen Krieg etwas Handfestes. In der »grossen« Politik reüssierte der erste Vorzeigediplomat des neuen Bundesstaates nicht. Aber erfolglos war er dennoch nicht. Seine Eignung entfaltete er in den täglichen bilateralen Obliegenheiten und vornehmlich im Humanitären. Er setzte sich nicht nur unermüdlich für seine Landsleute ein, er lebte zum ersten Mal vor, wie die Schweiz in einem Krieg ihre Neutralitätspolitik mit humanitären Diensten ergänzen kann. So wie der Bundesrat es in seiner Botschaft betreffend die Wahrung der Neutralität im Krieg von 1870/71 forderte, setzte sich Kern an vorderster Front dafür ein, dass die Schweiz, wie er sich selbst ausdrückte, »nicht bloss eine müssige und neugierige Zuschauerin dieses grossen Kampfes« blieb.[152] Mit seinem Engagement trug Kern namhaft dazu bei, dass die von der Landesregierung eingeschlagene Politik im Deutsch-Französischen Krieg nicht toter Buchstabe blieb. Grossaktionen wie die Abgabe von Liebespaketen für die eingeschlossenen Schweizer in Paris, die Evakuierung der Zivilbevölkerung aus dem belagerten Strassburg und insbesondere die Internierung der geschundenen Bourbaki-Armee verankerten den Gedanken einer humanitären Sendung tief im Selbstverständnis der Schweizer.

Im Jahr 1871 entstand, so kann man sagen, die spezifische Ausprägung der eidgenössischen Aussenpolitik: die Verbindung von Neutralität und humanitärem Wirken; erstmals vom Bundesrat als Ziel vorgegeben, wurde sie sogleich in aussenpolitisches Handeln umgesetzt. Das Schweizer Verhalten bekam, jenseits der Sicherung der eigenen Unabhängigkeit, einen höheren Sinn. Dieser bestand darin, sich nicht nur, wie bis anhin, aus Kriegen herauszuhalten, sondern die Folgen des Krieges bis zu einem gewissen Grad zu korrigieren. In Zeiten höchster politischer Spannung, im Krieg, betonte sie das Verbindende, das Unpolitische, das Humanitäre. »Thätige Theilnahme an den Leiden ihrer Nachbarvölker« solle die Schweiz zeigen, heisst es in der erwähnten Botschaft – dies im Bewusstsein, »dass über aller Racenverschiedenheit doch die gemeinsame Menschennatur steht«.[153]

Die Hinwendung zum Humanitären erfolgte im Krieg von 1870/71 nicht zufällig. Diese Politik war vielmehr Ausfluss einer Stimmung, die nach der Jahrhundertmitte viele Schichten der Bevölkerung erfasst hatte. Am nachhaltigsten schlug sie sich in der Rotkreuzbewegung nieder. Henry Dunants Erinnerungen an die Schlacht von Solferino, sein Bericht über das himmelschreiende Schicksal der verwundeten Soldaten rüttelte die Welt auf. Aber dabei blieb es nicht. Genfer Bürger wollten Aufgaben an die Hand nehmen, die eigentlich dem Staat oblagen. Angetrieben von Gustave Moynier, der Dunants Idee administrativ umsetzte, gründete eine Hand voll Beherzter unter der Leitung von General Dufour ein internationales Komitee, organisierte eine internationale Konferenz und rief auf dieser Tagung dazu auf, eine verbindliche Konvention auszuarbeiten, die dem Sanitätspersonal einen neutralen Status verleihe; ausserdem regten sie in den einzelnen Ländern die Gründung von nationalen Rotkreuzgesellschaften an, die in künftigen Kriegen den Opfern zu Hilfe eilen sollten. Damit die Konvention die erforderliche Rechtskraft erlangte, musste sie allerdings auf einer diplomatischen Konferenz mit bevollmächtigten Vertretern von Staaten angenommen werden. Napoleon III., Wilhelm I. und der Bundesrat unterstützten dieses Vorhaben. So konnte auf einer zweiten Konferenz, die sechzehn Staaten im August 1864 in Genf beschickten, die Erste Genfer Rotkreuzkonvention zur Verbesserung des Loses verwundeter Soldaten verabschiedet werden. Sie erleichterte die neue Ausrichtung der Schweizer Aussenpolitik. Die Konvention bot einen völkerrechtlich abgesicherten Flankenschutz, um sich auf ein Gebiet vorzuwagen, das bisher in der Tabuzone der inneren Angelegenheiten eines anderen Staates gelegen hatte.

Nach Kriegsausbruch kümmerte sich Kern sogleich um die Rotkreuzkonvention. Diese war im Oktober 1868 auf einer Konferenz in Genf erweitert worden. Aber Frankreich und Deutschland hatten die Zusätze noch nicht ratifiziert. Das Aussenministerium in Paris versprach, die ergänzenden Verpflichtungen als Modus Vivendi zu beachten. Eine gleiche Zusicherung gab der Norddeutsche Bund ab – was die beiden kriegführenden Staaten indes nicht daran hinderte, sich beim Bundesrat gegenseitig zu beschweren, die andere Seite würde die Vereinbarung nicht einhalten. Dann konzentrierte sich der Gesandte ganz auf die Betreuung seiner Landsleute. Obschon die meisten ausländischen Vertretungen aus dem belagerten Paris abzogen, bestand Kern darauf, so lange als möglich in der Stadt auszuharren. Er wollte die Schweizer Kolonie in der grössten Not nicht allein lassen. Das umzingelte Paris, von Mitte September 1870 bis Ende Januar 1871 von der Aussenwelt abgeschnitten, hungerte. Der Gesandte unterstützte mehr als 18 000 Landsleute, die durch den Krieg brotlos geworden waren. Mit Hilfe der Schweizer Wohltätigkeitsvereine organisierte er Verteilungsketten, die den Bedürftigen jene Hilfe gewährten, welche er in der Schweiz beim Bundesrat, bei Kantonsregierungen und bei Privaten erbat und reichlich erhielt. Auch gründete er ein Schweizer Spital, um das sich seine Frau, Aline Kern-Freyenmuth, besonders kümmerte; sie pflegte dort selbstlos Kriegsverwundete und Kranke.

Erst Mitte März 1871 verliess Kern Paris. Als nach dem verlorenen Krieg der Aufstand der Commune ausbrach, zog er im Gefolge der Regierung nach Versailles. Einige Mitarbeiter der Gesandtschaft jedoch, und allen voran Aline Kern, blieben in der vom Bürgerkrieg heimgesuchten Hauptstadt zurück und betreuten verwundete Franzosen und Schweizer gleichermassen. In aller Stille leistete Frau Kern Grosses, durchaus Ebenbürtiges zum konsularischen Schutz, den ihr Mann den Landsleuten zukommen liess. Nachdem Marschall Patrice Maurice de Mac-Mahon nach zwei Monaten den Aufstand blutig niedergekämpft hatte, kehrte Kern in die Gesandtschaft an der Rue Blanche 3 zurück. Die Stadt bot einen Anblick des Grauens. Ganze Viertel hatte die Commune während ihres Terrors absichtlich verwüstet. Mac-Mahon rächte sich, indem er rund 2000 Insurgenten standrechtlich erschiessen liess. Nun stand Kern jenen Landsleuten bei, die an der Seite der Communarden gekämpft hatten oder als deren Sympathisanten galten. Ihnen drohte der Abtransport auf die Galeeren. Der Diplomat scheute keine Mühe, die Gefährdeten ausfindig zu machen und sie selbst aus Sammellagern herauszuholen. Über 220 Schweizer spürte er in Saint-Cyr, Versailles und Brest auf; einige waren bereits auf die »Pontons de rade« geladen. Die Schweizer Kolonie in Paris sollte den unermüdlichen Einsatz des Ehepaares Kern in den kritischen Wochen und Monaten mit einem Gemälde eines Künstlers aus ihrem Kreis verdanken. Sinnigerweise überreichten sie dem Geehrten das von Albert Anker gemalte »Asyle Suisse« – ein Heim bei der Barrière du Tronc, dem die Kerns stets ihre Fürsorge geschenkt hatten.

Zu den zahlreichen Obliegenheiten für die Auslandsschweizer kamen noch andere, neuartige Aufgaben hinzu. Hand in Hand mit dem Engagement für die Erste Rotkreuzkonvention und dem humanitären Einsatz für die Kriegsopfer bot die Schweiz erstmals anderen Staaten ihre so genannten Guten Dienste an. Im »Fall Alabama« – ein Streit zwischen den USA und Grossbritannien wegen des Schadens, den dieses von den Briten an die Südstaaten gelieferte Schiff im Sezessionskrieg angerichtet hatte – wagte sie sich Ende der sechziger Jahre in die Schiedsgerichtsbarkeit vor. Mit der Übernahme eines badischen und eines bayerischen Mandates in Paris stieg sie in die Nischendiplomatie der fremden Interessen ein. Die Verantwortung für Tausende von Angehörigen der beiden süddeutschen Staaten wurde auf Kerns Schultern geladen.

Worum geht es bei der Übernahme fremder Interessen? Wenn zwei Staaten die diplomatischen Beziehungen abbrechen – sei es, weil sie sich gegenseitig den Krieg erklären, sei es, weil ihre Beziehungen in eine akute Krise geraten sind –, übertragen sie einem Drittstaat die unentbehrlichsten Aufgaben, beispielsweise die Betreuung der im verfeindeten Land verbliebenen Staatsangehörigen, die Aufbewahrung des Archivs, den Schutz der Gebäude sowie einen minimalen Kontakt zur Regierung. Dem Mandatar werden im Allgemeinen nicht weltbewegende Aktionen abverlangt, sondern bescheidene Dienstleistungen, die indes nicht selten etliches diplomatisches Geschick erfordern. Denn nach dem Abbruch der Beziehungen muss der Diplomat des Drittstaates oft in einem politisch arg vergifteten Klima handeln. Hass und Wut der Bevölkerung, um nicht von den Behörden zu sprechen, übertragen sich mitunter auf den Boten, der für den unerreichbaren Feind vor Ort agiert.

Kern meisterte die Tücken der Vertretung fremder Interessen auf Anhieb. Er schuf einen tadellosen Präzendenzfall für einen Nebenbereich der eidgenössischen Diplomatie. Rasch organisierte er die Gesandtschaft um, so dass sie in der Lage war, Hunderten von Süddeutschen, die panikartig Frankreich verlassen wollten, beizustehen. Die Gesandtschaftsarchive von Bayern und Baden liess Kern, um jegliches Aufsehen zu vermeiden, bei Nacht und Nebel in die Rue Blanche 3 bringen. Vor allem aber wehrte er sich gegen die Art, wie man im nationalistisch aufgepeitschten Fieberzustand mit den in Paris verbliebenen Deutschen umging. Als kollektive Sündenböcke entblösste man sie ihrer Rechte. Kern, der gestrenge Völkerrechtler, legte verschiedentlich scharfen Protest ein. Krieg werde, so begründete er seine Interventionen, zwischen Staaten geführt und nicht auf dem Buckel von Privatpersonen. Dabei versicherte er sich der Unterstützung des amerikanischen Gesandten, der die Interessen des Norddeutschen Bundes wahrnahm, und des russischen Geschäftsträgers, der das Königreich Württemberg vertrat. Sein entschlossenes Auftreten blieb nicht ohne Eindruck. Gewiss, die meisten Proteste gingen im Schlachtgetöse unter. Aber ab und zu erreichte er mit seinen Demarchen etwas. Und das ist mehr, als man im Krieg erwarten darf – ganz abgesehen davon, dass

Drittstaaten völkerrechtliche Grundsätze besonders dann anmahnen müssen, wenn man sie mit Füssen tritt.

Einer Bewährungsprobe wurde auch die Schweizer Neutralität unterzogen. Nach einem Probelauf im Kampf um die italienische Einigung musste die Eidgenossenschaft im Krieg von 1870/71 erstmals unter Beweis stellen, wie sie die verbrieften Rechte und Pflichten von 1815 in einer existenziell gefährlichen Lage handhabe. Die Gesandtschaft in Paris spielte dabei eine bedeutsame Rolle. Sie setzte, zusammen mit der Vertretung in Berlin, an der Aussenfront die Politik des Bundesrates in einem delikaten Bereich um und hinterliess damit ein Verhaltensmuster für zukünftige Konflikte. Drei Tage bevor Frankreich Preussen den Krieg erklärte, überbrachte Kern dem Aussenministerium die offizielle Neutralitätserklärung, tags darauf konnte er dem Bundesrat die französische Anerkennung vermelden. Es war nicht schwierig, die Zusicherung des Zweiten Kaiserreichs zu erhalten. Mehr Schwierigkeiten bereitete es der Schweiz, den selbst gewählten Weg im Innern konsequent zu beschreiten.

Kern war tief vom Wert der Neutralität als Grundlinie der Schweizer Aussenpolitik überzeugt. Er versuchte nie, sie nach irgendwelchen Sympathien zurechtzubiegen oder einem republikanischen Sendungsbewusstsein unterzuordnen. Schon als Vertreter des Standes Thurgau hatte er sich in der Tagsatzung von 1848 gegen den Waadtländer Staatsrat und nachmaligen Bundesrat Henri Druey gewandt. Dieser wollte in einer radikalen Aufbruchstimmung mit Sardinien-Piemont ein Schutz- und Trutzbündnis abschliessen. Wie viele Westschweizer wollte er nach dem Sonderbundskrieg den aufständischen Italienern mit einem Aufgebot von 20000 Mann zu Hilfe eilen. Neutral bleiben durfte seiner Meinung nach die Schweiz, die Vorhut der Freiheit, nur gegenüber Fürstenfamilien, nicht aber gegenüber Völkern, die nach Unabhängigkeit rangen. Die Solidarität unter Republikanern sollte Vorrang vor nüchterner Staatsräson haben. Kern bekämpfte mit der Mehrheit solchen Eifer. Bündnisse mit andern Mächten hätten die Schweiz stets ins Verderben gestürzt. Die wahre Neutralität bestehe darin, sich strikte von fremden Händeln fern zu halten.[154] An dieser Auffassung hielt er zeit seines Lebens fest. Und er verteidigte sie in Wort und Schrift.

Zusammen mit dem grossen Rechtsprofessor Johann Caspar Bluntschli erkannte Kern als einer der ersten die Gefahren, die im Nationalismus stecken und die damals auf den Höhepunkt zusteuerten. Er liess sich vom Schlagwort »Kulturnation«, das in Mode kam und sich häufig mit Rassenkonzepten deckte, nicht blenden. Zwar übersah er die offensichtlich grosse Bedeutung der Kultur und der Rassenideologien bei der Entstehung europäischer Nationen nicht; sie waren ein Faktum; aber er betonte, dass diese Kriterien nicht die einzigen und vor allem nicht die ausschliesslichen sein dürften. Über der Kultur und über den Rassen gebe es die Menschennatur, die allen Personen gemeinsam ist. Das Beispiel der Schweiz beweise, dass sich Bürger mit verschiedenen Sprachen und Kulturen nicht bekriegen müssten, sondern in Freiheit zusammmenleben und sich ergänzen könnten. Dieses Prinzip in der Brandung des Nationalismus hochzuhalten gehörte zur historischen Sendung der Schweiz. Sie sollte den Weg weisen, den Europa einschlagen wird, je weiter die Zivilisation voranschreitet.

Kern deutete etwas Wichtiges an: Völkische Gegebenheiten sind das eine, politischer Wille das andere. Zwar setzte damals die nationalstaatliche Idee zu einem eigentlichen Triumphzug an. Sie schien den Weltenlauf für sich gepachtet zu haben. Ganz Europa teilte sich in Nationen auf, die sich um ihre jeweilige Rasse, gemeinsame Sprache oder Kultur scharten. Die Idee, dass Nationen nicht unbedingt durch Rassen oder Kulturen begründet sein müssen, widersprach zutiefst der vorherrschenden Meinung. Doch Kern zweifelte nicht nur die geschichtliche Überlegenheit der Nationalstaatengebilde an, er verneinte sie schlicht. Ohne die Macht des Faktischen zu verniedlichen, entwarf er, die Eidgenossenschaft vor Augen, das Bild einer Nation, welche die kulturellen und rassischen Unterschiede im Willen zur Gemeinsamkeit aufhebt. Mit ihrem völkerversöhnenden Charakter stelle sie eine höhere Form des staatlichen Zusammenlebens dar. Dieser Art von Nation gehöre die Zukunft. Mit dem Fortschritt der Zivilisation würde zunehmend das Gemeinsame unter den Nationen statt das Trennende betont.

Als Gegenentwurf zum einheitlichen und deterministischen Nationalstaat skizzierte Kern in nüchternen Zügen die auf Vielfalt beruhende, aber von einem politischen Ideal zusammengehaltene Nation. Seine Passagen zur Neutralität und Sendung der Schweiz gehören zum Eindrücklichsten, was er in seinen »*Politischen Erinnerungen*« hinterlassen hat. Er schreibt dort:

»Die neutrale Schweiz hat aber noch eine geistige Mission. Es wäre töricht zu leugnen, dass für die Bildung der Staaten das Prinzip der Nationalitäten, das auf der Verschiedenheit der Rassen fusst, seine Bedeutung besitzt. Es gründet sich auf die Natur und zieht daraus seine Rechtfertigung. Aber es ist auf der andern Seite ebenso gewiss, dass die verschiedenen Völkerstämme nicht notwendigerweise in einem Zustand des Antagonismus leben müssen, sondern dass sie im Gegenteil durch die Vereinigung in der Freiheit sich untereinander ergänzen. Über den Unterschieden der Rassen steht die Gemeinsamkeit der Menschennatur. Diese Wahrheiten werden immer mehr anerkannt im Masse als die Zivilisation Fortschritte macht. Einstweilen ist es Pflicht der Schweiz, deren Wesen in der Vereinigung der Stämme und der Volkscharaktere liegt, über der Bewahrung ihres Prinzips zu wachen und es in würdiger Form inmitten des Völkerkriegs zur Geltung zu bringen. Überall, wo sie es vermag, muss sie sich bemühen, den Weg einer menschlicheren Auffassung auf dem Gebiete des Völkerrechts zu bahnen.«[155]

Bluntschli zog die Fluchtlinien dieser Vision wesentlich weiter aus. Wortgewaltig rückte er die Schweiz, die inmitten von alten und neuen Nationen als Sprach- und Kulturgrenzen überschreitender Staat verwaiste, ins Zentrum einer zukünftigen europäischen Staatengemeinschaft. Die Aufgabe Helvetiens sei es, »die Bruchstücke der drei grossen Nationen, welche berufen sind, das politische Leben von Westeuropa voraus zu bestimmen und die europäische Civilisation zu leiten, zu politischer Einheit friedlich zusammenzufassen.... Damit ist aber ein leuchtendes Vorbild gewonnen für die künftige Einigung und das friedliche Zusammenleben der grossen Nationen Europas.«[156] Eine Generation später wird Max Huber diese Ideen von Bluntschli und Kern aufgreifen und der »Kulturnation« den Begriff der »politischen Nation« entgegensetzen.

Damit die Schweiz freilich ihr Inseldasein überstehen und ihre politische Sendung in der Zukunft wahrnehmen konnte, bedurfte sie der Neutralität. Diese Staatsmaxime nahm plötzlich einen andern Charakter an. Sie war nicht mehr nur Frucht aussenpolitischer Klugheit, sondern innenpolitische Notwendigkeit, um den Zusammenhalt der Eidgenossenschaft gegen die zentrifugalen Kräfte der nationalistischen Verlockungen von aussen zu sichern. Die Schweiz drohte wieder, wie in den Religionskriegen, in den Sog der grossen europäischen Auseinandersetzungen zu geraten und innerlich zu zerreissen. Der Bundesrat erkannte diese Gefahr deutlich. In der Botschaft zur Wahrung der Neutralität erklärte er, der Deutsch-Französische Krieg nehme, »nachdem er den dynastischen Charakter verloren, den Charakter eines Racenkampfes an, und zwar unter denjenigen zwei Racen, aus welchen die Schweiz zusammengesetzt ist«. Gerade deshalb »wird jede offenkundige Einmischung in einen Krieg Dritter ihr [der Schweiz] im eigenen Innern die tiefsten Wunden reissen und ihre Kraft lähmen.... Die Neutralitätspolitik der Schweiz ist darum im Grunde kein ihr von aussen auferlegtes Gesetz, sondern in viel höherem Grad das Resultat ihrer innern Komposition.«[157]

Im gleichen Sinn äusserte sich Kern. Die Neutralität gehört seiner Meinung nach unabdingbar zur Schweiz. Sie ist nicht nur ein bewährtes aussenpolitisches Mittel, um sich im Machtkampf der europäischen Staaten zu behaupten. Sie ist auch für die innere Existenz der Schweiz lebensnotwendig. Nur der Verzicht auf aussenpolitische Parteinahme ermöglicht den Zusammenhalt zwischen den verschiedenen Landesteilen. Und sie ist, darüber hinaus, für den völkerrechtlichen Fortschritt der Staatengemeinschaft erforderlich. Sie liegt im Interesse Europas und der gesamten Zivilisation. Die Schweiz mit ihrer Neutralität beweist, dass man das nationalstaatliche Prinzip überwinden kann. Der Nationalstaat stellt nicht die höchste Stufe in der Geschichte der Menschheit dar; diese Ehre gebührt jenen Formen der staatlichen Existenz, die die Abgrenzungen zwischen den Völkern überbrücken und das Gemeinsame der Menschennatur betonen. Um Kern selbst nochmals das Wort zu erteilen:

»In diesem Krieg [von 1870/71] war die Neutralität der Schweiz noch mit ganz besonderen Schwierigkeiten verbunden. Unsere nächsten Nachbarn befanden sich miteinander im Krieg; nachdem der Kampf seinen dynastischen Charakter verloren hatte, nahm er den eines Rassenkrieges zwischen zwei Völkern an, die gerade die zwei Hauptrassen vertreten, aus denen die Schweiz besteht; überdies nahm er den Anschein eines Krieges der Republik gegen die Monarchie und sogar da und dort einen konfessionellen Charakter an. Es kann nicht überraschen, dass unter solchen Umständen viele Leute in der Schweiz gefunden haben, es handle sich um ihre eigene Sache, und dass die Sympathien sich mit grosser Lebhaftigkeit je nach dem Standort, den man einnahm, kundgaben und die Siegesbotschaften der einen Partei manchmal nur geringes Echo fanden. Die Schweiz sah sich dadurch bitteren Vorwürfen ausgesetzt, von der einen wie von der andern Seite. Süddeutschland konnte nicht verstehen, warum die deutschsprachige Schweiz nicht mit gleicher Freude wie es selbst die Niederlage Frankreichs aufnahm, und Garibaldi seinerseits äusserte sich in harten Worten darüber, dass die Schweiz der französischen Republik keine Hilfe brachte. Wir wissen diese Gefühle zu achten, aber man muss auch gegen die Schweiz gerecht sein.

Die Schweiz hatte grausame Erfahrungen hinter sich, bis sie gelernt hatte, sich nicht mehr in die Streitigkeiten des Auslandes einzumischen. Sie hat selbst die Politik der Neutralität gewählt, lang bevor Europa es für zweckmässig hielt, diese Politik zu sanktionieren. Weil die Schweiz in verschiedene Sprachstämme, Religionen und Interessen geteilt ist, kann sie nicht aktiv in die Kriege zwischen andern Staaten eingreifen, ohne Zerrissenheit in ihrem eigenen Schoss zu riskieren und ohne ihre

Kräfte zu lähmen. Dagegen ist sie stark im Verteidigungskriege, weil alle ihre Elemente, welche sie bilden, sich gegen den äusseren Feind wenden. Die Neutralität der Schweiz ist nicht ein Gesetz, das uns durch das Ausland auferlegt wurde, sie ist vielmehr die Konsequenz ihrer Zusammensetzung und ihrer inneren Organisation.

Darum hat die Schweiz in diesem Kriege den Sondercharakter ihrer Neutralität gewahrt. Indem sie neutral blieb, war sie aber nicht ein untätiger Zuschauer im Ringen der beiden Völker. Durch ihre diplomatische Intervention für die Annahme eines Zusatzartikels der Genfer Konvention, durch die Absendung einer grossen Zahl von Ärzten auf die Schlachtfelder, durch die Obhut, in die sie die Verwundeten der beiden Kriegführenden nahm, und durch die Hilfe und den Schutz, die sie gleichzeitig den aus Frankreich ausgewiesenen Deutschen und der Bevölkerung von Strassburg brachte, hat sie gezeigt, dass sie die Pflichten eines neutralen Staates nicht nur mit Loyalität, sondern mit Menschlichkeit zu erfüllen wusste.«[158]

Hernach mündet Kerns Bekenntnis zur Neutralität in den Passus über die Sendung der Schweiz, der weiter oben zitiert ist. Als gegen Ende des Zweiten Weltkriegs die Schweizer Neutralität erneut stark angefochten wurde, druckte die Neue Zürcher Zeitung dieses politische Vermächtnis aus den »*Politischen Erinnerungen*« ab. Der Gehalt der Äusserungen wirkte, 60 Jahre nach der Niederschrift, taufrisch.

Numa Droz
Der erste Bundesrat mit Lust auf Aussenpolitik
1844–1899

Aussenpolitik war im jungen Bundesstaat keine begehrte Angelegenheit. Im Gegenteil. Man mied sie, wo man nur konnte. Republikanische Gesinnung vertrug sich schlecht mit Diplomatie, diesem verdächtigen Überbleibsel monarchischer Kabinettspolitik. Repräsentation und Protokoll, zwei wichtige Elemente der Diplomatie, waren gar den meisten Eidgenossen zuwider. Im Grunde genommen war man in der Schweiz überzeugt, man brauche keine Aussenpolitik. Dementsprechend richtete man auch die Regierungsangelegenheiten ein. Man sah im neuen Bundesstaat kein Ministerium für auswärtige Angelegenheiten vor.

Das erste Bundesgesetz von 1849 über die Organisation und den Geschäftsgang des Bundesrates begnügte sich mit einem »Eidgenössischen Politischen Departement« – dem EPD, das ursprünglich nicht nur für den Verkehr mit den auswärtigen Staaten, sondern auch für öffentliche Ruhe und Ordnung im Innern zuständig war. Es war in der Tat ein Departement, das auf die Vorrechte eines Präsidenten zugeschnitten war. Denn die Beziehungen mit dem Ausland zu pflegen und über die Ordnung im Innern zu wachen obliegt üblicherweise dem Staatsoberhaupt. Allerdings schwebte den eidgenössischen Gesetzgebern kaum die Würde des Präsidialamtes vor Augen, als sie die Pflichtenhefte der einzelnen Departemente zusammenstellten. In vielem, nicht nur in der Bezeichnung »Departement«, glich das EPD dem amerikanischen »State Department«. Die Schweiz fühlte sich ja dieser Republik – der Schwesterrepublik, wie man damals gern sagte – verwandter als den monarchischen Nachbarstaaten. Auch das amerikanische »State Department« befasste sich in den Anfangsjahren mit allen politischen Staatsangelegenheiten, den äusseren wie den inneren. Und in beiden Republiken schuf man aus demselben Grund nur ein einziges Dikasterium: man wollte sparen und dachte, ein Ministerium genüge schon, um alles Politische zu bewältigen.

Der Bundesrat trug dieser Auffassung Rechnung. Er betraute stets den Bundespräsidenten mit der Leitung des EPD. Da dieser in der Schweiz bekanntlich jedes Jahr wechselt, erhielt auch das Politische Departement alljährlich einen anderen Vorsteher. Dieses Rotationssystem löste erhebliche Unruhe aus, musste doch im Departement, dem der jeweilige Bundespräsident entstammte, auch ein Verweser einspringen. Dazu war der Jüngste im Kollegium verurteilt. Er hüpfte üblicherweise von einem Departement zum andern, bis ihm diese undankbare Aufgabe von einem andern Neuling abgenommen wurde. Der Thurgauer Adolf Deucher musste in fünf Departementes aushelfen, ehe ihm ein eigenes Ressort anvertraut wurde. Der Bundespräsident also übergab jeweils sein angestammtes Departement einem Kollegen und gönnte sich im EPD ein ruhiges Jahr. Er bekam, wie man heute sagen würde, ein »Sabbatical«. Denn mit dem Ausland gab es tatsächlich nur wenige Geschäfte zu erledigen. Und die grossen Staatsangelegenheiten wie die Neuenburger Affäre oder das Savoyer Geschäft beriet man im gesamten Ratskollegium. Das Departement selbst gab auch nicht viel zu managen. Lange Zeit bestand es, sieht man von den Gesandten auf den Aussenposten ab, aus dem Departementsvorsteher allein, manchmal kam noch ein Sekretär dazu. Fiel einmal mehr Arbeit an, dann konnte der Bundespräsident auf die Dienste der Bundeskanzlei zurückgreifen.

Die bewusste Beschränkung auf die Aufgaben im eigenen Bundesstaat, der Verzicht auf eine Aussenpolitik und der Widerstand gegen den Aufbau einer eigenen Diplomatie war in der Schweizer Bevölkerung tief verankert. Der Aargauer Bundesrat Friedrich Frey-Herosé brachte die vorherrschende Meinung unmissverständlich zum Ausdruck, als er in einem Antrag über die Reorganisation des diplomatischen und konsularischen Netzes 1854 erklärte: »Die Kraft der Republik liegt in ihrem Innern und nicht in äusserem Schein, und sie sucht ihre Würde nicht in Ostentationen bei Fremden, sondern darin, dass sie ihre Selbständigkeit gegen das Ausland zu behaupten versteht und ihre Verwaltung redlich und gut zum Wohl des Landes einzurichten strebt.«[159]

Ein Jahrzehnt später forderte der konservative Nationalrat und ehemalige eidgenössische Staatsschreiber August von Gonzenbach in einer aussenpolitischen Debatte, die Schweiz solle sich an die Spitze des Fortschritts stellen, sie solle der Welt, so wie sie es mit ihrem militärischen Milizsystem und ihrem kompromisslosen Einsatz für den Freihandel tat, als Vorbild dienen; sie solle nun mutig mit der Diplomatie ganz aufräumen, denn diese hätte sich im Zeitalter der Telegrafie – ein Argument, das fortan mit jedem technischen Schub verstärkt auftauchen wird – vollends erübrigt.[160] Wieder ein Jahrzehnt später hätte ihm der Glarner Politiker Joachim Heer, der sich selbst kurz in die Diplomatie vorgewagt oder, wohl zutreffender, verirrt hatte, kaum widersprochen. Nachdem sich der Standesherr 1867 hatte überreden lassen, die neue Schweizer Gesandtschaft in Berlin einzurichten, absolvierte er ein kurzes Gastspiel an der Spree. Doch nach wenigen Monaten schon packte ihn bei aller Deutschfreundlichkeit das Heimweh, und er kehrte der Weltstadt den Rücken, um in sein geliebtes Glarnerland heimzukehren. Als 1876 der Posten im Deutschen Reich neu zu besetzen war, vertraute er, unterdessen Bundesrat geworden, seinem Tagebuch an, es sei jammerschade, wenn ein tüchtiger junger Mann, der für seinen Kanton Grosses wirken könnte, in die Scheinwelt eines »petit-diplomate« hinausgeschickt werde.[161]

So sah, zumindest in der Deutschschweiz, die landläufige Einstellung zur Aussenpolitik aus, als Ende 1875 vier Bundesräte zu ersetzen waren. Freilich, unter der Oberfläche hatte sich schon Verschiedenes verändert. Der Deutsch-Französische Krieg hatte auch jene Schweizer wachgerüttelt, die sich im Windschatten der internationalen Ereignisse wähnten. Die böige Zugluft, die über die Grenze blies, verursachte nicht nur Besorgnis um Unabhängigkeit und Neutralität, sie löste auch eine erstaunliche humanitäre Anteilnahme aus. Die Schweizer richteten den Blick über die Grenze, sie halfen den Kriegsopfern, und das humanitäre Engagement wurde zu einem wichtigen Bestandteil ihres aussenpolitischen Selbstverständnisses. Wenn bisher eine isolationistische Weltsicht vorgeherrscht hatte, dann hatte sie spätestens im dramatischen Ringen zwischen Deutschen und Franzosen grosse Risse bekommen. Auch im Bundesrat hatte sich einiges geändert. Mit der Wahl von Jakob Dubs (1861) und Carl Schenk (1863), vor allem aber mit dem überragenden Emil Welti (1866), zogen Persönlichkeiten in die Landesregierung, welche die Bedeutung der Aussenpolitik klar erkannten. Das Revirement von 1875 verstärkte noch diesen Schlag von Politikern. Neben dem Thurgauer Anderwert, der nicht durch aussenpolitische Neugier auffiel, und dem eben erwähnten Heer, der in der lebenswichtigen Gotthardbahn-Frage Fingerspitzengefühl für internationale Zusammenhänge bewies, nahmen auch Bernhard Hammer, der Schweizer Gesandte in Berlin, und der Neuenburger Numa Droz Einsitz in die Landesregierung. Insbesondere Droz sollte der Aussenpolitik ein anderes Gepräge verleihen.

Ein politisches Naturtalent

Numa Droz durchlief eine bilderbuchhafte Tellerwäscherkarriere. Sein Weg führte steil von bitterer Armut in der Kindheit hinauf zu höchsten Staatswürden. Es lohnt sich, den Blick kurz über diesen Lebenslauf schweifen zu lassen. Droz wurde 1844 als Zweites von fünf Kindern in La-Chaux-de-Fonds geboren. Sein Vater starb an Tuberkulose, als Numa sechsjährig war. Die Mutter verheiratete sich nach einem Jahr wieder; doch der zweite

Ehemann verschied gleichfalls schon nach wenigen Monaten. Nun versuchte Frau Droz, die Familie allein durchzubringen. Doch es gelang ihr nicht. Sie war häufig auf Unterstützung angewiesen, und Numa, der Primarschüler, musste mit Nebenjobs zum Lebensunterhalt beitragen. In der historischen Erzählung »*Histoire d'un proscrit de 1793*« berichtet der Zwanzigjährige, wie er als Dreikäsehoch frühmorgens, ehe er zur Schule ging, in seinem Quartier bei Wind und Wetter die Milch austeilte, damit seine Familie die Milch unentgeltlich erhielt.[162]

Ihm schien ein Leben als Arbeiter vorgezeichnet zu sein. Mit 13 Jahren verliess er die Primarschule und begann eine Lehre als Graveur in einem Uhrenbetrieb seiner Vaterstadt. Diese Erfahrung in der Industrie sollte zeitlebens sein Interesse an einem verstärkten gesetzlichen Schutz der Arbeiter wachhalten. Den geistig umtriebigen Droz drängte es indes bald zur Werkstatt hinaus. Er träumte davon, Missionar zu werden. So hospitierte er im protestantischen Pensionat von Grandchamps bei Boudry als Aufseher. In diesem Ambiente fühlte er sich wohl. Mit eisernem Fleiss lernte er die alten und neuen Sprachen, auch fand er Gefallen an sprühenden Debatten. Umso grösser war die Enttäuschung, als das »Comité des Missions« ihn nicht als Student aufnehmen wollte. Droz musste wieder als Graveur an die Werkbank zurückkehren. Doch in diesem Beruf wollte er nicht bleiben. Er nützte nun jede freie Minute, um sich auf das Lehrerpatent vorzubereiten. Nachdem er das Examen 1862 mit »summa cum laude« bestanden hatte, unterrichtete er eine Weile in Chaumont, um bei erstbester Gelegenheit nach Neuenburg zu ziehen. In der Kantonshauptstadt schloss er sich sofort den politischen und intellektuellen Zirkeln an. Er wurde nicht nur Mitbegründer des Historischen Vereins, er ging vor allem bei den Radikalen im »Cercle national« ein und aus. Dort übersah man sein politisches Talent nicht. Man unterbreitete ihm schmeichelhafte Offerten, die der junge Aufsteiger gern annahm. Nach zwei Jahren hängte er den Lehrerberuf an den Nagel.

Droz war ein hervorragender Redner, konnte gut schreiben und verfügte über eine vife Intelligenz. Er beherrschte die Kommunikation in der ganzen Bandbreite ihrer Ausdrucksmöglichkeiten, scheute die Polemik so wenig wie das Verfassen von gefühlsbetonten Gedichten. Er liebte den politischen Kampf um Ideen. Mit diesen Voraussetzungen übernahm er 1864 nur zu gern die Redaktion des radikalen Blattes »*National suisse*«. Als scharfzüngiger Meinungsmacher war er dort in seinem Element. Er verspottete das rechte Lager, und dieses vergalt es ihm mit gleicher Münze. In Windeseile drängte er von dieser Plattform ins Zentrum der Politik: Mit 25 Jahren – sobald es die Neuenburger Verfassung erlaubte – wurde er

Grossrat, zwei Jahre später, im Jahr 1871, Regierungsrat, ein Jahr darauf Ständerat, und im Dezember 1875 gelang ihm dank einer Kette von glücklichen Umständen – zwei Gewählte lehnten die Wahl ab – der grosse Sprung in den Bundesrat. Mit 31 Jahren war er der jüngste Politiker, der je in dieses Kollegium gewählt wurde.

Mit seinen starken Überzeugungen schuf sich Droz nicht nur Freunde. Er war stets heftig umstritten; um ihn herum bildeten sich immer Fronten, einmal auf der Rechten, einmal auf der Linken, ganz besonders in seinem Heimatkanton. Zu Beginn seiner politischen Karriere missfiel sein laizistischer Eifer den Liberalen. Dass der ehemalige Missionsschüler als Regierungsrat alles unternommen hatte, um den Einfluss der Kirche auf das Erziehungswesen zurückzudrängen, dass er den Lehrern in den öffentlichen Schulen verbot, Religionsunterricht zu erteilen, das verziehen sie ihm nicht; auch nicht die so genannte »*Loi Numa Droz*«, das Kirchengesetz von 1873, das mit seinem Staatsdirigismus zu einem 70 Jahre dauernden Schisma innerhalb der Neuenburger Kirche führte. Übte hier ein innerlich verletzter Mensch Vergeltung an einer Kirche, die ihn in einer kritischen Lebensphase abgewiesen hatte? So kam es vielen Neuenburgern vor. Und Jean-François Aubert, der angesehene Staatsrechtler und ehemalige Ständerat, erkennt hierin ebenfalls die Triebfeder für die Bilderstürmerei des jungen Scharfmachers aus den jurassischen Höhen.[163]

Die Bundesratswahl löste denn auch in Neuenburg nicht nur eitel Freude aus. Etliche Kreise gaben sich eher betroffen. Selbst der »*National suisse*« gratulierte seinem ehemaligen Redaktor nur verhalten. Die »*Union libérale*« dagegen meinte unverblümt: »Wir spüren eine gewisse Verlegenheit, um dieses Ereignis zu würdigen. Gewiss sind wir stolz, dass dem Kanton Neuenburg zum zweiten Mal [nach Eugène Borel, Bundesrat von 1873–1875] die Ehre erwiesen wurde. Aber wir können nicht verhehlen, dass sich mit dem Eintritt von Numa Droz in den Bundesrat das radikale und zentralistische Element verstärkt hat.... [Er] sollte sich im Übrigen daran erinnern, dass er der einzige Vertreter der welschen Bevölkerung ist und dass diese mit ihrem massvollen Wesen instinktmässig liberal sowie allen gewalttätigen und autoritären Massnahmen abhold ist.«[164]

Im Bundesrat übernahm Droz vorerst das Departement des Innern. Nach drei Jahren wechselte er an die Spitze des neu geschaffenen Departements für Handel und Landwirtschaft. Droz war ein geistig reger Mensch, empfänglich für neue Ideen, bereit auch, seine Ansichten zu ändern. Und er hat sie im Laufe seines Lebens stark geändert. Wie viele Politiker glitt er allmählich von der linken auf die rechte Seite des politischen Spektrums. Jedenfalls hätte man im erzliberalen alt Bundesrat nicht mehr den radikalen Draufgänger erkannt, der einst Neuenburg in Furore versetzt hatte. In seiner »*Histoire politique de la Suisse au XIXe siècle*«, kurz vor seinem Tod geschrieben, bekämpfte er heftig die Staatsinterventionen oder, wie er es nannte, den Staatssozialismus. Er meinte, Gefahr drohe dem Staat nicht vom politischen Sozialismus, der allmählich von seinen Utopien abrücke und kompromissbereit an die Schalthebel der Macht dränge, sondern von den Staatsinterventionen, die alle Wirtschaftsbereiche überwucherten: »Nun, in allen Ländern, wo sich der Staat als Produzent betätigt, laufen die Erfahrungen auf einen Punkt hinaus: die Gestehungs- und die Betriebskosten sind unter gleichen Bedingungen höher als bei den privaten Produzenten.« Seines Erachtens nehmen die Kosten deshalb unweigerlich zu, weil der Staat »immer von politischen Überlegungen beherrscht ist – und das ist das pure Gegenteil von jenen Prinzipien, die einer industriellen Verwaltung zugrunde liegen.« Pathetisch schloss er seinen Rückblick auf das 19. Jahrhundert mit der Bemerkung: »Die von Steuern bedrängten Völker bitten um Gnade; man sollte ihr Schicksal erleichtern, und zwar nicht nur mit dem Abbau des Militarismus, ... sondern auch des Protektionsmus, des Suvbentionismus, mit einem Wort: des Staatssozialismus, unter welcher Form auch immer er auftritt.«[165]

Warum musste der Staat die Post, die Gaswirtschaft, die Elektrizitätswerke, den Salzverkauf oder den Strassenbahnverkehr für sich selbst reklamieren? Sozusagen mit neoliberalem Drive stellte Droz diese Fragen – richtig laut allerdings erst, nachdem er den Bundesrat verlassen hatte. Viele Parteifreunde, auch einige Kollegen in der Landesregierung, nahmen ihm einige Kehrtwendungen übel. Droz war als Linker und Zentralist angetreten, er endete als Rechter und Föderalist. Aber in Wirtschaftsangelegenheiten hatte der schwer definierbare Droz schon immer einen liberalen Zug gehabt und ihn auch mit bemerkenswerter Konsequenz durchgehalten. So hatte er bereits als Neuenburger Regierungsrat den Rückkauf der Eisenbahnlinie von Neuenburg nach Le Locle bekämpft, so hatte er sich, allerdings vergeblich, als federführender Departementschef gegen das Alkoholmonopol gewehrt. Den Wildwuchs der Staatswirtschaft suchte er, so gut es ging, zu beschneiden. Er war indes Realist genug, um zu wissen, dass man Zeitströmungen bestenfalls eindämmen, jedoch nicht aufhalten kann.

Nach dem Rücktritt aus dem Bundesrat hüllte sich der ehemalige Magistrat nicht, wie es die politische Kultur der Schweiz will, in geziemendes Schweigen. Vielmehr stellte er sich bei zwei wichtigen Referenden an die Spitze der Opposition. Mit Erfolg bekämpfte er die Gründung einer Staatsbank. Dann rüstete er sich für die letzte, aber auch die bitterste Abstimmungskampagne. Er trat prominent gegen den Rückkauf der Eisenbahnen an und griff das radikale Establishment frontal an. Droz verdarb es sich nun endgültig mit vielen Parteifreunden. Sie beschuldigten den radikalen Senkrechtstarter von einst, ins Lager der Reaktion abgeglitten zu sein. Ja, er musste Schläge unterhalb der Gürtellinie einstecken, er wurde in aller Öffentlichkeit mit Hohn übergossen. Der »*Neuchâtelois*« etwa warf ihm vor, von der Hochfinanz gekauft zu sein; im Blatt »*La Sentinelle*«, ebenfalls eine Neuenburger Zeitung, aber sozialistischer Ausrichtung, konnte man lesen: »Il est ›gaga‹ avant le temps«, was auf Deutsch heisst: er ist vorzeitig verblödet; und in St. Gallen verbrannte man ihn als »Böllimann« inmitten der Stadt.[166] Die masslosen Angriffe machten ihm zu schaffen, zumal sie auch noch in Intrigen gegen ein internationales Mandat, das Droz zu jener Zeit angeboten wurde, ausmündeten.

Doch zurück zum Vorsteher des Departements für Handel und Landwirtschaft. Statt im Ausbau der Staatswirtschaft erkannte Droz seine Aufgaben als Wirtschaftsminister eher – man spürt noch den Uhrmacher – auf dem Gebiet der Qualitätskontrolle und dem Schutz des geistigen Eigentums. Er errichtete das Kontrollamt für Gold- und Silberwaren, er brachte Gesetze ein zum literarischen und künstlerischen Eigentum, zum Patentschutz und zum Markenschutz. Am meisten aber zog es ihn zum Aussenhandel hin. Er ebnete dem freizügigen Warenverkehr mit mehreren Abkommen den Weg. Den ersten Vertrag, jenen mit Frankreich, handelte er 1882, da die geistigen Kräfte von Minister Kern bekanntlich nachliessen, teilweise selbst aus. Es folgten noch Verträge mit Deutschland, Österreich, Italien und weiteren Ländern. Im Zeitalter des grassierenden Protektionismus musste allerdings auch er, obgleich es ihm widerstrebte, Zollmassnahmen zum Schutz der Landwirtschaft erlassen.

Schon als Wirtschaftsminister kam Droz' Vorliebe für aussenpolitische Kontakte zum Vorschein. Er beschäftigte sich eingehend mit internationalen Angelegenheiten, vornehmlich mit den Handelsverträgen. Daneben erwarb er sich auf einem anderen Gebiet besondere Verdienste: 1886 erreichte er, nachdem er vier Jahre hintereinander zu Konferenzen eingeladen hatte, eine internationale Übereinkunft zum Schutz des literarischen und künstlerischen Eigentums. Ein kleines Sekretariat in Bern erledigte die anfallenden Geschäfte. Daraus entstand, zusammen mit dem 1885 geschaffenen Büro für gewerbliches Eigentum, das Internationale Büro für geistiges Eigentum, die Keimzelle einer grossen internationalen Organisation, der WIPO, der Weltorganisation für geistiges Eigentum. Für diese Meisterleistung erhielt Droz 1886 den Ehrendoktor beider Rechte der staatswissenschaftlichen Fakultät der Universität Zürich, »mit besonderer

Rücksicht«, wie die Laudatio lautete, »auf die Verdienste, welche sich derselbe als Vorsitzender der internationalen Konferenz für den Abschluss der wichtigen völkerrechtlichen Konvention zum Schutz des Urheberrechts an Werken der Literatur und Kunst erworben hat.«

Eine Zeit lang liebäugelte Droz mit dem Gedanken, selbst in die Diplomatie zu wechseln und die Nachfolge Kerns in Paris anzutreten. So ungewöhnlich wäre dieser Schritt nicht gewesen. Bundesräte und Gesandte tauschten im letzten Viertel des 19. Jahrhunderts nicht selten die Posten. Die Kollegen Heer und Hammer hatten vor ihrer Wahl in den Bundesrat die Schweiz auf dem diplomatischen Parkett in Berlin vertreten; desgleichen gab es für den Wechsel in umgekehrter Richtung ein Vorbild: Giovanni Battista Pioda hatte 1864 die Landesregierung verlassen, um die Gesandtschaft in Italien zu übernehmen. Ein Vorgang indes dürfte Droz mehr als alles andere auf diese Fährte gebracht haben: Auch Bundespräsident Simeon Bavier dachte zur selben Zeit daran, auf eine Gesandtschaft zu wechseln. Als der Neuenburger seine Fühler im Sommer 1882 nach Paris ausstreckte, hatte Bavier, der Anfang 1883 nach Rom übersiedelte, schon die Vertretung in Italien im Visier. Diskret erkundigte sich Droz damals bei Kerns Stellvertreter, ob mit einem Gesandtengehalt von 50 000 Franken pro Jahr in Paris auszukommen sei. Charles Lardy erwiderte ihm, man könne damit zwar anständig leben, aber keine Ersparnisse anlegen. Darauf liess Droz von seiner Idee ab. Ein Mann ohne Vermögen, meinte er nachträglich, sollte nicht daran denken, die Schweiz im Ausland zu vertreten.[167] Und er blieb noch zehn weitere Jahre im Bundesrat.

1887 amtete Droz zum zweiten Mal als Bundespräsident. Traditionsgemäss übernahm er dabei das Politische Departement, das ihm vorzüglich behagte. Es entsprach voll seinen Neigungen. Mit Geschick, aber nicht minder begünstigt durch glückliche Fügungen, inszenierte er eine kleine Palastrevolution. Er musste das Departement am Jahresende nicht abgeben. Er konnte seine Kollegen zu einer Reorganisation der Ressortsverteilung bewegen und so bis zu seinem Ausscheiden aus dem Bundesrat das Departement für auswärtige Angelegenheiten leiten. In dieser Funktion kamen seine staatsmännischen Fähigkeiten, worüber gleich Näheres zu berichten ist, zur Entfaltung. Ende 1892 trat er nach siebzehnjähriger Tätigkeit in der eidgenössischen Exekutive aus dem Bundesrat zurück. Er verliess sein Büro im Bundeshaus-West und zog Anfang 1893 ein paar Meter weiter zum Zentralamt für internationalen Eisenbahntransport, zu dessen erstem Direktor er ernannt worden war. Dieses Amt hatte er bis zu seinem frühzeitigen Tod 1899 inne.

Als Vorsteher der erwähnten internationalen Organisation verfügte

Droz über genügend Musse, um weiterhin das Tagesgeschehen zu verfolgen und sich bei Bedarf auch einzumischen. Vor allem aber nutzte er seine Zeit, um seine schriftstellerischen Ambitionen zu stillen. Unter der Arbeitslast der politischen Ämter hatte er diese zwar nie verkümmern lassen, aber er konnte sie auch nicht ausleben. War der junge Mann mit Gedichten und zwei historischen Erzählungen aus seiner Neuenburger Heimat an die Öffentlichkeit getreten, so kommentierte er als Bundesrat, nach einer Phase des Schweigens, in fundierten Essays politische und wirtschaftliche Zeitfragen. Auch verfasste er 1885 ein staatsbürgerliches Handbuch, das in mehrere Sprachen übersetzt wurde. Es scheint, als ob Droz seinen Verzicht von 1882 auf einen Wechsel in die Diplomatie mit einer erneuten Hinwendung zum Schreiben kompensierte. Jedenfalls figuriert er ab jenem Zeitpunkt regelmässig als Mitarbeiter der Zeitschrift »*Bibliothèque universelle*«, einst von Pictet de Rochemont als »*Bibliothèque britannique*« gegründet. Nach dem Rücktritt aus dem Bundesrat verstärkte er noch seine Mitarbeit. Mit dem rigiden Herausgeber Edouard Tallichet verband ihn eine tiefe Freundschaft, die nicht zuletzt im gemeinsamen Kampf gegen den Rückkauf der Eisenbahnen zum Ausdruck kam. Die wichtigsten Beiträge vereinigte er in den Bänden »*Etudes et portraits politiques*« und »*Essais économiques*«, erschienen 1895 und 1896.

Aber am meisten widmete sich Droz in seinem letzten Lebensabschnitt historischen Studien. Der ehemalige Magistrat war sich nicht zu schade, die Lokalgeschichte seiner Geburtsstadt La-Chaux-de-Fonds aufzuarbeiten. Zum fünfzigjährigen Bestehen der Republik Neuenburg verfasste er eine Broschüre über die 48er Revolution und den Sturz der Monarchie in seinem Heimatkanton. Sein Hauptwerk wurde indes die »*Histoire politique de la Suisse au XIXe siècle*«, eine bemerkenswert ausgewogene zeitgeschichtliche Darstellung – und dennoch, wie man es von einem Politiker erwartet, alles andere als urteilsblass. Es ist ein gedankenreiches Werk, ein Buch voller Talent. Der Tatendrang eines politischen Naturtalents versöhnt sich in dieser Darstellung mit der Umsicht des gereiften Historiker. Das Destillat hinterlässt er mit folgenden Worten den kommenden Generationen als Vermächtnis:

> »Ohne Zweifel wiederholt sich die Geschichte nie genau. Die Ursachen für die Grösse und den Verfall von Völkern gleichen sich nie ganz, folglich auch die Wirkung nicht. Aber die Geschichte der Menschheit unterliegt deswegen nicht weniger allgemeinen Gesetzen, die man mit einem unvoreingenommenen Studium der Fakten entdecken kann. Wenn dem nicht so wäre, wenn man aus der Geschichte nichts lernen

könnte, dann wäre es nicht der Mühe wert, sie zu schreiben oder zu lesen. Zu allen Zeiten blickten jedoch die neuen Generationen mit ziemlicher Herablassung auf das Werk ihrer Vorfahren; und dennoch, ob sie es wollen oder nicht, treten sie deren Erbe an, unterliegen sie deren Einfluss. Unsere zeitgenössischen Taten sind wohl oder übel mit den Taten der Vergangenheit verknüpft, und unsere Zukunft kann nur in dem Mass glücklich und erfolgreich sein, als sich unsere gesamte Tätigkeit nicht nur von einem Idealismus leiten lässt, der uns vorantreibt, sondern auch von einem Erfahrungsraum, der den Völkern das bedeutet, was Karte und Kompass dem Seemann.«[168]

Während Droz über seinen Schriften sass, hätte beinahe eine überragende internationale Charge die Berner Idylle im Eisenbahnamt durchbrochen. Anfang Juni 1897 fragte ihn der französische Aussenminister an, ob er bereit wäre, den Posten eines Gouverneurs auf Kreta anzunehmen. Eine neutrale Persönlichkeit sollte, nachdem die europäischen Mächte die zuständige Pforte entmündigt hatten, die Geschicke auf der Insel vorübergehend in die Hand nehmen, die von Kämpfen zwischen Griechen und Türken zerrissene Bevölkerung befrieden, eine zivile Verwaltung aufbauen und eine Verfassung schaffen. Droz wollte diese Herausforderung freudig annehmen, und alle wichtigen Mächte schienen seine Kandidatur zu begrüssen. Er scharte bereits einen Stab von Mitarbeitern – unter ihnen Oberst Ulrich Wille als Militärberater – um sich, als ihm seltsame Misstöne zugetragen wurden. In Berlin, so hiess es, werfe man ihm vor, ein einseitiger Griechenfreund zu sein, auch solle er nicht über die nötige Energie für dieses Amt verfügen, ja es ginge ihm, wollten gewisse Kreise wissen, lediglich ums Geld, kurz: Deutschland lehne die Kandidatur ab.[169] Russland schwenkte ebenfalls auf diese Linie ein und entzog dem Schweizer Anwärter seine Unterstützung.

Droz ahnte sofort, dass seine Kandidatur damit gescheitert war. Er zog sie umgehend zurück, aber er war tief verletzt. Vor allem der Vorwurf, er hätte eine humanitäre Rolle nur aus Geldgier übernehmen wollen, kränkte sein Ehrgefühl.[170] Solche Anwürfe stammten, davon war er restlos überzeugt, nicht aus den Gerüchteküchen in Berlin oder St. Petersburg, sondern von eingefleischten Gegnern in der Schweiz. Diese hatten seine Berufung in das ehrenvolle Amt vereitelt. Um sich zu verteidigen, verfasste er unter dem taufrischen Eindruck der Ereignisse eine Rechtfertigungsschrift. Sein Freund Edouard Tallichet hielt es allerdings für klüger, das Manuskript »*Pourquoi je n'ai pas été en Crète*« nicht zu publizieren, obschon Droz davon abgesehen hatte, Namen zu nennen. Erst eine Generation später, als sich niemand mehr für diese Episode interessierte, erschien es im »Musée neuchâtelois«, dem Blatt des Neuenburger historischen Vereins.

Was ist von den Vorwürfen zu halten? Droz machte es sich zu leicht, wenn er die ganze Schuld seinen Intimfeinden zuschob. Der deutsche Kaiser und der Zar verwahrten sich eindeutig aus politischen Gründen gegen seine Anwartschaft. Und daran, am politischen Ränkespiel, scheiterte er. Doch völlig zu Unrecht verdächtigte er seine lieben Miteidgenossen auch nicht, ihm übel mitgespielt zu haben – gerade weil deren Anschuldigungen nicht ganz aus der Luft gegriffen waren. Droz warf gelegentlich einen Seitenblick auf bessere Verdienstmöglichkeiten. Dabei ging er manchmal etwas linkisch vor. Jedenfalls umschwebte ein Hauch von Zweideutigkeit auch seine Erkundigung nach dem Gehalt des Gesandten in Paris. Denn in seiner Anfrage machte er damals geltend, ihm läge ein lukratives Angebot aus der Privatwirtschaft vor. Es schien, als ob er damit das Diplomatensalär in die Höhe treiben wollte. Doch dann geschah nichts, weder zog er nach Paris noch in die Privatwirtschaft. War alles nur Bluff gewesen? Wie dem auch sei: Das Scheitern seiner Kandidatur brachte zwei Unverträglichkeiten ans Tageslicht, die dem Gedeihen der Initiative entgegenwirkten: Missgunst in seiner Umgebung und Verbitterung in seinem Herzen.

Numa Droz' Leben war nicht vom Glück überstrahlt gewesen. Was er erreichte, musste er hart erkämpfen. Nach einer schwierigen Jugend verdüsterten Schicksalsschläge das Alter. Seine Frau versank zusehends in Schwermut, der Politiker sah seine Bewegungsfreiheit eingeschränkt, alte Freunde brüskierte er mit politischen Querschüssen, allmählich vereinsamte er. Ausserdem konnte Droz, so scheint es, nie ein etwas schroffes Gebaren ablegen. Mit dem eisernen Willen des Aufsteigers versuchte er, sich durchzusetzen; er war hierin überaus erfolgreich, aber er schoss oft über das Ziel hinaus: als Redaktor mit seiner ätzenden Polemik, als Regierungsrat mit seinem unerbittlichen Kirchenkampf, als Aussenminister mit seinen unkollegialen Soloeinlagen, als Pensionär mit seiner Besserwisserei. Auch erfreute er sich nie einer materiell gesicherten Existenz. Ihn plagten stets, wie er seinem Freund Tallichet eingestand, finanzielle Sorgen.[171]

Gelassenheit, die Zierde des Zufriedenen, war nie seine Sache gewesen, und so konnte er es selbst nach seinem Ausscheiden aus dem Amt nicht lassen, seinen Kollegen Ratschläge zu erteilen. In seinen letzten Lebensjahren opponierte er gegen fast alles, gegen seine früheren Kollegen im Bundesrat, gegen die Einführung des Wahlproporzes, gegen die Verstaatlichung der Eisenbahnen, gegen die Errichtung von Staatsbanken, insbesondere auch gegen das Initiativrecht auf Teilrevision der Verfassung. Vieles ergab sich aus seiner Weltanschauung, aus einer Mischung von liberalem Wirtschaftsverständnis und radikaler Staatsgläubigkeit in gesellschaftlichen und religiösen Belangen. Anderes rührte von seiner langen Regierungstätigkeit, von einem prononciert gouvernementalen Standpunkt her, namentlich seine Vorbehalte gegen die Mitsprache des Volkes in aussenpolitischen Angelegenheiten. Bei einigem jedoch, seiner Abneigung gegen das Initiativrecht etwa, dürften die Enttäuschungen des alten Politikers durchdringen. Sein einstiges Leibblatt, der »*National Suisse*«, warf ihm 1896 vor, er kritisiere, seit er die Landesregierung verlassen hätte, systematisch alles, was vom Bundesrat käme, er bekämpfe seine alten Freunde, man verstehe ihn nicht mehr.[172]

In wesentlichen Dingen, so auch in seiner Einstellung zur Demokratie, hat Droz seine Auffassung gewandelt. In seinem ersten Beitrag für die »*Bibliothèque universelle*«, im Jahr 1882 unter dem Titel »*La Démocratie et son avenir*« erschienen, war er des Lobes voll für die Demokratie und die Vernunft des Volkes. Er stand damals stark unter dem Einfluss von Joachim Heer. Von allen Kollegen, mit denen er während seiner 17 Jahre im Bundesrat zu tun hatte, schätzte er diesen Grandseigneur am meisten. Im Aufsatz berichtet Droz, wie der ehemalige Glarner Landammann, der die Tuchfühlung mit dem einfachen Bürger nicht scheute, sein Vertrauen in die Vernünftigkeit der Volksentscheide nie verlor. Er zitiert ihn mit den Worten: »›Misstrauen Sie dem Volk nie‹, pflegte er zu sagen; ›gehen Sie im Gegenteil auf es zu, diskutieren Sie mit ihm, berücksichtigen Sie seine Einwände, seinen Widerstand, versuchen Sie es mit Argumenten zu überzeugen, und Sie werden sehen, es ist leichter und besser mit dem Volk als mit parlamentarischen Seilschaften zu regieren.‹« Und dann fügte Droz an: »Mittlerweile teile ich diese Meinung vollständig.«[173] Einzig in der Aussenpolitik brachte er Vorbehalte an. Er war stets dagegen, internationale Verträge, nachdem man sie mühsam ausgehandelt und das Parlament sie ratifiziert hatte, noch dem Volk zu unterbreiten.[174]

Ein knappes Jahrzehnt später, als er den Essay über die Demokratie erneut las, um ihn in den Sammelband »*Etudes et portraits politiques*« aufzunehmen, behauptete er, seine Meinung über die Demokratie im Einzelnen revidiert, in den Grundzügen indes beibehalten zu haben. Doch mit solch abgewogenen Sentenzen vermochte Droz niemand als sich selbst zu täuschen. Unterdessen hatte der kompromisslose Gegner der Volksinitiative einen Beitrag veröffentlicht, der ein ganz anderes Stimmungsbild entwarf. Im Aufsatz »*La démocratie en Suisse et l'initiative populaire*« (1894) unterteilte er die zeitgenössische Schweizer Geschichte in drei Abschnitte: in den parlamentarischen Staat von 1848–1874, eingeleitet mit der neuen Bundesverfassung; in den demokratischen Staat von 1874–1891, eingeleitet mit der Verfassungsrevision und dem fakultativen Referendum von 1874; in den demagogischen Staat seit 1891, eingeleitet mit dem Instrument der Volksinitiative.[175] Das war ein hartes Urteil, selbst wenn man berücksichtigt, dass die ersten Initiativen in der Tat nicht erhebend waren; die allererste führte zum unrühmlichen Schächtverbot, die zweite und dritte, die immerhin abgelehnt wurden, propagierten demagogisch ein Recht auf Arbeit und, mit dem so genannten Beutezug auf die Bundesfinanzen, die Rückerstattung der Zolleinnahmen an die Kantone. Droz, der den besseren Teil seines Berufslebens auf der Regierungsbank verbracht hatte, sah die Autorität der Exekutive durch das neue Rechtsmittel massiv gefährdet. Ihm lagen, im Gegensatz zu Landammann Heer, gute Rahmenbedingungen für einen reibungslosen Regierungsablauf näher als die beschwerliche Mitwirkung des Volkes.

Seine Abneigung gegen das Initiativrecht entsprach nicht bloss einer vorübergehenden Laune. Entschieden verurteilte er dieses Instrument nochmals, als er die Studie eines Amerikaners besprach, der – was im Zeitalter des Imperialismus selten vorkam – viel Sympathien für das Schweizer Regierungssystem zeigte. W. D. McCrackan pries in seiner Schrift »*The Swiss Referendum, The Ideal Republican Government*« (Boston 1893) die Schweizer Volksrechte als Vorbild für Amerika. Droz warf dem Autor vor, er hätte mit seinem »lyrisme pour le referendum et l'initiative« die tödlichen Gefahren, die diese Rechte für die Schweiz bargen, nicht erkannt. Und er schloss seine Kritik mit der Bemerkung: »Unser Volk weist zu viel gesunden Menschenverstand auf, um sich nicht aus dem Malaise zu befreien, das dieses neue Rechtsmittel heraufbeschworen hat. Es kann dem Volk und dessen Institutionen sehr gefährlich werden. Heute ist das Volk auf Gedeih und Verderb den Hetzern ausgeliefert; diese warten nur auf dessen Ermattung, um alles umstürzen zu können. Gelegentlich wird sich das Volk dieses Trojanischen Pferdes entledigen, das es zur grossen Freude der extremistischen Parteien in seine Verfassung einziehen liess.«[176]

Droz sollte sich mit seinen Voraussagen irren. Weder zersetzte das Initiativbegehren das Staatswesen noch entledigten sich die Schweizer dieses Rechts. Im Gegenteil. Sie fanden Gefallen daran und riefen bereits nach rund zwanzig Jahren nach einem neuen Zweig der Volksrechte. Viele Bürger waren empört über die Konzessionen, die der Bundesrat Deutschland und Italien beim Rückkauf der Gotthardbahn – in der Anfangsphase übrigens noch mit der Zustimmung von Droz – eingeräumt hatte. Auch ärgerten sie sich über das Parlament, das die Verträge 1913 ratifiziert hatte. Mit einer Initiative verlangten sie, dem Volk – und nicht dem Parlament – müsse bei langfristigen und ewigen Verträgen das letzte Wort eingeräumt werden. Wegen des Ersten Weltkriegs verzögerte sich die Abstimmung. Aber im Januar 1921 nahmen Volk und Stände das so genannte Staatsvertragsreferendum an. Damit weiteten die Schweizer Stimmbürger ihre Mitspracherechte von der Innen- auf die Aussenpolitik aus. Derlei wäre für Droz ein Gräuel gewesen, so wie es einigen Nachfolgern und zentralistisch gesinnten Politikern zum Alptraum wurde, dass die Schweiz unter dem Damoklesschwert eines Volksverdikts mit dem Ausland verhandeln musste. Die Mitspracherechte des Volkes in der Aussenpolitik erschweren den Umgang mit andern Staaten und mit internationalen Organisationen erheblich. Numa Droz jedoch wollte gerade das Gegenteil erreichen. Mit organisatorischen Reformen, die tiefer griffen als alles, was je ein Bundesrat auf diesem Gebiet unternommen hatte, suchte er die Schweizer Aussenpolitik den internationalen Standards anzupassen.

Das System Droz – eine organisatorische Revolution

Numa Droz ist der erste Bundesrat, den man im eigentlichen Sinn als Aussenminister bezeichnen kann. Wenn man sich an ihn überhaupt erinnert, dann an den Neuenburger, der ein ausgesprochenes Flair für die Aussenpolitik entfaltete. Im internationalen Ambiente fühlte er sich wohl. Ihm behagte, was man nicht von allen eidgenössischen Magistraten sagen kann, der Umgang mit Diplomaten; und um einen Handelsvertrag mit Frankreich abzuschliessen, reiste er zur Not sogar ins Ausland – für ein Mitglied der Landesregierung damals alles andere als eine Selbstverständlichkeit. Er verspürte offensichtlich mehr Freude an auswärtigen als an inländischen Angelegenheiten.

Er war auch der erste, der eine neue Auffassung von der Aussenpolitik vertrat. Mit ihm zog der aktive Gestaltungswille ins Bundeshaus und verdrängte zeitweise das passive Verwalten. Gewiss sah er in der Diplomatie auch in erster Linie ein Mittel, um die Innenpolitik vor internationalen Komplikationen abzuschirmen; darüber hinaus begriff er die Aussenpolitik auch als Chance, um auf die Verhältnisse im europäischen Umfeld Einfluss zu nehmen. Die humanitären und vermittelnden Ansätze, die sich seit dem Deutsch-Französischen Krieg im politischen Selbstverständnis der Schweiz herangebildet hatten, entwickelte er zu einem festen Bestandteil der eidgenössischen Aussenpolitik. Mit Geschick gelang es ihm, einige Ideen zu verwirklichen. Doch bevor er seine staatsmännischen Fähigkeiten beweisen konnte, musste er hierfür die organisatorischen Voraussetzungen im Bundesrat schaffen. Mit dem herkömmlichen Drehtürenverfahren, mit dem jährlichen Wechsel an der Spitze des Politischen Departementes, konnte kein Bundesrat ein aussenpolitisches Projekt langfristig verfolgen. Droz gelang es, dies zu ändern. Auf seinen Vorschlag hin wurde das Rotationssystem aufgehoben, er konnte sechs Jahre lang ununterbrochen die aussenpolitischen Angelegenheiten leiten. Er war somit der erste und mit Adrien Lachenal, seinem Nachfolger, der vier Jahre dem Departement vorstand, der einzige eigentliche Aussenminister der Eidgenossenschaft im 19. Jahrhundert.

Wie kam es dazu? Droz amtete 1887 zum zweiten Mal als Präsident der Eidgenossenschaft. Er sollte zum Jahreswechsel von Vizepräsident Wilhelm Friedrich Hertenstein abgelöst werden. Doch der Vorsteher des Militärdepartementes, von Haus aus Förster, ein pflichtbewusster Verwalter und strammer Offizier, frei von jeglichen Allüren, doch ohne rhetorische Gaben, auch ohne ausreichende Französischkenntnisse, dieser Hertenstein war wenig erpicht, das Präsidium mit seinen Repräsentationspflichten zu übernehmen, und er war noch weniger bereit, das EMD zu verlassen, um für ein Jahr ins Politische Departement zu wechseln. Der im Volk sehr beliebte Politiker hatte schon einmal die Präsidentschaft dankend abgelehnt. Droz packte die Gelegenheit beim Schopf und setzte sich für eine Reform des Bundesrates ein, die er seit langem für überfällig hielt. Ein Bundesbeschluss von 1887 entkoppelte das EPD vom Amt des Bundespräsidenten. Die Neuordnung erlaubte es Hertenstein, die Präsidentschaft zu übernehmen, ohne das EMD verlassen zu müssen, und Droz konnte weiter die Aussenpolitik führen. Zugleich genehmigte der Bundesrat die von Droz vorgeschlagene Reorganisation des Departementes, mit welcher ein Fachministerium für auswärtige Angelegenheiten entstand. Es enthielt vier Abteilungen: je eine für politische Angelegenheiten, für Handel, für Auswanderung und für geistiges Eigentum. 1888 benannte man das EPD um; zuerst hiess es kurz »Departement des Äussern«, dann »Departement für auswärtige Angelegenheiten«. Und mit dem Verlust der Handelsabteilung wurde aus dem »Handels- und Landwirtschaftsdepartement« das »Industrie- und Landwirtschaftsdepartement«.

Worum ging es bei der Restrukturierung des Bundesrates? Der Schweizer Aussenpolitik mangelte es an Kontinuität. Längerfristige Angelegenheiten konnte man nur mit Mühe erledigen. Von Kreativität war keine Spur vorhanden – sollte wohl auch nicht vorhanden sein. 1891, in einem Nachruf auf Hertenstein, beschrieb Droz als amtierender Aussenminister die frühere Situation folgendermassen: »Insbesondere das Politische Departement litt stark unter der Tatsache, dass sein Vorsteher jedes Jahr wechselte; es gab kein langfristiges Denken, die Dossiers wurden aufgeschichtet, und die unerledigten Angelegenheiten häuften sich. Während vielen Jahren liess man manche Gelegenheit verstreichen, um sie zu regeln. Alle unsere internationalen Angelegenheiten wiesen deshalb etwas ärgerlich Zerfahrenes auf.«[177] Droz ging es vor allem um Kontinuität in der Aussen- und in der Handelspolitik. Und die war mit dem neuen System entschieden besser gewährleistet als mit dem alten.

Als Fachminister reorganisierte Droz das Departement für auswärtige Angelegenheiten gründlich. Er baute einen aussenpolitischen Apparat auf, versah ihn mit Weisungen, errichtete eine diplomatische Karriere und rief die fünf Missionschefs 1887 zur ersten Gesandtenkonferenz zusammen – ein Brauch, der sich in Form der jährlichen Botschafterkonferenz bis in die Gegenwart erhalten hat. Ferner weitete er das Vertretungsnetz aus. Als Droz in den Bundesrat eingezogen war, gab es vier Gesandtschaften, als er ihn verliess, waren es deren sieben. Zu Paris und Wien, den althergebrachten Posten, zu Rom (seit 1861)[178] und Berlin (seit 1867) kamen 1883 Washington sowie 1891 London und Buenos Aires hinzu – was übrigens immer noch ein bescheidener Bestand war, wenn man bedenkt, dass zur gleichen Zeit 18 fremde Staaten diplomatische Vertretungen in der Schweiz unterhielten. Aber Droz hatte einen Stein ins Rollen gebracht: Bis zum Ersten Weltkrieg erhöhte die Schweiz die Anzahl ihrer diplomatischen Vertretungen mit Neueröffnungen in Sankt Petersburg, Tokio, Rio de Janeiro und Madrid auf elf, bis Anfang der 20er Jahre auf fünfzehn – und heute sind es um die 100 diplomatische Vertretungen, rund 90 Botschaften sowie zehn multilaterale Missionen und ständige Vertretungen.

Der Personalbestand des Departementes sah gleichfalls ganz anders aus, als Droz das Bundeshaus-West verliess. Wie er 1887 dort angetreten war, verströmte das ganze Palais noch biedermeierliche Idylle. Man war in kleinstem Kreis unter sich. Der Bund besoldete fünf Gesandte im Ausland und zwei Beamte in der Zentrale, also sieben Personen. Am Ende von Droz' sechsjähriger Amtszeit waren es 17 im Ausland und 43 in Bern, mithin 60 Personen. Der rasante Anstieg erklärt sich freilich nicht nur durch Neueinstellungen, sondern zum grösseren Teil durch organisatorische Änderungen.

Der ursprünglich geringe Personalbestand ist auch in anderer Hinsicht erklärungsbedürftig. Er beruht auf einer statistischen Augenwischerei. Auf den Aussenposten hatten die Gesandten nämlich bisher wie Unternehmer gewirtschaftet. Sie wurden als Einzige vom Bund entlöhnt. Wen und wie viel Personal sie anstellten, war ihre Angelegenheit. Sie mussten selbst dafür aufkommen. Die Angestellten der Gesandten tauchten jedoch in keiner Statistik auf. Im Allgemeinen wurden die Sekretäre, die ein bis drei Jahre blieben, nicht bezahlt. Dennoch fand man immer genügend Anwärter auf diese Posten. Vor allem unter Westschweizer Juristen gehörte es zum guten Ton, ein Praktikum auf einer Gesandtschaft zu absolvieren. In Bern nahm man dies wohlwollend zur Kenntnis. »Es wäre unsern Gesandten dermalen unmöglich, einigermassen tüchtige Sekretäre anzustellen, wenn nicht bemittelte junge Leute sich fänden, welche uneigennützig genug sind, ihre Gelder im Dienste der Eidgenossenschaft auszugeben.«[179] Seit Anfang der 90er Jahre ging der Bund dazu über, den Gesandten zwei Drittel der Personalkosten abzunehmen, und ab 1898 deckte er die Personalkosten voll; davon ausgenommen waren lediglich die Attachés, die unterste Stufe der diplomatischen Karriere.

In der Zentrale ist der Anstieg hauptsächlich auf die Eingliederung neuer Abteilungen zurückzuführen. Doch die Abteilung für Auswärtiges, das Herzstück des Aussenministeriums, stieg ebenfalls von zwei auf fünf Mitarbeiter an – um hernach bis 1920 auf über 90 anzuwachsen.[180] Heute beschäftigt das EDA übrigens, nachdem die Entwicklungszusammenarbeit, die Integrationspolitik und die so genannte Friedenspolitik seit den siebziger Jahren jeweils eigentliche Personalschübe ausgelöst hatten, rund 1500 Personen, ein Drittel davon allein in der Direktion für Entwicklungszusammenarbeit. Auch beim Personalbestand hat Droz die wegweisenden Zeichen gesetzt, wenngleich die Fluchtpunkte seiner Entscheide erst nach seinem Abgang voll ersichtlich wurden.

Droz schuf auch ein diplomatisches Corps mit einer eigenen Laufbahn. Bisher war es Brauch gewesen, die Gesandtschaften verdienten Politikern anzuvertrauen. Diese stellten Sekretäre ein, die einige Jahre blieben und dann den diplomatischen Dienst wieder verliessen. Eine eigentliche Laufbahn mit Aufstiegsmöglichkeiten gab es nicht. Eine Ausnahme bildete nur Arnold Roth, der bei Minister Kern in Paris seine Lehre machte und kurz im Politischen Departement in Bern diente, bevor er Gesandter in Berlin wurde. Droz änderte dies. Er legte Wert auf einen systematischen Aufbau. Zu einem normalen diplomatischen Werdegang gehörte es nun, als Attaché anzufangen, verschiedene Stufen zu durchlaufen und sowohl auf Aussenposten wie auch in der Zentrale zu dienen. Mit Charles Lardy, 1883 als Nachfolger Kerns zum Minister in Paris ernannt, und Alfred de Claparède, seit 1888 Minister in Washington und seit 1904 in Berlin, lösten erstmals zwei Diplomaten, die ihre gesamte Karriere im auswärtigen Dienst verbracht hatten, die »politischen« Gesandten ab. Sie wurden zu den Prototypen, wie sie das »System Droz« vorsah. Auch die Anforderungen wurden enger gefasst, obgleich der Bundesrat erst im Jahr 1901 ein »Reglement betreffend das schweizerische Gesandtschaftspersonal« erliess. Erstmals hielt man schriftlich fest, dass Bewerber für den diplomatischen Dienst die deutsche und die französische Sprache in Wort und Schrift beherrschen müssen. Ausserdem wurde ein abgeschlossenes juristisches Studium verlangt.

Sofern ein Bewerber den Anforderungen genügte, konnte man ihn als Attaché einstellen – freilich ohne Bezahlung. Erst nach einer längeren Frist, die mehrere Jahre dauern konnte, wurde er zum ordentlichen und besoldeten Gesandtschaftssekretär befördert. Mit der Weisung, wonach ein angehender Diplomat seine ersten Jahre selbst zu finanzieren hatte, war die Laufbahn weiterhin jungen Akademikern aus begütertem Haus vorbehalten. Allerdings wurde diese Bestimmung bald gelockert. Aber der elitäre Geruch blieb am diplomatischen Gewerbe hängen, auch nährte das »Old-boys-Network«, während Jahrzehnten ziemlich hemmungslos praktiziert, die Vorbehalte im Volk stets von neuem. Erst die strikten Aufnahmeprüfungen, die Bundesrat Max Petitpierre 1956 einführte, setzten einen Schlussstrich unter diese Praxis. Bundesrat Flavio Cotti durchlöcherte dann in den neunziger Jahren mit einem Rückgriff auf so genannte Quereinsteiger – mit der Ernennung von Botschaftern, die sich keinem regulären Ausleseverfahren stellen mussten, sondern auf Grund von Verdiensten auf anderen Gebieten ernannt wurden – die klaren Verhältnisse nochmals kurzfristig. Numa Droz jedoch, der Bundesrat aus einfachsten Verhältnissen, hatte versucht, den diplomatischen Dienst in demokratischere Bahnen zu lenken.

Das »System Droz« fand indes im Parlament und im Bundesrat nicht nur Befürworter. Vielmehr setzte die Kritik schon bald ein, und es rumorte ständig. Was waren die Gründe? Zum Teil lagen sie im selbstherrlichen Benehmen von Droz, der seine Kollegen nur mangelhaft über die aussenpolitischen Geschäfte orientierte. Diese fühlten sich übergangen und vom Kontakt mit ausländischen Regierungen ausgeschlossen. Robert Comtesse, der nächste Neuenburger im Bundesrat, tadelte Droz deswegen scharf.[181] Zum Teil mochte auch etwas Neid mitspielen. Der Aussenminister nahm von Anfang an – möglicherweise noch ein Relikt aus der Vorperiode, da stets der Bundespräsident der Aussenpolitik vorstand – eine herausragende Stellung ein. Dies ging auf Kosten der Gesamtbehörde und insbesondere des Bundespräsidenten, dessen Amt eindeutig an Glanz verloren hatte. Darüber hinaus erfreute sich der Aussenminister im Vergleich zu den andern Fachministern in den relativ ruhigen Jahren des ausgehenden 19. Jahrhunderts einiger Musse. Aber im Wesentlichen lagen die Gründe doch anderswo. Die Kritik lief auf die erste grundsätzliche Auseinandersetzung zwischen den Verfechtern einer passiven und den Befürwortern einer aktiven Aussenpolitik hinaus; es war die erste Debatte zwischen Anhängern einer aufs Nötigste beschränkten Politik und jenen, die die Schweizer Aussenpolitik lieber in ideal inspirierten Grundsätzen aufgehoben sehen; es war eine Auseinandersetzung zwischen Schweizer Eigenart und europäischen Standards.

Droz war noch nicht aus dem Bundesrat zurückgetreten, als das Parlament mit einer Motion Rechenschaft über die Auswirkungen der Reorganisation forderte. Er verteidigte sein Regime aus voller Überzeugung. »Wenn es einen Bereich gibt«, schrieb er ein Jahr nach seinem Rücktritt, »der der Kontinuität bedarf, dann ist es die Aussenpolitik. Menschenkenntnis, Gepflogenheiten und Tradition, die hier eine so grosse Rolle spielen, erwirbt man sich nur auf die Länge. Jedes Jahr den Vorsteher zu wechseln bedeutet zweifelsohne, das Land nach aussen zu schwächen – genauso wie wenn man jährlich den Vorsteher des EMD wechselte. Die Leitung der Aussenpolitik liegt dann tatsächlich nicht mehr in den Händen eines verantwortlichen Bundesrates, sondern eines Sekretärs oder Abteilungschefs ...«[182] Allerdings verkannte Droz gewisse Nachteile seiner Neuerungen nicht, namentlich die starke Doppelbelastung des Bundespräsidenten, der nun, statt die Musse des Politischen Departementes zu geniessen, sein eigenes Fachministerium weiterführen musste. Droz schlug deshalb vor, ein eigenes Präsidialdepartement zu schaffen und dafür das Departement für Industrie und Landwirtschaft aufzulösen. Sein Vorschlag fand indes keine Gnade. Dieser Selbstkritik zum Trotz blickte Droz nicht ohne Stolz auf das zurück, was er in seinem Departement erreicht hatte:

»Aus dem Blickwinkel der Verwaltung hat dieses System gute Früchte getragen. Die auswärtigen Angelegenheiten konnte man mit Kohärenz verfolgen. Hätten wir noch das alte System gehabt, dann hätte uns in den Wirren mit Deutschland in den Jahren 1888 und 1889 und, um nur diese beiden Problembereiche zu erwähnen, bei den Verhandlungen der Handelsverträge von 1891 und 1892 gerade diese Stetigkeit sehr gefehlt. Staubbedeckte Dossiers, die seit 15 Jahren und mehr ein Präsident dem andern weiterreichte, ohne sie je zu öffnen, hat man endgültig aus den Schachteln herausgeholt und die Angelegenheiten entweder geregelt oder einer Lösung zugeführt. Unser diplomatisches und konsularisches Corps hat besser zusammengearbeitet. Das Ansehen der Schweiz im Ausland ist unleugbar gestiegen.«[183]

Die Speerspitze gegen das »System Droz« ritt Carl Schenk, ein erfahrener Politiker, mit 31 Amtsjahren der am längsten dienende Bundesrat der Eidgenossenschaft. Er hatte die Botschaft zur Reorganisation des Bundesrates von 1894 geschrieben, worin er unverblümt festhielt, weshalb der Bundesrat zum alten Verfahren zurückkehren wollte. Seine Vorbehalte erklärten sich von zwei Seiten her: Zum einen fühlte sich der Gesamtbundesrat in der Aussenpolitik übergangen; die Akten zirkulierten kaum noch, Droz informierte das Kollegium über die Departementsangelegenheiten nur nach seinem Gutdünken; der Bundesrat wurde nur in Ausnahmefällen in diplomatischen Angelegenheiten konsultiert. Zum andern bestritt Schenk die Notwendigkeit eines ausgebauten diplomatischen Apparates; die von Droz eingeleitete Entwicklung erschien ihm nicht nur unnötig, sondern schädlich. In der Botschaft bricht nochmals die klassische Auffassung von der Aussenpolitik durch, welche die Schweiz im 19. Jahrhundert gepflegt hat. Sie lautet: Die Schweiz braucht im Prinzip keine Aussenpolitik; sie hat keine Machtansprüche jenseits der Landesgrenzen; ihr Verkehr mit dem Ausland beschränkt sich auf die Regelung von technischen Fragen. Alles, was darüber hinausgeht, ist überflüssig und verstösst gegen Schweizer Eigenart, es ist den politischen Sitten des Landes abträglich.

»Unsere internationalen Verhältnisse sind in gewöhnlichen Zeiten einfacher Natur. Sie betreffen hauptsächlich Handel und Verkehr, Niederlassung und Auslieferung, Grenzverhältnisse und Wahrung der Landesintegrität, europäische Kultur- und Humanitätsbestrebungen. Wir haben keine Machtfragen, keine Ausdehnungsinteressen... Diesen beschränkten Aufgaben und einfachern internationalen Verhältnissen entsprechend sind auch die bezüglichen Geschäfte. Es sind nur ausnahmsweise umfangreiche, durch Jahre hindurch sich ziehende Angelegenheiten... Das politische Departement... hat auch keine jener gesetzgeberischen Aufgaben, deren Studium, Behandlung und Lösung oft durch Jahre sich hindurchzieht.

Nimmt man nun noch dazu, dass die politischen Geschäfte nicht in der Weise und in dem Umfang rein innerhalb des Departementes behandelt werden, wie dies bei den andern Departementen geschehen kann,... so ist es wohl gestattet zu sagen, dass der jährliche Wechsel des politischen Departements nicht unthunlich und bezüglich der Kontinuität der Geschäftsbehandlung nicht mit so grossen Nachteilen verbunden ist, dass er absolut vermieden werden müsste.«[184]

In der Aussprache im Bundesrat äusserte sich Schenk noch klarer. Laut Sitzungsprotokoll hat er gesagt: »Es fragt sich aber, ob es nötig ist, dass hier ein grosses Departement mit Diplomaten, Sekretären und Attachés geschaffen werde, und ob ein solches für unser kleines Land und unser Volk passe. Man sieht schon ungern, wenn der Bundesrat für sein Departement des Auswärtigen Attachés ernennt. Die Nachahmung der Institute des Auslandes im Militärwesen hat in gewissem Umfang mehr Berechtigung als hier.«[185]

Schenk vermochte seine Kollegen zu überzeugen. Das ungute Gefühl, man ahme mit dem Departement für auswärtige Angelegenheiten das Ausland nach und zerstöre etwas Schweizerisches, wurmte viele. Der Bundesrat entschied, auf Anfang 1895 zum alten Rotationssystem zurückzukehren. Droz, der die Nützlichkeit seiner Verwaltungsvorstellungen in einer praktischen Versuchsphase hatte beweisen können, verlor die geistige Auseinandersetzung. Die traditionellen Kräfte überwogen. In einem ersten Anlauf obsiegte die hergebrachte Kollegialität, obsiegte auch der Wunsch nach einer minimalistischen Aussenpolitik über die Vorteile administrativer Effizienz – und dies nicht ohne Grund. Die Schweizer hatten gewiss nichts gegen eine gute Verwaltung, aber noch mehr misstrauten sie ihr; sie fürchteten das Eigenleben der Kanzleien, deren Hang auch, sich der demokratischen Kontrolle zu entziehen. Erstrebenswert im schweizerischen Staatswesen war nie die perfekte Verwaltung, sondern die Durchsetzung des Willens der Mehrheit, mochten sich solche Anweisungen auch schwerfällig auf die Regierungsabläufe auswirken. Die Rückkehr zum alten System, wie sie der Bundesrat in seiner Botschaft vom 4. Juni 1894 propagierte, war von diesem Geist imprägniert, und so plädierte später auch ein Bundesrat Adolf Deucher oder der äusserst beliebte Ludwig Forrer, ein Muster von einem einfachen und konsequenten Demokraten, für die Rotation.

Aber aus der Welt zu schaffen war die vom Neuenburger vorgeführte Alternative eben auch nicht mehr. Sie drang in den parlamentarischen Beratungen immer wieder an die Oberfläche und konkurrenzierte mit ihrer technischen Zweckmässigkeit die eher im Biedermeierlichen verwurzelte Vorstellung von der Aussenpolitik als einem bundesrätlichen Rotationsgeschäft. Indes verhalfen ihr erst die Sachzwänge erneut zum Durchbruch. Als der Erste Weltkrieg losging, als die Aussenpolitik zu einer Existenzfrage der Schweiz wurde, verliess Arthur Hoffmann das Politische Departement nicht mehr; er blieb in seinem Ministerium, bis er wegen einer misslungenen Friedensvermittlung im Juni 1917 seinen Rücktritt einreichen musste. War damit nicht der Beweis erbracht, dass die

Schweiz mit einem jährlichen Wechsel an der Departementsspitze besser fährt als mit einem Minister, der unweigerlich seine eigenen Initiativen entfaltet? Fast schien es so. Jedenfalls gestattete man seinem Nachfolger Gustave Ador nicht, im Politischen Departement zu bleiben, obschon er gerade dies zur Bedingung gemacht hatte, ehe er sich in den Bundesrat wählen liess. Der Bundespräsident in der Person von Felix Calonder übernahm nochmals die auswärtigen Angelegenheiten, der Bündner Politiker verharrte sogar noch ein zweites Jahr im Ministerium, aber 1920 musste er Giuseppe Motta Platz machen. Und dieser stellte den Sesseltanz ab. Der staatsmännische Tessiner beherrschte das Politische Departement zwanzig Jahre lang souverän. Im Widerstreit zwischen Rotation und »System Droz« obsiegte die »Ära Motta«. Damit hatte es sein Bewenden.

Aus einer übergeordneten Perspektive betrachtet, erscheinen die Neuerungen, die Droz einführen wollte, und der Widerstand, auf den sie bei seinen Kollegen im Bundesrat stiessen, wie ein Seilziehen. Droz setzte alles daran, die Schweizer Aussenpolitik geschmeidiger zu machen, sie dem internationalen Niveau anzugleichen, sie auch mit einem Apparat auszustatten, wie er in andern Ländern üblich war. Er war damit erfolgreich, wenigstens für einige Jahre. Doch nach Droz' Abgang aus dem Bundesrat sorgten seine ehemaligen Kollegen dafür, dass dessen Reorganisation der Aussenpolitik lediglich zu einem Experiment verkam. Auch das Volk, stets misstrauisch gegen die schwer zu kontrollierende Aussenpolitik, zog das Seil nach einigen Jahren wieder resolut auf seine Seite; es legte den Geschäftsführern der Aussenpolitik mit dem Staatsvertragsreferendum noch zusätzliche Hindernisse in den Weg, wie um ihnen zu beweisen, dass Schweizer Aussenpolitik weder nach internationalen Usanzen noch nach dem Verhaltenskodex einer kosmopolitisch geprägten Diplomatenschicht zu verlaufen hat, sondern nach heimischen Gebräuchen, nach den Regeln der Innenpolitik. Unter der Oberfläche freilich waren mit dem System Droz Strukturen herangewachsen, die Bestand hatten. Der innere Aufbau des Departementes, der Ausbau des Vertretungsnetzes und die Errichtung einer geregelten Diplomatenkarriere überdauerten die Rückkehr zum alten Präsidialsystem. Sie setzten die Tradition eines auswärtigen Departementes fort, selbst als diese Bezeichnung wieder aus dem Staatskalender der Eidgenossenschaft verschwunden war.

Im Clinch mit Bismarck

Das ausgehende 19. Jahrhundert war aussenpolitisch eine ruhige Zeit in Europa. Es gab wohl immer wieder Krisen, aber grössere Konflikte brachen keine aus. Seit Bismarck auf dem Berliner Kongress (1878) die Lage auf dem Balkan entschärft hatte, stürzte sich das Bürgertum in einen wirtschaftlichen Boom sondergleichen, und die Grossmächte waren auf anderen Kontinenten beschäftigt. Sie stillten ihren Ehrgeiz, indem sie den Wettlauf um Kolonien wieder aufnahmen und die Erde aufzuteilen trachteten. Die damalige Zeit glich in vielem unserem Jahrzehnt nach dem Fall der Berliner Mauer. In beiden Phasen änderten sich die Lebensbedingungen grundlegend; Politik galt wenig, Wirtschaft hingegen viel. Raffgier beherrschte, argumentativ unterstützt von der zweiten beziehungsweise der dritten industriellen Revolution, weitgehend die Politik: in der Innenpolitik mit einer deutlichen Bevorzugung des Geldanlegers in Form des Couponschneiders beziehungsweise des Shareholders, in der Aussenpolitik mit der machtvollen Erschliessung neuer Märkte unter dem Deckmantel des Imperialismus oder der Globalisierung.

Auch die Schweiz hatte an der Aussenfront keine grösseren Probleme zu bewältigen. Einzig in den Beziehungen mit Bismarcks Deutschland entstanden immer wieder Reibungsflächen. Worum ging es? Während des ganzen Jahrhunderts gab es in der Aussenpolitik nur einen Stoff, an dem sich regelmässig Konflikte mit den Nachbarstaaten entzündeten: das Asylrecht. Seit 1815 führte die large schweizerische Asylpraxis periodisch zu Unstimmigkeiten, zu Vorsprachen oder gar Interventionsdrohungen der Grossmächte, am Ende des Jahrhunderts nicht weniger als in dessen Mitte oder zu dessen Beginn. Suchten in der ersten Jahrhunderthälfte vornehmlich Liberale und Republikaner Zuflucht, so schlüpften später zunehmend Anarchisten und Kommunisten in der Schweiz unter, um ihre Umsturzpläne auszuhecken. Dieser Zustand missfiel nicht nur jenen ausländischen Regierungen, die Zielscheibe der Verschwörer waren, auch die Mehrheit der Schweizer Bevölkerung empörte sich über das Gebaren dieser Flüchtlinge. Besonders hoch gingen die Wogen, als der italienische Anarchist Luigi Luccheni 1898 in Genf die österreichische Kaiserin Elisabeth ermordet hatte.

Ähnlich wie in der gegenwärtigen Asylrechtsdebatte unterschieden Bundesrat und Bürger im ausgehenden 19. Jahrhundert zwischen Recht und Missbrauch. Damals wie heute war es schwierig, nach krassen Verstössen eine humanitäre Asylpolitik aufrechtzuerhalten. Droz konstatierte am Ende seines Lebens, während des ganzen Jahrhunderts sei die Praxis immer nach folgendem Schema verlaufen: Zuerst sei man zu tolerant gewesen, dann hätte man mit doppelter Strenge die Politik wieder ins Lot bringen müssen.[186] Die Versuchung, die Aufenthaltsgenehmigung für Emigranten insgesamt einzuschränken, lockte schon im letzten Jahrhundert nach jedem Missbrauch, insbesondere seit den 80er Jahren, als eine anarchistische Gewaltwelle über Europa schwappte. Ein eidgenössisches Geschworenengericht verurteilte 1878 den französischen Medizinstudenten Paul Brousse zu zwei Monaten Gefängnis, anschliessend wurde er ausgewiesen. Er hatte in La-Chaux-de-Fonds den »*Avant-garde*« herausgegeben, eine Anarchistenzeitung, die unverfroren zum politischen Mord aufhetzte. 1881 wies der Bundesrat den russischen Fürsten Kropotkin aus; er hatte in seiner in Genf erscheinenden Zeitschrift »*Le Révolté*« zur Ermordung von Zar Alexander II. aufgerufen. 1885 leiteten die Behörden eine grössere Fahndung nach Anarchisten ein. Sie schienen einem Komplott auf der Spur zu sein. Eine ausländische Gruppe hatte in Briefen gedroht, das Bundeshaus in die Luft zu sprengen. Mehrere Personen wurden ausgewiesen, ein Coiffeurjunge namens Huft, der mutmassliche Verfasser der Drohbriefe, nahm sich in der Untersuchungshaft in St. Gallen das Leben. Nachträglich stellte sich das Komplott freilich als Prahlerei eines Wirrkopfs heraus. Einige Jahre darauf, 1889, kam am Zürichberg der russische Student Brynstein ums Leben, als er an einer Bombe bastelte. Wiederum kam es zu einer Reihe von Ausweisungen. Die Bevölkerung begrüsste die Massnahmen. Jedermann war sich einig, dass Leute wie die Anarchisten nicht in den Genuss des Asyls kommen sollten. Insgesamt gelang es dem Bundesrat, eine vernünftige Linie zu ziehen; er setzte eine grosszügige Aufnahmepolitik, wie sie der republikanischen Tradition des Landes entsprach, fort und verhinderte den groben Missbrauch. Numa Droz hatte wesentlichen Anteil daran.

Eine grosszügige und würdige Asylpolitik war Droz immer ein Anliegen gewesen. Ein Land durfte sich den fremden staatlichen Zugriffen nicht beugen, aber es war auch gehalten, von den Schutzsuchenden die Einhaltung der landesüblichen Ordnung einzufordern. Es musste konsequent sein. Die Schweiz hatte einem Herzog von Orléans Zuflucht gewährt und dem gleichen Louis-Philippe, nachdem er den Thron bestiegen hatte, Louis-Napoleon nicht ausgehändigt; sie lieferte auch, als sich das Rad der Geschichte wieder drehte, ihrem einstigen Schützling Louis-Napoleon nach dessen Staatsstreich vom Dezember 1851 keine geächteten Republikaner aus; schliesslich stellte sie zwanzig Jahre später, als die Republikaner die Macht übernommen hatten, die geflüchteten Kommunarden trotz dringlicher Forderungen nicht an die Grenze. Schon 1882 hatte Droz in seinem Aufsatz »*Du rôle international de la Suisse*« festgehalten: »Wir wollen, dass unser Boden weiterhin geachtet wird als Asyl für die Verfechter aller unterlegenen Angelegenheiten; aber wenn wir diesen die grosszügigste Gastfreundschaft gewähren, erwarten wir auch, Herr in unserm Haus zu bleiben; und wir dulden Verschwörungen von Ausländern im Innern nicht mehr als Forderungen von aussen.«[187]

Droz hatte mehr Möglichkeiten als jeder andere, seine Worte in Taten umzusetzen. Als Chef des Departementes für auswärtige Angelegenheiten beantragte er beim Parlament, eine Bundespolizei einzuführen. In einer magistralen Rede verteidigte er sein Projekt im März 1888 vor den eidgenössischen Kammern:

»Eines der wertvollsten Rechte unserer Souveränität ist das Asylrecht. Seit jeher haben wir unser Haus den Flüchtlingen freizügig geöffnet, meistens nicht aus Sympathie zu den Personen oder deren Ideen, sondern aus schierer Humanität. Häufig haben sich für uns daraus Komplikationen ergeben: seit 1815 ist dies beinahe der einzige Punkt, in welchem wir mit unseren Nachbarn Schwierigkeiten hatten. Aber wir hielten immer standhaft an unserem Recht als souveräner Staat fest, und so wollen wir es auch in Zukunft halten.

Die Ausländer freilich, die zu uns kommen, müssen sich bewusst sein, dass sie auch Verpflichtungen uns gegenüber eingehen. Sie müssen nicht nur unsere Institutionen respektieren, sie müssen sich auch den andern Ländern gegenüber so verhalten, wie es uns allen obliegt.

Unser Land wird mit dieser Massnahme kein Polizeistaat... Unsere bürgerlichen Freiheiten sind zu sehr mit unserem nationalen Selbstverständnis verwoben, als dass es jemals anders sein könnte.«[188]

Der Antrag wurde nach anhaltendem Applaus von beiden Räten einstimmig angenommen.

Droz konnte seine klare Auffassung im Asylbereich gut gebrauchen, als die Schwierigkeiten mit Bismarck begannen. Der Reichstag hatte 1878 auf Druck des Fürsten ein Ausnahmegesetz gegen die Sozialdemokraten verhängt, das diesen die publizistische Tätigkeit innerhalb des deutschen Reichs verunmöglichte. Mehrere führende Sozialdemokraten suchten in der Schweiz Zuflucht und setzten vom helvetischen Boden aus den Kampf fort. Sie redigierten die Zeitung »*Der Sozialdemokrat*« in Zürich, um hernach das Blatt auf Schmugglerpfaden unter ihre Leserschaft in Deutschland zu bringen. Bismarck ärgerte sich darüber bis aufs Blut und instruierte den deutschen Gesandten verschiedentlich, beim Bundesrat zu intervenieren.

In seiner Verachtung für die Kleinstaaten meinte er ja ohnehin, die diplomatische Vertretung in Bern hätte nur einen Zweck, nämlich gegen die sozialdemokratischen Emigranten zu wirken. »Wenn wir«, schrieb er in jenen Tagen dem Kaiser, »mit der Schweiz überhaupt politische Geschäfte haben und eines kaiserlichen Gesandten daselbst bedürfen, so wird es dessen vornehmste Aufgabe sein, die Stärke der dortigen Position der deutschen Sozialdemokratie zu vermindern und ihren Zusammenhang mit den Schweizer Regierungs- und Beamtenkreisen zu lockern. Andere Aufgaben für unsere Politik in der Schweiz lassen sich in gewöhnlichen Verhältnissen kaum ausfindig machen.«[189]

Die Schweiz reagierte jedoch auf die Vorsprachen kaum. Vom eigenen Rechtssystem her gab es dazu auch keine Veranlassung. Erst als die Redaktion in einer Fasnachtsnummer die kaiserliche Familie und den Reichskanzler arg verunglimpfte, schritten die Bundesbehörden ein. Sie verwarnten die deutschen Journalisten und wiesen die Zürcher Regierung an, gegen das Blatt vorzugehen. Doch die Zürcher, für die polizeilichen Massnahmen allein zuständig, schritten nicht ein. Im linken Freisinn sympathisierte man recht unverhohlen mit den Emigranten. Empört über so viel Anmassung republikanischer Provinzler, hetzten darauf einige deutsche Blätter, die Bismarck nahe standen, gegen die Schweiz. Zürich sei mit seiner Universität, so höhnte man, ein agitatorisches Nest. Nun holten die Zürcher zum Gegenschlag aus. Polizeihauptmann Fischer händigte den deutschen Sozialdemokraten kompromittierende Schriftstücke aus. Schwarz auf weiss ging aus ihnen hervor, dass die Reichsregierung in der Schweiz mit Agents provocateurs operierte. Als der Reichstag 1888 die Verschärfung des Sozialistengesetzes debattierte, rückte der Abgeordnete Singer triumphierend diese Akten heraus und blamierte die Regierung entsetzlich.

Die Enthüllungen schlugen in Berlin wie eine Bombe ein. Sie führten zur Entlassung des stockkonservativen Innenministers Robert von Puttkammer. In der Schweiz freilich begeisterte Fischers Schachzug auch nicht überall. Zwar wies der Bundesrat sofort einen deutschen Agenten aus, aber er missbilligte zugleich das Vorgehen des Zürcher Polizeihauptmanns und bestand darauf, dass der »Sozialdemokrat« erneut verwarnt würde. Als dies geschah, erklärten die Redaktoren in trotzigem Übermut, sie würden ihre Haltung keinen Deut ändern. Darauf musste der Bundesrat reagieren. Er verwies die vier Redaktoren des Landes, unter ihnen auch den prominenten Vordenker Eduard Bernstein. Rückblickend fand Droz, Bismarcks Beanstandungen seien berechtigt gewesen, die Schweiz sei in der Tat zu wenig konsequent gewesen, sie hätte die Anarchisten in der Westschweiz mit andern Massstäben gemessen als die deutschen Emigranten in Zürich; Fischer hätte mit diesen Kreisen sympathisiert; obendrein hätten sich der Bund wie die Zürcher Regierung gefürchtet, gegen die einflussreichen Ausländer vorzugehen. Das war, wie Droz ausdrücklich feststellte, falsch. »Wie man leicht voraussehen konnte, begrüsste die überwältigende Mehrheit des Schweizer Volkes diese Massnahme [die Ausweisung], und die Befürchtungen, die das Justiz- und Polizeidepartement sowie die Zürcher Behörden davor zurückschrecken liessen, bewahrheiteten sich in keiner Weise.«[190] Die Rückkehr zu einer grundsätzlichen Haltung stärkte die Glaubwürdigkeit der Schweiz. Sie ermöglichte, von einer Position der inneren Stärke heraus einen frontalen und wesentlich gefährlicheren Angriff Bismarcks abzuwehren.

Trotz Singers Enthüllungen fuhr die deutsche Polizei fort, in der Schweiz Lockspitzel einzusetzen. So suchte der preussische Polizeiinspektor Wohlgemuth den bayrischen Schneider Lutz in Basel als Spion anzuwerben. Dieser tat so, als ob er auf das Angebot einginge. Er verabredete ein Verschwörertreffen in Rheinfelden. Doch insgeheim benachrichtigte er einen sozialistischen Basler Politiker, der seinerseits dem Bezirksammann von Rheinfelden Bericht erstattete. So kam es, dass Wohlgemuth, als er im aargauischen Städtchen eintraf, sogleich verhaftet wurde. Mit sich trug er ein Schreiben, in welchem er seinem Schützling empfahl: »Wühlen Sie nur lustig darauf los.« Als die Schweizer dies erfuhren, waren sie aufgebracht. Die ertappte Seite gab sich indes keineswegs zerknirscht. Der deutsche Gesandte verlangte vom Bundesrat die sofortige Freilassung des Polizeiinspektors. Dieser ging jedoch nicht darauf ein. Vielmehr verwies er nach neun Tagen Wohlgemuth wie Lutz des Landes und versagte jede weitere Genugtuung. Darauf zitierte Bismarck den Schweizer Gesandten Arnold Roth. Er beklagte sich in bittern Worten über die deutschfeindliche Haltung der Schweizer und verlangte ultimativ, den Ausweisungsbeschluss zurückzunehmen und sich für den Vorfall zu entschuldigen. Andernfalls werde Deutschland, so drohte er, den Niederlassungsvertrag kündigen, den Passzwang an der Grenze wieder einführen und die Schweizer Neutralität nicht mehr garantieren; denn Deutschland könne die Neutralität nur achten, wenn die Schweiz in ihrem Land jene Ordnung aufrechterhalte, die für den Frieden in Europa unerlässlich sei. Er beendete das Gespräch mit den Worten: »...zur Zeit ist das Tischtuch zwischen Deutschland und der Schweiz zerrissen.«[191]

Numa Droz liess sich von diesen Drohungen nicht einschüchtern. Ruhig verfolgte er eine gradlinige Politik. Wie er Bismarcks Beschwerden über die sozialistische und anarchistische Agitation in der Schweiz die Berechtigung nicht absprach und für Abhilfe sorgte, so wies er die Vorwürfe im Fall Wohlgemuth entschieden zurück. Er wusste, dass Bismarck mit seinen geheimpolizeilichen Übergriffen und seinen Agents provocateurs schlechte Karten in den Händen hielt. Zudem war Droz im Innersten überzeugt, Bismarck suche lediglich einen Vorwand, um die Schweizer Neutralität zu disqualifizieren, damit er sie nicht mehr zu respektieren brauche, wenn er einen militärischen Vorstoss nach Frankreich einzuleiten trachte.[192] In einer Note vom 15. Juni 1889 erklärte er dem Reichskanzler: »Wenn sich die kaiserliche Regierung darauf beschränkte, unsere Aufmerksamkeit auf die erwünschte Verbesserung der internationalen Polizeizusammenarbeit zu lenken, dann würde sie uns geneigt finden, ihr im Sinne eines Freundschaftsdienstes die Massnahmen anzuzeigen, die wir derzeit ausarbeiten und die wir schon lange vor dem Zwischenfall mit Wohlgemuth in Angriff genommen haben. Aber wir müssen alle Forderungen, die eine Einmischung in unsere inneren Angelegenheiten bedeuteten, zurückweisen. Die Tatsache, dass ein Land neutral ist, ändert nichts an seiner Souveränität.... Wir verlangen, dass man uns nicht mehr tatsachenwidrig wie eine Regierung und ein Volk behandelt, das die Unordnung liebt sowie Revolution und Anarchie begünstigt, oder wie einen Staat mit minderer Souveränität.«[193]

Die Affäre zog sich über mehrere Wochen hin. Für die Schweiz wurde sie zu einer eigentlichen Bewährungsprobe ihres Willens zur Selbstbehauptung. Bismarck war keineswegs gewillt, klein beizugeben. Im Gegenteil. Er suchte Russland und Österreich als Mitgaranten der Schweizer Neutralität für seine Sache einzuspannen. Und er konnte die beiden Mächte auch bewegen, seine Interventionen beim Bundesrat mit eigenen Vorsprachen zu flankieren. Der Schweiz schienen grosse Gefahren zu drohen. Der Gesandte Roth befürchtete bereits schlimmste Auswirkungen: »Die Situation ist mittlerweile sehr ernst für uns geworden. Ist der Bundesrat nicht in der Lage, den Forderungen der drei Kollektivmächte entgegenzukommen..., so müssen wir für die allernächste Zeit schwerwiegenden Komplikationen entgegensehen.«[194] Aber die von Bismarck aufgebauschte Krise entspannte sich wider Erwarten rasch. Die beiden Grossstaaten kamen zwar pro forma dem deutschen Drängen nach, liessen aber bei ihren Demarchen in Bern deutlich durchblicken, dass sie des Reichskanzlers Eifer nicht teilten; vielmehr liessen sie sich vom Bundesrat überzeugen, dass er alles unternehme, um seine internationalen Verpflichtungen im Asylbereich zu erfüllen.

Der wichtigste Grund für die Entspannung war jedoch Bismarck selbst. Zwar kündigte er, wie angedroht, den Niederlassungsvertrag, und alles schien einen gefährlichen Verlauf zu nehmen; doch kurz hernach trat er als Regierungschef zurück, und das Sozialistengesetz wurde aufgehoben. Damit war auch der Herd der meisten bilateralen Schwierigkeiten erloschen. Die deutschen Sozialdemokraten sahen sich nicht mehr gezwungen, ihre publizistische Tätigkeit ins Ausland zu verlegen, und die politischen Bespitzelungen erübrigten sich ebenfalls. Die diplomatischen Beziehungen mit dem Deutschen Reich normalisierten sich wieder.

Unter der Leitung von Droz hatte der Bundesrat in der Wohlgemuth-Affäre Bismarck die Stirn geboten. Parlament und Volk unterstützten ihn einhellig. Auch das Ausland verfolgte diesen ungleichen Kampf aufmerksam. Die Schweiz verliess die Arena mit einem grossen Zuwachs an Prestige. Nochmals hatte sie bewiesen, dass sie ihre Souveränität zu verteidigen gewillt war, selbst wenn dies im Lichte der nackten Kräfteverhältnisse verwegen erschien – so wie 1838, als sie Louis-Napoleon Frankreich nicht aushändigte, so wie 1856/57, als sie zur Verteidigung Neuenburgs Truppen gegen Preussen mobilisierte. Der Bundesrat seinerseits nützte die Gunst der Stunde, um eine Anleihe von 20 Millionen Franken für ein neues Infanteriegewehr zu beantragen. Vor allem aber drängte er darauf, eine Bundesanwaltschaft einzurichten. Sie sollte die Umtriebe von Anarchisten und politischen Extremisten überwachen. Denn offensichtlich verfügte die Landesbehörde, obschon für die Aussenpolitik zuständig, nicht über ausreichende fremdenpolizeiliche Kompetenzen. Sie war der Adressat von Beschwerden aus dem Ausland, konnte im Innern aber wenig ausrichten. Das bisherige System wies alle politischen Streitfragen den kantonalen Polizeibehörden zu. Wie das Verhalten von Polizeihauptmann Fischer bewiesen hatte, konnte ein kantonaler Beamter, über den der Bundesrat nicht verfügen konnte, in unverantwortlicher Weise internationale Konflikte heraufbeschwören. Im Nachgang zur Wohlgemuth-Affäre änderte man die Zuständigkeit. Der Bundesrat erhielt mit der neuen Bundesanwaltschaft die erforderlichen Mittel.

Einige Monate später ergab sich eine neue Schwierigkeit mit Bismarck. Ende Januar 1890 lud der Bundesrat die europäischen Regierungen zu einer Konferenz nach Bern ein, um über einen besseren Schutz der Arbeiterschaft zu verhandeln. Die Zirkularnote überschnitt sich mit einem kaiserlichen Erlass von Anfang Februar, der eine ähnliche Konferenz nach Berlin einberief. Bismarck, im Gegensatz zu Wilhelm II. wenig auf ein einvernehmliches Verhältnis zur Arbeiterschaft bedacht, unterrichtete den Kaiser nicht über die eidgenössische Initiative. Vielmehr ermunterte er die Schweiz, die Tagung im geplanten Sinn durchzuführen. Offensichtlich suchte er das Vorhaben seines Dienstherrn zu torpedieren. Der Gesandte

Roth indes durchschaute die Intrige. Er riet Numa Droz, dem Kaiser den Vortritt zu gewähren, obschon die Schweiz die Einladungen zuerst versandt hatte. Der Bundesrat befolgte den Ratschlag. Wilhelm II. bedankte sich wärmstens für den noblen Verzicht. Der Schweiz ohnehin viel gewogener als sein Kanzler, erneuerte er sogleich den Niederlassungsvertrag und beseitigte die letzten Reibungsflächen in den schweizerisch-deutschen Beziehungen. Bismarck aber musste seinen Hut nehmen. Dem Kaiser war das Ränkespiel des Fürsten im Vorfeld der Konferenz nicht entgangen. Wie er später einem seiner Mitarbeiter anvertraute, reifte in jenen Tagen sein Entschluss heran, sich des alten Regierungschefs zu entledigen.[195]

Droz hatte die drei Auseinandersetzungen mit Bismarck tadellos gemeistert. Namentlich die Standhaftigkeit in der Wohlgemuth-Affäre stärkte das Selbstbewusstsein der eidgenössischen Nation. Der Zwischenfall war eines der Schlüsselereignisse in der Schweizer Aussenpolitik des 19. Jahrhunderts. In ihm schärfte sich das Profil einer eigenständigen Politik. Droz erhielt dafür überall die berechtigte Anerkennung. Erst lange nach dem Tod des Neuenburgers, im Jahr 1909, kratzte Bundesrat Adolf Deucher an dessen Image. Der 75-jährige Thurgauer sass schon seit 24 Jahren im Bundesrat und war ein entschiedener Anhänger des alten Rotationssystems. Als das Parlament wieder einmal die Reorganisation des Politischen Departementes erörterte und die Verfechter eines aussenpolitischen Fachministeriums die vorbildliche Konfliktbewältigung von Droz herausstrichen, konterte der damalige Bundespräsident mit der Bemerkung, der Gesamtbundesrat hätte in der Wohlgemuth-Affäre nicht weniger Verdienste erworben als der einstige Aussenminister. Droz hätte sich nämlich von Bismarck einschüchtern lassen und sei zum Nachgeben bereit gewesen, so dass der Bundesrat ihn mehrmals hätte auffordern müssen, sich den Begehren des Reichskanzlers stärker zu widersetzen. Die Wohlgemuth-Affäre sei, so liess er durchblicken, nicht wegen, sondern trotz des »Systems Droz« gut gemeistert worden.[196]

Die Nachkommen von Droz wollten diese Flecken nicht unbesehen auf dem Gedächtnis des ehemaligen Aussenministers beruhen lassen. Sie beauftragten den Neuenburger Archivar Arthur Piaget, die Akten zu prüfen. Dieser kam zum Schluss, dass alle Noten an das Deutsche Reich nicht nur von Droz unterzeichnet sind, sondern auch seinen Stil verraten und von ihm eigenhändig verfasst wurden. Ein Vergleich mit den handgeschriebenen Entwürfen, die im privaten Nachlass im Staatsarchiv in Neuenburg lagern, belegte ausserdem, dass der Gesamtbundesrat nur geringfügige Veränderungen an Droz' Vorlagen vornahm.[197] Ein Vorwurf freilich blieb an Droz haften. Er hatte eindeutig gegen die Kollegialität verstossen. Er hatte alle Noten in seinem Namen unterzeichnet. Den Gesamtbundesrat, der die höchste Verantwortung trug, schloss er nicht in dem Mass in die Konfliktbewältigung ein, wie es der wichtigen Sache angemessen gewesen wäre. Aber dieser Verstoss, wie sehr er auf der menschlichen und organisatorischen Ebene befremden mochte, trübt nicht die Verdienste, die sich Droz in der Auseinandersetzung mit Bismarck erworben hat.

Die internationale Schweiz – von der Vorsehung erkoren

Das 19. Jahrhundert hatte mit einer starken Solidarität unter den europäischen Mächten begonnen, es endete indes mit einem ausserordentlich schwachen zwischenstaatlichen Gerippe. Nachdem Napoleon bezwungen war, wachte die Heilige Allianz über ein geordnetes Staatensystem. Auf Betreiben des österreichischen Kanzlers Metternich sollte sie gegen alles vorgehen, was die legitime Ordnung gefährdete. Sie suchte namentlich die nationale Begeisterung und den liberalen Aufbruch, die beiden mitreissenden Weltanschauungen des Jahrhunderts, einzudämmen. Anfangs gelang ihr dies recht gut. Die Mächte trafen sich auf verschiedenen Kongressen, auch führten sie zahlreiche Konsultationen untereinander. Aber mit der Zeit schlich sich der Spaltpilz in die Heilige Allianz ein, Grossbritannien bremste zusehends den Interventionselan, und allmählich ermattete das Interesse an einer gemeinsamen Ordnungspolitik überall ausser in Wien. Als dann die Revolutionswelle von 1848/49 auch den alten Metternich vom Ballhausplatz wegspülte, versiegte der Wille zu zwischenstaatlichen Verbindlichkeiten gänzlich. Im letzten Drittel des Jahrhunderts duldeten die alten Machtstaaten und die jungen Nationen keine internationalen Gebilde mehr über sich. Der Zuständigkeitsbereich des Nationalstaates galt uneingeschränkt und dehnte sich nach allen Seiten hin aus. Die kraftstrotzenden Staaten und Imperien rangen in einem hastigen Wettlauf um ihren Platz in der Welt. Von einem Staatensystem konnte kaum noch die Rede sein. Die europäischen Länder koexistierten einzeln und vereinzelt nebeneinander. Doch ganz ohne staatenübergreifende Strukturen, ohne einen Minimalbestand an internationalen Einrichtungen ging es eben auch nicht. Dieses Manko erspürte anscheinend die Schweiz. Jedenfalls sprang sie in die Lücke mit einigen Vorschlägen. Und so wurde die Schwäche des internationalen Systems zur Stärke der Schweiz.

Am bedeutsamsten war natürlich das Rote Kreuz, eine private Initiative, die der Staat jedoch von Anbeginn kräftig unterstützte. Es stellte gewisse Regeln auf, die gerade dann zu beachten sind, wenn alle andern geordneten Beziehungen zusammenbrechen, nämlich im Krieg. Sodann sprang die Schweiz mit den so genannten Guten Diensten dort ein, wo der Verkehr zwischen den Staaten nicht mehr hinreichend funktionierte. Sie übernahm Mandate von fremden Staaten, nachdem diese ihre diplomatischen Beziehungen untereinander abgebrochen hatten, und sie stellte sich für Schiedsgerichte zur Verfügung. Dieser Vorgang ist im vorangehenden Kapitel beschrieben.[198] Im Zeitalter des Imperialismus ging sie aber darüber hinaus. Sie förderte zudem die Errichtung von technischen internationalen Ämtern und nahm diese so, wie eine Holdinggesellschaft andere Gesellschaften kontrolliert, unter ihre Fittiche. Die Zuständigkeit der Eidgenossenschaft erfasste viel mehr, als es sich heute bei einer internationalen Organisation denken lässt. Die Schweiz stellte den kleinen Sekretariaten nicht nur Räumlichkeiten zur Verfügung, die Bundesverwaltung kontrollierte auch die Finanzen, und der Vorsteher desjenigen eidgenössischen Departementes, das vom Fachlichen her einem internationalen Büro am nächsten stand, übte die Oberaufsicht aus. Ferner stand dem Bundesrat das Wahlrecht der Direktoren zu. Er machte davon gern Gebrauch und ging bis an die Grenzen des Anstands, indem er diese Posten oft für die Schweiz pachtete, altgediente Bundesräte damit versorgte und ihnen auf diese Weise eine komfortable Ersatzpension beimass. Denn bis 1920 gab es für die eidgenössischen Magistraten keine Pensionen.

Nach allen Erfahrungswerten hätte man diese Gebilde im Zentrum der politischen Vormacht ansiedeln müssen – so wie die Wiener Hofburg nach den Napoleonischen Kriegen das Sekretariat der Heiligen Allianz für sich reklamierte oder die USA nach dem Zweiten Weltkrieg die UNO nach New York und die Bretton-Woods-Institutionen nach Washington holten. Doch die Rivalität unter den Grossmächten verhinderte dies und führte gerade zum gegenteiligen Resultat. Man errichtete die neuen Ämter fern von den Machtzentren, möglichst ausserhalb von deren Einflusszonen. Dafür nun eignete sich die Schweiz – ganz abgesehen von der Verkehrslage und dem technischen Entwicklungsstand, die ihr ebenfalls zum Vorteil gereichten. So betraute die Staatengemeinschaft die Schweiz innert kurzer Frist mit fünf internationalen Ämtern oder Vereinen mit wissenschaftlicher oder wirtschaftlicher Zielsetzung. Dabei handelte es sich allerdings um kleine Sekretariate, die lediglich eine Hand voll Leute beschäftigten. Es waren noch keine internationalen Mammutorganisationen. Aber das politische und wirtschaftliche Potenzial dieser Keimzellen von internationalen Organisationen erkannt zu haben war ein Verdienst der Landesregierung. Alle Ämter liessen sich in Bern nieder, 1865 das internationale Telegrafenamt, 1874 der Weltpostverein, 1885 das Büro für gewerbliches Eigentum, das 1888 im Büro für gewerbliches, literarisches und künstlerisches Eigentum aufging, 1893 das Zentralamt für internationalen Eisenbahntransport. Aus dem Telegrafenamt wurde später die Internationale Fernmeldeunion (ITU) und aus dem Büro für gewerbliches, literarisches und künstlerisches Eigentum entstand 1970, als es mit der Pariser Konvention zusammengelegt wurde, die Weltorganisation für geistiges Eigentum (WIPO). Beide übersiedelten nach Genf und gehören dort zur UNO-Familie, während der Weltpostverein und das kleinere Eisenbahnamt bis auf den heutigen Tag in Bern domiziliert sind.

Die Schweiz wurde somit aus einer Kombination von glücklichen Umständen und eigenem Bestreben zum Sitz von internationalen Ämtern ausersehen. Das eine war ihr Verdienst, das andere nicht. Es fiel ihr in den Schoss. Aber einigen Patrioten war dies zu wenig. Sie versahen sogleich den ganzen Vorgang mit einer höheren Weihe für das eigene Land. Ihnen erschien alles wie von langer Hand vorbereitet. In der internationalen Rolle der Schweiz offenbarte sich eine Sendung, in ihr kam die eidgenössische Version einer »manifest destiny« zum Vorschein. Ernest Roethlisberger, zuerst Sekretär, dann Direktor des internationalen Amtes für geistiges Eigentum, verstieg sich in graziösen Wortkaskaden zur Behauptung, der Schweiz falle mit ihren verschiedenen Kulturen ein ethischer Anspruch zu, in der Welt eine Sonderrolle zu spielen, ihre Hauptaufgabe bestehe in nichts Geringerem als »die höheren Interessen der menschlichen Gemeinschaft in die Hände zu nehmen«.[199] Vereinzelt vernahm man solche Stimmen auch im Ausland, beispielsweise beim schon erwähnten W. D. McCrackan. Kein anderes Land, erklärte er, hätte den Grossmächten gleich günstige Bedingungen zur Erörterung und zum Schutz der gemeinsamen Interessen bieten können wie die Schweiz. Sie sei frei von jeglichen Eroberungsabsichten, ihre Neutralität sei von allen anerkannt, sie verfüge über ein stabiles Staatswesen und umfasse in ihrem Bundesstaat germanische und lateinische Volksgruppen – all dies prädestiniere sie, in der Alten Welt eine solche Sonderrolle zu spielen, wie sie den Vereinigten Staaten eines Tages in der westlichen Hemisphäre zufallen werde.[200]

Doch der wichtigste Propagator der eidgenössischen Sendungsidee war Numa Droz, Bundesrat und Visionär, Künder und Macher zugleich. Ihm war es vergönnt, die Aussenpolitik lange an entscheidender Stelle zu gestalten und somit seine Worte, mindestens teilweise, in die Tat umzusetzen. Auch kam ihm zugute, dass er mehr als nur eine Idee besass; er hatte nämlich ein Konzept. Den Sendungsgedanken unterlegte er mit präzisen Vorstellungen von der Rolle, welche die Schweiz im Dienste der Staatengemeinschaft wahrzunehmen hat. Noch nie hatte das Barometer des aussenpolitischen Kurses der offiziellen Schweiz so stark ins Ideelle ausgeschlagen wie unter seiner Leitung – auch später sollte es diese Spitzenwerte nur selten anzeigen. Gewiss begeisterten sich Intellektuelle am Vorabend des Ersten Weltkriegs, wie im nächsten Kapitel aufgezeigt wird, mit patriotischem und humanitärem Elan für noch ideellere Visionen. Aber diesen Entwürfen blieb die politische Umsetzung fast durchgehend versagt. Nach Droz' Abgang begab sich der Bundesrat lieber wieder in realpolitische Bodennähe. Er verblieb dort bis zum Ende des Weltkriegs. Erst mit Felix Calonder und Gustave Ador setzten erneut zwei Bundesräte zu Höhenflügen in idealpolitisch erwärmte Zonen an und erreichten auch einiges.

Welche Rolle sah nun Droz für die Schweizer Aussenpolitik vor? Im Aufsatz »*Du rôle international de la Suisse*«, 1884 in der »*Bibliothèque universelle*« publiziert, beschrieb der Neuenburger Bundesrat in lyrischen Tönen die einzigartige Stellung der Schweiz in der Welt. Nicht nur behandelten die andern Staaten die Eidgenossenschaft mit Respekt; diese hätte auch erkannt, dass dem neutralen Staat, weil sich die Grossmächte oft gegenseitig blockierten, neue Aufgaben zuwüchsen. So wagte sie sich aufs internationale Gebiet vor und unterbreitete eigene Initiativen. Natürlich erwähnte Droz an erster Stelle das Rote Kreuz und die Fürsorge, welche die Schweiz der Genfer Konvention angedeihen liess. »Tous les états civilisés ont successivement adhéré à la convention de Genève, et dans les guerres terribles qui ont eu lieu durant les vingts dernières années, la croix rouge sur fond blanc a été le signe respecté... Les couleurs fédérales ont ainsi flotté sur tous les champs de bataille...«[201] Dann rühmte er die Verdienste um die Schiedsgerichtsbarkeit, hob stolz hervor, dass der famose Alabama-Fall 1872 in Genf ausgetragen wurde, weil sich unser Land am besten zur friedlichen Beilegung von Streitfällen eignete; das Tribunal hätte bei einem Besuch in Bern erklärt, es erwarte von der Schweiz an vorderster Stelle eine Initiative, um dem Schiedsgerichtsgedanken im Völkerrecht zum Durchbruch zu verhelfen – im Übrigen nicht vergebens, hätte doch die Schweiz seither verschiedentlich versucht, Schiedsklauseln in Verträge einzubauen; auch sei sie gerade daran, mit den Vereinigten Staaten ein Abkommen zu schliessen, wonach alle zwischenstaatlichen Streitigkeiten auf diese Weise geregelt würden.

Nebenbei bemerkt gab sich Louis Ruchonnet, der Vorsteher des Justiz- und Polizeidepartements und geistige Mentor der Arbitrage, zur gleichen Zeit weniger selbstsicher. Beunruhigt erkundigte er sich beim Gesandten in Washington, warum die Amerikaner auf den Schweizer Entwurf nicht reagierten.[202] Nicht ohne Grund. Das Abkommen kam nie zustande. Es blieb im embryonalen Stadium stecken – wie so vieles, was mit der Schiedsgerichtsbarkeit zu tun hat. Doch Droz schätzte die Bedeutung des Rechts, mochte sich die Schweiz auch für eine verlorene Sache einsetzen, richtig ein. Er griff einen Gedanken auf, den schon Kern geäussert hatte und der sich wie ein Leitmotiv durch die Schweizer Aussenpolitik zieht: Ein Kleinstaat, der sich behaupten will, muss sich auf die Seite des Rechts schlagen; er darf nicht für die Macht Partei ergreifen. Wenn die Eidgenossenschaft konsequent für das Recht eintritt, kann sie, wie Droz fand, international an Ansehen nur gewinnen.

Schliesslich krönten in Droz' Augen die internationalen Ämter, die sich in Bern ansiedelten, die Schweizer Aussenpolitik. Sie bewiesen sichtbar das Vertrauen der andern Staaten in das solide eidgenössische Staatswesen. Sie belegten indes auch, dass die Politik des Bundesrates, der mit verschiedenen Initiativen die wissenschaftliche und technische Zusammenarbeit über die Landesgrenzen hinaus anregte, Früchte trug. Droz, der diese Entwicklung mehr stimuliert hatte als jeder andere, zählte mit Wonne die Initiativen auf, die seit seinem Eintritt in den Bundesrat stattfanden: 1877 lud die Schweiz zu einem Kongress nach Lausanne, um die aus Amerika eingeschleppte Reblaus, die überall in Europa Weinberge zerstörte, zu bekämpfen. Daraus entstand eine internationale Übereinkunft. Sie wurde beim Bundesrat hinterlegt. 1878 berief die Schweiz zum ersten Mal einen Kongress ein, um Eisenbahnfragen zu erörtern. Aus mehreren Tagungen erwuchs vorerst ein koordinierendes Zentralamt unter der Obhut des Bundesrates – und später ein internationales Amt, dessen erster Direktor, wie erwähnt, Numa Droz hiess. Sodann veranstaltete die Schweiz auf Bitte des Internationalen Literaturverbandes drei diplomatische Konferenzen. Sie schlossen 1886 mit einer Konvention zum Schutz des literarischen und künstlerischen Eigentums ab. Ein internationales Amt in Bern verwaltete das Sekretariat, ehe dieses im Internationalen Amt für geistiges Eigentum aufging.

Heimstatt für Asylsuchende, Land voll edler Initiativen, Champion des Rechts, begehrtes Gastland für internationale Konferenzen – welche Schlüsse zieht Droz aus seiner Analyse? Weitreichende. Er begnügt sich nicht mit der Feststellung, die Schweiz hätte sich einen ehrenvollen Platz innerhalb der Staatengemeinschaft erworben. Die Schweiz sei über sich selbst hinausgewachsen, sie sei zum Vorbild für die andern, ja zu einer moralischen Instanz geworden, sie habe eine Sendung bekommen. Seine Darstellung gipfelt in der einprägsamen Bemerkung: »D'un consentement général, la Suisse est devenue une sorte de Vorort intellectuel et moral dans le domaine des relations internationales.«[203] Wenn man den Aufsatz liest, bekommt man den Eindruck, die Schweiz hätte ihre beneidenswerte Stellung dank einer klugen Politik errungen. Oder doch nicht? Droz bringt auch die Vorsehung ins Spiel: »...la situation privilégiée que la Providence nous a faite...« Selbst die Triebkräfte der Geschichte verbünden sich mit den Bestrebungen der Eidgenossenschaft. Die Wirtschaft und die Wissenschaft, doch auch die philanthropischen Werke, übersteigen zusehends das nationale Denken und rufen nach internationaler Solidarität. Wie von selbst bewegen sich diese Entwicklungen auf die Schweiz zu und begegnen sich dort. »Toutes ces mains qui cherchent à s'unir semblent poussées par une impulsion naturelle à se rencontrer chez nous.«[204]

Vorsehung oder Eigenverantwortung, Determinismus oder kluge Politik: Was ist das Entscheidende? Man darf die Argumente, wie häufig bei Politikern, nicht auf die Goldwaage legen. Vom logischen Standpunkt her kommen sie sich etwas in die Quere. Letztlich geht es Droz nur um eines. Er zieht alle Register, um zu beweisen, dass sich die Schweiz mit einer aktiven Neutralitätspolitik auf dem richtigen Pfad befindet. Ihre Neutralität wird von den andern Staaten geachtet, ihr besonderes Engagement geschätzt. Auch an anderer Stelle knirscht es im logischen Ablauf. So macht er die Bewältigung der Zukunft, macht er einen Ausbau der aktiven Neutralitätspolitik von der Treue zur Vergangenheit, von der Bewahrung der alten Tugenden der Einfachheit und Bescheidenheit abhängig. Doch diese erzeugten gerade nicht das Verlangen nach aussenpolitischer Einflussnahme, sondern nach Abstinenz. Indem er den Erfolg einer aktiven Neutralitätspolitik nicht aus einem Neuansatz heraus erklärt, sondern aus Eigenschaften ableitet, welche die passive Neutralität wesentlich begründeten, begibt er sich in einen verdeckten Widerspruch, mit dem freilich nicht nur er leben musste, sondern auch viele seiner Nachfolger, die sich gleichermassen nach einer aktiven Aussenpolitik sehnten.

Doch wie zutreffend ist überhaupt Droz' Schweizerbild? Geniesst die Eidgenossenschaft im ausgehenden 19. Jahrhundert im Ausland tatsächlich ein derart hohes Ansehen? Mit guten Gründen lässt sich dies bestreiten. Was der Neuenburger schildert, ist eine Seite, und wirklich nur eine Seite des Panoramas. Der Historiker Eduard Fueter zog 1928 über diesen Zeitabschnitt eine ganz andere Bilanz: »Nimmt man die angelsächsische politische Literatur sowie die Urteile einiger Franzosen aus, so darf man wohl sagen, dass die spezifisch schweizerischen Institutionen damals im Ausland in der Regel nur noch halb mitleidig, halb neugierig als eine Kuriosität betrachtet wurden. Der Gedanke, man könnte solche Absonderlichkeiten eines als Pufferstaat ja schliesslich ganz nützlichen Kleinstaates für die eigene politische Praxis nutzbar machen, wäre lächerlich erschienen.«[205]

Gewiss wurde Ernest Renan in Frankreich nicht müde, auf die Schweiz als Vorbild hinzuweisen. Und in Amerika bewunderte McCrackan das eidgenössische Modell. Aber ansonsten überwogen die Kritiker bei weitem. James Madison schon hatte die Institutionen in der Schweiz, ehe er die amerikanische Verfassung schrieb, geprüft und für untauglich befunden. Und Alexis de Tocqueville: So sehr er die Demokratie in Amerika bewunderte, so sehr verachtete er die Zustände in der Schweizer Regeneration. Er behauptete, diesen in Anarchie versinkenden Staat gäbe es, wäre nicht der Neid der Nachbarn, längst nicht mehr.[206] In Deutschland widmete Hegel einem Nebenprodukt der Weltgeschichte wie der Eidgenossenschaft nicht einmal eine Fussnote. Demokratie war seiner Meinung nach etwas Überholtes. Die Volkssouveränität gehört »zu den verworrenen Gedanken, denen die wüste Vorstellung des Volkes zugrunde liegt. Das Volk ohne seinen Monarchen ... ist die formlose Masse, die kein Staat mehr ist ...«[207]

Im Zeitalter des Nationalismus und Imperialismus verstärkten sich diese Tendenzen noch. In der Tat konnte man mit direkter Demokratie, Neutralität und humanitärem Wirken keine Weltpolitik betreiben. Die Schweiz lag quer zum Zeitgeist. Unter Hegels Sickereffekt missachtete oder bespöttelte die gesamte nationalistische deutsche Geschichtsschreibung das Kuriosum in den Alpen. Die Koryphäe unter den Historikern, Heinrich von Treitschke, qualifizierte die Eidgenossenschaft gönnerhaft als eine »allgemein ehrenwerte Mittelmässigkeit«.[208] Doch auch die Liberalen nahmen sich die Schweiz nicht zum Vorbild. Friedrich Naumann, die Respektsperson des deutschen Liberalismus, meinte, man sei »öfter Zeuge von Schweizer Kantonalauseinandersetzungen« gewesen, und die Schwächen einer republikanischen Verfassung stünden den Schattenseiten der Monarchie in nichts nach.[209] Den Kommunisten sagte die Schweiz, ein ländliches Gebiet, ohne Metropole, ohne Schwerindustrie und proletarische Massen, ebenfalls nicht zu. Und die Sozialisten konnten, von marginalen Ausnahmen wie einem Moritz Rittinghausen abgesehen, mit dieser Art von Republik auch nicht viel anfangen. Ihnen, den »Linkshegelianern«, fehlten in der hohen Politik der weltpolitische Fingerzeig und im Alltag das proporzionale Wahlrecht. Die Schweiz befand sich, so besehen, keineswegs im Zentrum internationaler Bewunderung, sondern auf einem Nebengleis.

Droz' aussenpolitische Idylle kontrastierte nicht nur generell mit den Zeitströmungen im Ausland, sie stimmte auch mit den Zuständen in der Schweiz nicht überein. Trotz des Roten Kreuzes, trotz der Solidaritätsaktionen im Deutsch-Französischen Krieg, trotz der internationalen Ämter in Bern misstraute die Mehrheit des Schweizer Volkes allem, was das Land stärker in die internationalen Beziehungen zu verflechten drohte. Selbst bei nichtigen Anlässen entlud sich der Unwille über ein System, das vielen im Innersten zuwider war. Nach wie vor musste der Bundesrat jeden noch so kleinen Ausbau des diplomatischen Netzes dem Parlament und dem Volk abringen. Als er 1883 beantragte, den Haushalt der Gesandtschaft in Washington um Fr. 10000 von Fr. 50000 auf Fr. 60000 zu erhöhen, willigten die Kammern zwar ein, aber im Ständerat rumorte es beträchtlich. Philipp Anton von Segesser, der staatsmännische Luzerner Konservative, sprach vielen aus dem Herzen, als er forderte, man »möchte das Geld, welches die Schweiz für die Repräsentanz im Auslande ausgibt, nützlicher für andere Dinge anlegen«.[210] Jedenfalls wurde gegen den Beschluss das Referendum ergriffen, und in der Abstimmung vom 11. Mai 1884 verweigerte das Volk mit einer wuchtigen Mehrheit von 61,5 % der Gesandtschaft in Washington den Zusatzkredit.

Nicht besser erging es 1894 dem ersten Gesetz über die Vertretung der Schweiz im Ausland. Droz mit seinem feinen Sensorium für politische Stimmungslagen hatte es stets abgelehnt, dem Parlament ein Gesandtschaftsgesetz vorzulegen. Auf den Vorwurf, der Aussenminister würde in seinem Departement zu sehr nach eigenem Gutdünken schalten und walten, erwiderte der erfahrene Politiker, die Kammern könnten ihre Aufsicht mittels des Budgetrechts ausüben. Sein Nachfolger, Adrien Lachenal, wollte sich zugänglicher zeigen. Der Neuling kam den Wünschen der Räte gutmütig nach. Doch die Vorlage nahm den gleichen Verlauf wie der Kreditbeschluss; den Nationalrat passierte sie problemlos, im Ständerat fing es zu stocken an, dann wurde ein Referendum verlangt, schliesslich verwarfen die Stimmbürger 1895 das Gesetz mit 58,5 %, obschon die protestantischen Kantone der Westschweiz – bei aussenpolitischen Vorlagen stets zustimmungsbereiter als die Deutschschweizer – es mit 90 % annahmen.

Weshalb diese Niederlage? Dem Anschein nach brachte eine Allianz aus Katholisch-Konservativen, Sozialisten und Protestanten ländlichen Zuschnitts das Gesetz zu Fall. Eine solche Sicht indes begnügt sich mit vordergründigen Eindrücken. Bei dieser Vorlage ging es wohl auch, aber nicht in erster Linie, um Parteitaktik. Der in Luzern erscheinende »Eidgenoss« wies nach der Abstimmung auf merkwürdige Ergebnisse hin: »Dass die sämtlichen ultramontanen Kantone verwerfen würden, war zu erwarten; aber etwelche Überraschung bieten die grossen Verwerfungsziffern sämtlicher Ostschweizer Kantone. Sie zeigen, dass dort das Diplomatenwesen als solches sehr schlecht angeschrieben ist. Auch die bundestreuesten und freisinnigsten Stände sind mit ganz überraschend grossen Verwerfungsziffern ins Feld gerückt.« Ulrich Dürrenmatt, ein protestantisch-konservativer Publizist von Gotthelfschem Zuschnitt (und obendrein Grossvater des Schriftstellers Friedrich Dürrenmatt), deutete das Unbehagen im Volk richtig, wenn er es in tieferen Schichten sondierte: »Zur Errichtung neuer Stellen und zur *Versorgung guter Freunde mit eidgenössischen Pöstlein* ist ein solches summarisches Verfahren sehr bequem; unsern republikanischen Einrichtungen aber schlägt es direkt ins Gesicht, ja es ist ein *unverhüllter Anschlag gegen die bestehenden Rechte des Schweizervolkes,* dessen Annahme durch das Volk einer eigentlichen *politischen Selbstverstümmelung* gleichkäme.« Und der sozialistische »Vorwärts« unterschied sich in Worten, aber nicht in seiner Meinung vom politischen Urgestein aus Herzogenbuchsee. Er geisselte den aussenpolitischen Apparat nicht weniger: »Das ganze Machwerk ist ein Produkt der Korruption, durch und durch undemokratisch, ja unrepublikanisch, ohne eine Spur von Schweizersinn, ein Produkt der monarchischen Ausländerei, der Klassenwirtschaft.«[211]

Die republikanischen Schweizer misstrauten den Repräsentanten der Aussenpolitik zu Beginn des Jahrhunderts abgrundtief, und am Ende des Säkulums taten sie es nicht weniger. Die Aussenpolitik löste ihrer Ansicht nach weniger Probleme mit dem Ausland, als dass sie solche im Inland schuf. Mit ihren überstaatlichen Kontakten entzog sie sich weitgehend der in der Innenpolitik ausgeübten demokratischen Kontrolle, mit den kosmopolitischen, ja mitunter höfischen Umgangsformen ihrer Vertreter untergrub sie die herkömmliche Schlichtheit der Republik. Sie schuf eine Schicht von Privilegierten, die sich mehr an einem internationalen Lebensstil erfreuten als an landesüblicher Genügsamkeit. Aussenpolitik hatte etwas Unheimliches, etwas Unkontrollierbares an sich. Sie drohte die Volkssouveränität zu unterlaufen und mithin das zu gefährden, worauf die Schweizer am meisten stolz sind. Die Versöhnung von schlichten demokratischen Sitten und internationalem Habitus, von neutralitätspolitischer Zurückhaltung und aussenpolitischem Engagement, die Realisierung von Droz' Traum gelang nicht. Die Mehrheit der Schweizer wollte sich die Aussenpolitik so weit als möglich vom Hals halten. Aussenpolitische Ambitionen vertrugen sich nicht mit Schweizer Sebstbescheidung. Ihnen schien, als ob der Drang nach einer internationalen Rolle von der Substanz dessen zehrte, was das Wesen der Eidgenossenschaft ausmachte. Und sie entschieden sich für das, was sie hatten, und nicht für das, was einige erstrebten.

Auch innerhalb des Bundesrates war der Aufbruch zu einer aktiven Aussenpolitik nicht unbestritten. Droz brachte zwar eine Mehrheit auf seine Seite, aber nach seinem Weggang kippten die Verhältnisse wieder. Nur eine Minderheit wollte seinen Kurs fortsetzen. Die anderen beschlossen, die Übung abzubrechen. Man hatte, bemerkte der Rechtsprofessor Max Huber leicht verärgert, das »System Droz« mit seiner aktiven internationalen Politik pazifistischer Prägung in schlechter Erinnerung, »so dass nachher ein möglichst entgegengesetzter, das heisst passiver, misstrauischer Kurs gesteuert wurde«.[212] Tatsächlich wurde der Bundesrat in seiner Korrektur von den erfahrensten Diplomaten unterstützt. Ein Charles Lardy in Paris, ein Arnold Roth in Berlin, ein Gaston Carlin in London misstrauten den schwungvollen internationalen Gesten, die häufig genug nur machtpolitische Absichten wattierten. Sie alle rieten zu einer behutsamen eidgenössischen Politik, die nicht nach aussenpolitischen Lorbeeren schielt, sondern sich eine möglichst grosse Handlungsfreiheit nach allen Seiten sichert. Auch war der Tessiner Departementssekretär, Gustavo Graffina, der in der Zentrale die Fäden von 1894–1912 zog, ganz auf eine zurückhaltende Aussenpolitik eingeschworen. »Seine Abneigung gegen jede Aktivität und positive internationale Zusammenarbeit«, klagte Huber, »mochte ja wohl dem Denken weiter Kreise des Schweizervolks und auch des damaligen, im allgemeinen überalterten Bundesrates entsprechen.«[213]

Wie gross die Scheu vor einem echten internationalen Engagement war, entlarvte das Gerangel um den Standort eines permanenten Schiedsgerichts. Die Niederlande und die Schweiz bewarben sich um den Sitz. Verschiedene von Anarchisten auf Schweizer Boden verübte Attentate, namentlich jenes auf Kaiserin Elisabeth von Österreich, beeinträchtigten allerdings die Schweizer Bewerbung von Anfang an erheblich. Ausserdem war man, wie der Gesandte Roth aus Berlin warnte, in mehreren Hauptstädten vom Schweizer »›Heisshunger‹ nach internationalen Bureaux«[214] nicht sehr angetan. Etliche Staaten hielten die Zeit für gekommen, um einem andern Land eine Chance einzuräumen. So zeichnete sich auf der Ersten Haager Friedenskonferenz von 1899 bald eine Niederlage der Schweizer Kandidatur ab. Darauf benahm sich die Schweiz so, als ob sie nicht an der Schiedsgerichtsbarkeit an sich interessiert wäre – was sie, historisch gesehen, zweifelsohne stets war –, sondern bloss am institutionellen Gehäuse, das sie beherbergen wollte. Als sie dieses nicht erhielt, schmollte sie wie ein Spielverderber. Zeigte sie anfänglich lebhaftes Interesse an der Sache, so betrieb sie nachher beinahe Obstruktion. Am 17. Juni 1899 schrieb Bundespräsident Eduard Müller dem Delegationsleiter im Haag, dem langjährigen Aargauer Nationalrat und Armeeobersten Arnold Künzli:

»Besten Dank für Ihre Mittheilungen über den Stand der Schiedsgerichtsfrage. Ich theile Ihre Zweifel über den Werth eines permanenten Schiedsgerichtes für die Schweiz vollständig und finde, dass diese Frage für uns heute anders liegt als bei Beginn des Congresses.

Solange die Schweiz hoffen durfte, den Sitz eines permanenten Schiedsgerichtes zu erhalten, mussten wir uns auch sagen, dass die Vortheile dieses Sitzes für unser Land gross genug wären, um die Nachtheile der Einrichtung für einen kleinen Staat zu paralisieren. Die Hoffnung aber eventuell den Sitz zu erhalten, durfte die Schweiz wohl hegen, angesichts der Rolle, die sie bisher als Schiedsrichter und in internationalen Werken gespielt hat...

Nachdem nun aber jede Aussicht geschwunden ist, dass ein permanentes Schiedsgericht oder auch nur das Bureau eines solchen nach der Schweiz kommen könnte, erscheint die Sache vom Standpunkte unseres Interesses aus betrachtet in anderem Lichte. ...

So stehe ich also dieser Frage ebenfalls sehr skeptisch gegenüber und sähe es gar nicht ungern, wenn eine Einigung nicht zustande käme. Natürlich müssen wir sorgfältig den Schein vermeiden, als wären wir wegen der Sitzfrage verstimmt.«[215]

Einen derartigen Fauxpas hätte der wendige Droz kaum begangen. Er hätte die Konferenz gründlicher vorbereitet, hätte besser argumentiert und sich, wäre es denn zu einer Niederlage gekommen, nicht eine solche Blösse gegeben. Aber krempelte er die Aussenpolitik mit seinen Impulsen wirklich so um, wie seine Kritiker behaupteten? Im Grunde genommen hielt auch er sich fern von politischen Angelegenheiten, welche die Schweiz nicht direkt betrafen. Gewiss sollte die Eidgenossenschaft, etwas salopp gesprochen, auf internationalen Fototerminen präsenter sein. Sie sollte mit humanitären Missionen, als Gastgeberin für internationale Ämter und Konferenzen wie als Sitz eines Schiedsgerichts eine wichtige Rolle spielen. Aber bei diesem Engagement ging es nie um Macht oder politische Einflussnahme. In Kriege, die humanitäre Katastrophen auslösten, mischte sie sich nicht ein; sie beschränkte sich auf unbestrittene humanitäre Einsätze. In den Streitfällen, die es zu schlichten galt, ergriff sie so wenig Partei wie vorher; sie begnügte sich mit dem Prozeduralen. Die internationalen Foren sodann wollte sie nicht nach ihren Vorstellungen formen; mit einer Gastgeberrolle gab sie sich mehr als zufrieden. Droz' aktive Neutralitätspolitik war eine blendende Strategie, um ein Gefühl von politischer Teilnahme zu vermitteln, derweil sie diese gerade mied. Sie erlaubte es der Eidgenossenschaft, sich als aktive Partnerin der Staatengemeinschaft zu wähnen, ohne von der Neutralität abzurücken. Was immer die Schweiz aussenpolitisch unternahm, sie tat es nicht, um ihre Macht zu vergrössern, sondern um das Privileg ihrer Neutralität zu sichern und das damit verbundene Defizit an Solidarität zu kompensieren.

Über die Neutralität als Grundlage der Aussenpolitik bestand am Ende des 19. Jahrhunderts Einigkeit. Stark auseinander gingen die Ansichten indes über das Droz'sche Sendungsbewusstsein. Der Neuenburger wollte für die Schweiz auf der internationalen Bühne vor allem Ansehen erwerben. Dafür unternahm er alles. Mit beinahe messianischem Drang baute er eine Diplomatie auf, glich sie den internationalen Standards an und betrieb, die Anregungen des Zeitgeistes nicht verachtend, eine aktive Neutralitätspolitik. Die andern Staaten sollten zur neutralen Schweiz aufschauen, sie als Vorbild betrachten und ihr moralische Autorität zugestehen. Davon freilich hielten seine Verächter nicht viel. In ihren Augen brauchte die Schweiz weder die Diplomatie anderer Länder nachzuahmen noch moralisch eine internationale Führungsrolle anzustreben. Das war ebenso eitel wie anmassend. Der Schweizer Selbstwert hing nicht von der Bewunderung durch das Ausland ab. Er ergab sich aus der Ordnung im Inneren. Ihnen genügte die Schweiz, wie sie war, im Windschatten des Weltgeschehens gelegen, abgeschirmt durch eine passive Neutralität, nur mit einer rudimentären Diplomatie ausgestattet – eine Schweiz ohne Primadonnenallüren. Die Rivalität zwischen einer von Idealismus inspirierten Aussenpolitik und einer von nüchternem Realismus geprägten Version hatte unter Numa Droz erstmals scharfe Konturen angenommen. Seither durchzieht sie, in der einen oder anderen Form, die eidgenössische Selbstbesinnung über den eigenen Standort in der Staatengemeinschaft.

Max Huber
Für das Recht gelebt, am Völkerbund gescheitert
1874–1960

Nach dem Rücktritt von Numa Droz verfiel die Schweizer Aussenpolitik rasch wieder in den gewohnten Trott. Alljährlich übernahm der jeweilige Bundespräsident das Politische Departement, gönnte sich ein ruhiges Jahr und war froh, wenn sich an der Aussenfront wenig tat. Das geistige Vermächtnis des Neuenburgers lebte indes weiter, wenn auch vorerst im Abseits. Die Idee von einer aktiven Aussenpolitik war nicht mehr aus der Welt zu schaffen. Sie brach immer wieder in einzelnen Exponenten durch. Aber in der windstillen Zeit um die Jahrhundertwende fand sie zu wenig Zuspruch, um auf der politischen Bühne etwas zu bewirken. Ja, aussenpolitische Angelegenheiten interessierten generell nur wenig. Das sollte sich erst im Vorfeld des Ersten Weltkriegs ändern, als die internationalen Spannungen sprunghaft anwuchsen und die Schweizer, nach Sprachgruppen getrennt, in einem bisher unbekannten Ausmass Partei ergriffen. Ein gefährlicher Graben tat sich zwischen den Deutschschweizern und den Welschen auf. In den ersten Kriegstagen brachen die Leidenschaften dann völlig auf: die Mehrheit der Deutschschweizer fieberte mit den Deutschen von Sieg zu Sieg, die meisten Welschen bangten mit den Franzosen nach den vernichtenden Niederlagen um deren Existenz.

In diesen Schicksalsstunden erwachte das aussenpolitische Interesse überall. Auch das Parlament wollte seine Mitspracherechte, die ihm die Bundesverfassung in den äusseren Angelegenheiten zugestand, stärker wahrnehmen. Hatten die beiden Kammern bisher die Führung der Aussenpolitik grosszügig dem Bundesrat überlassen, so änderte sich dies im Krieg. Nun forderten verschiedene Interpellanten mehrmals, es sei eine aussenpolitische Kommission zu bilden. Sie mussten sich allerdings mit Geduld wappnen. Der Bundesrat wollte darüber gar nicht mit sich reden lassen. Noch 1924 verweigerte Guiseppe Motta den Volksvertretern kategorisch jede Mitsprache. Diese mussten sich weiterhin, um eine treffende Formulierung von Willy Bretscher, dem ehemaligen Chefredaktor der »Neuen Zürcher Zeitung« aufzugreifen, mit einem *jus murmurandi,* einem Recht zum Murmeln oder Murren, zufrieden geben. Erst 1936 wurde die Kommission des Nationalrats für auswärtige Angelegenheiten geschaffen. Doch bis dahin hatte sich vieles verändert. Mit der Frage, ob die Schweiz dem Völkerbund beitreten solle oder nicht, hatte eine aussenpolitische Debatte von existenziellem Format zuerst das Bundeshaus und dann das Volk erfasst. Die Auseinandersetzung über den Kurs der Schweizer Aussenpolitik wühlte das Land mit seltener Leidenschaft auf. Sollte die Eidgenossenschaft einen Kurs einschlagen, der sich mehr von ideellem Streben oder von behutsamer Zurückhaltung leiten liess?

Die Auseinandersetzung verlief umso schärfer, als viele Schweizer in ihrem Innersten tief von einer Sendung durchdrungen waren. Sie glaubten, die Schweiz – und nur sie – hätte der Welt etwas Spezifisches zu bieten. Gab ihnen der Lauf der Weltgeschichte, gab ihnen der Zustand nach dem Weltkrieg nicht Recht? Die grossen Reiche im Osten, das Osmanenreich, das Habsburgerreich, das Zarenreich, das Deutsche Reich, sie alle waren zerfallen. Offensichtlich hatten sich die grossräumigen Vielvölkerstaaten überlebt. Auf ihrem Boden entstanden zahlreiche Mittel- und Kleinstaaten. Die Schweiz war keine Anomalie mehr. War sie um die Jahrhundertwende noch, abgesehen von Frankreich, ausschliesslich von Monarchien umgeben, so fand sie sich plötzlich in Gesellschaft von vielen demokratischen Staaten. Diese waren mehr nach helvetischem Muster zugeschnitten als nach den Staatswesen, aus denen sie hervorgegangen waren. Das Zeitalter der Demokratie schien endgültig angebrochen und damit auch das Zeitalter der Schweiz. Denn sie verfügte in Sachen Demokratie über mehr Erfahrung als jeder andere Staat.

Etlichen Schweizern mangelte es nicht an mächtigem Selbstbewusstsein. Die Neutralität erachteten sie als eine weise Politik – aber nicht mehr, um sich von fremden Machtkämpfen fern zu halten, sondern um sich zum Richter über andere aufzuschwingen. Sie fühlten sich zum Eingreifen berufen: Der Neutrale, gerade weil er neutral war, musste seine Stimme erheben. Ihnen sagte nicht mehr die klassische Enthaltung des Neutralen zu; solches war höchstens noch eine Vorstufe für höhere Weihen. Die Sendungsbewussten wollten die Schweiz in der Rolle des Richters sehen – der Neutrale, der über den Dingen steht und deshalb über die andern zu richten befugt ist. Besonders weit wagte sich Professor Paul Schweizer vor, der Verfasser des ersten Geschichtsbuchs über die schweizerische Neutralität. Als Privatbürger verlangte er Anfang 1916 eine Friedensvermittlung der neutralen Staaten. Diese seien zu einem solchen Schritt im Interesse der Menschheit geradezu verpflichtet. Mit fantastischem Schwung entfaltete er in der »Neuen Zürcher Zeitung« sein Programm: »Zu den humanitären Aufgaben mit gemeinsamen Interessen der neutralen Staaten gehört aber auch die Ausdehnung ihrer Friedensordnung auf ganz Europa durch Friedensvermittlung.«[216] Wie wenig Sinn für machtpolitische Zusammenhänge diese wohlmeinenden Eiferer hatten, belegt folgendes Beispiel:

Selbst über die Zuteilung des Elsasses und von Lothringen sollten die Neutralen zu Gericht sitzen. Nach Schweizer liessen sich die Probleme mit etwas gutem Willen lösen. Diese Landschaften gehörten, lautete sein schlichtes Urteil, »selbstverständlich« zu Deutschland. Natürlich fruchteten derlei Fantasien nicht viel. Die Neutralen als Kadis der Grossmächte: Solche Visionen hoben meilenweit vom Boden der Wirklichkeit ab und blieben, wie von Realisten geahnt, in der Luft hängen.

Schädlicher waren die misslungenen Vermittlungsbemühungen von staatlichen Exponenten. Diese waren kaum von einem missionarischen Drang erfüllt, sondern eher von Sorge um die horrenden Kriegsopfer getrieben. Aber im Treibhausklima der überhitzten neutralen Erwartungen waren auch sie nicht hundertprozentig gegen die Verlockungen einer Friedensvermittlung gefeit. Mehrmals geriet die Schweiz in die Gefahrenzone. In mindestens drei Fällen liessen sich staatliche Vertreter dazu verleiten, von einer streng neutralen Pflichterfüllung abzuweichen; sie hofften, durch diskrete Dienste den Kriegsverlauf verändern zu können.

Zu Kriegsbeginn belieferten zwei Offiziere, der Chef des Nachrichtendienstes, Moritz von Wattenwyl, und Oberst Karl Egli die Militärattachés Deutschlands und Österreichs täglich mit militärischem Nachrichtenmaterial. Nun ist es unter Nachrichtendiensten gewiss üblich, Informationen auszutauschen. Aber nur die Mittelmächte zu bedienen war eine klare Verletzung der Neutralitätspflicht. Als die Angelegenheit 1915 ans Licht kam, brach im Parlament und vorab in der Westschweiz, wo die Stimmung wegen der Deutschfreundlichkeit der Deutschschweizer schon längst gereizt war, helle Empörung aus. Gegen den hartnäckigen Widerstand der Armeespitze setzte der Bundesrat durch, dass die beiden Obersten vor Gericht gestellt wurden. Die Landesregierung hatte damals zu Recht so gehandelt. Im Nachhinein, wenn man etwas Licht in die Dunkelkammern der Geheimdienste werfen kann, scheint es aber, dass die Neutralitätsverletzung weniger gravierend war als angenommen. Mit Frankreich dürften, worauf verschiedene Anzeichen hindeuten, ähnliche Informationskanäle bestanden haben, die man indes – Geheimdienste sind eben geheim – nicht publik machen konnte.[217]

Im späteren Verlauf des Kriegs strauchelte Minister Paul Ritter bei einem Vermittlungsversuch in Washington. Erneut schien es, die Schweiz ergreife zu Gunsten der Mittelmächte Partei. Im Februar 1917, nachdem das Deutsche Reich den verschärften U-Boot-Krieg erklärt und Präsident Wilson die diplomatischen Beziehungen mit Berlin abgebrochen hatte, verwandte sich der Schweizer Gesandte, um eine amerikanische Kriegserklärung an die Mittelmächte zu verhindern. Im Auftrag Deutschlands liess er das State Department wissen, Deutschland sei bereit, mit Amerika zu verhandeln. Ritter war in einer delikaten Lage. Die deutsche Regierung war eben daran, ihr Botschaftspersonal aus Washington abzuziehen und die Interessenvertretung der schweizerischen Gesandtschaft zu übertragen. Aber die Eidgenossenschaft hatte das neue Mandat formell noch nicht übernommen. Also handelte Ritter, rechtlich gesehen, ausschliesslich im Namen der Schweiz. Er hatte sich in ein Unterfangen einspannen lassen, das der scheidende deutsche Botschafter in Washington ausgeheckt hatte. Es schlug sogleich fehl. Das Staatsdepartement lehnte das Angebot entschieden ab und informierte stracks die Presse. Nun liess auch das Auswärtige Amt den Schweizer Diplomaten im Regen stehen. Es versteckte sich hinter Formalien und erklärte, mit dem Vermittlungsgesuch nichts zu tun zu haben, Ritter hätte eigenmächtig gehandelt. Erneut blieb ein Makel an der Schweiz haften.

Den schlimmsten Verstoss beging indes Bundesrat Arthur Hoffmann an Pfingsten 1917. Der Vorsteher des Politischen Departementes wollte auf Anregung der deutschen Diplomatie sondieren, ob das neue, revolutionäre Russland zu einem Separatfrieden mit Deutschland bereit wäre. Mit redlicher Absicht schaltete er sich ein, um zu erproben, ob der Krieg abgekürzt werden könne. Er war sich bewusst, auf was für eine delikate Angelegenheit er sich einliess. Deshalb wohl handelte er eigenmächtig; seine Kollegen in der Landesregierung informierte er nicht über die Geheimmission. Doch das Unterfangen platzte, ehe es richtig begonnen hatte. Nationalrat Robert Grimm sollte in Petrograd die Kerenski-Regierung kontaktieren. Aber eine Depesche Hoffmanns an Grimm, welche die Bedingungen der Zentralmächte für einen Friedensschluss enthielt, wurde abgefangen und publik gemacht. Das In- und Ausland reagierte sogleich mit einem Aufschrei des Entsetzens. Der tüchtige St. Galler Bundesrat, die dominante Gestalt in der Regierung, war international kompromittiert. Das Bundesratskollegium entschied, Hoffmann müsse unverzüglich zurücktreten. Motta hatte seinem Kollegen die heikle Nachricht zu überbringen. Doch dem Tessiner blieb es erspart, die traurige Mitteilung zu eröffnen. Hoffmann hatte selbst eingesehen, dass seine Stellung erschüttert war, und die Demission von sich aus eingereicht. Er zog sich in seine Heimatstadt zurück und schwieg bis zu seinem Tod im Jahr 1927 nobel über die Vorgänge. Auch wenn in der Schweiz niemand an Hoffmanns Ehrenhaftigkeit zweifelte, so bezichtigte man ihn auf Seiten der Entente aus verständlichen Gründen der flagranten Neutralitätsverletzung. Hätte Russland zu jenem Zeitpunkt einen Separatfrieden mit Deutschland abgeschlossen, dann wäre dies in der Tat wie ein Dolchstoss in den Rücken der Entente gewesen.

Der Wunsch, als Neutraler für den Frieden etwas Besonderes zu tun, war während des Krieges stark, und nach dem Grossen Krieg wurde er noch stärker. Wie nach dem Ende des Kalten Krieges durchströmte ein frischer Optimismus viele Zeitgenossen. Im ewigen Kampf zwischen Macht und Moral, zwischen Recht und Interessen wähnten viele, eine stabile Friedensordnung sei angebrochen. Und auf nichts richtete sich die Hoffnung so sehr wie auf das einzigartige Projekt, das Völkerbund hiess. Erhielt die Schweiz nicht erneut eine spezielle Berufung? Hatte sie bisher nicht im Kleinen vorgelebt, was nun im Grossen nachvollzogen werden soll? Es fehlte in jenen Jahren nicht an kühnen Plänen und überschwänglichem Eigenlob. Halb spöttisch, halb bejahend sprach man im Ausland schon von einer »Verschweizerung Europas«. Auch angesehene Persönlichkeiten ragten in der Schweiz weit zum Fenster hinaus. William Rappard, der weltgewandte Genfer Historiker und Gründer des *Institut universitaire de hautes études internationales,* betitelte seine Schweizer Geschichte von 1291–1798 vielsagend, aber auch etwas bombastisch als »*Cinq siècles de sécurité collective*«. Was man den Geist der Zeiten nennt, ist, wie Goethes »*Faust*« schon konstatierte, meist nichts anderes als eine Bespiegelung der eigenen Zeit. Auch der Zürcher Rechtshistoriker Emil Usteri zog markante Fluchtlinien in die Vergangenheit. Er schloss eine Untersuchung über die Schiedsgerichtsbarkeit in der mittelalterlichen Schweiz mit dem gravitätischen Kommentar: »Es gibt nichts Neues unter der Sonne! Wenn heute die ersten Staatsmänner Europas sich anschicken, durch den Ausbau und die stetige Verbesserung des internationalen Rechts ... eine neue Katastrophe zu vermeiden, so könnten sie sich dabei die Tätigkeit der führenden Männer der spätmittelalterlichen Eidgenossenschaft auf diesem Gebiete in mancher Hinsicht zum Vorbild nehmen.«[218] Das war das geistige Umfeld, in welchem Max Huber wirkte. Und niemand begründete die neue aussenpolitische Sendung so gut wie er.

Ein grossbürgerlicher Patriot mit pazifistischem Einschlag

Der Zürcher Max Huber ist in der Geschichte der Schweizer Diplomatie die einzige Persönlichkeit, die man im wahrsten Wortsinn als »graue Eminenz« bezeichnen kann, als jemanden, der stets im Hintergrund arbeitete, aber entscheidende Weichen in der Aussenpolitik stellte. In der unmittelbaren Nachkriegszeit, als Friedenssehnsucht und Völkerbundsgeist den Trümmern entstiegen, gab es niemanden, der über die Neuausrichtung der Schweizer Aussenpolitik so scharf nachdachte wie er. Huber diente nur wenige Jahre als Rechtsberater im Politischen Departement. Aber in seiner kurzen Amtszeit suchte er auf intellektuell hochstehende Art, die Schweizer Neutralität von der passiven auf die aktive Seite zu wenden. Sein ganzes Bestreben lief darauf hinaus, überkommene Grundsätze des Schweizer Staatswesens mit neuem Ethos zu erfüllen und sie für eine zukunftsgerichtete Aussenpolitik umzurüsten. Die Tradition der Schweizer Neutralität sollte nicht nur einer universellen Friedenspolitik genügen, sondern diese geradezu befruchten. In der Botschaft zum Völkerbundsbeitritt und seinem Memorandum über die Neutralität legte Huber die Grundsätze der eidgenössischen Aussenpolitik mit seltener Subtilität dar. Und mit seiner Pionierarbeit zur Schiedsgerichtsbarkeit verschaffte er einem alten Herzensanliegen der Schweiz ein tragfähiges intellektuelles Gerüst, er machte aus einem gefühlsmässig bevorzugten Verfahren ein systematisch durchdachtes Instrumentarium. Gewiss verkörpern in erster Linie die Bundesräte Calonder, Ador und Motta den Beitritt der Schweiz zum Völkerbund. Aber hinter ihnen steht als »spiritus rector« und unbestrittene Autorität Max Huber – ein Mann, der, wie Bretscher gesagt haben soll, vielleicht der bedeutendste Schweizer des 20. Jahrhunderts ist.[219] Deshalb ist es mehr als gerechtfertigt, ihn als Repräsentanten für die Neuausrichtung der eidgenössischen Aussenpolitik nach dem Ersten Weltkrieg auszuwählen.

Max Huber, am 28. Dezember 1874 in Zürich geboren, wuchs in einem grossbürgerlichen Milieu auf. Sein Vater Peter Emil Huber, verheiratet mit Anna Marie Werdmüller aus einer alteingesessenen Seidenfabrikantenfamilie, war einer der bedeutendsten Industriellen der Schweiz. Er hatte die Maschinenfabrik Oerlikon und die Aluminium-Industrie AG in Neuhausen gegründet und geleitet – Firmen, in deren Verwaltungsrat sowie jenem der »Neuen Zürcher Zeitung« Huber als Nachfolger seines Vaters Einsitz nahm. Nach einem juristischen Studium arbeitete er zwei Jahre lang als Sekretär beim Vorort des Schweizerischen Handels- und Industrievereins. Dann unternahm er eine zweijährige Weltreise. In Shanghai erreichte ihn 1902 der Ruf als Ordinarius für Staats-, Kirchen- und Völkerrecht an die Universität Zürich. Das Lehramt befriedigte ihn, im Gegensatz zur praktischen Tätigkeit in Politik, Armee und Wirtschaft, nur mässig; 1921 legte er, noch nicht fünfzigjährig, die Professur nieder; er hatte sie seit dem Kriegsausbruch ohnehin kaum noch wahrgenommen. Er war nun meistens in die Armee eingezogen, arbeitete als stellvertretender Oberauditor eng mit General Ulrich Wille zusammen und behandelte vorwiegend Begnadigungsgesuche. Gelegentlich ersuchte ihn auch das Politische Departement um eine völkerrechtliche Stellungnahme. 1918 schuf

Bundesrat Felix Calonder im EPD eine neue Stelle, um sich die Dienste Hubers ganz zu sichern. Er ernannte ihn zum Rechtsberater. Huber übte diese Tätigkeit, die er mit der gewichtigen Völkerbundsbotschaft als den Höhepunkt in seinem politischen Leben erachtete, bis 1921 aus. Dann wurde er als Richter an den Ständigen Internationalen Gerichtshof in Den Haag gewählt.

Seit dem Kriegsausbruch lebte Huber meistens in Bern, aber lieber hielt er sich auf Schloss Wyden auf. Dort verfasste er im abgeschirmten Turmzimmer seine wichtigsten Arbeiten. 1903, zwei Jahre nach seiner Heirat mit Emma Escher aus einem alten angesehenen Zürcher Geschlecht, hatte er in Ossingen, einem Bauerndorf im Zürcher Weinland, ein stattliches Schloss gekauft und für seine Familie herrichten lassen. Beim Absturz eines amerikanischen Bombers im Juli 1944 ging der Turm in Flammen auf, und die Bibliothek verbrannte. Während seiner häufigen Abwesenheit – zuerst in Bern, dann in Den Haag, später in Genf – kümmerte sich seine Frau allein um die Erziehung der drei Kinder und um den ansehnlichen Gutshof. Schicksalsschläge blieben Huber nicht erspart. Wie Numa Droz' Ehefrau kämpfte auch Emma Huber lange, mehr als drei Jahrzehnte lang, gegen ein Gemütsleiden an. Sie verstarb 1957. Huber selbst war in der zweiten Lebenshälfte ebenfalls arg von Krankheiten geplagt. Ein Herzleiden schränkte seine Arbeitsfähigkeit stark ein und zwang ihn immer wieder, Erholungsaufenthalte einzuschalten.

Von Jugend auf war Huber ein strenggläubiger, aber für den konfessionellen Dialog offener Protestant. Eine schwere Krankheit, die ihn 1922 an den Rand des Grabes brachte, vertiefte seinen Glauben noch. Auch der Leidensweg seiner Gattin festigte ihn in seiner christlichen Weltanschauung. Über Jahrzehnte hinweg schrieb er seiner Frau fast täglich einen Brief, liess sie an seinem Geistesleben teilhaben und bestärkte sie in der Glaubenszuversicht. Er gewann dem Leiden im Zeichen göttlicher Prüfung einen höheren Sinn ab. Das Christentum war die Grundlage seines Denkens. Ihm fühlte er sich persönlich und beruflich verpflichtet. Aus dem Gebot der Liebe des Neuen Testaments bezog er seinen Lebenssinn.

Huber war ein vielseitig veranlagter Mensch, mit einem Hang zur Theologie, zur Geschichtswissenschaft, zur Literatur, selbst zu den Naturwissenschaften und zur Mathematik. Im vorgerückten Alter soll er, wie Carl Jacob Burckhardt berichtet, gelegentlich bedauert haben, dass Aufgaben praktischer Art ihn ständig davon abhielten, seine schriftstellerischen und wissenschaftlichen Pläne auszuführen.[220] Für eine Persönlichkeit von seinem Format fehlt das Opus magnum in der Tat. Allerdings ist seine juristische Abhandlung »Die soziologischen Grundlagen des Völkerrechts«, sind seine in vier Bänden erschienenen Aufsätze und Ansprachen zu Recht, Politik, Gesellschaft und Kirche, sind auch seine posthum erschienenen autobiografischen »Denkwürdigkeiten« alles andere als oberflächliches Geschreibsel. Aber diese Schriften entsprachen nicht seinen Ansprüchen von einem gewichtigen Werk.

War Huber ein Theoretiker? Er war es gewiss. Aber er war nicht nur das. Ihn drängte es an jene Schaltstellen, wo theoretische Einsicht in konkrete Handlung umgesetzt wird. Huber war kein Politiker, der mit schlafwandlerischer Intuition Sachfragen entschied, er war auch kein Akademiker, der sich an theoretischen Gebilden ergötzen konnte. Vielmehr war er ein von Grundsätzen geleiteter Praktiker, einer, der an die Verbindung von Theorie und Praxis, von ernsthaftem Denken und richtigem Handeln glaubte. Sei es als Rechtsberater, als Richter, als Verwaltungsrat oder als Präsident des Internationalen Komitees vom Roten Kreuz, er rang um den gerechten Entscheid und das sittliche Handeln. Das Zusammenleben im Staat und zwischen den Staaten suchte er entsprechend seinem christlichen Ethos zu verwirklichen.

Häufig rang Huber mehr als bekömmlich mit sich selbst um einen gerechten Entscheid. Wenn es etwas gab, das seinen Tatendrang hemmte und hinter seine Eignung als Politiker ein Fragezeichen setzte, dann die extremen Skrupel. Paul Ruegger, während Jahren Hubers engster Mitarbeiter und dessen Nachfolger als Präsident des Internationalen Komitees vom Roten Kreuz, erzählte eine bezeichnende Anekdote aus Hubers Amtszeit als Präsident des Internationalen Gerichtshofs. Als es bei einem Entscheid sechs zu sechs Stimmen stand, wäre es am Präsidenten, also an Huber, gelegen, mit Stichentscheid das Urteil zu besiegeln. »Doch Huber wandte sich gegen diese Auffassung; er erbat eine Bedenkzeit von 24 Stunden, um zu entscheiden, ob seine Stimme als ›Präsident‹ für oder gegen die Stimme fallen solle, die er als ›Richter‹ abgegeben hatte. Er schuf, in seinem Innern, in seinem Gewissen, eine Appellations-Instanz gegen sich selbst.«[221] Auch die vier autobiografischen Aufzeichnungen belegen Hubers Bestreben, sich in strengster Form, sozusagen nach den Massstäben des Kirchenvaters Augustinus, Rechenschaft über das eigene Leben zu verschaffen. Als Neunzehnjähriger schon richtete er über seinen ersten Lebensabschnitt, sechs Jahre darauf untersuchte er erneut seinen Lebenswandel, zwischen 1924 und 1927 verfasste er die gewichtigen *»Denkwürdigkeiten 1907–1924«*, und 1959 setzte er noch zu einem »*Epilog*« an.

Der Hang zum Autobiografischen nährte sich indes wohl nicht nur aus der Gewissenserforschung, sondern auch aus andern Quellen. In seiner Jugend war Huber nach eigenem Bekunden voller Ehrgeiz. Dem Gymnasiasten schon schwebte vor, in einem obersten internationalen Gericht Recht zu sprechen[222] – ein fantastischer Traum, wenn man bedenkt, dass es noch kein internationales Gericht gab. Dann wollte er Diplomat oder eigentlich Staatsmann werden. Sein Vater, der Grossindustrielle, fand diese Karriere zwar eher extravagant, auch finanziell, fädelte aber die nötigen Kontakte ein. Als Vorbereitung für die angestrebte Laufbahn arbeitete Max Huber kurz beim Vorort, anschliessend brach er zu einer Weltreise auf. Dabei lernte er in aller Herren Länder Gesandtschaften und Generalkonsulate kennen. Das wirkte wie ein Gegengift. Das Prosaische einer diplomatischen Aussenvertretung verdarb ihm die Lust an seinen Plänen gründlich. Auch später liess er sich nicht mehr auf diesen Pfad locken. Als ihm Calonder 1919 die Gesandtschaft in Washington anbot, winkte er dankend ab. Huber wusste in reifen Jahren trotz aller Auszeichnungen und Ehrungen seine Ambitionen vorbildlich zu zügeln; er verkörperte bescheidene Gelassenheit. Diesen Zug verdankte er, wie er gestand, dem mässigenden Einfluss seiner Frau.

Mit seinem grossbürgerlichen Zürcher Hintergrund fand Huber gewiss leichter Zugang zu Amt und Würden als andere. Die Art, wie dem 27-Jährigen das Ordinariat für Völkerrecht angetragen wurde, erklärt einiges. Aber Huber sonnte sich kaum im Glanz seiner Herkunft. Dazu war er zu intelligent; er war auch zu ehrlich, um Ererbtes als eigenes Verdienst auszugeben. Ab und zu wurde er in seinen Gesellschaftskreisen vielmehr belächelt, weil er, Sohn aus schwerreichem Industriellenhaus, sozialistische Ideen nicht in Bausch und Bogen verwarf. Ohne sich selbst dem Sozialismus je parteipolitisch zu verpflichten, anerkannte er doch mit uneingeschränkter Offenheit die Berechtigung vieler Forderungen der Arbeiterbewegung. Entscheidend beeinflusste seinen geistigen Werdegang der frühe Pazifismus, der in den letzten Dezennien des 19. Jahrhunderts en vogue war. Damals schwappte, wie sich der amerikanische Präsident Theodor Roosevelt ausdrückte, »eine Flutwelle des Internationalismus« über die Welt.[223] Bertha von Suttner, im Jahr 1905 mit dem Friedensnobelpreis ausgezeichnet, entfachte mit ihrem aufrüttelnden Erfolgsroman auch in Huber den Drang, den Krieg ein für alle Mal zu ächten. »Das wohl am meisten Ausschlag gebende Buch meiner Jünglingsjahre war«, erklärte Huber in einem seiner letzten Vorträge, »der Schicksalsroman der österreichischen Baronin Bertha von Suttner ›*Die Waffen nieder*‹. Seine Tendenz war ein zündender Aufruf zu einer sozialen Aktion auf dem Boden des Völkerrechts. Das Entscheidende im Leben des Menschen ist das Verhältnis zu seinem Mitmenschen.«[224] Gewiss übernahm Huber die pazifistischen Ideen nicht unbesehen. Aber sie prägten, christlich durchtränkt, die Weltanschauung des jungen Rechtsprofessors und wirkten, wenngleich stark abgeschwächt, das ganze Leben hindurch nach. Zu Beginn seiner Lehrtätigkeit stand er im Bann eines ideellen Naturrechts – des Glaubens, dass sich in der Geschichte, sofern sich die Menschen nur redlich darum bemühten, mehr Gerechtigkeit wie von selbst herstellen lasse; später, nach etlichen Enttäuschungen, wurde er vorsichtiger. Doch von seiner idealistischen Grundhaltung liess er, der nach eigenem Eingeständnis von Natur aus eher pessimistisch veranlagt war, nie ganz ab. In reiferen Jahren stützte er seine Zuversicht zusehends auf die christliche Heilsbotschaft.

Wandlungen unterlagen auch seine aussenpolitischen Sympathien, beispielsweise zu den Nachbarstaaten. Dabei verhielt es sich wie mit seinem Glauben an einen moralischen Fortschritt der Menschheit: An der Oberfläche verschob sich einiges, in der Tiefe dagegen eher wenig. Von Haus aus war er, wie fast alle Deutschschweizer vor dem Ersten Weltkrieg, deutschfreundlich. Studienjahre in Berlin und eine Vorliebe für die deutsche Kultur bestärkten diese Neigung. Die Obstruktionspolitik des Deutschen Reiches auf der Zweiten Haager Friedenskonferenz, die allem widersprach, was Huber von einer vernünftigen Friedenspolitik erwartete, dämpfte indes seine Germanophilie. Er ging auf Distanz zu Deutschland – allerdings nicht so weit, dass er während des Krieges mit der ausgesprochen deutschfreundlichen Armeespitze um General Wille und Generalstabschef von Sprecher nicht mehr hätte zusammenarbeiten können. Er verstand sich mit ihnen wesentlich besser als mit Gustave Ador, der Frankreich sehr gewogen war. Max Huber, sozusagen das neutralitätspolitische Gewissen der Schweiz, beunruhigte auch der deutsche Überfall auf das neutrale Belgien kaum. Hingegen hat er als Verwaltungsrat der *»Neuen Zürcher Zeitung«* die für die Deutschschweiz ganz atypischen Ententefreundlichen Kommentare von Eduard Fueter, dem aussenpolitischen Redaktor, getadelt. Fueters Kurs hätte dem Blatt, beanstandete er, mehr geschadet als genützt; Huber hätte sich eine neutralere Haltung gewünscht. Immerhin anerkannte er, dass die *NZZ*, indem sie sich nicht ins deutsche Schlepptau nehmen liess, im arg gespaltenen Land eine wichtige Brücke zwischen Welsch und Deutsch bildete.[225] Ein Gleiches lässt sich auch von Hubers »loyal opposition« zur gängigen Deutschfreundlichkeit sagen.

Den Weg in die Aussenpolitik schlug Huber 1907 ein, als ihn der Bundesrat zum Delegierten an die Zweite Haager Friedenskonferenz berief. Der junge Völkerrechtler fiel im Haag nicht nur durch umfassendes Wissen auf, sondern auch mit einem kühnen Vorschlag zu einem Anliegen, das er lebenslang verfolgte: die friedliche Beilegung von Streitigkeiten. Da sich auf der Konferenz rasch herausstellte, dass die meisten Staaten nicht bereit waren, sich einem zwingenden internationalen Gerichtssystem zu unterziehen, schlug Huber einen Mittelweg vor, um den Prozess einer internationalen Gerichtsbarkeit ins Rollen zu bringen: Ein Staat konnte bei der Ratifikation erklären, in welchem Umfang er sich auf der Grundlage der Gegenseitigkeit verpflichtete, eine gerichtliche Entscheidung auf Begehren der Gegenpartei anzuerkennen; er konnte also ein Obligatorium à la carte wählen. Hubers Vorschlag fand viel Lob, aber auch Kritik, vor allem innerhalb der Schweizer Delegation und im Bundeshaus, wo man sich für ein derartiges Engagement – man erinnere sich an die Schlaumeierei auf der Ersten Haager Konferenz von 1899[226] – kaum erwärmen konnte. Erst als Huber mit dem Rücktritt drohte, erhielt er vom Bundesrat die Erlaubnis, seine Idee als schweizerisches Projekt der Konferenz zu unterbreiten, allerdings mit dem ausdrücklichen Vorbehalt, dass die Schweiz diese freiwillige Verpflichtung nicht eingehen werde. Der Antrag scheiterte dann – wie auch alle andern Entwürfe für eine obligatorische Gerichtsbarkeit – namentlich am Widerstand des Deutschen Reiches. Doch Huber hatte seinen Vorschlag nicht vergeblich ausgearbeitet. Als der Völkerbund 1920 die Statuten des Ständigen Internationalen Gerichtshofs beriet und in der gleichen Sache wiederum an einem toten Punkt anlangte, entsann man sich des schweizerischen Vorschlags von 1907 und übernahm ihn unverändert als so genannte Fakultativklausel ins Gerichtsstatut.

Seit dem Haager Debüt zog der Bundesrat den Zürcher Professor immer wieder als Sachverständigen für völkerrechtliche Fragen heran. Namentlich übertrug er ihm 1913 die Vorbereitung der dritten Friedenskonferenz, die indes, überrollt vom Kriegsausbruch, nie zusammentrat. Während des Krieges oblag es Huber als Stellvertreter des Oberauditors auch, die Voruntersuchung im so genannten Oberstenhandel gegen von Wattenwyl und Egli zu führen. General Wille und Generalstabschef von Sprecher wollten den Skandal vorerst vertuschen. Aber der Aufschrei der Entrüstung in der Öffentlichkeit war zu gross, als dass man die Angelegenheit hätte unter den Teppich kehren können. Huber geriet in dieser heiklen Affäre in grösste Gewissensnot. Aus seiner Untersuchung wusste er, dass die Angeklagten des bezichtigten Vergehens schuldig waren. Aber er durfte seine Quellen nicht publik machen. Solange die Angeklagten kein Geständnis ablegten, war er in einer verzwickten Lage. Ihm schien, entweder die Justiz oder sonst die Geheimhaltungspflicht der Armee verraten zu müssen. Er tat sich damit sehr schwer. Im schlimmsten Augenblick, als er einmal spät in der Nacht vom Bundeshaus über die Kirchenfeldbrücke nach Hause ging, befielen ihn gar Selbstmordgedanken. Doch am nächsten Morgen löste sich der Alpdruck. Er brachte Oberst Egli dazu, ein Teilgeständnis abzulegen.

Und nun schloss er seine Ermittlung umsichtig und unbestechlich ab. Er beantragte, es sei eine militärgerichtliche Untersuchung wegen nachrichtendienstlicher Neutralitätsverletzung einzuleiten. Egli und von Wattenwyl wurden hernach vor Gericht freigesprochen, aber in der Armee disziplinarisch bestraft. Dass die Zusammenarbeit mit General Wille, obschon Huber dessen Absicht nicht willfahren konnte, weiterhin vertrauensvoll verlief, bezeugt das diplomatische Geschick des Justizoffiziers.

Im Politischen Departement übersah man Hubers Fähigkeiten nicht. Bundesrat Arthur Hoffmann lud Ende 1916 den Völkerrechtsexperten ein, die Schweiz an einer Konferenz der europäischen Neutralen in Stockholm zu vertreten. Doch auch diese Versammlung trat nie zusammen. Aber Huber erhielt mehrmals Gelegenheit, seine Vorstellungen von einem europäischen Frieden dem Departementsvorsteher zu unterbreiten. Er war mittlerweile in den Fluren des Bundeshauses-West eine bekannte Grösse. In eine eigentliche Schlüsselposition in der eidgenössischen Aussenpolitik rückte er, als Bundesrat Felix Calonder auf die Friedensvorschläge von Präsident Wilson positiv reagierte. Huber, von ähnlichen pazifistischen Visionen getrieben wie der Amerikaner, entsprach genau jenem Typus von Mitarbeiter, den Calonder suchte. Der Zürcher Ordinarius liess sich dafür gewinnen, seine professoralen Obliegenheiten hintanzustellen und im Auftrag des Bundesrates die völkerrechtlichen Nachkriegsfragen zu bearbeiten. Allerdings war der finanziell unabhängige Huber weder bereit, sich dem Beamtenstatut zu unterwerfen, noch seine bedeutenden wirtschaftlichen Beziehungen ruhen zu lassen oder sich mit den kleineren Tagesgeschäften der Diplomatie abzugeben. Ausserhalb jeglicher administrativen Hierarchie wollte er direkt dem Departementschef unterstellt sein, nur von diesem Befehle entgegennehmen und seinen Arbeitsplatz nach Belieben in Bern oder auf Schloss Wyden aufschlagen. Calonder, dem an Hubers Mitarbeit viel gelegen war, nahm diese Bedingungen an. Er schuf eine neue Stelle, die sich »Rechtsberater des Politischen Departementes« nannte.

Die Anregung, sich frühzeitig Gedanken über eine neue Friedensordnung zu machen und zu diesem Zweck eigens einen Sachverständigen für internationale Beziehungen anzustellen, stammte allerdings aus einer andern Quelle. Der Genfer Ador war 1917, nach dem Fall von Hoffmann, mit einer Reihe von freiwilligen Mitarbeitern nach Bern gekommen, unter ihnen auch Lucien Cramer, ein ehemaliger Diplomat und Herausgeber der umfangreichen diplomatischen Korrespondenz von Charles Pictet de Rochemont. Als Historiker wusste Cramer bestens, wie tückisch der Wiener Kongress verlaufen war. Die Schweiz sollte seiner Meinung nach aus der Erfahrung von 1815 lernen und nicht erneut unvorbereitet von einer grossen Friedensordnung überrascht werden – deshalb seine vorausblickende Anregung.[227] Calonder nahm die Idee auf und setzte sie um, indem er Huber, dessen Kompetenz ihn in verschiedenen Kommissionen beeindruckt hatte, in seinen engsten Mitarbeiterkreis berief und mit dieser Aufgabe betraute. Der »Jurisconsulte« wurde für zwei Bundesräte ein wichtiger Berater: für den hoch angesehenen Ador, den Huber allerdings nicht so vorteilhaft beurteilte wie die landläufige Meinung, und für Motta, dessen Intelligenz und rasche Auffassungsgabe er vorbehaltlos bewunderte; für seinen dritten Chef, Calonder, wurde er zur unersetzlichen rechten Hand schlechthin. Er vollbrachte in diesen Jahren, was in den nächsten Abschnitten aufzuzeigen ist, Grosses.

Im September 1921 nahm Hubers Leben eine neue Wendung. Er wurde zum Mitglied des eben geschaffenen Ständigen Internationalen Gerichtshofs im Haag gewählt. Seine Begeisterung über diese Auszeichnung hielt sich in Grenzen. »Die Erreichung dieses Zieles meines Jugendehrgeizes«, vertraute er am 14. September dem Tagebuch an, »macht mich nicht stolz; die Freude ist gedämpft...«[228] Drei Jahre später erlangte er noch höhere Würde: Mehrere Kollegen drängten ihn, nachdem sich der Erstportierte in Dutzenden von Wahlgängen nicht durchsetzen konnte, für das Präsidium zu kandidieren. Prompt wurde Huber zum Präsidenten des Gerichtshofs gewählt – ein Amt, das er bis 1927 innehatte. Doch die grosse Ehre bedrückte den Geehrten wiederum weit mehr, als dass sie ihn erfreute. »Als eine Ehre«, meinte er in seinen Aufzeichnungen, »konnte ich die Wahl nicht betrachten, trotz allem, was man mir darüber sagte, denn erst in der Not wandte man sich an mich.« Und:

»Lord Finlay [der britische Richter und einer der geschätztesten Kollegen] hatte nicht Unrecht, wenn er sagte, die Stimmung nach der Wahl sei wie die in einem Totenhaus gewesen. Meine Kollegen... suchten mich mit dem Hinweis auf die hohe Würde des Amtes zu trösten; ich konnte mich darüber nicht freuen, denn ich war mir völlig klar darüber, dass ich das Opfer der Annahme der Präsidentschaft nur zu bringen hatte, weil das Gericht mit unverantwortlicher Leichtfertigkeit an das Wahlgeschäft herangetreten war und weil man von mir eine Bereitschaft zur Preisgabe wichtigster familiärer und persönlicher Interessen verlangte, die man vielfach – selbst wo es sich um sehr viel weniger wichtige Interessen handelte – sich selber keineswegs zuzumuten gesinnt war. Nur dadurch, dass ich das Gericht als Idee, als Institution, als Versprechen der Zukunft und den Gerichtshof in seiner menschlichen, allzu menschlichen Realität gewaltsam in meinem Bewusstsein auseinander hielt, konnte ich mich mit der Lage abfinden.«[229]

Nach Ablauf der dreijährigen Amtszeit lehnte Huber eine Wiederwahl ab. Aber er blieb als Vizepräsident bis 1930 und verliess dann, ziemlich entmutigt, den Gerichtshof im Haag. »Wenn man sich«, schreibt er in seinen Memoiren, »so stark der inneren Mängel in der Arbeitsweise des Gerichts, so stark der... Gefahr einer Entgleisung bewusst war, so konnte man sich über die weitverbreitete und vielfach grosse und echte Hochschätzung des Gerichtshofes nicht ganz freuen. Dieses Ansehen war für mich eher etwas Demütigendes und Bedrückendes.«[230]

Der Eidgenossenschaft stand er weiterhin als Experte zur Verfügung. Noch zweimal nahm er als Delegierter an der Völkerbundsversammlung teil, und 1931/32 leitete er an Stelle von Bundesrat Motta die Schweizer Delegation an der Abrüstungskonferenz. Seine letzte Tätigkeit im Völkerbund enttäuschte ihn bitter. Nie zuvor hatte er dermassen am eigenen Leib verspürt, wie Ideal- und Realpolitik, wie Wort und Tat auseinanderklaffen können. Als Vertreter der Schweiz oblag es ihm, die andern Staaten zur Abrüstung zu ermahnen, ohne indes mit eigenen Massnahmen aufwarten zu können. »Die eigenartige Stellung der Schweiz, die bestrebt sein muss, aus eigener Kraft ihre Neutralität zu bewahren, zwingt sie zu einer durch ihre besondere Aufgabe bestimmten maximalen Anstrengung. Dadurch ist sie gezwungen, von andern nur zu fordern, ohne selber etwas geben zu können. Aber als solches ist das Problem der Abrüstung fast unlösbar...«[231] Selber mit der Abrüstung zu beginnen wäre für die Landesregierung zu gefährlich gewesen. Die Bedenken waren, wie sich bald herausstellen sollte, mehr als berechtigt. Was die Staaten in Genf predigten, wich allzu sehr von dem ab, was sie zu Hause taten. Die Konferenz endete denn auch in einem Fiasko – was dazu angetan war, Hubers Gewissenskonflikt noch zu vertiefen.

In der Haager Schlussphase, 1929, erreichte ihn auch ein merkwürdiger Ruf. Beim Rücktritt von Bundesrat Robert Haab baten ihn gut 100 Zürcher, für den Bundesrat zu kandidieren. Sie starteten eine Petition und sammelten innert weniger Tage mehr als 100 000 Unterschriften – eine erstaunliche Manifestation für den geachteten, aber nie um Popularität bemühten Richter und Intellektuellen. Instinktsicher, ohne zu zögern, lehnte Huber die Bitte ab. Erstens waren es die falschen Leute, die an ihn herantraten. Die meisten stammten aus dem rechten Lager, nicht wenige gar vom rechten Rand, der sich später im »Bund für Volk und Heimat« zusammenschloss. Vor wenigen Jahren noch hatten sie den Völkerbundsfreund bekämpft. Ausgerechnet sie nun wollten ihn sozusagen mit einem Plebiszit ins höchste Amt heben. Huber als überparteiliche Galionsfigur für eine antiparlamentarische Bewegung? Diese Gefahr war nicht auszuschliessen. Zweitens kamen aus seinem eigenen Milieu, dem Zürcher Freisinn, dem Bürgertum, der NZZ, kaum Zeichen der Unterstützung. Schliesslich kannte Huber die Geisteshaltung der Bundesversammlung hinreichend. Diese wäre kaum bereit gewesen, einen Aussenseiter, der nie in ihrem Schoss debattiert hatte, in den Bundesrat zu wählen.

Mit fortschreitendem Alter verlagerte Huber seine Tätigkeit aufs Humanitäre. 1923 war er auf Vorschlag von Gustave Ador als erster Deutschschweizer ins Internationale Komitee vom Roten Kreuz (IKRK) gewählt worden. Lange hatten die vornehmsten Genfer Familien die Positionen in diesem erlauchten Gremium unter sich, dann im Kreis einiger ausgesuchter welscher Honoratioren verteilt. Noch heute besteht das IKRK – im Gegensatz zu den andern Leitungsorganen des Roten Kreuzes – nur aus Mitgliedern schweizerischer Nationalität. 1928 wurde Huber Präsident; er blieb es, bis ihn Carl J. Burckhardt, schon während des ganzen Krieges die rechte Hand im operativen Bereich, Anfang 1945 ablöste. Doch nach weniger als zwei Monaten liess sich Burckhardt als Schweizer Gesandter nach Paris berufen. Der betagte und kränkliche Huber übernahm nochmals das Präsidium, bis er die Bürde 1947 an Paul Ruegger, seinen getreusten Mitarbeiter, abtreten konnte. Der Luzerner Student war seinem Doktorvater durch Verstand und Charakter aufgefallen. Deshalb holte ihn Huber, sobald er Rechtsberater geworden war, in seinen Stab nach Bern, als Richter sodann nach Den Haag und am Lebensabend, nachdem Ruegger in seiner diplomatischen Laufbahn die Schweizer Gesandtschaften in Rom und London geleitet hatte, an die Spitze des IKRK.

Hubers Ansehen im IKRK war gross. Er war eine moralische Autorität, obgleich sein von Legalismus und grösster Vorsicht geprägtes Vorgehen, auch seine Neigung zum Meditativen und zum Ausharren, zuweilen auf Vorbehalte bei Mitarbeitern stiessen, die ein grösseres politisches Engagement bevorzugt hätten.[232] Aber niemand stellte die lautere Geisteshaltung des Präsidenten in Abrede. Ausserhalb der eigenen Institution achtete man ihn nicht weniger hoch. 1944 durfte er im Namen des IKRK den Friedensnobelpreis entgegennehmen. Und die Stadt Genf erhob ihn im selben Jahr zu ihrem Ehrenbürger. Anfeindungen freilich blieben auch ihm nicht erspart. Die – so Burckhardt – »mit der Goldwaage ausgewogene Unparteilichkeit und Neutralität« des IKRK kam seit dem Abessinienkrieg und dem Zerfall des Völkerbundes notgedrungen in die Kritik.[233] Aber insgesamt dürfte wohl das gelten, was der Erzbischof von Canterbury in der

Einleitung zur englischen Ausgabe von Hubers kleiner Schrift »*Der gute Samariter*« schrieb, nämlich dass der Ruf des Verfassers als ehemaliger Präsident des Internationalen Gerichtshofs gross sei, dass seine Berühmtheit indes noch mehr auf seinem humanitären Wirken als Leiter der Rotkreuzbewegung beruhe.[234] Es war für Huber als Ehrenpräsident des IKRK eine besondere Genugtuung zu sehen, wie 1949 das neue humanitäre Recht mit den von ihm angeregten vier Genfer Konventionen Eingang ins geltende Völkerrecht fand. Seit Henry Dunant 1864 das Rote Kreuz gegründet hatte, war dies die wichtigste Neuerung in der Geschichte der Bewegung. Der lebenslange Idealismus des bescheidenen Grossbürgers wurde, wenngleich nur auf dem Papier und nicht im Feld, mit einem sichtbaren Resultat gekrönt. Mit Ehrendoktoren der Sorbonne, der Universitäten von Oxford, Uppsala, Zürich und Genf ausgezeichnet, verstarb Max Huber am Neujahrstag 1960.

Weichenstellungen in der Schweizer Aussenpolitik

Selten ragt in der Schweizer Geschichte eine Gestalt wie Max Huber heraus, ein Mann von tadellosen ethischen Grundsätzen, ein Mann, dem bei aller beeindruckenden Bildung und intellektuellen Kapazität der Sinn für die praktische Gestaltung, für die Erfordernisse der Politik nicht nur nicht abgeht, sondern der in der Verbindung von Theorie, Praxis und Ethik seine Persönlichkeit geradezu formiert. Den ersten Mittelpunkt seiner Persönlichkeit bildete seine christliche Weltanschauung, den zweiten seine hohe Auffassung von Recht und Gerechtigkeit, den dritten sein schweizerischer Patriotismus. Huber war bis in alle Fasern seines Wesens Patriot. Er liebte seine Heimat, er liebte die Schweiz mit ihrer Neutralität. Sein ganzes Trachten lief darauf hinaus, ihr einen würdigen Platz in der Nachkriegsordnung zu verschaffen. Den Völkerbund erachtete er als wünschenswerte Neuerung, die Neutralität als unverzichtbare Überlieferung. Konnte man diese beiden Modelle einer zwischenstaatlichen Ordnung vereinen? Diese Frage zu lösen war die grosse Herausforderung, vor die er sich gestellt sah.

Mit seinen überragenden geistigen Fähigkeiten beeinflusste Huber die Schweizer Aussenpolitik auf entscheidende Weise, ja er stellte in seiner Amtszeit im eigentlichen Sinn die Weichen für die kommenden Jahre und Jahrzehnte in drei Schlüsselbereichen Er erhob die Schiedsgerichtsbarkeit zu einem generellen Verfahrensprinzip der Aussenpolitik, er fächerte die Schweizer Neutralität konzeptionell in Neutralitätsrecht und Neutralitätspolitik auf, und er erarbeitete an massgeblicher Stelle den Beitritt der

Eidgenossenschaft zum Völkerbund. Die Kürze von Hubers Bundesdienst steht in reziprokem Verhältnis zur Wirkung, die von ihr ausging.

Den nachhaltigsten Einfluss übte Huber auf die Schieds- und Vergleichspolitik aus. Diese Sparte der Aussenpolitik erfreute sich in der Schweiz nach dem Krieg breiter Zustimmung. Sie war direkt populär. Was für ein Wandel im Vergleich zur Vorkriegszeit! Kein Politiker, auch nicht der vehementeste Gegner des Völkerbundes, der sich ihr in den zwanziger Jahren widersetzt hätte. Im Gegenteil. Man sah im Schiedsverfahren einen spezifischen schweizerischen Beitrag, um das unbeliebte Sanktionssystem des Völkerbundes zu ersetzen oder zumindest zurückzudrängen. Der Schiedsgedanke wurzelt auch tief in der eidgenössischen Geschichte. Man kann ihn mit Huber bis auf die alten Bundesverträge und die Ratschläge des Heiligen Niklaus von Flüe zurückführen.[235] Auf alle Fälle nahm die Schweiz nach dem Ersten Weltkrieg eine Tradition wieder auf, die Bundesrat Numa Droz in den siebziger und achtziger Jahren des vorhergehenden Jahrhunderts eifrig gepflegt hatte. Huber selbst war die Verbesserung der Schiedsgerichtsbarkeit und der politischen Vermittlung ein Herzensanliegen, seit er 1907 als junger Delegierter die Zweite Haager Friedenskonferenz besucht hatte. Zwar musste er damals das Scheitern jeglichen Fortschritts erleben, doch die Überzeugung, eine obligatorische Schiedsgerichtsbarkeit sei die beste Lösung aller Konflikte, die nicht gerade die Dimensionen eines Weltkonflikts annahmen, liess ihn nicht mehr los.

Als Huber 1918 seine Stelle als Rechtsberater im Politischen Departement antrat, liefen mehrere Schiedsverträge aus. Er ergriff die Gelegenheit, um seinen Ideen zum Durchbruch zu verhelfen. Er drängte darauf, die alten, unverbindlichen Verträge nicht einfach mit einem diplomatischen Notenaustausch zu erneuern, sondern sie auf ein neues, weniger floskelhaftes Fundament zu stellen. Dabei war ihm wichtig, den alteidgenössischen Dualismus von Vergleich und Richterspruch wieder zur Geltung zu bringen; er wollte die vermittelnden und schiedsrichterlichen Institutionen ausbauen. Seine Überlegung war folgende: in vielen Streitfällen ist es besser, eine aussergerichtliche Verständigung zu suchen; denn jedem Staat fällt es leichter nachzugeben, wenn über die Rechts- und Prinzipienfragen nicht entschieden wird. Einem ordentlichen Rechtsverfahren sollte deshalb stets der Versuch eines gütlichen Vergleichs vorangehen. Huber fand bei Bundesrat Calonder sofort Gehör. Er schlug ihm vor, der Bundesversammlung einen Bericht über die Grundzüge der schweizerischen Schiedspolitik vorzulegen; damit würde man die Zustimmung des Parlaments für die künftigen Verhandlungsrichtlinien einholen. Nach einigem

Widerstand liess sich auch der Gesamtbundesrat für Hubers Vorstellungen gewinnen. Er genehmigte am 11. Dezember 1919 einen von Huber verfassten Bericht über die internationalen Schiedsverträge.

Ein solcher Antrag wäre einige Jahre zuvor noch gescheitert. Man liess sich nicht gern mit internationalen Verträgen den Handlungsspielraum einengen. Doch inzwischen hatte sich das politische Klima verändert. Hatte alt Bundesrat Ludwig Forrer 1907 als Chef des Politischen Departementes Hubers Ideen vehement abgelehnt, ja sogar bezweifelt, ob ein Befürworter bedingungsloser Schiedsgerichtsbarkeit ein richtiger Schweizer sein könne,[236] so begrüsste er die Vorschläge nun ausdrücklich. Diesen Meinungswechsel verursachte vornehmlich der Völkerbund. Forrer, und mit ihm einige Bundesräte, Parlamentarier und Juristen, misstrauten der neuen Organisation mit politischer Ausrichtung. Aber man konnte das Geschehene nicht rückgängig machen, der Völkerbund war nun einmal da. Und er hatte die Verpflichtung aufgestellt, ein schwerwiegender Konflikt sei entweder dem politisch zusammengesetzten Völkerbundsrat oder einem Schiedsgericht zu unterbreiten. Um indes ja keinen Streitfall dem Völkerbund vorlegen zu müssen, waren viele Staaten bereit, weitgehende rechtliche Bindungen in zwischenstaatlichen Verträgen einzugehen. Auch die Schweiz zog es vor, eine Instanz, die nach Rechtsgrundsätzen urteilte, mit der Streiterledigung zu betrauen. Man wollte um alles in der Welt vermeiden, dass ein Verfahren in die Mühlen des Völkerbundes geraten würde und dort nach politischer Opportunität entschieden werden könnte. Dieser Umstand erklärt das enorme Anwachsen von Verträgen zur internationalen Streiterledigung nach dem Ersten Weltkrieg.

In der »Botschaft des Bundesrates betreffend internationale Schiedsverträge« entwirft Huber das Programm für diese Neuausrichtung der Politik. Warum lag es im Interesse der Schweiz, mit möglichst vielen Staaten ein Abkommen zu schliessen? Weil, so lautete die einfache, aber glaubwürdige Begründung des Rechtsberaters, »Staaten ohne grosse politische Macht mit Schiedsgerichten sich besser stellen, als wenn sie, ganz auf diplomatische Verhandlungen oder auf ihre eigenen Massnahmen gestellt, ihre Rechte geltend machen oder unberechtigte Ansprüche abwehren müssen«. Und die Erklärung gipfelte in Hubers zitatwürdigem Credo: »*Der kleine Staat hat seine grösste Stärke in seinem guten Recht. Dieses findet trotz aller Mängel ... in diesen Abkommen ... einen stärkeren Rückhalt und eine grössere Sicherheit als in irgend einer anderen Politik.*«[237] Diese Einsicht gilt bis heute. Je schwächer das Recht entwickelt ist, umso mehr setzt sich Macht in der Diplomatie durch, und je mehr Macht die internationalen Beziehungen beherrscht, umso stärker verspürt man das Gewicht der Grossmächte. Ein Kleinstaat hingegen kann über sich hinauswachsen, wenn er in einer geordneten Welt das Recht zum Verbündeten hat.

Es war freilich nicht so leicht, das Konzept der neuen Schiedsverträge in die Tat umzusetzen. Hoffnungsvoll hatte die Schweiz 17 Staaten zu Verhandlungen eingeladen, von Grossbritannien, Frankreich, den Vereinigten Staaten und Japan bis zu Uruguay. Doch die Antworten waren kläglich. Lange Zeit kam nichts, dann trafen lauter verlegene Absagen ein. Niemand wollte seinen Handlungsspielraum vertraglich einschränken lassen. Einzig das aus dem Völkerbund ausgesperrte Deutschland ergriff das Angebot freudig. Am 3. Dezember 1921 konnte die Schweiz den Schiedsgerichts- und Vergleichsvertrag mit dem Deutschen Reich abschliessen – ein Vertrag, der heute noch in Kraft ist. Im Völkerbundssekretariat runzelte man allerdings ob dieses Abkommens die Stirn. Man sah es nicht gern, dass die Schweiz mit dem geächteten Deutschland einen Vertrag abgeschlossen hatte. Und warum erwähnte der Vertrag die Kompetenz des Ständigen Internationalen Gerichtshofs mit keinem Wort? Gerade weil die Weimarer Republik in der internationalen Gemeinschaft entrechtet sei, weil ihr ja nicht einmal erlaubt wäre, die Richter für die jeweilige Schiedskommission zu bestimmen, antwortete Huber.

Einige Jahre lang blieb der Vertrag mit Deutschland das einzige Ergebnis der neuen politischen Ausrichtung. Aber Mitte der zwanziger Jahre, als Huber bereits aus dem Politischen Departement ausgeschieden war, kamen die Verhandlungen mit verschiedenen Ländern in Gang. Die Tschechoslowakei, Polen, Ungarn, auch Japan, Italien, Spanien und Frankreich bekundeten nun Interesse an einem Abkommen. Die Schweiz rückte unübersehbar zu den Vorreitern der obligatorischen Schiedsgerichtsbarkeit auf. Mit 24 Ländern schloss sie Schieds- und Vergleichsverträge ab. Diese Entwicklung verdankte sie Bundesrat Motta, der die von Huber initiierte Politik energisch vorantrieb. Motta lag viel an einer friedensstiftenden Rolle der Schweiz in der Staatengemeinschaft. Mit unerschütterlichem Optimismus, den er aus seinem starken christlichen Glauben zog, engagierte er sich im Völkerbund, er setzte indes auch die traditionellen Formen eidgenössischer Politik mit Vergleich und Schiedsspruch fort und führte diese in die Genfer Organisation hinein. Er suchte die neue, multilaterale Diplomatie mit herkömmlichen bilateralen Verfahren zu befruchten. So berief er sich, als er den Kelloggpakt über die Ächtung des Krieges als Mittel der Politik unterzeichnete, ausdrücklich auf den schweizerischen Grundsatz, durch die Bescheidung auf reine Selbstverteidigung zur Verhütung von Kriegen beizutragen.

Ohne die Schieds- und Vergleichspolitik wäre die Schweizer Aussenpolitik im 20. Jahrhundert wohl etwas anders verlaufen. Sie stärkte nach aussen den Ruf der Eidgenossenschaft als ein dem Frieden und dem Recht verpflichtetes Staatswesen, und sie prägte nach innen die streng völkerrechtliche Ausrichtung der Schweizer Diplomatie. Generationen von Diplomaten bauten auf Hubers Werk auf. Paul Ruegger setzte es unmittelbar fort, nachdem Huber aus dem Politischen Departement ausgeschieden war, Raymond Probst pflegte es nach dem Zweiten Weltkrieg, als er sich für die so genannten Guten Dienste verwandte, Luzius Caflisch baute im Ausgang des 20. Jahrhunderts auf ihm auf, wenn er als Rechtsberater die Schweiz in verschiedenen internationalen Gremien vertrat; vor allem aber griff der langjährige Rechtsberater Rudolf Bindschedler auf die Huberschen Grundsätze zurück. Als er in den siebziger Jahren die Schweizer Delegation auf der eben ins Leben gerufenen Konferenz für Sicherheit und Zusammenarbeit in Europa, der KSZE und heutigen OSZE, anführte, legte er einen Vorschlag zur friedlichen Beilegung von Streitfällen als spezifischen Beitrag der Schweiz auf den Tisch. Das Projekt verströmte unverkennbar Hubers Geist.

Mit dem Herz für die Neutralität

Niemand dachte über die wesentlichen Fragen der Aussenpolitik so subtil nach wie Huber, wenige rangen auch so mit sich selbst wie der skrupulöse Rechtsberater. Denn er erkannte die potenzielle Unverträglichkeit und die tatsächlichen Ungereimtheiten. Die Neutralität ist, was immer man auch sagen mag, im Grunde isolationistisch, der Völkerbund dagegen interventionistisch. Die Schweiz jedoch musste, wollte sie an der neuen Friedensordnung teilhaben, dem Völkerbund beitreten, sie durfte indes, wollte sie ihre Identität bewahren, nicht auf die Neutralität verzichten. Die Quadratur dieses Kreises bescherte Huber schlaflose Nächte. Im Rückblick konstatierte er: »Diese konkrete politische Entscheidung war schwer. Ich glaube die Nachteile des Völkerbundes und die für die Schweiz mit dem Beitritt verbundenen Gefahren nicht weniger als die ernsthaften Beitrittsgegner gesehen zu haben. Auch meine historisch-konservativen Instinkte, die Neigung zum Pessimismus und der Widerwille gegen den oberflächlichen und tendenziösen Optimismus gewisser völkerbundfreundlicher Kreise haben mir die entscheidende Stellungnahme für den Völkerbund nicht leicht gemacht...«[238] Nach langem Ringen – aber erwartungsgemäss, schliesslich kreiste sein Denken von Jugend an um eine friedlichere Weltordnung – befürwortete Huber den Beitritt der Schweiz zum Völkerbund.

Seine pazifistischen Neigungen, seine ideelle Gesinnung und sein christliches Vertrauen in die Vorsehung führten ihn logischerweise zu diesem Schritt.

Nach dem Ersten Weltkrieg stand die Neutralität bei den Siegermächten nicht hoch im Kurs. Präsident Wilson liess die Schweiz wissen, dass sie im Völkerbund nicht willkommen sei, wenn sie an ihrer Neutralität festhalten wolle.[239] Und viele Alliierte, insbesondere die Franzosen, betrachteten die Neutralen als Schmarotzer. Selbst Entente-freundliche Kreise in der Westschweiz begannen sich der aussenpolitischen Zurückhaltung ihres Landes zu schämen. Die Neutralität erschien ihnen als eine moralisch fragwürdige Haltung. Huber war stets ein überzeugter Verfechter der Schweizer Neutralität. Aber in den Machtzirkeln der Aussenpolitik gesellten sich nicht viele zu ihm. Nicht ohne Befremden bemerkte er, wie sein Freund William Rappard von der Neutralität wenig hielt. Huber wurde den Verdacht nie los, der andere Unterhändler in den Verhandlungen über den Beitritt der Schweiz zum Völkerbund wäre bereit gewesen, die Neutralität leichten Herzens preiszugeben, falls ein solcher Schritt erforderlich gewesen wäre, um die Weltorganisation nach Genf zu holen. Rappard sollte übrigens seinen Irrtum später eingestehen. 1920 begann er für den Völkerbund zu arbeiten. Und da gelangte er rasch zur Einsicht, dass es ein weiser Entscheid gewesen war, auf die Neutralität auch beim Völkerbundsbeitritt nicht zu verzichten.[240]

Der galante Rappard, ehemaliger Harvard-Dozent für Wirtschaftswissenschaften und Sohn eines Amerikaschweizers, hatte hervorragende Beziehungen zum Weissen Haus. Eine Freundschaft verband ihn mit Oberst Edward House, einem wichtigen Präsidentenberater. Er kannte auch Wilson persönlich. Verschiedentlich schon hatte der Bundesrat den geschickten Genfer Professor mit Sondermissionen in den USA betraut. Rappard verstand es, den amerikanischen Präsidenten, der aus einem presbyterianischen Pfarrhaus stammte, für Genf einzunehmen. Er beschwor das Erbe von Calvin. Dass die Rhonestadt die Wiege des Calvinismus war und zudem das Rote Kreuz hervorgebracht hatte, beeindruckte Wilson. Ohne Rappards Appell an die protestantische Tradition hätte sich der Völkerbund wohl nie in Genf niedergelassen. Die meisten Staatsmänner bevorzugten Brüssel. Aber Wilson verhalf mit dem ganzen Gewicht seiner Autorität der Kandidatur Genfs zum Durchbruch.[241] In der Botschaft vom 4. August 1919 findet man diese Zusammenhänge allerdings aus wahltaktischen Gründen etwas anders beschrieben. In der parlamentarischen Vorberatung hatte Ständerat Adalbert Wirz aus Obwalden angeregt, den Hinweis auf Calvin zu streichen, um im eidgenössischen Abstimmungskampf keine konfessionellen Animositäten zu entfachen. Huber formulierte deshalb den Abschnitt um, strich den Namen des Reformators und erwähnte, nebst dem Roten Kreuz, lediglich Rousseau als Zierde der Rhonestadt. Die Verehrung für den grossen Philosophen der Demokratie, so liess man das Schweizer Publikum wissen, habe den amerikanischen Präsidenten bewogen, Genf den Zuschlag zu geben.

Im Gegensatz zu seinem Freund Rappard setzte Huber die Prioritäten gerade umgekehrt: der Schutz der Neutralität war wichtiger als die Sitzfrage des Völkerbundes. Er konnte sich nie für die Rhonestadt als Sitz ereifern, weil er befürchtete, die Obliegenheiten, die der Schweiz daraus entstünden, könnten die eidgenössische Neutralität schmälern.[242] Aber aus gegenseitigem Respekt hielten beide einander die Stange, und ihr vereintes Streben führte zum Erfolg bei der Sitzfrage wie bei der Neutralität.

Auch innerhalb der Delegation, die den Beitritt der Schweiz zum Völkerbund aushandelte, fühlte sich Huber mit seiner unumstösslichen Neutralitätsauffassung zeitweise allein gelassen. Bezeichnend ist, wie er in seinen »*Denkwürdigkeiten*« eine interne Sitzung vom März 1919 in Paris festhält:

»Nach der Sitzung vom 22. März war eine lange Beratung der Delegation im Hotel Meurice, wo wir logierten. Ich vertrat mit Nachdruck meine Ansicht, dass die Schweiz auf dem Boden der Neutralität stehen bleiben müsse und dass die öffentliche Meinung des Landes eine Abweichung nicht verstehen würde. Ich war mit meiner Auffassung allein. Nicht nur Rappard, der von der Neutralität nicht übertrieben viel hielt..., sondern auch der im Allgemeinen so nüchtern denkende Wirtschaftspolitiker Frey[243] vertrat die Auffassung, dass wir an einem Wendepunkt der internationalen Politik stünden, wo neue Verhältnisse neue Lösungen und die Emanzipation von überlieferten Anschauungen fordern. Ich glaube mich zu erinnern, dass man unter anderem von einer Zeitenwende wie in der Periode der Reformation sprach.«[244]

Und an anderer Stelle kommentierte er die Stimmung innerhalb der Schweizer Abordnung: »Ich entsinne mich noch wohl eines grossen Frühstücks, das Minister Dunant [der Schweizer Gesandte in Frankreich] im Hotel Meurice im April oder März 1919 veranstaltete und an dem etwa ein Dutzend Schweizer, meist in offizieller Mission in Paris befindlich, teilnahmen. Die Rede kam auch auf unsere Neutralitätspolitik. Alle waren der Ansicht, dass unter den veränderten Verhältnissen sich unsere bisherige Haltung nicht mehr rechtfertige...«[245]

Diese Auffassung – vieles liest sich wie eine Vorlage zur Haltung der politischen Elite nach dem Ende des Kalten Krieges – teilte Huber nie. Wie viele Politiker erkannte er, dass der Souverän, also das Volk, von der Neutralität niemals ablassen würde. Aber das war nicht ausschlaggebend. Entscheidend war, dass er selbst vom Wert der Neutralität zutiefst überzeugt war. In einer Rede an der Eidgenössischen Technischen Hochschule im Jahr 1939 erklärte er: »Dass diese Neutralität vom Ausland so oft verkannt wird, darf uns nicht wundern: sie ist noch mehr eigentümlich schweizerisch als unser Staat selbst; aber auch Schweizer erfassen oft nicht genügend das Wesen unserer Neutralität, sehen in ihr nur die notwendige, aber nicht eben gloriose Haltung, die sich für uns aus unserer militärgeografischen Lage ergibt. Jede falsche Schamhaftigkeit und ebenso jedes Spielen mit dem Gedanken einer möglichen Aufgabe der Neutralität müssen verschwinden, wenn wir uns über den tiefern Sinn, über das Ethos und über die innere Konsequenz dieser Haltung klar sind.«[246]

Festhalten an der Neutralität unter allen Umständen, aber diese aktiver als bisher in den Dienst der internationalen Gemeinschaft stellen, das strebte Huber an. Sein Vorbild fand er in der sendungsbewussten Neutralitätspolitik eines Numa Droz, sein Schreckgespenst in der aussenpolitischen Lethargie des Bundesrates um die Jahrhundertwende. Damals setzte das EPD unerbittlich eine Politik der Selbstbeschränkung durch. Es wimmelte jegliche aussenpolitische Initiative ab. Von einem pazifistischen Engagement der Schweiz auf der Ersten und Zweiten Haager Konferenz wollte man nichts wissen. Zu Hubers Leidwesen entsprach der Kurs des Bundesrates nicht nur dem Willen einer satten Mehrheit des Schweizervolkes, er kam auch der Geisteshaltung der meisten Diplomaten entgegen. Mitte der zwanziger Jahre bemerkte Huber in den *»Denkwürdigkeiten«*: »Das Internationale ist nicht populär in der Schweiz, die Abkehr vom so genannten System Droz war mehr als eine Abwehr eines persönlichen Einflusses, es war die Abkehr der nüchternen, jeder pazifistischen Ideologie abholden Schweizerart von einer positiven, idealistisch bestimmten Aussenpolitik.«[247] Die Schweiz betrieb, so schien es Huber, eine rein negative Neutralitätspolitik, ihm aber schwebte eine aktive Friedenspolitik vor.

Sein neutralitätspolitisches Credo formulierte er prägnant in einer Rede, die er, vierzig Jahre alt, 1915 auf der Jahresversammlung der Neuen Helvetischen Gesellschaft in Luzern hielt. Vor diesem erlauchten Forum von besorgten Patrioten – die NHG befand sich damals im Zenit ihres Einflusses – äusserte er:

»Durch die unbeirrbare Verfolgung der von uns bisher eingehaltenen Richtlinie der äusseren Politik wird der schweizerische Staatsgedanke sich sicher und ruhig entfalten können, und mit dieser Festigung der Eigenart unseres Staates wird dieser auch wachsen an innerer Kraft zur äusseren Selbstbehauptung. Die Neutralität wird vielleicht auch die Schweiz befähigen, in der Wiederherstellung der völkerrechtlichen Ordnung in Europa einen Einfluss auszuüben, der über unsere materiellen Machtmittel hinausgeht, einen Einfluss, im Sinne eben unserer besonderen Eigenart: des verständnisvollen Nebeneinanderbestehens verschiedener Kulturen. In dem Masse, in dem wir durch unser Dasein unsern Staatsgedanken wirken lassen, sichern wir die Grundlagen unserer staatlichen Existenz selber. Kein Opfer kann darum zu gross sein für die Behauptung unserer Neutralität. Wir schützen in ihr nicht nur Staat und Heimat in ihrem äussern Bestand, wir schirmen in ihr eine Voraussetzung unseres Staatsgedankens und damit unsere politische Individualität und unsere Daseinsberechtigung.«[248]

Die Versöhnung von passiver Neutralität und aussenpolitischem Engagement beschäftigte Huber immerzu, weil er die Neutralität zutiefst bejahte, die Schweizer Politik aber nicht durch diesen Grundsatz auf die eigenen Gemarkungen eingepfercht sehen wollte. Im Auftrag des Bundesrates verfasste Huber vor dem Beitritt der Schweiz zum Völkerbund ein Memorandum über die Neutralität. Darin heisst es: »Die Schweizer haben [mit der Neutralität als Grundlage ihrer eigenen Politik] vor allen andern Völkern einen Entschluss ausgesprochen, der als eine höhere Politik betrachtet werden muss und der nun auch dazu berufen ist, im Völkerbund zum Durchbruch zu gelangen. Diese planmässige Friedenspolitik hat in der Geschichte ihresgleichen nicht.«[249] Mit ungewohnter Befriedigung blickte der sonst überkritische Huber auf diese kleine Denkschrift zurück, die der Bundesrat sämtlichen Staaten zukommen liess. Hatte er damit seiner Heimat nicht die Neutralität gesichert und ihr zugleich neue Wege gewiesen? Hatte er nicht Neutralität und aussenpolitisches Engagement versöhnt, Tradition und Zukunft vereint? »Die schönste Erinnerung habe ich an die Abfassung des Memorandums über die Neutralität«, steht in den »*Denkwürdigkeiten*«. »Dieses schrieb ich im Gefühl, ein historisches Dokument zur Verteidigung eines einzigartigen historischen Wertes zu verfassen. Es war mir Bejahung des eigentümlich Schweizerischen, des geschichtlich Einzigartigen sowohl gegenüber der Kriegspsychose fast der ganzen Welt und der deutschen Kriegsmetaphysik als auch gegenüber allem verschwommenen Pazifismus und Kosmopolitismus. Ich wollte durch das

Memorandum die schweizerische Politik in der Richtung der Erhaltung der Neutralität festnageln, die neutralitätsfeindliche Friedenskonferenz vor die Alternative stellen, den Standpunkt der Schweiz entweder zu adoptieren oder zu brüskieren.«[250]

Dies war ihm offensichtlich gelungen, aber nicht in allen Punkten. Huber hätte sich gewünscht, dass der Völkerbund die Schweizer Neutralität integral anerkennt. Dazu kam es indes nicht. Die Schweiz musste bei Wirtschaftssanktionen des Völkerbundes die Massnahmen voll mittragen; ihre Neutralität wurde auf eine rein militärische Neutralität reduziert. Dem Rechtsberater behagte diese Neuinterpretation der eidgenössischen Neutralität nicht. Er hatte die so genannte differenzielle Neutralität nicht angestrebt, obschon er sie in der Völkerbundsbotschaft meisterhaft verteidigte und seither allgemein als deren Begründer gilt. In seinen privaten Aufzeichnungen bekennt er, wie schockiert er war, als Bundesrat Calonder im März 1919 auf der Konferenz der Neutralen in Paris dem britischen Unterhändler Lord Robert Cecil von sich aus ein zuvorkommendes Angebot unterbreitete, indem er die Solidarität der Schweiz bei wirtschaftlichen Sanktionen des Völkerbundes zusicherte. »Ich sass wie von einem elektrischen Schlag getroffen da.... Nach der Erklärung Calonders in Paris musste man nun versuchen, Neutralität und wirtschaftliche Solidarität als vereinbar nachzuweisen.«[251] Mit seiner Erklärung über die Teilnahme der Schweiz an wirtschaftlichen Sanktionen hätte Calonder »eine Konzession gemacht, die ich zum Beispiel weder hätte machen wollen noch zu welcher ich mich auf Grund des Bundesratsbeschlusses für ermächtigt gehalten hätte«.[252]

Huber blieb überzeugt, Calonder habe eine unnötige Vorleistung erbracht. Mit etwas mehr Verhandlungsgeschick wäre es der Schweiz möglich gewesen, vom Völkerbund die Anerkennung der integralen Neutralität zu erlangen. Aber auch Bundesrat Ador sparte er nicht von der Kritik aus. In seinen *»Denkwürdigkeiten«* erwähnt er die wichtigen Verhandlungen von Ende April 1919 in Paris. Damals stand auf Messers Schneide, ob die Siegermächte gewillt seien, die Schweiz unter Respektierung ihrer Neutralität in den Völkerbund aufzunehmen. Deshalb ersann der Bundesrat einen unerhörten Schritt. Er entsandte den Bundespräsidenten ausser Landes, um den Schweizer Beitritt zum Völkerbund und die Lösung der savoyischen Frage mit den Schlüsselfiguren des Friedenskongresses zu verhandeln. Mit der ganzen Würde seines Amtes und vornehmlich seiner Persönlichkeit sollte der bei den Alliierten hoch angesehene Ador den stockenden Verhandlungen zum Durchbruch verhelfen. Denn Frankreich brachte im fortgeschrittenen Verhandlungsstadium ein seit Jahrzehnten schwärendes Problem auf: die savoyischen Zonen.[253] Es wollte sich der lästigen Souveränitätsbeschränkungen ein für alle Mal im Rahmen der umfassenden Neuordnung nach dem Krieg entledigen.

Die Schweiz war gewiss nicht abgeneigt, diese mit fragwürdigen Hypotheken behaftete Angelegenheit neu zu regeln. Aber sie wollte den Verzicht auf ihr »droit de regard« in Nordsavoyen mit einem Gegengeschäft verknüpfen. Huber schlug Folgendes vor: 1. die neutralisierte Zone, die er ohnehin für nutzlos, ja gefährlich erachtete, ist aufzuheben; 2. die wirtschaftliche Zone, die für Genf wichtig war, ist neu zu verhandeln; 3. die Aufhebung der savoyischen Neutralität ist mit einer Bestätigung der schweizerischen Neutralität durch den Völkerbund zu entschädigen. Die französischen Unterhändler waren bereit, auf die ersten beiden Punkte einzugehen; vom dritten allerdings wollten sie nichts wissen. Huber, der mit Ador am Verhandlungstisch sass, fand nun, die Schweizer Delegation sollte mit allem Nachdruck die Bestätigung der Neutralität einfordern. Doch er wurde enttäuscht. Der Bundespräsident hielt diese Forderung für nebensächlich. »In diesem Punkt war Herr Ador«, schreibt Huber in seinen Aufzeichnungen, »von einer mir unbegreiflichen Nachgiebigkeit. Er wies in einer im Hotel Meurice gehaltenen Besprechung zwischen ihm, [dem Schweizer Gesandten] Dunant und mir meinen Antrag, eine allgemeine Neutralitätserklärung im Zusammenhang mit der Zonen-Neuordnung zu erwirken, ziemlich schroff zurück.«[254]

Zum Glück liess das Politische Departement nicht locker. Es hakte vielmehr nach, indem es einen Gegenentwurf zur französischen Position ausarbeitete. Dabei griff es eine Anregung seines Rechtsberaters auf. Huber war zur Ansicht gelangt, die Schweiz könne sich ihre Neutralität beim Beitritt zum Völkerbund durchaus bestätigen lassen. Sie solle sich namentlich auf Artikel 21 des Völkerbundsvertrages berufen. Dieser Artikel hielt fest, dass internationale Übereinkommen, die der Aufrechterhaltung des Friedens dienen, mit den Bestimmungen des Völkerbundvertrages vereinbar sind. Präsident Wilson hatte einen solchen Passus gewünscht. Denn er wollte die Monroe-Doktrin nicht den übergeordneten Prinzipien des Völkerbundes opfern. Die Kernaussage der Doktrin lautete: Amerika mischt sich nicht in europäische Angelegenheiten ein, umgekehrt duldet es nicht, dass sich europäische Staaten in inneramerikanische Angelegenheiten einmischen. Huber argumentierte, die immerwährende Neutralität sei ein Friedensinstrument, das ähnlich angelegt sei; folglich könne es sich auf die gleiche Klausel berufen. Mit dieser Argumentation gelang es der Schweizer Delegation, die Neutralität in Artikel 435 des Friedensvertrags vom 29. Juni 1919 bestätigen zu lassen. Gustave Ador konnte am Abend des 3. Mai befriedigt nach Bern zurückkehren. Die Schweiz hatte viel erreicht – mehr als sich der vornehm zurückhaltende Bundespräsident zugetraut hatte. Huber indes hatte unermüdlich nach einer Lösung gesucht. Der Rechtsberater hatte klar erkannt, worum es ging. An der Neutralitätsbestätigung hing der Beitritt der Schweiz zum Völkerbund. Ohne dieses Entgegenkommen hätten die Stände die Vorlage, die sie selbst unter diesen günstigen Umständen nur knapp annahmen, mit grösster Wahrscheinlichkeit verworfen.

Viele Schweizer wurmte es, dass die Anerkennung der Neutralität nicht im eigentlichen Völkerbundvertrag figurierte, sondern bloss im zweitrangigen und für die Schweiz recht marginalen Friedensvertrag, im Sammelsurium von Einzelheiten – und nicht in der Charta für eine neue Friedensordnung. Allerdings war, genau besehen, der Völkerbundvertrag der erste Teil des Friedensvertrages. Die Schweizer Unterhändler hatten alles versucht, um die Neutralität im Völkerbundvertrag unterzubringen. Doch das war nicht möglich. Bundesrat Calonder rechtfertigte dieses Manko im Ständerat so: »Wir hatten die Hoffnung fast aufgegeben, mit unserer Neutralität als ursprüngliches Mitglied in den Völkerbund eintreten zu können, weil die Hauptmächte im Allgemeinen dagegen waren. ... Es war ein äusserer Anlass nötig, um die Anerkennung in Form rechtens vereinbaren und verurkunden zu können. Diesen Anlass bildeten die ... freien Zonen in Savoyen und im Pays de Gex. ... Hätte sich diese Gelegenheit nicht geboten, es wäre uns nicht möglich gewesen, die rechtgültige Anerkennung zu erlangen als Grundlage für den Eintritt der neutralen Schweiz in den Völkerbund.«[255]

Doch zurück zu Huber. Von Calonder in Sachen Wirtschaftssanktionen vor ein »fait accompli« gestellt und von Ador in Neutralitätsangelegenheiten nur lauwarm unterstützt, hatte der Rechtsberater so gut er konnte versucht, die Schweizer Neutralität den neuen Verhältnissen entsprechend zu begründen. Als Erster unterschied er zwischen Neutralitätsrecht und Neutralitätspolitik – eine Unterscheidung, die sich, nachdem die Haager Landkriegsordnung von 1907 einige Rechte und Pflichten der neutralen Staaten präzise festgelegt hatte, aufdrängte. Die Tendenz nämlich, den neutralen Staaten jegliche aussenpolitische Stellungnahme als Neutralitätsverletzung zu unterschieben, nahm ebenso zu wie die Versuchung, sie zum Mittragen von Sanktionen zu nötigen. Huber wehrte sich gegen beides. Man durfte die Neutralen nicht ins apolitische Abseits manövrieren. Diese besassen unzweifelhaft die volle aussenpolitische Handlungsfreiheit – ausser in jenen Bereichen, die durch das Neutralitätsrecht geregelt waren. Das Recht ist naturgemäss viel zwingender als die Politik. Es schreibt den Neutralen Rechte und Pflichten vor, die diese strikte einhalten müssen. Aber es erstreckt sich nur auf den Krieg. Die Neutralitätspolitik dagegen lässt den Neutralen mehr Spielraum, erfasst indes auch die Friedenszeiten. Deshalb fand Huber, ein neutraler Staat sollte sich aus eigenem Antrieb mehr einschränken, als ihm das Recht auferlegte, er sollte in Friedenszeiten stets eine solche Politik verfolgen, die es ihm ermögliche, im Krieg seinen rechtlichen Verpflichtungen voll nachzukommen. »Ein dauernd neutraler Staat wie die Schweiz hat besonderen Anlass, durch seine Politik sich mehr als den strikten Rechtsanspruch auf Achtung der Neutralität zu sichern, nämlich das allgemeine Vertrauen zu erwerben; er wird vieles unterlassen, was er von Rechts wegen tun dürfte.« Gleichzeitig wandte sich Huber aber entschieden dagegen, dass man den Neutralen zahlreiche Neutralitätspflichten aufbürdete und eine weit Grauzone des politischen Wohlverhaltens etablierte: »Nichts kann den Interessen eines neutralen, vorab eines immerwährend neutralen Staates, mehr entgegen sein als eine übermässige Ausdehnung der Neutralitätspflichten – denn das Grundrecht des neutralen Staates, vom Krieg verschont zu bleiben und in seinen friedlichen Beziehungen zu andern Staaten nicht gestört zu werden, ist eine Selbstverständlichkeit.«[256]

Mit seiner Ernsthaftigkeit nahm Huber die Rechte und Pflichten eines neutralen Staates nicht auf die leichte Schulter. Er wusste, wie es um die Neutralen stand. Sie waren verletzlich. Häufig verübelte man ihnen ihr Abseitsstehen, aus nichtigem Anlass bezichtigte man sie der Pflichtverletzung, und nicht selten missachtete man ihren Sonderstatus. »Die Geschichte der Neutralität ist«, bilanzierte er, »im grossen Ganzen eine Leidensgeschichte der Neutralen.«[257] Und nun kam die Schweiz und war bereit, von der schlichten Neutralität abzurücken, zwischen wirtschaftlicher und militärischer Neutralität zu unterscheiden und sich im fahlen Licht der interpretationsbedürftigen differenziellen Neutralität neu zu positionieren. Der Rechtsberater tat sich mit dieser Wendung schwer. Er verteidigte sie, aber Gewissensnöte plagten ihn dabei. Er selbst hätte gern einer traditionellen und gehaltvolleren Neutralität das Wort geredet. Vorsichtig, wie er war, meinte er: »Wenn wir der Ansicht sind, dass die Pflichten der Neutralität nicht so weit reichen, als oft behauptet wird, so verhehlen wir uns keineswegs, dass ein grundsätzlicher, sofortiger und allgemeiner Abbruch wichtiger wirtschaftlicher und anderer Beziehungen eine vollständige Abweichung von der sonst befolgten neutralen Politik darstellt. Der Neutrale würde damit vielleicht an die äusserste Grenze dessen gehen, was mit den ihm durch die Neutralität auferlegten Rechtspflichten vereinbar ist.«[258]

Trotz dieser Bedenken nahm Huber den Auftrag des Bundesrates an, die Botschaft für den Beitritt der Schweiz zum Völkerbund auszuarbeiten. Abgesehen von einigen Abschnitten im Wirtschaftsteil, die aus einem Gutachten von Bundesrat Edmund Schulthess stammen, schrieb er den umfangreichen Text selbst und in kürzester Zeit. Mitte Mai, nach der Rückkehr aus Paris, begann er damit, am 4. August 1919 lag die Botschaft gedruckt vor. Auf Schloss Wyden arbeitete er Tag und Nacht am Entwurf. Morgens um fünf musste der Kutscher jeweils die frisch redigierten Seiten nach Andelfingen reiten, damit sie mit dem ersten Morgenzug sogleich zum Französischübersetzer und zur Druckerei in Bern gelangten. Die Botschaft war, wie Huber später erklärte, »das wichtigste und verantwortungsvollste Dokument, das ich geschrieben, denn es ist klar, dass die neue Richtung der schweizerischen Neutralitätspolitik nicht ohne gewisse Gefahren sein konnte.«[259] Der Verfasser hatte sich die Aufgabe nicht leicht gemacht. Vom Zwiespalt getrieben, wog er skrupulös Argumente und Gegenargumente ab. Kenntnisreich und redlich rang er sich zu einem Urteil durch. Der Bundesrat belohnte ihn, indem er den Text sozusagen unverändert übernahm. Nur das Kapitel über die Neutralität musste auf Wunsch von Bundesrat Eduard Müller streckenweise überarbeitet werden. Huber erntete grosses Lob, namentlich auch von Giuseppe Motta. Aber der Tessiner, den es aus innerster Überzeugung in den Völkerbund drängte, liess seine Umgebung auch wissen, dass die Botschaft für seinen Geschmack eine Spur zu differenziert war. Mit einer derart abwägenden Argumentation, befürchtete er, würde man den Gegnern der Vorlage zu viel Material liefern.[260] Später indes lobte der Zürcher Staatsrechtler Werner Kägi die Botschaft als »eines der bedeutendsten Dokumente unserer Staatskunst seit der Gründung des Bundesstaates«.[261]

Hubers ebenso durchdachtes wie entschiedenes Festhalten an der Neutralität sollte sich lohnen. Es erfüllte den Rechtsberater mit grosser Genugtuung, als ihn der Bundesrat zusammen mit Gustave Ador, der aufs Jahresende aus dem Regierungskollegium ausgeschieden war, nach England entsandte. Dort durfte der alt Bundesrat am 13. Februar 1920 im St. James Palace die so genannte Londoner Erklärung entgegennehmen. Endlich waren die Mitglieder des Völkerbundes bereit, eine Schweiz mitsamt ihrer Neutralität, wenngleich differenziell abgestuft, in ihrem Schoss aufzunehmen. Was für eine Konzession im Vergleich zur ursprünglichen Haltung der Siegermächte! Zwar hielt der Völkerbundsrat fest, der Begriff der Neutralität sei an sich für die Mitglieder des Völkerbundes nicht mit dem Prinzip der Solidarität vereinbar. Denn alle müssten gemeinsam den Verpflichtungen Nachachtung verschaffen. Aber er räumte ein, dass die

Schweiz mit ihrer jahrhundertealten Tradition in einer besonderen Lage war; ihre Neutralität sei ins Völkerrecht eingegangen, und die Mitglieder des Völkerbundes hätten mit Artikel 435 anerkannt, dass die immerwährende Neutralität der Schweiz und die Garantie ihres Gebietes, wie sie die Verträge von 1815 aussprachen, dem internationalen Frieden dienten und folglich mit dem Völkerbund vereinbar seien.[262] Für Huber ging ein Traum in Erfüllung. Die Neutralität zu wahren und dem Völkerbund beizutreten – das schier Unmögliche schien der Schweiz gelungen zu sein. Über jenen Tag schrieb er in seinen Aufzeichnungen:

»Als ich mir vor dem Zubettegehen die Situation überlegte, empfand ich ein gewisses Hochgefühl darüber, einen nicht unwesentlichen Anteil gehabt zu haben an einem Akt der europäischen Politik, der meinem Heimatland eine besondere und, wie ich hoffte und auch noch hoffe, nicht unvorteilhafte Stellung im Staatensystem zuerkennt und die gegen das Ende des Weltkrieges etwas im Kredit gesunkene ›Ewige Neutralität‹ wieder als eine im Interesse Europas liegende Institution anerkennt. Aber ich empfand auch stark die Verantwortung, denn mit der besonderen Gestaltung der Neutralität, wie sie der Völkerbund bedingt, sind auch Gefahren verbunden. Durch Annahme der Londoner Deklaration betritt die Schweiz ein Gebiet, auf das sie sich bis dahin schon lange nicht mehr gewagt hat; sie nimmt ... teil an dem System zur gemeinsamen Wahrung des Friedens. Soweit dieses System wirksam und ehrlich ist, ist kein Opfer zu gross dafür, und in diesem Fall ist die Zurückhaltung der Schweiz und die Forderung nach einer Sonderstellung schwer zu rechtfertigen.«[263]

Mit dem Verstand für den Völkerbund

An der traditionellen Neutralität wollte Huber unbedingt festhalten. Doch das war nur die eine Linie in seinem Denken; die andere verlief in entgegengesetzter Richtung. Den einstigen Sympathisanten des Pazifismus – allerdings im Majorsrang – und politischen Idealisten zog es unweigerlich hin zu einer neuen Friedensordnung, zum Aufbau einer besseren, mehr auf Recht beruhenden Welt. Als Schweizer wollte er seinen Beitrag dazu leisten. Er stand und verstand sich in der Tradition von Numa Droz' aktiver Aussenpolitik. Wie der Neuenburger Vorgänger war er von einem starken Sendungsbewusstsein durchdrungen. Bezeichnenderweise verspürten beide auch in ihrer Jugend eine religiöse Berufung. Neutralität war für

Huber das eine, aussenpolitische Solidarität das andere. Wenn die Chance bestand, die Unzulänglichkeiten des auf Machtpolitik beruhenden Staatensystems zu verringern, indem man das Recht stärkte, dann durfte die Schweiz nicht abseits stehen. Im Gegenteil, sie musste ihre in Jahrhunderten gespeicherte Erfahrung vorbildhaft einbringen und an der Verbesserung der zwischenstaatlichen Ordnung mitwirken. Das war nach Huber eine Pflicht.

Aufmerksam verfolgte er deshalb, wie man im In- und Ausland eine neue Friedensordnung nach dem Weltkrieg erörterte. Mit Begeisterung hörte er im November 1917 die Rede von Calonder vor der freisinnig-demokratischen Partei in Bern. Dieser Bundesrat, der 1918 als Bundespräsident das Politische Departement leiten sollte, schlug ungewohnte Töne an. Er sprach davon, wie notwendig eine neue Organisation zur Sicherung des Friedens sei. Huber bewunderte Calonders Mut. Noch nie hatte sich ein Schweizer Bundesrat so weit aufs internationale Parkett vorgewagt, hatte Ideen skizziert, ehe sich die andern neutralen Länder hatten vernehmen lassen. Und als Präsident Wilson im Januar 1918 seine famosen 14 Punkte proklamierte und »dem Krieg den Krieg erklärte«, da atmete Huber auf. Endlich hatte sich ein herausragender Staatsmann als Träger einer weltgeschichtlichen Idee gefunden – einer Idee, die bisher lediglich von Idealisten und Pazifisten beschworen wurde. Ein neues Zeitalter schien anzubrechen. Hatte Huber nicht lange schon ähnliche Gedanken gehegt? Freilich, als er in Zürich seine Gesellschaft »Zum Schneggen« besuchte, blies ihm der Wind kalt ins Gesicht. In den tonangebenden Kreisen seiner Heimatstadt belächelte man Wilsons Proklamation nicht weniger als die pazifistischen Traktate. Man hielt nichts von solchen Fantastereien. Doch Huber liess sich nicht beirren. Calonder und Wilson hatten einen neuralgischen Punkt in seiner Weltanschauung getroffen.

Huber suchte nun die Zusammenarbeit mit dem Bündner Bundesrat, der seinerseits eine Rolle für die Schweiz auf der internationalen Bühne anstrebte. Als Rechtskonsulent wurde Huber sogleich der massgebliche Berater von Calonder, dessen unumschränktes Vertrauen er genoss. Ende Mai 1918 verweilte dieser mehrere Tag auf Schloss Wyden. In aller Ruhe besprachen sie Fragen, die sich aus der Völkerbundsidee für die Schweiz ergaben. Der Bundespräsident bat dabei seinen Gastgeber, die Gedanken niederzuschreiben und in der »Neuen Zürcher Zeitung« zu veröffentlichen. Huber kam diesem Wunsch mit einer Artikelserie nach. Zu seinem Erstaunen übernahm der Chef des Politischen Departementes grosse Teile des Beitrags in einer Rede, die er am 6. Juni im Nationalrat hielt. Diese bildete den offiziellen Auftakt zur eidgenössischen Völkerbundspolitik. Mit viel Vorschusslorbeeren, als ob eine Friedensära schon angebrochen wäre, begrüsste der Bundespräsident die skizzenhaften Vorstellungen von einer neuen zwischenstaatlichen Ordnung: »Eine Idee, die früher lediglich den oft verspotteten Pazifisten und Theoretikern überlassen war, war in die Kreise der Diplomaten und Politiker eingedrungen... Ein hohes Ideal, das die Menschheit bewegte, war in die praktische Politik übergegangen.«[264]

Um die Schweiz auf die Nachkriegszeit vorzubereiten, schlug Huber Bundesrat Calonder vor, einige geeignete Persönlichkeiten um sich zu scharen. Diese sollten sich Gedanken über eine neue Friedensordnung und die Stellung der Schweiz machen. Auch bezweckte Huber mit diesem Vorschlag, führende Meinungsmacher für die Idee eines Völkerbundes zu gewinnen. Calonder nahm die Idee willig auf, im Gesamtbundesrat stiess sie indes auf Vorbehalte. Doch Anfang 1918 trat die Expertenkommission zum ersten Mal zusammen. Neben mehreren Professoren, so dem hoch angesehenen Schöpfer des eidgenössischen Zivilgesetzbuches, Eugen Huber, und Rappard nahmen in diesem achtzehnköpfigen Gremium auch der Gesandte in Paris, Charles Lardy, der ehemalige Nationalratspräsident und Gesandte in Rom, Alfred von Planta, und der Vorreiter des Völkerbundes im Nationalrat, der St. Galler Joseph Anton Scherrer-Füllemann, Einsitz.[265]

Versehen mit Diskussionsgrundlagen, die Huber erstellt hatte, nahm die Kommission ihre Arbeit mit viel Schwung auf. Aber sie war, wie sich bald herausstellen sollte, zu gross, um umsetzbare Empfehlungen aus den Erörterungen herauszufiltern. Sie debattierte völkerrechtliche Fragen so, als ob die Entstehung einer neuen Friedensordnung vom Willen der Schweiz abhängen würde. Besonders keck trumpfte Lardy auf, der ansonsten so nüchterne Diplomat. Er unterbreitete ein Vorprojekt, das eine internationale Organisation mit einer Regierung und einem Parlament, mithin mit bundesstaatlichen Strukturen, vorsah. Der allzu kühne Vorschlag wurde nicht lange diskutiert. Die meisten bevorzugten mehr Zurückhaltung und eine juristischere Sichtweise. Sie glaubten, alle grossen Probleme, auch die politischen, mit einer obligatorischen Schiedsgerichtsbarkeit lösen zu können. Dies ging sogar Huber zu weit, obwohl er selbst sonst gern die Brille des Juristen aufsetzte. Eine neue Friedensordnung konnte sich nicht nur auf rechtliche Verfahren beschränken, sie musste auch Hand zu politischen Lösungen bieten.

So arbeitete er denn Ende 1918 auf Schloss Wyden in nur zwei Monaten einen eigenen Entwurf für einen Völkerbundsvertrag aus. Hubers Vorschlag verriet jedoch immer noch stark die Herkunft aus der Feder eines Juristen und nicht eines Politikers – wie denn der Rechtskonsulent sein ganzes Leben lang, auch später als IKRK-Präsident, lieber Hand zu legalistischen Verfahren als politischen Arrangements bot.[266] Er sah einen Pakt mit einer unveränderlichen Vertragsgrundlage und einem revidierbaren Verfassungsstatut vor. Die Kerngedanken waren folgende: Bei internationalen Konflikten gibt es drei Lösungsmöglichkeiten: erstens den gütlichen Vergleich; zweitens, wenn der Vergleich versagt, die richterliche Entscheidung durch ein Schiedsgericht oder einen internationalen Gerichtshof; drittens, bei rein politischen oder vitalen Fragen, eine Mediation durch einen Sonderausschuss der Grossmächte. Huber lieferte einen durchdachten Entwurf. Die Expertenkommission änderte kaum etwas am Text, auch dem Bundesrat gefiel der Vorschlag. Bewies die Schweiz damit nicht, dass sie die neue Friedensordnung mitgestalten konnte und wollte? Hatte sie den andern Staaten nicht ihre eigene Erfahrung mit der Neutralität und der Streitschlichtung anzubieten? Ihr schien die Stunde der Sendung zu schlagen. Erwartungsvoll sandte die Regierung am 8. Februar 1919 Hubers Vorschlag zusammen mit dem Memorandum über die Neutralität allen Konferenzteilnehmern zu. Doch der hohen Erwartung folgte die herbe Enttäuschung auf den Fersen.

Die gesamte Übung stand unter keinem guten Stern. Schon am 20. November 1918, also knapp zehn Tage nach dem Waffenstillstand, hatte der Bundesrat die »Big Four« – Grossbritannien, die Vereinigten Staaten, Frankreich und Italien – um eine Einladung zum Friedenskongress ersucht. Die Schweiz wollte nicht wieder, wie nach den Napoleonischen Kriegen, draussen vor der Tür die Verhandlungen der Grossmächte abwarten. Sie sollte vielmehr selber als moralische Autorität ins Kongressgeschehen einwirken. Auch aus diesem Grund, um argumentativ gerüstet zu sein, hatte sich der Bundesrat mit einer Expertenkommission gewappnet und ein Völkerbundsstatut ausarbeiten lassen. Doch Präsident Wilsons Vorstellungen gingen nicht in diese Richtung. Er sah im neuen solidarischen Bund keinen Platz für Neutrale. Rappard, der Wilsons Gedankengänge gut kannte, hatte den Bundesrat davor gewarnt, ein Gesuch zu stellen; aber die Landesregierung wollte nicht auf ihn hören. So begann denn die Friedenskonferenz am 18. Januar 1919 in Paris ohne Einladung an die Schweiz. Alles schien wieder nach dem Muster des Wiener Kongresses abzulaufen, die Grossmächte machten sich daran, allein über das Schicksal der Kleineren zu entscheiden.

In dieser Situation sprengte Bundespräsident Ador das protokollarische Etikett. Er reiste kurz entschlossen nach Paris, um mit den wichtigsten Figuren der Konferenz zu sprechen. Allein, er musste erfahren, wie sich auf dem Bazar von rund 2000 Diplomaten und Experten niemand mit der säuberlichen Auslegeordnung der Schweiz abgeben mochte. Darauf beschloss die Landesregierung, das Memorandum über die Neutralität und Hubers Vorschlag für ein Völkerbundsstatut allen Konferenzteilnehmern zuzuschicken. Doch auch dieser Wurf fiel weit vor dem Ziel. Er wurde in Paris gar nicht zur Kenntnis genommen. Er war schon Makulatur, ehe ihn die Delegierten zu Gesicht bekamen. Denn am 14. Februar präsentierte Wilson seinen eigenen Völkerbundsvertrag, den epochemachenden »Covenant«.

Eine zusätzliche Enttäuschung brachte die Zusammenarbeit mit den andern neutralen Staaten. Im März lud Wilson die Neutralen überraschend ein, am Friedensvertrag mitzuarbeiten. Ein Ausschuss der Völkerbundskommission empfing im Hotel Crillon die Abordnungen am 20./21. März. Die Schweiz erachtete diese Gespräche als Chance, um eine Interessengemeinschaft der Neutralen zu schmieden. Sie schickte mit Calonder zum zweiten Mal einen Bundesrat an die Konferenz. Die Tagung indes versank in Bedeutungslosigkeit und verkam zu einer Alibi-Übung. Nur die Schweiz hatte einen Minister entsandt, nur sie hatte schriftliche Eingaben vorgelegt; die andern begnügten sich mit nachgeordneten Delegierten, die zum Zuhören kamen. Offensichtlich begehrten diese nicht im gleichen Mass wie die Eidgenossenschaft, an den Verhandlungen teilzunehmen. Den »Grossen Vier« sollte es recht sein, dass sie die Neutralen so billig abspeisen konnten.

Bundesrat Calonder hatte freilich seine Reise an die Friedenskonferenz nicht vergeblich angetreten. In seinen bilateralen Gesprächen lud er den Völkerbund förmlich ein, den Sitz in Genf zu errichten. Rappard verhandelte nachher dieses Traktandum geschickt weiter, bis er am 28. April den ersehnten Erfolg vermelden konnte. Von schicksalshafter Bedeutung war der Besuch auch in anderer Hinsicht. Calonder kündigte, wie erwähnt, die Bereitschaft der Eidgenossenschaft an, sich an allfälligen Wirtschaftssanktionen des Völkerbundes zu beteiligen und die Neutralität im Wesentlichen auf den militärischen Bereich einzuschränken. Mit dieser Konzession eröffnete er einen Verhandlungsprozess, der nach zahllosen Vorsprachen und Interventionen in die Londoner Erklärung vom 13. Februar 1920 mündete. Dies war für die Schweizer Diplomatie, ebenso wie die Lösung der Sitzfrage, ein beachtlicher Erfolg. Er sticht umso mehr hervor, als am Anfang mehrere Ungeschicklichkeiten die Bemühungen um eine eidgenössische Beteiligung am Friedensprozess erschwerten.

Bekanntlich war Huber über Calonders Nachgiebigkeit entsetzt. Ihm erging es wie vielen Unterhändlern. Minister- und Präsidententreffen sind der Schreck der professionellen Diplomatie. Mit hohen Entscheidungsbefugnissen, aber geringen Dossierkenntnissen setzen sich die Magistraten oft über die mühsam aufgebauten Verhandlungspositionen ihrer eigenen Delegationen hinweg. Nicht selten müssen die Unterhändler nach Gipfelrunden erst die Trümmer beseitigen, um die Verhandlungen wieder auf jenem Stand aufzunehmen, den sie vor der Intervention der Politiker erreicht hatten. Freilich, wenn Huber, der Neutralitätsverfechter, entsetzt war, dann war Huber, der Völkerbundsanhänger, erfreut. Mit Calonders Demarche in Paris entstanden endlich neue Perspektiven. Die Schweiz könnte, wenn alles gut ginge, der Isolation entrinnen und jene Wirkung nach aussen entfalten, wofür sie in Hubers Augen schon lange ausersehen war. Dafür wollte er sich einsetzen. Und mit einem »feu sacré« sondergleichen machte er sich daran, die Botschaft für den Beitritt der Schweiz zum Völkerbund zu schreiben. In einem geistigen Hürdenlauf überwand Huber alle Neutralitätshindernisse, die er selbst errichtet hatte. Seine Überzeugung von einer schweizerischen Sendung spendete ihm die erforderliche Energie.

In der Botschaft entfaltete Huber die Zusammenhänge zwischen Völkerbundsidee und Neutralität mit viel Gespür, sozusagen mit konkordanzdemokratischem Fingerspitzengefühl. Er legte das Verbindende dar, ohne das Trennende zu unterschlagen. Durchs Band argumentierte er mit einem »Sowohl als Auch«, hob die Vorteile der Neutralität hervor, begutachtete dann jene des Völkerbundes, wägte die Vor- und Nachteile eines Beitritts ab, um schliesslich die Waagschale auf der Seite des Völkerbunds zu beschweren. Die Schweiz hätte, meinte er, ihre besondere Mission seit dem Weltkrieg verloren; seit dem Zusammenbruch der Monarchien verkörpere sie den demokratischen und republikanischen Gedanken in Europa nicht mehr allein; ringsum seien Demokratien entstanden. Die Staatengemeinschaft sei im Begriff, sich auf eine höhere Stufe des Zusammenlebens zu heben; sie strebe einen neuen Bund an, um mehr Recht und Sicherheit zu gewährleisten. Diese Ziele lägen auch dem eidgenössischen Staatswesen zugrunde. Die Schweiz bleibe somit, wenn sie im Völkerbund mitwirke, ihrem eigensten Wesen treu; sie bekomme hingegen in dieser Organisation eine neue Sendung: Sie könne ihr Gedankengut in den Aufbau einer neuen Weltordnung einbringen. Der Beitritt der Schweiz wurde für Huber zu nichts weniger als einer moralischen Pflicht. »Die Idee des Völkerbundes stand für mich«, schrieb er in den »*Denkwürdigkeiten*«, »als ein Gebot nicht nur der politischen Notwendigkeit, sondern des Sittengesetzes fest.«[267]

Ausnahmsweise kommt es vor, dass sich Huber einen Gedankenflug in eine idealistische Friedensordnung gönnt. Diese bricht dann wie ein Sonnenstrahl durch eine dichte Wolkenschicht von Skepsis. Einmal entwirft er ein Völkerbund-Szenario, in welchem die Neutralität überflüssig wird. Derlei hätte man von ihm zuletzt erwartet:

»Der Weltkrieg hat in weiten Kreisen, vorab in den Staaten, die den Völkerbund begründen, einer neuen Auffassung zum Durchbruch verholfen. In einem Kampf, in dem die eine Partei das Recht und die andere das Unrecht verkörpert, soll es keine Neutralität, wenigstens keine bedingungslose Neutralität geben. Die gerechte Sache ist die Angelegenheit aller; sie ist das höhere Interesse, dem alle andern Interessen, auch diejenigen der Neutralen, sich unterordnen. Der Völkerbund soll die Form sein, in der dieser Gedanke zum ersten Mal Gestalt nimmt und im Interesse dieser neuen internationalen Rechtsordnung soll die differenzielle Neutralität zulässig sein.«[268]

Hätte Huber diese Vision, die übrigens nach dem Ende jedes grösseren Krieges, so auch nach dem Zweiten Weltkrieg und nach dem Kalten Krieg, Urständ feiert, zum Nennwert genommen, müsste man den Kopf schütteln. In sein Weltbild passte kein manichäischer Kampf; er löste die Kriege nicht in einem simplen Schwarz-Weiss-Raster auf. Und die Neutralen verdienten wegen ihrer Unparteilichkeit gewiss nicht, ins moralische Abseits abgedrängt zu werden. Doch bei genauerer Lektüre erkennt man, dass Huber nur die Stimmung in den Siegerstaaten referiert, um den Übergang zur differenziellen Neutralität, der ihm schwer genug fiel, zu erklären. Es soll keinen Platz mehr für die Neutralität geben? Huber verdeutlichte seinen Vorbehalt schon im nächsten Abschnitt: »Ob die Entwicklung wirklich diesen Weg gehen und sich konsolidieren wird, hängt wesentlich von der Dauer und Festigkeit des Völkerbundes ab.«

Huber erachtete den Beitritt der Schweiz zum Völkerbund, wie gesagt, als eine Pflicht. Aber vor diesem Schritt bangte ihm. Wenn immer er Argumente für den Beitritt auftürmte, folgten die Bedenken gleich einen Schritt hinterher. Aber er warb für den Völkerbund, um der Schweiz eine neue Mission zu ermöglichen. Nur im Verein mit der Staatengemeinschaft konnte sie seiner Meinung nach ihr Potenzial voll ausnützen:

»Wenn aber aus den unvollkommenen heutigen Anfängen etwas Lebensfähiges und dem Ideal des Völkerbundes Näherkommendes sich entwickelt? Wie stünden wir da, wenn wir in einem grossen geschichtlichen Augenblick, aus Kleinmut, aus Skepsis oder Selbstsucht unterlassen hätten für eine Sache einzutreten, welche die Sache der Menschheit und die Weiterentwicklung unseres eigenen Staatsgedankens ist. Dass auch ohne unser kleines Staatswesen die Völkerbundsidee sich verwirklichen könnte, enthebt uns in keiner Weise der Verantwortlichkeit, jetzt die Entscheidung zu treffen, die unsere Pflicht ist. Diese Pflicht, aus der furchtbaren Lehre dieses Krieges den Entschluss zur Tat zu fassen, kann nicht hoch genug bewertet werden.«[269]

Doch ganz wohl war ihm bei diesem Plädoyer nicht. Er wusste zu gut, dass vieles schief gehen konnte. Der Völkerbund genügte gewiss hohen moralischen Ansprüchen. Aber unter dem Deckmantel der Moral verbirgt sich nicht selten nackte Gewalt. Ein schönes Konzept verbürgt noch keine bessere Welt. Schweren Herzens gewährte er seinem idealistischen Hoffen mehr Raum, als sein realpolitischer Spürsinn an sich zuliess. Und er bekannte, dass er Realpolitik und Idealpolitik letztlich nicht vereinen konnte. Zwischen beiden klaffte eine Lücke, die nicht zu überbrücken war. Wo die Dienste der Vernunft nicht mehr hinreichten, sprang er mit Vertrauen ein, mit einem Verfahren, das nur jene überzeugte, die gleich disponiert waren, Idealisten also, die von Natur aus geneigt sind, einen Blankoscheck auf die Zukunft auszustellen.

»Wer fest auf dem Boden der politischen Realitäten und Möglichkeiten steht und gleichzeitig der hohen Idee entschlossen nachstrebt, der wird den Völkerbundsvertrag nach dem beurteilen, was aus ihm werden kann, und ihn vergleichen mit dem, was wir ohne ihn hätten. Dass der Völkerbund grosse, ja sehr grosse Fortschritte gegenüber der Vergangenheit bietet und dass wertvolle Entwicklungsmöglichkeiten in ihm liegen, glauben wir gezeigt zu haben. Ob er diese Erwartung rechtfertigt, kann heute niemand voraussagen. Es ist eine Sache des Vertrauens. Alle grossen Entschlüsse beruhen auf Vertrauen, denn sie fordern ein Erfassen werdender Dinge und unmessbarer Kräfte. Wir haben dieses Vertrauen, weil der Völkerbund an sich eine Forderung der Vernunft und der Moral ist.«[270]

Der Völkerbund eine Forderung der Vernunft und der Moral? Gewiss, wenn alles optimal verlaufen wäre. Aber dass dem nicht so war, wusste Huber schon damals. Warum wagte er sich denn wider besseres Wissen so weit auf die Äste hinaus? Weil er die Isolierung der Schweiz befürchtete, weil er Angst hatte, sein Land würde zu einem bedeutungslosen Aussenseiter in einer Staatenordnung verkommen, die sich scheinbar auf ein gemeinsames Fundament geeinigt hatte. Und dann erlag er einer Versuchung, der kein tüchtiger Diplomat widerstehen kann: Er wollte die europäische Zukunft mitgestalten, er wollte seinem Land eine neue Sendung verschaffen. Mit einem leidenschaftlichen Appell schliesst die Botschaft des Bundesrates: »Draussen bleiben hiesse sich jedes Einflusses auf die weitere Entwicklung berauben. ... Nur in seltenen Momenten der Geschichte kann eine Idee, die gegen so viel Vorurteile und so viel Eifersucht stösst, sich in die Welt der Tatsachen durchsetzen. Der gegenwärtige Friede ist ein solcher Moment. Seien wir nicht klein in einer grossen Stunde, die von uns fordert, dass wir durch die Tat zu der Idee des Völkerbundes uns bekennen.«[271] Im Endeffekt stellte die Botschaft, so sehr sie um die Vereinbarkeit von Neutralität und Völkerbund rang und mit der differenziellen Neutralität auch einen beachtlichen Erfolg vorzuweisen hatte, die schweizerische Sendung über die Neutralität, die Zukunftsvision über die Tradition.

Später, dies sei angefügt, ortete Huber den geschichtlichen Standort anders. Nach den Enttäuschungen durch den Völkerbund änderte er seine Blickrichtung auf der Geschichtsachse. Er blickte mehr in die Vergangenheit, aus der man lernen kann, und weniger in die Zukunft, die ohnehin niemand kennt. Nicht mehr die Zukunft entschied über die Sendung der Schweiz, sondern die eidgenössische Vergangenheit bestimmte die Mission der Gegenwart. Hatte er in der Botschaft noch kühn behauptet, nicht was der Völkerbund gegenwärtig sei, zähle, sondern was aus ihm werden könne, so erklärte er im Schicksalsjahr 1939 in einem Festvortrag an der ETH in Zürich: »... ein Volk kann nicht eine beliebige Sendung wählen; diese ist bestimmt durch sein eigentümliches geistiges Wesen, durch seine Stellung in Raum und Zeit. Nicht das, was wir sein möchten, ist das Entscheidende, sondern das, was wir tatsächlich sind, kann allein unsere Sendung bestimmen.« Und um seinen Gedanken zu unterstreichen, erwähnte er im selben Vortrag: »Vor die Wahl gestellt: Macht durch aktive Aussenpolitik oder Freiheit durch Bescheidung auf die Behauptung der Heimat, hat das Schweizervolk schliesslich das Zweite gewählt ...«[272] – und der Redner bejahte unmissverständlich die Wahl.

Kein Schweizer Politiker oder Diplomat hat so intensiv um die Vereinigung von Neutralität und aussenpolitischer Solidarität gerungen wie Huber. Er versuchte die beiden Stränge zu verflechten oder, anders ausgedrückt, aus der Enge der Neutralität auszubrechen, ohne das Gefäss, das sie umfasst, zu zerstören. Ehrlich, wie er war, gestand er indes, dass eine volle Neutralität und eine restlose Solidarität in letzter Konsequenz unvereinbar sind. Dadurch geriet er mit sich selbst in Konflikt. Er musste Prioritäten setzen. In gewissen Situationen musste man dem einen vor dem andern den Vorrang einräumen. Ja, zwei Seelen wohnten in seiner Brust: die eine war erfüllt von idealpolitischer Hoffnung, die andere gefüllt mit realpolitischer Erfahrung. Immer wieder raffte er sich auf, der Hoffnung den Vortritt zu lassen, auch wenn Skepsis sein Gemüt beherrschte. Dafür wurde er mit Erfolg wie mit Misserfolg belohnt.

Das Gerede von der Sendung bitte etwas leiser!

Huber war eine ernste Natur. Das, was er sagte, glaubte er auch. Aber für viele klang sein Appell an die Vorbildhaftigkeit der Schweiz zu erhaben. Die idealistische Tonlage von der einzigartigen Sendung der Schweiz in der Staatengemeinschaft behagte diesen Kreisen nicht. Die Eidgenossenschaft hatte nach Ansicht der Kritiker vielmehr ihre besondere Aufgabe zu Hause, im Ausgleich zwischen den Sprachen, im Verzicht auf jegliche Machtgelüste nach aussen, in der Wahrung der strikten Neutralität ohne Wenn und Aber. Ihre Devise war: Schauen wir bei uns zum Rechten, und wir haben damit mehr als genug zu tun. Der Wunsch, die andern Völker mit den Errungenschaften der Schweiz zu beglücken, ging ihnen ebenso ab wie das Verlangen, auf die politischen Verhältnisse ausserhalb der Schweiz Einfluss zu nehmen. Sie waren, etwas plakativ gesprochen, keine Missionare; sie waren Isolationisten. Das Sendungsbewusstsein passte nicht in ihr Weltbild. Aber sie mussten sich damit ungewollt auseinandersetzen, als der Bundesrat den Übergang zur differenziellen Neutralität und den Beitritt zum Völkerbund empfahl. Zum zweiten Mal entspann sich – nach dem Rückkauf der Gotthard-Bahn 1909 – in der Öffentlichkeit eine heftige Debatte über die Aussenpolitik. Wie in den Vereinigten Staaten, der andern Demokratie mit einer stolzen, von jeglichen monarchischen Vorstufen unbelasteten Geschichte, entbrannte um den Völkerbund eine heftige ideologische Auseinandersetzung, ein stürmischer Meinungskampf zwischen Missionaren und Isolationisten.

Die Gegner bekämpften die Vorlage des Bundesrates und das Huber'sche Gedankengut aus unterschiedlichen Gründen. Etwas schematisch gesprochen kann man vier Gruppierungen unterscheiden. Die Sozialisten wollten vom Völkerbund grundsätzlich nichts wissen. Sie sahen in ihm ein Instrument der kapitalistischen Grossmächte. Im agitatorischen Aufbruch der Nachkriegszeit behinderte die Liga ihrer Meinung nach nur das Vorrücken der Revolution. Konsequenterweise bekämpften sie den Beitritt der Schweiz. Die zweite Gruppierung umfasste, mit General Ulrich Wille als Galionsfigur, viele Freunde Deutschlands. Sie erachteten die Versailler

Friedensverträge als völlig ungerecht. Der Völkerbund war in ihren Augen nur ein Instrument, um das Diktat der Siegermächte zu verfestigen. In einer solchen Organisation, deren Fundament aus Unrecht bestand, hatte die neutrale Schweiz nichts zu suchen. Der dritten und wichtigsten Gruppe ging es insbesondere um die Neutralität. Ihr erschien die vom Bundesrat befürwortete Politik einer differenziellen Neutralität gefährlich. Sie bangte um die Selbständigkeit, ja die Zukunft der Schweiz. Generalstabschef Theophil von Sprecher verfocht diesen Kampf am beeindruckendsten. Schliesslich verkörperte der Schriftsteller Carl Spitteler, ohne in die Völkerbundsdebatte einzugreifen, eine vierte Form der Kritik. Er war des ständigen Geredes über die Schweiz als Vorbild für die ganze Welt überdrüssig und forderte, sich vermehrt auf das eigene Staatswesen zu konzentrieren. Statt einer Sendung nachzuhängen, soll die Schweiz im eigenen Land besser zum Rechten sehen. Die beiden letzten Richtungen übersteigen die Auseinandersetzung um den Beitritt zum Völkerbund. Sie drehen sich um Sinn und Zweck der Schweizer Aussenpolitik. Im Folgenden sollen sie etwas eingehender dargestellt werden.

Generalstabschef Sprecher von Bernegg war der eigentliche Gegenspieler von Max Huber – ausgerechnet er, der in so vielem dem Rechtsberater glich: in seinem tief religiösen Glauben, in seiner strengen protestantischen Ethik und seiner Arbeitsauffassung, in seiner persönlichen Anspruchslosigkeit, aber auch in seinem materiellen Wohlstand. Während des Krieges hatten die beiden öfters im Generalstab gemeinsam zu tun; doch Huber behagte es stets besser in der Umgebung des Generals, eines sinnesfreudigen Geniessers, bei dem der Verstand das Herz nicht erdrückte. Auch Willes unverkennbare Deutschfreundlichkeit stiess Huber nicht ab; zum unnahbar wirkenden Sprecher entwickelte sich hingegen kein freundschaftliches Verhältnis. Man respektierte sich und wahrte Distanz. Die grosse Auseinandersetzung um die Neutralität wurde gleichwohl nicht von persönlicher Unverträglichkeit getrübt. Man tauschte die Schläge im Grundsätzlichen ab. Sprecher fühlte sich allerdings an der Spitze der Opposition nicht wohl. Derlei hatte er nie gesucht. Aber seine patriotische Pflichtauffassung hatte ihn dazu gezwungen, sich dieser Prüfung zu unterziehen. Er nahm seine Rolle mit Würde wahr. Aber es war keine leichte Aufgabe. Denn die »classe politique« favorisierte stark den Beitritt und suchte nur zu gern, auch den ernsthaften Gegner als rückwärts gewandten Spielverderber hinzustellen, als jemanden, der die Zeichen der Zeit nicht zu lesen verstand. 80 % der Zeitungen waren eindeutig völkerbundfreundlich eingestellt.[273] Die Vorgänge gemahnen in vielem an den Abstimmungskampf von 1992 über den Beitritt der Schweiz zum Europäischen Wirtschaftsraum (EWR). Die höheren Schichten, die Städter und die Welschen befürworteten jeweils mehrheitlich die Vorlage, die unteren Schichten, die ländliche Bevölkerung und die Deutschschweizer lehnten sie überwiegend ab. Die politische und soziale Geografie, die Argumentationsart und das Abstimmungsergebnis glichen sich stark – allerdings mit dem entscheidenden Unterschied, dass beim Völkerbund das knappstmögliche Ständemehr zu Gunsten und beim EWR das hauchdünne Volksmehr zu Ungunsten eines Beitritts ausfiel.

Sprecher war in einer herausragenden Position, um seiner Auffassung Nachachtung zu verschaffen. Und er verteidigte seinen Standpunkt mit Leib und Seele. Er trat auf öffentlichen Veranstaltungen auf, publizierte in Zeitungen und Zeitschriften, vor allem suchte er die Meinungsbildung innerhalb der Regierung zu beeinflussen. Noch vor seinem Rücktritt aus der Armeeführung unterbreitete er im April 1919 jedem Bundesrat seine »Militärischen Betrachtungen« über einen etwaigen Beitritt der Schweiz zum Völkerbund. Auch nahm er in der von Bundesrat Camille Decoppet präsidierten Landesverteidigungskommission Einsitz. Diese sollte auf Wunsch des Politischen Departementes lediglich die militärischen Aspekte der Beitrittsfrage untersuchen. Sprecher wandte sich entschieden gegen diese Einschränkung mit der Begründung, die Neutralität lasse sich nicht in eine wirtschaftliche und eine militärische Komponente aufsplittern. Der Kommission gelang es dann nicht, sich zu einem eindeutigen Urteil durchzuringen. Vielmehr war sie zwischen Befürwortern und Gegnern eines Beitritts gespalten. Sprecher regte deshalb an, zwei Berichte abzufassen; Bundesrat Decoppet reichte das Gutachten der Befürworter, der Generalstabschef jenes der Gegner ein. Es hob sich schroff von dem ab, was Bundesrat und Unterhändler empfahlen.

Decoppet argumentierte notgedrungen so wie Huber, mehr optimistisch als realistisch, mehr auf die politischen Erwartungen setzend als auf die geschichtliche Erfahrung. Mit ihrer humanitären Tradition müsse sich die Schweiz, meinte er, den Bemühungen der andern Staaten zur Verringerung der Kriegsgefahr anschliessen. Die Mitarbeit im Völkerbund, verbunden mit der Anerkennung ihrer Neutralität, würde zudem die Stellung der Schweiz in der Staatengemeinschaft aufwerten und ihr die Möglichkeit geben, die neuen Verhältnisse mitzugestalten. Sprecher widersprach dieser Ansicht. Er deutete die Schweizer Geschichte ganz anders. Die Eidgenossenschaft müsse ihre bewährte Aussenpolitik fortsetzen, das heisst, sie müsse eine Politik der strikten Neutralität befolgen und dürfe somit dem Völkerbund nicht beitreten. Nur auf diese Weise könne sie ihre Unabhängigkeit sichern. Nach dem Urteil von Edgar Bonjour zeugt Sprechers

Bericht von mehr Weitsicht als jener Decoppets. Der Grossmeister der Neutralitätsgeschichte kommentierte: »Diese logischere, die geschichtliche und gegenwärtige Wirklichkeit schärfer erfassende Anschauung sollte sich, wie die Ereignisse der zwanzig folgenden Jahre zeigten, als die weiterblickende erweisen.«[274] Dieser Ansicht ist kaum zu widersprechen. Sprecher bekam von der Geschichte Recht. Es kann in der Tat nicht Sinn der Aussenpolitik sein, von der integralen Neutralität abzurücken, um nach 18 Jahren die fremden Mächte bitten zu müssen, wieder in den ursprünglichen Zustand zurückkehren zu dürfen. 1938, als Bundesrat Motta die Schweiz zur integralen Neutralität zurückführte, argumentierte er weitgehend so wie Sprecher 1919. Verflogen waren die optimistischen Erwartungen; die Befürchtungen, die der Generalstabschef in seinem Gutachten vorweggenommen hatte, herrschten nun vor.

Was wollte Sprecher eigentlich? Der Bündner Aristokrat war, wie sein jüngster Biograf zu Recht feststellt, nicht prinzipiell gegen den Völkerbund oder einen Schweizer Beitritt eingestellt.[275] Aber er erkannte deutlich den Geburtsfehler dieser Organisation: Der Völkerbund war in erster Linie nicht ein Ort des Friedens und der Versöhnung, sondern ein Machtmittel der Sieger, eine Fortsetzung des Versailler Friedensdiktates. Von einer universellen Ausrichtung des Völkerbundes konnte keine Rede sein. Wichtige Staaten wie Deutschland oder die Sowjetunion schloss er aus, andere, namentlich die Vereinigten Staaten, traten ihm gar nie bei. Deshalb konnte er auch nichts zur Kriegsverhinderung unternehmen. Solches anzunehmen war eine Illusion. Sprecher sah richtig: »Es ist demnach nur Selbsttäuschung, wenn man sich einredet, zu Kriegen würde es unter der Herrschaft des Völkerbundes kaum mehr kommen. Das Gegenteil ist wahr, der Kriegsursachen gibt es viel mehr als zuvor...«[276]

Die Konsequenzen für die Schweiz bei einem Beitritt waren nach Sprecher vorhersehbar. So wie der Völkerbund zusammengesetzt war, musste das Land zwangsweise Partei ergreifen – Partei für die Sieger, die den Rat beherrschten. Und dafür war man bereit, die integrale Neutralität aufzugeben und sich mit einer differenziellen zu begnügen? Das lohnte sich nicht. Man könne nicht, argumentierte Sprecher, wirtschaftliche und militärische Neutralität fein säuberlich auseinander halten. Wenn die Schweiz sich an einer Wirtschaftssperre beteilige, dann würde jedes davon betroffene Land die Eidgenossenschaft zu Recht als Gegner ansehen. Solange die Einseitigkeit in der Mitgliedschaft nicht behoben sei, solange es dem Völkerbund mehr um Macht als um Gerechtigkeit ginge, müsste die Schweiz an ihrer integralen Neutralität festhalten und von dieser Organisation Abstand nehmen. »Warten wir also ruhig ab, ob aus dem Völkerbund wirklich etwas anderes wird, als was er jetzt unleugbar ist. Sobald er den Weg zur Gerechtigkeit und Völkerversöhnung öffnet, statt ihn zu versperren, und sobald er uns die volle Aufrechterhaltung unserer Neutralität gewährleistet, dann werden wir auch mit Freuden zum Beitritt raten.«[277] Doch das war Zukunftsmusik. Vorderhand sah die Wirklichkeit anders aus. Mit dramatischen Worten schloss Sprecher als – wie er hervorhob – Vertreter der Landesverteidigung seine »Militärischen Betrachtungen« und warnte den Bundesrat: »Was wir bei der Teilnahme am Völkerbund riskieren, ist weit mehr, als es für irgendein anderes Land sein könnte. – Man lasse uns aus dem Spiel wie bisher und begnüge sich mit dem Dienste, den unsre Neutralität erwiesenermassen allen Nachbarn leistet... Ich kann nur unbedingt erklären, dass ich den Beitritt der Schweiz zum Völkerbunde als das Aufgeben der Selbständigkeit und immerwährenden Neutralität und als ein Unglück betrachten würde.«[278]

Ähnlich wie Sprecher argumentierten viele Beitrittsgegner. Die beste Aussenpolitik für die Schweiz war nach wie vor die integrale Neutralität. Denn Kriege wird es, wie der Schriftsteller Konrad Falke in einem Beitrag in der »*Neuen Zürcher Zeitung*« schrieb, immer wieder geben. »Glauben wir nicht an das jetzt oft gehörte Wort, ›dass die Menschen für immer genug vom Kriege haben‹... Nach ein paar Jahren ist ein neues Geschlecht da...«[279] Fassungslos schüttelten die Skeptiker den Kopf über die Art von Gutgläubigkeit, wie sie etwa Bundespräsident Ador bei der Gottfried-Keller-Gedenkfeier in Zürich zur Schau trug. Dieser hatte der Schweiz, falls sie dem Völkerbund fern bleibe, politischen Selbstmord prophezeit, falls sie dagegen beitrete, erfreulichste Aussichten auf Mitarbeit bei den grossen internationalen Problemen versprochen. Nein, so müsse es nicht sein, meinte Falke, der im Gegensatz zu Sprecher keineswegs auf eine eidgenössische Mission verzichten mochte. Die Schweiz könne durchaus ihre Neutralität integral bewahren und gerade dadurch eine neue internationale Sendung erfüllen. Sie solle zwischen den verfeindeten Völkern vermitteln, entgiften und versöhnen. Das könne sie am besten tun, wenn sie dem Völkerbund fern bleibe, denn die Politik der Liga diene dem Machtstreben der Sieger und nicht der Aussöhnung. Warum sollte die neue Sendung unter Wahrung der Neutralität nicht möglich sein? »Wenn es im Zeitalter der Machpolitik möglich war, dass wir uns der europäischen Anerkennung unserer Neutralität versicherten, so sollte es«, folgerte Falke schlüssig, »doch weit mehr im Bereiche des Möglichen liegen, in dem neuen Zeitalter der Gerechtigkeit, das sich über die ganze Welt verbreiten will, für unsere Neutralität auch die Anerkennung der Welt zu erlangen.«[280] Ein Beitritt zum Völkerbund wäre auch für ihn ein Unglück gewesen, es hätte, wie er sich ausdrückte, das »Finis Helvetiae«, das Ende der Eidgenossenschaft bedeutet.

Die Schweiz als Vorbild, eine spezielle Mission für die Eidgenossenschaft? Die Schweizer Koryphäen des Völkerrechts, angefangen von Bluntschli über Hilty bis zu Max Huber, ergingen sich gern in lyrischen Tönen zu diesem Thema. Einer, der davon nichts hielt, war Carl Spitteler. Das Gerede von der vorbildlichen Rolle, welche die Schweiz in der Welt spielen könne, war ihm zu laut, der freundeidgenössische Umgang dagegen bei Ausbruch des Weltkriegs zu kühl; die Deutschschweizer sympathisierten stark mit Deutschland, die Welschen klammerten sich an Frankreich; die verschiedenen Landesteile drohten sich auseinander zu leben, man kümmerte sich zu wenig um den staatlichen Zusammenhalt. Es schien, als ob man lieber der Welt Lektionen erteilte, als die Hausaufgaben daheim zu lösen. In dieser Lage entschloss sich der Schriftsteller, ein Wort an die Nation zu richten. Er, der selten den Garten der Belletristik verliess, warf einen Stein über den Zaun ins Gehege der Politik. Er wirbelte damit viel Staub auf.

Am 14. Dezember 1914 hielt Spitteler vor der Gruppe Zürich der Neuen Helvetischen Gesellschaft – ein Jahr bevor Huber zu dieser Gesellschaft sprach – seine Rede »Unser Schweizer Standpunkt«. Besorgte Mitbürger hatten ihn darum gebeten, aus seiner Einsamkeit herauszutreten und das Volk wachzurütteln; nur ein Mann von seinem Format finde noch Gehör, könne noch das Zerbersten des Landes aufhalten. Ungern gab er dem Drängen der Freunde nach. Sich in die Politik einzumischen war seine Sache nicht. Aber als Intellektueller gehorchte er seinem Pflichtgefühl. Spittelers Ansprache fand, wie erwartet, ein gewaltiges Echo. Die *»Neue Zürcher Zeitung«* brachte die Rede im Wortlaut. Und wenn man sich heute noch an Spitteler erinnert, dann vornehmlich wegen dieses Textes. Der Dichter freilich wusste, dass er viel wagte. Sein Ruhm in Deutschland, wo man ihn bisher wie einen Olympier gefeiert hatte, stand auf dem Spiel. Mit seinem Appell zu mehr aussenpolitischer Zurückhaltung, mit seinem Verständnis für die Entente drohte er die Sympathien in Deutschland zu verscherzen – was prompt auch geschah. Ein Grossteil seiner Leserschaft im Reich wandte sich angewidert von ihm ab; er wurde als Freund der Alliierten geschmäht, man strich ihn gar aus der Literaturgeschichte. Die Revanche kam 1919, als ihm der Nobelpreis verliehen wurde – ein Jahr nach dem Sieg der Alliierten. Eine Belohnung von der andern Seite für die mutigen Worte in der Krisis? »Nach Jahren wilden Hasses«, erklärte Gottfried Bohnenblust kurz nach des Dichters Tod, »kam der Ruhm, den Spitteler in einer grossen Stunde bewusst geopfert, freiwillig zurück.«[281]

In seiner denkwürdigen Rede wirkte Spitteler, wie erwähnt, dem drohenden Riss zwischen der Deutsch- und der Welschschweiz entgegen. Daran wird zu Recht gelegentlich erinnert. Jean Rudolf von Salis analysierte diesen Aspekt in einem Essay.[282] Aber Spitteler wandte sich gleichermassen gegen ein Sendungsbewusstsein, wie es Max Huber verkörperte. Und das wird geflissentlich übersehen. Das Leitmotiv der Rede ist die Bescheidenheit, die Selbstbeschränkung auf Schweizer Verhältnisse, der Verzicht auf eine aussenpolitische Rolle, auf eine vorbildliche Mission. Unausgesprochen ist Spitteler der intellektuelle Antipode von Huber; er redet nicht der internationalen Solidarität das Wort, sondern der korrekten Abstinenz. Er ist ein Isolationist. Man soll vor der eigenen Haustür kehren, statt der Welt ein Vorbild sein zu wollen, das ist seine Philosophie. Nüchtern, auf jegliche idealistische Einsprengsel verzichtend, beurteilt er die politische Wirklichkeit: »Nicht umsonst führen die Staaten mit Vorliebe ein Raubtier im Wappen. In der Tat lässt sich die ganze Weisheit der Weltgeschichte in einen einzigen Satz zusammenfassen: Jeder Staat raubt, so viel er kann. Punktum. Mit Verdauungspausen und Ohnmachtanfällen, welche man ›Frieden‹ nennt.« Daraus ergibt sich für die Schweiz nur eine Konsequenz: Sie darf sich aussenpolitisch nicht verstricken lassen. »Während nun andere Staaten sich durch Diplomatie, Übereinkommen und Bündnisse einigermassen vorsehen, geht uns der Schutz der Rückversicherung ab. Wir treiben ja keine hohe auswärtige Politik. Hoffentlich! Denn der Tag, an dem wir ein Bündnis abschlössen oder sonstwie mit dem Auslande Heimlichkeiten mächelten, wäre der Anfang vom Ende der Schweiz.«[283]

Was bliebe der Schweiz dann zu tun? Nach Spitteler sollte sie allen Nationen gegenüber aufgeschlossen und gerecht – eben neutral sein. »Die Schweizer dürfen die andern Völker nicht durch die Verzerrungen der deutschen Kriegspresse beurteilen. Sie müssen sich selbständig eine Meinung bilden und allen mit so viel Verständnis entgegenkommen, wie sie es für die Deutschen aufbringen. Und er zählte Beispiele auf. Die Serben sind nicht, wie deutsche Blätter höhnten, eine »›Bande‹, sondern ein Volk. Und zwar ein so lebensberechtigtes und achtungswürdiges Volk wie irgendein anderes.« Vorbehaltlos verurteilte er auch – in der Deutschschweiz eine Rarität – die Missachtung der belgischen Neutralität, den vor einigen Monaten erfolgten deutschen Überfall auf das wehrlose Land. »Belgien geht uns Schweizer an sich nichts, dagegen durch sein Schicksal ausserordentlich viel an.«[284] Max Huber, mitsamt seinen verfeinerten Kenntnissen eines Völkerrechtlers, hatte dagegen beim Einmarsch nur wenig empfunden. Später hatte er sich selbst über seine Teilnahmslosigkeit gewundert.

In den »Denkwürdigkeiten« bekennt er: »Die Verletzung der belgischen Neutralität erschien mir nicht als ein besonderes Unrecht Deutschlands. Ich hatte stets mit einem solchen Ereignis gerechnet...«[285]

Vor allem einen Ratschlag legte Spitteler seinen Landsleuten ans Herz: Sie sollten bescheiden sein, sie sollten sich ja nicht einbilden, besser zu sein als die andern, und meinen, der Welt als Vorbild dienen zu können. »Zum Schluss eine Verhaltungsregel, die gegenüber sämtlichen fremden Mächten gleichmässig Anwendung findet: die Bescheidenheit. Mit der Bescheidenheit statten wir den Grossmächten den Höflichkeitsdank dafür ab, dass sie uns von ihren blutigen Händeln dispensieren.... Vor allem nur ja keine Überlegenheitstöne! Keine Abkanzeleien! Dass wir als Unbeteiligte manches klarer sehen, richtiger beurteilen als die in Kampfleidenschaft Befangenen, versteht sich von selber. Das ist ein Vorteil der Stellung, nicht ein geistiger Vorzug.«[286] Dann setzte Spitteler zum Finale an, zur Abrechnung mit den Idealisten, welche die Schweiz so gern zu Richtern und Vermittlern auf der Weltbühne erheben möchten: »Und da wir doch einmal von Bescheidenheit sprechen, eine schüchterne Bitte: Die patriotischen Fantasien von einer vorbildlichen (oder schiedsrichterlichen) Mission der Schweiz bitte möglichst leise. Ehe wir andern Völkern zum Vorbild dienen könnten, müssten wir erst unsere eigenen Aufgaben mustergültig lösen. Mir scheint aber, das jüngste Einigkeitsexamen haben wir nicht gerade sehr glänzend bestanden.«[287]

Hat je ein Schriftsteller ein schlüssigeres Plädoyer für aussenpolitische Zurückhaltung, für republikanische Schlichtheit und für Fairness abgegeben? Der Aufruf liess aufhorchen. Aber hat er viel bewegt? Der Zeitgeist blies Spitteler ins Gesicht. Die Affäre Hoffmann und die geplatzte Mission von Paul Ritter in Washington belegten, wie berechtigt Spittelers Mahnung war. Beide Sondierungen erfolgten gewiss in redlicher Absicht; man wollte nichts unversucht lassen, um den Krieg zu verkürzen. Aber vielleicht liess man sich auch vom eigenen Sendungsgedanken blenden. Jedenfalls ist dem Urteil von Jean Rudolf von Salis kaum zu widersprechen: »Der schweizerische Bundesrat darf nicht eine internationale Rolle spielen wollen, die vielleicht einem Präsidenten der Vereinigten Staaten oder dem Papst geziemt. Er hat weder die politische Macht noch die moralische Grösse, um einer noch so gut gemeinten Mahnung an die Grossmächte Nachdruck verleihen zu können, am allerwenigsten in einem Augenblick, wo die Welt in zwei feindliche Lager gespalten ist.«[288] Mit dem Völkerbund schienen die Idealisten vollends die Oberhand zu gewinnen. Was ihnen als Entwurf immer wieder vorgeschwebt hatte, nahm plötzlich in Form einer überstaatlichen Friedensorganisation Gestalt an. Im Abstimmungskampf beherrschten sie die moralischen Höhen, während sie die bedächtigen Realisten in die Tiefen des politischen Kleinmuts zurückdrängten.

Spitteler ging jeglicher aussenpolitische Optimismus eines Motta oder Calonder, selbst die vorsichtigere Version eines Huber ab. Er traute den Gelehrten und Studierten nicht mehr Sachverstand zu als dem einfachen Bürger. Er war ein schlichter Republikaner, durch und durch Demokrat. Das Volk ist der beste Anwalt seiner eigenen Interessen. Allen Verführungen von elitären Politikern und Theoretikern zum Trotz, weiss es am besten, was ihm frommt. In seinem Aufsatz »Vom ›Volk‹« äusserte sich Spitteler so: »Denn der Volkswille, mit einem Wort ausgedrückt, lautet überall und jederzeit: Sicherheit.«[289] Dafür zu sorgen ist Bürgerpflicht. Spartanisch gestreng wie Hobbes diagnostizierte er die Gewährung von Sicherheit als die Kernaufgabe eines jeden Staatswesens. Was aber darüber hinausgeht, was in die dünkelhaften Sphären von Sendung und Vorbild vordringt, lenkt von den Kernaufgaben der Eidgenossenschaft ab und schädigt letztlich das Staatswesen. Spitteler blieb sich in seiner restriktiven Haltung immer treu. Schon in den siebziger Jahren des 19. Jahrhunderts hatte er verneint, dass man »der Schweiz irgendeinen erzieherischen Beruf für Europa zuschreiben« könne oder solle; die Eidgenossenschaft dürfe nie den Anspruch erheben, »eine logische oder moralische Idealrepublik zu sein«.[290] Ohne Weltverbesserungswünsche, ohne aussenpolitische Schulmeisterei: Was wollte denn Spitteler? Er wollte, dass man die Verantwortung dort wahrnimmt, wo man am meisten für sie zuständig ist: im eigenen Haus, vor der eigenen Haustür, zwischen den verschiedenen Landesteilen, im eigenen Land.

Die verantwortungsvolle Bedachtsamkeit eines Spitteler ist Ausfluss helvetischer Praxis. Sie artikuliert das, was lange Zeit in der Schweiz Brauch oder zumindest die vorherrschende Einstellung war. Aber sie knüpft auch an geistige Vorbilder an, beispielsweise an Jacob Burckhardt, der den jungen Mann aus Liestal am Basler Pädagogium unterrichtet hatte. Burckhardts Misstrauen gegen die Macht lebt in Spittelers aussenpolitischer Zurückhaltung wieder auf; und wie der grosse Historiker die Existenz des Kleinstaats elegisch verhalten rechtfertigte, so verteidigt der gefeierte Dichter mit Sorge die historisch gewachsene, die mehrsprachige Schweiz. Er ermahnt seine Landsleute, sich mehr um den Zusammenhalt im Innern zu kümmern als fieberhaft auf die grossen Nachbarn zu starren und sich mit deren Schicksal zu identifizieren. Das Gedeihen eines Staatswesens von innen heraus, so könnte man die Botschaft der beiden Geistesgrössen interpretieren, wiegt viel mehr als aussenpolitisches Prestige. Auf die innere Entwicklung muss sich die Schweiz konzentrieren, nicht auf Aussenpolitik. Die Weltpolitik überlasse man ruhig den Grossen; man verzichte auch auf den Wunsch, die Verhältnisse jenseits der Landesgrenzen mitgestalten zu wollen. Der Drang, sich nach aussen Geltung zu verschaffen, ist in der Tat – Burckhardt spricht deutliche Worte – bereits ein erstes Anzeichen einer innenpolitischen Fehlentwicklung.

In den »Weltgeschichtlichen Betrachtungen« charakterisierte Burckhardt den Kleinstaat mit einigen unvergesslichen Zeilen. Indem er die ausgetretenen Forschungspfade verliess und auf ingeniöse Weise die Wechselwirkungen von Staat, Religion und Kultur, den so genannten drei Potenzen, untersuchte, enthüllte er geistige Zusammenhänge, die man so vorher nicht gesehen hatte. Er meinte zu den Vorteilen des Kleinstaats: »[Er] ist vorhanden, damit ein Fleck auf der Welt sei, wo die grösstmögliche Quote der Staatsangehörigen Bürger im vollen Sinne sind... Denn der Kleinstaat ist überhaupt nichts als die wirkliche tatsächliche Freiheit, wodurch er die gewaltigen Vorteile des Grossstaates, selbst dessen Macht, ideal völlig aufwiegt...« Aber der unbestechliche Gelehrte lokalisierte auch die unwiderstehlichen Versuchungen, denen jeder Kleinstaat erliegt. »Allein in erster Linie will die Nation (scheinbar oder wirklich) vor allem Macht. Das kleinstaatliche Dasein wird wie eine bisherige Schande perhorresziert; alle Tätigkeit für dasselbe genügt den treibenden Individuen nicht; man will nur zu etwas Grossem gehören und verrät damit deutlich, dass die Macht das erste, die Kultur höchstens ein ganz sekundäres Ziel ist. Ganz besonders will man den Gesamtwillen nach aussen geltend machen...«[291]

Das sind deutliche, es sind auch einsame Worte. Ein Schriftsteller oder ein Professor entwirft Perspektiven, er denkt einen Gedanken konsequent durch, er sagt, wie etwas herauskommt, wenn seine Annahmen sich bestätigen. Er darf radikal sein, weil er seine Ideen in politischer Schwerelosigkeit entwickelt. Er trägt keine Verantwortung für die Umsetzung seiner Konzepte, noch muss er die zahllosen Wechselwirkungen im politischen Umfeld berücksichtigen. Eine Regierung hingegen darf sich nicht so verhalten. Mit ihrer politischen Verantwortung hat sie einen andern Auftrag. Sie muss ein Konzept in einen grösseren Zusammenhang betten, muss dessen Auswirkungen auf andere Felder prüfen und im Lichte des Gesamtgefüges entscheiden, inwieweit sie eine Idee umsetzen möchte. Die politische Verantwortung erfordert, sofern man nicht dem Totalitarismus verfällt, stets Kompromisse. Die entscheidende Frage in der Politik ist deshalb selten, ob man Kompromisse eingehen dürfe, sondern bis zu welchem Grad und in welcher Zusammensetzung.

Gewiss, der Antrag des Bundesrates widerspiegelte selbst unterschiedliche Einflüsse. Er enthielt kein brüskes Entweder-oder. Die Landesregierung wollte der neuen Liga beitreten, aber nicht mit fliegenden Fahnen. Sie beabsichtigte zu keinem Zeitpunkt, die Neutralität aufzugeben. Aber sie war bereit, die aussenpolitische Grundhaltung der Schweiz zu ändern, den Geltungsbereich der Neutralität einzuschränken. Zwischen dem Solidaritätsgebot des Völkerbundes und der selbst auferlegten Neutralitätspflicht sollte kein Zielkonflikt entstehen. Die Grenze des »aggiornamento« verlief zwischen Teilnahme an wirtschaftlichen Sanktionen und Befreiung von militärischen Aktionen. Nach Ansicht des Bundesrates erfüllte die Londoner Erklärung mit der Anerkennung der differenziellen Neutralität diese Forderung. Huber meinte im Rückblick: »Wäre in London kein annehmbares Resultat erreicht worden, so wäre die Beitrittsfrage abgetan, die internationale Isolierung fast sicher und die innenpolitische Verstimmung tief gewesen.« Und er legte den inneren Konflikt, den ein redlicher Unterhändler ausstehen musste, einen Konflikt zwischen zukunftsgerichteter Öffnung und vergangenheitsbezogener Bewahrung, nochmals deutlich dar: »Durch Annahme der Londoner Deklaration betritt die Schweiz ein Gebiet, auf das sie sich bis dahin schon lange nicht mehr gewagt hat; sie nimmt... teil an dem System zur gemeinsamen Wahrung des Friedens. Soweit dieses System wirksam und ehrlich ist, ist kein Opfer zu gross dafür, und in diesem Fall ist die Zurückhaltung der Schweiz und die Forderung nach eine Sonderstellung schwer zu rechtfertigen. Ist das Friedenssystem unzuverlässig und ein Werkzeug der Machtinteressen, so ist die von der Schweiz eingegangene Bindung eher zu weitgehend.«[292]

Bundesrat Motta, seit kurzem Vorsteher des Politischen Departementes, begrüsste den Londoner Kompromiss enthusiastisch. Dieser passte in seine idealistische Weltanschauung. Er erklärte: »Die historische Bedeutung dieser Urkunde kann schwerlich hoch genug bewertet werden. Es ist nicht mehr als recht und billig, die Kundgebung des Völkerbundsrates auf eine Stufe mit der Erklärung zu stellen, die in der Anerkennungs- und Gewährleistungsurkunde der immerwährenden Neutralität der Schweiz und der Unverletzbarkeit ihres Gebietes vom 20. November 1815 niedergelegt ist.«[293] Die Völkerbundsgegner sahen es jedoch nicht so. Sie teilten die pessimistische Variante in Hubers Szenario: Die Bindungen gingen zu weit. Ihnen kam es vor, als ob der Bundesrat das Wesen der Schweiz für ein Linsengericht veräussert hätte. Und sie sollten Recht bekommen. 1938 scheiterte Motta mit seinem Optimismus. Militärische und wirtschaftliche Neutralität liessen sich, wie der Chef der Schweizer Diplomatie nun selbst eingestand,[294] nicht trennen. In mühsamen Prozeduren musste er die Entbindung von der Londoner Erklärung aushandeln, um wieder die integrale Neutralität zu erlangen. Nach einem holperigen Exkurs von 18 Jahren durfte die Schweiz sich glücklich schätzen, noch rechtzeitig vor Ausbruch des Zweiten Weltkriegs zur Ausgangslage von 1815 zurückkehren zu können.

Den Beitritt zum Völkerbund hatte nicht nur das Parlament zu genehmigen, auch Volk und Stände mussten sich dazu äussern. Der Abstimmungskampf fiel kurz, aber heftig aus. Die Wogen der Leidenschaft gingen hoch. Die Parteien vermochten wenig auszurichten. Sie waren, abgesehen von der Sozialdemokratie, gespalten, und ihre Parolen wurden kaum befolgt. Religion, soziale Herkunft oder urbane Verhältnisse spielten beim Entscheid eine Rolle, der Hauptunterschied lag indes zwischen Lateinern und Germanen. Insgesamt bejahte das Volk mit 416 870 gegen 323 719 Stimmen die Vorlage überraschend deutlich. Die Westschweiz und das Tessin befürworteten den Beitritt so stark, dass sie die Deutschschweiz, die mit rund 295 000 Nein gegen 250 000 Ja den Beitritt verwarf, überstimmten. Äusserst knapp fiel dagegen das Ständemehr aus: den 11 ½ annehmenden Kantonen standen 10 ½ ablehnende gegenüber (Zürich, Uri, Schwyz, Glarus, Zug, Solothurn, Basel-Stadt, Basel-Land, Schaffhausen, Appenzell-Innerrhoden, St. Gallen und Aargau). Hätte nur ein zustimmender Stand anders gestimmt – beispielsweise Graubünden, das seinem »favored son« von Sprecher beinahe gefolgt wäre –, dann wäre die Vorlage gescheitert.

Mit der Völkerbundsabstimmung wurde erstmals eine aussenpolitische Vorlage dem Volk vorgelegt. Es war die Feuertaufe für eine Materie, die im Allgemeinen als wenig geeignet für Volksentscheide gilt. Die Stimmbürger beteiligten sich mit Leidenschaft am Abstimmungskampf. Und über 75%, ein ausserordentlich hoher Anteil, begaben sich zur Urne. Da die Parteien als Meinungsmacher überwiegend ausfielen, bildeten sich spontan überparteiliche Komitees. Besonders wichtig war das »Schweizerische Aktionskomitee für den Beitritt zum Völkerbund«, das der Zürcher Ständerat Paul Usteri präsidierte. Mit einer umfangreichen Organisation warb es in der ganzen Schweiz für den Beitritt. Namhafte Unterstützung erhielt das Komitee von der 1914 gegründeten »Neuen Helvetischen Gesellschaft«. Die Gegner der Vorlage waren in zwei grosse Lager gespalten. Bürgerliche und Sozialisten konnten sich nicht auf eine Plattform einigen. Es war undenkbar, dass General Wille und Nationalrat Ernst Nobs, der sozialistische Volkstribun, in Zürich gemeinsam aufgetreten wären. Die bürgerlichen Gegner sammelten sich im »Komitee gegen den Beitritt der Schweiz zum Versailler Völkerbund«.[295] Die Sozialisten konnten sich auf ihre Parteistrukturen verlassen. Auch Schriftsteller engagierten sich. Es entspann sich eine Debatte grossen Stils, die alle Gesellschaftsschichten umfasste – eine Eigentümlichkeit, die sich die Schweiz dank der plebiszitären Demokratie bis heute bewahrt hat. Gonzague de Reynold, der aristokratische Freiburger Querdenker, beschreibt in seinen Memoiren plastisch, wie er, der Befürworter eines Völkerbundbeitritts, zusammen mit Albert Oeri, dem Beitrittsgegner und Redaktor der *»Basler Nachrichten«*, einen kontradiktorischen Abend vor einem Berner Publikum bestritt.[296] Max Huber hielt auch eine Reihe von Vorträgen. Aber er fühlte sich in der Rolle des Redners nicht wohl. Die Agitation der Gegner bedrückte ihn, aber auch der oberflächliche und tendenziöse Optimismus von Völkerbundsfreunden in der Westschweiz erregte seinen Widerwillen.

Die leidenschaftliche Auseinandersetzung über den Beitritt der Schweiz zum Völkerbund sowie die ein Jahr später erfolgte Abstimmung über die Staatsvertragsinitiative hinterliessen markige Rillen in der politischen Landschaft der Schweiz, Spuren, welche den Abstimmungskampf überdauerten. Die Freunde des Völkerbundes organisierten sich mit zahlreicher Prominenz in der »Schweizerischen Vereinigung für den Völkerbund«, um das Land weiterhin über die Ziele der Genfer Liga aufzuklären. Die Gegner waren nicht minder aktiv. Sie waren sogar systematischer, gründeten, gestützt auf die zahlreichen kantonalen Nein-Komitees aus der Beitrittskampagne, nicht nur den »Volksbund für die Unabhängigkeit der Schweiz«, sondern auch ein Presseorgan. Angeführt vom Tandem Wille-von Sprecher weckten sie bei ihrer Anhängerschaft mit den heute noch erscheinenden *»Schweizer Monatsheften für Politik und Kultur«* das Interesse für aussenpolitische Zusammenhänge. Der Volksbund war, wie Roland Ruffieux in seiner Geschichte der Zwischenkriegszeit hervorhebt, »la seule organisation qui s'occupa systématiquement de faire comprendre l'importance croissante de la politique étrangère dans la vie nationale«.[297]

Diese Vereinigungen, aber auch die Presse, weniger hingegen die Parteien, bewirkten in aussenpolitischen Belangen viel. Sie verhalfen dem Schweizer Volk nach dem Ersten Weltkrieg zum letzten Wort auch in der Aussenpolitik.[298] Woher kam der Drang, das aussenpolitische Heft selbst in die Hand zu nehmen? Ursache war gewiss ein starkes Unbehagen über die Aussenpolitik des Bundesrates und die mangelhafte Kontrolle durch das Parlament. Der Gotthardvertrag hatte in allen Landesteilen Missmut erzeugt. Die im Ersten Weltkrieg aufgeworfenen Fronten, der Völkerbundsbeitritt und kurz danach die Staatsvertragsinitiative gingen den Stimmbürgern unter die Haut. Widerspruch und Parteilichkeit stauten sich bis zu einem Punkt, wo Leute aus allen Schichten ihre Meinung nicht nur kundtun, sondern aussenpolitische Entscheide in ihrem Sinn herbeiführen wollten. Vorbei waren die Zeiten vor dem Krieg, welche die »Neue Zürcher Zeitung« 1924 so bespöttelte: »Unsere Sieben in Bern wachen – diese Überzeugung war das Kissen, auf das der Eidgenosse, auch wenn Wolken am Horizont unserer auswärtigen Beziehungen sich zeigten, unbedenklich sein Haupt hinlegte.«[299] Gerade die Teilnahme im Völkerbund forderte von der Regierung ständig Stellungnahmen zu auswärtigen Angelegenheiten. Wo man früher als Unbetroffene geschwiegen hatte, musste man sich nun äussern. Was war logischer, als dass kritische Stimmbürger dieses Verhalten überwachten, als dass sie ein erstes inoffizielles »monitoring« der Schweizer Aussenpolitik aufbauten? Exakt diese Aufgabe nahmen die erwähnten Vereinigungen wahr. Sie prüften, kritisierten und lobbyierten die offizielle Aussenpolitik während der gesamten zwanziger Jahre. Das aussenpolitische Bewusstsein der breiten Öffentlichkeit entstand grossenteils im Widerspruch zur vorherrschenden Politik, genauer gesagt, im Widerspruch zu dem, was sich im Ausland vollzog, und nicht minder im Widerspruch zu dem, was die eigene Regierung zu tun wünschte.

Ideale und Illusionen

Die Politik, für die sich Max Huber eingesetzt hatte, scheiterte im Wesentlichen. Am ehesten hinterliess sie noch Spuren im Schieds- und Vergleichswesen. Aber selbst diese Verfahren wurden mehr gemieden als angewandt. Die friedliche Streitbeilegung beeinflusste die zwischenstaatlichen Beziehungen nur marginal. Die differenzielle Neutralität sodann hielt den Fährnissen der Zeit nicht stand. Und der Völkerbund erfüllte die in ihn gesetzten Erwartungen in keiner Weise. Hatte Huber also eine verfehlte Politik verfolgt? Hat er sich mit seinem Idealismus geirrt? Man muss diese Frage auf zwei Eckwerte hin prüfen. Ideen sind nicht falsch, nur weil sie keinen Erfolg haben; aber eine Politik, die keinen Erfolg vorweist, ist in der Tat falsch. Politik machen heisst das Mögliche ausloten, um ihm etwas abzugewinnen; man versucht, Ideen im Rahmen des Möglichen umzusetzen. Dies ist ein mühsamer Prozess. Denn die Umgebung verändert sich dauernd. Ideen haben etwas Ewiges an sich, Politik jedoch etwas Vergängliches, Provisorisches, Tagesbehaftetes.

Huber wollte die Schweizer Aussenpolitik auf einen idealistischen Pfad führen. Gleichzeitig war er ein Traditionalist. Er hing an der herkömmlichen Neutralität. Nach dem Ersten Weltkrieg erblickte er eine Chance, um die beiden Stränge zu vereinen. Auch im Bundesrat hatte sich die Stimmung verändert. Mit Calonder und Motta standen dem Politischen Departement Idealisten vor, wie sie das Bundeshaus seit Numa Droz nicht mehr gesehen hatte. Dazu kam das allgemeine politische Klima. Europa war im Umbruch. Aber war es auch im Aufbruch? Huber, wie der Bundesrat, waren vom Konzept eines Völkerbundes angetan. Sie übersahen jedoch die Ungereimtheiten nicht. Die Völkerbundsidee und der allgemeine Friedensvertrag fügten sich nicht harmonisch ineinander. Präsident Wilson und der französische Ministerpräsident Georges Clemenceau wollten in Versailles nicht dasselbe. Der eine suchte eine Friedensgrundlage für ewige Zeiten, der andere ein gegenwartsbezogenes Friedensdiktat. Der Amerikaner wollte zukünftige Kriege verhindern, der Franzose sich für den letzten Krieg am Erzfeind Deutschland rächen. Wilson blickte in die Zukunft, Clemenceau in die Vergangenheit.

Der Völkerbund trug von Anfang an den Wurm in sich, weil er Teil des Versailler Vertragssystems war. In der grossen Friedensordnung nach dem Ersten Weltkrieg stiessen zwei gegensätzliche Ideen aufeinander: der Wunsch nach Frieden und der Wunsch nach Kriegsvergeltung. Wer einen stabilen Frieden wünschte, der musste die Versöhnung anstreben, er musste alle Staaten zur Teilnahme an der neuen Liga einladen; wem es indes um Kriegsvergeltung ging, der pochte auf das Diktat des Sieges, er schloss die Unterlegenen aus. Die zweite Richtung setzte sich grossenteils durch. Staaten wie Deutschland und Russland wurde der Beitritt verwehrt, und im Völkerbund selbst sicherten sich die alliierten Hauptmächte ein drastisches Übergewicht. Sie konnten die Politik bestimmen, die sie wollten. Der von Wilson propagierte Völkerbund vergab sein nobelstes Ziel schon in der Geburtsstunde. Er schwang sich nie zu einem Friedensstifter über den Parteien auf, sondern er etablierte sich, wie Frankreich es betrieben hatte, als Kontrollorgan der Sieger und verharrte in dieser Funktion, bis es zu spät war. Zutreffend meinte Henry Kissinger: »Thus it happened that the peace concluding the war to end all wars did not include the two strongest nations of Europe – Germany and Russia – which, between them, contained well over half of Europe's population and by far the largest military potential. That fact alone would have doomed the Versailles settlement.«[300] Der amerikanische Senat hatte dieses Kainszeichen rechtzeitig erkannt, und er hielt die USA von der neuen Liga, obschon der eigene Präsident sie ins Leben gerufen hatte, fern. Damit fehlte im Völkerbund ausgerechnet jene Grossmacht, die mit ihrem Eingreifen die Entente im Weltkrieg gerettet, aber England und Frankreich auch auf die zweiten Plätze verwiesen hatte und selbst zur ersten Ordnungsmacht in der Welt aufgerückt war.

Auch in anderer Hinsicht kehrte die Friedenskonferenz Wilsons ursprüngliche Absicht in deren Gegenteil um. Hatte der amerikanische Präsident in seinen berühmten »14 Punkten« vom Januar 1918 noch keck an erster Stelle »open covenants of peace openly arrived at«, also eine neue Form von Transparenz und einen Verzicht auf Geheimdiplomatie proklamiert, so regelten die Sieger in den Pariser Vorstädten fast alles in Geheimverträgen. Wilson selbst wendete seine Position behende; von dem, was er vor kurzem gepredigt hatte, praktizierte er nicht mehr viel. In Paris schloss er sich mit dem britischen Premier David Lloyd George und mit Clemenceau in einer Suite ein, liess einen Marinesoldaten mit aufgepflanztem Bajonett vor der Tür Wache schieben und erschien erst wieder in der Öffentlichkeit, als er die ausgefertigten Verträge in Händen hielt. Er hatte eingesehen, was unumgänglich war: in Verhandlungen können zwar die Ziele transparent sein, aber nicht der Weg, der zu ihnen führt. Ohne ein Mindestmass an Vertraulichkeit geht es nicht. Aber wer Vertraulichkeit pflegt, muss deswegen nicht der Geheimniskrämerei verfallen. Und genau dies geschah in Versailles. Die kleineren Staaten wie die Schweiz liess man über den Verhandlungsverlauf und die Entwürfe für einen Völkerbundpakt im Dunkeln. Dem besiegten Deutschland und dessen ehemaligen Verbündeten setzten die Alliierten unterschriftsreife Verträge unter die Nase. Diese mussten sich – was für ein Unterschied zum Wiener Kongress – diskussionslos dem Diktat beugen. Der berühmte englische Diplomat und Schriftsteller Sir Harold Nicolson bemerkte zu diesem denkwürdigen Auseinanderklaffen von Wort und Tat: »In fact few negotiations in history have been so secret, or indeed so occult.«[301]

Werner Näf, der vorzügliche Historiker, ein Kenner der kollektiven Friedensorganisationen und leidenschaftlicher Parteigänger des Völkerbundes, beurteilte die Ausgangslage der Genfer Liga wie folgt:

»Der Krieg hatte dem Völkerbund gerufen, das Kriegserlebnis aber belastete die Friedensorganisation. Denn dass grosse Mächte fern blieben oder fern gehalten wurden, bedeutete nicht nur Minderung der Stärke, sondern Einseitigkeit; die Suprematie der kriegsverbündeten Grossmächte unterstrich diese Parteistellung; die Garantie galt den Kriegsresultaten und rief dem Widerspruch der kriegsgeschädigten Staaten und Völker auf den Plan. Diese Bindung an den Kriegsausgang verquickte den Gemeinschaftsgedanken mit dem Machtgedanken. ... In dieser Beziehung stand der Völkerbund von 1919 ungünstig. Er war nicht universale Gemeinschaft, sondern Fortsetzung einer Kriegskoalition; er trug Machtgegensätze seiner Glieder in sich; sein Gesinnungsfundament aber war nicht solid, nicht unbedingt verlässlich. Die Frage war, ob in der künftigen Entwicklung die Machtvergangenheit abgetragen, die gemeinschaftliche Zukunft gewonnen werden könne.«[302]

Max Huber wie der Bundesrat hatten das grundsätzliche Problem auch erkannt. In der Beitrittsbotschaft ist es deutlich artikuliert: »Für die Neutralen ist ... diese Verbindung von Friedensvertrag und Völkerbund unerfreulich. Einmal, weil sie so von der vollwertigen Teilnahme an den Verhandlungen ausgeschlossen waren, und sodann, weil die Staaten, die dem Kriege fern geblieben sind, nicht ohne Bedenken an einem Vertrage mitbeteiligt sind, der vor allem den Krieg zu liquidieren bestimmt ist und den die eine Vertragspartei als ihr durch die Macht der Sieger auferlegt betrachtet und als hart und rücksichtslos empfindet.«[303] Aber ihnen ging die kühle Logik, wie sie ein Realist wie Kissinger zum Ausdruck bringt, ab: Wenn die Ausgangslage falsch ist, dann wird die Entwicklung diese nicht allmählich korrigieren, sondern die Entwicklung selbst wird ebenfalls falsch verlaufen. Sie klammerten sich lieber wie Näf an einen idealistischen Strohhalm und hofften wider die Hoffnung, der Völkerbund werde mit seiner Arbeit allmählich das doch noch richten, was bei der Gründung misslungen war – als ob sich die Alliierten ihre Friedensverträge, nachdem sie diese gnadenlos durchgepaukt hatten, im Nachhinein von einem wohlmeinenden Weltplenum umschreiben liessen.

Immerhin hatte der Bundesrat, da auch ihn Zweifel beschlichen, ob denn die neue Organisation die Völkergemeinschaft wirklich repräsentierte, in einem Bundesbeschluss vom 21. November 1919 den Beitritt der Schweiz an die Bedingung geknüpft, dass die fünf Hauptmächte dem Völkerbund schon beigetreten sein müssen, ehe die Schweiz diesen Schritt vollziehe. Das war im Wesentlichen das Verdienst der Bundesräte Scheurer und Schulthess. Sie hinderten Motta daran, bei den internationalen Verhandlungen frühzeitig einen Beitritt in Aussicht zu stellen. Scheurer, der EMD-Chef, erkannte klar, dass der Völkerbund ohne Amerika »gewissermassen die erweiterte Gesellschaft der Sieger« sei.[304] Der Chef des Volkswirtschaftsdepartementes seinerseits wollte eigentlich, um die Schweiz nicht in eine einseitig zusammengesetzte Organisation zu führen, den Beitritt Amerikas und Deutschlands zur Vorbedingung machen, gab sich jedoch, da es unmöglich gewesen wäre, eine Einladung an Deutschland zu erwirken, mit der so genannten Amerika-Klausel zufrieden.[305] Man sprach von einer »Amerika-Klausel«, weil die Teilnahme der andern vier Mächte – Frankreich, Grossbritannien, Japan und Italien – nie zur Diskussion stand. Doch zu jenem Zeitpunkt hatte die »Schwesterrepublik«, das einzige andere Land mit einer makellosen demokratischen Tradition, bereits beschlossen, Wilsons Völkerbund fern zu bleiben. Am 19. November hatte der amerikanische Senat den Versailler Friedensvertrag abgelehnt. Im März 1920 scheiterte ein zweiter Anlauf. Was sollte die Schweiz nun tun? Auch abseits stehen, so wie man es indirekt angekündigt hatte? Der Bundesrat hielt von seiner selbst aufgestellten Bedingung nicht viel. Motta wollte unbedingt dem Völkerbund als »ursprüngliches Mitglied« beitreten. Er beantragte beim Parlament, die Klausel aufzuheben. Anfang März 1920 kamen beide Kammern diesem Antrag nach heftigen Debatten nach. Sie genehmigten den abgeänderten Bundesbeschluss. Auch Schulthess erachtete nun die Universalität, oder einen Anschein davon, als nicht mehr so wichtig. Resigniert meinte er, Amerika könne sich halt den Luxus der Isolierung leisten, und im Übrigen möchte er hoffen, »dass auch in Amerika die bessere Einsicht siege«.[306]

Dieser Beschluss war ein schwerer Fehler gewesen. Sehenden Auges liess sich der Bundesrat in ein Unterfangen hineinziehen, dessen Schwäche er diagnostiziert hatte. Aber er brachte nicht mehr die Kraft auf, die Konsequenzen aus der eigenen Analyse zu ziehen. Der Wunsch, in einer von der Idee her edlen Organisation mitzuwirken, vielleicht auch der innenpolitische Druck, war stärker als der Wille, auf jenen Randbedingungen zu bestehen, die ein Mitwirken erst sinnvoll machten. Kaum in den Völkerbund eingetreten, setzte sich die Schweiz allerdings an vorderster Front für eine Abschwächung der wirtschaftlichen Sanktionspolitik der Liga ein, mit anderen Worten: Sie strebte innerhalb der Organisation eine solche Politik an, die sie problemlos ausserhalb hätte führen können. Nicht ohne Bitterkeit warf Rappard in seiner zeitgeschichtlichen Bilanz, die er nach fünf Jahren eidgenössischer Politik im Völkerbund erstellte, den Bundesbehörden vor, sie begnügten sich damit, »à affirmer et à répéter en toute occasion l'attachement inaltérable à la neutralité militaire«. Die Schweizer Haltung infiziere geradezu die anderen Delegationen. Nach Ansicht des engagierten Befürworters eines starken Sanktionsmechanismus breitete sich in den Wandelhallen des Völkerbundspalastes ein »triomphe de la conception helvétique« aus.[307] Und hernach, ab Mitte der dreissiger Jahre, trachtete die eidgenössische Politik ohnehin nur noch nach einem: sich aus jenen Fängen zu befreien, in die man sich freiwillig begeben hatte, die Konzessionen, die man in der Aufbruchstimmung von 1919/20 eingegangen war, zurückzunehmen. Mit der Rückkehr zur integralen Neutralität am 14. Mai 1938 kam die neutralitätspolitische Odyssee zu ihrem Abschluss. Motta sprach erneut, wie schon 1920, von einem historischen Ereignis, Bundesrat Minger, der Chef des Militärdepartementes, vom Ende eines Alpdrucks.[308]

Max Huber schwor seinem Idealismus nie ab, auch dann nicht, als sich mit vorrückendem Alter die Enttäuschungen häuften. Aber er nahm seine politischen Erwartungen zurück und richtete seine Hoffnung mehr aufs Humanitäre und Religiöse. Auch besann er sich, ähnlich wie Jacob Burckhardt, zunehmend auf die innere Stärke der Schweiz. Die Bewahrung der Freiheit, die volle Entfaltung des genossenschaftlich-demokratischen Gedankens war die eigentliche Bestimmung der Eidgenossenschaft. Sie bekam nun eine Bedeutung, die jene der aussenpolitischen Sendung übertraf. In seiner schon erwähnten ETH-Ansprache vom 17. November 1939, als er nach Ausbruch eines neuen Krieges über »Die Schweiz in der Völkergemeinschaft« redete, spürt man diese Gewichtsverlagerungen. Die Hauptthesen lauten: Die Schweiz ist eine Willensnation. Sie entstand, als sich Gleiche verbündeten, um das Schicksal des Staates auf genossenschaftlicher Grundlage in die eigenen Hände zu nehmen. Naturgemäss war dieses Staatswesen eine Demokratie, da diese die konsequente politische und staatsrechtliche Form einer Genossenschaft ist. Doch Demokratie und Genossenschaft sind kein Selbstzweck, sondern Mittel, um Freiheit zu ermöglichen. Die Freiheit gibt dem Schweizer Staatswesen den letzten Sinn. Um den Aufbau dieser genossenschaftlichen Freiheit abzuschirmen, hat sich die Schweiz bewusst für die Neutralität entschieden. Sie verzichtete zu Gunsten innerer Freiheit auf aussenpolitische Macht, auf eine Grossmachtpolitik, wie sie nach den Burgunderkriegen im Bereich des Möglichen lag. Die Verfechter einer aktiven Aussenpolitik in Bern und Zürich, die gern die Staatsmacht auf Kosten der Freiheit gesteigert, gern auch die Staatsräson über Recht und Freiheit gestellt hätten, mussten von ihren Vorhaben absehen. Die Eidgenossen schlugen eine andere Richtung ein. Statt Macht durch aktive Aussenpolitik anzustreben, hat sich die Schweiz, so die Quintessenz der grosser Rede, für Freiheit durch Selbstbescheidung entschieden.[309] Diese Option entsprach Hubers gereifter Einsicht. Er fügte ihr nichts mehr an.

Niemand aus seiner Generation, auch nicht Motta, rang so mit sich selbst um die aussenpolitische Öffnung der Schweiz wie Max Huber. Denn er lebte stets mit einem Zwiespalt. Von seinem Menschenbild her drängte es ihn zu einer idealistisch erhöhten Politik, von seinem Naturell her liebte er die Vergewisserung der Tradition. Weil er kein Ideologe war, hielt er nicht Antworten im voraus parat. Er fand sie erst im Wechselbad widerstreitender Meinungen. Er war bereit, sich der Mühe, Argumente gegeneinander abzuwägen, stets von neuem zu unterziehen. Seine intellektuelle Ehrlichkeit, seine Vorurteilslosigkeit gepaart mit Patriotismus, machte Huber besonders glaubwürdig. Peter Vogelsanger, der Hubers »*Denkwür-*

digkeiten« mustergültig herausgab, fand, Huber hätte Begriffe wie Freiheit, Demokratie, Rechtsstaatlichkeit, Menschlichkeit und Neutralität wieder auf ihren eigentlichen Aussagewert zurückgeführt, er hätte sie von Phrase und Heuchelei befreit. »Er entreisst sie dem billigen Gebrauch, dem fahrlässigen Wunschdenken, aber auch der snobistischen Verachtung.«[310] Und Willy Bretscher erklärte die ausserordentliche Wirkung von Huber so: »Eigentlich sagte er nichts wesentlich Neues. Aber die Art, *wie* er es sagte, der tiefe Ernst und die innere Vollmacht liessen spüren, dass es nicht nur aus der Gedankenarbeit des Kopfes, sondern aus der Reinheit des Herzens und aus der Tiefe des Gewissens stammte, und machte seine Aussage so glaubwürdig.«[311]

Zum Schluss noch eine Anmerkung. Idealisten lassen sich selten davon überzeugen, dass eine idealistisch motivierte Politik, wie krass sie auch in concreto scheiterte, falsch war. Es gehört zum Wesen eines Ideals, dass es nie erreicht wird. Gerade deshalb widerlegt ein Scheitern in den Augen der Gläubigen nie die Richtigkeit eines Ideals, es belegt lediglich, dass die Umsetzung mit falschen oder mangelhaften Mitteln angegangen wurde. Nicht das Ziel war falsch, sondern der Weg. Idealisten raffen sich daher nach einem Scheitern oft dazu auf, erst recht dieselbe Idee wieder von neuem anzustreben. Und niemand kann sagen, dass sie im Unrecht seien. Es ist nämlich, logisch gesehen, nicht ausgeschlossen, dass man sich eines Tages dem Ideal doch noch annähert. Der Alltag freilich bestraft ein solches Verhalten. Denn des Menschen Hoffnung richtet sich auf die Zukunft, er selbst aber lebt in der Gegenwart. Wer die gegenwärtigen Umstände missachtet, muss dafür büssen. Der von Max Huber und dem Bundesrat verfochtene Völkerbundsbeitritt war zum Scheitern verurteilt, weil die Akteure zwar die Konstruktionsfehler der neuen Organisation durchschauten, deren Konsequenzen aber nicht wahrhaben wollten. Das Unternehmen war deshalb, aussenpolitisch gesehen, ein Fehlentscheid.

Doch war es insgesamt falsch? Politik lebt, wie gesagt, vom Provisorischen. Bei der Beurteilung von richtig und falsch hängt viel davon ab, was man zur Beurteilung heranzieht. War der Entscheid auch falsch, wenn man ihn mehr aus innenpolitischer Perspektive betrachtet? Die Antwort kann anders ausfallen. Im Ersten Weltkrieg drohte sich die Schweiz entlang der Sprachgrenze zwischen Deutsch und Welsch zu entzweien. Der berühmte »Röstigraben« weitete sich gefährlich aus und spaltete das Land zusehends auch politisch in zwei Teile. In der Einstellung zum Völkerbund gab es zwischen der West- und der Deutschschweiz ebenfalls ein Gefälle. Dies erstaunt nicht, hegten die welschen Kantone doch schon im 19. Jahrhundert, wenn aussenpolitisch riskante Entscheide anstanden, stets weniger

Bedenken um die Wahrung der Neutralität als die Deutschschweiz. Ihr abweichendes Verhalten in der Aussenpolitik hat Tradition. Sodann darf man den Graben nicht dramatisieren, schliesslich bejahte auch in der Deutschschweiz eine starke Minderheit den Völkerbund. Aber das wuchtige Mehr in den rein französischsprachigen Kantonen und im Tessin, zwischen 83 % Zustimmung in Genf und 93 % in der Waadt, war dennoch, wie immer man es dreht, beeindruckend. In diesen vier Ständen stimmten nur 16 757 gegen den Beitritt, jedoch 127 881 dafür. Der Entschluss, dem Völkerbund beizutreten und der vorherrschenden Stimmung in den lateinischen Landesteilen zu folgen, hat zweifelsohne die innenpolitische Spannung vermindert. Und hernach als Mitglied erlebte man die Enttäuschungen mit der Genfer Organisation gemeinsam. Die innere Versöhnung erfolgte rasch. Als der Krieg 1939 in Europa erneut ausbrach, stand die Schweiz der Gefährdung nicht mehr wie 1914 zerstritten, sondern geschlossen gegenüber. Aus dieser Sicht hatte sich die Schweizer Völkerbundspolitik gelohnt. Ein aussenpolitischer Fehlentscheid war innenpolitischer Balsam.

Giuseppe Motta
Der Idealist als Realpolitiker
1871–1940

Max Huber rang oft mit sich selbst. Er schwankte zwischen Erfahrung und Erwartung, zwischen Befürchtung und Hoffnung. Von seinem Naturell her neigte er zu einer verhaltenen, zu einer realpolitischen Sicht der Aussenpolitik. Seiner christlichen und humanitären Überzeugung wegen raffte er sich jedoch zu idealpolitischer Zuversicht auf. Er war ein bedeutender Mann, indes voller Zweifel und Skepsis. Giuseppe Motta dagegen drängte es von seinem ganzen Wesen her zu einer idealistischen Weltanschauung hin. Er war nicht nur idealistisch in seinen Konzepten, sondern auch zuversichtlich, ja fröhlich in seinem Gemüt. Er verkörperte in der Schweiz am reinsten das, was man einen idealistischen Staatsmann nennen könnte. Doch er konnte seinen Idealismus nicht ausleben. Das Zeitgeschehen durchkreuzte immer wieder seine Absichten. Die widrigen äusseren Umstände zwangen ihm einen realpolitischen Kurs auf, der weit hinter seinen hochgemuten Erwartungen zurückblieb. Motta und Huber waren sich in vielem ähnlich. Sie schöpften ihre geistige Kraft aus der gleichen Quelle und strebten dieselben Ziele an. Beide waren tief im christlichen Glauben verankert. Die Schweizer Völkerbundspolitik verdankt viel der christlichen Inspiration. In den Annalen der Schweizer Diplomatie gibt es kein anderes Tandem, das gleichermassen versuchte, aus der Heilsbotschaft Leitlinien für die Aussenpolitik zu ziehen. Aber in einem waren der Chef und sein Berater grundverschieden. Der Katholik Motta war eine Person aus einem Guss, seine Aussenpolitik kam aus seinem Herzen. Der Protestant Huber hingegen übte sich in Selbstbeherrschung; er synchronisierte mit strenger Disziplin die unterschiedlichen Regungen von Gemüt und Verstand.

Der charmante, aber zähe Politiker aus der Leventina

Giuseppe Motta wurde am 29. Dezember 1871 in Airolo geboren, dem obersten Dorf der Leventina. Er entstammte einem alteingesessenen Geschlecht mit Verzweigungen auf den Alpennordhang. Seine beiden Grossmütter kamen aus dem Urnerland. Sein Vater betrieb einen Gasthof und eine stattliche Fuhrhalterei mit über hundert Pferden. Der angesehene

Wirt – er war auch katholisch-konservativer Tessiner Grossrat – hatte das Monopol auf die Gotthardpost vom Hospiz bis nach Faido inne. Mit der Eröffnung der Gotthardbahn 1882 wurde allerdings die wirtschaftliche Existenz der Familie erschüttert. Der Vater konnte den Schlag nicht verkraften. Er starb im folgenden Jahr und hinterliess der Witwe die Erziehung der sechs Kinder. Die Mutter ermöglichte Giuseppe eine Gymnasialausbildung in Ascona und am Kollegium St. Michael in Freiburg im Üchtland. Nach der Matura begann er an der eben gegründeten Universität Freiburg das Studium der Rechte, das er nach einer Zwischenstation in München mit »summa cum laude« in Heidelberg abschloss.

1895 kehrte Motta in sein Heimatdorf zurück, liess sich als Anwalt und Notar nieder und wurde sogleich als konservativer Abgeordneter in den Grossen Rat gewählt. Von Grund auf katholisch gesinnt, wandte er sich stets gegen klerikale Auswüchse. Bald wurde er zu einer Schlüsselfigur in seiner Partei. In einem Kanton, der wie kein anderer von Parteihader zerrissen war, setzte er sich für den Ausgleich mit dem liberalen Gegner ein. Das war alles andere als selbstverständlich. Der liberale Putsch von 1890, als Aufständische den konservativen Staatsrat Rossi ermordet hatten, lag nur wenige Jahre zurück. Das parteipolitische Gezänk durchwirkte noch alle Fasern der Tessiner Politik. Die Konservativen konnten das Unrecht, das ihnen die Liberalen angetan hatten, nicht vergessen. Doch Motta wandte sich gegen die Bunkermentalität von Parteichef Respini. Seine Landsleute honorierten seine Besonnenheit umgehend. 1899 entsandten sie ihn in den Nationalrat, wo er sich stark für den Föderalismus, aber auch für das Proporzwahlrecht einsetzte.

Im gleichen Jahr heiratete der erfolgreiche Jungpolitiker Agostina Andreazzi aus Dongio. Das Paar führte eine sehr harmonische Ehe, aus der zehn Kinder entsprossen. Seine Frau wurde dem Politiker zur unentbehrlichen Beraterin, und Motta begegnete ihr seinen Lebtag lang mit ausserordentlicher Verehrung. Selbst aus dem Völkerbundspalast in Genf sandte er seiner Gattin, ehe er eine wichtige Rede hielt, das Manuskript per Eilbrief nach Bern. Den zweiten Band seiner ausgewählten Reden, der *»Testimonia Temporum«*, widmete er seiner Frau mit den Worten: »mit Dankbarkeit, die keinen angemessenen Ausdruck finden kann, meiner Gemahlin, der unermüdlichen Lebensgefährtin, die ergebenst die Bürde meines Amtes mitträgt.« Den ersten Band hatte er seinen Tessiner Landsleuten dediziert.

Der redegewandte Tessiner blieb auch im Nationalrat nicht lange unbemerkt. Obschon ein Konservativer nur wenig Chancen hatte, in den Bundesrat aufzurücken, da damals der Freisinn alle Sitze bis auf einen einzigen einnahm, rückte Motta schon bei der ersten Vakanz in den Kreis der »Papabili« auf. 1908 zog ihm die Bundesversammlung noch den Luzerner Josef Anton Schobinger vor. Aber bei der Erneuerungswahl von 1911 wurde er glänzend in den Bundesrat gewählt. Es war eine ausgesprochene Persönlichkeitswahl. Denn etliche Parlamentarier hegten dem Tessin gegenüber Vorbehalte. Sie zweifelten an der Landestreue der Südschweizer, weil ein paar dem Zeitgeist verfallene Intellektuelle sich im italienischen Nationalismus, der Irredenta, verheddert hatten. Motta wurde das Finanz- und Zolldepartement zugeteilt. Von seinem Werdegang her war er für die Leitung der Finanzen nicht besonders ausgebildet. Aber er managte den Bundeshaushalt nicht schlecht. Die explosionsartig gestiegenen Ausgaben während des Weltkriegs deckte er mit verschiedenen neuen Steuern. 1915 erhob er eine »einmalige Kriegssteuer«, die 1919 als »neue ausserordentliche Kriegssteuer« wieder auftauchte und bis 1932 die Staatskasse füllen half. Dann führte er, ebenfalls 1915, die Kriegsgewinnsteuer ein. Schliesslich genehmigte das Volk 1917 die Stempelsteuer, die bis auf den heutigen Tag zu den wichtigen Einnahmequellen des Bundes gehört. Die von den Sozialisten verfochtene direkte Bundessteuer bekämpfte er dagegen aus föderalistischen Gründen.

Mit so vielen neuen Steuern schafft man sich als Finanzminister nicht nur Freunde. Motta stiess in der Tat mit seinen Vorlagen auf erheblichen Widerstand, bei der Linken wie in Wirtschaftskreisen. Aber dem umgänglichen Bundesrat gelang es immer wieder, Volk und Parlament von der Notwendigkeit neuer Steuern zu überzeugen. Der Krieg mit seiner langen Mobilisierung verursachte ausserordentliche Ausgaben. Mottas Anliegen war es, den Schuldenberg so rasch als möglich abzutragen und neue finanzielle Verpflichtungen nur dann einzugehen, wenn diese durch entsprechende Einnahmen gedeckt waren. Mit dem Tabakmonopol freilich, das er dem Bund zum Aufbau einer Alters- und Hinterbliebenen-Versicherung sichern wollte, scheiterte er. Er musste sich mit einer einfachen Tabaksteuer begnügen. Aber mit den Pensionsbestrebungen war er seiner Zeit ohnehin voraus. Erst nach dem Zweiten Weltkrieg sollten die Stimmbürger das grosse Sozialwerk bewilligen. Motta war kein Finanzjongleur. Er ging, obschon in seiner Amtszeit der Finanzbedarf exponenziell anwuchs, keine riskanten Experimente ein. Aber er war auch kein kleinlicher Buchhalter. Er bewies schon in diesem Ressort staatsmännisches Format. Streng bedacht auf einen geordneten Etat, aber stets auch die sozialen Auswirkungen von Steuervorlagen im Auge, richtete er seinen Blick auf die Interessen des ganzen Landes. Seinem sozialen Empfinden ist im Übrigen die Einführung der Versicherungskasse des Bundespersonals zu verdanken.

Seine eigentlichen Fähigkeiten entfaltete Giuseppe Motta indes erst im Politischen Departement. Er war eine grosse Persönlichkeit. Hohe Intelligenz und eine rasche Auffassungsgabe paarten sich mit einer schier unerschöpflichen Arbeitskraft. Doch noch mehr als mit seinen intellektuellen Gaben beeindruckte der Tessiner mit seiner Persönlichkeit. Er vereinte die Zähigkeit des Berglers mit dem Charme des Südländers. Seinen integren Charakter, sein lauteres Wesen konnten selbst seine politischen Gegner nicht bestreiten. Seine Höflichkeit und sein heiteres Gemüt wirkten ansteckend, seine Leutseligkeit drückte Wohlwollen aus, seine Zuversicht flösste Vertrauen ein. Motta verströmte so viel Optimismus und Zutrauen, dass man ihm mitunter – nicht ganz zu Unrecht – Gutgläubigkeit vorwarf. Franz von Ernst, langjähriger Bundesstadtredaktor der katholisch-konservativen Luzerner Zeitung »*Vaterland*«, dann Direktor des Büros des Weltnachrichtenverbandes, war dem Tessiner während Jahrzehnten freundschaftlich verbunden. In seinem Nachruf am Schweizerischen Radio bezeichnete er Motta, ganz der Sprache seiner Zeit verhaftet, als »eine der harmonischsten Naturen und Seelen, die unsere Schweizer Erde gekannt hat«. Und er meinte: »Der Optimismus war recht eigentlich das Geheimnis seines Erfolges, national und international. Er hatte den Glauben an das göttliche Walten, an die Güte der Menschennatur, an die schweizerische Demokratie. Nichts konnte ihn im Vertrauen auf den gesunden Sinn des Volkes beirren, und das Volk spürte dies. Motta sah im Mehrheitsspruch des Volkes das Walten der Vorsehung.«[312]

Motta wirkte als Mensch glaubwürdig. Wort und Tat stimmten bei ihm überein. Sie gaben nicht disparaten Meinungen Ausdruck, waren nicht von Stimmungen geprägt, sondern sie reflektierten eine gelebte Überzeugung, eine Weltanschauung. Er war ein Christ und ein Idealist. Das Zweite ergab sich aus dem Ersten. Der christliche Glaube bestimmte sein ganzes Verhalten, im Privaten wie in der Öffentlichkeit, in der Familie wie in der Bundespolitik oder im Völkerbund. Wie kam es dazu? Motta stammte aus einem tief gläubigen Elternhaus. Von Kindheit an wurde er mit den Grundsätzen der Kirche vertraut gemacht. Sie bildeten das Fundament. Der Sinn für die staatliche Gemeinschaft folgte daraus. Während der Kampagne für den Völkerbundsbeitritt bekannte er mehrmals: »Neben dem ersten Gebot, das meine Mutter mir ins Herz geprägt hat, ist mir die Schweiz das höchste und heiligste Gut.«[313] Seine Schulausbildung sodann liest sich wie ein mustergültiges katholisches Curriculum. Nach dem Collegio in Ascona schulten ihn die Abbés am Lyzeum in Freiburg in der thomistischen Philosophie. In den Studentenverbindungen fand er Gesprächspartner aus der katholischen Elite. Doch solche Hinweise erklären nicht hinreichend, weshalb das Christentum sein Denken und sein politisches Wirken derart nachhaltig durchdrang. Sein Glaube bleibt wohl sein Geheimnis.

Aber selbst für seine Zeitgenossen war der Grad an Religiosität, den er als Politiker in der Öffentlichkeit zeigte, erstaunlich. Am 1. September 1935 etwa schloss er auf dem Schweizerischen Katholikentag in Freiburg, als sich die Wolken über dem Völkerbund schon bedrohlich zusammenzogen, seine Ansprache mit einem Gebet. Er rief seinen Zuhörern zu: »Nein, meine lieben Mitbürger, verzweifeln wir nicht. Entrichten wir lieber in diesen traurigen Stunden... ein inniges Gebet zu Gott: Herr, Du hast Jahrhunderte lang Deine Hand über uns gehalten.... Du hast uns während des Weltkriegs den Frieden nach aussen bewahrt. Wir versuchten, uns dieses Friedens würdig zu erweisen und ihn zu erhalten... Wir unterstützten im Rahmen unserer Möglichkeiten die in Genf und anderswo unternommenen Bemühungen zur Stärkung des internationalen Friedens. Als wir beschlossen, dem Völkerbund beizutreten, dachten wir, o Herr des Friedens, an Deinen Ruf. Wir wollten ihn beantworten. Dieser Beschluss war, was immer auch kommen mag, weise, und wir werden ihn nie zu bereuen haben. O Gott unserer Väter, wache weiterhin über unser Schicksal, durchdringe unsere Absichten und Taten mit Deinem Geist, mache aus uns einfache und gute Menschen.«[314]

Kritiker, die ihm sein sichtbares Christentum vorwarfen, gab es. Aber sie waren eine kleine Minderheit, oft verklemmt, mit konfessionellen Vorurteilen belastet wie jener René Sonderegger, der ihn allen Ernstes beschuldigte, »seine Aufgabe als Diplomat der römischen Kurie vorzüglich erfüllt, dagegen als Vorsteher des eidgenössischen politischen Departementes sinngemäss versagt« zu haben.[315] Auch das kommunistische Organ »Vorwärts« verdammte die Ära Motta als »die Zeit der kläglichsten Aussenpolitik der Schweiz seit 1848« und Motta selbst als »den untertänigen Helfer der römischen Papstpolitik« – einer Politik, die »immer im Bunde mit den gerade reaktionärsten Mächten der Welt« gewesen sei.[316] Die Wiederherstellung der Nuntiatur in Bern, von Motta sogleich nach seinem Amtsantritt eingeleitet, hatte tatsächlich einige Schrammen in der konfessionellen Landschaft hinterlassen. Aber diese waren unbedeutend. Sie entstellten das Lebenswerk nicht. Die moralische Autorität, die dieser christliche Staatsmann ausstrahlte, beeindruckte Protestanten nicht weniger als Katholiken. Motta erhielt gleich nach seinem Tod zwei vortreffliche Biografien, beide von Protestanten geschrieben. Der Historiker Jean Rudolf von Salis weitete sein Buch zu einer Darstellung der Schweizer Aussenpolitik in der Zwischenkriegszeit aus, Aymon de Mestral, ein glänzend schreibender Journalist und langjähriger Begleiter Mottas, konzentrierte sich mehr auf die Person des Porträtierten. Beide bezeugten dem Magistraten einen Geist, der hoch über dem konfessionellen Gezänk schwebte. Und ein protestantischer Mitarbeiter charakterisierte seinen Chef so: »Niemals mehr als in den Augenblicken der intimen und ungezwungenen Unterhaltungen habe ich gespürt, dass ich es mit einer tief und wahrhaftig religiösen Natur zu tun hatte. Weit entfernt von Frömmelei, hatte er den Mut zu seinem Glauben, wenn er ihn auch nicht hervorkehrte. Und doch war es sichtlich dieser Glaube, der das Klima seines inneren Lebens ausmachte, der sein Seelenleben mit Wärme und Wohlwollen erfüllte, seinen Worten den Klang und seinen Handlungen die Schwungkraft eines Apostels verlieh.«[317]

Die ausserordentliche Ausstrahlung von Motta beruhte zweifelsohne auf seinem lauteren Charakter. Er sagte, was er dachte, und er lebte, was er sagte – auch im Privaten. Persönlich war er sehr bescheiden. Dem Gesellschaftsleben entzog er sich, so weit es ging. Im Hause an der Bernastrasse 16 im Kirchenfeld gab es bei aller Umgänglichkeit, die Motta zu Eigen war, keine diplomatischen Diners. Ausser einigen Jugendfreunden empfing er kaum Gäste. Die Abende verbrachte er zurückgezogen mit seiner grossen Familie und mit Lektüre. Seiner familiären Umsicht entsprach seine soziale Gesinnung und seine Offenheit für gesellschaftliche Veränderungen. Motta war ein Vorkämpfer für das Frauenstimmrecht gewesen. Auch berührten ihn die Anliegen der wirtschaftlich Benachteiligten tief. Aber aus politischen Umständen kam das zu wenig zum Ausdruck. Immer wieder musste er, als Finanzchef wie als Aussenminister, Forderungen der Sozialdemokratie ablehnen. Es ist eine Ironie der Geschichte, dass die Linke den Tessiner Bundesrat mehr bekämpfte als jeden andern Magistraten, obschon er ihren sozialen und pazifistischen Ideen näher stand als seine Kollegen.

In der Familie Motta musste man mit dem Einkommen haushälterisch umgehen. Es war für den Finanz- beziehungsweise den Aussenminister der Schweiz nicht leicht, mit seinem Gehalt den zehn Kindern eine angemessene Ausbildung zukommen zu lassen. Seine Bundesratskollegen wussten, dass er von Schulden geplagt war. Das kleine ererbte Vermögen von Frau Motta hatte der Tessiner Bankenkrach in dem Jahr vernichtet, als die Familie nach Bern übersiedelte. Und Motta selbst verfügte auch nicht über grössere finanzielle Reserven. Die einzige gute Investition seines Lebens, liebte der helvetische Kassenwart zu scherzen, war der Hauskauf in Bern. Motta harrte gewiss aus Berufung bis zum Lebensende im Amt aus – 28 Jahre lang, länger als fast alle; in der ganzen Geschichte des Bundesstaates übertreffen ihn nur zwei Bundesräte. Aber in einem Zeitalter ohne staatliche Altersvorsorge wäre ein Rücktritt für ihn auch finanziell kaum zu verkraften gewesen – es sei denn, er hätte sich wie einige seiner Vorgänger in ein internationales Amt wählen lassen. Zu Beginn der zwanziger Jahre hatten einige Kollegen unter Führung von Schulthess, der selbst nach dem Politischen Departement schielte, ein derartiges Szenario ausgeheckt. Doch Motta winkte sogleich ab. Sein Trachten ging nicht in diese Richtung. Er suchte den Dienst am Schweizervolk – und versah ihn anspruchslos. So sträubte er sich, als die Bundesverwaltung sein Amtszimmer im Bundeshaus erneuern wollte. Seine Begründung: Mit diesem Geld würde man gescheiter einigen bedürftigen Familien im Tessin unter die Arme greifen.

In der Landesregierung erwies sich Motta als ein loyaler Kollege. Er informierte, wie es das Schweizer Regierungssystem will, den Bundesrat redlich und lückenlos über alle aussenpolitischen Traktanden und liess sie durch das Kollegium beschliessen. Seine Ressortangelegenheiten unterbreitete er in der gemeinsamen wöchentlichen Sitzung. Er hütete sich davor, hinter dem Rücken seiner Kollegen Fäden zu ziehen. Wäre er nicht von Natur aus kollegial veranlagt gewesen, so hätte ihn das Scheitern der Geheimdiplomatie von Arthur Hoffmann genügend vor Einzelgängen abgeschreckt. In der schwierigen Zwischenkriegszeit benötigte jeder aussenpolitische Schritt die Rückendeckung durch die Gesamtbehörde. Dennoch versuchten politische Gegner regelmässig, die Aussenpolitik allein dem Konto des EPD-Chefs zu belasten. Verschiedentlich musste dieser im Parlament betonen, es gebe kein »System Motta«, sondern was er vertrete, sei die vom Gesamtbundesrat genehmigte Aussenpolitik. Als das Kesseltreiben gegen den Aussenminister im Sommer 1939 immer lauter wurde, traf selbst der Gesamtbundesrat Anstalten, sich hinter seinen Aussenminister zu stellen und die gemeinsame Verantwortung des Kollegiums hervorzuheben.[318] Mottas Gewicht im Ratskollegium war freilich gross, und mit der langen Amtszeit, der grossen Erfahrung und den vielfältigen internationalen Kontakten nahm seine Autorität noch zu. In der Zwischenkriegszeit war Motta ohne Zweifel die prägende Kraft in der Aussenpolitik. Man sprach nicht grundlos von einer »Ära Motta«.

Mehr Schwierigkeiten als die Loyalität im Ratskollegium bereitete Motta sein leutseliges Wesen. Er liebte den Umgang mit Journalisten. Zuweilen plauderte er auch Angelegenheiten aus den Bundesratssitzungen aus, die nicht für die Öffentlichkeit bestimmt waren. Verschiedentlich kam es deswegen zu Spannungen mit seinen Kollegen. Heinrich Walther, der langjährige Fraktionschef der Katholisch-Konservativen, meint in seinen Erinnerungen, Motta hätte eben die Gewohnheit gehabt, vertrauliche Mitteilungen nicht nur auf einen freundschaftlichen Kreis zu beschränken.[319]

Als Aussenminister der Eidgenossenschaft fühlte sich Motta am richtigen Platz. Er verspürte eine Berufung für dieses Amt. So dürfte es ihm nicht schwer gefallen sein, 1932 eine schmeichelhafte Anfrage abzublocken, ehe sie erfolgte. Damals nahm der hoch geachtete erste Generalsekretär des Völkerbundes, Sir Eric Drummond, seinen Rücktritt. In einigen Kreisen dachte man an Motta als dessen Nachfolger. Erste Sondierungen begannen. Doch der Tessiner liess sie nicht weit gedeihen. Er selbst kam rasch zum Entschluss, dass er dieses Angebot abzulehnen hätte, nicht zuletzt auch mit Rücksicht auf seine Frau. Er suchte indes noch den Rat von Max Huber, »in dessen«, wie er bekannte, »Ehrlichkeit, Gewissenhaftigkeit und Intelligenz ich das grösste Vertrauen habe«.[320] Dem Genfer Historiker William Martin schilderte Motta hernach, wie beide in einem zweistündigen vertraulichen Gespräch zum Schluss kamen, er müsste nicht nur eine Kandidatur ablehnen, sondern auch verhindern, dass er nominiert würde. Und so kam es, dass sein Name in diesem Zusammenhang nie in die Öffentlichkeit drang.

Motta hatte ein feines Sensorium für das wichtigste Mittel der Diplomatie: die Sprache. Er war ein leidenschaftlicher Leser – nicht nur der politischen Berichte der Gesandten; doch diese las er wohl intensiver als jeder andere Chef des EPD. Zahllose Randbemerkungen aus seiner Feder bezeugen es. Man sah ihn auch stets mit einer Zeitung oder einer Zeitschrift unterm Arm, etwa dem damals führenden aussenpolitischen Organ *Revue des deux mondes* « oder dem »*Hochland*«, der Zeitschrift der katholischen Intelligenz. Sodann war er ein Liebhaber von geschichtlicher Literatur und Belletristik. Die Werke von Dante und Manzoni, seinen Lieblingsdichtern, schaffte er sich in verschiedenen schönen Ausgaben an. Immer wieder holte er sie aus dem Bücherregal hervor. Von diesen Dichtern kannte er mehrere tausend Zeilen auswendig. Er soll einmal folgendes gesagt haben: »Zu den Pflichten eines Mannes, der durch das Vertrauen seiner Mitbürger zur Staatsleitung berufen wird, gehört diejenige, in den Angelegenheiten und Sorgen der Politik und Verwaltung nicht zu ertrinken. Der Mann, auf dem schwere Verantwortung lastet, muss häufigen und lebendigen Umgang mit den grossen Geistern haben.«[321] Er wurde dieser Anforderung gerecht. Mit der französischen Geisteswelt war er sehr vertraut, die deutsche stand ihm nicht fern, die italienische war seine Heimat. Er drückte sich in Wort und Schrift perfekt auf Italienisch, Französisch und nahezu perfekt auf Deutsch aus. Der englische Sprachraum blieb ihm dagegen verschlossen.

Aber Motta war nicht nur ein Konsument von Literatur, er war auch ein Produzent. Schon in jungen Jahren hatte er nicht nur viel zu sagen, sondern er verstand es auch, seine Meinung geschickt schriftlich auszudrücken. Als Abgeordneter im Tessiner Kantonsrat publizierte er jede Woche einen Artikel in der Parteizeitung. Man bot ihm bald den Posten des Chefredaktors an, den er indes ablehnte. Im Bundesrat wandte er überdurchschnittlich viel Zeit für Reden auf. Er hielt dies zu Recht für eine wichtige Führungsaufgabe. Er glaubte an die Kraft des Wortes. Wenn immer möglich, reservierte er sich den Vormittag, um an seinen Reden zu arbeiten. Jede Zeile schrieb er selbst. Motta liess sich zwar gern Ideen geben, die er in seinen Reden verwenden konnte; aber Aufbau und Redaktion besorgte er eigenhändig und mit grösster Sorgfalt. Dieses Verfahren war damals schon aussergewöhnlich. Heute wäre es das Gegenteil von dem, wie eine normale Bundesratsrede entsteht: der Departementsvorsteher sagt in groben Zügen, was er in der Rede vorfinden möchte, und dann verfassen andere den Text.

Sein Stil, an dem Motta stundenlang feilte, vibrierte, insbesondere in jüngeren Jahren, von lateinischem Brio. Der Tessiner liebte das Pathos. Metternich hat einmal gesagt: Jeder Superlativ ist ein Irrtum. Falls dies zutrifft, hätte Motta in seinen Reden viele Irrtümer begangen. Doch darob darf man den guten Aufbau und die Substanz nicht übersehen. Was er im Völkerbund und im Parlament, auch was er in etlichen Ansprachen im Land draussen sagte, ist gehaltvoll. Motta liebte es, Reden zu halten. Auch schätzte er seine rhetorischen Gaben selbst nicht gering ein. Noch zu Lebzeiten brachte er zwei Bände mit Reden heraus, der dritte erschien posthum. Gab er seiner Neigung zum Rhetorischen manchmal zu sehr nach? Sein Berner Kollege Karl Scheurer dachte so. Der fleissige Tagebuchschreiber vermerkte am 15. November 1920: »Motta liest uns seine Rede vor, die er in Genf [an der ersten Völkerbundsversammlung] halten will. Es ist, wie bei ihm üblich, viel Schwung, aber auch nicht wenige Phrasen drin.«[322] Und der Thurgauer Bundesrat Heinrich Häberlin spöttelte am 12. November 1920 in seinem Tagebuch: »Motta liest uns seinen Völkerbundsempfangsdithyrambus vor. Ich fürchte, der liebe Kollege wird noch seine schweren Wunder erleben...«[323] Oder am 30. November 1922 notierte Scheurer über Motta: »Er ist zu vertrauensselig und liebt die schönen Redensarten zu sehr.«[324] Mit einer Prise Skepsis würdigte auch der Chefredaktor des »Bund«, Ernst Schürch, den Staatsmann: »Motta stand unter der Magie des Wortes. Er glaubte an eine besondere Bedeutung nicht nur des Miteinander-Redens, sondern des Reden-Haltens.«[325] Im Allgemeinen wurden Mottas Reden jedoch stark beachtet – in der Schweiz und, was selten genug vorkommt, auf der internationalen Bühne.

Die Ära Motta

Für das Jahr 1920 wurde Motta, inzwischen bereits der dienstälteste Bundesrat, zum Bundespräsidenten gewählt. Damit wechselte er auch usanzgemäss ins Politische Departement. Er eröffnete seine Amtszeit als Aussenminister mit einem Paukenschlag. Gerade vier Monate im Amt, gelang ihm der Beitritt der Schweiz zum Völkerbund. Damit erwarb er sich eine gefestigte Position. Keiner seiner Kollegen getraute sich, ihm auf das Ende des Präsidialjahres hin den Abgang aus dem EPD nahe zu legen. Vielmehr beschloss der Bundesrat, die Verknüpfung von Präsidium und Politischem Departement endgültig zu kappen, so dass Motta die Aussenpolitik weiterhin lenken konnte. Diese Änderung war auch von der Sache her wohl begründet. Denn die neue Politik der Eidgenossenschaft, der Einsitz im Völkerbund erforderten mehr Stetigkeit an der Departementsspitze. Nur wenige trauerten deshalb dem alten System nach. Aber die einsamen Rufer in der Wüste gab es weiterhin. Nationalrat Jules Humbert-Droz forderte noch 1938 die Rückkehr zum alten Rotationssystem. Der eingefleischte Kommunist aus dem Neuenburger Jura vermisste indes weniger das jährliche Sesselrücken; mit seinem Schachzug wollte er vielmehr Motta, den er eines profaschistischen Kurses beschuldigte, von den Schalthebeln der Aussenpolitik entfernen.[326]

Motta sollte lange im EPD verweilen: zwanzig Jahre lang – länger als jeder andere. Er prägte die Schweizer Aussenpolitik auch stärker als jeder andere Kollege, in der innenpolitischen Verankerung wie in der Ausstrahlung über die Landesgrenzen hinaus. Bis auf den heutigen Tag hat sich kein Bundesrat derart hohes internationales Ansehen erworben wie Motta. Zwar reiste er, im Gegensatz zur heutigen Praxis, offiziell kaum ins Ausland. Aber er nahm sich immer Zeit, um an der Völkerbundsversammlung teilzunehmen. Und sein Wort hatte Gewicht. Ein nordischer Geschäftsträger schrieb an seine Regierung, in der Genfer Liga seien Mottas Redekunst und sein Verhandlungsgeschick »Gegenstand allseitiger Bewunderung« gewesen und Motta hätte eine »immer anerkanntere Stellung als ein Hüter der Prinzipien und als Fürsprecher der kleinen Nationen« gefunden. Dieser Diplomat glaubte, Mottas Wirken folgendermassen zusammenfassen zu können: »In den Augen des Auslandes steht er da wie die Verkörperung schweizerischer Klugheit und schweizerischer Charakterfestigkeit.«[327] Mit dieser Art von Lob stand er im diplomatischen Corps nicht allein. Viele nannten ihn einen Staatsmann im wahren Wortsinn – also jemanden, der sich nicht wie ein ordinärer Politiker nur um die nächsten Wahlen sorgt, sondern um die nächste Generation.

Motta als der grösste Schweizer Aussenpolitiker: Hier muss man eine Klammer öffnen, um die Proportionen nicht zu verzerren. Selbst Motta drang nie in die internationale Spitzenklasse von Staatsmännern vor. Kleinstaaten ist es selten vergönnt, Politiker von überragendem Format zu stellen. Aber gelegentlich kommt es vor. Immerhin brachte die Tschechoslowakei einen Eduard Benesch hervor, Belgien einen Paul-Henri Spaak oder Österreich später einen Bruno Kreisky. Das politische System der Schweiz begünstigt grosse Gestalten jedoch weder im Innern noch im Äussern. Die aussenpolitische Selbstbescheidung hemmt die eigenen Politiker oder Diplomaten geradezu daran, auf dem internationalen Parkett Profil zu gewinnen. Womit sollten sie sich auch hervortun? Das Land hat keine nennenswerten machtpolitischen Desiderata. Es ist seit Jahrhunderten befriedet. Aber es hat einen übermächtigen Wunsch: nicht in fremde Verstrickungen hineingezogen zu werden. Die Schweizer Aussenpolitik war ihrem Wesen nach immer defensiv. Sie war auch allem Spektakulären abhold. Ein Bedarf nach grossen Gestalten zur Bewältigung ausserordentlicher Situationen bestand nie. Der Biedermeierzuschnitt der Schweizer Aussenpolitik muss alle, deren Sinn nach Dramatischem steht, enttäuschen. Dem Lande freilich kam er zustatten.

Doch zurück zu Motta. Warum wirkte er für Schweizer Verhältnisse so staatsmännisch? Nun, die Aussenpolitik lag ihm. Er hatte nicht nur das nötige Gespür für Menschen und Worte, sondern auch für Gesten und Symbole, für Zusammenhänge. Überdies war er geschmeidig. Schon 1915, als er zum ersten Mal Bundespräsident war, kam dies zum Vorschein. Eine Anekdote legt davon beredtes Zeugnis ab. Als Bundespräsident oblag es ihm, die Neujahrswünsche des in Bern akkreditierten diplomatischen Corps entgegenzunehmen – ein protokollarisch streng geordneter Akt, etwas pompös und von floskelhafter Höflichkeit. Wie nun der belgische Gesandte die Glückwünsche überbrachte, zögerte Motta nicht, die Zwänge des Etiketts beiseite zu schieben und einen persönlichen Ton anzuschlagen. Er drückte dem Vertreter dieses Kleinstaates, dessen Neutralität vor einigen Monaten brutal verletzt worden war, mit taktvollen Worten die besondere Sympathie der anderen neutralen Nation aus. Bundesrat Arthur Hoffmann, der Chef des Politischen Departementes, hatte gegenüber dem belgischen Diplomaten nie ein Wort des Bedauerns über die Lippen gebracht. Dass das Deutsche Reich die belgische Neutralität nicht respektierte, erschien ihm wie den meisten Deutschschweizern keiner Erwähnung wert.

Eine lebendige Diplomatie erschöpft sich freilich nie nur in Gesten und Symbolen. Diese setzen lediglich Akzente. Sie erlangen ihren Sinn erst in einem Wirkungszusammenhang, sind stets Ausdruck von etwas anderem, von Gedanken, Absichten, von Sachverhalten. Fehlt den Gesten und Symbolen die geistige Unterfütterung, so sind sie hohl, nichts wert; ist diese aber vorhanden, so sind sie die sichtbaren Zeichen von unsichtbaren Zusammenhängen. Motta verstand es, Gedanken und Gebärden zu verbinden. Er hatte eine gefestigte Weltanschauung, auch besass er eine klare Vorstellung von der schweizerischen Aussenpolitik. Zudem vermochte er sich durchzusetzen. Von einem »System Motta« zu sprechen, hatte mehr Berechtigung, als der Betroffene zugestand. Max Huber, ein Bewunderer des klugen Aussenpolitikers, meinte in seinen *»Denkwürdigkeiten«*, er selbst hätte beim Völkerbundsbeitritt nie einen so grossen Einfluss ausüben können, wie es ihm vergönnt war, wenn an Stelle von Calonder schon 1918 Motta das EPD geleitet hätte. Denn dieser habe die Zügel viel straffer angezogen und der Aussenpolitik tatsächlich seinen eigenen Stempel aufgedrückt. Und Carl J. Burckhardt, von dem es allerdings auch schmeichelhaftere Urteile gibt, beschuldigte den Aussenminister gar zwischendurch, alles politisch Bedeutsame selbst erledigen zu wollen. In einem Brief an den Rechtsprofessor Fritz Fleiner beschwerte er sich: »Kann man weiterhin mit dieser Passivität zuschauen, wenn Herr Motta meint, Aussenpolitik mache er direkt in Genf durch Gespräche, seine Agenten hätten sich auf das Administrative zu beschränken?«[328]

Motta war ein ausserordentlich beliebter Chef im EPD. Er wusste das Beste aus seinen Mitarbeitern herauszuholen. Seine Methode war einfach: Er glaubte an das Gute im Menschen – und liess bei seinen Mitarbeitern auch nur das Gute gelten. Unzulänglichkeiten wollte er nicht wahrhaben – selbst dann nicht, wenn seine Loyalität ihm schadete. Als in den dreissiger Jahren in wichtigen Zeitungen ein Kesseltreiben gegen den Gesandten in Berlin begann, stellte sich Motta mit Noblesse vor Paul Dinichert, einen kompromisslosen Gegner des Nationalsozialismus, der indes mit unübersehbaren charakterlichen und professionellen Mängeln behaftet war. Doch auf dessen Nachfolger, den von Anbeginn umstrittenen Hans Frölicher, liess er genauso wenig kommen. Für grosse Repräsentationsaufwendungen seiner Diplomaten hatte der bescheidene Aussenminister dagegen nicht viel übrig. Als sich ein Legationssekretär aus dem Berlin der »Golden Twenties« beklagte, das Budget reiche nicht aus, um die Repräsentationserfordernisse standesgemäss zu erledigen, wischte Motta die wohlklingenden Argumente trocken mit der Bemerkung zur Seite, Repräsentation sei nicht Sache eines Sekretärs, sondern in erster Linie des Missionschefs, und dieser werde entsprechend dafür bezahlt.[329] Doch die Missionschefs kamen nicht viel besser davon. Als ihm ein gestandener Minister, Chef einer der grössten Gesandtschaften, die finanziellen Sorgen andeuten wollte, die ihm aus den vielen Repräsentationsverpflichtungen erwüchsen, antwortete Motta mit franziskanischer Schlichtheit: »Monsieur le Ministre, je vous en dispense.«[330]

Im Jahr 1920, als Motta das EPD übernahm, fand er ein ansehnliches Departement vor. Es war wesentlich grösser als noch vor einigen Jahren. Während des Ersten Weltkriegs waren die Aufgaben an der Aussenfront, abgesehen von der Zusatzbürde der fremden Interessen, enorm angestiegen. So hatte sich die Korrespondenz der Abteilung für Auswärtiges von 1914 – 1920 verzehnfacht. Entsprechend stellte der Bund unter dem Vollmachtenregime neues Personal ein. 1920 wurden die vorerst provisorisch Angestellten und viele Aushilfskräfte in den Normalbestand des EPD übernommen. Damit schnellte der Personaletat in die Höhe wie sonst nie in der gesamten Geschichte der eidgenössischen Diplomatie. Die Abteilung für Auswärtiges, die eigentliche Schaltzentrale der Diplomatie, wuchs 1919/1920 von 21 auf 92 Mitarbeiter, das gesamte Departement mit den Aussenposten von 123 auf 520. Die Kosten stiegen im selben Jahresvergleich von Fr. 2,8 Millionen auf 6,2 Millionen. Dieses Wachstum war durch verschiedene Faktoren verursacht worden: durch den Beitritt zum Völkerbund, den Ausbau des Vertretungsnetzes, vor allem indes durch die neuen Positionen, die im Zuge der Departementsreorganisation von 1918–1920 geschaffen worden waren. Im ehedem einfachen, unstrukturierten Departement war nun ein eigentlicher aussenpolitischer Apparat mit einem Völkerbundsbüro, einem Rechtsbüro, einem Pressebüro, einem Kurierbüro, einem Konsulardienst und einem Politischen Nachrichtendienst entstanden. Bis zum Vorabend des Zweiten Weltkriegs hielt sich dann der Personalbestand auf diesem Niveau, ja unter dem Druck des Parlaments senkte er sich gar leicht. So bestand die EPD-Zentrale in den dreissiger Jahren im Schnitt aus 70 Beamten. Erst im Zweiten Weltkrieg und mit einem weiteren Vollmachtenregime explodierte der Personalbestand erneut.

Gegenüber dem Parlament betonte Motta stets die Vorrechte des Bundesrates in der Aussenpolitik. Er wollte die Verantwortlichkeit der Exekutive nicht mit der Legislative teilen. Das würde nur zu Konfusionen führen. Seiner Meinung nach eignete sich die Aussenpolitik nicht, um Parlamentarier an der Vorbereitung und Formulierung von Entscheiden zu beteiligen. Er wollte das Parlament lediglich informieren. Seit 1916 gab es indes mehrere Vorstösse, um eine ständige parlamentarische Kommission für auswärtige Angelegenheiten zu schaffen. Motta sträubte sich lange gegen die hartnäckigen Anläufe. Aber 1936, nachdem viele Nationalräte mit der Sanktionspolitik des Bundesrates gegen Italien unzufrieden waren, erlag er der Zeitströmung. In allen Demokratien neigt die gesetzgebende Gewalt dazu, ihre Rechte sukzessive auszuweiten. Stark zu spüren bekam Motta die Kommission allerdings nicht. Denn am Anfang übertrug der Bundesrat ihr lediglich einige Kontrollfunktionen. Sie konnte Botschaften und Beschlüsse, die an die Bundesversammlung gingen, vorbesprechen. Ausserdem konnte der Bundesrat die Kommission zur Beratung heranziehen. Aber davon machte der EPD-Chef nur spärlich Gebrauch. Und als der Krieg ausbrach, wanderte die Aussenpolitik ohnehin in die so genannte Vollmachtenkommission ab. Der Ständerat beschloss erst 1945, mit dem Nationalrat gleichzuziehen. Motta gelang es, seine Politik im Parlament trotz starken Widerständen, die in den dreissiger Jahren vornehmlich von der Linken kamen, durchzusetzen. Zwanzig Jahre lang liess die Schweizer Aussenpolitik deutlich seine Handschrift erkennen.

Stets hohen Respekt bezeugte Motta den Volksrechten. Nie versuchte er sie einzuschränken oder engherzig auszulegen. Als Vertreter einer Partei, die lange von der Regierung ausgeschlossen war, wusste er zu gut, dass Minderheiten oft nur über die Volksrechte Einfluss auf das Staatsgeschehen nehmen können. Eine Ansicht wie etwa jene des angesehenen Ständerats Paul Usteri hätte er nicht unterschrieben. Der Zürcher Freisinnige fand, das Volk könne an der Urne über Fragen entscheiden, welche die Gemeinde, den Kanton und die Eidgenossenschaft betreffen. Wo hingegen die Beziehungen des ganzen Landes zu anderen Staaten auf dem Spiel stünden, seien der Volkssouveränität Grenzen gesetzt. Selbst das Staatsvertragsreferendum, für welches sich das Volk Anfang der zwanziger Jahre entschieden hatte, bekämpfte Motta nicht. Er war damit innerhalb der aussenpolitischen Elite eine Ausnahme.

Mottas Aussenpolitik erschien schon seinen Zeitgenossen denkwürdig. Sie sprengte den Rahmen des Gewohnten. Rasch nach seinem Tod erhielt der Tessiner Bundesrat die erwähnten vorzüglichen Biografien – Publikationen, die nicht unter dem Diktat der Aktualität auf den Markt spediert wurden, sondern die aus Nachdenken, umfangreichen Gesprächen mit dem Porträtierten und zahlreichen andern Zeitzeugen entstanden waren. Die Ära Motta ist somit gut dokumentiert. Man braucht sie nicht mehr nachzuerzählen. Deshalb kann man sich im Folgenden auf drei Überlegungen beschränken: Welche Auffassung hatte Motta von der Aussenpolitik? Auf welchen Prinzipien basierte sie? Und wie sah die Umsetzung in der Wirklichkeit aus?

Ein Idealist von Natur aus

Motta war ein Idealist. Jedermann spürte das. Gelegentlich kehrte er seinen Idealismus, um Vorwürfen zuvorzukommen, selbst hervor, beispielsweise in Basel am 11. Mai 1920, als er in einem Vortrag für den Beitritt der Schweiz zum Völkerbund warb: »Ich weiss, es braucht ein wenig Idealismus, um an die Zukunft des Völkerbundes zu glauben. Aber welches grosse Werk ist je in der Welt entstanden ohne den Glauben? Der Glaube eben ist es, der Berge versetzt. Ich bin ein Idealist, ich sage es offen, ich habe es überall gesagt, wo ich in diesen Tagen gesprochen habe, ... und ich wiederhole es hier, ich bin ein Idealist, weil ich an Gott, an die Menschheit und an das Vaterland glaube.«[331] So sprach er zu Beginn seiner Karriere als Aussenminister. Ähnlich äusserte er sich vor deren Vollendung: »Ich habe schon ein langes politisches Leben hinter mir. Es sei mir gestattet zu sagen, dass der einzige Stolz, den ich mir darauf einbilde, darin besteht, dass der Sinn für das Ideale niemals in mir verblasst ist.«[332]

Nicht jeder Christ ist ein Idealist. Doch im Falle von Motta gehen Zuversicht und christlicher Glaube Hand in Hand. Dies herauszufinden ist nicht schwer, weil Motta selbst häufig davon sprach. Weniger leicht hingegen ist es, die rationale Struktur dieser Verbindung aus den Äusserungen des Politikers herauszupräparieren. Vielleicht kann man die Konturen der politischen Philosophie Mottas mit folgenden Fixpunkten skizzieren: Der Mensch sollte sich in seinem Credo nach den Sonnenseiten der Schöpfung orientieren. Er muss insbesondere an das Gute im Menschen glauben. Dies ist ein ethischer Auftrag. Freilich, das Böse ist deswegen nicht aus der Welt geräumt. Der Politiker in Motta übersieht dies nicht und verlangt, dass man das Schlechte, so weit die Kräfte reichen, bekämpft. Der Kampf gegen das Schlechte ist gewissermassen die Kehrseite des Glaubens an das Gute im Menschen und diesem untergeordnet. Auch dieser Kampf trägt dazu bei, die Zustände zu verbessern und die Menschheit moralisch auf eine höhere Stufe zu heben. Dennoch gibt es in der Geschichte immer wieder Rückschläge, die sich der Mensch nicht erklären kann, durch die er sich indes auch nicht entmutigen lassen sollte. Aber das Unerklärbare demonstriert in aller Deutlichkeit, dass der Mensch allein nicht alles vermag. Ja, er stösst ziemlich rasch an die Grenzen seines Vermögens; und jenseits dieser Grenzen obwaltet der göttliche Ratschluss, den zu ergründen dem Menschen nicht gegeben ist. Letztlich liegt das Geschick eben in Gottes Hand. Das Vertrauen in die göttliche Vorsehung bietet moralische Entlastung. Gott allein kennt den Weg der Geschichte. Solange der Mensch das Gute zu verwirklichen sucht, ist er auf dem richtigen Weg.

In Mottas Auffassung ist der Politiker verpflichtet, sich nach Massgabe seiner Kräfte für Frieden und Gerechtigkeit einzusetzen. Dies gebietet eine höhere Ordnung. Aussenpolitik im tiefsten Sinn bedeutet das Bemühen, eine vorstaatlich gegebene ideale Ordnung schrittweise in den Beziehungen zwischen den Staaten zu verwirklichen. Diesem Gedanken verlieh er poetischen Ausruck in der berühmtesten seiner Reden – übrigens auch der prominentesten Rede, die je ein Schweizer Politiker auf internationalem Podest gehalten hat. Am 15. November 1920 eröffnete er als Ehrenpräsident die Erste Völkerbundsversammlung in Genf. Die hervorragend konzipierte Ansprache liess er mit den Worten ausklingen, die er seinem Lieblingsdichter Dante entlehnte. Seiner christlichen Überzeugung gab er, dezent literarisch versetzt, folgenden Ausdruck: »Der Völkerbund wird leben, weil er ein Werk der Solidarität und der Liebe ist. Erlauchte Vertreter verschiedener Kulturen, Rassen und Sprachen, eminente Persönlichkeiten aus aller Welt, aufgeklärte Anhänger aller Philosophien und aufrichtige Gläubige aller Religionen, laissez-moi placer la Cité nouvelle sous la garde de Celui que le Dante a nommé dans le vers sublime qui achève et résume son poème sacré: ›L'Amor che muove il sole e l'altre stelle‹« (lassen Sie mich die neue Stadt [das neue Jerusalem] unter den Schutz von Jenem stellen, den Dante im feinsinnigen Vers, der sein heiliges Poem vollendet und zusammenfasst, so nannte: ›Die Liebe, welche die Sonne und die andern Sterne bewegt‹).«[333]

Mottas Idealismus, seine zuversichtliche Einstellung erforderte natürlich ihren Preis. Die Skepsis kam zu kurz. Ein Aussenminister mit seiner Verantwortung für den Staat als Ganzes muss, so sehr er auch persönlich optimistisch veranlagt sein mag, skeptisch sein, ja ein gewisses Misstrauen gegen schöne Worte hegen. Polonius, der weise Staatsrat an Hamlets Hof, gab seinem Sohn folgenden Rat mit auf den Weg:

»Give every man thy ear, but few thy voice;
Take each man's censure, but reserve thy judgment« (I,3).

Niemand kann Motta den Respekt vor seinem ansteckenden Optimismus versagen. Aber einige vermissten im Staatsmann die abwägende Distanz, den prüfenden Blick. Motta lieh jedem Mann sein Ohr – und vielen auch seine Stimme, zu vielen, wie seine Kritiker ihm nicht ohne Grund vorwarfen. Seine wohlwollende Haltung geriet oft in die Gefahrenzone der Gutgläubigkeit. Er neigte dazu, gefällige Äusserungen zum Nennwert zu nehmen und sie nicht nach unlauteren Motiven abzuklopfen. Das ehrt gewiss den Menschen, aber es zeichnet nicht unbedingt den Politiker aus.

Heinrich Häberlin, ehedem Mottas Kollege und ansonsten voller Hochachtung für den Aussenminister, vermerkte etwas drastisch in seinem Tagebuch: »Er sieht einfach die Krallen der rauen Wirklichkeit nicht, wenn ihm eine Gefälligkeitspratze entgegengestreckt wird, und lässt sich durch Schmeicheleien einseifen.«[334]

In einigen Fällen ist Motta sein hochgemuter Idealismus schlecht bekommen. Es ist bezeichnend, welchen Wert er einem Gespräch mit Reichspropagandaminister Joseph Goebbels und Reichsaussenminister Konstantin von Neurath beimass. Im September 1933 hatte er sich mit ihnen am Rande der Völkerbundsversammlung getroffen, um vom Deutschen Reich eine ähnliche Unversehrtheitserklärung für die Schweiz zu erhalten, wie sie Mussolini vor einigen Jahren abgegeben hatte. Motta bekam in den, wie er sich ausdrückte, »sehr freimütigen und gleichzeitig sehr freundschaftlichen« Gesprächen die gewünschte Zusicherung.[335] Später berief er sich immer wieder, obschon Goebbels Glaubwürdigkeit längst diskreditiert war, auf diese Begegnung.

Schwerer wog etwas anderes. Motta wollte Warnzeichen nicht wahrhaben, wenn sie nicht in sein Weltbild passten. Das Münchner Abkommen vom 29. September 1938 über die Abtretung des Sudetenlandes etwa begrüsste er überschwänglich. Wieder einmal war der Friede gerettet worden. Mit rhetorischen Höhenflügen, wie er sie liebte, erklärte er auf einem Bankett in Lugano: »Die Münchner Konferenz... war von Erfolg gekrönt. Eine unendliche Erleichterung, eine Freude, für die es keinen angemessenen Ausdruck gibt, lässt alle Herzen in einem Gefühl der Dankbarkeit höher schlagen. Diese Konferenz war wie der Stern, der das Dunkel der Nacht durchdringt und die schon nahe Morgenröte verkündet.« Dann spendete er verschwenderisches Lob auf Mussolini, den selbstlosen Vermittler: »Da ich in diesem schönen Lugano spreche, fast an den Toren Italiens, lassen Sie mich mit einer ungeheuren Verehrung den grossen Führer des befreundeten Nachbarlandes grüssen, Benito Mussolini, der... mit seiner wunderbaren Einfühlungsgabe und seiner erhabenen Willensstärke die noch verwirrten Gemüter einander näher brachte und sich dadurch im höchsten Mass ein unauslöschbares Verdienst erworben hat, das nur Kurzsichtige und geistesverwirrte Fanatiker ihm noch zu bestreiten wagen.«[336]

Motta war nicht der Einzige, der sich täuschen liess. Andere Politiker und Geistesgrössen, etwa Jean Rudolf von Salis, begrüssten das Abkommen im Ton gewiss etwas verhaltener; aber in der Sache bewerteten sie es gleich.[337] Auch sie glaubten, in München sei der Friede nochmals gerettet worden, und stiessen auf Chamberlains und Daladiers Vernunft an. Freilich, Aussenminister der Schweiz war nur einer, und der hiess Motta. Seine

Worte wogen schwerer, seine Fehleinschätzungen auch. Und ihm unterliefen gravierende Fehler. In seinem Optimismus klammerte er sich an jeden noch so schwachen Strohhalm. Die Gefahren hingegen wollte er nicht sehen. Er verscheuchte sie aus seinem Gesichtsfeld. Buchstäblich bis am Vorabend des Zweiten Weltkriegs behauptete er, der Friede sei nicht gefährdet. Am 1. September 1939 überfiel Hitler Polen. Noch am 28. August, als das Deutsche Reich und Frankreich die Mobilmachung fast schon beendet hatten, hielt Motta entsprechende Massnahmen in der Schweiz für unnötig. Dieser grenzenlose Optimismus hatte Nationalrat Markus Feldmann, dem späteren Bundesrat, schon lange missfallen. Nach einer Sitzung der Kommission für auswärtige Angelegenheiten hatte er am 21. Mai 1939 in seinem Tagebuch notiert, Motta zeige »sich erschreckend weltfremd und naiv, so zum Beispiel in der Weise, dass er als ›Beweis‹ für die Sicherheit des Friedens eine Rede von Mussolini vom 25. April... vorliest und auf die Thronrede des italienischen Königs verweist, die Albanien, Polen, Jugoslawien und die Schweiz als besonders befreundet genannt habe. Ich stehe unter dem bestimmten Eindruck, dass sich Motta sein nun einmal zurechtgezimmertes politisches Weltbild nicht mehr stören lassen will und deshalb Tatsachen, die nicht in dieses Weltbild hineinpassen, entweder ignoriert oder unterbewertet...«[338] Heinrich Häberlin war schon früher zu einem ähnlichen Schluss gekommen. 1923 bemerkte er, in der »Italienerfrage« schliesse Motta »einfach die Augen«.[339]

Sein Idealismus hinderte Motta daran, die politischen Gefahren voll zu erkennen. Er wollte stets an die siegreiche Kraft des Guten glauben und dem Positiven eine Chance geben. Doch wenn der Idealismus das eine Auge trübte, dann schärfte er das andere, das moralische und visionäre. Mottas Leidenschaft waren die grossen rechtlichen und moralischen Fragen der internationalen Politik, das Zusammenleben der Völker, der Aufbau einer gerechten zwischenstaatlichen Ordnung. Diese Probleme brachte er wie kein Bundesrat zuvor den Schweizern nahe; er machte sie genauso mit der Staatengemeinschaft vertraut, wie er dieser den Schweizer Standpunkt vermittelte. Sein Geist war stets auf die grossen Zusammenhänge ausgerichtet. Gonzague de Reynold, der ebenso umstrittene wie brillante Rechtsintellektuelle, berichtet in seinen Memoiren über eine Bahnfahrt, die er 1924 mit Motta vom Genfersee nach Bern unternahm. Beide kehrten von einer Gedenkfeier zu Ehren des polnischen Schriftstellers Henryk Sienkiewicz aus Vevey zurück. Als sie allein in einem Abteil waren, bat er den Bundesrat, die Aussenpolitik zu präzisieren. Motta soll ihm gesagt haben: »Sie ist einfach. Im Hinblick auf einen neuen Krieg, der leider immer möglich ist, müssen wir aufrüsten. Gleichzeitig müssen wir uns bemühen, den Völkerbund zu stärken und ihn auch universeller zu machen. Das ist das beste Mittel, um den Krieg zu vermeiden.«[340]

Welches Ziel verfolgte Motta mit seinem Idealismus? Im Grunde genommen nur eines: die Macht in den internationalen Beziehungen sukzessive durch das Recht zu ersetzen. An die Stelle des ständigen Kampfes zwischen den Mächten sollte die rechtliche Organisation der Menschheit treten, das fragile Gleichgewicht der Mächte sollte von einem soliden Rechtssystem abgelöst werden. Dabei gab es für ihn, etwas schematisch gesprochen, drei Ebenen. Zuoberst war der Völkerbund, er verkörperte das nobelste Bestreben der Menschheit nach einer einvernehmlichen Staatengemeinschaft. Darunter waren die bilateralen Vergleichs- und Schiedsverträge. Solange der Völkerbund den hehren Erwartungen nicht genügte, boten sie die zweitbeste Lösung für ein friedliches Zusammenleben von Staaten. Schliesslich die selbst gewählte Neutralität: Sie ist das unverzichtbare Réduit und enthält den Kern einer Friedensordnung, der sich dann bewähren muss, wenn Völkerbund und die friedliche Streitbeilegung versagen.

Viele erhofften sich viel vom Völkerbund, Motta erhoffte sich noch mehr als die meisten. Er glaubte, in dieser Organisation würde eine einmalige Autorität heranwachsen. Und er unternahm alles, um die moralische Autorität der Liga zu stärken. Die Schweiz setzte sich stets ein, um die rechtlichen Bindungen in den zwischenstaatlichen Beziehungen auszubauen, der obligatorischen Schiedsgerichtsbarkeit zu allgemeiner Anerkennung – auch unter den Grossstaaten – zu verhelfen und politische Streitfälle einem Schlichtungsverfahren zuzuführen. In der Versammlung von 1925 erklärte Motta: »Der Völkerbund muss sich sagen, dass in Zukunft sein nützlichstes Werk nicht darin besteht, Konflikte einzudämmen oder zu beschwichtigen, sondern Bedingungen zu schaffen, die das Entstehen von solchen Konflikten verunmöglichen.«[341] Derart moralisch freilich hatten sich die Siegermächte, insbesondere Frankreich und seine mittel- und osteuropäischen Verbündeten, die neue Organisation nicht vorgestellt. Sie sahen im Völkerbund durchaus auch ein Machtinstrument, ein internationales Druckmittel, um ihre aus dem Krieg erwachsenen Ansprüche durchzusetzen. Die moralisierende Art des Schweizer Delegationschefs war ihnen aus handfesten Gründen nicht genehm. Deshalb waren seinem Einfluss, bei allem Respekt, den man Motta bezeugte, Grenzen gesetzt. Man fand ihn zuweilen etwas naiv. Und Politiker vom Schlage eines Eduard Benesch, welche die Akzente zwischen Macht und Moral anders setzten, fanden in diesen Kreisen mehr Gehör.

Am liebsten hätte Motta alles auf der höchsten, der universellen Ebene geregelt. Sein Ziel war, die Vorherrschaft der Macht generell, nicht nur in den bilateralen Beziehungen, durch jene des Rechts zu ersetzen. 1924 schien die Menschheit diesem Ziel einen Riesenschritt näher gekommen zu sein. Der Völkerbund hatte in seiner vierten Versammlung das so genannte Genfer Protokoll verabschiedet. Diese Abmachung erhob die obligatorische Schiedsgerichtsbarkeit in allen internationalen Streitfällen zum obersten Grundsatz. Jede Streitpartei musste sich dem Schiedsspruch unterwerfen. Widersetzte sich eine Partei, so wurde sie zum Angreifer erklärt. Die Mitgliedstaaten waren dann verpflichtet, dem Angegriffenen gegen den Angreifer beizustehen. Auf dem Papier war dieses Protokoll ein Höhepunkt, in der Praxis dagegen ein Tiefpunkt. Es wurde nie in die Tat umgesetzt. Vielmehr führte es der ganzen Welt vor Augen, wie zwischen Wort und Tat ein Abgrund klaffte. Einem nüchternen Betrachter war im voraus klar, dass die nationalen Parlamente ein solches Dokument nicht ratifizieren würden. Zwar riefen alle dazu auf, den Machtgebrauch in der Aussenpolitik mit Sprüchen von Schiedsrichtern zu zähmen, aber jeder nahm den eigenen davon aus.

Motta war die Ehre zugefallen, die vierte Versammlung zu präsidieren. Seine Schlussrede war eine eigenartige Mischung aus Idealismus und Zweifel. Natürlich liess er sich einen idealistischen Höhenflug nicht nehmen: »Die Versammlung hat dieses Jahr in meinen Augen eine entscheidende Wendung genommen. ... Es gibt keine fruchtbarere Norm als jene, welche die Staaten verpflichtet, ihre Streitfälle den Vermittlern und Richtern zu unterbreiten. Es gibt keine Idee, die den Prinzipien und den Zielen des Völkerbundes mehr entsprechen würde als jene, die darauf ausgeht, den Staat, der im Streitfall das Schiedsverfahren ablehnt, zu brandmarken.... Man getraut sich kaum zu denken, dass der Krieg aus dem Sorgenkreis der Menschheit entschwinden könnte; aber wenn es der Menschheit vielleicht eines Tages – und mag dieser Tag noch so fern sein – gelingt, den Krieg zu unterdrücken, dann wird man diese unvergleichlich wertvolle Errungenschaft dem Schiedsverfahren danken müssen.« Doch der Höhenflug kam nicht richtig in Schwung. Bohrende Fragen liessen keinen Aufwind entstehen. Motta selbst zweifelte am Willen der Einzelstaaten, sich auf dieses Protokoll zu verpflichten. »Wenn es der Genfer Resolution nicht gelänge, die Abrüstungskonferenz einzuberufen, und wenn diese endgültig zum Scheitern verurteilt wäre, hätte die Menschheit dann nicht eine ihrer innigsten Hoffnungen verspielt? Man hätte, wie es scheint, das Vertrauen der Völker getäuscht. ... Waren wir [mit dem Genfer Protokoll] zu ehrgeizig gewesen? Haben wir unsere Kräfte überschätzt?«[342]

In seinem Bestreben, die internationale Gerichtsbarkeit zu stärken, liess Motta nie nach. Er setzte das Werk von Max Huber, der die Grundlagen für die Verrechtlichung der Schweizer Aussenpolitik geschaffen hatte, energisch fort.[343] So unterstützte er den Ständigen Gerichtshof im Haag nach Kräften und förderte die Schiedsgerichtsbarkeit als obligatorisches Verfahren bei internationalen Streitfällen. Aber er musste einsehen, dass die Zeit für einen Durchbruch noch nicht reif war. Die Grossstaaten waren nur selten bereit, ihre Konflikte aussenstehenden Richtern oder dem Schiedsspruch von Dritten zu unterbreiten. Und so konzentrierte er sich zusehends auf den Abschluss von bilateralen Vergleichs- und Schiedsverträgen. Der Schweiz fiel dieses Verfahren nicht schwer. Das Schlichten war im Staatswesen der Alten Eidgenossenschaft tief eingepflanzt. Mehr als tausend Schiedssprüche und Vergleiche sind aus dem Mittelalter bekannt. Damals bat man häufig Aussenstehende, Konflikte zu lösen. Allmählich floss diese Kultur des Friedensschlichtens in den schweizerischen Staatsgedanken ein. Es entstand der Typus eines über den Streit erhabenen Schiedsrichters. Der heilige Niklaus von Flüe verkörperte ihn am vollkommensten – er, der auch die Hinwendung zur Neutralität symbolisiert. Tatsächlich verhalten sich Neutralität und Schiedsspruch wie Vorder- und Rückseite ein und derselben Medaille. Sie stehen, wie Paul Ruegger festgestellt hat, in einem inneren Zusammenhang.[344] Die unparteiische Haltung des Schiedsrichters bei Streitfällen entspricht der neutralen Beurteilung von aussenpolitischen Konflikten. Das schiedsrichterliche Denken fördert das Verständnis für die Neutralität und umgekehrt. Beide entstammen dem gleichen Ursprung. Ruegger sieht es so: »Das Beispiel der Schiedsrichter, die Ideen, die sie vertreten haben, ihr Bemühen, gewissenhaft die einander entgegengesetzten Interessen zu ermessen, haben zweifellos dazu beigetragen, die öffentliche Meinung auf die Neutralitätspolitik vorzubereiten.«[345]

Aus der gleichen Quelle schöpfen übrigens auch die Guten Dienste. Diese kompensieren sicherlich das neutralitätsbedingte Abseitsstehen. Aber ihren Ursprung verdanken sie gleichfalls dem Gedanken der Streitschlichtung: in schwierigen Lagen soll ein Aussenstehender unparteiisch und selbstlos den Betroffenen helfen, das Einvernehmen wiederzufinden. »›Gute Dienste‹ sind«, schreibt der Philosoph Elmar Holenstein in einer gedankenreichen Studie, »für die Schweiz das von ihrer Geschichte her selbstverständlich vorrangige Konfliktbewältigungsinstrument.«[346]

Die Schweiz als Vorbild – Motta hoffte lange, der zündende Funke könnte doch noch auf den Völkerbund überspringen. Voller Stolz zählte er in der Genfer Versammlung von 1925 die zahlreichen Vertragsabschlüsse der Eidgenossenschaft auf. Und er fügte an: »Wenn unter mehreren Nachbarstaaten ähnliche Verträge geschlossen würden, dann umhüllte bald ein Netz von Verträgen zur friedlichen Streitbeilegung die Oberfläche der Weltkugel und namentlich Europa. Die Idee der obligatorischen Schiedsgerichtsbarkeit wird in Etappen stetig vom Einzelnen zum Allgemeinen aufsteigen und so zu ihrem endgültigen Triumph gelangen.«[347] Von unten herauf, bilateral, sollte das erreicht werden, was man von oben herab, multilateral, nicht zustande brachte. Ganz unberechtigt schien Mottas Hoffnung Mitte der zwanziger Jahre nicht. Eine Weile lang war es beinahe modisch geworden, bilaterale Schiedsverträge abzuschliessen. Vor allem mittlere und kleinere Staaten taten sich hervor. Mit der Konferenz von Locarno (1925) erfasste der Schiedsgedanke sogar die »grosse« Friedenspolitik. Deutschland garantierte Frankreich und Belgien nicht nur die Unverletzlichkeit seiner Westgrenze; es verpflichtete sich auch in speziellen Abkommen, hinfort alle Streitigkeiten auf dem Schiedsweg zu lösen. Ausserdem schloss der deutsche Aussenminister Gustav Stresemann Schiedsverträge mit Polen und der Tschechoslowakei. In diesen Dokumenten garantierte Deutschland zwar nicht die bestehenden Grenzen, aber es versprach, keine gewaltsamen Änderungen vorzunehmen. Kein Wunder, dass Motta die Verträge von Locarno begeistert begrüsste. Triumphierte hier nicht jene Idee, für die er sich all die Jahre mit Leib und Seele eingesetzt hatte? Reiften hier nicht Früchte jenes Vertrages heran, den die Schweiz 1921 in kühnem Alleingang mit Deutschland geschlossen hatte? Und die Wahl von Locarno, bedeutete sie nicht die Krönung seiner Aussen- und Völkerbundspolitik?

Die Konferenz von Locarno war eine einsame Schwalbe; sie machte keinen Frühling aus. Die mittelfristige Entwicklung verlief in eine andere Richtung. Trotz Völkerbund und zahllosen bilateralen Verträgen war es nicht das Recht, das auf Kosten der Macht gestärkt wurde, sondern die Macht auf Kosten des Rechts. 1931 scheiterte die erste, 1932 die zweite Abrüstungskonferenz. Wie Motta schon 1924 geahnt hatte, nahm der Völkerbund einen verderblichen Verlauf. Statt mit seinen hehren Resolutionen mehr Vertrauen zu schaffen, unterhöhlte er die noch vorhandene Substanz. Hinter den Worten steckte, was jedermann spürte, kein Wille. Und so waren die Resolutionen nicht Ausdruck gemeinsamer Entschlossenheit, sondern Lippenbekenntnisse oder gar Täuschungsmanöver. Die Schweiz zog sich zusehend auf den Kern ihres Selbstverständnisses zurück: auf die Verteidigung der Unabhängigkeit durch die Neutralität.

Für Motta war dies eine schmerzhafte Aufgabe. Der EPD-Chef, der mit seiner ganzen Persönlichkeit den Aufbruch zur differenziellen Neutralität und das Engagement im Völkerbund vorangetrieben hatte, musste sein Lebenswerk selbst abtragen. Er hatte gewiss nie die Neutralität als Grundlage der Schweizer Aussenpolitik in Frage gestellt. Im Kampf um den Beitritt zum Völkerbund hatte er deren Verächter, die zugleich seine Sympathisanten waren, etwa den Waadtländer Obersten und Redaktor Fernand Feyler oder den Neuenburger Nationalrat Otto de Dardel, scharf zurechtgewiesen. Der eine hatte in seinem Enthusiasmus für den Völkerbund die Neutralität in der »*Gazette de Lausanne*« als »un terme sans contour, une substance amorphe, une notion abstruse« (31. 3. 1921) bezeichnet, der andere disqualifizierte sie im Parlament als einen Fetisch. Wie Motta de Dardel im Nationalrat reden hörte, sei ihm, spöttelte er, das italienische Sprichwort in den Sinn gekommen: Gott schütze mich vor meinen Freunden, vor meinen Feinden schütze ich mich selbst! Und dann belehrte er den Parlamentarier: »Nein, Herr de Dardel, die Idee der Neutralität ist nicht ein Fetisch, sie ist eine lebendige Idee unserer Verfassung, sie ist ein wesentlicher Bestandteil unserer Geschichte. Sie war unser Schutz während des Krieges. Die Neutralität der Schweiz ist nicht etwas Provisorisches, sie ist in der Londoner Deklaration als immerwährend anerkannt worden, und sie wird es auch in der zukünftigen Geschichte unseres Landes sein.«[348]

Aber auch Motta hatte den Ausbruch aus dem herkömmlichen Konzept der Neutralität versucht – und war daran gescheitert. Mit realpolitischem Instinkt, der ihm trotz seiner idealistischen Veranlagung im rechten Augenblick nicht abhanden kam, realisierte er ab Mitte der dreissiger Jahre, insbesondere seit dem Abessinienkonflikt, dass der aussenpolitische Weg der Schweiz in einer Sackgasse zu enden drohte. Und er setzte alles daran, die Eidgenossenschaft aus jenen Fangmaschen zu befreien, die er vor 15 Jahren selbst gestrickt hatte. Dank seinem diplomatischen Geschick und internationalen Ansehen, auch dank seiner Hartnäckigkeit gelang ihm dieses schwierige Unterfangen. Motta vollbrachte, um mit Walther Hofer zu sprechen, ein »diplomatisches Meisterstück«.[349] Die Staatengemeinschaft dispensierte die Schweiz von der Teilnahme an den Wirtschaftssanktionen. Das Land atmete sichtlich auf, als es am 14. Mai 1938 wieder dort angelangt war, wo es 1920 vom Pfad abgewichen war: bei der integralen Neutralität oder, wie Motta nun auch sagte, der »traditionellen« Neutralität. Was die Kritiker eines Völkerbundsbeitritts schon lange vorausgesagt hatten, musste nun auch die offizielle Politik eingestehen: »Die Unterscheidung zwischen militärischen Sanktionen und wirtschaftlichen würde sich heute für die Schweiz als illusorisch erweisen.«[350]

Trügerisch war freilich diese Unterscheidung schon immer gewesen, nicht erst in den dreissiger Jahren. Aber die Regierung wollte es nicht wahrhaben, um dem Völkerbund beitreten zu können. Doch die eigentliche Illusion bestand nicht im Glauben, eine Politik der differenzierten Neutralität betreiben zu können; sie bestand vielmehr in der Hoffnung, die Genfer Organisation würde eine solche Entwicklung nehmen, dass die eidgenössische Neutralitätspolitik nie auf die Probe gestellt und in ihrer Ungereimtheit demaskiert würde. Gewiss, der Völkerbund nahm nicht den Verlauf, den sich Motta erhofft hatte. Zu Recht wies der Bundesrat darauf hin. Aber etwas anderes ist ebenso wahr: Der Chef der Schweizer Diplomatie wollte gewissen Tatsachen nicht in die Augen schauen. Als der Völkerbundsrat über das eidgenössische Gesuch um Rückkehr zur traditionellen Neutralität abstimmte, rieb der sowjetische Aussenkommissar der Schweizer Delegation eine unangenehme Wahrheit unter die Nase. Wegen mangelnder Universalität der Liga wolle die Schweiz zur integralen Neutralität zurückkehren? Ja ob denn, so fragte Maxim Litwinow unbewegt, der Völkerbund 1920, als die Schweiz ihm beitrat, universeller gewesen sei als 1938, da sie ihren Status ändern wolle?[351]

Natürlich war es 1920 um die Universalität nicht besser bestellt gewesen. Litwinow legte mit seiner Frage den Finger auf eine wunde Stelle. Denn Motta hatte in seinem Idealismus dem Völkerbund eine Entwicklung zugedacht, die so nie stattfinden sollte. In der Überzeugung, den Idealen der Menschheit zu dienen, hatte er sich für eine Organisation eingesetzt, deren Unvollkommenheit ihm nicht verborgen blieb. Aber er glaubte, guter Wille und die Zeit würden schon das Ihrige zur Verbesserung beitragen. Doch es kam anders. Das Weltgeschehen verlief nicht nach seinen Vorstellungen. Die Fakten begruben seine Vision. Und Motta musste, obschon er sich lange gesträubt hatte, am Ende seiner aussenpolitischen Laufbahn mit allen Kräften das rückgängig machen, was er zu deren Beginn stolz aufgebaut hatte. Er selbst musste das Vergängliche seines Lebenswerks besiegeln. Seine Enttäuschung war gross. Sie war teils durch den geschichtlichen Verlauf des Völkerbunds verursacht, aber teils war sie eben auch hausgemacht. Sie war der Preis, den er für seinen Idealismus zu zahlen hatte.

Die Prinzipien seiner Aussenpolitik

Wie jeder Aussenminister bezweckte Motta mit seiner Politik, die nationalen Interessen zu fördern; gleichzeitig wollte er auch die Solidarität der Schweiz mit der Staatengemeinschaft verstärken. Dabei liess er sich vornehmlich von zwei Prinzipien leiten: der Universalität der Beziehungen und der Nichteinmischung in die inneren Angelegenheiten. Die erste Hälfte seiner Amtszeit als Aussenminister stand ganz im Zeichen des Einsatzes für die Universalität der Beziehungen; in der zweiten rückte das Prinzip der Nichteinmischung, welches das Gerippe jeder Neutralitätspolitik ist, zusehends in den Vordergrund. Sodann verraten zwei Eigenschaften der Schweizer Aussenpolitik der Zwischenkriegszeit seine Handschrift: eine markante Betonung der nationalen Würde und eine strikt antikommunistische Ausrichtung.

Der Chef der Schweizer Diplomatie erkannte von Anfang, dass der Völkerbund nur dann seine Bestimmung zu erfüllen vermochte, wenn er alle Staaten umfasste. Genügte er dem Prinzip der Universalität nicht, konnte er jene Solidarität unter den Staaten nicht herstellen, wofür er eigens gegründet worden war. Er musste dann zum Spaltpilz verkommen. Im Vorwort zu William Rappards Buch »*L'entrée de la Suisse dans la Société des Nations*« sagte Motta es deutlich: »Was dem Völkerbund noch fehlt, ist die Universalität. Man kann es nicht genügend wiederholen, dass die Universalität für ihn eine Überlebensfrage ist.«[352] Solches schrieb er 1924. Er wusste, wovon er sprach. Schon in der allerersten Völkerbundsversammlung von 1920 hatte sich der Ehrenpräsident weit auf die Äste hinaus gewagt, als er ein fulminantes Plädoyer für die Universalität abgab – was prompt zu einem Eklat geführt hatte. Folgendes war geschehen:

Am 15. Dezember äusserte sich Motta über die Zulassung Österreichs. Er war hocherfreut, dass das Nachbarland der Schweiz schon an der ersten Tagung als Mitglied in den Völkerbund aufgenommen wurde. Als erster von den fünf im Krieg unterlegenen Staaten erhielt es, zusammen mit Bulgarien, Zutritt zur neuen Organisation. Dann kam der Schweizer Delegationschef auf andere Staaten zu sprechen, die er an der Genfer Versammlung vermisste: die Vereinigten Staaten, die sich leider noch nicht zu einem Beitritt entschliessen konnten, Russland, das in einem schrecklichen Taumel am Boden lag und vorderhand nicht beitrittsfähig war, sowie Deutschland. Als Motta Deutschland erwähnte und dessen Aufnahme forderte, unterbrach ihn der französische Delegationschef René-Raphael Viviani, ein ehemaliger Ministerpräsident, mit einem wütenden Zwischenruf und verlangte das Wort. Doch Motta setzte seine Rede unbeirrt fort und erklärte:

»Bleibt noch die deutsche Frage. Deutschland hatte an der Friedenskonferenz den Antrag auf Zulassung zum Völkerbund gestellt. Damals glaubte die Friedenskonferenz, auf den Antrag nicht eingehen zu können. Erlauben Sie mir, Ihnen in aller Offenheit zu sagen, dass wir diese

Haltung in der Schweiz zwar verstanden haben, aber nicht billigten. Das Schweizer Volk hätte gewiss viel weniger Mühe gehabt, dem Völkerbund beizutreten, wenn es von Anfang an gewusst hätte, dass diese Organisation universell sein würde. Heute beschränken wir uns darauf, den Wunsch auszudrücken, dass die Aufnahme Deutschlands am Tag, da sich diese Frage stellen wird, aus einem Geist der Würde, Gerechtigkeit und Friedfertigkeit heraus geprüft wird – aus einem Geist, wie er dem Völkerbund wohl ansteht. Dies wünsche ich sehnlichst, nicht nur weil diese Frage die Schweiz und ganz Europa interessiert, sondern vor allem weil sie auch an die Universalität und gar an die Existenz des Völkerbundes rührt. Wir können vielleicht zwei, drei oder noch einige Jahre mehr ohne diese Universalität auskommen. Wenn indes der Völkerbund dazu verurteilt würde, allzu lange ein nicht universeller Bund zu sein, dann trüge er den Keim zu einer langsamen, aber fatalen Auflösung in sich selbst.«[353]

Sobald Motta seine Rede beendet hatte, verlor Viviani seine Fassung. Er protestierte leidenschaftlich. Frankreich, das seinen Sieg mit dem Tod von Millionen von Soldaten errungen hätte, wolle sich nicht von einem Neutralen vorschreiben lassen, wie mit Deutschland umzugehen sei. Doch die schneidende Kritik erschütterte Mottas Autorität nicht; in den Augen der meisten Delegierten gewann der Schweizer Aussenminister geradezu an moralischer Statur. William Rappard, mit den Verhältnissen im Völkerbund besser vertraut als jeder andere Kommentator, meinte: »Man anerkannte, dass Motta ausser seinem schönen Talent [als Redner] eine noch wertvollere und seltenere Gabe besass: nämlich die Fähigkeit, zu Gunsten einer gerechten und weisen Sache selbst die gefährlichste Opposition herauszufordern.«[354] Aber Motta bezahlte für seine Courage einen Preis. Im Herbst 1921 verbauten ihm die Grossmächte den Weg an die Spitze der Völkerbundsversammlung. Sie torpedierten seine Präsidentschaftskandidatur, indem sie den greisen Gustave Ador ins Spiel brachten – Honneurs, die sich dieser gern gefallen liess, aber der Bundesrat, wie EMD-Chef Karl Scheurer seinem Tagebuch anvertraute, wenig goutierte.[355]

Es gereicht Motta zur Ehre, dass er früher und konsequenter als andere auf die Universalität des Völkerbundes gedrängt hatte. Das stete Mahnen, alle Nationen in den Bund aufzunehmen, durchzieht seine Reden in den zwanziger Jahren wie ein roter Faden. Niemand hat derart eindringlich die Verwirklichung dieses Prinzips gefordert. Umso enttäuschter war er, als bereits 1926 mit dem Austritt von Brasilien eine gegenläufige Entwicklung einsetzte. Der Auszug von Deutschland und Japan kündigte dann

1933 den Bankrott der Genfer Organisation an. Zwar existierte der Völkerbund noch weiter, aber er war zu einem Nebenschauplatz der Weltpolitik verkommen. In Genf fand nichts Entscheidendes mehr statt. Das wirkliche Ringen um die Macht hatte sich auf die bilateralen Schauplätze verlagert, in die Mandschurei, nach Äthiopien, Italien, Spanien, Deutschland. Motta ahnte dies wohl, aber er wollte es nicht wahrhaben. Eine Nachricht erschütterte ihn besonders. Im Frühjahr 1933 kündete der Grosse Rat des Faschismus an, auch Italien erwäge, sich aus dem Völkerbund zurückzuziehen. Motta hielt dies für schier unglaublich. Wie könne sich Italien nur vor der Geschichte diese Verantwortung aufladen! Ein solcher Schritt wäre ein »crime moral«, ein Todesstoss für den Völkerbund.[356] Der Tessiner versuchte, so weit es in seiner Kraft lag, Italien umzustimmen. Rom schob dann den Austritt noch einige Jahre vor sich her. Aber 1937 machte es seine Drohung dennoch war. Motta war es sicher nicht entgangen, wie es um den Völkerbund nach dem Rückzug Deutschlands und Japans bestellt war. Zu klar hatte er in seinen Reden von Anbeginn vor den Gefahren gewarnt, die der Organisation drohten, falls sie kein universelles Organ werden sollte. Doch leider driftete die Universalität weg, ehe sie je in Reichweite gelangt war.

Je weniger das Prinzip der Universalität im Völkerbund zu erfüllen war, desto bedeutsamer wurde für die Schweiz der Grundsatz, sich nicht in die inneren Angelegenheiten eines andern Staates einzumischen. Die Abwesenheit von wichtigen Staaten in Genf bedeutete, dass der Völkerbund nicht im Namen der ganzen Staatengemeinschaft sprach; er konnte lediglich die Ansicht eines Teils zum Ausdruck bringen; zuweilen geriet er selbst in die Rolle einer Konfliktpartei. Damit freilich war er keineswegs in der Lage, die von Präsident Wilson ihm zugedachte Aufgabe zu erfüllen. Als über den Staaten stehendes Organ sollte er die territoriale Integrität der Einzelstaaten garantieren und einen allfälligen Angreifer in gemeinsamen Aktionen der Staatengemeinschaft in die Schranken weisen. Seit Anfang der dreissiger Jahre wurde immer deutlicher, dass der internationalen Organisation nicht nur die Machtmittel fehlten, sondern dass auch ihre Legitimität mit jedem Austritt prekärer wurde. Wenn man sich indes nicht auf die Sicherheitsgarantien des Völkerbundes verlassen konnte, dann musste man sich an jenen Grundsatz klammern, der seit dem Westfälischen Frieden als das Alpha und Omega einer zwischenstaatlichen Ordnung galt. Er lautet: Die Souveränität eines jeden Staates ist zu respektieren, indem ein Staat sich nicht in die inneren Angelegenheiten von andern Staaten einmischt.

Im Verkehr mit den Nachbarstaaten vergass Motta diesen Grundsatz nie.

Er rief ihn stets in Erinnerung, wenn Gegner seine nachsichtige Politik gegenüber dem faschistischen Italien kritisierten. Aber innerhalb des Völkerbundes konnte das Prinzip der Nichteinmischung nur bedingt gelten. Die politische Enthaltsamkeit hätte ja, streng genommen, jede solidarische Massnahme verunmöglicht. Freilich hätte zwischen zwei Mitgliedstaaten an sich gar kein Krieg ausbrechen dürfen. Denn sobald ein Konflikt entstand und eine Partei den Völkerbund anrief, musste der Streitfall diesem zu einem Vergleichsverfahren vorgelegt werden. Der Völkerbund versuchte dann, den Konflikt gütlich beizulegen. Scheiterte dieses Verfahren, weil eine Partei die Lösung ausschlug, dann sah die Satzung vor, dass der Völkerbund mit andern Massnahmen, notfalls mit Sanktionen, gegen den Friedensbrecher vorgehen sollte. So lautete die Theorie. Die Praxis indes folgte mitunter anderen Gesetzmässigkeiten. Kriegerische Auseinandersetzungen zwischen Mitgliedstaaten des Völkerbundes brachten Motta dazu, seine Position zu überdenken. War die Schweiz in der Londoner Erklärung zu weit gegangen, als sie sich verpflichtete, Wirtschaftssanktionen zu unterstützen und das Privileg der Neutralität nur für militärische Sanktionen zu beanspruchen? Im Konflikt zwischen China und Japan um die Mandschurei deutete der Aussenminister erstmals an, dass die Schweiz gezwungen sein könnte, ihren Kurs zu ändern. Denn die Gefahr, dass der Völkerbund in diesem Konflikt versagen würde, zeichnete sich ab. In wochenlangen Beratungen konnte der Rat keine Lösung herbeiführen, obschon Japan mit seinem militärischen Vordringen auf chinesisches Gebiet die Paktbestimmungen flagrant verletzt hatte.

Während im Fernen Osten schon lange ein Krieg tobte, bat China nun die Liga um Beistand. Was sollte der Völkerbund tun, da er von Japan vor vollendete Tatsachen gestellt worden war? Er rief im März 1932 eine Sondertagung der Versammlung ein. Doch niemand wollte reden. Zwar wussten alle, was der Völkerbund eigentlich tun müsste, aber alle ahnten auch, dass er gerade das Erforderliche nicht tun würde. Die Liga war im Begriff, ihrer eigenen Satzung keine Nachachtung zu verschaffen. Da ergriff Motta das Wort und erklärte, die Verfahren zum Schutz und zur Friedensschlichtung wären ziemlich bedeutungslos, wenn der Völkerbund vor »faits accomplis« kapitulierte. Der Friede sei im Interesse von allen; gerade der Völkerbund verkörpere mit seiner schieren Existenz diesen Gedanken. Aber der Friede sei für die kleinen Staaten besonders vital. »Denn die Kleinstaaten sind«, so fuhr er wörtlich fort, »wegen der Kleinheit ihres Territoriums und wegen ihrer geringeren wirtschaftlichen, militärischen und anderen Kapazitäten viel verwundbarer als die Grossmächte, die sich manchmal auf ihre eigene Macht verlassen können. Wenn die Kleinstaaten aufhören müssten, ihr Vertrauen in die Bestimmungen des Paktes zu setzen, wären sie genötigt, sich nach anderen Mitteln umzusehen, die ihre Sicherheit wirklich und gründlich gewährleisteten. ... Die Grossmächte haben eine grosse Rolle zu spielen, eine grosse Aufgabe zu erfüllen.«[357]

Doch was sollte der schleierhafte Hinweis auf alternative Sicherheitsvorkehrungen? Welche Wege standen denn den Kleinstaaten überhaupt offen? Ein Jahr später zog Motta die Fluchtlinien seines Denkens etwas weiter aus. Im Juni 1933 gab er im Nationalrat ein unmissverständliches Bekenntnis ab zum Prinzip der Nichteinmischung als der Grundlage der Schweizer Aussenpolitik. Kein Zweifel, dass er unterdessen diesen Grundsatz höher bewertete als die Universalität und die Solidarität.

»Ich glaube, die allerwichtigste Regel jeder Aussenpolitik besteht darin, dass eine Regierung und ein Land sich nicht in die inneren Angelegenheiten einer andern Regierung und eines andern Landes einmischen. Trotz grosser Anfechtungen haben wir diese Regel gegenüber einem bestimmten Nachbarn [Italien] befolgt, obschon manchmal nicht ohne Schwierigkeiten. Wie mir scheint, hat die Erfahrung uns Recht gegeben. Trotz grundlegend verschiedener Staatsauffassung, trotz verschiedenen staatlichen Institutionen sind die Beziehungen heute zwischen der Eidgenossenschaft und dem Land, auf das ich besonders anspiele, gut, ja gar ausgezeichnet. Ich wollte, wir könnten unserem grossen deutschen Nachbarn gegenüber mit den gleichen Mitteln die gleiche Politik betreiben.«[358]

Und 1938, bei der Einweihung des nach ihm benannten Quais, des »Lungomare Giuseppe Motta« in Locarno, bekräftigte er in einer bemerkenswerten, schon früher erwähnten Rede diesen Gedanken mit unverkennbarer Blickrichtung nach Süden und nach Norden: »Ob es uns gefällt oder nicht, die Staaten haben das Recht, sich jenes Staatswesen zuzulegen, das sie für das beste erachten. Niemand hat das Recht, sich in deren innere Wechselfälle einzumischen. Jede ausländische Einmischung in das Leben eines andern Staates ist im Widerspruch zum internationalen Recht. Staaten mit grundlegend verschiedenen Systemen können zusammenleben und Freunde sein.«[359] Zu jenem Zeitpunkt hatte er freilich die Konsequenzen aus der Verdüsterung der Weltlage bereits gezogen. Hatte er nach dem Auszug Deutschlands aus dem Völkerbund noch gehofft, Berlin könnte doch früher oder später auf seinen Entscheid zurückkommen, so desillusionierte ihn der Austritt Italiens vollends. Seine Hoffnung, in Genf eine grosse universelle Friedensorganisation heranwachsen zu sehen, war gescheitert. Nun bemühte er sich nicht mehr, dem Völkerbund zur Universalität zu verhelfen. Er setzte seine ganze Diplomatie ein, damit die Schweiz nicht nur unter allen Umständen das Prinzip der Nichteinmischung strikte verfolgen konnte, sondern dass dieser Kurs auch von allen Staaten anerkannt wurde. Mit der Rückkehr zur integralen Neutralität war dieser Prozess abgeschlossen. Was Motta 1932 in der Debatte über die Mandschurei angedeutet hatte, war 1938 Wirklichkeit geworden. Ein Kleinstaat wie die Schweiz musste seine Sicherheitsvorkehrungen selbst treffen, musste peinlichst darauf achten, nicht in aussenpolitische Konflikte verwickelt zu werden. Das Herz mochte weiter für universelle Solidarität sprechen, der Verstand dagegen diktierte Abstinenz.

Bei dieser Betonung des Prinzips der Nichteinmischung mutet etwas leicht widersprüchlich an: Motta war verschiedentlich bereit, dieses Recht weniger für sein Land zu reklamieren als es andern zuzugestehen. Wenn die Schweiz selbst das Opfer von Einmischungsversuchen war, dachte er eher daran, das beanstandete Ärgernis in der Schweiz auszuräumen als den Protest des Auslands zurückzuweisen. So drängte er darauf, die Bewegungsfreiheit von antifaschistischen Italienern im Tessin mit polizeilichen Massnahmen einzuschränken, um den italienischen Beschwerden Rechnung zu tragen. Oder auf die Drohungen des nationalsozialistischen Deutschland reagierte er mit Weisungen an die Presse, sich in der Kommentierung des Auslandsgeschehens mehr Zurückhaltung aufzuerlegen. Zuweilen suchte er die Proteste schon mit vorauseilender Beflissenheit abzufangen. Motta begründete sein Vorgehen meist mit diplomatischen Erwägungen. Gewiss mahnten die machtpolitischen Verhältnisse zur Vorsicht. Und Mottas Bestreben, keine Reibungsflächen in den nachbarschaftlichen Beziehungen aufkommen zu lassen, war mehr als gerechtfertigt. Aber trug er dem Souveränitätswillen der Schweizer genügend Rechnung? Sein Kollege Häberlin, Vorsteher des Justiz- und Polizeidepartementes und ein gestrenger Jurist, widersetzte sich hinter den Kulissen mehr als nur einmal dem willfährigen Entgegenkommen des EPD-Chefs. Strenger auf die Wahrung der eigenen Souveränität bedacht, plädierte er für eine grosszügigere Auslegung der Presse- und Versammlungsfreiheit.[360] Er – und nicht Motta – wollte das Prinzip der Nichteinmischung im gleichen Ausmass für die Schweiz beanspruchen, wie sie selber es nach aussen respektierte. Von Karl Scheurer erhielt der Thurgauer häufig Flankenschutz. Der bedächtige Berner notierte etwa am 16. März 1929 in sein Tagebuch: »...schliesslich hätte man doch in unserem Lande auch noch das Recht, etwas zu sagen, und wenn man denke, wie Mussolini schon oft geredet habe, dürfe man nicht jedes Mal, wenn bei uns ein scharfes Wort fällt, eine grosse Geschichte machen. Motta ist ganz der Unruhe verfallen und nimmt die Dinge ernster, als sie es verdienen.«[361]

Die beiden geschilderten Prinzipien prägten die gesamte Schweizer Aussenpolitik der Zwischenkriegszeit. Sie waren die Massstäbe, die allen bedeutenden Entscheiden zugrunde lagen. Das Prinzip der Universalität führte hin zur Solidarität, zur Öffnung nach aussen, jenes der Nichteinmischung zur Neutralität, zur Wendung nach innen. Mit dem Beitritt zum Völkerbund öffnete Motta die Tore zur Universalität mit grossem Enthusiasmus, aber der Gang der Weltgeschichte stiess diese wieder zu. Doch seine Aussenpolitik, ob sie im Zeichen der Universalität oder der Nichteinmischung stand, war stets auf eine Politik der nationalen Würde bedacht. Das Bekenntnis zu nationaler Würde scheint Politikern aus der lateinischen Schweiz leichter über die Lippen zu gehen als den pragmatischen Deutschschweizern. Für Motta jedenfalls war es nicht bloss Schlagwort oder Hülse. Es bedeutete vielmehr einen Balanceakt zwischen Bescheidenheit und Selbstbewusstsein.

Die Schweiz musste sich seines Erachtens auf der internationalen Bühne bescheiden aufführen. Sie durfte die beschränkten Möglichkeiten eines Kleinstaates nie aus den Augen verlieren. Wo es um Macht ging, war die Schweiz in den vorderen Rängen fehl am Platz. Sie hatte nur in Fragen der Moral und des Rechts ihr Gewicht in die Waagschale zu werfen. Mehrere Einladungen an die Schweiz, im Völkerbundsrat – einem ähnlichen Organ wie dem UNO-Sicherheitsrat – Einsitz zu nehmen, lehnte er aus dieser Überzeugung heraus stets ab; das mehr repräsentative Präsidium in der Versammlung hätte er dagegen gern übernommen. Oder er mahnte die Delegation, die sich 1932 an die Abrüstungskonferenz begab, mit folgenden Worten zur Bescheidenheit: »Besonders die Schweiz, welche in internationalen Fragen immer einen klugen Abstand bewahrt hat, muss sich davor hüten, sich allzusehr in Szene zu setzen. Wir haben in Genf nicht die Rolle eines Mentors zu spielen. Diese Rolle wäre im Verhältnis zu unserem politischen Einfluss unangemessen.«[362]

Eine bescheidene Rolle für die Schweiz: ja, aber nicht im Schlepptau der Grossmächte. Wo das Recht ins Spiel kam, da vor allem sollte die Schweiz selbstbewusst und eigenständig handeln. Motta zögerte nicht, in ausgesprochen delikaten Situationen als einer der Ersten eindeutig Stellung zu nehmen. Wenn ihm der Zeitpunkt gekommen schien, schritt er, mochte man ihn auch von innen und aussen heftig anfechten, entschieden voran, beispielsweise mit der Anerkennung der italienischen Oberhoheit über Abessinien. Dafür bezahlte er allerdings einen hohen Preis. Man schüttelte nicht nur in den westlichen Hauptstädten den Kopf. Im Inland brauste ein

Sturm der Kritik über ihn hinweg. Motta musste sich rechtfertigen. In der Sommersession von 1937 erklärte er in einer tiefschürfenden Rede im Nationalrat: »Wir verfolgten in der Sanktionsfrage eine autonome Politik. Diese Politik war loyal. Sie hat unsere Verpflichtungen gegenüber dem Völkerbund eingehalten, aber sie hatte nicht das Glück, allen zu gefallen. Doch wo kämen wir hin, wenn wir nur das machten, was den andern gefällt? Dann könnten wir der Neutralität und der Selbständigkeit der Eidgenossenschaft auf Wiedersehen sagen. Wir handeln so, wie wir es für richtig halten, wie es unserem Interesse und dem Gesamtinteresse entspricht. Aber wir werden unsere Politik nie und unter keinen Umständen nach den andern ausrichten. Wir betreiben eine Schweizer Politik, und wir wollen vor allem immer vermeiden, ins Kielwasser der Grossmächte zu geraten, gleichgültig wie diese heissen oder wie ihr Regime, ihre Macht und ihre Freundschaft beschaffen sind.«[363]

Für Motta war die Würde stets etwas Wichtiges, im privaten wie im öffentlichen Leben. Denken und Handeln mussten übereinstimmen und taktvoll umgesetzt werden. Aber auf die konkrete Ausgestaltung der Aussenpolitik übte etwas anderes einen stärkeren Einfluss aus: seine streng antikommunistische Gesinnung. Der Aussenminister war, wie geschildert, tief im katholischen Geistesleben verwurzelt. Aus diesem Milieu bezog er seine Weltanschauung, seinen Idealismus, seine Vorstellung von einer friedlichen Staatengemeinschaft – aber auch seine kompromisslose Gegnerschaft zum Kommunismus. In der kommunistischen Bewegung sah er nichts als eine menschenverachtende Ideologie, antichristlich in ihrem Ursprung, unzivilisiert in ihrer Erscheinung, die pure Negation von Freiheit und Kultur in Europa. Das bolschewistische Russland seinerseits, ein Hort des internen Terrors, der Christenverfolgung und der weltrevolutionären Verschwörung, bedrohte mit der Kommunistischen Internationale, dem Komintern, die zivilisierte Welt. Mit seiner revolutionären Aggressivität stellte Russland die grösste Gefahr für Europa dar. Deshalb durfte die Staatengemeinschaft die Sowjetunion so lange nicht in ihren Schoss aufnehmen, wie Moskau nicht bereit war, die üblichen Mindeststandards im Völkerrecht zu befolgen.

Der Antikommunismus von Motta erklärt vieles; er durchzieht sein gesamtes Denken. Die kommunistische Bedrohung überwölbte alle anderen Gefahren. Deshalb war die Sowjetunion mit ihrem internationalen Messianismus sein Hauptgegner. Wer gegen den Kommunismus kämpfte, stand fürs Erste auf der richtigen Seite, mochte er selbst auch Ideen vertreten, die Motta als falsch empfand und verwarf. Nicht selten drückte Mottas Standpunkt weniger das aus, wofür er war, als vielmehr das, wogegen er war. Sein Wohlwollen für Mussolini galt nicht dem Führer der Faschisten, hingegen dem Antipoden der Kommunisten; General Franco beeindruckte ihn nicht als Nationalist, sondern als Gegner der antichristlichen und kommunistenfreundlichen Volksfront. Einige Entscheide, die auf den ersten Blick verwunderlich sind, erhalten in dieser Optik ihre Logik, zum Beispiel sein Widerstand gegen die Aufnahme der Sowjetunion in den Völkerbund. Warum bekämpfte ausgerechnet Motta, der Apostel des Universalitätsprinzips, den Beitritt und verstrickte sich anscheinend in Widersprüche? Warum sträubte er sich noch 1934, als von vornherein klar war, dass er auf verlorenem Posten stand, gegen den Beitritt – und zwar ohne jegliche diplomatische Rückendeckung? William Rappard hatte den EPD-Chef auf diese Ungereimtheiten aufmerksam gemacht. Er hatte ihm geraten, den Widerstand aufzugeben, da die Schweiz die Aufnahme ohnehin nicht verhindern könne.[364] Denn Frankreich und Grossbritannien hatten in Bern interveniert und die Schweiz, wenn schon nicht um Unterstützung, dann mindestens um Stimmenthaltung ersucht. Sie wünschten die Aufnahme der Sowjetunion, weil sie auf deren »Goodwill« zur Eindämmung Japans im Fernen Osten angewiesen waren. Aber Motta liess sich nicht umstimmen. Er war bereit, gegen den Strom zu schwimmen. Weshalb? Die Antwort ist einfach: Weil in seinen Augen das revolutionäre Sowjetregime ein »Schurkenstaat« war, der sich mit seinem Verhalten selbst aus der Staatengemeinschaft hinauskatapultiert hatte. Sein Plädoyer gegen die Aufnahme der Sowjetunion in den Völkerbund, am 17. September 1934 vor versammeltem Plenum gehalten, kam einem Bannstrahl gegen den Kommunismus gleich:

»Erfüllt ein Regime oder eine Regierung, deren Doktrin und Praxis von einem expansiven und militanten Kommunismus beherrscht wird, die nötigen Bedingungen, um unter uns aufgenommen zu werden?... Dieser Kommunismus ist in allen Bereichen – im religiösen, moralischen, sozialen, politischen und wirtschaftlichen – die radikalste Negation all dessen, was unser Wesen ausmacht und wovon wir zehren. ... Der sowjetische Kommunismus bekämpft das Religiöse und Geistige in all seinen Erscheinungen. ... Der Kommunismus zerstört die Familie; er schafft die individuelle Initiative ab, er hebt das Privateigentum auf... Aber diese Eigenschaften des Kommunismus, wie ich sie Ihnen objektiv darzustellen versuche, vermitteln in sich noch keine hinreichende Vorstellung vom russischen Kommunismus. Man muss noch einen wesentlichen Aspekt hinzufügen, der ihn vollends in Gegensatz zu einem unabdingbaren und universell anerkannten Prinzip des Staatenverkehrs setzt. Der russische Kommunismus trachtet danach, sich überall auszubreiten. Sein Ziel ist die Weltrevolution. Sein ganzes Wesen drängt ihn hin zur Propaganda nach aussen. Wenn der Kommunismus darauf verzichten würde, gäbe er sich selbst auf; wenn er damit fortfährt, wird er der Feind von allen, denn er bedroht uns alle.«[365]

Im Genfer Palais des Nations erregte Mottas Rede grosses Aufsehen. Aber die Abstimmung verlief so, wie zu erwarten war. Die Sowjetunion wurde mit überwältigender Mehrheit aufgenommen. Nur gerade Portugal und die Niederlande stimmten mit der Schweiz gegen das Beitrittsgesuch. In der Schweizer Bevölkerung hingegen, gerade auch in der Westschweiz, stiess Motta auf lebhafte Zustimmung. Er hatte die Stimme der Moral und des Rechts verkörpert; ausserdem hatte er sich den Druckversuchen der Grossmächte nicht gebeugt. Später wuchs sein Ruhm noch. Frankreich und Grossbritannien jedoch, die aus durchsichtigen Motiven gehandelt hatten, wurden bitter enttäuscht. Stalin betrieb keine konstruktive Politik im Völkerbund. Lieber reichte er Hitler die Hand und teilte mit ihm das Baltikum und Polen auf. Und 1939, nach dem sowjetischen Überfall auf Finnland, sah sich die Genfer Organisation gezwungen, die Sowjetunion wieder aus ihren Reihen auszustossen. Ausser eingefleischten Kommunisten bezeugten nun alle Respekt vor Mottas unbestechlicher Weitsicht. Am Westschweizer Radio meinte Pierre Béguin in einem Nachruf auf Motta, kurz vor dessen Tod hätten die Ereignisse dem Schweizer Aussenminister nochmals Recht gegeben.[366] Selbst der französische Botschafter in Bern, Charles-Hervé Alphand, ein gemässigter Radikaler und Anhänger der Volksfront, zudem vorher Missionschef in Moskau, schloss sich dieser Ansicht an. Er berichtete seiner Regierung: »Und als Finnland durch die Sowjets angegriffen wurde, welch neuer Erfolg für Herrn Motta, der nicht aufgehört hatte, vor der Sowjetunion zu warnen und der sich feierlich gegen deren Rückkehr nach Genf verwahrte.«[367]

Hartnäckig weigerte sich Motta auch, mit der Sowjetunion diplomatische Beziehungen aufzunehmen. In seinen Augen bestand die erforderliche minimale Vertrauensbasis nicht, um einen solchen Schritt einzuleiten. Nach der bolschewistischen Revolution war die Schweiz gewillt gewesen, mit dem neuen Regime wenn nicht förmliche, dann doch praktische Beziehungen zu pflegen. Der Bundesrat hatte einen Sondergesandten mit einem zwölfköpfigen Mitarbeiterstab in Bern zugelassen. Aber dieser hatte die Auflage, sich nicht in die inneren Angelegenheiten einzumischen, sträflich missbraucht. Er versuchte überall, in der Schweiz wie in den Nachbarstaaten, die Revolution zu schüren. Der französische Botschafter protestierte beim Bundesrat und verlangte, die Agitpropzentrale sei zu schliessen. Als auch noch der Verdacht aufkam, der russische Emissär heize den Generalstreik in der Schweiz an, riss dem Bundesrat der Geduldsfaden. Nun wies die Landesregierung die ganze Delegation aus. Aber damit hatten die Turbulenzen noch nicht ihr Bewenden. Im gleichen Herbst 1918 stürmten Bolschewiki das Schweizer Gesandtschaftsgebäude in Petrograd und massakrierten einen Mitarbeiter der Vertretung. Die Beziehungen waren jetzt auf dem Tiefpunkt angelangt.

Nach einigen Jahren versuchten indes Wirtschaftsvertreter mit Bundesrat Schulthess an der Spitze, die Gespräche wieder in Gang zu bringen. Sie erachteten den russischen Markt als lukrativ. Motta bot Hand, um das Allernötigste zu regeln, aber nicht mehr.[368] Der Gesandte in Berlin, Hermann Rüfenacht, handelte mit Hilfe von Vermittlern einen Modus Vivendi aus; zur Aufnahme von diplomatischen Beziehungen kam es indes nicht. Auch wenn sich Motta bewusst war, dass der beziehungslose Zustand nicht ewig andauern konnte und die Schweiz in ihrem eigenen Interesse mit der Sowjetunion früher oder später wieder formell in Kontakt treten musste, so verwarf er diese Möglichkeit doch noch 1937. Erneut betonte er im Nationalrat die Vorbedingungen, die erfüllt sein mussten, ehe an eine Ouvertüre dieser Art zu denken war:

»Übrigens, welcher Grund hat uns bisher gehindert, die russische Regierung anzuerkennen? Gewiss nicht der Wunsch, uns in die inneren Angelegenheiten Russlands einzumischen, beruht doch unsere ganze Politik auf dem Grundsatz, dass jeder bei sich zu Hause allein Meister ist... Der Grund ist schlicht folgender:... solange der Sowjetstaat nicht darauf verzichtet, sich der verschiedenen Internationalen zu bedienen – ob es nun die Erste, Zweite, Dritte oder gar Vierte sei... – und solange wir nicht zur Überzeugung gelangen, dass diese Internationalen nicht der verlängerte Arm des Sowjetstaates sind, mit welchem sich dieser in unsere Angelegenheiten einzumischen versucht, so lange wird es dem Bundesrat nicht möglich sein, die Anerkennung auszusprechen.«[369]

So genehm der antisowjetische Kurs einer Mehrheit der Schweizer Bevölkerung war, mit seiner Kompromisslosigkeit steuerte Motta die Schweiz in gefährliche Randzonen. Zu lange schon waren die Beziehungen zu Moskau unterbrochen. Dabei verstiess Motta gegen eigene Verhaltensregeln. Er wusste besser als jeder andere, dass die Aufnahme von diplomatischen Beziehungen nichts mit Sympathie und Antipathie für ein jeweiliges Regime zu tun hatte. Sie erfolgte schlicht im eigenen Landesinteresse.

Je stärker sich die Kriegsgefahr Ende der dreissiger Jahre zusammenbraute, desto prekärer wurde der beziehungslose Zustand zur russischen Grossmacht. Als die Schweiz die Rückkehr zur integralen Neutralität betrieb, hätte ihr die Sowjetunion übel mitspielen können, etwa indem sie im Völkerbundsrat den eidgenössischen Antrag abgelehnt hätte. Zum Glück begnügte sich Aussenkommissar Litwinow, nachdem er sein Missfallen hinlänglich bekundet hatte, mit Stimmenthaltung. Hatte Motta am Ende seiner Laufbahn eingesehen, dass er seinen Kurs zu korrigieren hatte? Es scheint so.[370] Aber ihm verblieb dazu keine Zeit mehr.

Sein Nachfolger, Marcel Pilet-Golaz, glaubte lange, die überkommene Politik fortsetzen zu müssen. Als er sich dann kurz vor Kriegsende eines Besseren besann und die Fühler nach Moskau ausstreckte, stiess er auf taube Ohren. Im Hochgefühl des bevorstehenden Endsiegs über Hitler zierten sich nun die Sowjets. Pilet, ein einsamer, isolierter Politiker, ohne enge Kontakte zu den Diplomaten in seinem Departement und im Inland ohnehin schon verschrien wegen seiner anpassungsfreundlichen Aussenpolitik,[371] merkte sogleich, was diese Brüskierung bedeutete: im Europa der Nachkriegsordnung war für ihn als Aussenminister kein Platz mehr. Nachdem Moskau seine Avancen zurückgewiesen hatte, reichte er seinen Rücktritt ein. Aussenpolitische Ereignisse lösen in der Schweiz kaum je den Sturz eines Aussenministers aus. Die schweizerisch-russischen Beziehungen scheinen davon eine Ausnahme zu machen. Nach Arthur Hoffmann strauchelte erneut ein Bundesrat wegen Schwierigkeiten im Umgang mit dem sowjetischen Regime – oder zumindest spielten diese beim Rücktritt mit. Es blieb Max Petitpierre vorbehalten, das Verhältnis zur Sowjetunion zu normalisieren und 1946 reguläre diplomatische Beziehungen aufzunehmen. Damit schloss Pilets Nachfolger das letzte Kapitel der Ära Motta.

Zu Mottas Prinzipien muss man noch eine zeitbedingte Anmerkung anbringen. Sie betrifft die Menschenrechte. Mittlerweile spielen diese in den internationalen Beziehungen eine wichtige Rolle, in Mottas Aussenpolitik dagegen nicht. Gewiss kannte man sie schon damals als hehre Prinzipien. Seit der französischen Erklärung der Menschenrechte von 1789 und der amerikanischen Bill of Rights von 1791 sprach man überall davon. Aber ins politische Tagesgeschäft waren sie noch nicht eingesickert. Das geschah erst in der zweiten Hälfte des 20. Jahrhunderts. Mottas Denken und Handeln entsprang dem klassischen Völkerrecht. Das Prinzip der Nichteinmischung in die inneren Angelegenheiten eines andern Staats galt in diesem Rechtssystem uneingeschränkt. Es schied jede humanitäre Intervention von vornherein aus. Derlei kam überhaupt nicht in Betracht. Nur vor diesem Hintergrund lassen sich einige Entscheide in der Flüchtlingspolitik, die befremden, erklären. So genehmigte der Bundesrat im Herbst 1938 den Vertrag mit Deutschland, welcher die Einführung des J-Stempels enthielt, einstimmig, und Motta qualifizierte die Bedenken von Heinrich Rothmund, dem Chef der Polizeiabteilung, als »petits scrupules«.[372] Wie das Dritte Reich die eigenen Staatsangehörigen behandelte, war nach der vorherrschenden Meinung grundsätzlich seine Angelegenheit.

Der Zwang zur Interessenpolitik

Prinzipien zu haben ist in der Aussenpolitik das eine, sie durchzusetzen das andere. Selbst eine Grossmacht kann ihren Willen nur bedingt andern Staaten aufzwingen. Die Staatengemeinschaft gleicht manchmal einem geordneten Gemeinwesen, aber ebenso häufig auch einer Zwangsgemeinschaft, in der jeder misstrauisch seine eigenen Interessen vor den andern abschirmt. Zwar fehlt es nicht an ernsthaften Anstrengungen, mit Hilfe von internationalen Organisationen die Verrechtlichung voranzutreiben und auch die zwischenstaatlichen Beziehungen einer reglementierten Ordnung zuzuführen. Ähnlich wie im innerstaatlichen Bereich werden Instanzen geschaffen, die ein Machtwort sprechen können und auch befugt sind, dieses durchzusetzen. Aber der nationalstaatliche Egoismus dringt immer wieder durch die Ritzen der gemeinschaftlichen Einfriedungen und zerstört das, was mit ordnender Hand aufgebaut wurde. Die internationale Politik ist eine ständige Auseinandersetzung zwischen dem Streben nach Ordnung und dem Rückfall in anarchische Zustände. Häufig decken sich die nationalen Interessen nicht mit den zwischenstaatlichen Ordnungsvorstellungen. Die mühsam errichteten internationalen Verbindlichkeiten drohen dann zusammenzubrechen oder entkernt zu werden. In solchen Lagen ist die Aussenpolitik eines Staates gefordert. Sie ist letztlich die Kunst, ethische Vorgaben und nationale Interessen aufeinander abzustimmen und auszusöhnen. Eine geschickte Aussenpolitik vertritt die nationalen Interessen so, dass diese nicht nur ein Eigeninteresse ausdrücken, sondern auch übergeordnete Gesichtspunkte enthalten, die ihrerseits das Interesse von andern Staaten erwecken und dadurch eine Interessengemeinschaft schmieden.

Eine solche Politik erfordert stets Kompromisse. Man darf die reine Lehre nicht mit der Verbissenheit eines Dogmatikers verfechten, noch darf man die nationalen Interessen ausschliesslich aus selbstsüchtigem Eigennutz verfolgen. Bei all seinem Idealismus erkannte Motta von Anfang an, dass die Verteidigung der nationalen Interessen oft Abstriche an den Prinzipien erforderte. Konflikte zwischen Prinzipien und Interessen sind in der Aussenpolitik unvermeidlich. Sie gehören zum Wesen der Politik. Ein Politiker muss das langfristig Richtige anstreben und sich mit dem vorläufig Machbaren begnügen; »sieh auf zu den Sternen, gib Acht auf die Gasse!«, empfiehlt ein Sprichwort. Wer sich dazu nicht aufraffen kann, passt möglicherweise auf einen Lehrstuhl für Ethik, aber gewiss nicht in die Politik. Es dürfte Motta nicht immer leicht gefallen sein, seine Prinzipien zurückzunehmen, aber er tat es. Sich für die Universalität der diplomatischen Beziehungen einzusetzen entsprang seinem ethischen Bedürfnis, die Beziehungen zu den Nachbarstaaten jedoch höher zu werten als alle andern, einem nationalen Erfordernis. Für das eine ergriff Motta vornehmlich im Völkerbund das Wort, um das andere kümmerte er sich in Bern. Am 12. Juni 1934 legte er im Nationalrat ausführlich dar, weshalb er die guten Beziehungen zu den Nachbarn in seinem Pflichtenheft an erster Stelle eingetragen hatte:

»Meine Herren, die Hauptsorge der Eidgenossenschaft besteht darin, mit allen Staaten möglichst gute Beziehungen zu pflegen, vor allem mit den Nachbarn. Diese Aufgabe haben wir erfüllt und bisher auch die erwünschten Resultate erlangt. Mit allen Nachbarn pflegen wir gute Beziehungen. Es erfüllt mich mit Befriedigung, ja fast mit Stolz, dass ich, nachdem mir der Bundesrat einen Posten mit grosser Verantwortlichkeit zugewiesen hatte, mit dem Einsatz all meiner Kräfte dieses Ziel erreichen konnte. Das ist nicht das Werk von Wochen oder Monaten; nein, meine Herren, das ist das Werk eines jeden Tages und einer jeden Stunde. Denn man muss auf die kleinen Zwischenfälle, die unverhofft auftauchen können, Acht geben. Man muss immer da sein, mit offenen Augen, um die Schwierigkeiten wegzuräumen und die Zwischenfälle zu lösen.«[373]

Dem Tessiner Bundesrat war es ein Anliegen, mit den Nachbarstaaten nicht nur korrekte Beziehungen zu unterhalten, sondern vertrauensvolle. Er wollte deren Sympathie gewinnen – so wie er im privaten Umgang seine Gefühle auch gern zeigte und viele mit seinem Charme für sich einnahm. Schon in seiner aussenpolitischen Jungfernrede vom 2. Mai 1920, einem flammenden Plädoyer für den Beitritt zum Völkerbund, sprach er zu den Nationalräten von den Sympathien, die sich die Schweiz im Ausland erwerben müsse. Für eidgenössische Verhältnisse war die Rede eine Glanzleistung. Motta erhielt Bravorufe von den Parlamentariern und stehenden Applaus von den Besuchern auf der Tribüne. Aber dem Sozialisten Robert Grimm, einem vehementen Gegner des Völkerbundes, gefiel die Rede nicht. Geschickt münzte dieser die Passage mit den Sympathien um und warf dem Aussenminister flugs vor, er betreibe statt einer Politik der Grundsätze eine Politik der Sympathien – und somit eine parteiische und willkürliche Aussenpolitik. Motta sah sich gezwungen, zwei Tage später im Ständerat den beleidigenden Anwurf zu parieren. Er erwiderte: »Wir sind auf die Sympathien der Nationen angewiesen. Oh, ich weiss, dass der Sinn dieser Worte, derer ich mich schon im Nationalrat bedient habe, in der Diskussion entstellt wurde. ... Man hat mir gesagt: ›Sie betreiben eine Politik der Sympathien‹, derweil ich gesagt habe: ›Wir möchten die Sympathien der Welt erhalten.‹ Ich sprach überhaupt nicht von den Sympathien, die wir selbst empfinden mögen; ich sprach von jenen, welche die andern für uns haben müssen. Auch ich verabscheue eine Politik der Sympathien von der Art, wie sie von einem Abgeordneten kritisiert wurde, weil diese in einen Zickzackkurs ausarten könnte. Wir hingegen wollen eine stetige, gerechte, wohlwollende, würdige und ausgeglichene Politik gegenüber allen.«[374]

Der Vorwurf, Motta betreibe eine Politik der Sympathien, gefiel der Linken. Er blieb hängen, obschon der EPD-Chef zu jenem Zeitpunkt, nur zwei Monate nach der Amtsübernahme, noch gar keine Möglichkeit hatte, dieses oder jenes Land zu begünstigen. Von der Sache her war die Vorschusskritik unbegründet. Aber Grimm missfiel Mottas Enthusiasmus für den Völkerbund, er nahm auch Mottas temperamentvolle Lust an der Aussenpolitik ins Visier. Später, als die Sowjetunion der Liga beitrat, änderte die Linke ihre Haltung. Sie unterstützte nun selbst die Genfer Organisation – und von einem Sympathievorwurf war in dieser Hinsicht nichts mehr zu vernehmen. Doch kamen ihr nun andere Objekte gelegen, auf die sie ihre Kritik richten konnte, und jetzt mit mehr Berechtigung. In den schwierigen dreissiger Jahren, als sich die Krisenherde rund um das Land zuspitzten, musste der Bundesrat mehrere delikate aussenpolitische Entscheide fällen. Sie trugen unverkennbar Mottas Handschrift. Die wichtigen Beschlüsse gegen Russlands Aufnahme in den Völkerbund, für die Anerkennung Abessiniens oder die Aufnahme diplomatischer Beziehungen zum nationalistischen Spanien konnte die Sozialdemokratie nicht mittragen. Aus ihrer Sicht musste Mottas Politik mitunter einseitig erscheinen. Die Kommunisten bezichtigten ihn unverblümt eines »profaschistischen und neutralitätswidrigen« Kurses.[375]

Unbestreitbar hegte Motta für ein Land, für Italien, starke Sympathien. Er verhehlte seine Vorliebe für die italienische Kultur und seine Verbundenheit mit der Italianità nie – im Gegenteil, er liess seinen Gefühlen bei jeder Gelegenheit freien Lauf. Wirkte sich diese Zuneigung auch politisch aus? Einige Kollegen im Bundesrat empfanden es so. Der Tessiner reagierte gereizt, wenn in diesem kleinen Kreis die italienische Politik kritisiert wurde. Am 1. Juli 1921 notierte Scheurer in seinem Tagebuch über eine Bundesratssitzung: »Das Hauptstück ist eine ganz unerwartete Diskussion über das Verhältnis zu Italien, das durch die Rede des Faschisten Mussolini, der von der Zugehörigkeit des Tessins zu Italien redete, plötzlich zu reden gibt. Der Ministerpräsident Giolitti hat in einer Weise auf die Ausführungen Mussolinis geantwortet, die Motta genügt und ihn veranlasst hat, Giolitti durch unsern Gesandten danken zu lassen. Häberlin meint, dass das, was Giolitti gesagt habe, eigentlich den Kern der Sache nicht treffe und dass wir keinen Anlass hätten, ihm zu danken. Motta verliert darauf die Herrschaft über sich selbst und spricht von allem, was man im Krieg gesündigt habe gegenüber Italien, von Sprecher, Egli, von Wattenwyl usw., der Haltung Hoffmanns usw. Wir haben Mühe, ihn zu besänftigen.«[376]

Auch beobachtete Motta die Entstehung des Faschismus weit weniger besorgt als Scheurer. Als der König Mussolini mit der Kabinettsbildung beauftragte, fragte sich der Vorsteher des Militärdepartementes, was dies für die Schweiz bedeuten würde, und gab sich selbst zur Antwort: »Jedenfalls nicht viel Gutes; einmal ist uns der Mann sowieso feindlich gesinnt, ist er doch bei uns ausgewiesen worden [1904] und steht zur Stunde noch auf der Liste, und will er doch alles, was italienisch redet, befreien.«[377] Motta dagegen wischte solchen Argwohn zur Seite und beglückwünschte sich zu seiner Gelassenheit. Dem Schweizer Gesandten in Rom, Georges Wagnière, schrieb er am 25. November 1922: »Ich habe Ihnen schon geschrieben, dass ich die Beunruhigung, die in einigen Schweizer Kreisen wegen des Aufkommens des Faschismus in Italien herrscht, nicht teile. Mit Befriedigung stelle ich fest, dass ich mich bisher in meinen Vorhersagen, die übrigens auch die Ihren waren, nicht getäuscht habe.«[378]

Motta traute sich im Umgang mit dem Faschismus viel zu. Der überzeugte Demokrat und Gegner jeder Diktatur, der er war, glaubte, die Seele Italiens instinktiv zu erfassen und die Absichten des Duce besser zu erraten als andere. Gemäss dem italienischen Sprichwort »Chi più intende, più perdona« (Wer mehr versteht, verzeiht auch mehr) drückte er oft ein Auge zu und liess fünf gerade sein. Er hob stets die gefälligen Äusserungen von Mussolini hervor, während er die bedrohlichen Untertöne nur zu gern überhörte. Motta wollte mit Italien um jeden Preis freundschaftliche Beziehungen unterhalten. Der Schweiz ist diese Politik gut bekommen; die

Geschichte hat es bewiesen. Aber sie barg auch grosse Gefahren in sich, indem Motta die durchaus nicht immer edel gesonnenen Absichten des Chefs der Faschisten sträflich unterschätzte.

Scheurer vermutete zu Recht eine tiefe Abneigung des Duce gegen die Schweiz. Die Tagebücher von Aussenminister Graf Ciano belegen es. Die beschwichtigenden Zusicherungen Mussolinis übertünchten nur dessen wahre Gefühle. Der EPD-Chef aber durchschaute das Doppelspiel nicht – oder tat zumindest so, als nähme er davon keine Notiz. Die Frage, ob Mottas Zuneigung zu Italien sich auf die Politik auswirkte, kann man, einiges Wohlwollen vorausgesetzt, mit von Salis so beantworten: Natürlich hatte der Tessiner eine Schwäche für die Italianità, genauso wie ehedem Bundesrat Hoffmann für das Deutschtum und Deutschland und Ador für die französische Kultur und Frankreich.[379] Diese Sympathien beeinträchtigten indes die Führung der Aussenpolitik nicht. Ein etwas skeptischerer Blick wird an dieser Würdigung allerdings einige Abstriche vornehmen. Zuweilen schien es schon so, als ob Motta der italienischen Freundschaft zuliebe die eigenen Grundsätze hintangestellt hätte. War er nicht bereit, über seinen eigenen Schatten zu springen, nur um das südliche Nachbarland im Völkerbund zu halten? Und wie handelte er im Abessinienkonflikt?

Tatsächlich brachte die Eroberung Äthiopiens im Herbst 1935 Mottas aussenpolitische Auslegeordnung arg durcheinander. Die von Anbeginn problematische Aufspaltung der Neutralität in eine militärische und eine wirtschaftliche hielt dem ersten harten Test nicht stand. Die italienische Aggression gegen Kaiser Haile Selassie zerstörte, etwas krass ausgedrückt, auch Mottas Lebenswerk. Als der Völkerbund die Sanktionen gegen Italien erliess, musste sich Motta entscheiden, was ihm mehr galt: die Solidarität mit der Liga oder die Freundschaft mit Italien, die Völkerbundsverpflichtungen oder die Neutralität. Er entschied sich für das Zweite – und zwar ausserordentlich deutlich. Nicht nur gab er der Neutralität, den wirtschaftlichen Interessen und dem pfleglichen Umgang mit Italien den Vorzug und agierte dahin, dass die Schweiz die Sanktionen nur beschränkt anwandte, er zog auch nach einigem Zögern die Konsequenzen aus der ungemütlichen Zwangslage und strebte für sein Land die Rückkehr zur integralen Neutralität an.

Darüber hinaus drängte Motta auf einen Entscheid, den so niemand von ihm abverlangt hatte: Unter seiner Leitung entschied die Schweiz als erstes neutrales Land, die italienische Annexion Äthiopiens de jure anzuerkennen. Er erhielt dafür den Applaus des faschistischen Italien, in Paris und London jedoch runzelte man die Stirn. Denn bisher hatten nur Deutschland, Österreich, Ungarn und Japan, also Staaten, die mit dem Faschismus sympathisierten, einen solchen Schritt getan. Motta forderte den Bundesrat zu raschem Handeln auf, als er am 22. Dezember 1936 vernahm, dass Grossbritannien, Frankreich und die USA ihre Gesandtschaften in Addis Abeba in konsularische Vertretungen umzuwandeln gedachten und bei der italienischen Regierung um das Exequatur für ihre Konsuln nachsuchten. Diese Staaten trugen mit dieser Massnahme den faktischen Verhältnissen Rechnung, sie schützten ihre Staatsangehörigen und wirtschaftlichen Interessen, erkannten indes die italienische Souveränität über Abessinien in einem völkerrechtlichen Sinn nicht an. Denn die Aufnahme von konsularischen Beziehungen bedeutet noch nicht eine diplomatische Anerkennung. Die Schweiz hatte im Reich des Negus keine Vertretung gehabt. Somit konnte sie sich der Finesse, die darin bestand, eine diplomatische Vertretung auf den Rang einer konsularischen zurückzustufen, nicht bedienen.

Doch sie hätte zweifelsohne den juristischen Status ihrer Vertretung gleichfalls mit einer zweideutigen Erklärung umnebeln können, wenn sie dies beabsichtigt hätte. Die Diplomatie arbeitet vornehmlich mit der Sprache, und diese bietet in ihren Ausdrucksformen viele Schattierungsmöglichkeiten. Aber Motta suchte gar nicht das Vage. Nun ganz Realpolitiker, ging es ihm vielmehr darum, mit einer vorbehaltlosen und wegweisenden Anerkennung das Maximum an »Good will« beim Nachbarn herauszuholen. Das konnte nur gelingen, wenn die Schweiz nicht im Kielwasser der andern fuhr, sondern als Schrittmacherin voranging. Auf diese Weise konnte sie in Rom die Scharte der halbherzigen Beteiligung an den Sanktionen des Völkerbundes auswetzen. Er war überzeugt, dass die andern Staaten über kurz oder lang gezwungen wären, dem Schweizer Beispiel zu folgen. Motta sollte sich nicht täuschen. Nach dem Münchner Abkommen anerkannten selbst London und Paris die italienische Oberhoheit voll und ganz. Sie wollten damit Mussolinis Vermittlung honorieren, die er angeblich bei der Abwendung der Sudetenkrise geleistet hatte.

Motta hatte die Reaktionen des Auslands richtig vorausgesehen. Sie erfolgten so wie erwartet. Aber er hatte sich im Inland verrechnet. Viele Schweizer waren entrüstet, wie der Bundesrat ein schwaches Land fallen liess und die vom italienischen Nachbarn geschaffene Eroberungspolitik absegnete. Von allen Seiten her hagelte es Proteste. Selbst die evangelischen Pfarrer des Kantons St. Gallen bezichtigten den Bundesrat des »Kniefalls vor den Mächtigen«.[380] Beging hier nicht ein kleines Land an einem anderen kleinen Land Verrat? Trat die Regierung nicht die Moral mit Füssen? Kaiser Haile Selassie wusste die richtige Saite im Herzen der Schweizer anzuschlagen. In einem Schreiben an den Völkerbund mahnte er mit bewegten Worten: »C'est pourtant le Conseil fédéral de la République helvétique ... qui ... donne son approbation à la violation la plus cynique et la plus horrible des traités et à l'écrasement d'un petit peuple luttant héroiquement contre un agresseur tout-puissant. ... Je souhaite de tout mon coeur que Dieu épargne au peuple suisse toute agression et les souffrances atroces qui ont été infligées au peuple éthiopien par son agresseur... C'est le gouvernement du pays qui a accepté d'être le siège de la Société des Nations qui porte ce coup terrible à un peuple martyrisé par un agresseur puissant. Existe-t-il encore une morale internationale? Que reste-t-il de la civilisation occidentale?«[381]

Ja, es war nicht leicht, den Bundesratsentscheid zu verstehen. Motta, der sonst gern von hohen Idealen sprach, betrieb plötzlich eine Politik, die ausgeprägt nationale Interessen bevorzugte. Man konnte ihm den Vorwurf nicht ersparen, weder Volk noch Parlament auf den rasanten Umschwung vorbereitet zu haben. Gewiss bedeutet die diplomatische Anerkennung eines Staates keineswegs, dass man eine Regierung oder die obwaltenden Zustände gutheisst. Aber dieser Akt enthält doch eine hohe Symbolik, und er ist von konstitutiver Bedeutung. Ohne die Anerkennung von anderen Staaten ist ein Land kein richtiger Staat. Man versteht deshalb den Schrecken des Negus und die Entrüstung in der Schweiz. Indem der Bundesrat dem Kaiserreich Äthiopien die Anerkennung entzog und auf das italienische Abessinien übertrug, zerstörte er das Stigma, mit dem die Eroberungen bisher beschlagen waren. Der Ruch der Unrechtmässigkeit ging verloren und damit auch die Hoffnung, mindestens an der diplomatischen Front dem faschistischen Angriff standhalten zu können. Die Schweiz schlug unleugbar einen Nagel in Äthiopiens Sarg.

Dennoch sprach einiges für Mottas Entscheid. Die legitimen Ansprüche Haile Selassies hatten keinen Halt mehr in der Wirklichkeit. Motta hatte erkannt, dass der Negus nicht am Konferenztisch gewinnen konnte, was er im Feld verloren hatte. Folglich suchte er aus dem Unabänderlichen ein Maximum an positiven Rückwirkungen für die Schweiz herauszuholen. Mit dem kühnen Alleingang sicherte er der Schweiz die Freundschaft Italiens in entscheidenden Jahren. Hätte der Bundesrat mit der vollen Anerkennung gezögert, so wäre er in eine unangenehme Lage geraten. Die Schweiz als Italiens Nachbar hätte sich nicht gegen einen vorherrschenden Trend in der Staatengemeinschaft stemmen können. Spätestens nach dem Münchner Abkommen, da Paris und London mit der Nonchalance von Grossmächten ihren Sinn änderten und die italienische Oberhoheit nun de jure anerkannten, hätte sie diesen Schritt *nolens volens* nachvollziehen müssen. Dann freilich wäre der Schweiz die Häme des Duce ebenso gewiss gewesen wie der Verlust aller Vorteile, die mit der frühen Anerkennung einhergingen. *Gouverner, c'est prévoir* – der Schweizer Aussenminister hatte im vorliegenden Fall diese Maxime umgesetzt.

Mottas Abessinien-Entscheid widerspiegelt nicht amoralische Politik, sie deckt jedoch das Dilemma von Ethik und Politik exemplarisch auf. Ethik und Politik unterliegen verschiedenen Zeitschichten und Einflüssen. Die Ethik ist langfristig angelegt, die Politik ist es nicht. Was ethisch, was langfristig richtig ist, kann politisch, das heisst kurzfristig falsch sein. Weshalb? Weil die Politik Lösungen für das, was unter den jeweiligen Umständen und unter Berücksichtigung ganz verschiedener Faktoren möglich ist, anbieten muss. Versagt sie hierin, kann sie auch das ethisch bereits Erreichte schädigen. Spielt man ideale Lösungen langfristiger Natur gegen praktikable Kompromisse mittelfristiger Art aus, gefährdet man den Weg, auf welchem allein Verbesserungen Schritt für Schritt erreichbar sind. Beurteilte man die Anerkennungsfrage einzig aus ethischer Sicht, dann hätte Motta einen falschen Entscheid gefällt; berücksichtigt man indes alle Sachzwänge, die in dieser Frage mitspielten, dann kann man Mottas Entscheid verstehen. Er hatte instinktiv erfasst, wie die Völkergemeinschaft auf die neu geschaffene Situation in Äthiopien reagieren würde. Er eskomptierte die Anerkennungswelle und setzte diesen Befund voll ein, um die Beziehungen der Schweiz zu Italien zu stärken.

Die Freundschaft zu Italien lag Motta mehr am Herzen als alles andere. Unermüdlich setzte er sich dafür ein. Ende 1937 hinterliess er im Nationalrat sozusagen ein politisches Testament, als er bekannte: »Wenn der Augenblick gekommen ist, um mich von dem Amt, das ich so lange bekleidete, zurückzuziehen, hege ich nur noch eine Hoffnung und einen Wunsch: Der feste Wille des Bundesrates möge mit der Unterstützung des ganzen Landes verhindern, dass die ausgezeichneten Beziehungen, die wir mit Italien unterhalten, geschwächt oder vertan werden. Mögen sie sich wenn möglich noch verbessern! Denn die Sicherheit der Eidgenossenschaft hängt davon ab.«[382] Der französische Botschafter Alphand soll am Tage von Mottas Bestattung einem hohen Bundesbeamten gesagt haben: »Für uns Franzosen war der Verstorbene vielleicht etwas zu italienisch eingestellt. Aber er hat ohne Zweifel richtig gehandelt. Unsere Freundschaft war der Schweiz sicher; ihr brauchtet euch nicht besonders anzustrengen, um sie zu erhalten. Die Freundschaft des neuen Italien war schwieriger zu erlangen. Motta hat sie gesucht, und er hat sie gewonnen. Das Land erntet heute die Vorteile seiner Politik.«[383]

Das Abessinien-Debakel war noch nicht ausgestanden, als im Sommer 1936 in Spanien ein anderer, noch heftigerer Konflikt ausbrach. Nachdem das Sanktionsregime des Völkerbundes gegenüber Italien schmählich versagt hatte, wurde die internationale Rechtsordnung erneut herausgefordert. Drei Jahre lang tobte nach dem Sieg der Volksfront der Bürgerkrieg. Für das Ausland stellten sich grundlegende Fragen. Durften die Demokratien abseits stehen, wenn die aufständischen Nationalisten, die von totalitären Staaten unterstützt wurden, eine rechtmässig zustande gekommene Regierung bekämpften? Oder durften sie, von der andern Seite her betrachtet, es zulassen, dass Anhänger der Volksfront Ausländer gewaltsam enteigneten und die Kirche verfolgten? Die Leidenschaften wühlten ganz Europa auf. In der Schweiz reihten sich die Sozialisten bedingungslos hinter den *Frente popular,* die Katholisch-Konservativen dagegen fürchteten die »rote Gefahr« und ergriffen für die Nationalisten Partei, während sich die Freisinnigen mit beiden Lagern schwer taten, aber letztlich doch die Ordnung von General Franco als das kleinere Übel taxierten. Der Bundesrat suchte, um den innenpolitischen Frieden nicht zu gefährden, die Gemüter mit verschiedenen Massnahmen, die zugleich die Neutralität bekräftigten, zu beruhigen. Er erliess ein Ausfuhrverbot für Waffen und Kriegsmaterial; ausserdem untersagte er die freiwillige Teilnahme am Kriegsdienst auf beiden Seiten. Diese Verbote waren nicht überflüssig. Rund 800 junge Schweizer packte der alte Reisläuferinstinkt, und sie strömten den Freiwilligenbrigaden der »Weissen« wie der »Roten« zu, wobei die Mehrheit der Spanienkämpfer in den Reihen der Republikaner focht. Ein Fünftel fiel oder blieb in der Ferne verschollen, die andern wurden nach ihrer Rückkehr von Militärstrafgerichten abgeurteilt. Mit einzelnen Erlassen ging der Bundesrat freilich über das Gebot der Wahrung strikter Neutralität hinaus und beschnitt gegen den heftigen Protest der Linken die Grundfreiheiten im Innern. So schränkte er die Durchführung von einseitigen Hilfsaktionen und die Verbreitung von Propagandaschriften ein. Das Land sollte sich im eigenen Interesse eine gewisse Zurückhaltung auferlegen. Ähnlich war er schon vorgegangen, als Deutschland und Italien wegen Kommentaren in der Schweizer Presse protestiert hatten.

Motta steuerte im spanischen Bürgerkrieg einen traditionellen Neutralitätskurs. Eine französische und britische Einladung, sich einer Nicht-Interventionserklärung anzuschliessen, lehnte er mit der Begründung ab, die Schweiz sei permanent neutral und nicht bloss gelegentlich. Deshalb bedürfe sie, obschon sie das Prinzip der Nichteinmischung zur eigenen Richtschnur nehme, einer solchen Erklärung nicht. Abgesehen von der logischen Richtigkeit der Antwort dürfte der Chef des EPD gespürt haben, dass die Erklärung trotz ihres Titels nicht über jeden Zweifel erhaben war. Dahinter steckte vielmehr Frankreichs Absicht, den Unterzeichnern ein Verhalten vorzuschreiben, das von interventionistischen Zügen keineswegs frei war. Es wäre durchaus möglich gewesen, dass die Schweiz durch die Beschlüsse eines Koordinations- und Kontrollausschusses in den Konflikt verwickelt worden wäre. Der Oppositionspolitiker Winston Churchill verspottete denn auch die etwas merkwürdigen Interventionen für eine Nicht-Intervention mit dem ihm eigenen Sarkasmus als »an elaborate system of an elaborate humbug«.[384]

In erster Linie liess sich Motta in seiner Spanien-Politik von der Verteidigung der nationalen Interessen leiten. Und diese bestanden vor allem im Schutz der rund 4000 Landsleute und ihres beträchtlichen Besitzes. Nach dem Ausbruch des Bürgerkriegs kehrte etwa die Hälfte der Auslandschweizer in die Heimat zurück. Fast alle Flüchtlinge kamen aus dem von der Volksfront beherrschten Gebiet, wo ihr Eigentum oft von Arbeiterkomitees beschlagnahmt worden war. In der republikanischen Zone war auch die materielle Not gross. Der Bund versorgte die Kolonien in Barcelona, Valencia und Madrid mehrmals mit Lebensmittelkonvois. Zudem wurden mehrere Schweizer – meist gegen die Anordnung der offiziellen Regierung, die sich jedoch in den anarchischen Zuständen nicht durchsetzen konnte – von lokalen Revolutionskomitees inhaftiert. Um einen wirksamen Beistand leisten zu können, erhöhte der Bundesrat die Konsulate von zwei auf sechs. Als die Truppen von General Franco bis zum Frühjahr 1938 den grössten Teil Spaniens eroberten, gerieten immer mehr Vertretungen in die von den Nationalisten kontrollierte Zone. Wenn der Bundesrat seinen Landsleuten weiterhin beistehen wollte, war es unvermeidlich, mit dem nationalistischen Regime gewisse faktische Beziehungen aufzunehmen. Die Gegenregierung von Franco liess den Bundesrat wissen, dass die konsularischen Vertreter in der nationalen Zone ungehindert ihrer Tätigkeit nachgehen könnten. Der Bundesrat machte davon Gebrauch, und im Sinne eines Gegenrechts nahm in Bern ein ehemaliger Mitarbeiter der spanischen Gesandtschaft die Interessen der Nationalisten informell wahr. Derartige Vertreter hatte Franco auch in London, Paris, Brüssel und Den Haag platziert.

Hingegen war Motta nicht bereit, mit der Gegenregierung in Burgos offizielle Beziehungen aufzunehmen. Solange ein Bürgerkrieg tobte, wäre ein solcher Akt weder völkerrechtlich noch neutralitätsrechtlich zu verantworten gewesen. Er hätte eine Parteinahme für die Nationalisten und somit für eine der Bürgerkriegsparteien bedeutet. Doch der EPD-Chef ging nicht einmal so weit, wie es das Völkerrecht gestattet hätte. Er verweigerte den Nationalisten auch die offizielle Anerkennung als kriegführende Partei. Auf ein entsprechendes Gesuch Francos ging er im August 1937 nicht ein, obschon die erforderlichen Kriterien, nachdem die Nationalisten den grössten Teil des Territoriums beherrschten und auch ein Staatsgebilde geschaffen hatten, hinreichend erfüllt gewesen wären. Die Schweiz wahrte formell weiterhin den Status quo. Sie pflegte einzig mit der republikanischen Regierung in Valencia offizielle diplomatische Beziehungen, auch wenn deren Staatsgebiet stark geschrumpft war. In der Praxis freilich empfand Motta das Bedürfnis, die tatsächlichen Beziehungen mit der Franco-Regierung auszubauen. Und er tat es auch. Aber er suchte sich in den Grauzonen des Völkerrechts zu bewegen, das heisst: Man baute die Beziehungen faktisch aus, man veränderte die Substanz, beliess indes die Bezeichnung beim Alten. Im Sommer 1938 entsandte der Bundesrat sogar einen Diplomaten mit einem Beglaubigungsschreiben zur Regierung von Burgos. Diesen Beziehungen fehlte insgesamt nur noch die verbale Weihe, um sie auf den Status von offiziellen diplomatischen Beziehungen zu erheben.

Warum dieses Winden, diese protokollarischen Winkelzüge? Wie kontrastiert das Vorgehen doch mit der Entschlossenheit des Bundesrates vor einigen Monaten! Damals, als die Schweizer De-jure-Anerkennung der italienischen Oberhoheit über Abessinien umstritten war, hatte Motta gerade das Gegenteil behauptet. Er brüstete sich mit der republikanischen Schlichtheit des Schweizer Entscheids: »Hätte es, um zu beweisen, dass die Schweiz eine neutrale und selbständige Politik betreibt, ein redlicheres und klareres Vorgehen gegeben als zu sagen: ›Wir treffen diese subtile und irritierende Unterscheidung zwischen einer De-jure- und einer De-facto-Anerkennung nicht? Wir sagen einfach: wir anerkennen‹«[385] – und der Bundesrat anerkannte die italienische Souveränität, allerdings nicht distinktionslos, wie man auf Grund von Mottas Intervention meinen könnte, sondern ausdrücklich »de jure«. Warum also vergass die Schweiz ihre angeblichen Grundsätze, warum tastete sie sich jetzt so vorsichtig an das spanische Problem heran?

Dafür gibt es drei Gründe. Erstens war der Sachverhalt in Äthiopien anders. Nach der italienischen Invasion wusste man rasch, wer die Herrschaft ausübte; im bürgerkriegszerrütteten Spanien war dem jedoch nicht so. Ein Urteil, das sich rein auf die faktische Lage stützte, musste somit notgedrungen anders ausfallen. Damit ist freilich noch nicht erklärt, weshalb die Schweiz die Nationalisten nicht als kriegführende Partei anerkannte, was diese ja offensichtlich waren. Folglich muss man einen zweiten Grund berücksichtigen. Solange sich die Grossmächte in dieser Frage nicht einigen konnten, bestand für die Schweiz kein Anlass, sich vorzudrängen und zwischen die Fronten zu geraten. Eine Politik des Abwartens war angezeigt. Und diese lautete: auf praktischer Ebene alles zu unternehmen, um die Landesinteressen zu schützen, auf förmlicher Ebene alle Schritte zu unterlassen, welche ein umstrittenes Präjudiz schaffen würden. »Eine Politik des Abwartens ist somit am weisesten«, meinte Motta im Herbst 1937. »Unsere faktischen Beziehungen mit der Regierung von General Franco reichen aus. Diese Beziehungen sind nötig, aber man soll sie, solange wir in Wartestellung sind, nicht überschreiten.«[386] Schliesslich kommt als dritter Grund hinzu: Die Beziehungen zu Spanien waren bei weitem nicht so wichtig wie zum grossen Nachbarn Italien. Letztlich gaben die nationalen Interessen den Ausschlag, weshalb sich die Schweiz im einen Fall mit einer De-jure-Anerkennung exponierte und im andern Fall im Windschatten diplomatischer Rückversicherungen vorrückte. Gute Beziehungen zu Mussolini waren es Motta wert, aus dem Akt der Anerkennung eine demonstrative Geste zu machen. Für Spanien hingegen galt folgende Bemerkung des Bundesrates: »Ferner wird man in der Welt der Wirklichkeit, und Neutralitätspolitik muss sich vernünftigerweise nicht in der Welt der Fiktionen und der Abstraktionen betätigen, zu unterschiedlichen Folgerungen gelangen, je nachdem es sich um die Beziehungen der Schweiz zu einem grossen Nachbarstaat handelt oder zu einem weiter abgelegenen Staate, der für die schweizerische Sicherheit nicht die gleiche Rolle spielt.«[387]

Um die Jahreswende 1938/39 rückte der Endsieg der Nationalisten in Reichweite. Damit änderte sich die Ausgangslage. Nun konnte eine Anerkennung der nationalistischen Regierung kaum noch als Parteinahme im Bürgerkrieg gedeutet werden, sondern sie sanktionierte nur das, was Wirklichkeit geworden war. Seit Januar dachte Motta daran, die Beziehungen mit der Regierung von General Franco aufzuwerten. Am 24. Januar 1939 schrieb ihm der Gesandte Hans Frölicher, der ehedem als stellvertretender Chef der Abteilung für Auswärtiges massgeblich an der Aufnahme von De-facto-Beziehungen mit dem nationalistischen Spanien beteiligt war und nun seit einem halben Jahr als Missionschef in Berlin amtete:

»Zur Zeit ist die Regelung die, dass die Regierung in Barcelona de jure anerkannt ist, während mit Franco nur de facto Beziehungen bestehen. Es liegt somit eine bevorzugte Behandlung des republikanischen Spaniens vor, eine unterschiedliche Behandlung, die sich bisher vom Gesichtspunkte der Priorität aus rechtfertigen lässt.

Es fragt sich nun aber, ob heute diese ungleiche Behandlung noch angezeigt erscheint, nachdem der endgültige Erfolg Francos in greifbarer

Nähe ist und bereits der grösste Teil Spaniens von den nationalen Truppen besetzt ist. Es liegt daher nahe, eine Lösung zu wählen, bei der die völkerrechtliche Gleichbehandlung beider Bürgerkriegsparteien zum Ausdruck kommt, nämlich offizielle Beziehungen mit beiden Teilen, d. h. De-jure-Anerkennung Francos, ohne Abbruch der bestehenden offiziellen Beziehungen mit dem republikanischen Spanien. Jede der beiden Regierungen würde also anerkannt werden für diejenigen Gebiete des spanischen Territoriums, die von ihr beherrscht werden. Die Beziehungen zu dem republikanischen Spanien würden aufhören, sobald diese Regierung in Spanien nicht mehr existiert.

Ich bin mir bewusst, dass diese Lösung bisher noch von keinem anderen Land gewählt worden ist. Das aber ist kein Nachteil, sondern scheint mir vom Standpunkt unserer unabhängigen Neutralitätspolitik aus eher erwünscht. Die jetzige Lösung haben wir auch beinahe als erstes Land gefunden und dann gesehen, dass sie von England und vielen anderen Staaten nachgemacht wurde.«[388]

Frölicher fand bei Motta ein offenes Ohr. Auch der Aussenminister hielt den Zeitpunkt für eine juristische Aufwertung gekommen. Die Feder bei der Lektüre stets zur Hand, kritzelte er an den Rand: »Dieser Brief ist sehr interessant. Er deckt sich mit den Auffassungen, die ich gestern ausgesprochen habe.« Motta erkundigte sich noch bei andern Regierungen, wie sie zu verfahren gedächten. Als er vernahm, dass Grossbritannien und die Niederlande bald die Franco-Regierung de jure anerkennen würden, schritt er zur Tat. Der Bundesrat beschloss am 14. Februar 1939, einen ausserordentlichen Gesandten und bevollmächtigten Minister bei Franco zu akkreditieren; dem republikanischen Vertreter wurde derweil in Bern mitgeteilt, dass die Beziehungen zu seiner Regierung ein Ende gefunden hätten. Vierzehn Tage danach folgten England und Frankreich dem Schweizer Beispiel. Und einen Monat nach der De-jure-Anerkennung rückte General Franco in Madrid ein und erklärte den Bürgerkrieg für beendet.

Nichts trug Motta so sehr die Feindschaft der Linken ein wie seine Spanienpolitik. Diese Kreise verübelten ihm die faktischen Kontakte zum Caudillo von Anfang an. Sie wollten eine ideologische Aussenpolitik, der Tessiner dagegen verfolgte einen pragmatischen Kurs. Sein Ziel war es nicht, für die eine oder andere Seite Partei zu ergreifen, sondern die Landesinteressen zu wahren. Dabei richtete er sich nach den Tatsachen im Felde und zog, mit einem geschärften Sensorium für politische Entwicklungen, die erforderlichen Konsequenzen. Irgendwelche völkerrechtlichen oder neutralitätsrechtlichen Gebote hat er nie verletzt. Einzig die De-jure-

Anerkennung am Schluss erfolgte zu einem strittigen Zeitpunkt, nämlich vier Wochen vor dem Ende des Bürgerkrieges. Da indes auch London und Paris die endgültige Niederlage der Republikaner nicht mehr abwarteten, wird man Motta kaum vorwerfen können, mit einer eilfertigen Anerkennung den Kriegsausgang beeinflusst zu haben. Die Würfel waren längst gefallen, als die Schweiz formell Gesandte austauschte.

Aber etwas anderes trifft zu. Motta liebte es, die Eigenständigkeit der Schweiz auszuspielen. Er stellte sich nicht gern hintan, um den Fingerzeig der Grossmächte abzuwarten. Vielmehr brachte er den Bundesrat dazu, seine Entscheide so zu fällen, dass sie die Souveränität der Eidgenossenschaft voll zum Ausruck brachten. Zu den Hasstiraden, die Motta in den letzten Lebensjahren über sich ergehen lassen musste, meinte Jean Rudolf von Salis: »Es ist nachträglich kaum zu verstehen, weshalb die Haltung Mottas während des spanischen Bürgerkrieges, die unparteiisch, korrekt und konsequent war, zu einer leidenschaftlichen und widerlichen Hetze der sozialdemokratischen Kreise gegen seine Person Anlass gegeben hat. Man klagte ihn undemokratischer, ja geradezu faschistischer Gesinnung an. ... Seine Festigkeit hielt man für den Starrsinn eines Greises, seine Sorge um die Unabhängigkeit und Neutralität des Landes für Besserwisserei.«[389]

Schwere Entscheide, richtige Entscheide

Wie selbständig und differenziert Motta zu handeln verstand, hatte der Aussenminister schon früh bewiesen. Kaum hatte er das EPD übernommen, musste er die Führung in der delikaten Vorarlberger Angelegenheit übernehmen. Die Vorarlberger hatten sich am Ende des Ersten Weltkriegs, als Österreich erschöpft am Boden lag, genauso wie die Tschechen, die Slowaken und die Südslawen für unabhängig erklärt. Auch sie beanspruchten das neu proklamierte Selbstbestimmungsrecht der Völker für sich. Sie wollten sich vom Rumpfstaat, der vom alten Österreich noch übrig blieb, absetzen und sich der Schweiz anschliessen. Das offizielle Bern verhielt sich indes ausgesprochen reserviert. Der Wunsch, die Eidgenossenschaft um ein zusätzliches Gebiet zu erweitern, war klein, die Gefahr, in internationale Komplikationen hineingezogen zu werden, gross. Deshalb spielte man auf Zeit, um zu sehen, wie sich die Dinge entwickelten. Die Vorarlberger waren indes nicht bereit, klein beizugeben. Es entstand eine mächtige Volksbewegung für den Anschluss an die Schweiz. Als der Bundesrat indirekt, via einen von ihm inspirierten Artikel in der *»Neuen Zürcher Zeitung«,* verlauten liess, er könnte ein Anschlussbegehren nur prüfen, wenn es durch ein Plebiszit abgestützt sei, unterzogen sich die Vorarlberger dieser Bedingung sofort. Mit überwältigender Mehrheit stimmten sie am 11. Mai 1919 für den Beitritt zur Schweiz; 47 208 waren dafür und nur 11 248 dagegen.

Diese eindeutige Demonstration konnte den Bundesrat und das Volk nicht unbeeindruckt lassen. Wie sollten sie darauf reagieren? Der Bundesrat wählte einen vorsichtigen Weg. Er entschied, für das Anliegen der Vorarlberger nur einzutreten, wenn erstens Wien in eine Loslösung einwillige und zweitens die Friedenskonferenz in Paris diese territoriale Veränderung genehmige. Die Vorarlberger entsandten nun ihren Landeshauptmann Otto Ender an die Verhandlungen nach Saint-Germain. Dort sollte er ihre Interessen vertreten. Doch dazu kam er nicht. Clemenceau weigerte sich, den Provinzpolitiker überhaupt zu empfangen. Die Konferenzgewaltigen hatten ihre Entschlüsse bereits gefasst. Den Vorarlbergern, die sich von Deutsch-Österreich trennen wollten, wurde die Abtrennung verweigert, während sich die Deutsch-Böhmen, die bei Wien verbleiben wollten, gegen ihren Willen trennen mussten. So verblieb denn das Ländchen bei Restösterreich. Die Vorarlberger waren nicht in der Lage gewesen, die von der Schweiz gestellten Bedingungen zu erfüllen, da die Grossmächte dieser Provinz das Selbstbestimmungsrecht verweigert hatten und das zertrümmerte Österreich nebst allen andern Verlusten nicht auch noch seine westlichste Provinz hergeben wollte. Allmählich wuchs Gras über die Narben. Zwischen Rhein und Arlberg fand man sich mit dem Schicksal ab. Die Schweiz indes hatte eine heikle Situation mit einem salomonischen Urteil überwunden. Sie hatte die Avance weder begrüsst noch abgewiesen, sondern ihre Antwort von der Einwilligung jener abhängig gemacht, die in der Weltpolitik gewöhnlich das letzte Wort haben: den Grossmächten.

In der Politik gibt es keine schlimmeren Streitfragen als solche, welche die Zusammensetzung oder gar den Bestand von Nationen betreffen. Sie haben das Potenzial, Leidenschaften masslos aufzupeitschen. Der Vorarlberger Anschlusswunsch gehört an sich in diese Kategorie. Aber zum Glück entfesselte er keine derartigen Auswüchse. Gewiss schieden sich Befürworter und Gegner in der Schweiz an dieser Frage, aber keine Partei verwarf die Überlegungen der andern in Bausch und Bogen. Im Allgemeinen begrüsste die Ostschweiz die Aufnahme des Ländchens mehr als die Westschweiz, die Konservativen mehr als die Sozialisten und die Katholiken mehr als die Protestanten. Die Welschen befürchteten eine Verstärkung des alemannischen Elementes, die Sozialisten eine Schwächung ihrer gesamtschweizerischen Stellung, und den Protestanten missfiel der

Zuzug von 150000 Katholiken und etlichen Jesuiten. Doch von diesem Durchschnittsbefund gab es viele Abweichungen. Die katholischen Innerschweizer Kantone waren weniger für die Aufnahme als das protestantische Genf, die »Neue Zürcher Zeitung« und das »Journal de Genève« mehr dafür als die »Thurgauer Zeitung«, und mit Gonzague de Reynold und William Martin stammten zwei der eifrigsten Verfechter aus der Westschweiz. Nicht zuletzt aus humanitären Überlegungen setzten sie sich für die Sache ein. Die kriegsverschonte Schweiz durfte ihrer Auffassung nach die Bitte von geschundenen und verarmten Nachbarn nicht ausschlagen.

Im Bundesrat trat vor allem der Bündner Calonder für die Vorarlberger ein. Nach seinem Rücktritt war der Freiburger Jean-Marie Musy ihrem Anliegen am meisten gewogen. Doch auch der Zürcher Robert Haab befürwortete einen Beitritt. Der Aargauer Schulthess hingegen verwarf das Begehren aus wirtschaftlichen Erwägungen so, wie er zu politisieren pflegte: ungehobelt und laut. Motta war ebenfalls kein Befürworter. Er befürchtete, die Aufnahme Vorarlbergs könnte den italienischen Gelüsten auf das Tessin neue Nahrung geben – zu Recht übrigens, wie sich mit den Übergriffen der Irredenta bald herausstellen sollte. Zwar hatte der Bundesrat von Anfang an verlauten lassen, die Bildung eines neuen Kantons im Osten dürfe unter keinen Umständen Kompensationsforderungen nach sich ziehen, etwa im Tessin, um Genf oder in der Ajoie. Doch solche Äusserungen boten dem Aussenminister zu wenig Sicherheit. Sofern die Schweiz die Aufnahme nicht mit allen interessierten Parteien absichern konnte, wäre die Gebietserweiterung im Osten seiner Meinung nach ein zu riskanter Einsatz. Da Motta nicht an eine einvernehmliche Verhandlungslösung glaubte, arbeitete er darauf hin, dass Österreich möglichst rasch in den Völkerbund aufgenommen wurde und von dieser Seite her etwas Halt für sein zerbrechliches Staatsgebilde bekam. Die Schweiz sollte alles unternehmen, um die Lebenschancen der jungen Republik zu erhöhen. Nur wenn Österreich die Selbständigkeit nicht wahren könnte und sich Deutschland anschlösse, sollte sie sich aus ihrer Reserve locken lassen. Dann allerdings müsste sie der ennetrheinischen Nachbarschaft zum Selbstbestimmungsrecht verhelfen. Motta wollte den Vorarlberger Hilfeschrei nicht isoliert behandeln, sondern im Zusammenhang mit der Neuordnung Österreichs. Deshalb unternahm er nichts, was die Abtrünnigkeit des Ländchens auch nur im Geringsten gefördert hätte. Um den Vorarlbergern zum ersehnten Selbstbestimmungsrecht zu verhelfen, rührte er in der Praxis keinen Finger, auch wenn er den Grundsatz in der Theorie hochhielt. Aber für die Aufnahme Österreichs in den Völkerbund setzte er sich stark ein.

Von den Grossmächten in Paris abgewiesen, vom Völkerbund in Genf nicht angehört, von der Schweiz nicht unterstützt, resignierten die Vorarlberger nach einem zweijährigen Kampf. Zwar feierte die Bevölkerung den 1. August 1920 noch so, als ob sie schon zur Schweiz gehörte: mit dem Hissen der Schweizer Fahne, mit zahlreichen Ansprachen und Höhenfeuern. Auch beanspruchte die Vorarlberger Vertretung in der österreichischen Nationalversammlung, ehe die Bundesverfassung am 30. Oktober 1920 genehmigt wurde, nochmals in aller Form das Selbstbestimmungsrecht; die Landschaft Vorarlberg hätte sich, erklärte die Delegation, lediglich provisorisch der neuen Republik angeschlossen. Aber allmählich erstickte die Kraft des Faktischen den Wunsch nach einem Anschluss an die Schweiz. Als Hitler 1938 Österreich dem Deutschen Reich angliederte und damit jene Situation eintrat, in welcher die Staatengemeinschaft nach Mottas Auffassung den Vorarlbergern das Selbstbestimmungsrecht hätte gewähren müssen, sprach niemand mehr davon, weder in Österreich, noch in der Schweiz, noch im Völkerbund.

Die Schweiz war hingegen grosszügig, als es darum ging, dem jungen Österreich finanziell unter die Arme zu greifen. Um einen Zusammenbruch der österreichischen Währung zu verhindern, lieh sie 1922 dem Nachbarland 20 Millionen Goldkronen bedingungslos; ausserdem beteiligte sich die Nationalbank mit 25 Millionen an einer internationalen Anleihe. Wollte der Bundesrat damit sein schlechtes Gewissen erleichtern? In der Tat hatte die Landesbehörde, und Motta allen voran, in der Vorarlberger Frage viel Verstand, aber wenig Herz bewiesen. Denn was sich am Alpenrhein zugetragen hatte, war dramatisch und ist in der europäischen Geschichte einmalig. Wann schon kam es vor, dass eine ganze Region derart hartnäckig den Anschluss an ein Land erbat, zu dem es nie gehört hatte? Und wann schon hatte sich ein Land derart taub gestellt, wenn es um die eigenen Vergrösserungsmöglichkeiten ging? Kaum je – ausser der Schweiz. Dass der Bundesrat damals der überwältigenden Mehrheit des darniederliegenden Ländchens die kalte Schulter zeigte, war herzlos; dass er indes den Kriegsausgang nicht zur billigen Gebietserweiterung benützte, war klug. Dass er das Selbstbestimmungsrecht der Vorarlberger nicht energisch unterstützte, war herzlos; aber dass er die verworrene Lage nicht ausnützte, um eigene Interessen zu fördern, war klug. Das eine liess sich nicht säuberlich vom andern trennen. Motta war seinerzeit für seine Behandlung der Vorarlberger Angelegenheit von den Befürwortern eines Anschlusses heftig kritisiert worden. Mit seinen Ausflüchten hätte er, warf ihm Gonzague de Reynold vor, nicht nur den Beitritt, sondern auch die Unabhängigkeit Vorarlbergs verpatzt.[390]

Eine Politik der Selbstbeschränkung entsprach der eidgenössischen Tradition. So hatte man in bescheidenerem Rahmen schon früher gehandelt, 1860, als savoyardischen Notabeln den Anschluss an die Eidgenossenschaft suchten, oder 1870, als Frankreich am Boden lag und Gebietsgewinne um Genf leicht einzuheimsen gewesen wären. Die nüchterne Beurteilung von aussenpolitisch verführerischen Vorlagen mochte im Zeitpunkt des Geschehens jene schmerzen, die gern ihren Gefühlen gefolgt wären. Aber später wusste die Schweizer Bevölkerung die realpolitische Zurückhaltung jeweils zu schätzen, etwa am Ende des Ersten Weltkriegs, als Frankreich sich für seine Niederlage von 1870 revanchierte, oder 1940, als ein Vorarlberger Kanton die Bedrohungslage noch zusätzlich hätte komplizieren können. Dank seiner Tessiner Herkunft hatte Motta instinktiv erfasst, dass ein Beitritt Vorarlbergs zur Schweiz in einer Gewinn- und Verlustrechnung zu verbuchen wäre. Und der Verlust im Sinne von Gefährdungen, im Tessin beispielsweise oder durch internationale Verwicklungen, hätte den Gewinn wahrscheinlich mehr als wettgemacht. Für die Schweiz war es stets ratsam, sich nach einem Krieg so zu verhalten wie während des Kampfgeschehens, das heisst: das gute Recht und die eigene Unabhängigkeit zu verteidigen, ansonsten jedoch jene Zurückhaltung zu üben, die sich für einen neutralen Staat geziemt.

Aussenpolitisch heikel, aber innenpolitisch viel einfacher, da der Bundesrat geschlossen einer Meinung war und die ganze Bevölkerung hinter ihm stand, war der Fall Jacob. Es ging dabei um Folgendes: Am 9. März 1935 entführte die Geheime Staatspolizei (Gestapo) in Basel auf offener Strasse Dr. Berthold Jacob Salomon. Sie verschleppte den in Strassburg lebenden jüdischen Emigranten nach Deutschland, seinem Herkunftsland. Jacob hatte der mehr oder weniger heimlichen Aufrüstung in Deutschland nachgespürt. Seine publizistische Tätigkeit war dem Naziregime äusserst unangenehm. Die Schweizer Bevölkerung war verständlicherweise hell empört über die Missachtung des eigenen Hoheitsgebiets. Motta nahm von Anfang an eine entschlossene Haltung ein. Er erkannte sogleich die Bedeutung dieses Vorfalls. Im Nationalrat erklärte er am 2. April 1935: »Unsere Vorrechte als souveräner und unabhängiger Staat stehen in diesem Konflikt auf dem Spiel. Jeder Akt der Schwäche oder des Nachgebens würde schwer auf unserer Zukunft lasten. Das Parlament und die öffentliche Meinung können auf die unbeugsame Festigkeit des Bundesrates zählen. Diese Sprache ist reiflich erwogen und durchdacht. Sie ist uns durch die elementarste politische und moralische Verantwortung auferlegt. Es wäre rasch um uns geschehen, wenn wir nicht mehr den Mut hätten, uns zu erheben, das Recht anzurufen und auf Wiedergutmachung zu bestehen.«[391]

Der Fall Jacob wurde zu einer »cause célèbre« und beschäftigte das Aussenministerium während eines halben Jahres aufs Intensivste. Ganz Europa beobachtete, wie sich der Kleinstaat Schweiz eines eklatanten nationalsozialistischen Übergriffs erwehren würde. Die Londoner *»Times«* kommentierte in einem Leitartikel vom 2. Mai: »If the Swiss story is approximately correct, a brutal act of violence has been committed against an individual and a flagrant breach of neutrality against a country which is particularly punctilious about its sovereign rights and its office of asylum to refugees. M. Motta has taken the matter up resolutely, and the Swiss people wholeheartedly support their Government bid for justice. In every country where freedom is still cherished the stand which Switzerland is making will be applauded.«[392]

Die Wilhelmstrasse vermeinte zu Beginn, die ganze Angelegenheit von oben herab behandeln zu können. Auf die erste Protestnote vom 23. März antwortete das Auswärtige Amt mit einer blanken Lüge: Jacob hätte sich aus freiem Entschluss nach Deutschland begeben, um dort Komplizen zu treffen. Der Schweizer Gesandte in Berlin, Paul Dinichert, empfahl Motta, rasch und entschieden zu handeln, notfalls den bilateralen Schieds- und Vergleichsvertrag von 1921 anzurufen und eine internationale Untersuchung zu verlangen, denn »sonst glaubt das jetzige Regime mit seinen willkürlichen Methoden und gewalttätigen Parteistellen sich nach und nach alles erlauben zu dürfen«.[393] Der Bundesrat befolgte den Ratschlag seines Gesandten. Er konnte sich ein entschiedenes Vorgehen umso mehr leisten, als er über lückenlose Beweise verfügte. Die Basler Behörden hatten nämlich einen Komplizen der Gestapo verhaftet, der ein umfassendes Geständnis abgelegt hatte. Nach einigem Hin und Her gestanden die deutschen Behörden endlich die Entführung Jacobs ein, behaupteten jedoch, sie sei das Werk einer Privatperson gewesen, die nun hinter Schloss und Riegel sitze. Man könne deshalb nicht von einer Verletzung der schweizerischen Gebietshoheit sprechen.

Angesichts des widerspenstigen Verhaltens des Auswärtigen Amtes hielt es Motta für aussichtslos, weiterhin auf der diplomatischen Ebene zu verhandeln. Er entschloss sich, den juristischen Weg einzuschlagen, indem er den Schieds- und Vergleichsvertrag anrief. Nicht ohne Genugtuung wies er, der unermüdliche Anwalt von Schiedsverträgen, im Parlament auf die Weitsichtigkeit seiner Politik hin. Jetzt sollten die zahlreichen bilateralen Abkommen, welche die Schweiz unter seiner Regie abgeschlossen hatte, ihren Nutzen erweisen. Im Nationalrat meinte er: »[Dieser Vorfall] bietet mir eine Gelegenheit, den Wert und die Vorteile von Schiedsverfahren, auf die wir seit Jahren unsere gesamten Anstrengungen konzentrierten, zu unterstreichen. Wir haben einen eindeutigen Fall vor uns. Hätten wir keinen Schiedsvertrag, so wäre es für uns schwierig, einen Weg zu finden, der zu einer Lösung des Konfliktes führte.«[394]

Motta bestand auf einem Schiedsverfahren – und nicht einem Vergleich. Diesen Teil des Vorschlags von Dinichert wies er ausdrücklich zurück. Es liegt in der Natur von Vergleichen, dass sie einen Mittelweg anstreben, dass sie die Schuld möglichst auf beide Seiten verteilen. Doch genau das wollte der Aussenminister vermeiden. Ein solcher Ausgang wäre im vorliegenden Fall dem Sachverhalt nicht gerecht geworden. Denn bei der Verschleppung von Jacob und der nachträglichen Leugnung hatte sich einzig die deutsche Seite versündigt. Am 26. Juli einigten sich beide Parteien über das Prozedere. Die Schweiz sah Max Huber als Schiedsrichter vor, die deutsche Seite den Freiherrn von Freytagh-Loringhoven. Drei Tage später überbrachte die Schweizer Gesandtschaft das Anklage- und Beweismaterial in die Wilhelmstrasse. Die Dokumentation war offensichtlich so erdrückend, dass die Reichsregierung beschloss, ein Schiedsverfahren unter allen Umständen zu verhindern. Zur völligen Überraschung gestand sie nun die Entführung offiziell ein, missbilligte das Verhalten der Täter und behauptete auch, die Schuldigen seien bestraft worden. Über den Verbleib von Jacob, der eigentlichen *causa delicti,* liess sie indes nichts verlauten.

Die Schweiz war auf dem besten Weg, das Schiedsverfahren auf der ganzen Linie zu gewinnen, als sich Motta durch das deutsche Einlenken versöhnlich stimmen liess. Sofern das Auswärtige Amt die Rückführung von Jacob versprach, war er bereit, das Schiedsverfahren abzublasen und in einen Vergleich einzuwilligen. In Berlin nahm man die unerwartete Verhandlungsbereitschaft gern zur Kenntnis, fühlte sich aus der Klemme befreit und legte sogleich einige Gegenforderungen auf den Tisch. Im Kern einigte man sich auf folgendes Arrangement: Deutschland überstellte Jacob anstandslos den Schweizer Behörden, während diese zusicherten, die Angelegenheit so diskret als möglich zu behandeln und den Emigranten nach Frankreich auszuweisen. Und so geschah es. Am 17. September wurde Jacob in aller Stille den Grenzbeamten in Basel übergeben, am 20. September wurde er umgehend ins Elsass abgeschoben. Triumphierende Manifestationen, die den deutschen Gesichtsverlust ausgekostet hätten, gab es keine. Etwas ist freilich merkwürdig: Warum hatte Motta in einen Vergleich eingewilligt, statt den Rechtsweg durchzuziehen? Warum verstiess er gegen seine frühere Auffassung, wonach ein Vergleich zu vermeiden sei? Wahrscheinlich wollte er den Bogen mit dem Naziregime nicht überspannen. Hitler hätte, wäre Deutschland vor aller Welt der Prozess gemacht worden, allzu leicht auf einem andern Gebiet Repressalien gegen die

Schweiz anordnen können. Nachdem die Hauptforderung erfüllt war, wollte Motta so rasch als möglich zu seinem vorrangigen aussenpolitischen Ziel zurückkehren, und dieses lautete: wann immer möglich eine Politik der guten Nachbarschaft pflegen.

Mit der Art, wie die Schweiz diese Affäre behandelte, gewann sie international viel Ansehen. In den Kulissen des Völkerbundes sprach man von einem Sieg der Eidgenossenschaft. Das Deutsche Reich aber musste erkennen, dass seine Glaubwürdigkeit im Ausland argen Schaden erlitten hatte. Der erfolgreiche Ausgang trug auch massgeblich zur Stärkung des eidgenössischen Selbstbewusstseins Mitte der dreissiger Jahre bei. Der Bundesrat benützte die Angelegenheit, um seine Kompetenzen im Innern – ähnlich wie 1889 nach dem Wohlgemuth-Affäre[395] – zu erhöhen. Er baute die Bundesanwaltschaft aus und schuf eine Bundespolizei. Motta aber durfte für sich in Anspruch nehmen, mit seiner höflichen Entschiedenheit im Fall Jacob von Anfang an eine glückliche Hand bewiesen zu haben. Er hatte den Bundesrat gut beraten. Auch hatte er dem eindeutigen Willen von Volk und Parlament Nachachtung verschafft; er hatte die Entrüstung, ohne das Augenmass zu verlieren, konsequent umgesetzt. Nicht viele Staaten konnten Gleichwertiges im Umgang mit dem übermächtigen Nachbarn aufweisen. Mit der Bewältigung dieser Affäre war der katholisch-konservative Politiker auf dem Zenit seiner Laufbahn angelangt. Weder vorher noch nachher erhielt er je derart einhellige Zustimmung. Auf dem Höhepunkt seines Könnens überzeugte er als der überlegene Aussenpolitiker, als welcher er in die Geschichte einging.

Ein würdiger Platz in der Geschichte

Etwas zugespitzt ausgedrückt könnte man sagen: Motta war im EPD als Idealist angetreten und als Realist abgetreten. Eine solche Behauptung würde indes dem vielschichtigen Wirken des langjährigen Aussenministers nur bedingt gerecht. Der Tessiner Christ hatte sich – es wurde schon erwähnt – stets eine idealistische Gesinnung bewahrt. Sein entsprechender Fundus versiegte nie. Wer mit ihm zu tun hatte, spürte dies. Auch führte Motta die Schweizer Aussenpolitik in Gefilde, die sie bisher bewusst gemieden hatte. Hinter seinem Engagement steckte die Sehnsucht nach einer besseren Welt. Aber wenn er seine idealistischen Vorstellungen zu verwirklichen trachtete, hob er nie weit vom Boden der Realität ab. Von Anfang an hielt er, wie die Vorarlberger Krise beweist, realpolitische Rückzugspositionen offen. Doch trifft es zu, dass die Fährnisse der Weltpolitik ihn von Jahr zu Jahr mehr dazu zwangen, die praktischen Interessen der Schweiz beinhart zu verteidigen und die idealpolitischen Visionen hintanzustellen. Absicht und Ausführung lagen oft weit auseinander. Der aussenpolitische Seismograf schlug in der Geschichte des modernen Bundesstaates nie derart heftig nach beiden Seiten aus: in den zwanziger Jahren mit dem Völkerbund in Richtung Idealpolitik, in den dreissiger Jahren mit der totalitären Bedrohung in Richtung Realpolitik.

Getragen von Volk und Ständen, wurde die von Motta gestaltete Aussenpolitik vom Bundesrat verantwortet. Der EPD-Chef betrieb keine Politik hinter dem Rücken des Gesamtbundesrates, aber er prägte die Entscheide mit seinen Vorgaben massgeblich. Seine Persönlichkeit spielte dabei eine ausschlaggebende Rolle. Vieles könnte man sich nicht erklären, hätte Motta nicht ein sehr hohes Ansehen besessen, wäre er als Person nicht so glaubwürdig gewesen. Der schon früher zitierte französische Botschafter Alphand erwähnt in seinem Nachruf eine Begebenheit, welche diese Tatsache besser illustriert als viele Worte. Er schrieb: »Ich glaube, keinen besseren Beleg für die Popularität von Herrn Motta anführen zu können als jene Erklärung, die mir ein Mann spontan machte, den die Schweizer Sozialisten als ihren besten Vertreter betrachten und den sie in den Bundesrat bringen wollen. Zum Zeitpunkt, als Herr Motta vom [Linkssozialisten Léon] Nicole besonders aufs Korn genommen wurde (das war zur Zeit, als Frankreich von der Volksfront regiert wurde), erklärte mir [der Zürcher Stadtpräsident und Ständerat] Herr Klöti in einem freundlichen Gespräch: ›Aus ideologischen und politischen Gründen müssen wir manchmal Herrn Motta attackieren. Aber persönlich liegt mir daran, Ihnen zu sagen, dass ich seine Ausgeglichenheit und sein politisches Gespür sehr bewundere. Mit ihm sind wir sicher, dass unser Boot gut gelenkt wird.‹«[396]

Ein anderes Vorkommnis wirft ebenfalls ein bezeichnendes Licht auf den Magistraten. An Mottas Todestag, am 23. Januar 1940, erschienen in der gesamten Schweizer Presse feierliche Nachrufe auf den grossen Bundesrat. Nur die »*Berner Tagwacht*«, das offizielle Organ der Sozialdemokratischen Partei der Schweiz, entfachte nochmals den alten Parteihader. Ohne ein Wort des Dankes zu verlieren oder ein Verdienst zu würdigen, wurde in einem nicht namentlich gezeichneten Artikel dem Verstorbenen dessen angebliches Sündenregister vorgehalten: »Die lange Zeit, die Herr Motta dem Politischen Departement vorstand, ist nicht allein für die Arbeiterschaft gekennzeichnet als eine Ära, die in der Schweizer Geschichte kein besonderes Ruhmesblatt sein wird. Es sind in dieser Zeit zu viele Demütigungen passiert, zu viele Dinge, die den schweizerischen Stolz verletzen mussten, zu viele Schwachheiten, aber auch Einseitigkeiten, die empören mussten. ... Herr Motta hat diese Politik des Zurückweichens für uns Schweizer nur allzu ausgeprägt mitgemacht und gegenüber Russland, Spanien, Abessinien und Österreich eine Einseitigkeit bewiesen, die man sich nur noch aus seinem Fanatismus als katholisch-konservativer Politiker und getreuer Sohn der Papstkirche erklären konnte.«[397]

Als Robert Grimm, ehedem Mitbegründer des Oltener Komitees und nun Berner Regierungsrat, diese deplatzierte Polemik las, griff er selbst zur Feder, um seinen einstigen politischen Gegner zu würdigen. Am nächsten Tag publizierte die »*Tagwacht*« seinen Artikel an herausragender Stelle. Darin schreibt er: »In allen Fragen, da es um das Persönlich-Menschliche ging, zeichnete ihn Ritterlichkeit und menschliches Verstehen aus.... Ich habe nie vergessen, mit welcher Bravour Herr Motta im Fall Jacob vor den Ständerat hingetreten ist und aus einem edlen, durch die Amoral sich mächtig Wähnender tief beleidigten Rechtsgefühl heraus für den verfolgten Juden einstand, der persönlich vielleicht diese männliche Haltung des Aussenministers eines Kleinstaates nicht einmal verdiente.« Schliesslich meinte der profilierte Sozialdemokrat, der Motta einst einer Politik der Sympathien bezichtigt hatte: »Überblicken wir die ganze Lebensbahn des so jäh verstorbenen Magistraten, suchen wir ihn aus seiner Herkunft und Weltanschauung, aus seiner Zeit und ihrer Entwicklung heraus zu begreifen, wird über alle Widersprüche und Gegensätze hinweg das Bild einer Persönlichkeit entstehen, die nie ihre Gesinnung verleugnete, die in sich den Glauben an die Erfüllung einer Mission trug und der Überzeugung lebte, als Demokrat und Republikaner, als gütiger Mensch und seiner Kirche ergebener Katholik dem Lande zu dienen. Von dieser Warte aus gesehen, kann auch der Sozialdemokrat dem auf der Bahre ruhenden Bundesrat Achtung und Anerkennung nicht versagen.«[398]

Tatsächlich hatten die meisten Schweizer nicht nur hohe Achtung vor Motta und seinem Werk, sie verehrten den Aussenminister als einen edlen Menschen, einen vorbildlichen Bürger und einen grossen Staatsmann. Die Todesumstände leisteten der Tendenz, des Verstorbenen mit kultähnlicher Pietät zu gedenken, gewiss Vorschub: Er verstarb im Amt. Bis vier Tage vor seinem Hinschied hatte er sich ins Bundeshaus zur Arbeit begeben. Aber im Wesentlichen beruhte die Verehrung auf seiner Persönlichkeit. Und die umstrittene Amtsführung seines Nachfolgers Marcel Pilet-Golaz war nicht dazu angetan, die Erinnerung an die Ära Motta verblassen zu lassen. Im Gegenteil. Das Vorbild leuchtete noch kräftiger. Im milden Dunst der Rückschau verloren sich die Kanten der Tagespolitik, gewisse Defizite und Misserfolge gingen im Glanz der Gesamtleistung auf.

Nach Kriegsende versuchte der freisinnige Politiker und ehemalige Chefredaktor des »Bund«, Ernst Schürch, an der Idealisierung Mottas zu kratzen. Er beklagte die »schwärmerische Verehrung« und meinte: »Eine Gegenbeleuchtung der eigenartigen Gestalt Mottas hilft vielleicht, die Umrisse des Wirklichen trotz der Aura, die eine fromme Verehrung um ihn gesponnen hat, schärfer zu erkennen.«[399] Auf der Passivseite verbuchte er folgende Fehlleistungen: als Finanzminister hätte es Motta an Voraussicht gemangelt; als Aussenminister hätte er zu wenig politische Weitsicht bewiesen, insbesondere hätte er die Vorzeichen des Krieges nicht erkannt; sodann hätte er bei der Auswahl seiner Mitarbeiter keine glückliche Hand gehabt, er hätte namentlich auch die organisatorischen Aufgaben im Departement, etwa die sorgfältige Rekrutierung und Ausbildung von Diplomaten, vernachlässigt; endlich hätte er seinen Hang zur Rhetorik zu wenig gezügelt, er hätte das Reden immer noch als eine Hauptaufgabe seines Amtes angesehen, als die Zeit der grossen Eloquenz im Völkerbund schon lange abgelaufen gewesen sei. So weit der leicht verbittert anmutende Versuch einer Geschichtsrevision.

Positiv vermerken musste allerdings auch Schürch die internationale Statur von Motta: Aus seinen Reden heraus sei »so etwas wie ein internationales Gewissen« zu vernehmen gewesen. Auch würdigte der Publizist und Ehrendoktor der Berner Universität die Zivilcourage des Tessiners. Wären mehr Staatsmänner im Völkerbund mit Mottas Mut aufgetreten, dann hätte diese Organisation vielleicht nicht jenen kümmerlichen Verlauf genommen, der ihr beschieden war. Sodann attestiert Schürch dem Aussenminister absolute Loyalität zum Volk und zum Bundesratskollegium. Was immer auch zuvor Mottas persönliche Meinung gewesen war, einem Beschluss des Kollegiums fügte er sich vorbehaltlos – genauso wie er das Staatsvertragsreferendum bezüglich der Genfer Zonenfrage trotz der beträchtlichen internationalen Komplikationen ohne Murren umsetzte. Schliesslich fand Schürch, die Schweiz hätte dem Tessiner viel für dessen geschickten Umgang mit Mussolini zu danken; überhaupt hätte Motta im Verhältnis zu Italien »vielleicht das staatsmännisch Beste geleistet.« Gerade die Italienpolitik aber machte ihm, um noch eine kritische Stimme von der Gegenseite anzuführen, Walther Bringolf zum Vorwurf. Der Schaffhauser meinte über Motta: »Er hat zu sehr in kritischen Zeiten laviert und eine feste Haltung gegenüber dem totalitären Regime in Italien oder auch in Berlin gelegentlich vermissen lassen.«[400]

Was bleibt somit von Mottas langer Amtszeit? Das Vermächtnis eines Aussenministers, der mit wahrhaft idealistischer Gesinnung antrat, um die Schweiz ins Konzert der Mächte einzuführen, am Schluss aber froh sein musste, wenn sein Land die traditionelle Aussenpolitik der Nichteinmischung weiterführen konnte – also ein von seiner ursprünglichen Zielsetzung her unerfülltes, wenn nicht gar gescheitertes Lebenswerk. Es bleiben indes auch die Spuren eines klugen realpolitischen Kurses, den Motta unter dem Zwang widriger Zeitläufte einschlug und erfolgreich steuerte. Schliesslich bleibt die Erinnerung an eine herausragende Persönlichkeit, die über alle Parteigrenzen hinweg Glaubwürdigkeit und Humanität verkörperte. Beides zusammen, das Scheitern wie die Bewährung, begradigen das Bild von einem Grossen im Bundesrat.

Max Petitpierre
Der umsichtige Verwalter der Neutralität
1899–1994

Grosse Kriege erschüttern alle. Sie bringen eine Friedensordnung zum Einsturz. Und das wirkt sich, wenngleich in unterschiedlichem Mass, auf Kriegführende wie Kriegsverschonte aus. Die Schweiz verspürte dies im vergangenen Jahrhundert zweimal. Als nach dem Ersten Weltkrieg der Druck von aussen nachliess, geriet die Eidgenossenschaft im Innern in eine Krise. Sozialkämpfe und – wie es in der Schweiz heisst – »der« Generalstreik brachen aus, Deutsch und Welsch, Stadt und Land fanden auf der Suche nach einem neuen Selbstverständnis nur mühsam zueinander. Nach dem Zweiten Weltkrieg war es dagegen gerade umgekehrt. Die Schweiz hatte den Krieg wie selten geeint überstanden. Am Willen der Bevölkerung, die Unabhängigkeit der Eidgenossenschaft unter allen Umständen zu verteidigen, hatte es keinen Zweifel gegeben. Dem militärischen Réduit hatte eine noch grössere geistige Verteidigungsbereitschaft entsprochen. Deshalb waren die Schweizer bei Kriegsende stolz darauf, das Ihre getan zu haben, um die existenzielle Gefährdung heil zu überstehen. Doch die Beziehungen zum Ausland waren schlecht wie nie zuvor. Die Schweiz war aussenpolitisch in eine Krise geraten.

Als Max Petitpierre am 1. Februar 1945 das EPD übernahm, trat er ein schwieriges Erbe an. Zwei Sachverhalte lösten besondere Besorgnis aus. Zum einen war das Ansehen der Neutralität auf einem Tiefpunkt angelangt. Nach dem mörderischen Ringen um Leben und Tod brachten im Ausland nur noch wenige Verständnis für die kühle Distanz dieser Doktrin auf. Die Schweiz hatte kaum noch Freunde. Sie galt vielmehr in alliierten Kreisen als eigenbrötlerisch, als selbstbezogene Profiteurin. Zum andern waren die bilateralen Beziehungen zu den wichtigsten Ländern unbefriedigend oder nicht existent. Deutschland und Österreich lagen am Boden. Frankreich war der Schweiz nicht gewogen, was deutlich zum Ausdruck kam, als Paris nach dem Zusammenbruch des Vichy-Regimes das Agrément für den neuen Gesandten nicht erteilte. Auch die Vereinigten Staaten misstrauten der Alpenrepublik, was sich bald in harten Verhandlungen zeigen sollte. Und als Churchill in Grossbritannien die Wiederwahl verlor, ging auch dieses Land auf Distanz zur Schweiz. Mit der Sowjetunion schliesslich existierten immer noch keine diplomatischen Beziehungen. Petitpierre hatte somit zwei Aufgaben zu lösen, wenn er als

Aussenminister reüssieren wollte: Er musste im Ausland das Verständnis für die Neutralität neu erzeugen, und bilateral musste er das Vertrauen zu den wichtigsten Partnern wiederherstellen oder neu aufbauen.

Bundesrat *malgré lui*

Max Petitpierre, am 26. Februar 1899 in Neuenburg geboren, stammte aus einer wohlhabenden Familie. Sein Vater war Anwalt und Notar, der Sohn übernahm nach juristischen Studien in Zürich, München und in seiner Heimatstadt dessen Kanzlei. 1928 heiratete er Antoinette de Rougemont. Der Ehe entsprossen drei Söhne und eine Tochter. Ein behagliches Leben als Honoratior in einer hübschen welschen Kantonshauptstadt schien vorgezeichnet. Petitpierres Anwaltskanzlei lief gut, ausserdem erging von seiner Alma Mater ein Ruf als Dozent für internationales Privatrecht und Zivilrecht. Er war allseits geachtet und verfügte über einen stattlichen Freundeskreis. Wie sein Vater gehörte er der freisinnigen Partei an, doch er verstand sich auch gut mit den Liberalen. Seine Mutter stammte aus einer liberalen Familie. Sein Sinn stand ohnehin nicht nach Parteipolitik, ja nicht einmal nach einem politischen Amt. Im Grunde genommen wollte er sich nie politisch betätigen. Seine Mandate kamen ihm eher zugeflogen, als dass er sie gesucht hätte. 1937 bedrängten ihn seine Freunde, sich um einen Sitz im Neuenburger Grossen Rat zu bewerben. Petitpierre zeigte wenig Lust; er zögerte lang. Schliesslich liess er sich als Kandidat aufstellen. Nach eigenem Bekenntnis willigte er ein, weil er, der vom Militärdienst Dispensierte, es als eine moralische Verpflichtung empfand, auf andere Weise etwas für sein Land zu tun.[401]

Im Neuenburger Parlament tat sich Petitpierre vor allem in einer Angelegenheit hervor: Er betrieb mit viel Fingerspitzengefühl die Wiedervereinigung der beiden reformierten Kirchen. Auf Grund seiner Herkunft war er dazu ausersehen. Er selbst gehörte der Landeskirche an, die Familie seiner Frau dagegen, die de Rougemonts, war prominent in der Freien Kirche vertreten. Sein Schwiegervater war Pastor, und dessen Vater hatte die etatistischen Übergriffe von Numa Droz an vorderster Front mit der Abspaltung bekämpft. Zum ersten Mal sollte Petitpierre in die Fussstapfen von Numa Droz, seinem grossen Neuenburger Vorgänger, treten und dessen Weg nach Bern beschreiten – aber mit anderer Sinnesrichtung. Wo der Ältere Gräben ausgehoben hatte, schüttete der Jüngere sie zu. Droz ein parteipolitischer Draufgänger von den Jurahöhen herab, Petitpierre ein ausgeglichener Gentleman vom Seegestade; der eine liebte feurige Reden, der andere scheute sie, der eine wirkte polarisierend, der andere integrierend. Auch in der Aussenpolitik sollten die beiden Neuenburger einen Kontrapunkt setzen: Droz drängte es, die Beziehungen nach aussen zu beleben und in neue Bahnen zu lenken, Petitpierre suchte die Schweiz mit ihrem herkömmlichen Verständnis sachte an die neuen Verhältnisse heranzuführen.

Im Grossen Rat erwarb sich Petitpierre mit seiner seriösen Arbeit rasch Ansehen, ja mit seinem Einsatz für den Familienschutz und die Volksgesundheit gar eine Popularität, die weit über seine Partei hinausreichte. 1942 entsandten ihn die Neuenburger in den Ständerat. Obschon ein »greenhorn«, nahm er in der Vollmachtenkommission, der mit Abstand wichtigsten Kommission, Einsitz. Diese befasste sich auch mit den aussenpolitischen Belangen. Petitpierre verfolgte die Amtsführung des umstrittenen Aussenministers Marcel Pilet-Golaz von nahe. Im Gegensatz zu vielen Landsleuten erteilte er ihm im Nachhinein keine schlechten Noten, sondern würdigte ausdrücklich dessen Verdienste in schwieriger Zeit. Am 7. November 1944 kündigte der Waadtländer seinen Rücktritt auf Jahresende an. Ihm blieb nichts anderes übrig, nachdem sein Vorschlag zur Aufnahme von diplomatischen Beziehungen von der Sowjetunion brüsk abgelehnt worden war. Der Schweizer Aussenminister war desavouiert. Aller Welt war klar, dass die Sowjetunion als Siegermacht nicht bereit war, mit dieser Person die Verhältnisse in der Nachkriegszeit zu regeln. Natürlich wollten die Waadtländer den Sitz für einen der Ihren sichern. Aber ihr Vorschlag, obschon von den welschen Radikalen unterstützt, fand innerhalb der freisinnigen Fraktion keine Mehrheit. Da fiel erstmals der Name »Petitpierre«.

Doch der junge Ständerat war alles andere als begeistert. Er lehnte eine Kandidatur ab. Ihn drängte es nicht in die oberste Landesbehörde. Mittlerweile hatte er sich als Anwalt einen Namen gemacht, war Präsident der Schweizer Uhrenkammer und sass in verschiedenen Verwaltungsräten. Finanziell würde der Wechsel ein Opfer erfordern. Es waren indes nicht diese Aussichten, die ihn erschreckten, sondern Zweifel an den eigenen Fähigkeiten. Petitpierre war alles andere als ein Volkstribun. Reden zu halten war ihm verhasst. Er scheute es, im Scheinwerferlicht der Öffentlichkeit zu stehen – kurz: er war ein »homme de cabinet« und war sich dessen bewusst. Dennoch gab er dem Drängen der Fraktion schliesslich nach. Warum? Wie er später berichtete, beunruhigte ihn die Beschwörung eines Thurgauer Delegierten: »Herr Petitpierre, wenn Sie nicht annehmen, wird etwas Dummes passieren.« War dies eine Warnung, dass die Welschen ihren Sitz verlieren könnten, falls der Neuenburger Ständerat auf seiner

Ablehnung beharrte? Petitpierre hatte es so verstanden – und eine Kandidatur angenommen. In der Nacht danach freilich wachte er schweissgebadet auf und war überzeugt, »d'avoir fait la plus grande bêtise de ma vie.«[402] Aber er hatte den Expressbrief bereits abgeschickt und konnte somit seine Kandidatur nicht mehr zurückziehen.

Ausserhalb des eigenen Kantons und der eigenen Partei war Petitpierre nur wenig bekannt. Der Schaffhauser Stadtpräsident und Nationalrat Walther Bringolf, ein profilierter Sozialdemokrat, berichtet in seinen Memoiren, wie überrascht er war, als er von einem Kandidaten namens Petitpierre hörte. »Anfangs der Session traf ich im Nationalratssaal meinen Luzerner Kollegen, Stadtpräsident Wey, der in jener Zeit Präsident der Freisinnig-Demokratischen Partei war. Ich erkundigte mich bei ihm nach dem Nachfolger von Pilet-Golaz, und als er mir den Namen Petitpierre nannte, sagte ich: ›Wer ist das eigentlich? Niemand kennt ihn.‹ Darauf sagte Wey: ›Gerade darum schlagen wir ihn vor. Wir wollen nun endlich einmal ein unbeschriebenes Blatt, an dem Sie nicht schon wieder kritisieren können, bevor er sein Amt angetreten hat.‹«[403] Der kaum bekannte Ständerat wurde schon im ersten Wahlgang gewählt.

In der Landesregierung übernahm Petitpierre das Politische Departement. Keiner der bisherigen Bundesräte hatte Lust gezeigt, die Nachfolge von Pilet-Golaz im EPD anzutreten. Dieser selbst hatte in seinem Demissionsschreiben von einem solchen Schritt abgeraten. »Der Aussenminister der Kriegszeit soll nicht und kann nicht jener der Nachkriegszeit sein. Die neue Lage erfordert frische und unverbrauchte Kräfte.«[404] Dem Neuling standen im EPD allerdings erfahrene Diplomaten zur Seite. Der Bundesrat hatte kurz vor Petitpierres Amtsantritt Minister Walter Stucki zum Chef der Abteilung für Auswärtiges, also zur rechten Hand des Aussenministers ernannt. Stucki, der letzte Gesandte beim Vichy-Regime, musste an die Zentrale zurückgenommen werden, da ihm die Regierung von General de Gaulles das Agrément nicht erteilen wollte. Der gross gewachsene Berner war eine ausserordentliche Erscheinung. Er war wohl einer der tatkräftigsten Beamten in der Geschichte des Bundesstaates. Aber er war auch äusserst selbstbewusst, wenn nicht gar herrisch veranlagt. Albert Weitnauer, der nachmalige Staatssekretär, hatte als junger Diplomat Stucki kennen und schätzen gelernt. Vornehm umschrieb er dessen Eigenschaften so: »Man hat Walter Stucki unverhüllten Hochmut als beherrschenden Charakterzug vorgeworfen, und dies war nicht unberechtigt. Doch... hatte er Grund dazu, auf sich selbst stolz zu sein. ... Sein Format war vielleicht etwas zu gross für unser Land...«[405]

Stucki sollte seine Qualitäten dem neuen Departementschef sogleich beweisen, indem er sozusagen im Alleingang die schwierigen Currie-Verhandlungen über die Normalisierung der wirtschaftlichen Beziehungen zu den Alliierten führte, aber auch indem er sein Selbstbewusstsein stark ausspielte. Der Chefbeamte, der vor Jahren selbst für den Bundesrat kandidiert hatte, ertrug es nur schlecht, dass er nicht so freizügig walten konnte, wie es ihm beliebte. Denn Petitpierre entwickelte rasch eigene Auffassungen von der Aussenpolitik, die sich nicht unbedingt mit Stuckis Vorstellungen deckten. So trennte sich der neue Aussenminister bald von seinem engsten Mitarbeiter. Der Bundesrat löste die gespannte Atmosphäre im EPD auf elegante Weise. Er schuf 1946 für den Spitzendiplomaten eigens den Posten eines Delegierten des Bundesrates für Spezialmissionen. In dieser Funktion verfügte Stucki über den nötigen Freiraum, und er leistete weiterhin Grosses für sein Land. Namentlich verhandelte er in Washington meisterhaft mit den Alliierten über die deutschen Guthaben in der Schweiz. Zu seinem ersten Mitarbeiter aber wählte Petitpierre Minister Alfred Zehnder. Dieser Diplomat mit auserlesenen Umgangsformen hatte nicht nur, als die Rote Armee Berlin erstürmte, in den Ausweichunterkünften der Schweizer Gesandtschaft ausgeharrt und seinen Mut vorbildlich bewiesen; der in Moskau aufgewachsene Auslandschweizer verfügte auch über perfekte Russischkenntnisse – keine schlechten Voraussetzungen, um den Departementschef in einem Zeitpunkt zu assistieren, da die Aufnahme von diplomatischen Beziehungen zur Sowjetunion zuoberst auf der aussenpolitischen Agenda stand.

Petitpierre hatte in der Landesregierung einen schwierigen Start. Die Schweiz war aussenpolitisch in hohem Grad isoliert, und das Departement mit seinem diplomatischen Netz musste auch dringend reorganisiert werden. Der neue Aussenminister tat sich schwer in seinem Amt. Anfang 1946 klagte er Carl Jacob Burckhardt sein Leid. Petitpierre schätzte diesen »homme de lettres« ganz besonders. Schon an seinem ersten Arbeitstag hatte er den IKRK-Präsidenten angerufen und gebeten, ihn in Bern zu besuchen. Tags darauf erschien Burckhardt im Bundeshaus. Petitpierre wollte ihn für die Diplomatie gewinnen. Tatsächlich konnte er ihn dazu bewegen, die Gesandtschaft in Paris zu übernehmen. Damit signalisierte er, nach der Missstimmung, die das Agrément-Gesuch für Stucki ausgelöst hatte, einen Neuanfang in den Beziehungen zu Frankreich. In einem Briefwechsel zur Jahreswende schrieb nun Petitpierre, sich in seinem erhabenen Pessimismus wohl etwas der Gedankenwelt seines Adressaten anpassend, an Burckhardt:

»Dieses Jahr, das ich an der Spitze des derzeit ohne Zweifel schwierigsten Departementes verbrachte, ist das härteste, das ich bisher erlebte. Ich habe mich gewiss einigermassen eingewöhnt. Aber jeder neue Tag ist für mich eine neue Prüfung. Entweder hat man die Lust an der Macht, oder man hat sie nicht – aber ich glaube nicht, dass man sie sich erwirbt. Freilich, in diesem Jahr hatte ich auch das Privileg, mit einigen Persönlichkeiten in Kontakt zu treten, deren uneigennützige Mitarbeit und Einsatz für mich den grössten Trost bedeuteten. Ich denke an Sie, Herr Minister, ich denke auch an Herrn Ruegger [den Schweizer Minister in London]. Die Stunden, in denen ich mit Ihnen unbefangen jene Fragen diskutieren konnte, die uns bewegen, liessen mich die unglaubliche Mittelmässigkeit und die Kleinkariertheit unserer Politiker, die das Geschick des Landes zu lenken vorgeben, vergessen. Gewiss gibt es unter den Parlamentariern, mit denen ich mich herumschlagen muss, ehrenwerte Ausnahmen. Aber die meisten trachten selten danach, ein Problem um seiner selbst willen zu lösen. Ihre Urteile sind durch kleinliche Gefühle, kleinlichen Hass und kleinlichen Ehrgeiz verformt. Sie suchen nicht die Wahrheit – häufig fürchten sie diese –, ihnen geht jede Noblesse ab.«[406]

Petitpierre wuchs freilich rascher in seine neue Aufgabe hinein, als der zitierte Brief verrät. Und der Sinn für Macht ging ihm, wie gerade sein höflicher, jedoch entschlossener Umgang mit Stucki bewies, durchaus nicht ab. Auch wurde bald ersichtlich, dass er Aussenpolitik mit Gespür betrieb. Im Frühherbst 1946 bewahrte er den Bundesrat wohl vor einer Peinlichkeit, wenn nicht gar Blamage. Damals besuchte Churchill auf Einladung von Schweizer Industriellen die Schweiz. Diese stellten ihm in Bursinel am Genfersee eine Villa als Feriendomizil zur Verfügung. Die Unternehmer hegten gewiss echte Bewunderung für den hohen Gast; aber einigen ging es auch um Imagepflege, da sie im Krieg die deutschfreundliche, auf Anpassung drängende »Eingabe der Zweihundert« unterzeichnet hatten oder ihre Firmen auf der »Schwarzen Liste« der Briten standen. Jedenfalls riet das EPD den Gastgebern, sich dezent im Hintergrund zu halten.[407] Der Bundesrat seinerseits lud Churchill auch nach Bern ein und logierte ihn im Landgut Lohn. Die Berner Bevölkerung strömte, wie nie zuvor und nie danach, in Scharen herbei, um Hitlers Widersacher und den grössten Staatsmann des Jahrhunderts zu bejubeln – ein Schauspiel, das sich einige Tage später in Zürich wiederholen sollte. Dem Bundesrat war nun bekannt, dass Churchill am 19. September eine bedeutsame Rede an der Universität Zürich zu halten gedachte. Was, wenn die Rede viel Politisches enthielt? In der Schweiz mussten sich Ausländer, so verlangte es das Gesetz, politischer Stellungnahmen enthalten. Hinter den Kulissen wurde diese Frage im Bundesrat eifrig erörtert; auch zwischen der Regierung des Kantons Zürich und der Landesbehörde wurde deswegen korrespondiert. Zürich bat, der Bundesrat möge die politische Verantwortung für Churchills Rede übernehmen. Doch die oberste Exekutive lehnte dies ab, wie Petitpierre Regierungsrat Hans Streuli in einem Schreiben vom 13. September wissen liess. Im Bundesratskollegium sassen allerdings auch Leute, die dem Engländer einen Zaum anlegen wollten. Der Chef des Justiz- und Polizeidepartementes, Eduard von Steiger, war der Ansicht gewesen, Petitpierre solle Churchill auffordern, die Rede dem Bundesrat vorher zu unterbreiten. Doch der Neuenburger wollte sich für ein derart unwürdiges Gebaren nicht hergeben. Er weigerte sich, wie er in einem Rückblick von 1965 festhielt, dem Ansinnen nachzukommen.[408] Schliesslich einigte sich der Bundesrat darauf, Churchill Redeerlaubnis zu erteilen unter der Voraussetzung, dass der Gast im Wesentlichen keine politische Rede halte – eine Voraussetzung, die, bedenkt man den epochalen Aufruf zum Aufbau Europas in der Zürcher Aula, ein frommer Wunsch blieb.

Die undankbare Aufgabe, dem gefeierten Gast die Auflagen des Bundesrates zu überbringen, überliess man gern dem britischen Generalkonsul in Zürich. Der Protokollchef des EPD, Botschaftsrat Jacques-Albert Cuttat, der Churchill auf dessen Reise begleitete, wusste am 17. September Folgendes zu berichten: »Am Morgen sagt mir ein sichtbar verärgerter Herr Churchill, dass der britische Generalkonsul in Zürich ihm in einem Brief geraten hätte, in der Zürcher Rede über nichts Politisches zu reden. ›Worüber soll ich denn sprechen, wenn nicht über Politik?‹« Churchill war offensichtlich tief verstimmt. Als er am nächsten Tag in Zürich eintraf, weigerte er sich bei der Ankunft im Hauptbahnhof, den Generalkonsul zu grüssen. Zweifelsohne hatte der routinierte Politiker jedoch auch durchschaut, aus welcher Quelle die Anweisung stammte. Zum Protokollchef bemerkte er nach der Rede von historischer Bedeutung schalkhaft: »Sie sehen, meine Rede enthielt für Sie nichts Kompromittierendes. Wenn ich von den dreizehn Männern im Kreml gesprochen hätte, dann würde ich verstehen, dass es Ihnen dabei nicht ganz wohl gewesen wäre.«[409] Petitpierre unterliess es nicht, Churchill noch am gleichen Abend zur »gehaltvollen und mutigen Rede« zu gratulieren.[410] Während sich Churchill im Hotel Dolder in kleiner Runde noch einen letzten Whisky genehmigte, traf das Telegramm ein; Churchill las es, reichte es herum und freute sich über die Anerkennung aus dem offiziellen Bern.

Anzumerken bleibt noch, dass aus dem Ausland die befürchteten Beschwerden prompt eintrafen. So sprach der jugoslawische Gesandte beim Chef der Abteilung für Auswärtiges, Alfred Zehnder, vor und nannte Churchills Rede »un discours extrêmement inopportun«.[411] Indem der Bundesrat dem Staatsmann gestattete, diese Ansprache auf eidgenössischem Boden zu halten und via das Radio in alle Welt auszustrahlen, hätte die Schweiz den Pfad der Neutralität verlassen. Auch der frenetische Beifall der Schweizer Bevölkerung deute im Übrigen darauf hin, dass die Schweiz drauf und dran sei, sich dem westlichen Block anzuschliessen. Offensichtlich hatten die Schweizer und das Ausland die historische Bedeutung dieser Rede besser erfasst als der britische Generalkonsul. Dieser war in aller Öffentlichkeit über seinen Landsmann hergezogen. Oberstleutnant Hans Bracher, dem hohen Gast als militärischer Begleiter beigegeben, vermerkte in seinem Bericht, »dass der englische Konsul in Zürich nach Weggang von Winston Churchill aus dem Zunfthaus ›Zur Meise‹ das Wort ergriff und dort vor versammelten zürcherischen Regierungs- und Stadtbehörden eine äusserst scharf gehaltene Kritik losliess. Er betonte, dass Churchill vollständig schief gewickelt sei in seinen Ansichten, in England keinerlei Ansehen mehr geniesse, und er empfahl den zürcherischen Behörden, auf die Worte Churchills nicht zu hören.«[412]

Petitpierre genoss im In- und Ausland hohes Ansehen. Es war nur mit jenem von Motta zu vergleichen, obschon die beiden Persönlichkeiten grundverschieden waren. Wo der Tessiner grosszügig für seine Überzeugung eintrat und mit mediterraner Herzlichkeit politisierte, hielt der Neuenburger protestantisch nüchtern seine Gefühle zurück. Mit diesem Vorgehen blieb ihm auch erspart, derart scharf in die Schusslinie parteipolitischer Kritik zu geraten wie sein Vorgänger. Innerhalb des Bundesratskollegiums musste er sich jedoch nicht selten gegen andere Meinungen durchsetzen. Insbesondere Markus Feldmann, der Nachfolger von Steigers im Justiz- und Polizeidepartement, widersprach ihm häufig. Der ehemalige Chefredaktor der »*Neuen Berner Zeitung*« verspürte ein Faible für die Aussenpolitik. Etliche politische Auguren hielten es für ausgemacht, dass der Vertreter der Bauern-, Gewerbe- und Bürgerpartei, der heutigen Schweizerischen Volkspartei, nach Petitpierres Abgang ins EPD wechseln würde. Doch Feldmann verstarb 1958 unverhofft im Amt.

Tatsächlich hatte Petitpierre seine Demission ein erstes Mal auf Ende 1955 erwogen. Je näher der Termin indes rückte, desto schwerer fiel ihm der Abschied vom Amt. Walther Bringolf, damals Präsident der Sozialdemokratischen Partei und als Nachfolgekandidat gehandelt, war vor Jahresfrist vom Aussenminister ins Vertrauen gezogen worden. Am 13. Dezember 1955 soll Petitpierre ihm jedoch erklärt haben: »Das Jahr 1955 war für mich äusserst wertvoll und interessant. Ich habe viele neue Eindrücke gewonnen und viele ergänzende Beobachtungen gemacht. Ich gestehe Ihnen, dass es mir, je näher die Frage meines Rücktritts an mich herantritt, umso schwerer fällt, mich von meinem Posten zu trennen. Ich fühle mich gesundheitlich heute besser als vor zehn Jahren. Wenn man vorausschauend aus einer gewissen Distanz von einer derartigen Entscheidung spricht, dann erscheint sie leichter als im Augenblick, da sie ganz nahe herangekommen ist und getroffen werden müsste.«[413] Der Neuenburger hatte einen langen Weg zurückgelegt. Vor seiner Kandidatur hatte er noch an seiner Eignung für das Bundesratskollegium gezweifelt, dann fand er, man sollte nicht länger als zehn Jahre das Kräfte verzehrende Amt ausüben, schliesslich blieb er, bis er nach 16 Jahren aus gesundheitlichen Gründen seine Demission einreichte.

Nach seinem Rücktritt im Jahr 1961 gönnte sich Petitpierre jedoch nicht den Ruhestand. Sein Rat war vielerorts gefragt. Sogleich wurde er ins Internationale Komitee vom Roten Kreuz (IKRK) berufen. Er gehörte diesem angesehenen Gremium bis 1976 an. Auch stellte er seine Dienste nochmals der Eidgenossenschaft zur Verfügung. Ab 1967 präsidierte er die Kommission der Guten Dienste für den Jura. Zusammen mit seinem ehemaligen Kollegen Friedrich Wahlen, Ständerat Raymond Broger und Nationalrat Pierre Graber suchte er nach einer politischen Lösung für die Jurafrage. Die »vier Weisen« wiesen in zwei umfangreichen Berichten den Weg zur Volksabstimmung. Ausserdem nahm Petitpierre in den Verwaltungsräten von mehreren grossen Wirtschaftsunternehmen Einsitz. Damit machte er Schule. Eine Reihe von zurückgetretenen Bundesräten folgte seinem Beispiel. Aber im Volk runzelte man vielfach die Stirn ob der lukrativen Mandate. Es war, als ob ein Schatten auf die Verdienste des früheren Aussenministers gefallen wäre. Bringolf schrieb: »Als Max Petitpierre dann aus dem Bundesrat ausgeschieden war, wurde er auffallend oft in ergiebige Verwaltungsräte berufen und steht heute noch an der Spitze des Verwaltungsrates eines Weltunternehmens, was sein Bild bei vielen verzerrt hat, besonders bei denen, die ihn als Bundesrat und Staatsmann kennen gelernt hatten.«[414] Petitpierre starb 1994 hochbetagt in Neuenburg.

Aussenpolitik auf dem Tiefpunkt

Als Petitpierre im Bundesrat Einsitz nahm, war der Krieg noch nicht zu Ende, aber das Ende war absehbar. Das Dritte Reich war am Zusammenbrechen. Die Rote Armee stürmte nach Berlin vor, die Amerikaner standen am Rhein. Bald sollten die Alliierten alle Gebiete rings um die Schweiz befreien. Die Eidgenossenschaft war erneut eingeschlossen, doch dieses Mal, so schien es, von Freunden. Nicht alle freilich hatten, wie ersichtlich wurde, eine vorteilhafte Meinung vom Verhalten der Schweiz im Krieg. Das Selbstverständnis der Schweizer kollidierte merkwürdig mit der vorherrschenden Wahrnehmung in alliierten Kreisen. In deren Augen war die Schweiz nicht das Land, das aus eigener Kraft und unter Entbehrungen seine Unabhängigkeit in gefährlichster Umgebung verteidigt hatte; es war vielmehr ein Land von Kriegsgewinnlern, das nichts zum Sieg über die Achsenmächte beigetragen hatte, das im Gegenteil mit seinen Geschäften noch zur Verlängerung des Krieges beitrug und die Wiederaufrüstung Deutschlands nach der Niederlage zu ermöglichen drohte. Die Schweiz durfte nicht weiterhin als »Safehaven« für die Nazis fungieren.

Am weitesten verbreitet war diese Ansicht in Amerika. Und Washington war entschlossen, seine Hand auf die deutschen Vermögenswerte in der Schweiz zu legen. Deshalb drängte die amerikanische Regierung darauf, noch vor Kriegsende in Bern vorzusprechen. Wie ernst es Franklin D. Roosevelt war, unterstrich er, indem er am 19. Januar 1945 Bundespräsident von Steiger folgendes Schreiben sandte:

»Wir haben die traditionelle Neutralität Ihres Landes respektiert und die Schwierigkeiten Ihrer Lage in der Vergangenheit mitempfunden. Wir haben uns enthalten, auf die Erfüllung unserer Forderungen zu dringen, als Sie durch unseren Feind eingeschlossen waren und nichts anderes tun konnten, als mit ihm einen bedeutenden Handel zu treiben. Jetzt hat sich indessen das Kriegsglück gewendet. Wir sind nun besser in der Lage, Ihren dringendsten Bedürfnissen entgegenzukommen und Ihre Freiheiten zu verteidigen, falls sie bedroht sind. Ich weiss, dass es Ihnen unter diesen Umständen sehr daran gelegen sein wird, den Nazis jede weitere Unterstützung zu entziehen. Es wäre in der Tat eine Gewissensfrage für jeden freiheitsliebenden Schweizer, das Bewusstsein haben zu müssen, dass er in irgendeiner Weise die Anstrengungen anderer freiheitsliebender Länder, die Welt von einem ruchlosen Tyrannen zu befreien, behindert habe. Ich drücke mich so entschieden aus, weil jeder Tag, um den der Krieg verlängert wird, einer Anzahl meiner Landsleute das Leben kostet. Ich hoffe auch, dass Sie unseren Anstrengungen in der Nachkriegszeit, den Besitz unseres Feindes aufzuspüren und darauf zu greifen, jede Unterstützung leihen werden.«[415]

Am 12. Februar wurden in Bern die Verhandlungen aufgenommen. Auf Seite der Alliierten leitete sie der Amerikaner Laughlin Currie, ein persönlicher Mitarbeiter von Präsident Roosevelt, auf Schweizer Seite Minister Walter Stucki. Schon in seiner Eröffnungsrede erklärte Currie, was der Delegation aus Amerikanern, Briten und Franzosen vorschwebte: Die Schweiz solle jeglichen Wirtschaftsverkehr mit den Achsenmächten einstellen, sie solle diesen keine Transitrechte mehr gewähren, ausserdem solle sie den Schweizer Finanzplatz für die Feinde der Alliierten sperren, sie solle bei der Ermittlung und Rückgabe der von den Deutschen erbeuteten Vermögenswerte behilflich sein und bei der Bestandsaufnahme der ausländischen Guthaben auf Schweizer Banken ihre Zusammenarbeit anbieten. Die Alliierten stellten als Gegenleistung in Aussicht, die Wirtschaftsblockade aufzuheben, die so genannte schwarze Liste von Schweizer Firmen, mit denen jeder Geschäftsverkehr untersagt war, abzuschaffen und die in den USA blockierten Schweizer Guthaben freizugeben.

Die Forderungen der Alliierten stellten die Schweiz vor sehr schwierige Probleme – und dies in mehr als nur einer Hinsicht. Das politische Empfinden sträubte sich dagegen, unmittelbar vor Kriegsende vom Neutralitätskurs abzuweichen und vorbehaltlos auf die Linie der Alliierten einzuschwenken; dem Rechtsempfinden widerstrebte es, vertragliche Vereinbarungen mit den Achsenmächten zu brechen; schliesslich drückte die wirtschaftliche Notlage nach wie vor unvermindert; die Versorgung war so, dass die Schweiz auch bei Kriegsende auf Gedeih und Verderb auf die Zufuhr von Lebensmitteln und Rohstoffen aus dem Ausland angewiesen war. Als die Schweizer Unterhändler am Abend des ersten Verhandlungstages mit dem Bundesrat die Lage besprachen, kamen sie zu einem niederschmetternden Schluss: Was die Alliierten verlangten, widersprach schlicht der Neutralität und verletzte die Würde des Landes. Dennoch musste die Schweiz verhandeln. Es blieb ihr keine andere Wahl. Sie stand allein der geballten Macht der siegreichen Allianz – allerdings ohne Russland – gegenüber.

Im Grunde genommen waren die Currie-Verhandlungen ein Diktat. Und man müsste das Wort »verhandeln« zwischen Anführungszeichen setzen, hätte nicht Minister Stucki es verstanden, sich mit geschickten Argumenten vom Befehlsempfänger zum Verhandlungspartner aufzuschwingen. Dabei liess er sich von einem Gedanken leiten: in der Sache die alliierten Forderungen erfüllen, in der Form die alten Verträge wahren. Die deutsche Niederlage war, wie er richtig annahm, nur noch eine Frage von Wochen oder Monaten; die Schweiz müsse deshalb im eigenen Interesse auf die Alliierten zugehen, während sie Deutschland in der Form möglichst hinhalten sollte. Es war eine Strategie, die ganz darauf ausgerichtet war, das Gesicht zu wahren. Stucki bezahlte für die Schweiz und für sich selbst einen hohen Preis. Im Wesentlichen erreichten die Alliierten alles, was sie wollten. Die Schweiz reduzierte den Warenverkehr mit Deutschland und den Transit durch den Gotthard bis zur Bedeutungslosigkeit. Sie beugte sich auch den finanzpolitischen Kernforderungen: Die deutschen Guthaben in der Schweiz wurden gesperrt, der Bundesrat willigte zudem ein, vor einer Aufhebung der Sperre die Alliierten zu konsultieren, und nach langem Widerstand liess er sich auch dazu herbei, von Deutschland kein Gold mehr als Zahlungsmittel anzunehmen. Kein Wunder, dass Currie am 5. März triumphierend nach Washington telegrafierte, die Schweiz habe nach drei Wochen härtester Verhandlungen endlich kapituliert.[416] Vom Bundesrat aber musste sich Stucki vorwerfen lassen, seine Kompetenzen eindeutig überschritten zu haben; er hätte die Beziehungen zu Deutschland zu stark reduziert und damit gegen die Neutralitätsverpflichtungen verstossen; die materiellen Vorteile des Abkommens würden durch die politischen Nachteile mehr als abgegolten. Aber der Bundesrat wollte seinen Unterhändler nicht desavouieren und unterzeichnete das Abkommen. Immerhin hatte Stucki mit seiner Verhandlungskunst erreicht, dass die Schweiz keinen völligen Gesichtsverlust erlitt. Und die Alliierten hoben, von einigen Ausnahmen abgesehen, die Einfuhrblockade auf. Vieles aber konnte man in Bern nicht hinreichend regeln. Man hob es für spätere Verhandlungen auf, die übers Jahr in Washington stattfinden sollten.

Befriedigt von diesem Abkommen, das am 8. März 1945 geschlossen wurde, war in der Schweiz niemand. Man empfand es als eine Schmach, als einen Übergriff auf die Souveränität. Bundesrat Walther Stampfli, der Vorsteher des Volkswirtschaftsdepartementes, meinte: So solle man denn in Gottes Namen Realpolitik betreiben und sich mit den Alliierten, von denen man völlig abhänge, verständigen. Aber man solle sich im Klaren sein, dass die Alliierten letztlich verlangten, dass sich die Schweiz am Wirtschaftskrieg gegen Deutschland beteilige. Man sei von den Deutschen nie schlechter behandelt worden als jetzt von den Alliierten. Das werde er dem Volk auch ungeschminkt sagen.[417] Der Gesamtbundesrat zeigte sich im Geschäftsbericht von 1945 dann versöhnlicher. Er hielt fest, das Abkommen hätte auf verschiedenen Gebieten die Lösung heikler Aufgaben gebracht. Es hätte dazu beigetragen, die Schweiz wieder in engere Verbindung mit den grossen westlichen Mächten zu bringen, von denen sie seit 1940 weitgehend abgeschnitten gewesen sei.

Das Wichtigste liess sich indes nicht in Paragrafen fassen. Es betraf den politischen Klimawechsel. Die Gespräche waren für die Schweiz ein erster

Schritt, um aus dem aussenpolitischen Tief herauszugelangen. Minister Zehnder, der die Verhandlungen aus der Nähe verfolgt hatte, schrieb später: In äusserst schwierigen Sitzungen sei es den Schweizer Unterhändlern gelungen, »die Atmosphäre von Verdächtigungen und falschen Beurteilungen zu reinigen und die zahlreichen falschen Meinungen, besonders der Amerikaner, über das Verhältnis der Schweiz zu den Achsenmächten... zu korrigieren; kurz gesagt: die Amerikaner davon zu überzeugen, dass die Schweiz auch während der vollständigen Isolierung vom Westen kein Anpasser gewesen war...«[418] Laughlin Currie bestätigte diese Schilderung, wenn eine Mitteilung von Bundesrat Ernst Nobs vom 2. März 1945 an Petitpierre zutrifft. Der Amerikaner soll gesagt haben: »Ich kam mit einem Vorurteil in die Schweiz. Ich nahm an, wir würden auf eine recht feindselige Stimmung stossen.... Was mich dann am meisten überraschte, das war die geradezu herzliche Aufnahme, die wir erhielten. Statt einer abweisenden Stimmung fanden wir viel Sympathie. Das hat uns... vom ersten Tage an darüber ins Bild gesetzt, dass das Schweizervolk und seine Behörden keineswegs freiwillige Helfershelfer der Achse waren, sondern Demokraten mit grosser Zuneigung und grossem Verständnis für die Sache der Alliierten.«[419]

Die Klimaerwärmung war indes zaghaft. Schon im September verschlechterten sich die Beziehungen zu Washington wieder. Die amerikanischen Behörden warfen der Schweizer Regierung vor, entgegen den Abmachungen eine grössere Goldlieferung von der deutschen Reichsbank entgegengenommen zu haben. Auch weigerte sich Washington, über die Freigabe der Schweizer Guthaben in den USA zu verhandeln, ehe nicht die Frage der deutschen Vermögen in der Schweiz besser geregelt sei. Dieses Junktim beunruhigte den Bundesrat. Er beschloss, möglichst bald eine Delegation zur Abklärung nach Washington zu schicken. Der amerikanischen Administration lag indes wenig an einem Gedankenaustausch. Sie wollte hieb- und stichfeste Vereinbarungen, sie wollte die Schrauben des Currie-Abkommens enger anziehen. Und so musste die Schweiz am 18. März 1946 in Washington erneut zu Verhandlungen mit einer alliierten Delegation antreten. Wiederum leitete Minister Stucki das Schweizer Team. Es folgten zwei Monate äusserst harter Verhandlungen, bis das Abkommen am 25. Mai unterschriftsreif vorlag. Mehrmals drohte die Schweizer Seite, die Verhandlungen abzubrechen. Sie prallte mit ihren Angeboten häufig an der unerschütterlichen Front der Gegenseite ab. Heute weiss man, dass sich die Alliierten die knallharte Verhandlungstaktik gut leisten konnten. Denn der Zürcher Hans Oprecht, sozialdemokratisches Mitglied der aussenpolitischen Kommission des Nationalrats, hatte die vom Bundesrat vorgegebenen Limiten den Amerikanern verraten.[420] Auch das mangelhafte Zusammenspiel innerhalb der Schweizer Delegation, die Intrigen und die heimischen Presseattacken vergifteten das Klima. Die Nerven lagen offensichtlich zeitweise blank. Kurz vor dem Verhandlungsende schrieb Stucki dem Departementschef: »Als ich die schwierige Mission übernahm, gab ich mir über die ungeheuren sachlichen Schwierigkeiten vollkommen Rechenschaft. Dass damit aber auch noch so unendlich viel Unerfreuliches persönlicher Natur verbunden sein werde, habe ich allerdings nicht erwartet.«[421] Selbst im Rückblick sprach er noch von »ausserdordentlich harten und unerfreulichen Verhandlungen«.[422]

Den Amerikanern ging es in diesen Verhandlungen um zweierlei: Die Schweizer Behörden sollten die deutschen Vermögenswerte in der Schweiz liquidieren und den Alliierten aushändigen; ferner erhoben sie Anspruch auf die Goldbestände, welche die Deutschen geraubt und in die Schweiz transferiert hätten. Die Schweiz ihrerseits stellte ebenfalls zwei Begehren: Abermals verlangte sie, die schwarzen Listen und die Sperre auf den schweizerischen Guthaben in den USA zügig aufzuheben. Der Bundesrat tat sich mit den alliierten Forderungen schwer. Seiner Meinung nach waren diese nicht durch das Recht, sondern allein durch die Macht diktiert. In der Einleitung zum Abkommen hob er nochmals hervor, er könne keine Rechtsgrundlage für die alliierten Forderungen anerkennen. Um jedoch einen Beitrag zum Wiederaufbau Europas zu leisten, sei er aus eigenem Willen bereit, die in der Schweiz liegenden Vermögenswerte, sofern sie in Deutschland wohnenden Deutschen gehören, zu liquidieren und 50% des Erlöses den Alliierten zur Verfügung zu stellen. Sodann einigte man sich, die Goldfrage mit 250 Millionen Franken zu begleichen. Mit der Annahme dieses Betrages verzichteten die Alliierten auf alle weiteren Ansprüche, die sich auf das von der Schweiz während des Krieges von Deutschland erworbene Gold bezogen. Dieses Problem war hiermit eindeutig geregelt. Die USA ihrerseits strichen die auf den schwarzen Listen verzeichneten Schweizer Firmen.

Während somit zwei Forderungen umgehend beglichen wurden, bereiteten die beiden andern Umgelegenheiten mehr Anstände. Am schwierigsten war es, die deutschen Vermögenswerte zu liquidieren. Der Bundesrat hatte von Anfang an das Ansinnen der Alliierten abgelehnt, das in der Schweiz liegende Vermögen von allen Deutschen zu konfiszieren. Dass auch Deutsche, die in der Schweiz lebten, von dieser Massnahme erfasst würden, kam nicht in Frage. Das Abkommen enthielt zudem, wie sich im Vollzug herausstellen sollte, einige Pferdefüsse.[423] So kam denn die Umsetzung nur stockend voran, dies umso mehr als die Schweizer Behörden wegen rechtlicher Bedenken ohnehin nicht von Tatendrang überschäumten. Nach einigen Jahren – inzwischen war die Bundesrepublik entstanden und zum Partner des Westens im Kalten Krieg herangewachsen – waren Nachverhandlungen möglich. Die Schweiz drang nun mit ihren Vorstellungen, die einen grösseren Schutz für die Vermögen von deutschen Privatpersonen forderten, stärker durch.[424] Diese Bemühungen führten 1952 zur Ablösung des Washingtoner Abkommens durch neue Vereinbarungen, die dem Schweizer Rechtsempfinden mehr entsprachen. Was den vierten Verhandlungsgegenstand betraf, so mussten sich die Betroffenen mit Geduld wappnen. Die Amerikaner verschleppten die Freigabe von vielen Schweizer Vermögenswerten. Noch 1966 gab es einige unerledigte Fälle.[425]

Das Washingtoner Abkommen ist auf den ersten Blick eine überraschend einfache Übereinkunft. Es besteht aus einem Briefwechsel. Stucki sandte den alliierten Delegationschefs einen zweieinhalbseitigen Brief, und diese richteten einen gleich langen Text an ihn. Dem eigentlichen Abkommenstext waren allerdings noch acht schweizerische und acht alliierte Briefe beigelegt, welche die Verfahrensregeln enthielten. Diese waren vertraulich und nicht zur Publikation bestimmt. Das Washingtoner Abkommen ist ein Schlüsseldokument in der Schweizer Nachkriegsgeschichte. Es belegt, in welches Tief die Schweiz aussenpolitisch geraten war, aber auch, mit welcher Courage sie ihren Standpunkt in Verhandlungen verfochten hatte, die von den Machtverhältnissen her mehr einem internationalen Tribunal glichen. Dass Stucki unter diesen Umständen die Gegenseite bewegen konnte, auf einen beträchtlichen Teil ihrer Forderungen zu verzichten, verdeutlicht seine einmaligen Qualitäten als Unterhändler. Das Nachgeben ist zudem dem Umstand zu verdanken, dass sich die Alliierten selbst unter Zeitdruck setzten. Sie wollten das Abkommen unbedingt unter Dach und Fach bringen, ehe die Schweden, die beträchtlich grössere Konzessionen machen mussten, am 27. Mai in Washington eintrafen.

Als im Herbst 1996 die Eidgenossenschaft wegen der Goldkäufe in der Nazizeit und den nachrichtenlosen Bankkonten erneut ins Sperrfeuer der Kritik geriet, wurde dieses Abkommen nochmals unter die Lupe genommen. In den USA erhoben verschiedene Kreise massive Einwände gegen die Vereinbarungen, die angeblich in einem krassen Missverhältnis zu Gunsten der Schweiz getroffen worden seien. Es fehlte sogar in den oberen Etagen des State Department nicht an Stimmen, die öffentlich darüber räsonierten, ob man nicht das Abkommen neu aushandeln sollte. Es entstand der Eindruck, als ob das Schweizer Team die Gegenseite, die nebst den drei Grossmächten noch 15 andere Nationen hinter sich geschart hatte, in den Washingtoner Verhandlungen ausgetrickst hätte. Die Realität war freilich anders, und in der Schweiz war seinerzeit die Reaktion gerade umgekehrt gewesen. Man empfand das Abkommen als eine Kapitulation, als einen Kniefall des Rechts vor der Macht, als ein erzwungenes Abweichen von der Neutralität. Den Unterhändlern spendete in den eidgenössischen Kammern kaum einer Lob. Im Gegenteil, die meisten Redner beanstandeten, dass Stucki den Alliierten zu weit entgegengekommen sei. Vor allem der lockere Umgang mit der Neutralität stiess auf Ablehnung.

Auch William Rappard, selbst Mitglied der Schweizer Delegation in Washington, verheimlichte seine Bedenken nicht. Er griff noch im Hotelzimmer am Potomac zur Feder und bedauerte in einem Schreiben vom 27. Mai an Petitpierre den Ausgang der Verhandlungen: »Ich weiss nicht genau, wie die Historiker später die Art, wie wir Ihre Instruktionen umgesetzt haben, beurteilen werden. Ich habe das Gefühl, sie könnten uns beglückwünschen, uns in der Goldfrage gut aus der Schlinge gezogen zu haben. Doch werden sie mit uns, wie ich voraussehe, wesentlich weniger nachsichtig sein, was die Einwilligung betrifft, die deutschen Guthaben in der Schweiz zu liquidieren und den Erlös mit den Siegern zu teilen. Um eine derartige Beeinträchtigung unserer Neutralitätstradition und ein solches Abrücken von den Prinzipien, die bisher dem Völkerrecht zu Grunde lagen, zu rechtfertigen, wird man die geistigen und materiellen Umwälzungen, die das Hitlerregime überall bewirkte, aber auch den fast unausstehlichen Druck, den die Alliierten auf uns ausübten, sehr grosszügig berücksichtigen müssen.«[426] Diesem Urteil hätten wohl fast alle Schweizer zugestimmt. Das Washingtoner Abkommen wies auf dem Tiefpunkt der aussenpolitischen Isolation einen Ausweg; es öffnete das Tor zu den westlichen Staaten, aber es markierte auch eine schmerzliche Demütigung der Nation. Das Selbstverständnis war erschüttert. Die Schweizer waren überzeugt gewesen, während der nationalsozialistischen Zeit die Rechte und Pflichten eines Neutralen im Grossen und Ganzen korrekt erfüllt zu haben. Nun hatte man sie gezwungen, ein Abkommen zu schliessen, das bewies, dass andere anders darüber dachten.

Neutralität und Solidarität

Auch nach dem Washingtoner Abkommen verbesserten sich die Beziehungen zu den Vereinigten Staaten nicht so, wie die Schweiz es gewünscht hätte. Zwar stimmten beide Länder in ihren aussenpolitischen Ansichten, in ihrer Wirtschaftspolitik und im humanitären Engagement immer stärker überein. Aber noch im Sommer 1948 sah sich Petitpierre gezwungen, den amerikanischen Gesandten zu sich zu zitieren und ihm zu erklären, mit keiner anderen Regierung hätte die Schweiz so viele Schwierigkeiten wie mit jener der USA: Die Angelegenheit mit den blockierten Guthaben komme nicht vom Fleck, die Entschädigungen für die Bombardierung von Schaffhausen würden nicht entrichtet, die Streitigkeiten um das Washingtoner Abkommen setzten sich fort – kurz: die Schweiz bekomme zusehends das Gefühl, »qu'il y a dans le Gouvernement américain une hostilité marquée à l'égard de notre pays«.[427]

Doch die Beziehungen zu anderen Ländern waren nach dem Krieg nicht viel besser. Namentlich Frankreich grollte der Schweiz auch heftig. Als die Maquisards nach der Befreiung die Regierungsgewalt übernahmen, verhafteten sie zahlreiche Schweizer. Sie wurden der Kollaboration mit dem Feind angeklagt. Einige wurden erschossen. Es entstand ein Klima des Misstrauens, das sich auf die Schweizer in Frankreich insgesamt ausbreitete und auf die offiziellen Beziehungen übergriff. Das EPD hatte sich mit über 800 Fällen zu befassen, von denen lediglich die Hälfte geregelt werden konnte. Die Niederländer wiederum waren verärgert über die Rückweisung von holländischen Flüchtlingen, die während des Krieges in der Schweiz Asyl suchten. Auch warfen sie der Schweizerischen Nationalbank vor, von der Deutschen Reichsbank Goldbarren gekauft zu haben, welche die Besatzungsmacht aus dem niederländischen Staatsschatz gestohlen hätte. Eigentlich bestanden nur mit Grossbritannien korrekte Beziehungen. Churchills berühmte Reise von 1946 förderte das gute Einvernehmen noch zusätzlich.

Während die Beziehungen der Schweiz zu den Alliierten in der unmittelbaren Nachkriegszeit zu wünschen übrig liessen, änderte sich freilich vieles im Machtgefüge zwischen den Siegern. Was sich in der letzten Kriegsphase schon abgezeichnet hatte, kam immer deutlicher zum Vorschein: Stalin war nicht der »Onkel Jo«, als den Roosevelt ihn sehen wollte, sondern der unerbittliche Gegner des Westens. Bis 1949 rissen die Kommunisten die Macht in allen mitteleuropäischen Staaten und auf dem ganzen Balkan an sich; nur in Griechenland scheiterte der Aufstand. Der Gegensatz zwischen kommunistischer Ideologie und sowjetischen Machtansprüchen einerseits, zwischen westlicher Demokratie und amerikanischer Vorherrschaft andererseits brach vollends auf. Europa schlitterte vom Heissen Krieg in den Kalten Krieg. Das epochale Ringen zwischen Demokratie und Totalitarismus ging nach dem Sieg über das Dritte Reich weiter. Aber die Bruchfalten hatten sich verschoben. Nachdem die nationalsozialistische Gewaltherrschaft bezwungen war, rückte der von Moskau aus beherrschte Kommunismus zum Hauptfeind auf. Die westlichen Demokratien mussten ihre Kräfte sammeln, um dem gewaltsamen Vordringen des Sowjetimperiums zu widerstehen. Der Ost-West-Konflikt war voll entfacht. Selbstverständlich wirkte sich dies auf die Schweizer Aussenpolitik aus – und zwar wohl stärker als alles, was sie im Innern zur Neuorientierung unternahm.

Was sollte nun mit der Neutralität in der neuen Konstellation geschehen? Hatte diese aussenpolitische Grundorientierung in einer bipolar aufgespaltenen Welt unversehens eine neue Bestimmung erhalten? Hatte ihr der Kalte Krieg, wie man nach dessen Ende so gern wähnte, in der Auseinandersetzung der beiden Blöcke eine spezifische Rolle zugespielt? Petitpierre war damals davon nicht überzeugt. Seine Zweifel klingen verblüffend ähnlich wie die Einwände, die fünfzig Jahre später wiederum gegen die Neutralität als Grundorientierung der Aussenpolitik erhoben wurden. Beide Male liess man die Neutralität als klugen aussenpolitischen Grundsatz für die Vergangenheit gelten, bestritt indes, dass dieselbe Neutralität für die Zukunft noch etwas tauge. Doch der Standpunkt, von welchem aus man den Konflikt betrachtete, war entgegengesetzt. Petitpierre bezweifelte zu Beginn des Kalten Krieges, ob die Neutralität in diesem Zeitabschnitt noch sinnvoll sein werde, die Advokaten einer neuen Politik nach dem Kalten Krieg meinten dagegen, für diesen Zeitabschnitt sei die Neutralität noch zweckmässig gewesen, derweil sie für die Gestaltung der Politik nach der Samtrevolution von 1989 ausgedient hätte. Aber diese Kritiker übersehen etwas Wichtiges: Die Schweiz hatte sich in der Nachkriegszeit nicht aus sicherheitspolitischen Interessen, sondern aus einer traditionellen Grundhaltung heraus für die Beibehaltung der Neutralität entschieden. Die sicherheitspolitische Lage hätte anderes erfordert, nämlich die Neutralität aufzugeben und sich dem westlichen Lager anzuschliessen. Eine neuere Studie beurteilt diese entscheidende Weichenstellung zu Recht so: »Die gängige Sichtweise, wonach die Schweiz *dank* des Kalten Krieges ihre Neutralität bewahren konnte, ist denn auch nur bei einer langfristigen Betrachtungsweise des Ost-West-Konflikts zutreffend. Aus dem Blickwinkel der politischen Akteure von 1947 ist dagegen zu konstatieren, dass die Neutralität vor allem *trotz* der beginnenden bipolaren Konfrontation zu einem prägenden Merkmal der schweizerischen Nachkriegsgeschichte wurde.«[428]

Im Frühling 1948 legte Petitpierre den Kollegen seine Sicht in einem längeren Exposé dar. Er meinte, es wäre eine Illusion zu glauben, die Schweiz könnte zwischen den beiden Blöcken noch eine ähnliche Rolle spielen wie früher, als sie im Schnittfeld von drei oder vier Grossmächten lag. Sie sei heute, ob sie es wolle oder nicht, selbst Teil des westlichen Blockes. So werde sie auch von der Sowjetunion und ihren Satellitenstaaten betrachtet. Zwar betone die Schweiz immer, man müsse zwischen der Neutralität des Staates und der freien Meinungsäusserung der Bürger unterscheiden; aber man müsse eingestehen, dass es schwierig sei, diese Unterscheidung zu treffen, wenn ein ganzes Volk derart leidenschaftlich gegen die Politik eines andern Staates Stellung nehme, wie es in diesen Tagen geschehe. Auch in den westlichen Ländern schwinde, nach einem kurzen Zwischenhoch, das Verständnis für die Neutralität wieder. An den meisten Orten herrsche die Meinung vor, die Neutralität als aussenpolitische Grundhaltung sei nicht mehr praktikabel und die Schweiz werde wohl oder übel gezwungen sein, sie aufzugeben, sei es aus moralischen Gründen, sei es, weil sie deren Nutzlosigkeit selbst erkenne oder die Umstände sie zur Aufgabe zwängen.

Petitpierre widersprach diesen Einschätzungen nicht. Auch er glaubte, die Schweizer Neutralität werde im neuen politischen Kräftefeld zusehends anrüchig. Das moralisch Fragwürdige bestand seiner Meinung nach darin, dass die Schweiz in jeder Hinsicht eine Demokratie westlichen Zuschnitts war, es indes ablehnte, mit den andern Demokratien zusammenzuarbeiten, um die eigenen Staatswesen gegen die sowjetische Bedrohung zu schützen. Sie überliess es den andern, jene Voraussetzungen zu verteidigen, auf denen sie erst gedeihen konnte. Ihrer Gesinnung nach und in ihrer Innenpolitik waren Regierung und Volk der Schweiz vorbehaltlos westlich eingestellt, in ihrer Aussenpolitik zogen sie sich dagegen auf die Neutralität zurück. Aber musste man deswegen die Neutralität abschaffen? Die Konsequenz, die Petitpierre zog, lautete anders: statt das Kind mit dem Bad auszuschütten, musste man das Mangelhafte kompensieren. Das moralische Manko spornte ihn an, die Neutralität mit einer Idee zu flankieren, die den moralischen Nimbus stärkte. Wie im Deutsch-Französischen Krieg von 1870 das Bedürfnis entstanden war, den Segen der Neutralität mit einem humanitären Einsatz zu Gunsten der Kriegsopfer zu verbinden, so nahm nun die Idee von »Neutralität und Solidarität« Gestalt an.

Das Konzept von »Neutralität und Solidarität« ist eine Weiterentwicklung der Verbindung von Neutralität und Humanität. Aber das humanitäre Engagement ist nur eine der Quellen, die in Petitpierres Konzept einflossen. Die andere entsprang politischen Überlegungen. Die Neuausrichtung der Schweizer Aussenpolitik unter dem Schlagwort »Neutralität und Solidarität« entstand aus dem Geist des Antikommunismus und der Abwehr der sowjetischen Bedrohung. Sie ist auf den Willen zurückzuführen, gemeinsam mit den andern gleichgesinnten Staaten die Existenzmöglichkeit von Demokratien in Europa zu stärken, sie ist aber auch in der Furcht begründet, ansonsten von der westlichen Staatengemeinschaft isoliert zu werden. Als dritte Quelle kam später die Unterstützung der Entwicklungsländer hinzu. Heute nimmt man im Allgemeinen an, die Hinwendung der Schweiz zu den Problemen der Dritten Welt hätte zum Solidaritätskonzept geführt. Das jedoch ist ein Irrtum. Der ursprüngliche Zweck von Petitpierres »solidarité« lag darin, der Schweiz eine enge Zusammenarbeit mit den westlichen Staaten zu ermöglichen, um Westeuropa zu stärken und auf diese Weise einen Beitrag zur Eindämmung der kommunistischen Gefahr zu leisten.

Im erwähnten Exposé fuhr Petitpierre im Kreise seiner Kollegen wörtlich fort: »Wir sind jetzt an einem Punkt angelangt, wo wir, wenn wir neutral bleiben, in Wirklichkeit Partei ergreifen. Unsere *moralische Position* könnte unhaltbar werden. Und wir laufen Gefahr, uns einem Vorwurf auszusetzen, der übrigens bereits erfolgte: dass wir uns weigern, uns den Bemühungen der anderen demokratischen Länder anzuschliessen, obwohl wir den gleichen Werten verbunden sind, die gleichen Interessen teilen und auch von der gleichen Gefahr bedroht sind; statt dessen hofften wir, die andern würden uns, sollte die Gefahr Wirklichkeit werden, retten, wiewohl wir uns sträubten, den Widerstand gemeinsam anzugehen.« Dann fragte er rhetorisch, was man tun müsse. Seine Antwort:

»Ich glaube nicht, dass wir auf unsere Neutralität verzichten sollten, auch nicht auf die Politik, die sich daraus ergibt. Ich glaube, wir müssen jetzt... eine Politik einschlagen, wie wir sie in unserer Antwort vom Juli 1947 auf die Einladung zur Teilnahme an der Pariser Konferenz formuliert haben,... eine Politik mit zwei Seiten: die eine ist die Neutralität, die andere die Solidarität. ... Ich glaube, dass die Solidarität – das heisst: unsere aktive Teilnahme am wirtschaftlichen Wiederaufbau des Westens – heute ein wirksameres Mittel als die Neutralität darstellt, um unseren Zweck zu erreichen: die Wahrung unserer Unabhängigkeit. ... Man muss also in der unmittelbaren Zukunft den Schwerpunkt nicht auf die Neutralität, sondern auf die Solidarität legen. Das bedeutet nicht, dass wir auf die Neutralität zu verzichten hätten – aber deren Hauptzweck besteht vornehmlich darin, uns einerseits von politischen und militärischen Allianzen fern zu halten und anderseits die Wirtschaftsbeziehungen mit den Staaten des Ostens (die einzig möglichen Beziehungen) zu unterhalten. Wir müssen beide Prinzipien entschlossen verfechten. Aber unsere Teilnahme an den gemeinsamen Anstrengungen, um den Widerstand in Westeuropa zu stärken, liegt in unserem Interesse und gereicht uns zum Vorteil. Deshalb sollten wir uns in unserer Zusammenarbeit keine allzu grosse Zurückhaltung auferlegen.«[429]

Das sind klare Worte. Nun war zu einem Konzept geworden, was Petitpierre seit langem, eigentlich seit Beginn seiner Amtszeit, in sich trug. Schon auf dem Freisinnig-Demokratischen Kongress vom 28. Oktober 1945 in Basel hatte der junge Bundesrat von Neutralität und Solidarität gesprochen.[430] Aber was er mit »Solidarität« meinte, war, ausser einer gefühlsmässigen Anteilnahme, noch nicht ersichtlich. Der Begriff hatte noch kein politisches Profil. Das sollte sich schrittweise ändern. Dass die Schweiz an einem Scheideweg stand, war ihm seit dem 5. Juni 1947 bewusst – jenem Tag, da der amerikanische Staatssekretär George Marshall die Staaten Europas zu einer Konferenz nach Paris eingeladen hatte, um den Wiederaufbau der darniederliegenden Wirtschaft zu lancieren. Auf der Botschafterkonferenz vom September 1947 – oder der Ministerkonferenz, wie sie damals hiess – hatte der Aussenminister den versammelten Missionschefs dargelegt, dass sich die Schweiz vor folgende Alternative gestellt sehe: Entweder nehme sie die Einladung an und beteilige sich am Marshall-Plan; sie werde dann von der Sowjetunion, die ihren Satellitenstaaten die Teilnahme untersagt hatte, der Parteilichkeit bezichtigt; oder sie bleibe der Konferenz aus Neutralitätsgründen fern und nehme damit freiwillig jene Haltung ein, die den osteuropäischen Staaten von Moskau aufgezwungen worden sei. Der Departementschef schlug den zweiten Weg sogleich aus. Diesen zu begehen wäre doppelt gefährlich: Wirtschaftlich würde sich die Schweiz von einer Organisation ausschliessen, von der ihre Lebensmittel- und Rohstoffzufuhr eines Tages abhängen könnte; politisch würde sie sich von jenen Staaten isolieren, mit denen sie am meisten gemeinsam habe. Deshalb folgerte er, die Schweiz müsse die Bestrebungen zum Aufbau einer Wirtschaftsorganisation in Westeuropa unterstützen, auch wenn eine Beteiligung am Marshall-Plan den Unwillen der UdSSR erregte.[431] Für sich selbst beanspruchte die Eidgenossenschaft keine amerikanische Hilfe. Sie war ein Geberland. Dadurch sollte sie nach Petitpierres Auffassung auch in der Lage sein, in diesem von Amerika orchestrierten Aufbauprogramm politische Distanz zu wahren.

Der Entscheid, sich am Marshall-Plan zu beteiligen, rief keineswegs überall Begeisterung hervor. Wie so oft in ihrer aussenpolitischen Geschichte hatten die Schweizer das Gefühl, nicht mitzumachen sei schlecht, aber mitzumachen sei auch nicht gut. Der Marshall-Plan entsprach nicht ihren Vorstellungen von einem angemessenen Wirtschaftsaufbau. Mit seiner üblichen Direktheit kritisierte Minister Walter Stucki an der Ministerkonferenz des folgenden Jahres das ganze Unterfangen: Der Marshall-Plan sei wohl eines der letzten internationalen Foren, wo die Schweiz noch mitmachen könne. Stucki jedoch fragte sich, wozu. Die Schweizer nähmen sich in diesem Programm wie Gesunde in einem Krankenhaus aus; sie gehörten eigentlich nicht dorthin.»Es ist weitgehend ein Trojanisches Pferd, das man mit dem Marshallplan nach Europa gebracht hat. Die heutige amerikanische Mentalität geht darauf hinaus, die Wirtschaft eines jeden Landes nach ihren eigenen Doktrinen zu lenken, und zwar nach Grundsätzen der Planwirtschaft, die mit den für das eigene Land gültigen liberalen Auffassungen der Amerikaner in krassem Widerspruch stehen.«[432] Ausserdem zielten die Amerikaner darauf ab, Westeuropa zu einem Block und Brückenkopf zu machen, in welchem es für einen klassischen Neutralen keinen Platz mehr gebe.

Petitpierre widersprach seinem Chefbeamten einmal mehr. Seiner Meinung nach setzte Stucki die Prioritäten falsch. Die Gefahren, die er beschwor, existierten gewiss, aber sie waren nicht die grössten. Was Petitpierre mehr befürchtete, war etwas anderes: dass die USA von der Umsetzung des Marshall-Planes enttäuscht würden, sich aus Europa zurückzögen, der Kontinent in seine alte Misere zurückfiele und ein Opfer der sowjetischen Aggression werden könnte. Der Departementschef setzte ganz im Sinne seiner konzeptionellen Auslegeordnung auf die Solidarität und nicht auf die Neutralität. Um deren Zukunft sorgte er sich weniger. Sie war dermassen im Volke verankert, dass es daran nichts zu rütteln gab. Sie war die Konstante, die stets galt, die Solidarität aber die Variable, welche auf die Erfordernisse der Zeit antworten musste. Und diese lauteten: Stärkung der Demokratien in Westeuropa und vermehrte Zusammenarbeit mit ihnen.

Die beiden Auffassungen sollten schon bald einem harten Test unterzogen werden. Das Szenario lief exakt so ab, wie Stucki es vorausgesagt hatte: Die Handelspolitik wurde in den Dienst der Ost-West-Auseinandersetzung eingespannt, Westeuropa bildete in diesem Dispositiv lediglich einen transatlantischen Brückenkopf, für die Neutralität gab es keinen Platz mehr. Im Dezember 1948 forderte die amerikanische Regierung von der Schweiz – wie übrigens auch von den andern westeuropäischen Staaten –, Exportkontrollen für strategisch wichtige Güter nach dem Ostblock einzuführen. Sie übergab zuhanden der schweizerischen Exportindustrie zwei umfangreiche Wunschlisten, die von Chemikalien über Halbfabrikate und Generatoren bis zum eigentlichen Kriegsmaterial reichten. Um die Einhaltung des Embargos zu überwachen, entstand im Jahr darauf unter amerikanischer Führung das »Coordinating Committee for Mulilateral Export Controls« (COCOM).

Selbstverständlich war der Bundesrat von diesen ferngelenkten Handelsdirektiven nicht begeistert. Aus prinzipiellen Gründen liess er sich nicht gern vorschreiben, wie er den Aussenhandel zu gestalten hätte. Die amerikanische Wunschliste gefährdete auch einzelne Wirtschaftsbranchen. Die eine Liste hätte fast die gesamte Maschinenindustrie betroffen. In einem Rundschreiben an die Gesandtschaften erklärte die Abteilung für Politische Angelegenheiten des EPD: »Die Listen wurden eingehend geprüft und unannehmbar befunden, mit Ausnahme der security List, d. h. desjenigen Teils der Liste A, der das eigentliche Kriegsmaterial aufzählt. ... Am 18. Januar 1949 teilten wir [dem amerikanischen] Minister Vincent mit, dass die Liste B für uns undiskutabel sei, ebenso wie derjenige Teil der Liste A, der nicht eigentliches Kriegsmaterial betrifft. Wir müssten es als Einmischung in unsere innern Verhältnisse auffassen, wenn die Vereinigten Staaten weiterhin auf diesen Punkten bestünden.«[433] Tatsächlich gelang es dem Bundesrat, in bilateralen Verhandlungen die amerikanische Wunschliste massiv zu kürzen und die Exportkontrollen auf das eigentliche Kriegsmaterial einzugrenzen. Auch weigerte sich die Schweiz, formell am COCOM teilzunehmen. Aber »solidarité« bekundete sie, indem sie sich im geheimen Hotz-Linder-Abkommen von 1951 verpflichtete, die wichtigsten COCOM-Bestimmungen stillschweigend zu befolgen. Damit nahm sie an der Wirtschaftsblockade des Westens gegen den Ostblock teil. Das Hotz-Linder-Abkommen wurde auch schon »der Höhepunkt« einer »doppelbödigen Neutralitätspolitik« genannt.[434] Staatsräson war es gewiss, was damals betrieben wurde. Aber es war auch mehr. Aufgrund seiner Gefahrenwahrnehmung war Petitpierre zutiefst überzeugt, die Schweiz sei moralisch verpflichtet, ihren Beitrag zum Überleben der westeuropäischen Demokratien zu leisten. Sinngemäss lautete deshalb seine Regieanweisung in diesem kritischen Fall: in der Form die Neutralität wahren, in der Sache mit den westlichen Staaten zusammenarbeiten.

Ins Konzept der Solidarität floss selbstverständlich auch die ursprünglichste Verbindung mit diesem Wort, das humanitäre Wirken ein. Die Schweiz hatte in der unmittelbaren Nachkriegszeit den kriegsgeschädigten Ländern grosszügig geholfen. Die Verbindung von Neutralität und Humanität war nicht bloss eine Floskel, sie wurde gelebt. Dies soll klar gesagt sein, nachdem in den letzten Jahren die ganze Nation wegen bedauerlicher Entscheide in der Flüchtlingspolitik und einiger Verfehlungen bei finanziellen Transaktionen pausenlos als geldgierig und hartherzig karikiert wurde. Es entstand ein Zerrbild, dem die Proportionen der Gerechtigkeit abgingen. Zwei deutsche Autoren, Markus Schmitz und Bernd Haunfelder, haben jüngst die ausserordentliche Hilfsbereitschaft der Schweizer Bevölkerung in Erinnerung gerufen. »Auch wenn die Spenden der Eidgenossenschaft – gemessen an den absoluten Beträgen – beispielsweise nicht an die Summe der von den Vereinigten Staaten von Amerika bereitgestellten Gelder heranreichten, so hat die Schweiz – gerade auch auf dem Hintergrund anderer internationaler Vergleiche – einen exorbitant hohen Beitrag geleistet. Misst man etwa das Spendenaufkommen pro Kopf der Bevölkerung, das ja trotz aller statistischen Unwägbarkeiten einen Gradmesser für die Opferbereitschaft eines jeden einzelnen Schweizers darstellt, so rangiert die Schweiz sogar noch vor den USA an der Spitze der Geberländer.«[435]

Die »Schweizer Spende«, um die es hier geht, war ein breit gefächertes Hilfswerk. Die Aktion war noch von Bundesrat Pilet-Golaz eingeleitet worden. Er hatte eine Idee von Nationalrat Ernst Speiser, dem späteren Direktor der Maschinenfabrik Brown, Boveri & Cie. in Baden, aufgegriffen. Im Dezember 1944 bewilligten beide Räte den Antrag des Bundesrates einstimmig. In der Botschaft hiess es: »Die Schweizer Spende an die Kriegsgeschädigten soll unserer Bevölkerung Gelegenheit bieten, die Gefühle der Nächstenliebe, die sie empfindet, zu bezeugen. Jeder Schweizer, ob jung oder alt, arm oder reich, soll die Möglichkeit erhalten, an einem Werk teilzunehmen, durch das er gegenüber den schwer geprüften Nächsten einer moralischen Verpflichtung nachkommt.... Diese caritative Mission entspricht einer der achtbarsten Überlieferungen der Schweiz. Sie betritt damit keine neuen Wege. Weil aber das zu lindernde Elend verbreitet ist und tiefer geht als je zuvor, muss auch unsere Hilfsbereitschaft nach einer entsprechenden Kraftanstrengung rufen.«[436] Die Schweizer Bevölkerung antwortete auf den Aufruf mit erstaunlichem Enthusiasmus. Wie schon nach der Schlacht von Solferino, als Henry Dunant das Rote Kreuz gründete, und wie im Deutsch-Französischen Krieg von 1870/71[437] erfasste ein einmaliger Sammeleifer das Land. Man verkaufte Abzeichen, Briefmarken, Kinder sammelten mit dem »Beckeli« von Haustür zu Haustür, die Wirtschaft, die Werktätigen, die Jugend und die Künstler trugen mit eigenen Spenden bei, Frauen versandten Haushaltsgeräte und Kleider, alle Kantone und auch viele Gemeinden trugen zum Hilfswerk bei. Rund 50 Millionen Franken kamen auf diese Art zusammen. Der Bund seinerseits steuerte 153 Millionen Franken bei, so dass die offizielle Abrechnung für die Gesamtspende auf 206 Millionen lautete.[438] Der wirkliche Beitrag dürfte indes um einiges höher sein. Wo figurieren die 30 000 Kinder aus zerstörten Städten, die allein 1945 monatelang bei Schweizer Familien platziert wurden? Und wie wurden die zahllosen Helferinnen und Helfer erfasst, die für ein Gnadenbrot die Spende im Ausland verteilten?

Zweifellos war die Schweizer Spende in erster Linie eine humanitäre Aktion. Die Eidgenossenschaft half in allen kriegsversehrten Ländern in Europa – ausser in der Sowjetunion. Der grösste Teil floss in die Nachbarländer. Deutschland erhielt 36 Millionen Franken, Frankreich 30, Österreich 27 und Italien 23 Millionen. Doch auch osteuropäische Länder wurden grosszügig unterstützt, Polen mit 14, Ungarn mit 11 und Jugoslawien mit 5 Millionen Franken. Ohne Nebengedanken ging es darum, den vom Krieg am schwersten betroffenen Menschen zu helfen. Aber die Aktion fügte sich auch nahtlos in Petitpierres Solidaritätskonzept ein. Und sie warf ergiebige politische Dividenden ab. Sie trug massgeblich dazu bei, das Bild vom selbstsüchtigen Neutralen zu korrigieren. Alfred Zehnder, der in der Nachkriegszeit die Abteilung für politische Angelegenheiten geleitet hatte, meinte im Rückblick: »Besser als alle Verhandlungen mit den europäischen Staaten halfen Lebensmittel- und Kleidersendungen, die Front des Misstrauens, des Neids und der falschen Gerüchte zu durchbrechen.... Diese praktische Hilfeleistung überraschte und erregte allgemein Bewunderung. Sogar der Schweiz gegenüber immer noch feindlich gesinnte Regierungen sahen sich veranlasst, der Schweiz Dankesbesuche auf höchster Ebene abzustatten.«[439] Eine auf Köln bezogene Regionalstudie über die Schweizer Spende gelangt zum gleichen Schluss: »Der regelmässige Kontakt zur britischen Besatzungsmacht, der sich fast schon zwangsläufig aus der Präsenz der ›Schweizer Spende‹... ergab, sorgte dafür, dass viele Vorbehalte und Vorurteile der Alliierten gegenüber der Eidgenossenschaft langsam abgebaut wurden.«[440] Die Schweizer Spende warf sogar eine Rendite dort ab, wo man sie nicht erwartet hatte: die UNO-Generalversammlung bot der Schweiz, die ja bekanntlich nicht Mitglied dieser Organisation war, im Dezember 1946 in Anerkennung der humanitären Verdienste einen Sitz im Verwaltungsrat des neu geschaffenen Internationalen Kinderhilfsfonds (UNICEF) an.

Im selben Jahr, als die Schweizer Spende ihre Bücher schloss, setzte eine andere Entwicklung ein. In seiner Inaugurationsrede rief Präsident Truman 1949 im berühmten »Punkt-Vier« zur Unterstützung der aussereuropäischen Länder auf. Ermuntert durch den Erfolg des Marshall-Planes wollte der amerikanische Präsident mit seinem »Punkt-Vier-Programm« die wirtschaftliche Prosperität auch in den Entwicklungsländern fördern, um auf diese Weise der Propaganda des Kommunismus entgegenzutreten. Nebst den USA nahm sich auch die UNO umgehend der Aufgabe an und entwickelte ein technisches Hilfsprogramm. Die Schweiz reagierte rasch und ähnlich wie die Vereinigten Staaten. Es scheint, als ob die grosse Hilfsbereitschaft, welche die Schweizer Spende geweckt hatte, eine geistige Disposition geschaffen hätte, um auf andern Gebieten einzuspringen. Auf Petitpierres Antrag hin spendete die Eidgenossenschaft schon 1950 eine Million Franken an das UNO-Programm. Und ab 1952 gewährte sie technische Hilfe auch bilateral. Sie realisierte mit jährlich 100000 Franken erste eigene Projekte. Das waren gewiss, wie gerade ein Vergleich mit der Schweizer Spende verdeutlicht, bescheidene Anfänge. Aber aus diesem Spross sollte innert kurzer Zeit ein wuchtiger Baum erwachsen. Als Petitpierre 1961 zurücktrat, war die technische Zusammenarbeit ein fester Bestandteil der Schweizer Aussenpolitik geworden. Das Parlament genehmigte, verteilt auf drei Jahre, einen Kredit von 60 Millionen Franken.

Dieses Wachstum widerspiegelt einen grundlegenden Wandel in der Staatengemeinschaft. Nach dem Zweiten Weltkrieg brach der Kolonialismus zusammen. Bis Anfang der 50er Jahre hatten, nebst vereinzelten afrikanischen Staaten, fast alle asiatischen Kolonien ihre Unabhängigkeit erlangt. Sie wurden zu einem Machtfaktor in der internationalen Kräftekonstellation, zu umworbenen Partnern im Ost-West-Konflikt. Mit der Konferenz von Bandung im April 1955 setzten die Führer der neu entstandenen Dritten Welt, Nehru aus Indien, Sukarno aus Indonesien und Nasser aus Ägypten, ein unübersehbares Zeichen. Eine neue Staatengruppe war entstanden, die nicht gewillt war, sich in die bestehenden Formationen einzufügen. Die Staaten des Südens forderten ihr Recht auf einen selbständigen Weg mit einer Tagesordnung, die auf ihre Bedürfnisse zugeschnitten war. 1960 erfasste die Unabhängigkeitswelle auch Afrika und vollendete damit das Werk der Entkolonialisierung.

Eine Geistesverwandtschaft verspürte die Schweiz, die bezüglich einer kolonialen Vergangenheit makellos dastand, zu den neuen Staaten nicht, obschon sie selbst auch keinem Block verpflichtet war. Sie unterschied sich hierin merklich von Jugoslawien, das mit Marschall Tito in der ersten Liga der neuen Gruppe mitspielte. Vielmehr sah sie sich genötigt, die Unterschiede zwischen ihrer Neutralität und dem Neutralismus der so genannten Blockfreien herauszustreichen. Pierre Micheli, Abteilungschef und später Generalsekretär im EPD, erwähnt in einem Rückblick auf die »Ära Petitpierre«, wie das Aussenministerium stets Wert darauf legte, die eidgenössische Neutralität vom Neutralismus der Blockungebundenen abzuheben.[441] Und Petitpierre erklärte 1956, nach dem Ungarnaufstand und der Suezkrise: »Die jüngsten Ereignisse ... scheinen mir tatsächlich zu belegen, dass es in der heutigen Welt noch einen Platz für eine Neutralität wie die unsrige gibt – eine Neutralität, die weder moralisch noch unbeteiligt ist, die auch nichts mit dem Neutralismus zu tun hat....«[442]

Warum trieb dann Petitpierre die Unterstützung der Dritten Welt derart zielstrebig voran? Die ideologische Auseinandersetzung zwischen Ost und West spielte gewiss mit. Der Aussenminister befürchtete, die Ausbreitung des Kommunismus in den Entwicklungsländern könnte die westlichen Demokratien gefährden. So wie die Schweiz, wollte sie nicht ihre eigenen Lebensgrundlagen unterhöhlen, die Abwehr der sowjetischen Expansion in Europa diskret unterstützen musste, so durfte sie nicht abseits stehen, wenn diese Gefahr über den asiatischen oder afrikanischen Umweg hereinzubrechen drohte. Die Entwicklungshilfe zog die jungen Nationen in die äusseren Zonen des Kalten Krieges hinein. Und die Solidarität mit der Dritten Welt verdankte sich zu einem guten Teil dem Wunsch nach Solidarität mit der Ersten Welt. Im Sommer 1956 äusserte Petitpierre im Nationalrat: »Ohne Zweifel muss man derzeit befürchten, dass es eine Rivalität zwischen dem Westen und dem Osten bezüglich der Entwicklungshilfe gibt; diese erfolgt nicht als Ziel an sich, sondern als Folge des Kalten Krieges. In diesem Wirtschaftskrieg versuchen die beiden Rivalen, der Osten und der Westen, die... verarmten Länder in ihre Umlaufbahn zu bringen.«[443]

Doch das ist nicht die ganze Wahrheit. Monokausale Erklärungen bestechen durch ihre Stringenz. Aber mit ihrer geschliffenen Argumentation verzerren sie die Wirklichkeit. Aussenpolitische Entscheide sind meistens sperrig, entstanden aus einer Kombination von verschiedenen Gründen. Petitpierre hatte die Bedeutung der Dritten Welt in der Auseinandersetzung zwischen Ost und West erkannt. Er übersah auch nicht die fundamentalen Veränderungen, welche die Unabhängigkeitsbewegung in der Weltpolitik auslöste. Im Gespräch mit dem amerikanischen Botschafter meinte er 1958 gar, die Probleme der Entwicklungsländer seien wichtiger als die wirtschaftliche Einigung Europas. Langfristig zeitigten sie grössere Auswirkungen.[444] Doch der Neuenburger Bundesrat setzte sich auch aus einem andern Grund für die Entwicklungshilfe ein. Sein Engagement entsprang nicht minder der zweiten grossen Quelle der Schweizer Aussenpolitik: der humanitären Anteilnahme. Wiederholt vertrat er den Standpunkt, die Entwicklungshilfe hätte nach rein humanitären Gesichtspunkten, »sans aucune arrière-pensée politique«,[445] zu erfolgen. Oder wie er sich schon 1956 ausdrückte: »Unserem Land steht es gut an, sich an der [Entwicklungshilfe], die auf der Linie unserer traditionellen Politik liegt, zu beteiligen. Unsere diesbezügliche Zusammenarbeit hat noch einen andern Vorteil: Sie bringt uns dazu, über den engen Kreis unserer materiellen Interessen hinauszuwachsen, uns über unsere persönlichen Anliegen zu erheben, um an einem Gemeinschaftswerk teilzunehmen, das... eine friedliche und vernünftige Ordnung in unserer Welt anstrebt. Obschon sich die Aussenpolitik eines kleinen Landes zuerst auf die Wahrung und Verteidigung der nationalen Interessen konzentrieren muss, darf sie sich höheren Aufgaben nicht verschliessen, vor allem dann nicht, wenn es deren Ziel ist, die menschlichen Lebensbedingungen zu verbessern und den Frieden zu sichern.«[446]

Die Solidarität hatte in Petitpierres Devise »Neutralität und Solidarität« zwei Bedeutungen. Zu Beginn war sie vornehmlich ein Mittel, um den Widerstand gegen die Neutralität in der Nachkriegszeit abzubauen und um die Schweiz, etwas salopp ausgerückt, wieder salonfähig zu machen. Auch floss die alte Tradition von humanitärem Wirken als Ergänzung zur Neutralität in das Konzept ein. Man änderte nur das Etikett. Mit der Zeit gewann die Solidarität jedoch an eigener Statur. Die Schweiz übte als erfahrene und finanziell starke Nation mit einigen jungen und finanziell schwachen Staaten Solidarität um ihrer selbst willen. Die Unterstützung erfolgte nicht mehr mit dem Hintergedanken, dadurch die eigene Stellung im Staatengefüge zu stärken. Aber ebenbürtig waren die beiden Begriffe nie. Titos Jugoslawien mochte sich neutral erklären, um in Solidarität mit der Dritten Welt zu politisieren. Derlei gab es in der Schweiz nicht. Die Schweiz war nie neutral, um solidarisch zu sein, sie erachtete es jedoch für zweckmässig, solidarisch zu sein, um neutral bleiben zu können.

Vom Paria zum Vorbild

Mit einigen solidarischen Massnahmen und Gesten gelang es der Schweiz, die aussenpolitische Isolierung zu überwinden. Schritt für Schritt konnte sie das Vertrauen der westlichen Staaten zurückgewinnen. Leicht war es nicht gewesen. Die Neutralität stand am Ende des Zweiten Weltkriegs in argem Verruf. Im Frühjahr 1945, noch vor Kriegsende, hatte Frankreich auf der UNO-Vorbereitungskonferenz in San Francisco eine Ächtung der Neutralität verlangt. Aber für die Schweiz stand ein Abrücken von der Neutralität auch unter diesen Umständen nie ernsthaft zur Debatte. Es war deshalb erstaunlich, dass die meisten Staaten ein Jahrzehnt später diese Neutralität wieder in einem ganz andern Licht sahen. Was war geschehen? Nun, die Schweiz hatte gewiss das Ihrige unternommen, um die missliche Lage zu beheben. Aber die wichtigsten Änderungen kamen aus dem Ausland. Mit dem Anbruch des Kalten Krieges hatte die politische Grosswetterlage gewechselt. Es war nicht mehr angezeigt, Länder auszugrenzen, welche die Auffassung der westlichen Staatengemeinschaft teilten, ja im Grunde dieser angehörten. Vielmehr wurden diese Staaten wieder umworben. Der Schweiz fiel somit die neue Wertschätzung eher unverhofft in den Schoss. Die Neutralität verdankt ihre Renaissance, nüchtern betrachtet, in erster Linie der Zeitgunst, in zweiter Linie der eidgenössischen Beharrlichkeit oder Prinzipientreue und erst an dritter Stelle ihrem eigenen klugen Agieren auf die Herausforderungen der Zeit. Zwei Ereignisse markierten die verschiedenen Etappen des Wandels unübersehbar: die Schweizer Mission in Korea und der österreichische Staatsvertrag.

Am 13. Dezember 1951 wurde der Schweizer Gesandte in Washington, Minister Karl Bruggmann, ins State Department gebeten. Sein Gesprächspartner hatte ihm Interessantes zu eröffnen. Der amerikanische Unterhändler in den Waffenstillstandsverhandlungen in Korea beabsichtigte, die Schweiz als neutrales Land zur Überwachung des Waffenstillstandes vorzuschlagen. Eine offizielle Anfrage erfolge allerdings erst, wenn sich die beiden Parteien, also das UNO-Kommando und die nordkoreanisch-chinesische Seite, auf ein Mandat zur Überwachung des Waffenstillstands geeinigt hätten. In Bern vernahm man derlei Mitteilungen gern. Der Bundesrat beschloss bereits vier Tage später, die angekündigte Anfrage wohlwollend entgegenzunehmen und mit den Vorbereitungen zur Übernahme des Mandats sogleich zu beginnen. Bundesrat Karl Kobelt, der Chef des Militärdepartementes, schrieb einigen Kommandanten: »Ich brauche wohl kaum zu betonen, dass die Schweiz ein grosses Interesse hat, dem Gesuch zu entsprechen, weil dadurch vor aller Welt gezeigt werden kann, dass auch neutrale Kleinstaaten in der Völkerfamilie wichtige Aufgaben erfüllen können und dass dadurch das Verständnis für unsere Neutralitätsgrundsätze nur gestärkt werden kann.«[447] Bis die offiziellen Anfragen in Bern eintrafen, dauerte es allerdings noch eine Weile. Im Februar 1952 kamen die Konfliktparteien überein, zur Überwachung des Waffenstillstands eine »Neutrale Überwachungskommission« zu bilden. Aber die Verhandlungen über die Heimschaffung der Kriegsgefangenen kamen kaum vom Fleck. Erst im Juni 1953 wurde ein entsprechendes Abkommen unterzeichnet. Es enthielt auch die Bestimmung, wonach Kriegsgefangene, die sich ihrer Heimschaffung widersetzten, von den Neutralen in Gewahrsam genommen würden. Deshalb wurde eine »Neutrale Heimschaffungskommission« gebildet. Am 27. Juli 1953 trat der Waffenstillstand in Kraft.

Die Schweiz zögerte nicht lang, ihre grundsätzliche Bereitschaft zur Mitarbeit in Korea bekannt zu geben. Aber mit den Auflagen im Einzelnen tat sie sich schwer. Wie bei allem, was die Neutralität berührt, reagierte sie äusserst vorsichtig. Man stürzte sich keineswegs Hals über Kopf ins neue Betätigungsfeld. Das EPD gelangte in einer ersten Stellungnahme gar zum Schluss, eine Teilnahme an der neutralen Überwachungskommission sei kaum mit der eidgenössischen Neutralitätspolitik vereinbar: »... il faut constater que le statut de la NNSC [Neutral Nations Supervising Commission] et ses tâches, tels qu'ils sont prévus dans la Convention d'armistice, ne sont guère compatibles avec notre politique ou notre philosophie de la neutralité.«[448] Die Art, wie die einzelnen Länder in die Kommission berufen wurden, stiess übel auf. Das UNO-Kommando hatte Schweden und die Schweiz, die chinesisch-nordkoreanische Seite Polen und die Tschechoslowakei vorgeschlagen. Die Schweiz als Neutraler des westlichen Lagers? Das widersprach völlig dem eigenen Verständnis. Mit Recht befürchtete man, dieses Vorgehen könnte den Neutralitätsbegriff trüben und die Schweiz zum Gehilfen des westlichen Blocks degradieren. In Bern hatte man bisher stets darauf geachtet, ein Mandat nur dann anzunehmen, wenn dieses im Einverständnis mit allen an einem Konflikt beteiligten Parteien erfolgte. Auch zweifelte man an der Handlungsfähigkeit der vorgeschlagenen Kommission.

Petitpierre drängte deshalb darauf, den Amerikanern die Grundsätze der eidgenössischen Aussenpolitik nochmals darzulegen. Im EPD arbeitete man lange an einer Erklärung. Die Zeit drängte auch nicht. Denn die Verhandlungen über den Waffenstillstand zogen sich schier endlos hin. Erst am 14. April 1953 waren die Konturen des Vertrags so weit ersichtlich, dass man das Memorandum zum Schweizer Einsitz in der Überwachungskommission den am Krieg beteiligten Staaten überreichen konnte. In ihm bekräftigte der Bundesrat sein Verständnis von der Schweizer Neutralität und der angehenden Mission. Er erklärte, die immerwährende Neutralität enthalte auch Grundsätze, welche der Bundesrat stets anwende, wenn er zu Gunsten von Drittstaaten handle. »Einer dieser Grundsätze ist die Unparteilichkeit. Die Schweiz könnte keine Mission übernehmen, die sie zwingen würde, davon abzuweichen. Obwohl sie durch eine der kriegführenden Parteien in die ›Überwachungskommission der neutralen Staaten für den Waffenstillstand in Korea‹ vorgeschlagen wurde, könnte sie sich nicht als Bevollmächtigte dieser Partei betrachten; nachdem die andere Partei ihre Zustimmung zur Wahl der Schweiz erteilt hat, beabsichtigt diese, zugunsten beider Parteien im Schosse der Kommission, als unabhängiges und unparteiisches Mitglied zu handeln, das beauftragt ist, die Einhaltung der Bestimmungen des Waffenstillstandsvertrages durch beide Parteien objektiv zu überwachen.«[449]

Besonders delikat war die Aufgabe, die der Heimschaffungskommission zugedacht war. Denn Südkorea war nicht bereit, nordkoreanische Kriegsgefangene, die nicht in ihre Heimat zurückkehren wollten, der neutralen Kommission zu überstellen. Somit schien zumindest eine am Konflikt beteiligte Partei die Guten Dienste der Schweiz abzulehnen. Deshalb schrieb der Bundesrat nochmals ein Memorandum. Ehe er sein Mitwirken in diesem Gremium zusagte, rief er der amerikanischen und der chinesischen Regierung in Erinnerung, dass die Schweiz das Mandat nicht annehmen könnte, wenn es ihr nicht von allen am Konflikt beteiligten Parteien übertragen würde. Der Bundesrat war sich indes bewusst, dass am mühsam erarbeiteten Vertragstext nichts mehr zu ändern war. Deshalb verlangte er in seinem Memorandum vom 9. Juni 1953 keine textlichen Änderungen, sondern erbat lediglich Präzisierungen. China reagierte auf das Schreiben nicht, was man im Bundeshaus als stillschweigende Zustimmung auslegte, die USA hingegen hatten einiges zu berichten.

Washington war von den neuen schweizerischen Bedenken alles andere als angetan. Der zuständige Diplomat im State Department weigerte sich anfänglich, das Memorandum überhaupt entgegenzunehmen. Es schien, als ob die Administration dem Bundesrat vorwerfen möchte, mit seinen Vorbehalten den Abschluss eines Waffenstillstands zu gefährden. Aber als die amerikanische Antwort am 13. Juni 1953 eintraf, hatte sich das behutsame Vorgehen gelohnt. Die USA billigten ausdrücklich die Schweizer Mandatsauffassung. Die Eidgenossenschaft möge, hiess es im Aide-mémoire, ihren eigenen Prinzipien gemäss völlig unparteiisch handeln und sich keiner Partei verpflichtet fühlen. Mit der Zusicherung, dass die Streitkräfte der Republik Korea auch dem UNO-Kommando unterstellt seien und folglich die Kriegsgefangenen nicht im Gewahrsam einer einzelnen kriegführenden Partei, sondern in der Obhut des UNO-Kommandos seien, wurde der Schweiz zudem die Teilnahme an der Heimschaffungskommission ermöglicht. Denn damit lag indirekt, via das UNO-Kommando, auch die südkoreanische Zustimmung vor.

Doch der amerikanische Text ging weit über das Geschäftsmässige hinaus. Er spendete der neutralen Aussenpolitik der Schweiz ein Lob, wie man es wenige Jahre zuvor nicht einmal zu erträumen gewagt hätte. Das Aidemémoire schloss mit den Worten:

»The Government and people of the United States, like governments and peoples throughout the world, have long considered Switzerland as the government to be looked to for the impartial services frequently so essential to the settlement of wars and international disputes. The Department of State is confident that the Government of Switzerland will again be able to perform its traditional role, and, by accepting membership on the NNRC [Neutral Nations Repatriation Commission] in accordance with its terms of reference, will contribute to an early armistice in Korea and to a solution of the prisoner of war problem on a humanitarian basis.«[450]

Solche Worte vernahm man in Bern gern. Denn der Bundesrat war sich durchaus bewusst, dass er mit der Mission in Korea einiges riskierte. Die Gefahren lauerten im In- wie im Ausland. Gegen den etwaigen Vorwurf aus dem Ausland, die Schweiz habe den Pfad der Neutralität verlassen und eindeutig Partei ergriffen, hatte sich der Bundesrat mit seinen beiden Memoranden und der amerikanischen Antwort abgesichert. Aber wie sollte er sich der Kritik im Innern erwehren? Viele waren vom neuen und neuartigen Engagement in Korea nicht begeistert. Die heftige Diskussion im Bundesrat hatte davon bereits einen Vorgeschmack gegeben. Und in der helvetischen Diplomatie liefen die Meinungen auch auseinander. Als dann, wie befürchtet, die Schwierigkeiten mit der Rückschaffung von Kriegsgefangenen einsetzten, hagelte es von überall her Kritik. Am 15. Juni 1954 rügte kein Geringerer als der Schweizer Gesandte in China, Minister Clemente Rezzonico, die offizielle Politik mit den Worten, die Schweiz hätte sich in Korea auf ein Abenteuer eingelassen, von dem man nicht wisse, wie es enden werde.[451]

Petitpierre versuchte den Entscheid in der Öffentlichkeit so gut er konnte zu verteidigen. Im November 1953, auf dem »Ustertag«, ging er voll in die Offensive. Seine ganze Ansprache widmete er ausschliesslich dem Schweizer Engagement in Korea. Vom rhetorischen Standpunkt aus hielt er allerdings ein unmögliche Rede – oder überhaupt keine Rede. Was er seinen Zuhörern im Zürichbiet zumutete, war ein juristisches Exposé, vollgestopft mit Fakten und Einzelfragen – ein präziser Text, den man haargenau Zeile für Zeile ablesen musste, um den Faden nicht zu verlieren, bestens geeignet zum Vortrag in einem Seminar, aber auf einer Volksversammlung fehl am Platz. Am Schluss der Ansprache enthüllte er jedoch die Kernsätze seines aussenpolitischen Programms: Die Schweiz will ihre Neutralität voll bewahren. Damit diese in der Substanz nicht angetastet wird, muss sie sich jedoch in der Form ändern. »Die absolute und immerwährende Neutralität, wie wir sie verstehen und wollen, verteidigt sich nicht von selbst, weder durch Abseitsstehen noch durch Passivität. Wenn wir wollen, dass sie anerkannt und respektiert wird, dann müssen wir sie manchmal mit einer Aktion rechtfertigen. Neutralität verpflichtet. Folgen wir dem Ruf, der an uns erging; dann dienen wir, dessen sollen wir eingedenk sein, nicht nur der Sache des Friedens, sondern damit verteidigen wir auch die Stellung unseres Landes in der heutigen Welt.«[452]

Mit der Teilnahme an den beiden neutralen Kommissionen in Korea hatte die Schweiz zweifelsohne ihre aussenpolitische Stellung schlagartig verbessert. Aber die Mission selbst bereitete dem Bundesrat viel Kopfzerbrechen. Er war ein grosses Risiko eingegangen. Die Mitarbeit in der Heimschaffungskommission drohte die bilateralen Beziehungen zu den am Konflikt beteiligten Staaten zu verschlechtern. Die Schweiz wurde beschuldigt, eine parteiische Politik zu betreiben. Die USA liessen ihre Unzufriedenheit erkennen, China übte offene Kritik am Bundesrat. Zum Glück wurde diese Kommission schon am 21. Februar 1954 aufgelöst. Doch das andere Gremium bestand weiter. Petitpierre hätte die Schweiz gern auch aus der Überwachungskommission befreit. Sie erbringe »un travail absolument inutile et inefficace«.[453] Als der chinesische Ministerpräsident Tschou En-lai am 12. Juni 1954 Bern einen Besuch abstattete, unterbreitete ihm der EPD-Vorsteher den Wunsch, »d'être déchargés du mandat que nous accomplissons dans la Commission neutre de surveillance de l'armistice«.[454] Er erklärte, die Schweizer Delegierten hätten den Eindruck, die Arbeit in der Kommission sei nutzlos; ausserdem sei die Schweiz genau in jene Ecke abgedrängt worden, die sie hätte vermeiden wollen: die einzelnen Delegationen würden zusehends als Vertreter von Kriegsparteien angesehen und von den andern der Parteilichkeit bezichtigt– etwas, das die Schweiz, wie sie schon vor der Annahme des Mandats präzisiert hätte, nicht akzeptieren könne. Doch der Gast war bei aller Höflichkeit nicht gewillt, auf das Anliegen einzugehen. Vielmehr appellierte er mit derart höflichen Worten an die Ehre der Schweiz, dass Petitpierre von seinem Vorhaben Abstand nehmen musste. Tschou En-lai bedachte die Schweiz mit Komplimenten wegen ihrer Rolle in Korea, bat sie, ihre Dienste weiterhin zur Verfügung zu stellen und sich nicht ins Fahrwasser der USA zu begeben, die gleichfalls die Kommission abschaffen wollten. Auch UNO-Generalsekretär Dag Hammarskjöld riet seinem »Mon cher Petitpierre« davon ab, auf der Abschaffung der Überwachungskommission zu bestehen. »Après avoir de nouveau réfléchi au rôle de la Suisse et de la Suède à la Commission militaire d'armistice pour la Corée, je reste tout à fait persuadé qu'il est préférable de ne pas soulever cette question dans l'immédiat.«[455]

So kam es denn, dass die Schweiz ihr Mandat nie kündigte. Sie verblieb in der Kommission bis auf den heutigen Tag – nicht weil sie von deren Nützlichkeit überzeugt war, sondern weil politische Rücksichtnahme dies gebot. Mit Schweden zusammen, dem anderen »like minded« Neutralen, verlagerte sie ihre Anstrengungen darauf, wenigstens den Personalbestand zu reduzieren. Das geschah in bescheidenem Umfang. Aber dabei blieb es auch. »Die Überwachungskommission war«, wie Botschafter Fritz Real, der Schweizer Delegationschef von 1954/55, meinte, »zu einer Kommission ohne Überwachung geworden. Ihre Funktion reduzierte sich im Wesentlichen auf eine rein symbolisch-institutionelle Präsenz.«[456] Die Schweizer Mission in Korea hatte somit eine merkwürdige Wendung genommen. Zur eigentlichen Aufgabe, der Konfliktbewältigung vor Ort, vermochte sie nur wenig beizutragen, hingegen bewirkte sie einiges für die Schweiz. Sie vollendete den Ausbruch aus der aussenpolitischen Isolation. Ihr bescheidenes Wirken in Korea steht in einem reziproken Missverhältnis zum Ansehen, das jenes für die Schweiz in der ganzen Welt ausgelöst hat.

Von grosser Bedeutung für die Schweizer Aussenpolitik war auch der österreichische Staatsvertrag von 1955. Mit diesem Dokument, von den Siegermächten am 15. Mai im Marmorsaal des Schlosses Belvedere zu Wien feierlich unterzeichnet, hatte Österreich seine volle Souveränität zurückerlangt. Der Staatsvertrag selbst enthält zwar keinen Hinweis auf die Neutralität. Aber einige Monate später verpflichtete sich der österreichische Nationalrat, eine Politik der immerwährenden Neutralität zu verfolgen. Warum diese Wende zur Neutralität? Der Schlüssel dazu liegt in Moskau. Die Sowjetunion hatte, ehe sie auf ihre Rechte als Besatzungsmacht verzichtete, einen solchen Status verlangt. Österreich seinerseits hatte sich im Moskauer Memorandum vom 14. April 1955, also vor dem Staatsvertrag, bereit erklärt, »immerwährend eine Neutralität der Art zu üben, wie sie von der Schweiz gehandhabt wird«.[457] Damit wurde nicht nur, nachdem es bei Kriegsende ganz anders getönt hatte, das Recht auf staatliche Neutralität bekräftigt, man attestierte der schweizerischen Praxis überdies etwas, das es in der Nachkriegszeit noch nie gegeben hatte: Vorbildhaftigkeit für andere Nationen.

Zwei Jahre nur liegen zwischen dem Abschluss des Waffenstillstands in Korea und der Unterzeichnung des österreichischen Staatsvertrags. Bezogen auf die Schweizer Neutralität sind es indes zwei Welten. Das Prestige der Schweizer Aussenpolitik hat sich in dieser Zeitspanne gründlich gewandelt. Von einem Nachteil war die Neutralität wieder zu einem Vorteil geworden – und dies ohne grosses eigenes Zutun, ohne Werbekampagnen. Aber eines wog schwer: der unbedingte Wille der Schweiz, an ihrer Neutralität festzuhalten. Der Bundesrat und vor allem die Schweizer Bevölkerung hatten auch unter widrigen Umständen – im Krieg und unmittelbar nach dem Krieg – nie einen Zweifel aufkommen lassen, dass sie zu etwas nicht bereit wären: zur Aufgabe der eigenen Neutralität. Diese Zuverlässigkeit schuf selbst bei jenen Vertrauen, die der Neutralität ehedem nicht immer gewogen waren. Am 28. Mai 1954 stattete der sowjetische Aussenminister Wjatscheslaw Molotow Bern einen Besuch ab. Petitpierre staunte nicht wenig, als ihn sein Kollege mit Komplimenten geradezu überschüttete. »... Herr Molotow sagt mir, die Schweizer Regierung hätte eine geschickte Politik betrieben, da sie das Land aus den letzten Kriegen herauszuhalten verstand. Ich erwidere, dass die Berge und die geographische Lage uns diese Politik und die Verteidigungsvorbereitung erleichtert hätten. Herr Molotow besteht darauf, dass insbesondere die weise Politik, wie sie unsere Regierung betrieben hätte, unser Land rettete.«[458]

Die Grossmächte bekundeten ihr Zutrauen zur Schweiz zudem mit neuen Begegnungen auf helvetischem Boden. 1954 trafen sich ihre Aussenminister zu einer Ostasienkonferenz, 1955 gar die Staats- und Regierungschefs in Genf. Eisenhower, Eden, Pinay und Chruschtschow wollten auf der denkwürdigen Viermächtekonferenz prüfen, inwiefern sich die internationalen Beziehungen entspannen liessen. Man glaubte schon, Epochales sei am Léman erreicht worden; man sprach von einem neuen Zeitalter der Entspannung, von einem »Genfer Geist« – eine Täuschung, wie die brutale Niederwerfung des ungarischen Aufstands im nächsten Jahr bewies. Aber der neue Respekt, den die andern Staaten der Schweizer Aussenpolitik entgegenbrachten, hatte Bestand. Mit unverhüllter Befriedigung konnte Petitpierre am 29. September 1955 auf eine Interpellation der aussenpolitischen Kommission im Nationalrat antworten: »Der Bundesrat glaubt nicht, dass das gegenwärtige Klima der Entspannung und die Ereignisse der beiden letzten Jahre, vor allem nicht der letzten Monate, unserem Land Anlass geben, seine seit dem Kriegsende eingeschlagene Politik zu ändern. Im Gegenteil, sie bestärken uns, die Politik der Unabhängigkeit und der Neutralität fortzusetzen. Mittlerweile wird die Neutralität nicht mehr bestritten; sie wird vielmehr ausdrücklich als Friedensinstrument anerkannt, so geschehen mit unserer Teilnahme an den Kommissionen in Korea, mit dem Staatsvertrag in Österreich oder den Konferenzen, die 1954 und 1955 in Genf abgehalten wurden. Die Schweiz darf nach wie vor behaupten, dass die Gründe, weswegen die Mächte 1815 und 1920 die Neutralität anerkannten, ihre Gültigkeit bewahrt haben.«[459]

Anzumerken bleibt, dass die Schweizer Bevölkerung über den österreichischen Staatsvertrag und die Neutralität des Nachbarlandes zunächst keineswegs frohlockte. Gewiss notierte man mit Wohlgefallen, dass das Moskauer Memorandum indirekt auch eine sowjetische Anerkennung der Schweizer Neutralität zum Ausdruck brachte. Aber ansonsten teilte man den völkerrechtlichen Status mit dem östlichen Nachbarn nicht gern. Man legte Wert auf den besonderen Charakter der eigenen Neutralität und suchte möglichst viele Unterschiede zwischen der schweizerischen und der österreichischen Neutralität herauszustreichen. Der als auferlegt betrachteten österreichischen Version setzte man stolz die aus eigenem Entschluss gewählte Neutralität entgegen. Schon die Überschrift eines Kommentars in den »*Basler Nachrichten*« verriet die Geistesrichtung: »Neutralität ist kein Hausierartikel.« Und der Bundeshausredaktor der »*Neuen Zürcher Zeitung*«, Max Nef, gelangte in einer Artikelserie zum Schluss, eine engere Zusammenarbeit mit Österreich würde das Ansehen der Schweizer Neutralität schmälern.[460]

Ungeachtet der teilweisen Verkennung in der Öffentlichkeit hatte die Schweiz Mitte der fünfziger Jahre wieder eine geachtete Stellung in der Staatengemeinschaft erworben. In der Tat hat Petitpierre das Land aus einem aussenpolitischen Tief herausgeführt. Die Zeitumstände kamen ihm zustatten. Für sich selbst darf er indes das Verdienst in Anspruch nehmen, in einer kritischen Phase den Wert der Neutralität für die Schweizer Aussenpolitik nicht verkannt zu haben. Er war mit seinem Kurs der Tradition verpflichtet, setzte indes mit Gespür für die Erfordernisse der Zeit auch neue Akzente. Frühzeitig erkannte er die neuartigen Probleme, die sich aus der Entkolonialisierung ergaben. Er reagierte darauf mit ersten Anstössen zu einer Schweizer Entwicklungshilfe. Als der Ruf zum Einsitz in den neutralen Kommissionen in Korea kam, liess er sich nicht lange bitten. Vielleicht antwortete er zu rasch. Jedenfalls bekommt man den Eindruck, dass ihm bei diesem Experiment manchmal selbst bange wurde. Aber er sah richtig, dass die UNO in diesem Konflikt selbst Partei geworden war und dass es zwischen ihr und dem als Angreifer verurteilten Korea eines neutralen Dritten bedurfte. Schliesslich warf dieser »Gute Dienst« reiche Früchte für die aussenpolitische Positionierung der Schweiz ab.

Petitpierres Wille, neue Verpflichtungen einzugehen, rührte letztlich von einer Geistesverfassung her, die in der helvetischen Verbindung von Neutralität und humanitärem Engagement wurzelte. Gerade weil die Schweiz ihre Neutralität ungeschmälert wahren wollte, musste sie diese durch besondere Anstrengungen ergänzen. Mit verschiedenen Aktionen bewies er, wie ernst ihm dieses Anliegen war, so mit Flugtransporten in der Suezkrise oder während des algerischen Befreiungskrieges mit diskreten Vermittlerdiensten zwischen der provisorischen Regierung der Republik Algerien (GPRA) und der französischen Regierung. Sein Nachfolger im EPD, Friedrich Traugott Wahlen, hat diese Politik fortgesetzt und die Bereitschaft zur Leistung Guter Dienste auf den Begriff »Disponibilität« gebracht. Er hob dabei hervor, »dass es sich hier, wie es im Sinne des Begriffes der Disponibilität liegt, nicht um eine aktiv zu verfolgende Komponente unserer Aussenpolitik handelt, sondern um die Bereitschaft, auf übereinstimmendes Ansuchen zweier oder mehrerer Parteien gute Dienst zu leisten«.[461]

Später ging diese ernsthafte, aber gelassene Einstellung von Petitpierre und Wahlen zu den Guten Diensten etwas verloren. In den neunziger Jahren setzte sich die Schweiz, angefangen von der EDA-Spitze über das Parlament bis zu den Medien, in ihrem Willen, diese Art von Diensten zu erbringen, gelegentlich selbst unter Zugzwang. Man vermeinte, die Schweiz müsse aktiv für ihre Dienstbereitschaft werben, und war konsterniert, wenn sie den Zuschlag nicht erhielt. Aber nicht selten versperrte man sich den Weg selbst. Die gleichen Leute, welche die Schweiz gern im Glanz von Sondermissionen gesehen hätten, wollten von einer eidgenössischen Sonderexistenz nichts wissen. Das Wort »Sonderfall« wurde als politisch inkorrekt gebannt. Nicht nur theoretisch stellte sich deshalb die Frage: Warum sollten sich andere Länder noch an die Schweiz als Drittstaat wenden, wenn diese ihr Spezifikum schamhaft in Abrede stellt? Was hatte sie noch an Besonderem einzubringen?

Das hohe Ansehen, das die Schweiz Mitte der fünfziger Jahre genoss, verleitete den Bundesrat auch einmal zu einer kühnen, um nicht zu sagen verwegenen Aktion. Als am 4. November 1956 die sowjetischen Panzer den ungarischen Aufstand niederwälzten, überschäumte die Schweizer Volksseele vor Wut und Empörung. Auch der Bundesrat wollte nicht ohnmächtig zuschauen. Petitpierre schien rasches Handeln geboten. Noch am gleichen Sonntagnachmittag versammelte sich die Landesregierung auf dessen Ersuchen im Bundeshaus. Der Aussenminister schlug vor, seinen Freund, UNO-Generalsekretär Dag Hammarskjöld, anzurufen und ihm zu erklären, der Bundesrat sei bereit, falls die UNO handlungsunfähig sei, eine internationale Konferenz in der Schweiz zu organisieren. Angeblich erwartete Petitpierre, seine Kollegen würden den Vorstoss mit dem Argument abbiegen, die Schweiz hätte sich nicht in diese Krise einzumischen – eine etwas komisch anmutende Argumentation, so als ob er sich im Nachhinein von einem Fehlschlag distanzieren wollte. Doch er sollte sich täuschen.[462]

Der forsche Vorsteher des Justiz- und Polizeidepartementes, Markus Feldmann, der liebend gern die Aussenpolitik geleitet hätte, nahm das Heft in die Hand. Er brachte den Bundesrat dazu, die vier Grossmächte und Indien, den Leader der Blockfreien, sogleich, noch ehe Petitpierre mit dem UNO-Generalsekretär sprechen konnte, zu einer Gipfelkonferenz in die

Schweiz einzuladen. Doch die ungestüme Demarche erhielt Applaus von der falschen Seite. Die Sowjetunion und Indien begrüssten den Vorschlag, der französische Ministerpräsident Pierre Mendès-France reagierte auch recht freundlich, ansonsten jedoch vermochte diese Initiative nirgends zu begeistern, auch nicht im Quai d'Orsay, das sich vom eigenen Premier distanzierte. Verschiedenes missfiel in Washington, London und Paris. Fast gleichzeitig mit dem Aufstand in Ungarn war auch im Nahen Osten eine Krise ausgebrochen. Britische und französische Truppen hatten die Suezkanal-Zone besetzt. Wollte die Schweiz mit einer solchen Konferenz zum Ausdruck bringen, dass die britisch-französische Intervention im Nahen Osten auf die gleiche Stufe zu stellen war wie der sowjetische Einmarsch in Ungarn? Und beabsichtigte die Eidgenossenschaft mit dieser Einladung, Indien zur fünften Grossmacht aufzuwerten? Hammarskjöld nahm den Vorstoss gar als persönliche Beleidigung übel. Der Schweizer Missionschef in London, Armin Däniker, wusste zu berichten: »M. Hammarskjöld... had indeed taken considerable offence at the Swiss Government's action and it had required quite a lot of effort to smooth him down.«[463] Das unüberlegte Vordrängen wurde übrigens auch in der Schweiz kritisiert.[464] Mit Sicherheit hätte die Schweiz in dieser doppelten Krise nichts ausrichten können. Der Bundesrat sah dies rasch ein, liess von seinem Projekt ab, und die ganze Angelegenheit blieb eine einsame Episode.

Hernach verlegte sich der Bundesrat wieder auf das, was der Schweiz besser lag: die Dienstleistungen hinter den Kulissen. Eine besondere Rolle spielte die Schweiz Anfang der sechziger Jahre bei der Aufnahme und Förderung der französisch-algerischen Verhandlungen, um den blutigen Befreiungskrieg in Algerien zu beenden. Beide Seiten schenkten dem Diplomaten Olivier Long ihr Vertrauen. Von Petitpierre ermächtigt, vermittelte er während 18 Monaten mit vorbildlicher Zurückhaltung zwischen den beiden Delegationen. Er trug Entscheidendes dazu bei, damit die Verhandlungen überhaupt ins Rollen kamen und am 18. März in Evian 1962 abgeschlossen werden konnten. Nach der Vertragsunterzeichnung sandte General de Gaulle eigens eine von einem Minister angeführte Delegation in die Schweiz, um sich bei der eidgenössischen Regierung zu bedanken. Der Emissär besuchte auch Petitpierre, der sich bereits im Ruhestand befand. Die Schweizer Friedensbemühungen im Algerienkonflikt waren nicht frei von Risiken gewesen. Jedenfalls erachtete es Petitpierre zu Beginn für ratsam, das Bundesratskollegium über Longs Mandat nicht zu informieren. Sollte dessen Mission scheitern, so hätte der Neuenburger die Verantwortung auf sich allein genommen.[465] Den unglücklichen Ausgang der Affäre Grimm/Hoffmann konnte man nicht aus dem Hinterkopf verdrängen. Nicht zuletzt dank der integeren Persönlichkeit von Botschafter Long gelangten die schwierigen Verhandlungen nach langwierigen Runden – und erst im zweiten Anlauf – zu einem erfolgreichen Abschluss. Der nachmalige GATT-Generaldirektor hatte seinen Part mit einer solchen Diskretion gespielt, dass bis zur Publikation seines Berichts im Jahr 1988 kein Aussenstehender wusste, worin dieser eigentlich bestanden hatte. Die Zeitung »*Le Monde*«, sonst nicht gerade für ihre Zuneigung zur neutralen Schweiz bekannt, urteilte nach dem Abschluss der Verträge von Evian: »Si la Suisse n'existait pas, la civilisation occidentale aurait besoin qu'on l'inventât, non seulement comme utile, mais comme exemplaire.«[466]

Kopfzerbrechen wegen der Sowjetunion

Während des Zweiten Weltkriegs hatte sich die Schweiz an den Grundsatz gehalten, keine Gebietsveränderungen und keinen Regierungswechsel zu sanktionieren. Sie fror das Beziehungsnetz bei Kriegsausbruch ein. Nach Kriegsende bestand deshalb ein grosser Bedarf, die diplomatischen Beziehungen den neuen Verhältnissen anzupassen, Botschaften und Konsulate zu eröffnen, andere zu schliessen, wieder andere zu verstärken oder zu reduzieren. Petitpierre lag viel daran, mit allen anerkannten Staaten korrekte Beziehungen zu pflegen. Er nannte diesen Grundsatz »die Universalität der Beziehungen« und erhob ihn gar, neben der Neutralität und der Solidarität, in den Rang einer Maxime der eidgenössischen Aussenpolitik. Hierin unterschied er sich stark von Bundesrat Motta. Zwar hatte dieser auch universelle Beziehungen angestrebt – aber nicht um jeden Preis. Wenn ein Staat wie die Sowjetunion elementarste Regeln des Völkerrechts missachtete, dann waren seiner Ansicht nach die Voraussetzungen nicht gegeben, um diplomatische Beziehungen aufzunehmen. Motta liess von dieser Politik nicht ab, obschon er in den letzten Jahren eingesehen hatte, dass ein Kleinstaat auf die Länge sie nicht durchhalten konnte. Pilet-Golaz versuchte dann, vor Kriegsende Kontakte herzustellen. Und bekanntlich scheiterte er daran. Petitpierre musste folglich den unbefriedigenden Zustand so rasch als möglich beheben und diplomatische Beziehungen mit der Sowjetunion herstellen.

Der neue EPD-Vorsteher war sich der Vordringlichkeit dieses Geschäftes voll bewusst. An seinem ersten Arbeitstag im Westflügel des Bundeshauses liess er sich als erstes Dossier jenes der Beziehungen zur Sowjetunion geben.[467] Er besprach die Angelegenheit auch unverzüglich mit seinem wichtigsten Mitarbeiter, Walter Stucki. Dieser teilte die Lagebeurteilung seines Chefs. Draufgängerisch, wie er war, hatte er schon vor Petitpierres Amtsantritt versucht, mit Moskau ins Gespräch zu kommen. Dabei war er vor unkonventionellen Methoden nicht zurückgeschreckt. Stucki hatte sich mit Léon Nicole, dem Chef der Schweizer Kommunisten, ins Einvernehmen gesetzt und auf der parteipolitischen Schiene versucht, Kontakte zu Moskau einzufädeln. Sein Versuch fruchtete indes nichts. Und obendrein war Petitpierre von dieser Art des Vorgehens nicht erbaut. Er bestand darauf, die diplomatischen Kanäle zu benützen und eine geeignete Gelegenheit abzuwarten, um erste Avancen zu machen. Diese Gelegenheit bot sich im Juni 1945. Radio Moskau beschuldigte damals die Schweiz aufs Schärfste, die mehr als 9000 sowjetischen Kriegsgefangenen, die sich in eidgenössischen Internierungslagern befanden, schlecht zu behandeln und deren Heimschaffung zu verzögern. In den russischen Medien setzte mit Gräuelmärchen eine eigentliche Kampagne gegen die Schweiz ein. Diese wurde zudem durch Repressionen der sowjetischen Regierung verstärkt. Moskau ordnete an, die Heimschaffung von Schweizer Bürgern aus den sowjetisch besetzten Gebieten unverzüglich einzustellen. Davon waren vor allem Tausende von Heimkehrern aus den ehemaligen deutschen Ostgebieten betroffen.

Petitpierre fasste den Entschluss, auf die Anwürfe nicht bloss mit einem verbalen Statement zu reagieren, sondern eine sowjetische Delegation einzuladen, die Sachlage vor Ort zu prüfen und zusammen mit den Schweizer Behörden die Heimschaffung zu organisieren. Die Bundesratskollegen ermächtigten ihn, eine entsprechende Erklärung abzugeben. In der nationalrätlichen Debatte vom 20. Juni über die Geschäftsführung sprach er dann eine Einladung nicht nur an die Sowjetunion, sondern an die alliierten Mächte aus, an eine »commission interalliée, dont les représentants soviétiques feraient partie«.[468] Und die britische Gesandtschaft in Bern erklärte sich bereit, die offizielle Einladung dem sowjetischen Aussenministerium zu überbringen. Die westlichen Alliierten zeigten wenig Lust, sich in diese schweizerisch-sowjetische Angelegenheit einzumischen. Sie schlugen das Angebot aus. Die Sowjetunion dagegen nahm die Einladung ohne Zögern an. Sie sandte postwendend Generalmajor Alexander Wicharew zu Verhandlungen nach Bern. Unter Leitung von Divisionär Hermann Flückiger begannen die Gespräche zwischen den beiden Militärdelegationen am 27. Juni 1945.

Die Verhandlungen verliefen, nachdem das Eis des Misstrauens gebrochen war, zügig. Dabei spielte Raymond Probst, der nachmalige Staatssekretär, eine Schlüsselrolle. Mit seiner offenen Art und seinen russischen Sprachkenntnissen – er war in Riga aufgewachsen – gewann er das Zutrauen der Unterhändler. Vorerst konnte Wicharew die Internierungslager besichtigen und sich dabei vergewissern, dass die meisten Vorwürfe unbegründet waren. Auch realisierte er bald, dass die Schweizer Behörden die rückkehrwilligen Russen nicht von deren Vorhaben abzuhalten suchte. Einige Hundert Soldaten aus dem Kaukasus, vornehmlich Aserbaidschaner, hatten die Eidgenossenschaft indes schon vor Kriegsende verlassen. Sie wollten um keinen Preis in die Sowjetunion zurückkehren. Sie fürchteten um ihr Leben, da ihre Landsleute die deutschen Streitkräfte als Befreier begrüsst und mit ihnen gemeinsame Sache gemacht hatten. Zwischen dem 11. und 30. August wurden 7097 sowjetische Militärpersonen über St. Margrethen in ihre Heimat zurückgeführt.[469] Am 20. September konnte man die Arbeiten abschliessen, und am 1. Oktober wurde das gemeinsame Schlussprotokoll veröffentlicht. Nun lockerte Moskau seine Repressionspolitik. Am 6. Oktober teilte die sowjetische Delegation mit, die Ausreisesperre für die Schweizer Landsleute sei aufgehoben. Sofort entsandte der Bundesrat eine militärische Heimschaffungsdelegation nach Berlin, um die aus Ostpreussen, Schlesien, ja selbst aus dem japanischen Phantomstaat Mandschukuo fliehenden Auslandschweizer in Empfang zu nehmen.

Obschon das Hauptgeschäft erledigt war, blieb die russische Militärdelegation noch bis zum Jahresende in Bern. In der Tat gab es noch einige harte Nüsse zu knacken. Auf Weisung der Zentrale brachte Wicharew Ende September noch zwei Fälle vor, die höchst problematisch waren. Der eine Fall betraf den russischen Waffeningenieur Wladimir Nowikow, der 1942 in der Ukraine in die Hände der Deutschen geraten war und in deren Diensten weitergearbeitet hatte. Auf verschlungenen Wegen war er über Italien in die Schweiz gelangt. Der andere Fall betraf den sowjetischen Piloten Genadi Kotschetow, der sich am 25. August 1945 mit einem modernen Jagdflugzeug geheimer Konstruktion in die Schweiz abgesetzt hatte. Moskau verlangte die Überstellung der beiden, ausserdem die Heimschaffung von sechs Internierten, die es als gemeine Kriminelle bezeichnete. Der Bundesrat konnte auf diese Forderungen nicht eingehen. Denn die Internierten wollten nicht in ihre Heimat zurückkehren. Eine Überstellung hätte einen Verstoss gegen das humanitäre Völkerrecht bedeutet. Aber die Sowjetunion übte auf die Schweiz massivsten Druck aus, ja sie erpresste den Bundesrat. Sie hatte fünf Schweizer Diplomaten in ihrem Machtbereich in Gewahrsam genommen. In Ostpreussen hielt sie zwei Konsularbeamte fest, aus der Mandschurei konnte ein Konsularagent nicht ausreisen, und in Ungarn hatten die Schergen des Kremls, nachdem die Rote Armee in Budapest einmarschiert war, zwei Gesandtschaftsangehörige verschleppt. Legationssekretär Harald Feller und sein Kanzleimitarbeiter Max Meier wurden nach Moskau gebracht und im Lubjanka-Gefängnis eingesperrt. Ihr schwedischer Kollege Raoul Wallenberg erlitt das gleiche Schicksal. Er sollte nie wieder auftauchen.

In jenen Tagen und Wochen wurden dem Chef der Schweizer Diplomatie dramatische Entscheide abgenötigt. Was immer er tat oder unterliess, hatte fatale Konsequenzen. Lieferte er die Geflohenen dem Sowjetstaat aus, konnte dies einem Todesurteil gleichkommen. Wies er das Auslieferungsbegehren ab, dann gefährdete er die eigenen Landsleute aufs Höchste. Hinzu kam, dass die UdSSR mit der Schweiz wohl keine diplomatischen Beziehungen aufnehmen würde, wenn Bern in dieser Frage nicht einlenkte. In einer Notiz vom 27. Dezember 1945 listete Alfred Zehnder nochmals auf, was alles auf dem Spiel stand: »Ich versuche, so objektiv wie möglich die drei Seiten des Problems zu beleuchten; die rechtliche – die Auslieferung Nowikows ist nicht angängig, weil er ein militärpolitisches Delikt begangen hat; die menschliche – unsere Pflicht, nichts zu unterlassen, um das Leben von Schweizern, welches offenbar bedroht ist, zu retten; die politische – die Verwerfung des russischen Vorschlags könnte allenfalls die Bereitschaft der Sowjetunion, die diplomatischen Beziehungen mit der Schweiz aufzunehmen, im ungünstigen Sinne beeinflussen.«[470]

Als sensibler Politiker nahm Petitpierre diese Angelegenheit nicht auf die leichte Schulter. Wochenlang rang er mit sich selbst um eine Lösung. Schliesslich war er – und mit ihm der Gesamtbundesrat – bereit, sich den Überlegungen seines Spitzendiplomaten anzuschliessen, das heisst Moskaus Forderungen zu erfüllen, allerdings ohne das Auslieferungsbegehren für den Waffeningenieur Nowikow. Doch Russland verwarf diesen Kompromiss. Es zog den Schraubstock noch etwas enger an. Wicharews Abflug war auf den 29. Dezember angesetzt. Am Vortag, um 15 Uhr, rief der sowjetische Generalmajor den Diplomaten Alfred Zehnder an, teilte ihm mit, er hätte endlich eine Antwort aus Moskau auf die Schweizer Vorschläge erhalten, und bat ihn zu einer Unterredung zu sich. Diese begann um 15.15 Uhr. Was sich da abspielte, sei so wiedergegeben, wie Zehnder es aufgezeichnet hat. Zuerst verlas Wicharew das von Aussenminister Molotow visierte Telegramm. Es lautete:

»Die Sowjetunion ist einverstanden, unverzüglich die schweizerischen diplomatischen und konsularischen Beamten, nämlich: die Herren Feller und Meier der ehemaligen Schweizerischen Gesandtschaft in Budapest und den Konsularagenten [den Vater des Schauspielers Yul Brynner] Boris Bryner aus Kharbin der Schweiz zurückzugeben sowie das Personal des ehemaligen Schweizerischen Konsulats in Elbing, für welches bereits der Repatriierungsbefehl erteilt worden ist, heimzuschaffen, wenn die Schweiz die in ihrem Vorschlag namentlich erwähnten sechs russischen Internierten, welche für gemeine Verbrechen Freiheitsstrafen in der Schweiz absitzen, heimschafft sowie Nowikow und Kotschetow unverzüglich Generalmajor Wicharew ausliefert.«

Darauf entgegnete Zehnder gemäss seiner Notiz:

»Ich bestätigte die schweizerische Bereitschaft, die sechs erwähnten Internierten und Kotschetow gegen die ebenfalls erwähnten schweizerischen Beamten auszutauschen, erklärte aber, dass die Auslieferung Nowikows aus den von uns wiederholt dargelegten Gründen nicht möglich erscheint. ... Nachdem der Bundesrat den Fall Nowikow schon vor zwei Monaten behandelt und beschlossen hatte, ihn nicht ausliefern zu können, so bedarf es für einen neuen Entscheid einer nochmaligen Behandlung durch den Bundesrat. Wann wolle denn der General die Antwort haben?

Der General antwortete, er verreise am 29. Dezember ab Dübendorf um 11 Uhr und werde heute noch um 17 Uhr durch Herrn Bundesrat Petitpierre empfangen werden. Damit Nowikow und Kotschetow mit ihm fliegen können, sollte er die Antwort anlässlich der Audienz bei Herrn Bundesrat Petitpierre bekommen können.«

Zehnder konnte die dreiste Forderung kaum fassen. Er versuchte auf Zeit zu spielen und erwiderte, der Gesamtbundesrat könnte erst nach Neujahr einen Entscheid fällen. Doch damit kam er nicht weit. Der General erwähnte, er hätte noch ein zweites Telegramm zum Privatgebrauch erhalten. Darin stünde, Feller und Meier würden nicht freigegeben, falls die Schweiz Nowikow nicht ausliefere. Nun war also die Erpressung evident. Die Angelegenheit nahm dann folgenden Verlauf:

»Ich [Zehnder] nehme Abschied und begebe mich sofort zu Herrn Minister Stucki. Herr Minister Stucki ist der Auffassung, dass der Vorschlag der Russen ›gemein‹ sei und abgelehnt werden sollte. In seinem Auftrage solle ich mich sofort ins Wattenwyl-Haus begeben, wo die Herren Bundesräte wahrscheinlich noch versammelt seien, und Herrn Bundesrat Petitpierre die Angelegenheit unterbreiten.

Ich treffe im Wattenwyl-Haus um 16.30 Uhr ein und berichte Herrn Bundesrat Petitpierre auftragsgemäss über die Besprechung mit dem General und die Bedenken von Herrn Minister Stucki. ... Es wird eine

Sitzung des Bundesrates abgehalten und um 16.50 Uhr der Entscheid bekannt gegeben: einstimmig beschlossen, den russischen Gegenvorschlag anzunehmen.

Daraufhin empfängt Herr Bundesrat Petitpierre Generalmajor Wicharew zur Abschiedsaudienz um 17 Uhr.«[471]

Am nächsten Morgen wurden die beiden Inhaftierten dem General überstellt. Und sie wurden mit einer eigens eingeflogenen Sowjetmaschine nach Moskau verbracht. Was hernach mit Kotschetow geschah, ist nicht bekannt. Nowikow hingegen wurde in ein Lager eingewiesen, später rehabilitiert und erneut in der Raketenforschung eingesetzt. Dieses trübe Geschäft bedrückte Petitpierre allerdings noch lange. Bis weit in den Ruhestand hinein wollte sein Gewissen nicht zur Ruhe kommen.[472] Die Schweiz hatte in einer teuflischen Situation unleugbar gegen humanitäre Grundsätze verstossen. Ein halbes Jahrhundert nach den Vorgängen meinte eine Historikerin: »Man opferte zwei Russen und ein Rechtsprinzip und tauschte dafür zwei Landsleute ein.«[473] Die beiden Schweizer Geiseln kehrten in der Tat umgehend heim. Hätte der Bundesrat die Auslieferung verweigert, wäre es ihnen wohl gleich ergangen wie Wallenberg.

Mit der Heimschaffung der Internierten war die Aufnahme von diplomatischen Beziehungen ein gutes Stück näher gerückt. Im September schon hatte der Gesandte Eduard Zellweger Petitpierre auf die guten Kontakte hingewiesen, die er zum sowjetischen Botschafter in Belgrad unterhielt. Zellweger war dazu besonders ausersehen. Petitpierre hatte den Zürcher Staats- und Völkerrechtler, zusammen mit dem Basler Präsidenten des Strafgerichtshofs, Roy Ganz, als Quereinsteiger ins Departement geholt. Beide gehörten, was damals im diplomatischen Corps unüblich war, der sozialdemokratischen Partei an. Unbelastet vom bisherigen Kurs des Politischen Departementes sollten sie einen Neuanfang verkörpern, der eine in Warschau, der andere in Jugoslawien. Petitpierre ermächtigte Zellweger, das Terrain abzutasten, allerdings mit höchster Vorsicht und auf eigene Verantwortung hin. Der Schweizer Gesandte benützte den Neujahrsempfang des amerikanischen Botschafters, um den sowjetischen Botschafter zu fragen, ob er ihm trotz fehlender diplomatischer Beziehungen einen Höflichkeitsbesuch abstatten dürfe. Der sowjetische Kollege kam dem Wunsch entgegen, und nun begannen die eigentlichen Verhandlungen.

Petitpierre agierte, wie es seine Art war, mit grösster Vorsicht. Er wollte sich nicht wie Marcel Pilet-Golaz die Finger verbrennen, wollte Moskau keine Möglichkeit einräumen, eine eidgenössische Avance auszuschlagen.

Deshalb erteilte er seinem Unterhändler strikte Instruktion, der russischen Seite keine Note zu überreichen, solange deren Antwort nicht vorliege. Die Aufnahme von diplomatischen Beziehungen müsse in einem gegenseitigen Notenwechsel geregelt werden. Es erwies sich als schwierig, den schweizerischen Text so abzufassen, dass ihn die sowjetische Regierung zu genehmigen bereit war. Sie bestand darauf, die Schweiz müsse sich für verschiedene Vorkommnisse bei der Sowjetunion entschuldigen. Der Bundesrat verweigerte dies. Schliesslich fand man einen Ausweg, indem die Schweiz zwar keine Entschuldigung vorbrachte, aber ihr Bedauern ausdrückte, dass die offiziellen Beziehungen so lange getrübt waren. Am 18. März 1946 konnte Zellweger die Noten in Belgrad austauschen; am 30. April ernannte der Bundesrat Oberst Hermann Flückiger zum ersten schweizerischen Gesandten in Moskau. Damit endete ein Unterbruch in den diplomatischen Beziehungen, der auf spektakuläre Weise kühnes Selbstbewusstsein gleichermassen wie krasse Fehleinschätzung der eigenen Möglichkeiten dokumentierte. Beide Seiten hatten die Verhandlungen völlig diskret geführt. Mit Genugtuung erzählte Petitpierre später, dass die Sowjetunion selbst die Schweizer Kommunisten nicht über den Verhandlungsverlauf orientiert hätte. Wenige Tage vor dem Notenaustausch hatte die *Voix ouvrière*, das Hausorgan der Partei der Arbeit, noch mit folgenden Worten gegen ihn polemisiert: »Solange Petitpierre an der Spitze des EPD steht, werden die Russen nie bereit sein, die Beziehungen wieder aufzunehmen.«[474]

Die Aufnahme von diplomatischen Beziehungen mit der Sowjetunion bedeutete für Petitpierre einen grossen Gewinn. Sie gab seinem Programm der universellen Beziehungen auch Gehalt. Ein zweiter Testfall stellte sich ein, als Mao Zedong mit seinen kommunistischen Truppen die Regierung von Tschiang Kai-schek vom Festland vertrieb und am 30. September 1949 die Volksrepublik China proklamierte. Sollte die Schweiz das neue Regime anerkennen? Sollte sie der nationalistischen Kuomingtang-Regierung die Anerkennung entziehen? An sich anerkennt die Schweiz Staaten und nicht Regierungen. Sie sieht sich deshalb bei einem Putsch oder einem gewaltsamen Regierungswechsel nicht genötigt, eine neue Anerkennung auszusprechen. Diese Regel galt damals, und sie gilt noch heute, obgleich die zunehmende Berücksichtigung von menschenrechtlichen Kriterien die Anwendung des traditionellen Verfahrens durchlöchert. In der Praxis ist es ohnehin schwer, den Grundsatz der Anerkennung nach rein formellen Kriterien konsistent zu befolgen. Was, wenn wie im Falle von China oder Deutschland, zwei Regierungen Anspruch auf den einen und ungeteilten Staat erheben?

Gewitzt durch die Erfahrungen mit Moskau, reagierte der Bundesrat erstaunlich rasch, als es darum ging, die Volksrepublik China anzuerkennen. Nach Petitpierre war die Sachlage vor Ort eindeutig: Das kommunistische China übte die Staatsmacht im weitaus grössten Teil des Landes aus, und Mao Zedong verfügte im Volk über einen wesentlich grösseren Anhang als die Kuomingtang-Regierung; ausserdem hatte die Schweiz ein Interesse daran, ihre Landsleute, vornehmlich Missionare, zu schützen; endlich wollte die Schweiz Peking anerkennen, ehe ein Krieg in Korea ausbrach, der zu einer Konfrontation zwischen Rotchina und den Vereinigten Staaten führen musste und in dessen Gefolge ein Anerkennungsakt als eindeutige Parteinahme zu werten gewesen wäre. Am 7. Oktober schon beschloss der Bundesrat, die neue Regierung anzuerkennen. Allerdings wollte er noch etwas zuwarten, bis ungefähr zwanzig andere Staaten diesen Schritt vollzogen hätten. In den folgenden Wochen versuchten die USA, eine Front gegen die kommunistische Volksrepublik aufzubauen, während Grossbritannien und die Commenwealth-Staaten eine Anerkennungswelle auszulösen suchten. Diese setzte freilich nicht im erwarteten Ausmass ein. Es tröpfelte lediglich. Der schweizerische Zeitplan geriet deshalb ins Stocken. Als jedoch das neutrale Schweden im Januar die Volksrepublik anerkannte, tat der Bundesrat am 17. Januar 1950 den gleichen Schritt, obschon nur zehn Staaten vorangegangen waren. Am selben Tag brach die Schweiz die Beziehungen mit der nach Taiwan geflohenen Regierung von Tschiang Kai-schek ab.[475] Bald danach brach der Koreakrieg aus.

Nach der Anerkennung beabsichtigte die Schweiz, mit Peking diplomatische Beziehungen aufzunehmen. Diese sind in einer Anerkennung noch nicht enthalten, aber üblicherweise folgen sie daraus. Dieser Vorgang verzögerte sich wegen des Koreakrieges um einige Monate. Erst im Oktober ernannte der Bundesrat Clemente Rezzonico zum Gesandten in der Volksrepublik China – übrigens jenen Rezzonico, den Bundesrat Pilet-Golaz 1944 mit dem Auftrag nach London entsandte hatte, die Wiederaufnahme der Beziehungen zur Sowjetunion einzuleiten, und der mit seiner Sondermission gescheitert war. Kurz nach der Ankunft des Diplomaten entliess China mehrere inhaftierte Schweizer Missionare und Nonnen. Auch stellte die Schweiz ihre Guten Dienste andern Staaten, die keine diplomatischen Beziehungen mit Peking unterhielten, zur Verfügung. So intervenierte sie auf Bitten des Heiligen Stuhls, um die Freilassung von katholischen Patres zu erwirken. Die Schweizer Wirtschaftsinteressen vermochte die Vertretung indes nicht zu schützen. Die Firmen mussten sich, da das Land dem Comecon zustrebte, aus China zurückziehen. Auch bestanden für Schweizer in einem Staat, der sich hermetisch abschloss, kaum noch Existenzmöglichkeiten. Politisch hingegen hatte sich die frühzeitige Anerkennung gelohnt. Ohne diesen Akt wäre die Schweiz kaum in die neutralen Kommissionen in Korea berufen worden. Und damit wäre auch die aussenpolitische Neupositionierung in einer einschneidenden Phase der Nachkriegsgeschichte anders verlaufen.

Die Aufnahme von diplomatischen Beziehungen mit Moskau und Peking waren herausragende Ereignisse – genauso wie die Aufnahme von diplomatischen Beziehungen mit der Bundesrepublik Deutschland im Jahr 1951. Natürlich verscherzte sich die Schweiz damit die Gunst der Deutschen Demokratischen Republik. Denn diese erhob den Anspruch, das gleiche Gebiet und das gleiche Volk zu vertreten. Hätte sich die DDR jedoch nicht in die Schmollecke zurückgezogen, so hätte sie die Schweiz in arge Bedrängnis bringen können. Denn Bern wäre im Prinzip bereit gewesen, »der ostdeutschen Regierung, falls sie darum ersucht, ebenfalls die Aufnahme gegenseitiger direkter Beziehungen zuzugestehen. Wir müssten uns unter Umständen also mit der unerfreulichen Tatsache abfinden, in der Schweiz zweierlei deutsche Vertretungen zu dulden.«[476] Das hätte mit Sicherheit zu grossen Komplikationen im Verhältnis zu Bonn geführt. Die BRD sollte bald die Hallstein-Doktrin erlassen. Diese besagte, dass Bonn die Beziehungen zu jenen Staaten abbrechen werde, welche die DDR anerkennten. Ausserdem hätte die Anerkennung von zwei Regierungen für ein und denselben Staat der eigenen Faustregel widersprochen, wonach die Schweiz Staaten und nicht Regierungen anerkenne.

Zum Konzept der Universalität gehört der Ausbau der Beziehungen nach allen Seiten. Petitpierre suchte das Vertretungsnetz systematisch auszuweiten. Er war damit recht erfolgreich. In seiner Amtszeit errichtete die Schweiz zahlreiche neue diplomatische Vertretungen oder erhob bestehende Konsulate in den Rang von Gesandtschaften. 1945 entstand beispielsweise eine Gesandtschaft in Mexiko, 1946 in Uruguay, 1948 in Indien, 1949 in Pakistan und 1952 in Jakarta. Erst jetzt wurde das diplomatische Netz – im Gegensatz zum konsularischen, das schon im 19. Jahrhundert gut ausgebaut war – im eigentlichen Sinn weltumspannend. Die Tatsache freilich, dass zwischen dem Antrag des Bundesrates und der Realisierung des Vorhabens oft mehrere Jahre verstrichen, verdeutlicht, dass die Geschäfte nicht immer reibungslos abliefen. Im Falle von Australien dauerte es nicht weniger als zehn Jahre, bis der Antrag in die Tat umgesetzt wurde. Heute tönt es etwas abgedroschen, wenn man von der Universalität der Beziehungen spricht, damals war dem jedoch nicht so. Petitpierre musste das Konzept gegen erhebliche Widerstände durchsetzen. In einer Schweiz, die dem diplomatischen Betrieb instinktgemäss mit unverhohlener Skepsis begegnet, wäre es erstaunlich gewesen, wenn man nicht auch die Neueröffnungen von Gesandtschaften auf Herz und Nieren geprüft hätte.

Distanz zu den internationalen Organisationen

In der Ära Petitpierre wurde die Aufnahme von diplomatischen Beziehungen möglichst zu allen Staaten konsequent vorangetrieben. Der Neuenburger Bundesrat verschaffte der Universalität als Maxime der Schweizer Aussenpolitik Nachachtung. Inhaltlich verpflichtete diese Politik die Schweiz zu wenig. Sie sagte nichts darüber aus, ob man eine Regierung als gut oder schlecht empfinde, sie brachte lediglich zum Ausdruck, dass man einen Staat völkerrechtlich anerkannte und den üblichen zwischenstaatlichen Verkehr zu pflegen wünschte. Wo es um die Teilnahme an internationalen oder supranationalen Gebilden ging, die über die Regelung von technischen Fragen hinausreichten, war Petitpierre dagegen sehr vorsichtig. Hier stand mehr auf dem Spiel. Man musste Verpflichtungen übernehmen. Stets drohte eine Beschränkung der eigenen Souveränität, da man gewisse Rechte jenen Organisationen übertrug, denen man beitrat. Petitpierre war sich bewusst, wie empfindlich die Schweizer auf derartige Vorgänge reagierten.

Wie es die Schweiz mit den internationalen Organisationen hielt, diese Frage stellte sich zuerst im Verhältnis zu den Vereinten Nationen. Ganz zu Beginn, als die UNO entstand, war die Sachlage beunruhigend einfach. Die Schweiz musste und konnte nichts tun. Sie war den Architekten der neuen Sicherheitsorganisation, die sich in Dumbarton Oaks und San Francisco getroffen hatten, nicht genehm. »Wir galten«, meinte der Spitzendiplomat Alfred Zehnder, »als Blockadebrecher, Waffenlieferanten und Goldhamsterer, kurz als Kriegsgewinnler. Unsere Neutralität wurde als Interesselosigkeit ausgelegt, die zur wirtschaftlichen Zusammenarbeit mit Deutschland und zu unserer Bereicherung führte.« Frankreich wollte gar die Neutralen ausdrücklich von der Teilnahme an der neuen Organisation ausschliessen. Am 21. März 1945 beantragte Paris, die UNO solle »allen friedliebenden Staaten« offen stehen, »die durch ihre Institutionen, ihr internationales Betragen und wirksame Garantien den Beweis erbracht haben, dass sie ihre internationalen Verpflichtungen respektieren. Die Teilnahme an der Organisation impliziere Verpflichtungen, die mit dem Status der Neutralität unvereinbar seien.«[477] Die USA und die Sowjetunion unterstützten den französischen Vorstoss. Zwar drang Frankreich mit seinem Zusatzantrag nicht durch. Aber die Meinung, dass das Statut der Neutralität mit gewissen in der UNO-Charta vorgesehenen Verpflichtungen nicht vereinbar sei, wurde von den Gründungsmitgliedern mehrheitlich geteilt.

Auch wenn die Schweiz nicht vom Wunsch beseelt war, der UNO beizutreten, war sie doch ob der Haltung der Sicherheitsratsmitglieder beunruhigt. Statt »geschnitten« zu werden, hätte sie es geschätzt, wenn man sie mindestens im gleichen Mass wie bei der Gründung des Völkerbundes informiert und konsultiert hätte. Schliesslich war der offizielle Sitz des Völkerbundes bis zur förmlichen Auflösung am 18. April 1946 immer noch in Genf. Doch von all dem war nichts zu spüren. Was sollte der Bundesrat tun? Die Neutralität aufgeben und der UNO beitreten oder die Neutralität wahren und von einer Zusammenarbeit mit der neuen Organisation absehen? In dieser ungemütlichen Lage berief er, wie es helvetischem Brauch entspricht, eine aus allen interessierten Kreisen zusammengesetzte Konsultativkommission ein. Und diese tat das, was von ihr zu erwarten war: sie verflüchtigte sich in ein konsensfähiges Sowohl-als-auch. In ihrem Bericht an den Bundesrat empfahl sie, der UNO beizutreten, aber unter ausdrücklicher Anerkennung der Schweizer Neutralität durch die Vereinten Nationen – wohl ahnend, dass diese Bestimmung für die Staatengemeinschaft nicht annehmbar war.

Die Empfehlungen der Kommission stimmten mit den Vorstellungen des Bundesrates weitgehend überein. Auch er befürwortete einen Beitritt zur UNO, wenn sich dieser mit dem Statut der Neutralität vereinbaren liesse. Aber er war Realist genug, um die Unmöglichkeit eines solchen Unterfangens zu erkennen. Die Schweiz lebte mit ihrer Neutralität ein Friedensmodell vor, das die UNO in der Anfangsphase ablehnte; und die UNO entwickelte mit der kollektiven Sicherheit ein Friedensmodell, dem die Schweiz misstraute. Petitpierre erkannte das Dilemma und spielte auf Zeit. Eines Tages, so hoffte er, würde die UNO die Aufnahmekriterien mildern und der Schweiz den Einsitz ermöglichen. Den umgekehrten Vorgang, dass die Schweiz den Wandel mit einem Verzicht auf die Neutralität einleiten würde, zog er hingegen nie in Betracht. Bis es so weit war, musste die Schweiz nach Petitpierres Auffassung das Defizit an sicherheitspolitischer Solidarität mit einer humanitären Sonderleistung wettmachen. Mit dem Patentrezept »Neutralität und Solidarität« suchte er eine Brücke zur Friedenspolitik der Vereinten Nationen zu schlagen. Am 2. April 1946 erklärte er auf eine Anfrage über die Zusammenarbeit mit den verschiedenen UNO-Organisationen im Nationalrat: »Zusammenfassend gesagt ist die politische Linie, die wir einschlagen möchten, einfach und gerade. Der

Bundesrat wird die Möglichkeit eines Beitritts der Schweiz zu den Vereinten Nationen wohlwollend prüfen. Zum gegebenen Zeitpunkt nimmt er die nötigen Kontakte auf. Aber ein Beitritt kann nur in Betracht gezogen werden, wenn das internationale Statut der Schweiz innerhalb der neuen Organisation anerkannt wird. Der Bundesrat wird prüfen, ob sich die in der Charta vorgesehenen Verpflichtungen, die mit diesem Statut nicht vereinbar sind, durch anderweitige Engagements humanitärer Natur oder der internationalen Unterstützung ersetzen lassen.«[478]

Um sich ein letztes Mal zu vergewissern, dass sich die Alliierten nicht erweichen liessen, die Schweiz unter den von ihr gesetzten Bedingungen in die neue Weltorganisation aufzunehmen, reiste Petitpierre im Oktober 1946 nach Paris. Er erläuterte die Schweizer Haltung der französischen Regierung und dem Präsidenten der UNO-Generalversammlung, dem belgischen Aussenminister Paul-Henri Spaak. Doch er erreichte nicht viel. Vielmehr legte Spaak seinem Gast im Hotel Ritz nahe, tunlichst darauf zu verzichten, ein Beitrittsgesuch unter Vorbehalt der Wahrung der Neutralität zu stellen. Petitpierre notierte über das Gespräch unter anderem Folgendes: »Il est, au surplus, d'accord que si nous posions maintenant notre candidature à la condition que notre neutralité soit reconnue, nous n'aurions aucune chance de faire admettre notre point de vue.«[479] Der Belgier hielt von der Neutralität ohnehin nicht viel. Vor einem Jahr, am 14. Juni 1945, hatte er in der »*Neuen Zürcher Zeitung*« schon die Auffassung vertreten, dass »Schweden und die Schweiz ausserhalb der UNO politisch, wirtschaftlich und sozial einen schweren Stand haben dürften und dass die Zeit und die Rechtfertigung für die Neutralität für immer vorbei seien.«

Die Schweiz und Schweden wurden denn auch zur ersten Generalversammlung im Herbst 1946, auf der sie ihr Beitrittsgesuch hätten stellen müssen, nicht eingeladen. Aber der Bundesrat entsandte dennoch eine Delegation nach New York, sozusagen einen Pikettdienst, der sich in den Kulissen aufhalten konnte. Minister Bruggmann und dessen Mitarbeiter sollten, falls die UNO das Thema »Schweiz« angeschnitten hätte, Rede und Antwort stehen. Dazu kam es indes nicht. Auch überreichten die Abgesandten dem Präsidenten der Generalversammlung einen Brief, in welchem Petitpierre nochmals die Haltung der Schweiz zusammenfasste. Spaak scheint darob nicht sonders erbaut gewesen zu sein. Jedenfalls beschwor er die Überbringer mit den Worten: »Bringen Sie ja das Problem der Neutralität nicht auf. Zu viele Länder, auch das meinige, sehnen sich danach. Eine Ausnahme zu Gunsten der Schweiz würde einen ganzen Rattenschwanz von Forderungen, die mit den Bestimmungen der Charta unvereinbar sind, nach sich ziehen.«[480] Die Mahnung wäre kaum nötig gewesen. Der Bundesrat hatte sich seit geraumer Zeit schon entschieden: Die Neutralität zu wahren war ihm wichtiger, als in New York mitzumachen. Die Entsendung einer Delegation war mehr Ausdruck von Höflichkeit denn politischer Absicht.

Die Frage, wieweit die Schweiz in ihrer Zusammenarbeit mit internationalen Gebilden gehen konnte, stellte sich alsbald auch von anderer Seite. Wollte sie Organisationen oder Vereinigungen mit wirtschaftlicher Zielsetzung, die indes auch einen politischen Schatten warfen, beitreten? Nach der denkwürdigen Rede von General Marshall im Juni 1947 in Harvard war der Bundesrat zu einem Entscheid gezwungen. War die Schweiz bereit, gemeinsam mit den Amerikanern und anderen europäischen Staaten den wirtschaftlichen Wiederaufbau Europas an die Hand zu nehmen? Bald danach musste sie sich schlüssig werden, ob sie in einer Organisation wie der OEEC, der Organisation für Europäische wirtschaftliche Zusammenarbeit, mitmachen wollte. Einige Jahre später entstand das Allgemeine Zoll- und Handelsabkommen, das GATT. Wie stellte sich die Schweiz dazu? Endlich erforderte in den fünfziger Jahren auch die europäische Integration erste Antworten.

Am einfachsten für die Schweiz war die Einladung, am Marshall-Plan teilzunehmen. Denn die von den Amerikanern initiierte Hilfsaktion enthielt keine Vereinbarungen, welche die eidgenössische Souveränität beschränkten. Aber neutralitätspolitische Bedenken kamen auf, da die Sowjetunion auf den Plan negativ reagierte und die Zusammenarbeit zu verweigern drohte. Petitpierre war zwar überzeugt, dass die Amerikaner mit dieser Hilfsaktion auch politische Ziele verfolgten. »Es scheint mir kaum zweifelhaft, dass der Marshall-Plan, der ein wirtschaftliches und in gewissem Sinn humanitäres Ziel verfolgt, auch eine politische Dimension aufweist. Er durchkreuzt die Pläne der UdSSR...«[481] Dennoch schlug der Aussenminister vor, sich im Interesse Europas an diesem Werk zu beteiligen – und zwar rasch, bevor Moskau offiziell dazu Stellung genommen hätte. Solange dies nicht geschehen sei, könne man neutralitätspolitisch unverfänglich argumentieren, der Plan stehe allen europäischen Staaten offen. Niemand könne somit der Schweiz vorwerfen, sie begebe sich ins Schlepptau der Amerikaner.

Marshalls Rede enthielt nebst dem Aufruf zu einer grossen Hilfsaktion noch eine zweite Idee: Der Staatssekretär ermahnte die europäischen Staaten, sich aufzuraffen und einander zu unterstützen, um mit vereinten Kräften die wirtschaftliche Genesung des alten Kontinents voranzutreiben. Sein Ruf verhallte nicht ungehört. Auf Initiative Grossbritanniens und Frankreichs versammelten sich einige Wochen später 16 europäische Staaten in Paris mit dem Ziel, eine engere wirtschaftliche Zusammenarbeit anzustreben. Die Schweiz nahm an dieser Konferenz teil. Aus ihr erwuchs am 16. April 1948 die OEEC – eine Organisation, die nach dem Urteil des damaligen Direktors des Vorortes des schweizerischen Handels- und Industrievereins, Heinrich Homberger, »in der ersten Phase ihrer Existenz... eine äusserst segensreiche Tätigkeit entfaltete«.[482] War die Schweiz also darauf erpicht, sich dieser Organisation anzuschliessen? Man würde es vermuten, wenn man Hombergers Äusserung liest. Doch dem war nicht so. Hätte sich die Schweiz nicht erneut isoliert, so wäre man am liebsten ferngeblieben. Man traute dem neuen Gebilde nicht. Petitpierre befürchtete, die OEEC könnte die Keimzelle für eine europäische Regierung bilden, sie könnte sich die Wirtschaft unter den Nagel reissen und ein anderes Organ – der spätere Europarat – die Politik. Nur mit allergrösster Vorsicht war der Bundesrat gewillt, das Wagnis eines Beitritts zu dieser Organisation einzugehen.

Die Einhelligkeit, mit der das Land die Teilnahme am Marshall-Plan bejaht hatte, war offensichtlich verflogen. An einer Vorbesprechung, die Petitpierre mit Spitzenvertretern aus Wirtschaft und Verwaltung über einen OEEC-Beitritt durchführte, meinte ein skeptischer Homberger: »Rein wirtschaftlich gesehen, wird die Einspinnung der Schweiz in diese internationalen Organisationen zu einer ungeheuer gefährlichen Sache.... Unsere Lage ist... in mancher Hinsicht einzigartig, und wir dürfen es wagen, unsere wirtschaftliche Gesundheit mit unseren eigenen Mitteln zu verteidigen. Wir haben bisher nicht eine egoistische Politik betrieben, sondern einen ansehnlichen Beitrag an den Wiederaufbau geleistet, und es besteht kein Grund, nicht in gleicher Weise weiterzufahren. Die Schweiz sollte sich von diesem handelspolitischen Kollektivismus fern halten. Wir müssen daher eine Formel finden, die es uns ermöglicht, dabei zu sein, ohne eine Verantwortung zu übernehmen.« Ähnliche Bedenken äusserte auch der Präsident der Nationalbank, Paul Keller. Petitpierre fasste das Ergebnis der Besprechung folgendermassen zusammen: »Ich stelle fest, dass im Grund alle Meinungen in die gleiche Richtung gehen. Es ist schwierig, in diesen Komitees [gemeint ist die zukünftige OEEC] nicht teilzunehmen. Aber was die Sache anbelangt, so muss man grosse Vorbehalte anbringen. Ich bin überzeugt, dass die zukünftigen Beratungen sehr unangenehm sein können; aber immerhin können wir unsere Argumente geltend machen...«[483]

Nicht zuletzt auf Druck des Aussenministeriums trat die Schweiz der OEEC von Anfang an bei. Dass die Eidgenossenschaft eine Organisation, deren politische Bedeutung man nicht rundweg in Abrede stellen konnte, mitbegründete, war die Ausnahme. Sie tat es denn auch eher widerwillig und nur unter dem Zwang der Not. Nach aussen behagte dem Bundesrat die politische Dimension, welche diese Wirtschaftsorganisation eben auch aufwies, nicht. Stets befürchtete er, die OEEC könnte sich im Gespinst der Ost-West-Auseinandersetzung verfangen und dadurch die Neutralität der Schweiz beschädigen. Nach innen missfiel ihm eher der Verlust an Autonomie in der Wirtschafts- und Handelspolitik. Petitpierre war darauf bedacht, die Kompetenzen der OEEC so weit als möglich aufs Technische zu begrenzen. Als er im Februar 1949 an einer Sitzung des Exekutivkomitees in Paris teilnahm, ergriff er das Wort nur einmal. Aber er gab ein bezeichnendes Statement ab. Er erklärte sich befriedigt, dass die OEEC ihre Zielsetzung nicht erweitern wolle und davon absehe, eine europäische Wirtschaftsregierung zu errichten. Die Schweiz müsste sich einem solchen Ansinnen widersetzen.

Mit den Jahren verkümmerten die hochfliegenden politischen Pläne der OEEC. Damit schwanden auch die Schweizer Bedenken. Man begann die Organisation, wie die rückblickende Beurteilung von Homberger bezeugt, zu schätzen. Ausserdem erkannte man in Bern, dass die OEEC mitunter ein nützliches Gegengewicht zur neuen Macht des Gemeinsamen Marktes bildete. Aber als die Schweiz ihre Vorliebe für die OEEC entdeckte, war diese Organisation bereits im Abstieg begriffen. Ihr Verfall begann, als sie in der zweiten Hälfte der fünfziger Jahre mit dem Vorschlag, in ganz Westeuropa eine einzige Freihandelszone zu schaffen, nicht durchdrang. Sie scheiterte 1958 am französischen Veto. Anfang der sechziger Jahre wurde sie, nun unter Zuzug der USA und Kanadas, von der Organisation für wirtschaftliche Zusammenarbeit und Entwicklung (OECD) abgelöst. Gestützt auf die positiven OEEC-Erfahrungen liess sich die Schweiz nicht zweimal bitten, in der Nachfolgeorganisation mitzumachen. Deren Kompetenzen jedoch wurden, so wünschten es Frankreich und die Brüsseler Kommission, arg beschnitten. Die Schweiz bedauerte dies. Petitpierre versuchte in einem persönlichen Gespräch mit Charles de Gaulles, daran noch etwas zu ändern. Doch der General liess sich nicht umstimmen.

Anders verlief die Schweizer Annäherung an das GATT. Zur gleichen Zeit, als die OEEC entstand, formierte sich auch das »General Agreement on Tariffs and Trade«. Am 27. Oktober 1947 unterzeichneten 23 Gründerstaaten ein Abkommen über den Abbau von Zoll- und Handelsschranken. Die Schweiz gehörte nicht dazu, obschon sie am Welthandel regen Anteil nahm. Ein Beitritt zur Konvention hätte sich nach Ansicht des Bundesrates ungünstig auf die eigene Wirtschaft ausgewirkt. Als Land mit einer harten Währung und einer gesunden Zahlungsbilanz wäre die Schweiz zu einer totalen Liberalisierung verpflichtet gewesen. Dazu mochte sie sich nicht durchringen. Der Bundesrat wollte nicht auf quantitative Einfuhrbeschränkungen zum Schutz der Landwirtschaft und anderer Wirtschaftszweige verzichten. Auch hätte sie als GATT-Mitglied gleichzeitig dem Internationalen Währungsfonds (IWF) beitreten müssen. Diese Bedingung gefiel der Schweiz ebenfalls nicht, da sie nicht auf eine autonome Währungspolitik verzichten wollte. Der Eidgenossenschaft war es schon immer schwer gefallen, Rechte auf internationale Organisationen zu übertragen. So war es auch dieses Mal. Mochte die Situation auch unbefriedigend sein, die Schweiz zog es vor, dem GATT, das seinen Sitz in Genf aufgeschlagen hatte, fernzubleiben, statt multilaterale Verpflichtungen einzugehen.

Unter dem Druck der europäischen Wirtschaftsintegration musste sich freilich auch die Eidgenossenschaft bewegen. Vorerst führte sie einen von Grund auf neuen Zolltarif ein, dann näherte sie sich behutsam dem GATT an. 1958 glaubte sie es wagen zu dürfen, dieser Organisation beizutreten, einstweilen provisorisch, ohne Stimmrecht und unter verschiedenen Vorbehalten. So wollte sie dem IWF weiterhin nicht angehören, und die Einfuhrbeschränkungen zum Schutz der eigenen Landwirtschaft hielt sie aufrecht. Mit diesem Provisorium lebte sie mehr als sieben Jahre lang. In dieser Zeit konnten sich das GATT und die Schweiz davon überzeugen, dass der eingeschlagene Modus Vivendi beiden Seiten zum Vorteil gereichte. Am 1. April 1966 trat die Schweiz dem GATT – unter Wahrung der Vorbehalte – als Vollmitglied bei. Dass sie den Agrarbereich von den GATT-Bestimmungen ausklammern konnte, war zweifelsohne eine Meisterleistung ihrer Unterhändler, namentlich von Fritz Halm, dem Delegierten für Zollverhandlungen, und von Albert Weitnauer, dem zukünftigen Staatssekretär. Als Mitglied verhielt sich die Eidgenossenschaft dann sehr konstruktiv. Von 1968 bis 1993 stellte sie mit den Diplomaten Olivier Long und Arthur Dunkel gleich zwei Generaldirektoren nacheinander. 1995 ging das GATT in der Welthandelsorganisation (WTO) auf.

In Petitpierres Amtszeit nahm auch die Europäische Gemeinschaft erste Konturen an. 1951 entstand auf Vorschlag des französischen Aussenministers Robert Schuman die Montan-Union, ein gemeinsamer Markt von Frankreich, Deutschland, den Benelux-Staaten und Italien für Kohle, Eisen und Stahl. Mit den Römer Verträgen von 1957 beschlossen diese Staaten, die Zusammenarbeit auf zwei weitere Gebiete auszudehnen. Sie gründeten die Europäische Wirtschaftsgemeinschaft (EWG) und, zur Nutzung der Atomenergie, EURATOM. Diese Entwicklung verfolgte eindeutig eine politische Zielsetzung. Sie sollte die europäische Einigung mit supranationalen Strukturen voranbringen. Als Organe wurden die EWG-Kommission und der Ministerrat geschaffen, ergänzt durch einen Europäischen Gerichtshof und ein Europäisches Parlament. Mit ihrer traditionellen Scheu vor politischen Organisationen hätte die Schweiz nicht einmal im Traum daran gedacht, den Anschluss an die EWG zu suchen. Petitpierre brachte diese Auffassung noch 1960 im Parlament klar zum Ausdruck. »Unser Schicksal ist weitgehend mit jenem von Europa verbunden. Deshalb haben wir im Prinzip nichts gegen die europäische Integration. Sie ist ein Mittel, um auf unserm Kontinent die Einheit zu verwirklichen. Diese darf indes nicht mit einer Einheitlichkeit verwechselt werden, die wir nie unterschreiben könnten. Auf der andern Seite müssen und wollen wir unsere Unabhängigkeit selbst gegenüber jenen Ländern wahren, die uns ... am nächsten stehen. Unsere Neutralität behält voll ihren Wert. Sie ist für die Aufrechterhaltung unserer Unabhängigkeit unabdingbar. Sie verschafft uns auch eine internationale Position...«[484]

Die Schweiz beobachtete folglich die Entwicklung in der Gemeinschaft mit Interesse, schwankte zwischen Bewunderung und Besorgnis und war stets bemüht, im wirtschaftlichen Bereich den Anschluss nicht zu verlieren. In der Integrationspolitik, die vorwiegend vom Volkswirtschaftsdepartement gestaltet wurde, reagierte sie von Anfang an entschlossen, aber stets defensiv. Wenig begeistern konnte sie sich für die Idee, an ihrer Grenze auf eine Zollunion zu stossen. Sie befürchtete, die EWG würde in Westeuropa zu einer Diskriminierung im grenzüberschreitenden Handel führen. Um diese Spaltung abzuwenden, hatte sie sich noch im Rahmen der OEEC dafür eingesetzt, eine grosse Freihandelszone zu errichten. Diese Bestrebungen sind bekanntlich gescheitert. Der Bundesrat legte indes die Hände nicht einfach in den Schoss. Nochmals versuchte er, der Idee Gestalt zu verleihen. Vor allem Hans Schaffner, der Direktor der Handelsabteilung und nachmalige Vorsteher des Volkswirtschaftsdepartementes, ragte durch Tatkraft heraus. Zusammen mit den andern industrialisierten OEEC-Staaten, die nicht der EWG angehörten, gründete die Schweiz die Europäische Freihandelsassoziation (EFTA), ein rein zwischenstaatliches Instrument für wirtschaftliche Zusammenarbeit, ohne politische Zielsetzung und ohne supranationale Organe.

Die EFTA nahm ihre Tätigkeit 1960 auf. Ihr Ziel, die industriellen Schutzzölle abzubauen und den Freihandel zu fördern, erreichte sie voll. Das andere Ziel hingegen, eine Brücke zur EWG zu schlagen, scheiterte an de Gaulles Aversion gegen Grossbritannien. Das multilaterale Assoziierungsabkommen, das Österreich, Schweden, Portugal und die Schweiz gemeinsam angestrebt hatten, kam ebenso wenig zustande wie der beantragte Beitritt zur EWG von Norwegen, Dänemark und Grossbritannien. Nach dieser Enttäuschung beschritt der Bundesrat das, was er damals gerade hatte vermeiden wollen: den bilateralen Weg. Dieser führte in intensiven Verhandlungen, die der Direktor der Handelsabteilung beziehungsweise des Bundesamtes für Aussenwirtschaft, Paul Jolles, leitete, 1972 zum Abschluss des Freihandelsabkommens mit der EWG. Der Bundesrat empfahl den Vertrag als »Ausdruck einer bemerkenswerten Kontinuität in der schweizerischen Politik, des unbeirrbaren Strebens nach einer mittleren Lösung zwischen den gleicherweise auszuschliessenden extremen Varianten des Beitritts und des Abseitsstehens«.[485]

Ob die Schweiz mitmachen soll oder nicht, diese Frage kam immer wieder auf auch mit Bezug auf den Europarat. Petitpierre hörte das erste Mal aus dem Munde von Churchill, dass in Europa eine politische Organisation entstehen soll. Am Abend vor seiner Zürcher Rede fragte der britische Premier den Gastgeber, ob die Schweiz etwas einzuwenden hätte, wenn er morgen zur Begründung eines Vereinigten Europa aufriefe. Petitpierre begrüsste die Idee, vermerkte aber gleich, die Schweiz könnte sich daran wegen ihrer Neutralität wahrscheinlich nicht beteiligen. Und so kam es auch. Als im Jahr 1949 der Europarat aus der Taufe gehoben wurde, war die Schweiz nicht unter den Anwesenden. In der Anfangsphase dachten ihm einige Politiker in der Tat eine eminente Bedeutung zu: Er sollte den politischen Teil einer europäischen Grossorganisation bilden – so wie die OEEC für die wirtschaftlichen Aufgaben und eine zukünftige Verteidigungsgemeinschaft für die Sicherheitsaspekte zuständig wären. In den ersten drei Jahren verfolgte der Europarat hartnäckig die Idee, eine europäische Verteidigungsgemeinschaft zu schaffen. Doch 1951 scheiterte er mit diesem Vorhaben endgültig, und Paul-Henri Spaak, der die Beratende Versammlung präsidiert hatte, warf das Handtuch. Danach waren dem Europarat die politischen Zähne gezogen, die Schweiz jedoch liess von ihren Vorbehalten nicht ab. Noch 1955 erklärte Petitpierre im Parlament: »Die vom Europarat verfolgten Ziele, deren Berechtigung wir nicht in Frage stellen, sowie seine bisherige Tätigkeit hindern die Schweiz daran, einen Beitritt zu beantragen. Ein solcher Beitritt wäre nicht denkbar, ohne von unserer bisherigen Neutralitätspolitik abzuweichen.«[486] Petitpierre hatte seine Politik mit unerbittlicher Konsequenz verfolgt. Selbst seinem Schwager Denis de Rougemont hatte er im Herbst 1950 den Wunsch ausgeschlagen, eine Grussbotschaft zur Eröffnung des »Centre européen de la culture« zu senden. Da das Zentrum unter dem Patronat des Europarates stehe, wäre derlei, antwortete Petitpierre, mit einer strikten Neutralitätspolitik unvereinbar.[487]

Mit den Jahren freilich konnte man diese Art von Begründung kaum noch glaubhaft vertreten. Die stark geschmälerte politische Bedeutung des Europarats war zu offenkundig. Auch Petitpierre entgingen die neuen Verhältnisse nicht. Aber er änderte seine Meinung über einen allfälligen Beitritt der Schweiz nicht. Hingegen drehte er den Spiess seiner Argumentation um – zumindest in privaten Äusserungen. Nun sollte die Schweiz der Organisation in Strassburg wegen deren Machtlosigkeit fernbleiben. Verschiedene Aussenminister bestärkten ihn in seinem Gefühl, dass der Europarat nicht mehr viel nütze. Nach einer Unterredung mit dem norwegischen Aussenminister Halvard Lange notierte der EPD-Chef: »Im Verlaufe unseres Gesprächs drückte sich Herr Lange kritisch über den Europarat aus. Seiner Ansicht nach würde man diesen am besten abschaffen.«[488] Petitpierre pflichtete ihm wohl bei; jedenfalls widersprach er ihm nicht. Im Rückblick auf seine Amtszeit als Bundesrat bemerkte er: »Vom Europarat mussten wir uns zu Beginn fern halten, weil man nicht sehen konnte, was aus ihm werden würde oder mit welchen Kompetenzen und Aufgaben er betraut würde, und später, weil er die Bedeutung verloren hatte, mit welchen ihn seine Begründer ausstatten wollten. Er war eine Akademie geworden oder, wie man etwas brutaler sagte, ein verdorrter Ast am europäischen Baum.«[489] In öffentlichen Erklärungen sprach Petitpierre allerdings eher von einer Neuverteilung der Zuständigkeiten zwischen den internationalen Organisationen. Man müsse abwarten, um zu sehen, welche Aufgaben dem Europarat in Zukunft noch übertragen würden.

Eine Gruppe von Parlamentariern, mit dem freisinnigen Genfer Nationalrat Alfred Borel an der Spitze, drängte jedoch beharrlich auf einen Beitritt oder mindestens auf die Entsendung einer parlamentarischen Beobachterdelegation. Den EPD-Chef begeisterten sie damit nicht. Er hatte die Prioritäten unmissverständlich anders gesetzt. Wichtig für die Schweiz war, wirtschaftlich den Anschluss an die europäische Integration nicht zu verpassen; im politischen Bereich bestand seiner Meinung nach kein Handlungsbedarf. Petitpierre wimmelte mehrere Vorstösse ab. Unbeirrt hielt er an seiner »wait and see«-Politik fest. Als der Europarat jedoch 1959 die Schweiz einlud, einige Beobachter in die Beratende Versammlung zu entsenden, um die Debatte über die OEEC zu verfolgen, sah er sich zum Nachgeben gezwungen. Der Druck wurde zu stark, von parlamentarischer Seite, aber auch aus der Bevölkerung. Die Vereinigung »Europa-Union« hatte 1957 zusammen mit mehreren Jugendorganisationen eine Petition mit 20 000 Unterschriften eingereicht. Sie verlangten den »Beitritt der

Schweiz zum Europarat als freies Mitglied unter Wahrung ihrer Neutralität«.[490] So kam es, dass im März 1961 sechs parlamentarische Beobachter ihre Arbeit aufnahmen. Am Anfang war ihr Mitwirken auf den wirtschaftlichen und den landwirtschaftlichen Ausschuss eingegrenzt. Diese Annäherung änderte freilich nichts an Petitpierres Einstellung zum Europarat. Sein Desinteresse bezeugte er nochmals in seinem letzten grossen Auftritt vor dem Nationalrat. Als er am 14. Juni 1961, wenige Tage vor seinem Rücktritt, einen breiten Tour d'horizon zur europäischen Integration entwarf, erwähnte er den Europarat mit keinem Wort.[491] Es blieb seinem Nachfolger Friedrich Traugott Wahlen vorbehalten, die Schweiz nach Strassburg zu führen. Am 6. Mai 1963 war es so weit. Die Schweiz wurde als 17. Mitglied in den Europarat aufgenommen.

Sein vorsichtiger Kurs brachte Petitpierre in den letzten Regierungsjahren den Vorwurf des aussenpolitischen Stillstands ein. Das Wort »Attentismus« machte die Runde. Dem Neuenburger gefiel der Ausdruck nicht. Er wies ihn als Etikett für seine Aussenpolitik ausdrücklich zurück. Aber er hatte einen schwierigen Stand. Im Innersten musste er selber seinen Kritikern Recht geben. Lange nach seinem Rücktritt, im Jahr 1978, notierte er: »Wenn man sieht, was aus dem Europarat geworden ist, nämlich eine harmlose Organisation in Bezug auf das politische Engagement der Mitgliedstaaten, dann kann man diese [meine] Politik heute als attentistisch kritisieren...«[492] Nach Aussage seines Sohnes Gilles soll Max Petitpierre später seine übervorsichtige Zurückhaltung in der Frage eines Beitritts zum Europarat bereut haben.

Als Bundesrat freilich hatte er seine Auffassung vom Amtsantritt bis zum Abgang nicht wesentlich geändert. Am 17. März 1960 verteidigte er sich im Nationalrat folgendermassen: »In einigen Kreisen, namentlich in der Jugend, herrscht bezüglich der Europapolitik des Bundesrates Ungeduld. Man hält sie für zu wenig aktiv, zu wenig positiv. Wir müssen den Wünschen der Jugend Achtung schenken. Schliesslich arbeiten wir in erster Linie für sie, für deren Zukunft. ... Aber... der Bundesrat hat auch – man mag sagen, was man will – seine Europapolitik. Er will nicht, dass wir uns von jenen Anstrengungen fern halten, die zur Verwirklichung der europäischen Einheit unternommen werden. Doch hält er dafür, dass die Aufgabe der kleinen Länder darin besteht, die europäische Vielfalt gegen eine Vereinheitlichung zu verteidigen – eine Vereinheitlichung, die sich nur auf Kosten der Kleinen durchsetzte und im Übrigen für die Einheit Europas nicht erforderlich ist.«[493] Das waren Gedanken, die dem Innersten entsprangen. Petitpierre hatte sie immer vertreten, schon zu Beginn der Europadebatte. Sie widerspiegelten eine Rangordnung, an der er nie gezweifelt hat: Zuerst kam die Unabhängigkeit der Schweiz mit ihrer Neutralität, und dann, an zweiter, an sekundärer Stelle, die europäische Einigung. Niemand verkörperte das, was der Bundesrat in seinem Bericht von 1988 über die Stellung der Schweiz im europäischen Integrationsprozess bemerkte, dermassen wie Petitpierre: »Die Haltung der Schweiz gegenüber den neuen politischen Organisationsformen im Europa der Nachkriegszeit war gekennzeichnet durch die Überzeugung, dass die immerwährende und bewaffnete Neutralität weiterhin das geeignete Mittel zur Sicherung der schweizerischen Unabhängigkeit darstellt.«[494]

Mit neuem Besen das Departement auskehren

Als Petitpierre kurz vor Kriegsende sein Amt antrat, war ein Chef mit Sinn für administrative Angelegenheiten gefragt. Man musste das EPD gründlich reorganisieren. Vieles war während des Kriegs liegen geblieben, einiges auch durch die Zeitumstände überholt, anderes erforderte durch die Nachkriegsentwicklung neue Anworten. Der Aussenminister war vornehmlich an drei Fronten gefordert: beim Vertretungsnetz, beim Personalbestand und bei der inneren Reform der Verwaltung, namentlich der Gestaltung des diplomatischen und konsularischen Dienstes. Ausserdem schlug er in der Besuchsdiplomatie neue Wege ein.

Petitpierre oblag es, das eidgenössische Vertretungsnetz zu reorganisieren. Nach dem Kriegsende musste die Schweiz ihre Gesandtschaften und Konsulate der neuen Lage anpassen. Es bestand ein grosser Nachholbedarf, da die Eidgenossenschaft es während des Krieges nach Möglichkeit vermieden hatte, verbindliche Statusveränderungen vorzunehmen. Kaum waren diese Anpassungen vorgenommen, setzte die Unabhängigkeitswelle in Asien und Afrika ein. Im Einklang mit den andern Staaten reagierte Petitpierre mit einem eigentlichen Schub von neuen Vertretungen in den Hauptstädten der Dritten Welt. Die Zahl der diplomatischen Missionen wuchs sprunghaft an. 1939 verfügte die Schweiz über 24 Gesandtschaften, 1949 über 37 und 1960, am Ende der Ära Petitpierre, über 55 Missionen, davon 41 Botschaften und 14 Gesandtschaften. Dennoch hatte sich die Anzahl der Aussenposten insgesamt nicht namhaft erhöht. Den 152 Vertretungen von 1939 standen 1949 deren 164 gegenüber, und 1960 waren es 163. Des Rätsels Lösung liegt in der Schliessung von konsularischen Posten, die Petitpierre in grösserem Ausmass vornahm. Auch in der Zentrale packte der neue Departementschef die Reorganisation energisch an. Er gliederte die Verwaltung in fünf Einheiten. Die wichtigste war die Politische Abteilung. Sie entsprach weitgehend der ehemaligen Abteilung für Auswärtiges. Ihr Chef, von Anbeginn »primus inter pares« unter den Abteilungsleitern, wurde 1954 im Zuge einer organisatorischen Straffung Generalsekretär des Departements – ein Titel, der 1979 im Rahmen einer weiteren Verwaltungsreorganisation in »Staatssekretär« umgewandelt wurde. Petitpierre schuf auch neuartige Dienste, 1952 etwa das Sekretariat der nationalen Unesco-Kommission oder 1960 den Dienst für Technische Hilfe. Aus diesem sollte die Direktion für Entwicklung und Zusammenarbeit heranwachsen, die mittlerweile rund 500 Mitarbeiter umfasst und im Jahr 2000 über einen Haushalt von annähernd 1,2 Milliarden Franken verfügte.

Mitte der fünfziger Jahre passte sich die Schweizer Diplomatie auch einem internationalen Trend in Sachen Statusfragen an. Sie begann, ihre Gesandtschaften in Botschaften umzuwandeln. Im 19. Jahrhundert waren die Botschaften aus Gepflogenheit den Grossmächten vorbehalten. Die Mittel- und Kleinstaaten begnügten sich mit Gesandtschaften. Diese erledigten ihre Geschäfte mit kleinerem Aufwand, konnten aber gemäss den Vereinbarungen des Wiener Kongresses auch etwas weniger Privilegien beanspruchen. Nach dem Zweiten Weltkrieg begannen die mittelgrossen europäischen Staaten ihre Gesandtschaften aufzuwerten. Auch die jungen Staaten der Dritten Welt verliehen ihren neuen Vertretungen durchs Band den Rang von Botschaften. Wollte die Schweiz im Ausland nicht hinten anstehen, musste sie handeln. Denn protokollarisch kommt der Gesandte erst an die Reihe, nachdem alle Botschafter berücksichtigt sind. Republikanisch gesinnten Schweizern fiel dieser pompöse Wettlauf schwer. Auch Petitpierre sträubte sich lange gegen die Errichtung von Botschaften. Noch 1951 hatte er vor der aussenpolitischen Kommission des Nationalrats erklärt: »Die allgemeine Entwicklung in der Welt geht dahin, Botschafter anstatt Gesandte zu ernennen. Länder wie Belgien, die Niederlande, Dänemark, Norwegen und andere ahmen dieses Beispiel nach. Wir haben immer dieser Entwicklung widerstehen können, und ich bin der Auffassung, dass wir es weiterhin tun sollten.«[495] Nun, ebenso rasch, wie der eidgenössische Widerstand zusammenbrach, vollendete sich der Prozess der Selbsterhöhung. Seit den siebziger Jahren gibt es praktisch auf der ganzen Welt keine Gesandtschaften mehr, obschon das Völkerrecht diesen Status einer diplomatischen Vertretung immer noch vorsieht.

Mit besonderer Dringlichkeit musste Petitpierre nach seiner Wahl in den Bundesrat Eingriffe im Personalwesen vornehmen. Das EPD war nach Kriegsende hoffnungslos übersetzt. In den Jahren zuvor wurde wegen kriegsbedingten Aufgaben und der Übernahme von zahlreichen fremden Mandaten viel zusätzliches Personal eingestellt. Diesen Überhang sollte

Petitpierre abbauen. Der Personalbestand hatte sich folgendermassen entwickelt:

	1938	1946	1949
Zentrale	81	522	393
Aussendienst	519	1422	1157
Fremde Interessen	0	206	49
Total EPD	600	2150	1599

Wie aufgebläht der diplomatische Apparat bei Kriegsende war, belegt auch ein Vergleich mit andern Ländern. Die Schweiz zählte 1948 eine Bevölkerung von 4,4 Millionen Einwohnern, Belgien das Doppelte plus Kolonien in Afrika. Dennoch beschäftigte das belgische Aussenministerium, das zudem den Aussenhandel umfasste, Anfang 1948 nur 1146 Personen, das EPD dagegen – und ohne Handelsabteilung – 1774. Selbst Frankreich mit 42 Millionen Einwohnern und einem grossen Kolonialreich verfügte zum fraglichen Zeitpunkt über einen kleineren diplomatischen Apparat als die Schweiz. Am Quai d'Orsay und dessen Aussenposten arbeiteten nur 1448 Leute. Das waren unübliche Zustände, selbst wenn man zugesteht, dass die Schweiz ihren Staatsangehörigen im Ausland einen umfassenderen konsularischen Schutz gewährte als andere Länder. Früher waren die Verhältnisse gerade umgekehrt gewesen. Lange hinkte die Schweiz beim Ausbau eines diplomatischen Vertretungsnetzes den andern Ländern hinterher. Stets knauserte sie, wenn es galt, eine neue Gesandtschaft zu errichten. Während Belgien 1854 bereits 19 Gesandtschaften hatte und am Vorabend des Ersten Weltkriegs deren 34, lauteten die entsprechenden Zahlen für die Schweiz 2 und 11.

Petitpierre sah sich gezwungen, seinem Departement jährliche Abbauziele vorzugeben. Ihm schwebte eine Rückführung des Personalbestands auf ungefähr 1200 Mitarbeiter vor – was im Vergleich zu den Vorkriegsverhältnissen immer noch einen sprunghaften Anstieg bedeutete. Am meisten ins Visier kamen die »Fremden Interessen«. Sie hatten 1944, auf dem Höhepunkt, 1524 Personen umfasst. Angestrebt wurde nun ein Bestand in der Nähe von null. Doch dieser Abbau war auch der leichteste. Die Mitarbeiter wussten schon vor der Anstellung, dass ihr Einsatz befristet war. Da mit dem Kriegsende fast alle Aufgaben wegfielen, brauchte es kein Personal mehr. Nur die deutsche Interessenvertretung in der Schweiz war noch ausgelastet. Schwieriger war es in den andern Diensten, wo man gleichfalls überzählige Stellen aufheben musste. Petitpierre griff entschlossen durch. Mit Umschulung, frühzeitiger Pensionierung und freiwilligen Austritten suchte er seine Zielvorgaben zu erfüllen. Entlassungen vermied er nach Möglichkeit. Aber in einzelnen Fällen, selbst bei gewählten Beamten, schreckte er auch davor nicht zurück. Seine Personalpolitik schuf bei den Entlassenen viel böses Blut. Einige fochten die Entscheide an, und ihr Rekurs wurde geschützt.

Gerade zimperlich war Petitpierre mit seinem Personal nicht verfahren. Dies sei an einem Beispiel erläutert. Seit fast 30 Jahren arbeitete Franz Rudolph von Weiss auf der schweizerischen Vertretung in Köln, seit 1936 als Postenchef. Während des Dritten Reiches hatte er unbestechlich über das Wesen der Naziherrschaft nach Bern berichtet, im Krieg furchtlos im Rheinland ausgeharrt. Seinem mutigen Eintreten soll es zu verdanken sein, dass die Stadt Bad Godesberg nicht zerstört wurde. Der Schweizer Generalkonsul war auch ein enger Freund von Konrad Adenauer, der im August 1949 zum Kanzler der Bundesrepublik Deutschland gewählt wurde. Weiss wäre gern bis zu seiner Pensionierung, die planmässig im Juli 1950 zu erfolgen hatte, in Deutschland geblieben. Im März 1949 äusserte er der Zentrale gegenüber den Wunsch, bei der Alliierten Hohen Kommission akkreditiert zu werden. Adenauer unterstützte das Gesuch nachhaltig. Zweimal schrieb er deswegen an Petitpierre, und zweimal antwortete ihm der Schweizer Aussenminister. Aber es fruchtete nichts. Im Gegenteil. Das Politische Departement war über von Weiss' ausgezeichnete Kontakte keineswegs erfreut, sondern konsterniert. Die Schweiz wollte nicht, indem sie mit einer personellen Besetzung Sympathien für Adenauer und dessen Konzept der Westintegration bekundete, in den Entstehungsprozess der Bundesrepublik eingreifen, solange nicht klar ersichtlich war, welches politische Schicksal Deutschland beschieden war. Wie gross die Verdienste des Diplomaten am Rhein auch sein mochten, der Departementschef schlug dem Generalkonsul nicht nur dessen Wunsch aus, sondern legte ihm unverblümt einen frühzeitigen Rücktritt nahe. Er schrieb: Wir sind »zu der Auffassung gelangt, dass Sie unser Land unter allzu verschiedenartigen Regimen konsularisch vertreten haben, als dass eine Änderung nicht wünschbar schiene. Wie wir dies schon in Bezug auf andere konsularische Postenchefs in Deutschland gemacht haben, so möchten wir auch Sie zurückrufen. Wir sehen indessen kaum eine Möglichkeit, Ihnen schon in nächster Zeit in Bern oder im Ausland neue Funktionen zu übertragen, und möchten Ihnen deshalb vorschlagen, das Begehren zu stellen, schon jetzt in den Genuss Ihres Pensionsrechts zu gelangen.«[496] Enttäuscht schied von Weiss auf Ende 1949 aus der Bundesverwaltung aus.

Mit der Anpassung des Vertretungsnetzes und dem Personalabbau waren freilich die Reformbedürfnisse im EPD noch nicht gestillt. Petitpierre wollte sein Departement auch von innen heraus umgestalten. Deshalb bestellte er 1948 bei einem Verwaltungsfachmann eine Expertise. Arnold Muggli, mit grosser Erfahrung in der kriegswirtschaftlichen Organisation, lieferte ein gründliches Gutachten Ende 1949 ab. Er legte den Finger vor allem auf eine wunde Stelle: Mit einem Personalabbau, den er durchaus befürwortete, und einer Personalsperre, die dem EPD seit Kriegsende auferlegt war, konnte man das Leistungsniveau der Mitarbeiter nicht anheben. Das aber war nötig. Muggli schlug deshalb, nebst einer strikten Trennung von diplomatischer und konsularischer Laufbahn, eine gezielte Rekrutierung und eine bessere Auswahl der zukünftigen Mitarbeiter vor. Mit dem alten Verfahren – Anstellung ohne Ausschreibung, ohne Examen, nur auf Empfehlung von bestallten Diplomaten – solle man aufräumen. Lange genug hatte sich die Oberschicht auf diese Weise mit Günstlingen aus den eigenen Reihen ergänzt – wobei man der Gerechtigkeit halber anfügen muss, dass etliche Protegés einen Vergleich mit Konkurrenten aus einer demokratischen Auslese nicht hätten scheuen müssen.

Stattdessen empfahl Muggli ein transparentes System. Er hatte sich in Amerika umgesehen und war vom Auswahlverfahren im State Department beeindruckt. Dort wurden die neuen Stellen öffentlich ausgeschrieben. Dann prüfte eine Kommission die Bewerber dreieinhalb Tage lang auf Charakter, Auftreten, sprachliche und fachliche Kenntnisse. Nebst einer guten mündlichen und schriftlichen Beherrschung der Muttersprache musste ein angehender Diplomat fremde Sprachen sprechen, Kenntnisse im Völkerrecht und in der Volkswirtschaft vorweisen sowie mit den Grundzügen der Weltgeschichte und der eigenen Landesgeschichte vertraut sein. Muggli empfahl, das amerikanische System zu übernehmen und die Kandidaten zudem nach Art der Franzosen in einem mehrjährigen internen »Stage« weiterzubilden. Erst nach dessen Abschluss, und abgerundet mit einer Abschlussprüfung, sollten die Stagiaires endgültig in den diplomatischen Dienst aufgenommen werden. Petitpierre befolgte diese wie übrigens auch andere Empfehlungen des Muggli-Berichts. Er bestellte eine Prüfungskommission für die Zulassung zum diplomatischen und konsularischen Dienst. Sie trat erstmals 1955 unter der Leitung von Walter Stucki zusammen. Bis heute hat sich an diesem Auswahlverfahren nicht viel geändert.

Petitpierre prägte die Organisation des Departements nachhaltiger als jeder andere Bundesrat. Und er veränderte auch gewisse Bräuche. Namentlich in der Besuchsdiplomatie beanspruchte er mehr Freiraum als seine Vorgänger. Vor seiner Zeit war es weder in der Schweiz noch sonstwo üblich, dass ein Aussenminister seinen Kollegen offizielle Besuche abstattete. Erst John Foster Dulles, Präsident Eisenhowers State Secretary, soll damit, traut man den Worten eines französischen Botschafters, im grossen Stil begonnen haben. Er ist nach besagtem Botschafter »der Begründer dieser Verschiebungs- und Kontaktmanie, die sich seither aller Aussenminister bemächtigt hat und diese ständig unter irgendeinem Vorwand über die Berge, die Ebenen und die Meere treibt«.[497] Ob mit Dulles als Ahnherrn oder nicht: Tatsächlich breiteten sich nach dem Zweiten Weltkrieg in der Welt der Diplomatie neue Besuchsgepflogenheiten in Windeseile aus. Auch Petitpierre zog sachte mit, vorerst mit der Teilnahme an internationalen Konferenzen, dann mit offiziellen bilateralen Besuchen. Doch leicht war es nicht. Denn zu Hause waren die meisten davon nicht begeistert. In den Zeitungen setzte eine eigentliche Polemik ein. In den Köpfen vieler Eidgenossen summte noch der denkwürdige Satz von Bundesrat Obrecht nach, womit er einem allfälligen Besuch im Dritten Reich einen Riegel geschoben hatte: Der Bundesrat wallfahre nicht ins Ausland. Eine Abkehr von dieser Politik erschien wie ein Sakrileg. Auch im Bundesrat bezweifelten einige Kollegen den Nutzen des Vorhabens. Republikanischer Nüchternheit missfiel derlei Gebaren. Wozu solche Reisen? Ausserdem schuf man nur einen unliebsamen Präzedenzfall für eine Betriebsamkeit, der man sich später kaum noch zu entziehen wusste. Petitpierre bestand jedoch auf der Notwendigkeit von gegenseitigen Besuchen. Und er setzte sich im Gesamtbundesrat durch.

Vorerst plädierte Petitpierre dafür, dass ein Bundesrat an wichtigen internationalen Konferenzen im Ausland teilnehmen konnte. 1946 musste der EPD-Vorsteher noch als Privatmann nach Paris reisen, um mit Spaak und der französischen Regierung über die Schweizer Haltung zur UNO zu reden. Etwas anderes wäre nicht möglich gewesen. Allmählich lockerte sich der Widerstand. 1948 brachte Petitpierre es zustande, dass er an der Ministersitzung der OEEC teilnehmen konnte. Und von da an besuchte er diese Versammlungen und später jene der EFTA regelmässig. Aber eine neue Reizschwelle überschritt er, als er sich anschickte, den ersten bilateralen Besuch im Ausland abzustatten. Erneut gab es in der Landesregierung grössere Diskussionen. Schliesslich einigte man sich darauf, dass Bundesräte offiziell ins Ausland reisen können, dass aber der Bundespräsident das Land weiterhin nicht verlässt, auch nicht in privater Funktion. So konnte Petitpierre denn 1957 den ersten offiziellen Besuch eines Schweizer Aussenministers antreten. Er galt Schweden. Damit war das Eis für die Besuchsdiplomatie auch in der Eidgenossenschaft gebrochen. Dem Besuch in Stockholm folgten andere in Athen und Wien. Und mehr als 20 Mal reiste der Neuenburger nach Paris, vornehmlich um an OEEC-Sitzungen teilzunehmen. In 16 Jahren 20 Mal nach Paris: Im Vergleich zu seinen Vorgängern tönt dies fast ungeheuerlich, im Vergleich zu den Nachfolgern aber recht bescheiden. Bundesrat Joseph Deiss besuchte im Jahr 2000, also in einem einzigen Jahr, mehr Destinationen im Ausland, und in Bern empfing er um die 25 Kollegen. Wie bestätigt müsste sich bei einem solchen Besuchsrhythmus der oben zitierte französische Botschafter mit seiner Kritik an John Foster Dulles fühlen!

Eine nüchterne Aussenpolitik

Max Petitpierre war kein Mann der grossen Würfe. Er sprudelte nicht von Fantasie. Am liebsten arbeitete er nach Art des Anwalts, das heisst: Man löst das, was einem vorgegeben wird, nach festen Regeln, hält die einzelnen Dossiers fein säuberlich auseinander und stellt keine politischen Querverbindungen an. Die diplomatischen Sphären mit ihren unberechenbaren Gesetzmässigkeiten, wo diffuse Ströme von Macht, Einfluss und Gehabe nicht selten das Recht überlagern, behagten ihm weniger. Aber er war Weltmann genug, um zu wissen, dass sich kein Land dem Zeitgeist entziehen kann. Bis zu einem gewissen Grad musste man mitmachen, mindestens mit dem Verstand, nicht unbedingt mit dem Herzen. Mit beachtenswerter Stetigkeit balancierte er während 16 Jahren die Schweizer Aussenpolitik, er suchte den Ausgleich zwischen traditioneller Selbständigkeit und internationaler Zusammenarbeit. Während er die nationale Eigenständigkeit betonte, vergass er nicht, auch die internationale Solidarität zu unterstreichen. Die Schweiz musste sich seines Erachtens aussenpolitisch engagieren. Aber sie musste wissen, wo die Grenzen waren. Sie durfte zweierlei nicht: sich in die Rolle des Spielverderbers abdrängen oder sich von andern vereinnahmen lassen. Was immer sie tat, sie war ein Kleinstaat und musste aus diesem Bewusstsein heraus handeln. Auf dem Höhepunkt seines Ansehens, 1955, legte Petitpierre, als er die Anfrage eines Parlamentariers über das Verhältnis der Schweiz zum Europarat beantwortete, dieses Bekenntnis ab: »Die kleinen Staaten müssen der Versuchung widerstehen, eine Rolle ausserhalb jener Grenzen spielen zu wollen, die ihnen durch ihre spärlichen Ressourcen und bescheidenen Mittel gezogen sind. Das bedeutet nicht, dass sie keinerlei Verantwortung trügen und dass sie sich in jeder Situation passiv zu verhalten hätten. Im Gegenteil. Zwar ist es gewiss weise, wenn sie sich von den grossen politischen

Kontroversen fern halten, wo sie ihre Stimme vergeblich erheben würden; aber meiner Überzeugung nach müssen sie sich spontan oder auf Anfrage zur Verfügung stellen, wenn sie zur Friedenssicherung nützliche Dienste leisten können.«[498]

Warum diese Kleinstaatenphilosophie? Die Antwort ist einfach: Sie ist Teil dessen, was die Schweiz ausmacht. Sie gehört zum Wesen der Schweiz – so wie die Neutralität. Petitpierre war sich bewusst, dass die Neutralität, befolgt in jahrhundertelanger Praxis, nicht bloss, wie es immer wieder heisst, eine Maxime der Schweizer Aussenpolitik ist; sie gehört vielmehr – wie der Föderalismus und die direktdemokratischen Rechte – zum Wesen der Eidgenossenschaft. Nachdem Petitpierre schon aus dem Bundesrat ausgeschieden war, schrieb er in einem Aufsatz zum Thema »Ist die Neutralität der Schweiz noch gerechtfertigt?«: »Letzten Endes liegt die Rechtfertigung der Neutralität nicht in der Meinung, die man davon im Ausland haben mag, obschon uns diese Meinung nicht gleichgültig sein kann... Die Rechtfertigung liegt vor allem in uns selbst: in der Überzeugung, dass wir durch die Abkehr von der Neutralität unsere nationale Persönlichkeit verlören und dass wir uns selbst, ohne wirklichen Gewinn für Europa oder unsere gesamte Zivilisation, verleugnen würden.«[499] Diese hohe Wertschätzung der Neutralität und die Angst vor dem Verlust der eigenen Identität hinderten den Magistraten stets daran, mit mehr Enthusiasmus auf die europäische Integration zu reagieren.

Petitpierre, 1961 aus dem Bundesrat ausgeschieden und 1994 verstorben, war es vergönnt, einen langen Lebensabend zu geniessen. Nachdem sich längst Staub auf die Tagespolitik gelegt hatte, vernahm er noch, wie seine Leistungen in historischer Perspektive beurteilt wurden. Er bekam nicht nur Rosen. Schon 1980 meinte der Politologe Daniel Frei: »Wer heute, 35 Jahre nach Kriegsende, zurückblickt und sich die mit dem Begriff der Neutralität verbundenen emotionalen Widerstände gegen jede Bewegung in der schweizerischen Aussenpolitik, beispielsweise in Richtung auf einen UNO-Beitritt, vergegenwärtigt, mag sich die Frage stellen, ob mit dieser traditionalisierenden und ideologisierenden Überhöhung der Neutralität nicht Geister gerufen wurden, die man seither nicht mehr los wird.«[500] Und der Historiker Urs Altermatt gelangte im »*Neuen Handbuch der schweizerischen Aussenpolitik*«, einer Publikation der »Schweizerischen Gesellschaft für Aussenpolitik« mit sozusagen offiziösem Charakter, zum Schluss: »Aus der Rückschau gesehen verfolgte Petitpierre in Bezug auf die westeuropäische Integrationsbewegung in der zweiten Hälfte der 50er Jahre einen allzu vorsichtigen Kurs, der durch die Formel ›wirtschaftliche Integration ohne politische Partizipation‹ geprägt war. Der Bundesrat...

war Ende der 50er Jahre nicht mehr in der Lage, rasch und positiv auf die neuen Herausforderungen der westeuropäischen Integrationsbewegung zu antworten, die mit den Römer Verträgen von 1957 auf die Schweiz zukamen. Dieses Erbe wirkt sich heute noch – 1991 – als neutralitätsbedingte Reserve gegenüber dem Europa Brüssels aus.«[501]

So kann man die von Petitpierre geförderte Aussenpolitik sehen; man müsste sie gar so sehen, wenn sich die Schweiz, wie viele andere Staaten, je zum Ziel gesetzt hätte, ihren Status innerhalb der Staatengemeinschaft möglichst rasch mit dem Beitritt zu den wichtigsten internationalen Organisationen zu festigen. Doch dem war nie so. Der Bundesrat wählte eine vorsichtige Gangart und erachtete es nicht als Unglück, wenn die Schweiz in vielen Foren nicht mitwirkte. Mit dieser Einstellung lieferte die Schweiz keinen grossen Beitrag zur Neugestaltung der internationalen Beziehungen. Aber sie brach hinter sich auch keine Brücken ab und verbaute keine Wege in die Zukunft. Petitpierre legte den Grund, um schrittweise das zu vollziehen, was in einer Demokratie wie der Schweiz machbar ist. Deshalb kann man seine Leistungen auch anders beurteilen und dem langjährigen Aussenminister mindestens drei Verdienste attestieren.

Erstens führte Petitpierre mit seinem vorsichtigen Kurs in Sachen UNO und europäischer Integration eine Aussenpolitik, die in hoher Übereinstimmung mit dem Volkswillen war. Das kam dem nationalen Konsens zugute. Im Gegensatz zu den turbulenten Jahren nach dem Ersten Weltkrieg war dieser in der Ära Petitpierre ausserordentlich stark. Ein geeintes Volk im Rücken aber war eine Voraussetzung, um wenigstens jene weniger ambitiöse Integration der Schweiz in die Staatengemeinschaft vorzunehmen, wie Petitpierre sie erfolgreich betrieben hat. Der Neuenburger unternahm noch etwas anderes, um allen Bürgern die Zustimmung zur Aussenpolitik zu erleichtern. Er entpolitisierte die Schweizer Aussenpolitik noch mehr, als sie es ohnehin schon war. Mit seiner Maxime von der Universalität der Beziehungen und der Erklärung, wonach die Schweiz Staaten und nicht Regierungen anerkenne, reinigte er einige Nischen, in denen noch Residuen aus der Ära Motta hafteten. Der Tessiner hatte über die Nicht-Anerkennung der Sowjetunion nach moralischen Kriterien entschieden, und seine Anerkennung der italienischen Oberhoheit über Abessinien sowie die Anerkennungspraxis im spanischen Bürgerkrieg wurden ihm von der Linken als ideologische Parteinahme angekreidet. Petitpierre ersparte sich solche Konflikte. Was ehedem Gegenstand von Moral und Ideologie war, verschob er auf die Ebene von formalen Entscheiden. Der Bundesrat äusserte sich zur Form, nicht zum Inhalt. Was man von der Qualität von Staaten und Regierungen hielt, war jedem Bürger selbst anheim gestellt.

Zweitens hatte Petitpierre die Klugheit, jede Teilnahme an internationalen Gremien auf deren Nutzen für die Schweiz zu prüfen. Die Aussicht, Fragen von internationaler Bedeutung gemeinsam mit andern Staaten gestalten zu können, lohnt gewiss einen Einsatz. Aber das Mitgestalten ist der Werte höchster nicht. Man darf es nicht um seiner selbst willen erstreben. Vielmehr soll eine Teilnahme etwas bringen, für die Staatengemeinschaft, aber auch für die Schweiz. Petitpierre führte eine Aussenpolitik, die stark von nationalen Interessen gelenkt war. Mit seiner kritischen Distanz zur UNO und den europäischen Integrationsbestrebungen profilierte er die Eigenständigkeit, man kann auch sagen den Sonderfall Schweiz. Dieses Wort ist spätestens Ende der achtziger Jahre, als Bundesrat René Felber sagte, er wolle es nicht mehr hören, in Ungnade gefallen. Das Etikett »Sonderfall« wurde in der Tat manchmal arg strapaziert. Es musste herhalten, um jede Sondertour der Eidgenossenschaft zu rechtfertigen und ihr ein Gütesiegel aufzudrücken. Doch abgesehen von solchem Missbrauch ist es wohl nicht angebracht, den Sonderfall Schweiz abzustreiten. Die direkte Demokratie, das Zusammenleben von verschiedenen Sprachen und Kulturen in einer Willensnation und, ja, die Neutralität sind in der europäischen Politlandschaft nach wie vor eher die Ausnahme als die Regel. Petitpierre hatte mit seiner vorsichtigen Aussenpolitik die Schweizer Identität gestärkt und dem Land den Mut eingeflösst, notfalls, wenn nationale Interessen es erforderten, auch eigene Wege zu gehen. Das ist an sich ein Verdienst und nicht ein Versagen.

Drittens steuerte Petitpierre eine beachtenswert lange Zeit, volle 16 Jahre, die Schweizer Aussenpolitik ohne Kurskorrekturen nach der Devise »Neutralität und Solidarität«. Gegen die Anfechtungen von aussen verteidigte er die Schweiz mit ihrem herkömmlichen Verständnis von Neutralität, gegen die Drückeberger im Innern hob er das Gebot der Solidarität, die Neufassung der humanitären Komponente der Schweizer Aussenpolitik, hervor und setzte eine entsprechende Politik auch in die Praxis um. Er vollführte den Balanceakt zwischen der abkapselnden Neutralität und der engagierten Solidarität glänzend. Mit seinem ebenso gescheiten wie entschlossenen Vorgehen gelang es ihm innert kürzester Zeit – freilich auch massgeblich begünstigt durch die Zeitumstände, namentlich den Ausbruch des Kalten Krieges –, die Schweiz aus der Isolation der unmittelbaren Nachkriegszeit zu lösen und sie wieder als geachtetes Mitglied in die Staatengemeinschaft einzuführen, und zwar unter ausdrücklicher Wahrung dessen, was ihr eben noch zum Vorwurf gereicht hatte: die Neutralität. So besehen ist man geneigt, Churchill Recht zu geben, der von Petitpierre gesagt haben soll: »He is a first-class man.«[502]

Edouard Brunner
Ein Meister seines Fachs

Über einen Zeitgenossen zu schreiben ist schwer. Die historische Distanz fehlt. Und gerade diese soll, heisst es, ein abgeklärtes Urteil erleichtern. Das ist in der Tat ein Problem. Die Geschichte bietet dem Historiker einen Komfort, den ihm die Gegenwart versagt: Wer über Historisches urteilt, weiss, wie es herausgekommen ist; er profitiert vom Wissen des Nachgeborenen. Souverän kann er von der Warte dessen, was sich durchgesetzt hat, einen Werdegang vom Resultat zu dessen Ursprüngen hin zurückverfolgen – und dann seine Noten verteilen. Doch der handelnde Mensch muss immer zwischen zahllosen Möglichkeiten auswählen, von denen sich indes nur eine für den weiteren Verlauf als entscheidend herausstellen wird. Gewiss, der Historiker verkennt diese Problematik nicht. Aber sie hat die dramatische Spannung, die den jeweiligen Entscheidungen innewohnt, eingebüsst, da das Endresultat bereits bekannt ist. Es ist wie ein Fussballmatch, dessen Replay man entspannt im Lehnstuhl anschaut: Niemand fiebert mehr mit seinem Team mit, da man ja im Voraus weiss, wie das Spiel ausgeht. In einer solchen Lage lässt sich leichter Noten verteilen als dort, wo der Ausgang noch offen ist.

Hinzu kommt noch etwas anderes. Historiker haben es meistens mit Personen zu tun, die verstorben sind. Diese hinterlassen nicht nur ein abgeschlossenes Lebenswerk, sie können vor allem auch ihre Stimme nicht mehr erheben. Je entfernter die Vergangenheit, umso risikofreier kann der Geschichtsschreiber urteilen. Zeitzeugen verstummen, die Betroffenen sterben aus, und das degagierte Interesse, mitunter auch die Belanglosigkeit, nimmt überhand. Bei Zeitgenossen dagegen droht dem Historiker der Widerspruch der Akteure und Zeugen. Er muss sich wohl überlegen, was er schreibt. Mancher, der sich zum Grossrichter über die Vergangenheit aufgeschwungen hat, würde zum Zwerg verkümmern, könnten die historischen Gestalten, die er aburteilte, ihm widersprechen.

Über Edouard Brunner zu schreiben fällt mir somit aus grundsätzlichen Erwägungen nicht leicht. Der Umstand, dass wir während Jahren im Aussenministerium zusammenarbeiteten und er einige Zeit in der Zentrale wie auch in Washington mein direkter Vorgesetzter war, hemmt mich noch mehr. Man seziert nicht gern mit kritischem Auge, was man im persönlichen Umgang kennen und schätzen gelernt hat. Dennoch versuche ich, Brunners Wirken zu beurteilen. Warum? Weil er mit seiner ingeniösen Diplomatie, vornehmlich in der Konferenz über Sicherheit und Zusammenarbeit (KSZE), den helvetischen Aktionsradius ausweitete. Sein Name ist mit der »Détente«, dem Ende des Kalten Krieges und der Schweizer Aussenpolitik im ausgehenden 20. Jahrhundert verbunden.

Noch etwas anderes möchte ich festhalten. Über einen Zeitgenossen zu schreiben, birgt zweifach Tücken: erstens in dem, was man schreibt – und zweitens in dem, was man nicht schreibt, insbesondere wenn man selbst dem Diplomatencorps angehört. Einige Kollegen werden sich fragen, warum ich gerade Brunner und nur ihn als einzigen Vertreter aus der Zeitgeschichte darstellte. Zu Recht. Vieles bleibt unberücksichtigt, was ebenfalls der Erwähnung verdiente. Die Einschränkung hängt zum einen mit dem Format der Darstellung zusammen: Ich habe mich dafür entschieden, pro Zeitabschnitt nur einen Repräsentanten auszuwählen; zum andern rührt es natürlich auch von meinem Unvermögen her, allen gerecht zu werden. Auch mir fiel die Auswahl nicht leicht. Die Verdienste von drei anderen Staatssekretären hätte ich ebenfalls gern hervorgehoben. Deshalb sollen sie wenigstens am Rand erwähnt werden.

Albert Weitnauer verkörperte vielleicht als Letzter die traditionelle, zurückhaltende Schweizer Diplomatie in Reinkultur. Bis zu einem gewissen Grad war er ein Gegenspieler von Brunner, der den Ausbruch aus einer strikt ausgelegten, jeglichen Neuerungen abholden Neutralitätspolitik suchte. Auf diesen Konflikt werde ich noch zu sprechen kommen. Hier sei nur so viel gesagt: Wer Weitnauers meisterhaft verfasste Memoiren unter dem bezeichnenden Titel »*Rechenschaft*« gelesen hat, erahnt, um was für eine kultivierte Persönlichkeit es sich gehandelt hat. Umso trauriger war dessen unwürdiger Abgang aus dem EDA (zuvor EPD) im Jahr 1980. Ein Jahr vor seiner Pensionierung liess sich für ihn keine angemessene Anstellung mehr finden.

Raymond Probst sodann, der Weitnauer nach einer ausgezeichneten Karriere in der ehemaligen Handelsabteilung und als Botschafter in Washington an der Spitze der Diplomatie nachfolgte, überzeugte mit seinem selbstbewussten, jedoch nicht selbstbezogenen Charakter. Er wirkte motivierend. In ein Departement, das unter Führungsschwäche litt, brachte er mit unangefochtener Autorität wieder die erforderliche Klarheit.

Schliesslich möchte ich Klaus Jacobi anfügen, dessen Mitarbeiter auf der Botschaft in Washington ich während mehr als vier Jahren war. Er hatte seinen Posten vorbildlich versehen. Mit seinem frohgemuten Wesen verschaffte er sich Kontakte nach links und rechts, in der Schweiz wie in den USA. Schulterklopfend, wie es die Amerikaner lieben, kämpfte er sich durch die Administration; als grosszügiger Gastgeber gewann er, zusammen mit seiner Frau Titi, die amerikanische Gesellschaft und wusste sich eine geachtete Position zu verschaffen. Mir käme kein anderer Schweizer Diplomat in den Sinn, der es besser verstanden hätte, Kontakte zu knüpfen und zu pflegen. Schade, dass er nicht mehr in Washington auf Posten war, als die Affäre um die nachrichtenlosen Konten aufbrach. Ich bin überzeugt, mit seinem Beistand hätte die Schweiz die leidvolle Phase besser überstanden. In einer Rochade löste er 1989 Brunner als Staatssekretär ab. Ihm oblag es nun, unter Leitung von Bundesrat René Felber den aussenpolitischen Kurs in den turbulenten Jahren nach dem Ende des Kalten Krieges zu steuern. Jacobi trat dafür ein, dass der Bundesrat die Neutralitätspolitik lockerte. Im Golfkrieg kehrte die Schweiz – das Wort mied man allerdings peinlichst – zu einer »differenziellen« Neutralität zurück. Sie setzte die von der UNO verhängten Wirtschaftssanktionen autonom um. Auch gestattete sie den USA, eidgenössisches Territoriums zu humanitären Zwecken zu überfliegen. Militärische Überflüge bewilligte der Bundesrat indes nicht, obschon Jacobi – im Gegensatz zu Bundesrat Kaspar Villiger – auch in dieser Hinsicht zu weitergehenden Konzessionen bereit gewesen wäre. Er war zweifelsohne ein Verfechter dessen, was allgemein als politische Öffnung der Schweiz galt.[503]

Im Diplomatenmilieu zu Hause

Eigentliche Diplomatendynastien entwickelten sich in der Schweiz nie. Selbst als sich das Corps noch durch Empfehlungen selbst ergänzte, kam es nicht vor, dass die gleiche Familie über drei Generationen hinweg ein Amt in der Diplomatie bekleidete. Aber nicht selten trat der Sohn in die Fussstapfen des Vaters. Zu Beginn, als die diplomatische Laufbahn geschaffen wurde, waren es die Neuenburger Lardy, die Genfer de Claparède und die Tessiner Pioda; heute sind es die Berner von Graffenried und zahlreiche andere, deren Namen etwas mehr republikanischen Klang haben. Auch Edouard Brunner entstammt einer Diplomatenfamilie. Sein Vater Alfred, 1890 in Bern geboren, begann nach einem juristischen Studium seine Karriere während des Ersten Weltkriegs in der Abteilung für Fremde Interessen. Nach verschiedenen Stationen im Ausland, unter anderem von 1928–1934 in Istanbul, wurde er Ende 1935 nach Kairo versetzt. Auf diesem Posten blieb er lang, bis 1948, zuerst als Geschäftsträger, nach dem Krieg als Gesandter. Hernach wechselte er nach Lissabon. Dort verschied er 1953 an einem Herzschlag.

In Istanbul hatte Alfred Brunner Dora Sgourdeos geheiratet. Sie war die Tochter eines bekannten Chirurgen fanariotischer Herkunft. Als Fanarioten bezeichnet man jene Griechen, die in Konstantinopel seit Jahrhunderten im Stadtteil Fanar wohnten und zu hohen Staatsämtern aufgestiegen waren. Der Sultan hatte sie mit der Verwaltung des Osmanischen Reiches betraut. Die Sgourdeos gehörten zu diesem vornehmen Kreis. Ihr Beziehungsnetz reichte auch in die Diplomatie. Ein Bruder von Dora Brunner war griechischer Diplomat und eine Schwester ebenfalls mit einem Diplomaten verheiratet. Somit wuchs Edouard Brunner rundum in einem diplomatischen Milieu auf – für Schweizer Verhältnisse recht ungewöhnlich. In Ägypten sammelte er, der 1932 geboren wurde, seine ersten Eindrücke, dort besuchte er in einer kosmopolitischen Umgebung die französischen Schulen. Sein Heimatland lernte er erst 1947 kennen. Damals brach in Kairo eine Choleraepidemie aus, und die besorgten Eltern sandten ihren einzigen Nachkommen nach Lausanne.[504]

Wer immer mit Edouard Brunner zu tun hat, bemerkt, wie er geistig ausserordentlich beweglich ist. Das Erdhafte des Durchschnittsschweizers oder gar des Berners, der er von der väterlichen Seite her ja ist, geht ihm völlig ab. Von ausländischen Diplomaten konnte man schon hören, Brunner sei mit seiner fantasievollen Kreativität alles Mögliche, nur kein Schweizer. Sein rascher Geist und sein Gespür für politische Zusammenhänge ragen selbst im internationalen Vergleich heraus. Diese Gaben verdankt er wohl dem mütterlichen Erbe. Mit ihrer Klugheit wusste sich Dora Brunner trotz ihres schwierigen Status als Witwe und ihrer ausländischen Herkunft in der Berner Gesellschaft einen prominenten Platz zu verschaffen. Ihren Einladungen zum Tee folgten nicht nur Parlamentarier und Botschafter; auch Bundesräte nahmen daran gern teil. Zahlreiche Politiker holten ihren Rat ein. Bundesrat Motta scheint, als er 1937 Kairo besuchte, die besonderen Qualitäten dieser Frau erahnt zu haben. Auf dem Bankett des »Cercle Suisse« sagte er: »Ich möchte hier Frau Brunner, der Gattin unseres Geschäftsträgers, einen besonderen Dank abstatten. Sie hat sich umso verdienter gemacht, als sie nicht schweizerischer, sondern ausländischer Abstammung ist. Immer wieder stellte ich fest, dass es Personen gibt, die aus Berufung, von Natur aus oder durch Schicksalsfügung Schweizer sind.«[505]

Nach dem Abschluss der Mittelschule in Lausanne studierte Brunner in Genf die Rechte, um nach bestandenem Lizentiat und einer zweijährigen praktischen Tätigkeit in den diplomatischen Dienst einzutreten. 1956 stellte er sich mit Erfolg dem neuen Aufnahmeverfahren, das ein Jahr zuvor eingeführt worden war.[506] Damit erfüllte sich ein Wunsch, den er schon als

Knabe gehegt hatte, nämlich den gleichen Beruf wie sein Vater zu ergreifen. Das mag etwas kitschig tönen. Schliesslich kommt es nicht häufig vor, dass jemand schon von Kindheit an weiss, was er werden will, und zielstrebig auf die Diplomatie zusteuert. Aber im Fall von Brunner dürfte es glaubhaft sein. Selten ging jemand im aussenpolitischen Metier dermassen auf wie er. Er hing daran mit Leib und Seele. Diplomatie war und ist seine grosse Leidenschaft.

Rasch durchlief Brunner im Politischen Departement mehrere Posten in der Zentrale und im Ausland. Seine Abneigung gegen Routine trieb ihn immer wieder in kurzen Abschnitten zu etwas Neuem. Kaum hatte er 1958 als Sekretär in Bogotá begonnen, kam schon eine Versetzung nach Washington – ein Platz, der seinem Geschmack mehr entsprach. Hier harrte er vier Jahre aus und lernte seine Frau Miriam, eine Finnin, kennen, die ihm während seiner anspruchsvollen Karriere stets als charmante Partnerin zur Seite stand und mit der er drei Kinder grosszog. Bedeutsam waren auch die drei Jahre, die er von 1966 an als Botschaftsrat in Warschau verbrachte. Er erlebte die polnische Variante des Prager Frühlings vor Ort. Die Gespräche mit kommunistischen Funktionären und dissidenten Intellektuellen verschafften ihm tiefen Einblick ins morsche System der sozialistischen Staaten. Früh erkannte er, dass sich die Befindlichkeit der Gesellschaft nicht mit den offiziellen Diagnosen des Staats- und Parteiapparates deckte. Was er in Polen erfahren hatte, sollte ihm in seinen zukünftigen Chargen voll zugute kommen. In Warschau war in ihm die Überzeugung herangereift, dass man die Ost-West-Beziehungen in Europa nur langfristig verbessern könne, nur mit einem schrittweisen Vorgehen, wie es dann in Form der KSZE Gestalt annahm. Nach einem Aufenthalt in Den Haag wurde er 1971 ins Politische Sekretariat berufen. Er traf in dieser Einheit, die man manchmal etwas hochgestochen als »think tank« des Aussenministeriums bezeichnete, rechtzeitig ein, um von Anfang an der Schweizer KSZE-Delegation anzugehören. Denn das Politische Sekretariat war damit beauftragt, die Schweizer Position vorzubereiten. Die Konferenz nahm ihren Lauf 1972. Und in ihr entfaltete Brunner sein ganzes Können. Auf Jahre hinaus vertrat er, sofern er die Fäden nicht hinter der Bühne zog, die Schweizer Haltung in der KSZE. Er wurde sozusagen »Monsieur CSCE«.

1975 wurde Brunner als stellvertretender Delegationschef der Schweizerischen Beobachtermission bei den Vereinten Nationen in New York zugeteilt. Das war eine Stelle, die ihm in vieler Hinsicht zusagte: Er liebte das pulsierende Leben in Manhattan, auch gefiel es ihm, in den Wandelhallen mit Delegierten aus aller Welt über die grosse Politik zu parlieren.

Aber die Schattenseiten seiner Position entgingen ihm nicht. Ein Schweizer Diplomat war am East River zum Beobachten verurteilt und konnte nicht aktiv am Geschehen teilnehmen. So zögerte Brunner nicht lang, als er im Juni 1977 als stellvertretender Delegationschef an die erste KZSE-Folgekonferenz nach Belgrad ausweichen konnte. Dort war es ihm vergönnt, wieder handelnd in die Aussenpolitik einzugreifen. Nach Bern zurückgekehrt, wurde er im April 1978 Botschafter für politische Sonderfragen. Diesen Posten mit vagem Pflichtenheft hatte es bisher nicht gegeben. Brunner hatte ihn sozusagen für sich selbst kreiert. Während seiner ganzen Laufbahn hatte er nie darauf gewartet, bis das Schicksal an die Tür klopfte. Lieber griff er selbst zum Telefon, um sein Glück zu schmieden. Er verstand es ausserordentlich gut, seine Gesprächspartner zu überzeugen. Deshalb erreichte er auch das meiste, was er sich vorgenommen hatte.

Schon bald musste der Sonderbotschafter allerdings realisieren, dass er in der Berner Verwaltung sozusagen das fünfte Rad am Wagen war. Er hatte zwar eine Stellung, aber keine Mitarbeiter. Damit liess sich gegen die fest etablierten politischen Abteilungen nicht ankommen. Getreu der amerikanischen Devise »If you can't beat them, join them«, wechselte Brunner innert Jahresfrist an die Spitze der Politischen Abteilung II, die sich mit den Ländern der südlichen Hemisphäre befasst. Vom Posten eines Sonderbotschafters sprach niemand mehr. Dieser verschwand wieder so diskret in der Versenkung, wie er unversehens entstanden war. Brunner hingegen verfügte nun über einen eingespielten Stab von Mitarbeitern, aber nicht unbedingt über seinen bevorzugten regionalen Zuständigkeitsbereich. Zwar hatte er etliche Krisen zu managen und bewährte sich darin vorzüglich. Das amerikanische Mandat im Iran beanspruchte ihn besonders stark. Die USA hatten 1979 nach der Botschaftsbesetzung in Teheran die Vertretung ihrer Interessen der Schweiz übertragen. Das Mandat war zu Beginn – es besteht noch heute – eine sehr anspruchsvolle Aufgabe. Dennoch blieb Brunner nur ein rundes Jahr. Die Politische Abteilung I, welche die Beziehungen zu Europa und Nordamerika und ausserdem die KSZE umfasste, lag ihm unverkennbar mehr. Als Anton Hegner 1980 von der Politischen Abteilung nach Washington wechselte, bot sich die Gelegenheit, ihm nachzurücken. Brunner packte die Gelegenheit beim Schopf. Lange jedoch hielt er es auch hier nicht aus. Im Eiltempo erklomm er die höchsten Stufen. Nach zwei Jahren übertrug ihm der Bundesrat eine Direktion. Er wurde Direktor für internationale Organisationen. Und nach nochmals zwei Jahren gelangte er in jenes Amt, wofür er mit seinem politischen Intellekt ausersehen war. Er wurde 1984 nach dem Rücktritt von Raymond Probst Staatssekretär im Aussenministerium.

Brunner, der selbst keiner Partei angehört, verstand sich mit seinem Chef, Bundesrat Pierre Aubert, gut. Der Neuenburger Sozialdemokrat war ein Gentleman. Mit seinem Charme und seiner Bescheidenheit hatte er etwas Gewinnendes, auch auf dem internationalen Parkett. Wenig geneigt, Parteipolitik zu betreiben, sich in Führungsfragen zu versenken oder die Verästelungen der Diplomatie zu erkunden, fühlte sich der einstige Anwalt aus La-Chaux-de-Fonds vornehmlich der Gerechtigkeit und den Menschenrechten verpflichtet. Das waren die Vorgaben, die er seinem Staatssekretär machte. Ansonsten liess er ihm weitgehend freie Hand. Brunner schätzte den grossen Freiraum und nützte ihn voll aus. Als Aubert Ende 1987 zurücktrat, folgte ihm sein Neuenburger Parteikollege René Felber nach. Der einstige Lehrer hatte in seinem Heimatkanton eine brillante politische Karriere durchlaufen. In jungen Jahren schon wurde er zum Stadtpräsidenten von Le Locle gewählt. Dann gelangte er auf eidgenössischer Ebene in den Nationalrat, den er jedoch wieder verliess, als ihn die Neuenburger in den Regierungsrat beriefen. Felber, im Gegensatz zu seinem Vorgänger ein Vollblutpolitiker, wollte auf die Gestaltung des aussenpolitischen Kurses nicht nur in den Grundsätzen, sondern auch in Einzelfragen Einfluss nehmen. Wegen des Eigengewichts von Brunner fiel ihm dies allerdings nicht leicht. Deshalb trennte er sich nach einem Jahr von seinem Staatssekretär. Brunner übernahm Anfang 1989 die Botschaft in Washington.

Trotz allem Prestige, das an der Vertretung in Washington haftet, bedeutete der Wechsel einen Abgang vom Zentrum der Macht in die Aussenbezirke der Diplomatie – für Brunner ohnehin ein schwieriger Schritt, im Wendejahr 1989 aber ganz besonders. Ja, der Transfer entbehrte nicht der Ironie. Ausgerechnet in jenem Zeitpunkt, als Bewegung in die Weltpolitik kam, wurde der geistig beweglichste Diplomat – aus dem Schweizer Blickwinkel betrachtet – an den Rand des Geschehens versetzt. Brunner verhehlte seine Enttäuschung kaum. Obwohl ihm Washington von allen Aussenposten noch am ehesten gefiel, war es nicht das, was er angestrebt hatte – und die Versetzung nach Frankreich, die 1993 erfolgte, befriedigte ihn noch weniger. Ein grosser bilateraler Posten mit seinen anspruchsvollen Repräsentationserfordernissen und seinen Hunderten von kleinen Aufgaben entsprach weder seinen Neigungen, noch war er dort optimal eingesetzt. So war er denn mehr als erfreut, als ihm die Vereinten Nationen höchst ehrenvolle Missionen antrugen, die er neben seiner regulären Tätigkeit ausüben konnte. Sie reicherten seine Amtszeit in Washington und Paris an.

Im Februar 1991, einige Tage nach dem Ende des Golfkriegs, hatte Javier

Perez de Cuellar Brunner zu einem Mittagessen nach New York eingeladen. Der UNO-Generalsekretär, ehedem peruanischer Botschafter in Bern und der Schweiz stets wohl gesonnen, fragte Brunner, ob er bereit wäre, sein Sonderbeauftragter im Nahen Osten zu werden. Perez verheimlichte nicht, dass er insbesondere deshalb gern einen Schweizer mit dieser Mission betrauen würde, weil seiner Meinung nach die Eidgenossenschaft im Nahen Osten eine verlässlichere Neutralitätspolitik befolgte als andere Staaten. Im Einverständnis mit dem Bundesrat nahm Brunner das Angebot an. Er war sich jedoch bewusst, dass der wichtigste Friedensvermittler in dieser Region nicht die Vereinten Nationen, sondern die Vereinigten Staaten waren. Deshalb suchte er, kaum war er nach Washington zurückgekehrt, sogleich das State Department auf, um sich mit dem für den Nahen Osten zuständigen Assistenzsekretär Robert Kimmit zu besprechen. Kimmit empfing ihn freundlich, erklärte aber gemäss Brunners Erinnerung unumwunden: »Wir selbst sind daran, einen Plan umzusetzen, der die Israeli an den Verhandlungstisch führen sollte. Ich zähle auf Sie und erwarte, dass die Vereinten Nationen diese amerikanische Initiative nicht stören.«[507] Brunner verstand die Botschaft, und als Realist verhielt er sich dementsprechend. Seine Mission war trotz mehrerer Reisen in die Gegend und unzähliger Gespräche im Wesentlichen auf die Rolle eines Beobachters beschränkt – was an der Madrider Konferenz, welche Bush und Gorbatschow im Oktober 1991 präsidierten, klar zum Ausdruck kam. Nur die Israeli, die Palästinenser, die Vertreter der arabischen Staaten, Russland und die Vereinigten Staaten hatten das Recht, das Wort zu ergreifen; der Vertreter der Vereinten Nationen war zum Schweigen verurteilt. Brunner sah ein, dass die Friedensbemühungen der UNO neben jenen der USA nicht gedeihen konnten, zumal die amerikanische Initiative damals, als der Prozess von Madrid vielschichtig anlief, nicht ohne Erfolgsaussichten war. So kam er nach zwei Jahren mit Perez' Nachfolger Boutros Boutros-Ghali überein, das Mandat zurückzugeben. Der Umstand, dass er sich eben anschickte, nach Paris zu übersiedeln, begünstigte diesen Schritt.

Boutros-Ghali hielt allerdings für Brunner gleich ein neues Angebot bereit. Er offerierte ihm eine Mission als Sonderbeauftragter im Kaukasus. Eduard Schewardnadse, Georgiens Präsident, hatte die Vereinten Nationen ersucht, im Konflikt zwischen Tiflis und der abtrünnigen Provinz Abchasien zu vermitteln. Eigentlich waren die Auseinandersetzungen interner Natur und somit kein geeigneter Gegenstand für eine UNO-Vermittlung. Doch Schewardnadse gelangte an die Vereinten Nationen, weil er die Russen verdächtigte, den Konflikt von aussen zu schüren. Brunner nahm sich der neuen Aufgabe mit grossem Engagement an. Wer seine Memoiren liest, spürt, wie ihm Georgien ans Herz gewachsen ist. Aber er musste bald erkennen, dass der Hass zwischen den verfeindeten Parteien zu gross war, als dass ein Vermittler viel ausrichten könnte. Und die Bereitschaft der Vereinten Nationen, sich im grösseren Stil, etwa mit Truppen, in dieser Republik zu engagieren, war auch nicht vorhanden. Nach vier Jahren, 1997, demissionierte Brunner – enttäuscht, dass der Konflikt weiter schwelte; aber immerhin schwiegen mittlerweile die Waffen. Im gleichen Jahr erfolgte auch altersbedingt sein Rücktritt aus dem diplomatischen Dienst der Eidgenossenschaft.

Brunner wäre nicht Brunner, hätte er nach seiner Pensionierung nicht versucht, weiterhin Politik zu betreiben. Er liess sich in zahlreiche Gremien berufen. Auch lehnte er es selten ab, seine Meinung öffentlich kundzutun, wenn man ihn dazu einlud. In seinem ehemaligen Departement fand er allerdings nicht viele Betätigungsmöglichkeiten. Dafür stiess er bei Bundesrat Adolf Ogi auf offene Türen. Der VBS-Chef griff gern auf die Erfahrungen des gewieften Diplomaten zurück. So übertrug er ihm das Präsidium der Studienkommission für strategische Fragen. Zügig erarbeitete dieses Gremium die Grundlagen für eine zukünftige Sicherheitspolitik. Nach einem Jahr lag der *»Brunner-Bericht«* auf dem Tisch. Später betraute Ogi seinen inoffiziellen sicherheitspolitischen Berater mit einer Studie über den Nachrichtendienst. Unter Brunners Leitung durchleuchtete eine Kommission diesen Verwaltungsbereich, der mit einer Serie von Pannen und Affären dem Ansehen des Bundes geschadet hatte. Sie schlug namentlich eine Trennung des politisch-strategischen Dienstes vom militärischen Zweig vor. Ferner bot der umtriebige VBS-Chef dem smarten alt Staatssekretär im neu gegründeten Genfer Zentrum für die demokratische Kontrolle der Streitkräfte die Präsidentschaft im Stiftungsrat an.

Doch mit diesen Chargen allein fühlte sich Brunner noch nicht ausgelastet. Er stellte sich dem Olympia-Komitee »Sion 2006« als Sonderbotschafter zur Verfügung; die kurzlebige Kandidatur erlaubte es ihm allerdings kaum, in Erscheinung zu treten. Sodann koordinierte er, soweit dies überhaupt machbar war, die propagierte Zusammenarbeit zwischen den Universitäten von Genf und Lausanne; und er engagierte sich noch an manchen anderen Fronten. Etwas lag ihm indes besonders am Herzen: Tief beunruhigt über die amerikanischen Reaktionen, welche die Affäre um die nachrichtenlosen Konten ausgelöst hatte, betrieb er rastlos die Gründung eines Schweizer Vortragszentrums in Washington. Die Schweiz sollte die Amerikaner besser mit ihrem intellektuellen Potenzial vertraut machen. Sie habe, wie Brunner zu sagen beliebt, mehr anzubieten als Schokolade, Käse und Uhren. Doch die Umsetzung dieses Plans war nicht so einfach. Er konnte wohl einige Genfer Privatbankiers für seine Idee gewinnen, ansonsten hielt sich die Begeisterung jedoch in Grenzen. Auch floss das Geld nicht im gewünschten, ja vielleicht nicht einmal im erforderlichen Ausmass, obschon Brunner auch hier auf Freund Ogi zählen durfte und das Zentrum einen Zustupf aus der VBS-Schatulle erhielt. Allen Widerwärtigkeiten zum Trotz liess sich Brunner von seinem Vorhaben nicht abbringen. Ende Oktober 2001 lud die »Swiss Foundation for World Affairs« zur ersten Konferenz in Washington ein.

Schliesslich nahm sich Brunner Zeit, um einige Erinnerungen aufzuzeichnen. Häufig kommt dies in der Geschichte der Schweizer Diplomatie nicht vor. Aber einige Beispiele gibt es, Albert Weitnauer etwa oder August Lindt, der charismatische Botschafter und einstige UNO-Hochkommissar für Flüchtlinge. Jüngst haben auch Brunners Kollegen Roger Bär und Benedikt von Tascharner Erinnerungen publiziert. Carlo Jaquetti nahm zu seiner bewegten Amtszeit als Botschafter in den USA Stellung. Und der Zufall wollte es, dass Samuel Campiche, der zu Beginn des KSZE-Prozesses mit Brunner am selben Konferenztisch sass, zur gleichen Zeit seine Aufzeichnungen auf den Markt brachte. Brunner stellt sich, was das literarische Genre betrifft, auch in die Tradition von Hans Frölicher, dem umstrittenen Gesandten im Dritten Reich, und Georges Wagnière, dem Schweizer Minister an Mussolinis Hof. Aber wahrscheinlich hat ihn jener Memoirenschreiber am meisten inspiriert, von dem ihn die grösste Zeitspanne trennt: Johann Konrad Kern, der erste Diplomat des Schweizer Bundesstaates, und sein namhafter Vorgänger in Paris. Dessen *»Politische Erinnerungen«* kennt der Geschichtsliebhaber, der Brunner ist, gut.

Obschon Brunner biografisch fest im diplomatischen Milieu verankert ist, entspricht seine Erscheinung nicht unbedingt dem, was der Volksmund landläufig mit der Diplomatie verbindet. Weder ist prunkvolles Repräsentieren seine Sache noch unverbindliches Schönreden. Auch wird ihm niemand Förmlichkeit und protokollarische Strenge im Auftreten attestieren, wiewohl er solchen Werten zuweilen ein erstaunliches Gewicht beimisst. Vielmehr ist ihm eine Leichtigkeit des Daseins zu Eigen, die verblüfft. Einiges verweist auf eine Spielernatur, die er letztlich wohl ist. Blitzschnell erfasst er eine Ausgangslage mitsamt den Entwicklungsmöglichkeiten, weiss er seine Gesprächspartner einzuschätzen und sie für seine Absichten zu gewinnen. Hinzu kommt, dass er es liebt, Entscheide zu fällen. Im Gegensatz zu vielen Kaderleuten knickt Brunner unter der Bürde der Verantwortung nicht ein; eher blüht er darob auf. Im EDA sah man ihn nie mit einem Aktenbündel unter dem Arm. Auch hielt er es nicht lange an seinem Schreibtisch aus. Statt sich in einem Büro einzuschliessen und über

Akten zu brüten, drängte es ihn in die Wandelhallen und zu kurzen Besprechungen. In gelöster Stimmung suchte er das Gespräch mit den Mitarbeitern und Kollegen, und die Entscheide ergaben sich wie nebenher. Das war gewiss ein kreativer Arbeitsstil, aber auch ein unkonventioneller. Und obendrein ein risikoreicher. Doch Brunner konnte sich ihn leisten. Denn er besitzt ein ausgezeichnetes Gedächtnis. Ausserdem umgab er sich mit Mitarbeitern, denen er grosses Vertrauen schenkte, von denen er indes auch erwartete, dass sie die Dossiers in Ordnung hielten.

Mit seinem Arbeitsstil erinnert Brunner an einen englischen Gentleman. Von aussen her bekommt man den Eindruck, alles verlaufe mühelos, auf seiner Stirn hätte sich noch nie eine Schweissperle gebildet. Aber das Spleenige, das man auch mit der britischen »Upper class« verbindet, geht ihm völlig ab. In dieser Hinsicht gleicht er eher einem beispielhaften Deutschschweizer. Nüchtern unterscheidet er das Wichtige vom Unwichtigen. Was für ihn zählt, ist nur das, was für die Praxis von Bedeutung ist. Sein Denken verläuft ganz in den Bahnen des Commonsense, ohne theoretische Höhenflüge, ohne floskelhaftes Drum und Dran. Und so ist seine Ausdrucksweise: knapp und von bestechender Klarheit. Dennoch hat Brunner etwas Unergründliches. Aber das hat weniger mit dem zu tun, was er sagt, als mit dem, was er nicht sagt. Voltaire bemerkte einmal, wer alles sage, was er wisse, werde langweilig. Brunner scheint diese Warnung verinnerlicht zu haben. Als Spieler legt er nie alle Karten auf den Tisch. Ein Hauch des Geheimnisvollen umweht ihn stets.

Möchte man nebst den intellektuellen Fähigkeiten noch eine Tugend erwähnen, die Brunner in besonderem Mass auszeichnet, dann darf man auf den Mut, auf die Zivilcourage verweisen. Seine grosse Überzeugungskraft rührt nicht zuletzt daher, dass er Gedanken auch dann äussert, wenn sie nicht unbedingt der vorherrschenden Meinung entsprechen. Gewiss lässt er dabei Vorsicht walten. Er ist ohnehin ein Geistesverwandter von Talleyrand und meidet jeden Überschwang im Ausdruck. Auch begibt er sich mit seiner Meinung nie in Randzonen. Extreme Ansichten untergraben, wie er einmal meinte, nur das Ansehen und die Glaubwürdigkeit. Aber innerhalb einer vernünftigen Bandbreite drückt Brunner seine Ansichten unmissverständlich aus, mögen diese auch vielen missfallen. Nie liess er einen Zweifel daran aufkommen, dass seiner Meinung nach der Schweiz in der jüngsten Debatte über den Zweiten Weltkrieg Unrecht getan werde. So verfasste er für die französische Ausgabe von Stephen Halbrooks Buch »*Target Switzerland*« – eine der seltenen amerikanischen Publikationen, die eindeutig für die Schweiz Partei ergriff – ein Vorwort, das an Deutlichkeit nichts zu wünschen übrig lässt. Er begann mit folgenden Worten: »Un certain nombre, à mon sens trop, de bêtises et de contre-vérités ont été dites et écrites au cours de ces trois dernières années aux Etats-Unis, en Suisse et ailleurs sur le comportement et l'attitude de notre pays pendant la Deuxième Guerre mondiale.«[508]

Das freimütige Reden kennzeichnet Brunner nicht erst, seit er den Rücktritt aus dem Dienst der Eidgenossenschaft genommen hat. Schon als Staatssekretär sagte er Dinge, die aufhorchen liessen und bei einem andern wahrscheinlich Polemiken ausgelöst hätten. Vor dem »Cercle des Amitiés Internationales« in Genf gab er 1987 eine Erklärung zur schweizerischen Südafrikapolitik ab, die alles andere als schablonenhaft war. Sie ist bezeichnend dafür, wie Brunner denkt, aber auch, wie klug er argumentiert. Er äusserte: »Sich selber treu bleiben heisst auch, nicht so zu tun, als ob man etwas anderes wäre. Gewisse Länder, seien sie neutral oder nicht, geben allzu häufig vor, die Ansichten ihrer Gesprächspartner völlig zu teilen, um hernach mit ihren nächsten Gesprächspartnern im Gegenteil übereinzustimmen. Es ist wichtig, gewissen Ländern keine falschen Hoffnungen über ihre Stellung in der Welt zu machen. Um ein Beispiel zu geben: Wir können mit berechtigtem Stolz auf unsere Südafrikapolitik schauen. Im Gegensatz zur Gesamtheit der europäischen Staaten, die eine Politik der so genannten Sanktionen befolgte, hatte die Schweiz den Mut, diese nicht anzuwenden. Eine solche Haltung ruft mehr Achtung hervor als das, was jene tun, die zwar angeben, Sanktionen anzuwenden, in Wirklichkeit sich aber nicht daran halten. In derartigen Situationen könnte die Schweiz nützlicher sein als andere, um den Dialog zu fördern.«[509]

Im Bann der Ost-West-Beziehungen

Brunner begann seine Diplomatenlaufbahn zum Zeitpunkt, als der Aufstand in Ungarn ausbrach. Im Oktober 1956 bat ihn das EPD, seinen Stage nicht erst nach Plan Anfang Januar, sondern sogleich anzutreten. Wegen des mitteleuropäischen Brandherds und der gleichzeitig von den Briten und Franzosen ausgelösten Suezkrise benötigte das Aussenministerium dringend zusätzliche Mitarbeiter. In jenem Herbst würgte der sowjetische Truppeneinmarsch in Ungarn eine erste Phase der Détente jäh ab. Hatte vor einem Jahr die feierliche Unterzeichnung des Staatsvertrags in Wien, mit dem Österreich nach Jahren der Besatzung seine volle Souveränität zurückerlangte, noch berechtigte Hoffnungen auf ein entspannteres Verhältnis zwischen Ost und West geweckt, so waren diese nun über Nacht verflogen. Eine beispiellose Welle der Empörung und Wut, aber auch der

Angst und der Solidarität erfasste Westeuropa. Wie nur konnte Moskau die Freiheit eines Kleinstaats derart ruchlos mit Füssen treten? Was war von den Sowjets noch alles zu befürchten? Etwa ein Angriff auf Westeuropa? Die Schweizer Bevölkerung, fast ausnahmslos streng antikommunistisch gesinnt, stand den Protesten in andern Ländern in nichts nach. Vereinzelte Bürger riefen gar zur Aufgabe der Neutralität und zum Anschluss an die NATO auf. Angesichts des schreienden Unrechts könne und dürfe man, so argumentierten sie nach einem Strickmuster, das in solchen Situationen immer wieder auftaucht, nicht mehr neutral sein.[510] Der Bundesrat musste die aufgebrachte Bevölkerung beschwichtigen. Entsprechend einer bewährten Tradition suchte er den Protest auf die humanitäre Schiene umzulenken. Über 12 000 ungarische Flüchtlinge fanden in der Schweiz Zuflucht.

In seinen Memoiren erwähnt Brunner, eine der ersten Notizen, die er im Departement verfassen musste, hätte eine Vorsprache des sowjetischen Botschafters betroffen. Dieser hätte sich beschwert, dass das Suworoff-Denkmal in der Schöllenen-Schlucht, das an die heldenhafte Alpenüberquerung der russischen Truppen im Herbst 1799 erinnert, mit beleidigenden Parolen verschmiert worden sei. Offensichtlich hatten einige Eidgenossen ihrer Empörung mit einer deplatzierten Provokation Luft verschafft. Selbstverständlich entschuldigte sich das Aussenministerium für dieses Vergehen in aller Form und versprach, alles zu unternehmen, damit solche Übergriffe in Zukunft unterblieben.[511] Direkt bei seinem Einstand in den neuen Beruf wurde Brunner somit mit jenen Problemen konfrontiert, die ihn im Laufe seiner Karriere am meisten beschäftigen sollten: den Ost-West-Beziehungen. Und er lernte auch gleich zu Beginn etwas für die Diplomatie Fundamentales: in dramatischen Augenblicken muss man noch mehr als sonst Verstand und Gefühl klar trennen. Aber wahrscheinlich hätte er diese Lektion gar nicht nötig gehabt. Denn diese Anforderung beherrschte er mit der Instinktsicherheit eines Naturtalents: Bald kehrte er die Bonhomie eines welschen Notabeln hervor und verströmte nach allen Seiten ein gutes Gefühl, bald agierte er mit der undurchsichtigen Mimik eines Pokerspielers, der sich nicht in die Karten schauen lässt. Das mochte bei Leuten, welche die Einheit von Gedanken und Gefühlsausdruck favorisieren, zuweilen Misstrauen erwecken.

Im persönlichen Umgang war Brunner darauf bedacht, seinen Gesprächspartnern den Eindruck zu vermitteln, sie würden bei ihm auf viel Verständnis stossen. Unterhändlern gab er gar den Ratschlag mit auf den Weg: »Dem Gegner zu flattieren ist kein Übel.«[512] Diese Höflichkeit bezahlte er indes keineswegs mit Abstrichen an seiner eigenen Meinung. Er verfügte über ein klares Weltbild. Gerade weil er wusste, was er in der Sache wollte, konnte er sich in der Form umgänglich zeigen. Solange der Kalte Krieg dauerte, betrachtete er das sowjetische System und den Kommunismus mit seinem Welteroberungsprogramm als das Kernproblem, als die grösste Gefährdung für die westlichen Demokratien und somit auch für die Schweiz. Die vordringlichste Aufgabe jeder Aussenpolitik musste darin bestehen, diese Gefahren zu vermindern. Das war eine anspruchsvolle intellektuelle Aufgabe. Polemiken und Provokationen konnten nichts zu einer Lösung beitragen. Auf der staatlichen Ebene gab es nichts anderes als ein korrektes Vorgehen entlang den diplomatischen Verhaltensregeln. Ohne das Ziel aus den Augen zu verlieren, musste man sich gelassen geben, die Gefühle zügeln und stets für jedes neue Argument der gegnerischen Seite zugänglich sein.

Brunner hatte stets die Ansicht verfochten, dass sich die Ost-West-Beziehungen in Europa nur verbessern liessen, wenn die Sowjetunion auf eine neue Politik einschwenkte. Der Schlüssel für die Détente lag im Kreml – und nirgendwo sonst. Ein Ceausescu mochte in Rumänien einige Pirouetten drehen. Doch wenn es um die Substanz ging, vermochte er wie jeder andere Staats- und Parteichef in Osteuropa wenig auszurichten. Auch die deutsch-deutschen Beziehungen waren, solange Moskau sich nicht bewegte, blockiert. Alle Entspannungsansätze mussten im Keim ersticken, wenn die Sowjetunion nicht ihre kommunistische Doktrin und hegemoniale Machtpolitik änderte. Doch durfte man solche Hoffnungen noch hegen? Nach dem Ungarnaufstand? Nach dem abgewürgten Prager Frühling? Durfte man auf die Friedensschalmeien aus dem Osten überhaupt hören? Liess man sich nicht von falschen Tönen einlullen? Seit den fünfziger Jahren fehlte es an östlichen Entspannungsinitiativen auf dem Papier nicht, an konkreten Gesten im Alltag dagegen sehr.

Im März 1969 erliess der Warschauer Pakt einen neuen Appell für eine europäische Konferenz. Diese sollte sich mit der Sicherheit und der wirtschaftlichen Zusammenarbeit in Europa befassen. Dazu wurde auch die Schweiz eingeladen. Der Bundesrat nahm die Einladung entgegen. Dass ihn die Aussicht auf einen Diplomatenkongress begeistert hätte, kann man kaum behaupten. Aber immerhin berief er eine Arbeitsgruppe ein, welche das Gesuch ernsthaft prüfen sollte. Unter dem Vorsitz von Professor Rudolf Bindschedler kam diese zum Schluss, die Schweiz könne an einer etwaigen Konferenz teilnehmen, sofern diese gewillt sei, der schweizerischen Neutralität Rechnung zu tragen. Auch sollte die Schweiz, wenn sie sich schon zu einer Teilnahme entschliesse, die Verhandlungen aktiv mitgestalten. Sie solle sich insbesondere für ein Anliegen einsetzen, das die

Schweizer Diplomatie traditionell gepflegt hat: die Stärkung des Rechts in der internationalen Politik. Die Kommission empfahl, der zukünftigen Konferenz ein Streitschlichtungsverfahren zu unterbreiten. Damit lag man auf der von Max Huber vorgezeichneten Linie. Er hatte die Grundlagen ausgearbeitet und seit der Zweiten Haager Friedenskonferenz unermüdlich für ein derartiges Verfahren gefochten.[513] Auch hatte sich der Bundesrat in der Zwischenkriegszeit zum eigentlichen Champion der Schieds- und Vergleichsidee aufgeschwungen.

Bindschedler war kein Schwärmer für die KSZE. Von Natur aus skeptisch veranlagt, bezweifelte er, ob die Konferenz viel Gescheites hervorbringen werde. Aber wenn sich ein Mitmachen lohnen sollte, dann am ehesten auf dem Gebiet der Verrechtlichung der internationalen Beziehungen. Deshalb fühlte er sich berufen, die Stafette zu übernehmen. Der Rechtsberater, eine markante Persönlichkeit, ein rigoroser Intellektueller und Völkerrechtler, jeglichem akademischen Getue abhold, war zweifelsohne die überragende Gestalt in der KSZE-Gründungsphase. Er ist der eigentliche »Spiritus rector« der Schweizer KSZE-Beteiligung. Er war ein strategischer Kopf. Seinem Betreiben war es zuzuschreiben, dass die Schweiz von Anfang an dabei war. Und er hatte die Kerninteressen eines eidgenössischen Engagements definiert, nämlich Bekräftigung der Neutralität und Einsatz für ein Streitschlichtungsverfahren. Auch war er in der wichtigsten Phase der KSZE, von den Verhandlungen in Genf bis zu Verabschiedung der Schlussakte in Helsinki, vom September 1973 bis zum Sommer 1975, schweizerischer Delegationschef. Desgleichen leitete er die Schweizer Delegation auf dem dürftigen Folgetreffen in Belgrad.

In Konferenzkreisen war Bindschedler hoch geachtet. Wenn er mit seiner Donnerstimme, die im Hochdeutschen wie in den von ihm beherrschten Fremdsprachen seine Zürcher Herkunft rasch verriet, das Wort ergriff, dann hörten alle Delegationen zu. Zwar entsprach sein Benehmen nicht unbedingt dem, was man von einem Diplomaten erwartete. Sein äusseres Gebaren war zuweilen etwas rau. Er getraute sich Dinge ungeschminkt zu sagen, die andere nur vorsichtig anzudeuten versuchten. Doch gerade das erweckte Respekt. Mit Bewunderung erinnert sich ein amerikanischer Delegierter, wie Bindschedler im Mai 1974, nachdem die KSZE schon anderthalb Jahre getagt, aber noch nichts Handfestes erreicht hatte, in einem Ausschuss allen offen ins Gesicht sagte, was jeder im Innern spürte, aber keiner zu äussern wagte, nämlich »that thus far the Conference had done nothing to add to security and cooperation in Europe«.[514] Er verspottete die Verhandlungen als Tragikomödie; sie hätten im Vergleich zu den völkerrechtlichen Dokumenten seit 1945 nichts Neues gebracht, sondern lediglich »platitudes et phraséologie«, die Öffentlichkeit mache sich über die Konferenz bereits lustig.[515]

Mit dem »Système de règlement pacifique des différends«, dem SRPD, wie der Vorschlag in eingeweihten Kreisen genannt wurde, nahm die Schweiz einen neuen Anlauf für eine alte Idee. Sie bereitete sich sehr gründlich auf die Konferenz vor. Nach allen Seiten hin, mit den Nachbarstaaten, den andern Neutralen und mehreren westlichen Demokratien, führte sie Konsultationen. Um aller Welt zu beweisen, wie ernst sie es mit ihrer Absicht meinte, reiste im Sommer 1972 gar eine hochrangige Delegation, angeführt von Generalsekretär Ernesto Thalmann und von Botschafter Bindschedler, in sechs Hauptstädte von Mittel- und Osteuropa. In einer »offensive de charme« warben sie für die eidgenössischen Vorstellungen zur Streitschlichtung. Das waren ungewohnte Wege für die Schweizer Diplomatie. Derlei hatte es noch nie gegeben. Befriedigt konnte Thalmann in einem Vortrag feststellen: »Kaum je in der Geschichte unserer Aussenpolitik ist eine internationale Konferenz derart intensiv auf bilateraler Ebene vorbereitet worden.«[516]

Die Schweiz hatte mit ihrem Vorschlag ein wichtiges Thema aufgegriffen. Aber zu behaupten, dass dieses im Brennpunkt des allgemeinen Interesses lag, wäre wohl vermessen. Zwar erwiesen viele Staaten dem Steckenpferd des schweizerischen Delegationschefs ihre Reverenz, aber hinter vorgehaltener Hand belächelten deren Vertreter nicht selten das Projekt. Man nahm es schliesslich auf die Tagesordnung, um die Schweiz in das Vorhaben einzubinden. Die tatsächlichen Interessen der meisten Staaten lagen indes auf einer ganz andern Ebene. Der Osten hatte nie verheimlicht, dass es ihm auf dieser Konferenz in erster Linie um Sicherheitsfragen ging. Er wollte die Unverletzlichkeit der Grenzen festschreiben, das heisst: die KSZE sollte die Grenzen in Europa so, wie sie nach dem Zweiten Weltkrieg gezogen wurden, international absegnen. Die westlichen Staaten konnten sich dafür nur mässig erwärmen, waren aber immerhin bereit, darauf einzutreten, sofern der Osten auf jenem Gebiet Konzessionen in Aussicht stellte, an welchem ihnen lag. Und das waren die Menschenrechte – und zwar in erster Linie nicht in ihrer abstrakten Erhabenheit, sondern in ganz konkreter Gestalt. Seit dem Prager Frühling waren die so genannten menschlichen Kontakte zu einem Thema geworden. Wollte man den osteuropäischen Völkern eine neue Kalamität ersparen, dann musste man versuchen, die Freiheiten im sozialistischen Alltag Schritt für Schritt voranzubringen. Im Vorfeld der Konferenz konnte man schon erkennen, dass die Verhandlungen hauptsächlich in diesem Schnittbereich einhaken würden. Der Osten wollte mehr Sicherheit, der Westen mehr konkrete Fortschritte bei den Menschenrechten. Um diese Themen würde man verhandeln und taktieren und sich, vielleicht, zu einem Geben und Nehmen durchringen.

So liess sich der Bundesrat auf das Abenteuer »KSZE« ein, ohne Enthusiasmus, aber mit einer gut vorbereiteten Delegation, die entlang den traditionellen Linien der helvetischen Diplomatie operieren wollte. Bindschedler zog vorerst die Fäden von der Zentrale aus, in Helsinki leitete Botschafter Samuel Campiche die Delegation. Der Waadtländer war zur Zeit des Prager Frühlings in der Tschechoslowakei akkreditiert gewesen. Vom Hradschin aus hatte er erlebt, wie die Freiheitsregungen in Prag unterdrückt wurden. Er misstraute den Absichten der Sowjetunion zutiefst. In Bern wusste man, dass er die KSZE im Grunde für eine propagandistische Augenwischerei des Ostens hielt. Für riskante Entspannungsübungen war er nicht zu haben. Somit garantierte er eidgenössische Nüchternheit. Über einen ganz andern Ruf verfügte sein Stellvertreter Brunner. Er galt als ausserordentlich kreativ, ein Freund und Meister von taktischen Spielen. Er verfügte über ähnliche politische Erfahrungen wie Campiche. Den famosen Frühling hatte er im andern Brandherd, in Warschau, erlebt. Aber daraus hatte er nicht die gleichen Lehren gezogen. Seiner Meinung nach musste das viel gerühmte Tauwetter nicht zwangsweise wieder im politischen Frost erstarren. Viel Engagement legten auch Blaise Schenk und Hans-Jürg Renk an den Tag, zwei jüngere Diplomaten, die von Anfang an zur Schweizer Equipe gehörten. Im Bereich der Informationsfreiheit sollte Renk unermüdlich neue Wege zwischen den östlichen und westlichen Delegationen erkunden. In der Schlussakte schimmert in etlichen Abschnitten über die Information seine Handschrift durch. Später, lange nachdem er die Diplomatie verlassen hatte, verfasste er ein höchst informatives und ausgezeichnet geschriebenes Buch über den Beitrag, den die Schweiz zum Zustandekommen der KSZE geleistet hat. Grosse Arbeit verrichtete auch ein Vertreter einer Nicht-Regierungsorganisation, Pfarrer Eugen Voss von »Glaube in der 2. Welt«. Mit seinen gründlichen Kenntnissen der kirchlichen Verhältnisse in Osteuropa und der Sowjetunion war er ein wichtiger Berater auf zahlreichen Tagungen.

Die Konferenz begann 1972 an einem düsteren Novembertag in Helsinki, im September 1973 übersiedelte sie nach Genf. Sie tagte in der Rhonestadt bis im Juli 1975. Dort schloss sie ihre Arbeiten ab. Nur zur Unterzeichnung der Schlussakte fanden sich die Staats- und Regierungschefs nochmals in Helsinki ein. Ab der Genfer Phase nahm Bindschedler die Leitung in seine Hände. Brunner jedoch blieb Stellvertreter. Zusehends sollte er zu einer zentralen Figur in der KSZE heranwachsen und deren

Geschick aus unterschiedlichen Positionen heraus bis Anfang 1989 massgeblich mitgestalten. Bei aller Loyalität zur Delegation hatte Brunner von Anbeginn eine andere Einstellung zur KSZE als Bindschedler. Dem Delegationschef lag, wie erwähnt, sehr an einer Bekräftigung der Neutralität und einem Streitschlichtungsverfahren. Brunner bedeuteten diese Herzensanliegen seines Chefs nicht viel. Er war kein eingefleischter Völkerrechtler. Die Konferenz sah er als eine eminent politische Veranstaltung, auf der es um politische Lösungen ging – und weniger um juristische Mechanismen oder Erklärungen, von denen man ohnehin nicht wusste, was sie wert sein würden. Sein Hauptinteresse galt den menschenrechtlichen Aspekten und der Frage, wie man diese im sozialistischen Alltag umsetzen könne. Mit einer intelligenten Verhandlungstaktik sollten, meinte Brunner, die westlichen Demokratien in der Lage sein, dem Osten, der ja als Bittsteller auftrat, einige Konzessionen abzutrotzen. Zweifellos hatte er die politische Grosswetterlage instinktiv richtig erfasst. Er hatte die gegensätzlichen Absichten, die in den Wunsch nach einer KSZE einflossen, erspürt und zudem erahnt, dass sich daraus bei geschickter Verknüpfung die Textur für einen tragfähigen Kompromiss herstellen liess.

Dank Bindschedler wartete die Schweizer Delegation mit bestens vorbereiteten eigenen Vorschlägen in der KSZE auf, dank Brunner, so kann man vielleicht etwas zugespitzt sagen, schaltete sie sich unverzüglich in die grossen politischen Verhandlungen ein. Er wollte sich nicht mit einer Nischenpolitik abfinden, sondern dort agieren, wo es ums Ganze ging. Von seiner Warschauer Erfahrung profitierend, war er überzeugt, dass das Tauwetter in Europa, trotz frostigen Zwischenlagen, angebrochen war. Und man musste in kleinen, aber praktischen Schritten vorangehen. Die Schweiz brachte im Konferenzverlauf rund dreissig Vorschläge auf den Tisch, zwei Drittel davon im so genannten Korb III, bei der konkreten Ausgestaltung der Menschenrechte und Grundfreiheiten. In den sozialistischen Staaten selbst wurde der Ruf nach mehr Menschenrechten und Grundfreiheiten immer lauter. Zahlreiche Politiker in Ost- und Mitteleuropa verschlossen sich dieser Einsicht nicht, konnten die entsprechenden Forderungen jedoch nicht selbst lautstark erheben. Ihnen musste man in die Hände arbeiten, damit sie ihre Anliegen dem Kreml plausibel vorbringen konnten. Das Kernstück der Argumentation bestand darin, dem Politbüro ein Tauschgeschäft schmackhaft zu machen. Der Westen musste Verhandlungsbereitschaft in Sicherheitsfragen signalisieren und der Sowjetunion zu verstehen geben, dass sie einiges von dem bekommen würde, was sie wollte, sofern sie dafür einen Preis bei den Menschenrechten zu entrichten bereit sei.

Wie richtig diese Einschätzung war, erhellt eine Anekdote, die Brunner in seine Aufzeichnungen eingestreut hat. Im Jahr 1992 lud die finnische Regierung die prominentesten KSZE-Veteranen zu einer Jubiläumsfeier aus Anlass des 20-jährigen Bestehens des KSZE-Prozesses ein. Unter ihnen war auch Sergei Kondratschow, ein ehemaliger KGB-Mann. Dieser erzählte, wie ihn sein Chef, Jurij Andropow, Ende 1973 zu sich rief und ihn nach Genf beorderte. Der KGB-Vertreter in der Genfer KSZE-Delegation hatte der Zentrale gemeldet, die sowjetischen Unterhändler würden Hochverrat begehen, sie würden Zug für Zug die sowjetischen Positionen in den Menschenrechtsfragen aufgeben. Kondratschow verhörte in Genf drei Wochen lang alle Delegationsmitglieder, dann rapportierte er dem KGB-Chef Folgendes: Wenn die Sowjetunion wolle, dass die andern Staaten die Unverletzlichkeit der Grenzen anerkennten, dann müsse sie bei den Menschenrechten Konzessionen eingehen; die KSZE-Delegation begehe nicht Hochverrat, sondern tue das, was politisch unumgänglich sei. Darauf soll Andropow ihm geantwortet haben: »Ihre Analyse ist korrekt. Man kann die Sowjetunion nicht mehr wie zu Stalins Zeiten regieren.« Und er entsandte Kondratschow nach Genf, um die Verhandlungen im Bereich des Dritten Korbes selbst zu führen.[517] Die Schweizer Delegation schätzte den Partner aus dem KGB sehr. Er verfügte über eine Autorität, die ihn stark von einem Durchschnittsapparatschik abhob; auch ging ihm die Einsicht nicht ab, dass sein Land in mancherlei Hinsicht in Verzug geraten war. Er war gewillt, dies zu ändern. Deshalb konnte man mit ihm wirksam zusammenarbeiten.

Wenn die Schweiz in der KSZE eine Rolle spielte, welche die Grösse des Landes überstieg, dann hing das von verschiedenen Faktoren ab. An erster Stelle muss man die Persönlichkeiten nennen, welche die Schweiz in der Konferenz vertraten. Im Gegensatz zu gewissen Theorien sollte man die Bedeutung von wichtigen Entscheidungsträgern in der Aussenpolitik nicht unterschätzen. Strukturen und Prozessen kann man sich gewiss nicht entziehen. Sie geben den Rahmen ab, innerhalb dessen man überhaupt erst handeln kann. Niemand lebt ausserhalb der Zeit. Aber wie die Zeitverhältnisse auf die strukturellen Bedingungen zugerüstet werden, darüber entscheiden Persönlichkeiten. Und je nachdem, wer an welcher Stelle steht, kann es sehr verschieden herauskommen. Auf einer grossen internationalen Konferenz bestimmt stets nur ein kleiner innerer Kreis das Geschehen. Mindestens in Teilbereichen, etwa den menschlichen Kontakten und der Information, gehörte die Schweiz zu den Verschworenen. Sodann darf man die äussern Umstände nicht übersehen. Das spezielle Verhandlungsformat der KSZE – jeder Staat war formell gleichberechtigt, und alles wurde im Konsensverfahren angenommen – begünstigte kleinere Staaten. Und von besonderer Bedeutung sollte im Helsinkiprozess eine lockere Staatengruppierung werden, die es vorher nicht gab und die nach dem Ende des Kalten Krieges, da sie kein politisches Biotop mehr vorfand, wieder verschwinden sollte: die Gruppe der neutralen und blockfreien Staaten, die so genannten N+N.

Auf internationalen Konferenzen scharen sich Staaten meistens zu Gruppen, um ihre Interessen kraftvoller durchzusetzen. Auf der KSZE gab es zwei grosse Blöcke: die Staaten des Warschauer Paktes auf der einen Seite und die NATO-Staaten mit einer Untergruppe aus der damaligen Europäischen Gemeinschaft auf der andern. Dazwischen lagen die vier neutralen Staaten Schweden, Finnland, Österreich und die Schweiz. Dann gab es noch einen disparaten Rest, dem man das Etikett »blockfrei« anheftete. Nebst Jugoslawien handelte es sich um Kleinstaaten wie Zypern und Malta oder um Mikrostaaten wie Liechtenstein und San Marino. Zwischen den vier Neutralen bahnte sich schon bald eine Zusammenarbeit an, gewissermassen aus Notwendigkeit, um im Konferenzgeschehen als Einzelstaaten nicht unterzugehen. Als die Sicherheitsfragen in den Vordergrund rückten, stellte sich fast automatisch auch eine Zusammenarbeit der Neutralen mit den Blockfreien ein. Es entstand die Gruppe der N+N. Obgleich diese gewichtmässig mit den beiden grossen Blöcken nicht im Entferntesten konkurrieren konnten, wurden sie vom Osten und Westen gleichermassen umworben und mit wichtigen Aufgaben betraut. So koordinierten sie die Arbeiten in den verschiedenen Ausschüssen. Die Schweiz als relativ grosser Staat in diesem Club der Kleinen nahm eine zentrale Stellung ein. Sie gehörte – wie die andern Neutralen – zu den ständigen Koordinatoren und war unübersehbar eine Wortführerin der N+N-Gruppe. Dank ihrer neutralen Haltung und ihres Einsatzwillens wuchs ihr auf dieser Konferenz eine Rolle zu, wofür sie sich auf Grund ihrer Geschichte eignete, die sie indes in dieser Form noch nie wahrgenommen hatte. Nebst ihrem Einsatz in eigener Sache koordinierte und vermittelte sie in einem Ausmass, das ihr grosses Lob einbrachte.

Die Schweiz spielte ihren Part gut. Insbesondere Brunner bewegte sich im Konferenzmilieu wie ein Fisch im Wasser. Das Verhandeln nach allen Seiten und das Ausprobieren von neuen Lösungen lagen ihm. Er war in seinem Element. John Maresca, in der Endphase der Helsinki-Verhandlungen stellvertretender Chef der amerikanischen Delegation, verarbeitete seine KSZE-Erfahrungen in einem gründlichen Buch. Darin hält er fest, dass sich in blockierten Situationen der Osten und der Westen immer an die Neutralen wandten. Mehrere von ihnen hätten wichtige Aufträge erfüllt. »The most active was the deputy head of the Swiss delegation, Edouard Brunner, a brilliant innovative and indefatigable manoeuverer who was constantly probing for devices to advance the Conference's work. Brunner was mistrusted at various times by each Conference faction, but this was the inevitable lot of one who took on the responsibility of compromise-finder. The best testimony to the role of Brunner and many other neutral diplomats was that whenever the Conference got tangled up in a seemingly unsolvable problem, delegates of all political persuasion went looking for them.«[518]

Konferenzen entwickeln oft ihre eigene Dynamik. Am Ende wird etwas wichtig, von dem man am Anfang kaum sprach. So war es auch mit den Folgen der KSZE. Sollte die Konferenz eine einmalige Veranstaltung sein, oder sollte man sie fortsetzen und periodisch einberufen? Dem Osten hatte schon immer eine institutionalisierte Sicherheitskonferenz vorgeschwebt. Aber dem Westen gefiel die Idee nicht. Er befürchtete ein ständiges Propagandaforum. Er wollte, wie der damalige Chefredaktor der NZZ, Fred Luchsinger, 1977 schrieb, die KSZE »so rasch wie möglich und als einmalige Übung hinter sich bringen und sich keinesfalls auf Fortsetzungen und ›Folgekonferenzen‹ einlassen, die doch nur der Sowjetunion die Tür zur ständigen Einmischung in den europäischen Prozess öffnen würden«.[519] Die N+N fanden dagegen an Folgetreffen Geschmack – und je länger die Konferenz dauerte, desto mehr. Ihnen war nicht entgangen, welchen Einfluss sie in diesem Forum auf die europäische Politik ausüben konnten. Folglich waren sie für eine Fortsetzung des Prozesses.

Die Schweiz brach als eine der ersten Delegationen eine Lanze für präzise festgelegte Folgetreffen und Expertenseminare. Sie unterstützte die Forderung des Ostens. Bindschedler und Brunner waren aus voller Überzeugung dafür. Den Delegationschef bewegte nebst dem ungewohnten N+N-Einfluss vornehmlich ein Grund: Bindschedler musste einsehen, dass der Schweizer SRPD-Vorschlag in den laufenden Verhandlungen keine Realisierungschancen hatte. Schon früh war dieser ins politische Abseits geraten. Um sein geistiges Lieblingskind zu retten, setzte sich der Rechtsberater dezidiert für eine Reihe von Folgeveranstaltungen ein, darunter auch eine Expertentreffen über die friedliche Beilegung von Streitigkeiten. In der wohltemperierten Atmosphäre eines mit Völkerrechtlern bestückten Expertentreffens erhoffte er sich ein gedeihlicheres Klima für das Streitschlichtungsverfahren. Brunner seinerseits plädierte aus etwas andern Gründen für einen Folgemechanismus. Er glaubte an die Wirksamkeit der menschenrechtlichen Massnahmen. Aber deren Erfüllung musste man mit politischem Druck ständig einfordern. Dazu benötigte man Folgetreffen. Auf ihnen sollte man Rückschau halten, aber auch den Blick nach vorwärts richten. Es galt zu überprüfen, ob die vereinbarten Verpflichtungen wirklich eingehalten wurden. Ausserdem sollte die KSZE auf den Folgeveranstaltungen den eingeleiteten Prozess ausbauen und verfeinern. Mochte die Sowjetunion dieses Forum ursprünglich als Propagandainstrument konzipiert haben, mit den Folgetreffen sollte es zusehends eine Rechenschaftsinstanz werden. Die KSZE entpuppte sich als Tribunal für die Menschenrechtslage in den sozialistischen Staaten.

Was hat der grosse aussenpolitische Einsatz der Schweiz gebracht? Sie hat erhalten, was Bindschedler am meisten anstrebte. Das Recht auf Neutralität in der Aussenpolitik wurde bekräftigt. Dank den Schweizer Bemühungen fand ein entsprechender Passus Eingang ins Schlussdokument. Doch was bedeutete diese Zusicherung in Wirklichkeit? Brunner meint in seinen Memoiren sibyllinisch: »Cela vaut ce que ça vaut – alt Bundesrat Schulthess erhielt von Hitler 1937 auch eine Anerkennung der Schweizer Neutralität. In beiden Fällen wurde unsere Neutralität respektiert.«[520] Auch beim System der friedlichen Beilegung von Streitigkeiten ging die Schweiz nicht mit leeren Händen aus. Aber sie musste sich lange gedulden. Es war schon ein Achtungserfolg, dass der so genannte Bindschedler-Plan all die Jahre nie aus den Traktanden fiel. Sein Autor gab sich bezüglich der Realisierungschancen keinen Illusionen hin. Mit der ihm eigenen Mischung aus Skepsis und Hartnäckigkeit bilanzierte er 1980: »Die Aussichten für die Errichtung neuer Systeme der obligatorischen friedlichen Streiterledigung erscheinen zurzeit als wenig günstig. Eine Mehrzahl der Staaten lehnt derartige Verpflichtungen ab... Diese Feststellungen ändern nichts daran, dass das Problem weiter bestehen bleibt und nach Lösungen verlangt. Die Schweiz wird deshalb ihre Vergleichs- und Schiedsgerichtspolitik aus langfristigen Überlegungen weiterführen.«[521] Das hat sie denn auch getan, weit über Bindschedlers Amtszeit hinaus. Einer seiner Nachfolger im EDA, der Rechtsberater Luzius Caflisch, führte den Kampf weiter und zu Ende.

Nach der epochalen Wende änderten sich die Dinge auch hier. Zwei Länder, die für den Bindschedler-Plan wenig übrig hatten, entdeckten eher unvermittelt ihr Herz für Streitschlichtungsverfahren. Auf Betreiben des französischen Justizministers Robert Badinter machten sich Frankreich und Deutschland das Anliegen zu Eigen, scharten die gesamte Europäische Gemeinschaft hinter sich, und im Herbst 1992 konnten die Delegierten in Genf unter Schweizer Vorsitz ein Übereinkommen über Vergleichs- und Schiedsverfahren verabschieden, das zwar weit hinter Bindschedlers Vorstellungen zurückblieb, indes vom gleichen Geist zeugte. Die Versammlung würdigte bei dieser Gelegenheit die Verdienste des eigentlichen Urhebers ausdrücklich. Ohne die langjährige Vorarbeit von Bindschedler hätte die OSZE keinen Vergleichs- und Schiedsgerichtshof geschaffen. In der Praxis hat dieses erfreuliche Resultat allerdings nicht viel bewirkt. Das Verfahren existiert nun seit zehn Jahren, aber es wurde noch nie angewandt. Kein einziger Staat hätte je einen Streitfall der OSZE zur Beilegung unterbreitet. Lakonisch kommentiert Brunner in seinen Aufzeichnungen, die Schweiz hätte zwar ihr SRPD erhalten, »aber – und das war vorauszusehen – es blieb toter Buchstabe. Heutzutage ziehen Staaten politische Verhandlungen Schiedsverfahren oder Vergleichen vor.«[522] Die Erfahrung gibt ihm Recht. Auch das Europäische Abkommen von 1957, das schon solche Verfahren vorsieht, schneidet nicht besser ab. Ungebraucht modert es seit bald einem halben Jahrhundert in den Schubladen. Das SRPD war ein Sieg für die Juristerei, die Politik liess es unberührt.

Die politische Bilanz fällt bei den beiden Schweizer Uranliegen somit eher ernüchternd aus. Anders sieht es bei den Folgeveranstaltungen aus. Der Schweizer Einsatz war bedeutsam und er hatte weitreichende Konsequenzen. Wenn die KSZE einen Beitrag zur Auflösung der kommunistischen Diktaturen geleistet hat, dann mit ihren Folgetreffen und spezialisierten Tagungen zu Menschenrechtsthemen, mit ihren periodischen Veranstaltungen, auf denen man von allen Staaten Rechenschaft darüber forderte, wie die bisherigen Verpflichtungen erfüllt wurden; bedeutsam waren, um im Jargon zu bleiben, die so genannten Implementierungsdebatten. Aber die Wette auf die KSZE-Folgen war ein riskantes Spiel. Was sollte die Konferenz tun, wenn die alten Verpflichtungen nicht eingehalten wurden? Trotzdem neue eingehen? Dann drohte der Verlust der Glaubwürdigkeit. Bereits das erste Folgetreffen in Belgrad von 1977/78 deutete Ungutes an. Es war ein Fehlschlag. Dann kam 1980 das nächste Treffen in Madrid. Es brachte die KSZE, nachdem in Polen die Freiheitsbewegung »Solidarnosc« abgewürgt worden war, an den Rand des Abgrunds. Wozu, fragte sich damals Bundesrat Pierre Aubert, sollte man noch verhandeln, wenn KSZE-Teilnehmerstaaten die Schlussakte von Helsinki derart krass verletzten? Und so wie er dachten die meisten Politiker in der Schweiz. Auch sowjetische Dissidenten riefen dazu auf, keine neuen Vereinbarungen einzugehen, denn dadurch würden bloss die bestehenden Verpflichtungen entwertet.

Nach Brunner durfte der Verhandlungsfaden nie reissen. Man konnte eine Tagung unterbrechen oder aufhalten, man konnte die Verhandlungen eine Zeit lang ruhen lassen, doch die Konferenz durfte man nicht aufheben. Der gute Unterhändler braucht einen langen Atem. Und den hatte er.

Allerdings geriet er mit seiner Argumentation in Nöte. Nach Belgrad und Madrid büsste die KSZE in der Öffentlichkeit immer mehr an Glaubwürdigkeit ein. Hugo Bütler, der als zuständiger Redaktor in der NZZ die Schweizer KSZE-Aktivitäten mit kritischem Wohlwollen begleitete, meinte damals warnend, es verberge sich »hinter dem Madrider Konsens eine Verschlechterung der Zustände in der Wirklichkeit«.[523] Nach dem Folgetreffen von Madrid kritzelte auch Brunner das Menetekel an die Wand: Was, wenn es so weitergeht? Aber vorerst schob er nochmals eine neue Runde ein. »Wenn die in Madrid bekräftigten und die neu eingegangenen Verpflichtungen«, meinte er in seiner Beurteilung des Treffens, »weiterhin toter Buchstabe bleiben, so hiesse dies..., dass wir für die Konferenz von 1986 in Wien eine Krise voraussehen müssten.«[524] Und zugleich forderte er immer stärker die Verwirklichung der unterzeichneten Vereinbarungen. Als sich die KSZE Mitte der 80er Jahre daranmachte, eine Menschenrechtskonferenz einzuberufen, wollte er von neuen Deklarationen nichts wissen. In einem Interview mit einer amerikanischen Zeitschrift erklärte er unverblümt: »The point is that we do not favor a human rights conference on classic lines, one in which further texts would be drawn up. ... What we need is a conference to put in place structures to verify the implementation of existing texts. ... This is what must be demanded. The rest we dont't need. The rest is mere eyewash.«[525] Mit viel Gespür akzentuierte Brunner Anliegen, die auch die Amerikaner hegten. Unter Jimmy Carter hatte sich deren Interesse an Menschenrechtsfragen merklich erhöht. Mit ihrem brillanten Chefunterhändler Max Kampelman verstand sich Brunner ausgezeichnet. Wohin man vorstossen wollte, wussten die beiden; ob man es auch konnte, war eine andere Frage.

Doch der Vorstoss gelang, sachte zuerst, nur mit einzelnen Gesten. Dann wich die Ungewissheit nach der Madrider Konferenz Schritt für Schritt einem Geist der Zusammenarbeit. Dieser Geist hatte einen Namen: Gorbatschow. Nach drei starren Gerontokraten brach der relativ junge Parteichef aus verkalkten Systemzwängen aus – 1985 für jedermann sichtbar geworden auf dem historischen Gipfeltreffen mit Präsident Ronald Reagan in Genf. Brunner hatte mit seiner Politik des langen Atems auf die richtige Karte gesetzt. Der Gerechtigkeit halber muss man jedoch etwas anfügen: Es war seit langem das erste Mal, dass die Optimisten nicht den Kürzeren zogen. Doch just in jener Phase keimten im Kreml die ersten Anzeichen eines Gesinnungswandels. Sie sollten sich später als Vorboten der grossen Wende enthüllen. Früher, nach dem Aufstand in Ungarn, nach dem Mauerbau in Berlin, nach dem Prager Frühling, nach dem Aufbruch von Solidarnosc und nach vielen anderen Ereignissen, hatten stets die

Skeptiker à la Campiche Recht bekommen. Dieses Mal war es anders. Und die KSZE war am Umbruch nicht unbeteiligt. Niemand wird behaupten, sie hätte den Epochenwechsel ausgelöst; dass sie indes dazu beigetragen hat, kann niemand bestreiten. Wie viel war Glück? Wie viel war berechenbarer Wirkung zuzuschreiben? Niemand weiss es. Aber eines ist gewiss: Brunner war in diesem Forum auf dem Höhepunkt seines Könnens. Er hat eine seltene Meisterschaft bewiesen. Absicht, Können, Glück – was war was? Im Fall von Brunner gibt man sich wohl am besten mit dem Sprichwort zufrieden: Dem Tüchtigen hilft das Glück. In seiner KSZE-Politik wurde es bestätigt.

Die Schweiz hat in der KSZE mitgeholfen, den demokratischen Wandel in Europa herbeizuführen. Sie hat es, nicht zuletzt dank Brunner, sehr gekonnt getan. So selbstverständlich war dies nicht. Seit dem Völkerbund hatte das Land kaum noch Erfahrung mit multilateralen Verhandlungen politischer Natur. Die Schweiz war, als der KSZE-Prozess seinen Lauf nahm, nicht in der UNO, nicht in der NATO und nicht in der EG. Einzig im Europarat konnte sie sich seit knapp zehn Jahren etwas einüben. Aber im Gegensatz zur KSZE debattierte man dort in einem Club der Gleichgesinnten. Umso erstaunlicher war, wie ein Aussenseiter innert kürzester Frist in den Mittelpunkt des Geschehens rücken konnte. Die Schweiz brachte nicht nur gewichtige eigene Vorschlägen ein, sie wurde auch Koordinatorin bedeutender Gremien, eine Wortführerin der N+N und Gastland verschiedener Treffen. Sie gehörte zum inneren Kreis der Teilnehmer. Mit berechtigtem Stolz durfte Brunner in seinen Memoiren festhalten: »La CSCE, pour moi, a montré que la Suisse pouvait se profiler dans une négociation essentiellement politique, et qu'elle n'était pas seulement le nain politique et le géant économique et financier que l'on prétendait.«[526]

Wenig Anregungen zur europäischen Integration

Brunner war ein Diplomat aus Leidenschaft. Mit allen Fasern seines Wesens zog es ihn zur Aussenpolitik hin. Er blühte in den grossen internationalen Fragen auf. Um das Kleine hingegen scherte er sich weniger. Auch die Wirtschaft figurierte nicht zuoberst auf seiner Prioritätenliste. Was Wunder, dass ihn François Mitterrand und Richard Nixon tief beeindruckt hatten – zwei Staatsmänner, die ebenfalls nicht durch ihren wirtschaftlichen Sachverstand, sondern durch Führungsqualitäten und politisches Geschick aufgefallen waren. Beide verbanden analytische Schärfe mit einer sehr flexiblen Taktik. Was Brunner über Nixon schrieb, trifft im

Grunde auf ihn selbst zu: »Von allen Persönlichkeiten, denen ich begegnen durfte, hat mich [Nixon] wohl am meisten fasziniert. Er war ein äusserst vielschichtiger Mensch. Er war nicht nur über alles hervorragend informiert, er besass auch einige feste Überzeugungen. Ich machte kurz vor dem Ende der Sowjetunion seine Bekanntschaft. Er war ein Anhänger einer harten Politik, aber gleichzeitig wollte er alle Verhandlungskanäle offen lassen. Ich glaube, er hatte nicht Unrecht.«[527]

Auch vor dem Völkerrecht fiel Brunner nicht in die Knie. Gewiss begrüsste er alle Schritte, die das Recht in den internationalen Beziehungen stärker verankerten. Aber er sah auch die Grenzen dieses Unterfangens. Letztlich funkt in der Aussenpolitik – im Gegensatz zur Innenpolitik eines geordneten Staates – immer wieder die Macht dazwischen, das heisst: die Machtverhältnisse entscheiden den Ausgang eines Konflikts. Das Recht kann nur dort wirksam werden, wo die Machtverhältnisse es zulassen. Dies trifft selbst auf so edle Bemühungen wie den Internationalen Strafgerichtshof im Haag zu. Brunner vertrat eine Überzeugung, die, so völlig illusionslos, im Bundeshaus nicht häufig zu hören ist. Sie lautet: Politische Probleme brauchen politische Lösungen. An eine Welt in Krisen kann man nicht mit dem Massstab höchster Gerechtigkeit herantreten. Man kuriert die Krisen vielmehr mit Rezepten, die auf dem Prinzip der Billigkeit beruhen.

Das ist ein bescheidener Ansatz, aber ein realistischer. Politik hat immer mit Unvollkommenem zu tun. Sie bietet stets nur Übergangslösungen an. Ihr Ziel ist es, alle Parteien zusammenzubringen. Jede muss den Eindruck bekommen, die Vorteile einer Lösung überwögen deren Nachteile. Und deshalb nimmt man einen Kompromiss an. Man glaubt, mit ihm vorläufig leben zu können. Von einem juristischen Verfahren ist dies meilenweit entfernt. Wo das Recht waltet, ändert man die Regeln nicht während eines Verfahrens; in der Politik dagegen schon. Derlei gehört gerade zum Wesen der Politik. Rechtliche Lösungen berufen sich auf Normen, die über den zu Richtenden liegen, politische Lösungen jedoch sind nur von den Betroffenen oder im Einvernehmen mit ihnen zu erreichen. Seine Meinung bringt Brunner klar zum Ausdruck, als er über seine UNO-Mission im Kaukasus nachdenkt. Etwas enttäuscht, wie der Westen auf den Konflikt in Tschetschenien reagiert hat, schreibt er in seinen Memoiren: Die Staatengemeinschaft »sieht dort nur die Menschenrechte, die humanitären Aspekte oder die juristischen mit einem Haager Gerichtshof. Aber sie hütet sich, eine Lösung politischer Art vorzuschlagen. Ich hingegen bin überzeugt, dass nichts Ernsthaftes herauskommt, solange man keine politisch dauerhaften Lösungen sucht und findet – Lösungen, die auf dem Einvernehmen der betroffenen Parteien beruhen.«[528]

In seiner aussenpolitischen Konzeption war Brunner stark auf Europa und das transatlantische Verhältnis ausgerichtet. Sein Weltbild war geprägt von den Dimensionen der KSZE: von Wladiwostok bis Vancouver, mit Washington als unbestrittenem Gravitationszentrum und Moskau als zweitem Schwerpunkt. Länder ausserhalb dieser Sphäre waren sekundär. Sie erlangten nur dann erhebliche Bedeutung, wenn sie in den Brennpunkt des Ost-West-Konflikts gerieten, etwa Afghanistan oder das südliche Afrika in den achtziger Jahren. Ansonsten spielten sie, mochten sie auch die Grösse Japans oder Indiens aufweisen, in der zweiten Liga. Erstaunlich mag anmuten, dass Brunner als Staatssekretär auch der europäischen Integration eher geringe Beachtung schenkte. Noch Ende 1987 erklärte er vor einer internationalen Zuhörerschaft in Genf, die Schweiz begehre keinen Beitritt zur Europäischen Gemeinschaft und er sei überzeugt, die Länder der Gemeinschaft selbst hätten ein Interesse daran, dass die vier Neutralen auf ihre Weise zum Aufbau Europas beitrügen, ohne sich zwingend der EG anzuschliessen.[529] Im Januar 1989, im letzten längeren Radiointerview, ehe er nach Washington aufbrach, verwandte er gerade zwei Sätze zum Verhältnis der Schweiz zur EG, zwei abgerundete Sätze, in denen er seine Überzeugung zum Ausdruck brachte, dass sich schon alles so richten liesse, wie die Schweiz es sich wünschte.[530]

Mit dieser Haltung war Brunner allerdings nicht allein. Im Gegenteil, er befand sich in bester Gesellschaft. So dachten damals die meisten Entscheidungsträger. Auf der Grundlage von Hans Schaffner aufbauend, fasste man in der Schweiz die europäische Integration im Wesentlichen als einen wirtschaftlichen Prozess auf und wünschte, die vertraglichen Beziehungen zur EG pragmatisch und sektoriell zu vertiefen. Von einem Beitritt sprachen nur wenige. Franz Blankart, Staatssekretär im EVD, langjähriger integrationspolitischer Chefunterhändler und ein Kenner der Materie par excellence, prägte in jenen Jahren einen Satz, der mit seiner verblüffenden Logik gefiel: Die Schweiz muss beitrittsfähig sein, damit sie der EG nicht beitreten muss. Und David de Pury, später ein bedingungsloser Befürworter eines raschen EU-Beitritts, redete als Minister in Washington einer Schweiz das Wort, die sich dem Beispiel von Singapur folgend ganz dem Freihandel verschreiben und im globalen Wettbewerb selbständig agieren sollte. Dünn gesät waren Diplomaten wie Jakob Kellenberger, die stets für eine volle Teilnahme an der europäischen Integration eingetreten waren. Die damals massgebliche Meinung gibt der Integrationsberichts des Bundesrates von 1988 wieder. Er hält fest: »Der Beitritt ist nicht das Ziel der Vertiefung unserer Beziehungen mit der Gemeinschaft.«[531]

Dann kam der Paukenschlag vom 17. Januar 1989. Der Präsident der EG-

Kommission, Jacques Delors, lancierte die EWR-Verhandlungen und lud die EFTA-Staaten in seiner famosen Strassburger Rede ein, mit der EG zusammen »eine neue Form der Assoziation zu suchen... mit gemeinsamen Entscheidungs- und Verwaltungsorganen«.[532] Unübersehbar gewann die Integration an politischem Profil. Sie wurde auch mit einem neuen institutionellen Dach überwölbt. Rückblickend bemerkt Brunner: »Ich möchte eingestehen, dass für unsere Behörden Europa lange Zeit ausschliesslich eine wirtschaftliche Angelegenheit war. Erst 1989, mit Delors' Vorschlag zum Europäischen Wirtschaftsraum und den zwei Pfeilern, ist uns die politische Dimension aufgegangen.«[533]

Später hörte man aus der Wissenschaft den Vorwurf, der Bundesrat sei zu sehr in seinen eigenen Vorstellungen befangen gewesen, eine weitsichtige Politik hätte schon lange vor Delors' Rede erkennen müssen, dass das integrationspolitische Umfeld im Wandel begriffen sei, schliesslich hätte die EG ihr Binnenmarktprogramm schon 1986 lanciert[534] – was zweifellos richtig ist. Aber in der Aussenpolitik kann man eine Entwicklung selten auf einen Faktor allein zurückführen. Erst der Zusammenbruch des kommunistischen Staatensystems beschleunigte den Umbruch im gesamten Europa, rief Kettenreaktionen hervor, in deren Gefolge sich auch die EFTA-Staaten neu positionierten. Es war somit schwiewig, den wegweisenden Trend in der Integrationspolitik zu erkennen. Sofern man nicht gerade zur Urgemeinde der Bekehrten gehörte, war man damals mit verschiedenen Optionen konfrontiert, von denen keine dermassen herausragte, als dass man ihr grössere Realisierungschancen hätte einräumen müssen als den anderen.

Wie kann man Brunners gelassene, ja kühle Haltung zur europäischen Integration erklären? Vielleicht so: Seiner Auffassung nach sind Institutionen wichtig, aber noch wichtiger sind Ideen. Es gibt bessere und schlechtere Wege, um Ideen zu realisieren. Wenn man etwas nicht auf der Zielgeraden erreichen kann, dann darf man sich nicht scheuen, kurvenreiche Umwege einzuschlagen. Solange ein Land Ideen hat und den Willen aufbringt, diesen zum Durchbruch zu verhelfen, ist eine Lage nicht aussichtslos. Seit Pictet de Rochemont hat die Schweiz ihren Platz im Konzert der Mächte mit einer eigenen Aussenpolitik behauptet: mit Neutralität und, seit der Gründung des Bundesstaates, Gesten der Solidarität. Angepasst an die Erfordernisse eines neuen Zeitalters, sollte sie dies auch in Zukunft tun. Der Wille zum Engagement ist, so darf man Brunners Einstellung wohl interpretieren, wichtiger als der Wunsch, einer Institution beizutreten. Denn unter normalen Umständen kann der Beitritt, wenn die Zeit dafür gekommen ist, immer noch erfolgen. Wo hingegen die Ideen erlahmen, da verfault die Substanz. Brunner trat für den Beitritt zur UNO und zum EWR ein. Aber auf die Barrikaden gestiegen wäre er nicht. Jeder Ideologie abgeneigt, blendete er die negativen Seiten einer Angelegenheit nicht aus. Vor der ersten UNO-Abstimmung von 1986, als sich die Weltorganisation in einem Tief befand, meinte er scherzhaft, in seinem Innern sei er mit 51 Prozent für und mit 49 Prozent gegen einen Beitritt. Und als die Volksinitiative »Ja zu Europa« im Jahr 2001 zur Abstimmung kam, überwogen für ihn die Nachteile dermassen, dass er sich öffentlich dagegen aussprach. In die vorderste Reihe der Integrationsbefürworter drängte es Brunner nie.

Veränderungen in der Neutralitätsauffassung

Dialog ist für Brunner ein Schlüsselbegriff. Er glaubt an die Kraft des Wortes, an die Macht der Überzeugung. Vor einem politischen Problem zu kapitulieren ist nicht seine Art. Leidenschaftlich gern, als ob er im Spiel wäre, erprobt er Lösungen. Doch den Schweizer Diplomaten sind aus Tradition engere Grenzen gesetzt als Kollegen aus andern Ländern. Der Grund liegt in der Neutralität, die auf vielen Gebieten eine spürbare Zurückhaltung, zuweilen gar ein Abseitsstehen auferlegt. Brunner übersah diese Grenzen nicht. Er war sich bewusst, dass es in der Schweiz nur eine Aussenpolitik geben kann, die diesem Grundsatz Rechnung trägt. Zu tief ist die Neutralität im Volk verankert, als dass sich daran etwas ändern liesse. Mit seinem untrüglichen Instinkt für das Mögliche rüttelte er an diesem Dogma nie. Aber er idealisierte es auch nicht. Vielmehr fand er sich mit dieser Tatsache auf seine Weise zurecht: Er nahm die Neutralität als gegeben an und versuchte deren Sinn auf subtile Weise zu ändern. Vor der UNO-Abstimmung von 1986 drückte er diesen Gedanken deutlich aus. Er sagte vor Studenten des »Institut universitaire de hautes études internationales« in Genf, die Schweiz besitze seit 1920 einen hohen aussenpolitischen Konsens; das sei ein hohes Gut, das es zu bewahren gelte. Alle Schweizer, ob sie nun Anhänger oder Gegner eines UNO-Beitritts seien, würden sich in der Neutralität wiedererkennen. Ein Beitritt zur Weltorganisation betreffe nicht die Substanz der Schweizer Aussenpolitik, sondern nur die Form. »Denn für uns alle bedeutet ein Beitritt nur ein zusätzliches aussenpolitisches Mittel, um die Stellung der Schweiz und der Neutralität in der Welt zu stärken.«[535]

Brunner war in der Schweiz einer der Ersten, der erkannte, dass die Neutralen eine ungeahnte Rolle auf der Weltbühne entfalten konnten.

Tatsächlich spielten Bundeskanzler Bruno Kreisky in Österreich und Premierminister Olaf Palme in Schweden ihren Part mit Bravour. Doch in der Schweiz wollten längst nicht alle in dieser Inszenierung mitwirken. Es brach ein Konflikt zwischen zwei Denkschulen aus, und dieser entzündete sich voll an der Person von Staatssekretär Weitnauer. Sein Abschied aus dem Staatsdienst bedeutete auch eine Niederlage der alten, zurückhaltenden Richtung. Daher sei dieser Vorgang etwas näher geschildert.

Weitnauer war ein Muster von einem klassischen Diplomaten, nicht nur in der Erscheinung, auch im Denken. Strikte unterschied er zwischen Staat und Bürger, zwischen Staatsräson und Moral. Der Staat verfolgt eine nationale Interessenpolitik, der Einzelne hingegen muss moralischen Geboten genügen. Die beiden Sphären sind weitgehend getrennt. Ein Einzelner kann sich über die Zustände in einem andern Land entrüsten, der Staat als solcher jedoch mischt sich in die inneren Angelegenheiten eines andern souveränen Staates nicht ein. Dieses Arrangement, 1648 unter feierlichem Glockengeläute in Münster in Westfalen getroffen, war gewiss keine optimale Lösung. Aber sie war besser als alles, was ihr vorangegangen war. Sie beendete 30 Jahre Krieg und mehr als 100 Jahre konfessionell motivierte Turbulenzen; ein jedes Bekenntnis hatte versucht, dem andern sein System aufzuzwingen. Europa musste bis zur Erschöpfung ausbluten, ehe es sich zum epochalen Kompromiss durchringen konnte. Dieser bestand in folgendem Grundsatz: Ein jeder Staat regelt seine inneren Verhältnisse so, wie er will, und gesteht dieses Recht auch andern Staaten zu. Er respektiert die andern Verhältnisse, auch wenn diese nicht seinen Vorstellungen von einer guten Ordnung entsprechen. Nur so können unterschiedliche Staaten einigermassen friedlich zusammenleben und ein erneutes Aufflammen des Krieges vermeiden. Dieser Grundsatz wurde nach den Kriegen, welche die Französische Revolution und Napoleon hervorgerufen hatten, auf dem Wiener Kongress bekräftigt. Und ein weiteres Jahrhundert galt er unangefochten als »code of conduct« im zwischenstaatlichen Verkehr. Er wurde zum Signum für die Diplomatie in der Neuzeit.

Auf dieser Grundlage bildete die Schweiz ihre Aussenpolitik, bestrebt, die Unabhängigkeit des Landes und die Sicherheit ihrer Bürger zu wahren, ansonsten sich wenig um aussenpolitische Belange kümmernd. Von einigen Ausnahmen abgesehen, hielt sie sich an diese Richtschnur während Jahrhunderten. Sie nahm zu Vorgängen in andern Ländern nicht Stellung – auch dann nicht, wenn sie diese eindeutig nicht guthiess, ja gar verabscheute. Insbesondere nach dem missglückten Experiment im Völkerbund hatte der Bundesrat seine Schweigehaltung verinnerlicht. Er schwieg, als ihm die Vernichtung der Juden in Deutschland zu Ohren kam, er schwieg auch, als er von der Ermordung polnischer Offiziere durch die Rote Armee in Katyn hörte. Selbst 1956 protestierte er nicht, als die Sowjets den ungarischen Aufstand niederschlugen und die Volksseele in der Schweiz vor Empörung kochte. Das bundesrätliche Schweigen war ein berechenbares Element der eidgenössischen Aussenpolitik geworden.

Nur sehr behutsam rückte der Bundesrat von dieser Politik ab. Eine erste Kurskorrektur erfolgte, als die Panzer des Warschauer Paktes den »Prager Frühling« 1968 niederwalzten. Im Gegensatz zum Aufstand in Ungarn verurteilte der Bundesrat den militärischen Einmarsch öffentlich, wenngleich in vorsichtigen Worten. Umso erstaunlicher war der nächste Meilenstein. Ausnehmend heftig reagierte die Schweiz 1975, nachdem General Franco in Spanien fünf baskische Separatisten hinrichten liess. In einer Pressemitteilung drückte der Bundesrat seine Empörung aus, und er rief den schweizerischen Botschafter zurück. Dies war jedoch eine Nacht-und-Nebel-Aktion von Bundesrat Pierre Graber. Eigenmächtig, ohne die üblichen Konsultationen, hatte der entscheidungsfreudige Sozialdemokrat diese Anordnung getroffen. Das Aussenministerium war in keiner Weise darauf eingestimmt. Der damalige Generalsekretär des EPD, Ernesto Thalmann, fühlte sich hintergangen, und Botschafter Anton Hegner, der für Westeuropa zuständige Abteilungschef, dachte an Demission. Aber der Eklat erzeugte eine nachhaltige Wirkung. Er war, wie der Historiker Urs Altermatt zu Recht feststellt, ein Vorspiel zu einem markanten Akzentwechsel in der politischen Ausrichtung. Von nun an häuften sich moralisch begründete Stellungnahmen in der Schweizer Aussenpolitik.[536]

Es blieb Pierre Aubert vorbehalten, dieser Politik zum Durchbruch zu verhelfen. Als er 1978 Graber an der Spitze des EPD nachfolgte, war es sein Ziel, die Aussenpolitik vermehrt nach menschenrechtlichen Gesichtspunkten zu gestalten und ihr auch nach aussen eine vernehmbare Stimme zu verleihen. Verschiedene Diplomaten ermunterten den neuen Departementschef zu einem diesbezüglichen Engagement, an vorderster Front Edouard Brunner. Dem Generalsekretär jedoch, den Aubert von seinem Vorgänger übernommen hatte, behagte der Kurswechsel nicht. Weitnauer setzte weiterhin auf eine klassische Diplomatie, von Regierung zu Regierung, diskret, hinter verschlossenen Türen. Von moralischen Appellen in der Öffentlichkeit hielt er nicht viel.

Aubert, an sich ein Mann mit ausgesprochen angenehmen Umgangsformen, konnte die Differenzen mit seinem unterdessen zum Staatssekretär erhobenen Mitarbeiter nicht überbrücken. Im Laufe des Jahres 1979 verschlechterte sich das Verhältnis zusehends. Deshalb wollte sich der Departementschef von Weitnauer trennen. Er bot ihm bis zur Pensionierung, die nach Plan im Frühjahr 1981 erfolgt wäre, eine Sinekur an; der abgehalfterte Staatssekretär sollte eine Studie über den Europarat verfassen. Aus verständlichen Gründen lehnte Weitnauer dieses Angebot ab und nahm im Januar 1980 seinen vorzeitigen Rücktritt. Aubert berief nun ein neues, von Staatssekretär Probst geführtes Team in seine unmittelbare Umgebung. Darin bekam Brunner eine Schlüsselstellung. Aus der bisherigen Zusammenarbeit wusste Aubert, dass Brunner seine Auffassung nicht nur teilte, sondern alles unternehmen würde, um diese auch politisch umzusetzen. Schliesslich ernannte der Bundesrat den ebenso erprobten Diplomaten wie raffinierten Taktiker nach Probsts Pensionierung zum Staatssekretär.

Brunner war in der Tat die richtige Person, um Auberts Kurskorrektur durchzuführen. In der KZSE und in der Zentrale hatte er bereits seine vielseitige Begabung bewiesen. Er fand sich auch auf dem internationalen Parkett bestens zurecht. Desgleichen fühlte er sich im Umgang mit dem Parlament oder im Scheinwerferlicht der Medien wohl. Vor allem drängte es ihn mit seinem ganzen Naturell zu einem aktiven Engagement in der Aussenpolitik. Eine profiliertere Menschenrechtspolitik passte daher nahtlos in sein Konzept. Denn Brunner hatte zweifellos die Konsequenzen erfasst, die dieser Wechsel mit sich bringen würde: die eidgenössische Aussenpolitik erlangte eindeutig mehr Gewicht. Wo die Macht mit der Moral im Wettstreit liegt, kann die Schweiz eine profilierte Rolle in der internationalen Gemeinschaft spielen. In diesem Bezugsfeld hat auch sie etwas zu sagen. Solange es in der Weltpolitik allein um Fragen der Macht geht, muss sie sich neutralitätshalber, aber auch ihres geringen Gewichts wegen zurückhalten; kommt jedoch die Moral ins Spiel, kann sie gleich wie jeder andere Staat mitreden, ja, in einzelnen Belangen ist sie dazu sogar mehr befugt. Als Staat, der keine Machtpolitik verfolgt, wird der Schweiz häufig eine höhere Glaubwürdigkeit zugesprochen als Staaten, bei denen unklar ist, ob die Moral letztlich nicht doch ein Mittel verkappter Machtpolitik ist.

Bemerkenswert vorsichtig ging Brunner mit dem Druckmittel von Wirtschaftssanktionen um. Er hütete sich, irgendwelche Änderungen vorzuschlagen. Seiner Meinung nach hatte die Schweiz keinen Anlass, sich auf eine Sanktionspolitik einzulassen, sei sie von der UNO dekretiert oder von wem immer. In solchen Situationen – in seiner Amtszeit hatte er sich diesbezüglich insbesondere mit Südafrika zu befassen – musste die Eidgenossenschaft lediglich dafür besorgt sein, dass ihr Gebiet nicht für Umgehungsgeschäfte missbraucht wurde. Sanktionen passen nicht in Brunners Weltbild, Erklärungen zu Menschenrechtsverletzungen dagegen schon. Er ging von folgender Überlegung aus: Missstände in der Welt müssen verurteilt werden. Aber in einem Konflikt sollte man sich stets auch bemühen, eine politische Lösung anzubieten. Deshalb sollte man einen Staat jeweils nicht nur kritisieren und absondern, sondern eine Verurteilung mit einem Vorschlag verbinden, wie der kritisierte Sachverhalt zu beheben sei. Auf diesem Gebiet, fand er, hätte die Schweiz häufig eine besondere Berufung. In seinen Memoiren meint er: »Wir wollten auch positiv sein, das heisst, wir wollten helfen, eine Situation zu beheben. Um dies zu tun, musste man gewiss verurteilen, aber die Türe nie ganz schliessen. Das ist es, was wir die ganze Zeit zu tun versuchten.«[537]

In der Befolgung von Wirtschaftssanktionen änderte die Schweiz indes nach Brunners Abgang von der Zentrale ihre Haltung deutlich. Im Golfkrieg von 1990/91 kam es zu einem eigentlichen Kurswechsel. Damals beschloss der Bundesrat einen Tag, nachdem der Sicherheitsrat die entsprechende Resolution verabschiedet hatte, den autonomen Nachvollzug der über den Irak verhängten Wirtschaftssanktionen. Bundesrat Felber erklärte dieses Vorgehen als vereinbar mit der Neutralität. Erneut unterschied die Schweiz, wie zu Völkerbundszeiten, zwischen wirtschaftlichen und militärischen Sanktionen. Aber was damals nach einem leidenschaftlich aufgewühlten Abstimmungskampf an der Urne entschieden worden war, wurde dieses Mal mit einem administrativen Federstrich erledigt.[538] Nach dem Durchbruch im Golfkrieg schloss sich die Schweiz weiteren Wirtschaftssanktionen an, so in Libyen, in Haiti und vor allem in Jugoslawien.

Im Sinne einer differenzierten Neutralitätspolitik beteiligte sich die Schweiz im Golfkrieg am Wirtschaftsembargo, die militärischen Sanktionen hingegen trug sie nicht mit. Die USA und andere Staaten hatten den Bundesrat ersucht, den schweizerischen Luftraum mit Truppen und Munition auf dem Flug zum Krisenherd durchqueren zu dürfen. Der Bundesrat verweigerte der Koalition jedoch die militärischen Überflugrechte aus neutralitätsrechtlichen Gründen. Ein paar Jahre später, bei der Befriedung der Kriegswirren in Bosnien, argumentierte er indes nicht mehr gleich. Erneut hatte der UNO-Sicherheitsrat den Einsatz einer Friedenstruppe genehmigt, und dem Bundesrat lag 1995 ein ähnliches Gesuch vor wie im Golfkrieg. Nun gestattete die Schweiz den Transit von Truppen und Material für die internationale Friedenstruppe IFOR/SFOR über ihr Territorium. Der Bundesrat betrachtete die Konzession mittlerweile als Beitrag zur internationalen Rechtsordnung und somit als neutralitätskonform.

Auf der Suche nach Guten Diensten

Seit dem Deutsch-Französischen Krieg von 1870/71 ist die Schweiz bestrebt, Vorteile, welche ihr die Neutralität bringt, mit einem uneigennützigen Engagement zu Gunsten anderer auszugleichen. Dabei ist sie auf zwei verschiedenen Ebenen tätig: auf der humanitären mit Hilfsaktionen für die Bevölkerung von Krisengebieten und auf der politischen mit der Erfüllung von so genannten Guten Diensten. Diese internationalen Mandate umweht ein Hauch von grosser Politik. Denn die Guten Dienste bestehen aus Aufgaben, die andere Staaten, häufig Grossmächte, auf Grund von Konfliktverhältnissen nicht selbst wahrnehmen können. Wenn die Schweiz mit Mandaten betraut wird, bedeutet dies eine Vertrauensbezeugung, die das Prestige der helvetischen Aussenpolitik erhöht.

Von seiner Anlage her hatte Brunner eine Vorliebe für die politischen Mandate. Die humanitäre Hilfe oder die Entwicklungszusammenarbeit interessierte ihn dagegen etwas weniger. Er unternahm selbst auch viel, um die Schweiz auf dem internationalen Parkett immer wieder ins Spiel zu bringen. Zudem zögerte er selten, andere zu ermahnen, mehr zu tun. Auch in seinen Memoiren hinterlässt er der aussenpolitischen Führungsriege einen Denkzettel: »Ich glaube, die Nützlichkeit der Schweiz besteht nicht nur darin, hundert bewaffnete Soldaten in den Kosovo zu schicken... Man muss in der Welt der Diplomatie auch Ideen zur Lösung von Problemen vorbringen, die man nur politisch beheben kann. Ideen, die von uns stammen, dürften den Vorteil aufweisen, dass sie aus einem Land kommen, das man nicht irgendwelcher Hintergedanken verdächtigt.«[539] Stets ging es Brunner darum, für sein Land eine grössere Rolle zu finden, als es die strikte Beachtung der Neutralität allein ermöglicht. Dabei erachtete er die Neutralität als Guthaben – ein Guthaben freilich, das man, bildlich gesprochen, nicht im Tresor einschliessen darf, sondern als Pfand für andere Unternehmen hinterlegen sollte.

Die Schweiz solle bei internationalen Konflikten stärker vermitteln – das ist leichter gesagt als getan. Brunner musste dies selbst erfahren. Ehe er sich Anfang 1989 nach Washington verabschiedete, liess er in einem Interview durchblicken, er werde in den USA die Schweizer Interessen nicht nur in einem engen, strikt bilateralen Sinn vertreten, sondern: »je défendrai les intérêts suisses au sens le plus large.« Dazu gehöre auch, dass sich die Schweiz bei der Bewältigung von Regionalkonflikten einschalte und das Ihre zur Lösung beitrage. Nachdem Amerikaner und Sowjets ihren Widerstreit im südlichen Afrika, in Afghanistan und Kambodscha eingestellt hätten, seien nun Friedensbemühungen im Nahen Osten angesagt.

»Dans ce domaine, la Suisse a un rôle à jouer. Et elle le jouera.«[540] Doch dazu kam es nicht. Es blieb bei der schieren Absicht. Die Schweiz wurde, obschon Brunner dort sass, wo Weltpolitik gemacht wurde, mit keinen nennenswerten Aufgaben betraut – ausser dass kurz vor dem ersten Golfkrieg ein amerikanisch-irakisches Aussenministertreffen in Genf abgehalten wurde. Grossmächte halten sich eben Vermittler, solange es geht, möglichst vom Hals. Dagegen berief ihn, wie erwähnt, der UNO-Generalsekretär in eine höchst ehrenvolle Position. Doch selbst als dessen Sonderbeauftragter im Nahen Osten war Brunner an den Rand des Geschehens abgedrängt, weil die USA das Heft nicht aus der Hand geben mochten.

Gute Dienste sind ein leises Geschäft. So gern man sie erbringen möchte, man kann sie nicht erzwingen. Ja, man sollte sie nicht einmal laut anpreisen. Denn sie gedeihen nur in der Diskretion. Vermittlerrollen bekommt man nicht ohne weiteres angeboten, noch sind sie leicht auszuführen. Früher wusste man dies in der Schweiz, in den letzten Jahren scheint dieses Wissen ziemlich abhanden gekommen zu sein. Aufgeregte Leitartikler dozieren Woche für Woche, welche Ecken und Enden der Welt die Schweiz mit ihren Diensten gefragt oder ungefragt beglücken sollte. Und nicht wenige Politiker stimmen in diesen Chor ein. Dem ist jedoch zweierlei entgegenzuhalten. Erstens: In politischen Krisen mangelt es selten an vermittlungswilligen Akteuren. Im Gegenteil. Wie das Licht die Motten anzieht, so umschwirren publizitätsbewusste Makler Konfliktherde. Diese abzuwehren erfordert zuweilen mehr Kräfte als die Behebung des eigentlichen Konflikts. Eine Schweizer Initiative darf indes nicht Teil des Problems, sie muss Teil der Lösung sein. Zweitens: Wer sich mit Guten Diensten aufdrängt, verzehrt exakt das Kapital, das er anbieten möchte. Gute Dienste sind in der Tat das, was zu sein sie vorgeben: ein Dienst. Sie werden selbstlos erbracht. Man drängt sich nicht auf. Entweder wird man darum gebeten, oder man lässt es sein. Warum wurde die Schweiz bisher häufig um solche Dienst angegangen? Weil sie Vertrauen genoss, das sie mit ihrem Verhalten und ihren Leistungen langfristig, über Jahrzehnte hinweg, erworben hatte. Wer sich jedoch vordrängt, erreicht das Gegenteil. Er erweckt Misstrauen. Man zweifelt an der Selbstlosigkeit der Bewerbung.

Viele Schweizer meinen, ihr Land müsse überall, wo ein politisches Mandat vergeben wird, dabei sein. Warum sind sie beunruhigt, sobald ein anderes Land eine internationale Konferenz beherbergt, Norwegen im Nahen Osten vermittelt oder Bush und Putin ihr erstes Gipfeltreffen in der slowenischen Hauptstadt Ljubljana durchführen? Ist es Hybris oder mangelndes Selbstbewusstsein? Weder lässt sich aus den finanziellen Möglichkeiten der Schweiz ein aussenpolitischer Anspruch auf Mitgestaltung ableiten, noch bedarf die Neutralität zu ihrer Rechtfertigung der permanenten aussenpolitischen Ergänzungsleistungen. Wenn die Schweiz um Gute Dienste gebeten wird, soll sie diese ernsthaft erbringen; werden andere Nationen bevorzugt, so nehme sie es gelassen. Von ihrer eigenen Grösse geht ihr deswegen nichts ab.

Gute Dienste sind nicht nur ein leises Geschäft. Sie sind auch eine delikate Sache. Wahrscheinlich gibt es mehr Misserfolge als Erfolge. Aber man spricht von jenen weniger. Wenn möglich zieht man sie gar nie ans Licht. Brunner hat an mehreren politischen Mandaten mitgewirkt. Er hat Beachtliches geleistet. Doch auch ihm blieben Enttäuschungen nicht erspart. Erfolg und Misserfolg halten sich die Waage. Zuerst zu den positiven Verbuchungen.

Zum ersten Mal kam Brunner als junger Sekretär auf der Botschaft in Washington während der Kubakrise mit dieser Sparte in Berührung. Die Schweiz vertrat damals – wie heute noch – die amerikanischen Interessen auf Kuba. Am 22. Oktober 1962 wurde Botschafter August Lindt ins Staatsdepartement gebeten. Aussenminister Dean Rusk erklärte ihm, dass die Sowjetunion auf der Insel Raketen installiere, was die Vereinigten Staaten nicht dulden könnten. Präsident Kennedy werde sich am Abend im Fernsehen an die Nation wenden. Die amerikanische Luftwaffe würde während der ganzen Nacht Aufklärungsflüge über Kuba durchführen, um festzustellen, ob der Aufbau fortgesetzt oder abgebrochen werde. Zu fotografischen Zwecken würde der Himmel auch erhellt, hingegen würden die USA in dieser Nacht mit der Bombardierung nicht beginnen. Er bat die Schweiz, diese Botschaft Fidel Castro zukommen zu lassen. Da alle Telefonverbindungen nach Havanna unterbunden waren, musste eigens eine Linie freigegeben werden. Sie wurde in Brunners Haus in Georgetown eingerichtet. Lindt rief von dort seinen Kollegen Hans Stadelhofer an, der ausgezeichnete Kontakte zum »Lider maximo« hatte. Diesen konnte Stadelhofer Tag und Nacht sprechen. Nach einer Stunde bestätigte Stadelhofer gemäss Brunners Erinnerung: »Botschaft übermittelt und vom Adressaten gut aufgenommen; kein kubanisches Feuer zu befürchten.«[541] Lindt informierte sogleich den Aussenminister. Und dann hielt Kennedy die dramatischste Ansprache seines Lebens. Die Welt hielt den Atem an. Ein dritter Weltkrieg schien anzubrechen. Der amerikanische Präsident indes durfte mindestens auf die Zusicherung bauen, dass sich die Kubaner während der ersten Nacht still verhalten würden. Damit hatte die Schweizer Diplomatie in einer Schicksalsstunde einen kleinen, aber wichtigen Dienst erwiesen. Episoden wie diese sind kaum bekannt. Vielleicht ist es dieser Unkenntnis zuzuschreiben, wenn eine Untersuchung über die Guten Dienste der Schweiz in der Kubakrise zum Schluss gelangt: »Die ›aktive Neutralitätspolitik‹ blieb unter der selbst auferlegten Zurückhaltung des schweizerischen Aussenministeriums in der Kubakrise weitgehend ein rhetorisches Konzept, das in der effektiven Krisendiplomatie nicht zur Anwendung gelangen konnte.«[542]

Gute Dienste im wahrsten Wortsinn leistete die Schweiz auch im ersten Afghanistankrieg. Anfang der achtziger Jahre stiess das IKRK bei der sowjetischen Besatzung und ihren einheimischen Komplizen auf blanke Ablehnung, wenn Delegierte der Genfer Organisation afghanische Gefangene besuchen wollten. Schliesslich gelang es dem IKRK, mit dem afghanischen Widerstand und mit Moskau eine gemeinsame Vereinbarung zu treffen. Die Widerstandsbewegungen waren bereit, die sowjetischen Gefangenen dem IKRK zu überstellen, wenn diese Soldaten bis zur Einstellung der Feindseligkeiten oder für die Dauer von zwei Jahren in einem Drittland untergebracht würden; erst nachher durften sie in die Sowjetunion repatriiert werden. Die sowjetische Regierung gestattete im Gegenzug den IKRK-Delegierten, die afghanischen politischen Insassen in den Gefängnissen von Kabul zu betreuen – so lautete zumindest die Vereinbarung; in der Praxis sah es dann etwas anders aus. Da es schwierig war, einen allseits genehmen Aufnahmestaat zu finden, wandte sich das IKRK an den Bundesrat. Dieser war bereit, dem Gesuch zu entsprechen. Unter massgeblicher Beteiligung von Staatssekretär Probst, dem die Guten Dienste ein Herzensanliegen waren, trafen die ersten Soldaten 1983 in der Schweiz ein und wurden auf dem Zugerberg einquartiert.

Die ganze Operation war nicht leicht. Das Dutzend Soldaten – um mehr handelte es sich nicht – bereitete Schwierigkeiten über Schwierigkeiten. Mehrere Typen waren gewalttätig, andere unternahmen Fluchtversuche; die Anstalt auf dem Zugerberg musste baulich verstärkt werden. Hinzu kam, dass verschiedene antisowjetische Organisationen die Internierten für ihre politischen Zwecke einzuspannen versuchten. Doch die Kernfrage, die sich das EDA stellen musste, lautete: Was soll mit den Soldaten geschehen, nachdem die zwei Jahre verstrichen sind? Sollte die Schweiz sie ungefragt in ihr Herkunftsland zurückschicken, oder sollten sie frei entscheiden können, wohin sie ziehen möchten? Diese Frage war in der IKRK-Vereinbarung nicht geregelt worden. Moskau pochte auf bedingungslose Rückkehr. Brunner, unterdessen Staatssekretär geworden, hatte schwierige Verhandlungen zu führen. Aber mit grossem Geschick setzte er seinen Standpunkt durch. Als geschichtsbewusster Mensch wollte er Tragödien, wie sie sich bei der Heimschaffung von sowjetischen Internierten nach dem Zweiten Weltkrieg abgespielt hatten, vermeiden.[543] Er beharrte darauf, dass der freie Wille eines jeden Soldaten zu respektieren sei. Die sowjetische Botschaft erhielt lediglich das Recht eingeräumt, mit jedem Einzelnen ein Gespräch zu führen, ehe dieser seinen Entschluss bekannt gab. Die Hälfte entschied sich für die Rückkehr. Deren Aufnahme in der Heimat war, wie Erkundungen von Schweizer Diplomaten ergaben, korrekt. Im Gegensatz zu den Internierten von 1945 war ihnen kein düsteres Los beschieden.

Den hervorragendsten Dienst konnte die Schweiz beim ersten Gipfeltreffen zwischen Präsident Ronald Reagan und Parteichef Michail Gorbatschow erbringen. Es fand in einer sehr schwierigen Zeit, Mitte November 1985, in Genf statt. Die Ost-West-Konfrontation war merklich gestiegen. Eine unnachgiebige Menschenrechtspolitik der Sowjetunion vergiftete das Klima, auf mehreren regionalen Schauplätzen standen sich die beiden Supermächte indirekt gegenüber, die Abrüstungsgespräche über die Mittel- und Langstreckenwaffen stockten, mit der Strategischen Verteidigungsinitiative (SDI) forderte Reagan die UdSSR heraus und reizte die Friedensbewegung in Westeuropa. Doch die Begegnung wurde zu einer Wasserscheide. Aus historischer Perspektive besehen, bedeutet sie den Anfang vom Ende des Kalten Kriegs. Was hatte die Schweiz unternommen, um diesen Anlass nach Genf zu locken? Die Antwort ist sehr einfach: nichts. Washington und Moskau hatten sich selbst auf einen bilateralen Gipfel geeinigt. Der Kreml schlug vor, ihn in Helsinki auszutragen, Washington dagegen bevorzugte Genf und drang mit seinem Ansinnen durch. Dann erst fragten sie die Schweiz an, ob sie bereit wäre, das Treffen zu beherbergen. Jetzt, nach der Anfrage, war die Schweiz allerdings gefordert. Sie musste beweisen, dass sie den hochkomplizierten Anforderungen eines Gipfeltreffens gewachsen war. Was bedeutete dies konkret? Um nur einige Stichworte zu liefern: die Bereitstellung von Villen für die Staatschefs sowie zweckmässige Unterkünfte für die wichtigsten Berater und die Equipage von mehreren hundert Personen, angemessene Räume für Begegnungs- und Repräsentationszwecke, Infrastruktur für mehrere tausend Medienschaffende, Gewährleistung der generellen Sicherheit mit einem Armeeregiment, Verkehrsregulierung etc. Der damalige Protokollchef Johannes Manz meisterte, zusammen mit den in solchen Sachen erfahrenen Genfer Behörden, die Aufgabe vorzüglich.

Und im Hintergrund führte Brunner eine souveräne Gesamtregie. Er war dafür besorgt, dass auch die politische Schweiz auf ihre Rechnung kam. Mit Kurt Furgler stand ein Bundespräsident von seltenem staatsmännischen Format an der Spitze der Landesregierung. Die Schweiz sollte deshalb nicht nur Gastgeber spielen, sondern zugleich als eigenständiger Gesprächspartner in einem kleinen bilateralen Programm auftreten. Dieses Arrangement im Rahmen eines amerikanisch-sowjetischen Treffens hatte man schon im Januar erprobt. Damals hatten sich George Shultz und Andrei Gromyko in Genf getroffen. In einem persönlichen Gespräch mit Shultz hatte Furgler den Amerikanern für die Verteidigung der Freiheit gedankt; nur dank deren Engagement sei es einem Land wie der Schweiz möglich, in Freiheit, Sicherheit und Wohlstand zu leben. Shultz war von seinem Gedankenaustausch mit Furgler tief beeindruckt, ja er war gerührt, dass ein Staatsmann noch diese Art von Dank abstattete. Er informierte in der anschliessenden Vorbereitungssitzung die gesamte amerikanische Delegation über das Gespräch, und in seinen Memoiren bemerkt er, Furglers Äusserungen seien ihm wie Rückenwind für die bevorstehenden Verhandlungen mit Gromyko vorgekommen.[544] Brunner arrangierte nun für den eloquenten Magistraten eine je einstündige Unterredung mit Reagan und Gorbatschow. Der Bundespräsident absolvierte auch dieses Programm mit Bravour. Er legte für die Schweiz, wie Brunner bezeugt, grosse Ehre ein.[545] In den Memoiren von Reagan und Shultz werden diese Gespräche allerdings mit keinem Wort erwähnt.

Das Gipfeltreffen von 1985 war ein Höhepunkt in der Politik der Guten Dienste – und zwar in jeder Hinsicht. Es war das Ende eines Aufstiegs und der Anfang eines Abstiegs. Zum einen stellte die Schweiz zur vollen Zufriedenheit aller Teilnehmer ein angemessenes Umfeld für eine wichtige Begegnung der Weltgeschichte her; noch einmal, wie auf der Viermächtekonferenz von 1955, wurde allen vorgeführt, dass es gute Gründe gibt, derartige Veranstaltungen in Genf durchzuführen, es war die Krönung von Professionalität in Organisation und Protokoll. Zum andern erlagen die Gastgeber der Versuchung, sich selbst mehr als tunlich in den Vordergrund zu schieben und gaben somit der eigenen Funktion einen glanzvollen Schliff. Das kam in der Schweiz gut an, bei den Gästen indes tauchten erste Fragen bezüglich des Rollenverständnisses auf. Bei aller Eloquenz von Furgler waren die Staatschefs nicht nach Genf gekommen, um sich mit dem Bundespräsidenten zu unterhalten, sondern um ihr gedrängtes Gipfelprogramm abzuwickeln. Man nahm die Schweizer Einladung zu einem bilateralen Auftakt aus Höflichkeit an, aber im Grunde empfand man sie als lästig. Man hätte eine kurze Begrüssung nach der Ankunft bevorzugt. Der Gastgeber hatte sich mehr angemasst, als ihm zustand. Das sollte Auswirkungen zeitigen. Gute Dienste leben von einem langfristigen Kapital. In Genf wurde es nicht vermehrt, sondern davon gezehrt.

Die Fehlentwicklung sollte schon bei einem der nächsten hohen Treffen zum Vorschein kommen. Es war 1990 kurz vor Weihnachten, als Präsident Bush zahlreiche Botschafter zu einem Empfang ins Weisse Haus geladen hatte. Der Schweizer Botschafter war auch dabei. In jenen Tagen spitzte sich die Krise in der Golfregion dramatisch zu. Brunner regte deshalb eine Begegnung von Aussenminister James Baker mit dessen irakischem Kollegen Tarek Aziz in Genf an. Die Idee fiel beim Bundesrat, wie zu erwarten, auf fruchtbaren Boden; sie wurde indes, was erstaunlicher ist, auch von der amerikanischen Regierung wohlwollend aufgenommen. Im Januar reisten die beiden Aussenminister nach Genf, um in einem letzten Versuch den drohenden Krieg abzuwenden. Das Treffen endete bekanntlich mit einem Misserfolg, und der Golfkrieg war nicht mehr abzuwenden. Die Schweiz trifft am Scheitern der Gespräche gewiss keine Schuld. Und Brunners kreativer Anstoss verdient hohe Anerkennung. Aber die Schweizer »performance« in Genf war nicht in allem das, was man von ihr erwartet hatte. Wiederum gefielen sich die Gastgeber darin, jeden Aussenminister zuerst zu einer bilateralen Gesprächsrunde zu laden. Nochmals unterzogen sich die Amerikaner der Pflichtübung. Aber im Nachhinein beschwerten sie sich bei Brunner. Wenn die Schweiz sich nicht mehr mit der Rolle des Gastgebers begnügen wolle, dann müssten die USA in Zukunft für derartige Anlässe eben ein Land auswählen, das noch bereit sei, seinen Part ohne weiterreichende Ansprüche zu spielen. Brunner pflichtete den amerikanischen Kritikern bei. Die Schweiz als Drittstaat hatte sich seiner Meinung nach zu sehr in Szene gesetzt. Zu Recht bemerkte er: »Man muss sich selbst zurücknehmen können. Die Tatsache, dass es uns gelungen ist, die Vertreter der sich widerstreitenden Mächte zusammenzubringen, ist eine politische Tat, die weit über die simple Rolle eines Hoteliers hinausreicht.«[546]

Doch die falschen Massstäbe waren nicht auf diesem Aussenministertreffen, sondern auf dem Gipfel von 1985 gesetzt worden. Wegen der brillanten Auftritte von Bundespräsident Furgler waren sie damals nur nicht aufgefallen. Man hatte einen Präzedenzfall geschaffen, den später jeder Bundesrat nachahmen musste, wollte er innenpolitisch nicht mit dem Vorwurf konfrontiert werden, die für die Schweiz ehrenvollen Standards bei internationalen Begegnungen nicht mehr zu erreichen; stattdessen hiesse es, er liesse sich in die Nebenrolle eines Gastwirts abdrängen. Die Gäste freilich empfanden es anders. Klaus Jacobi erlebte die beiden Treffen seitenverkehrt zu Brunner: den Gipfel als Botschafter in Washington, das Aussenministertreffen als Staatssekretär im EDA. Ihm gingen einige Rückmeldungen zu, die nicht in die Öffentlichkeit drangen. Als Pointe erwähnte er nach seinem Austritt aus dem Staatsdienst, wie Baker reagierte, als ihn die Schweizer wegen eines gemeinsamen Nachtessens mit Tarek Aziz sondierten. Höhnisch soll er erwidert haben: »Ich teile doch nicht den Tisch mit jemandem, dem ich voraussichtlich in den nächsten Tagen den Krieg zu erklären gezwungen bin.« Und Jacobi gelangte zum Schluss, die Schweiz hätte die »von ihr organisierten Treffen zwischen Drittstaaten in Genf dazu benutzt bzw. missbraucht, um bilaterale Gesprächsrunden mit den Besucherdelegationen durchzuführen. ... Ein gewisser Amateurismus, übertriebene Geschäftigkeit und Strapazierung der Gastgeberrolle sind mithin ... verantwortlich dafür, dass die Schweiz ihre einst führende Stellung bei der Leistung Guter Dienste verloren hat.«[547]

Einen weiteren Misserfolg erntete die Schweiz, als sie im Konflikt um die Falklandinseln zwischen Grossbritannien und Argentinien vermitteln wollte. Bei Kriegsausbruch im Frühjahr 1982 hatte die britische Regierung die diplomatischen Beziehungen zu Argentinien abgebrochen und die Schweiz mit der Interessenvertretung in Buenos Aires betraut, während Argentinien ein entsprechendes Mandat an Brasilien erteilte. Die Schweizer Diplomatie erledigte diese Aufgabe während des Kriegs zur vollen Zufriedenheit der Briten. Ende 1983 trat die Militärjunta in Buenos Aires ab. Sie hatte mit der Besetzung der Falklandinseln – oder, wie man in Argentinien sagt, der Malwinen – den Krieg ausgelöst. Und sie hatte ihn auch verloren – zur Überraschung der ganzen Welt. Denn niemand hätte der abgedankten britischen Kolonialmacht noch eine derart entschlossene Kriegführung wegen einer eher bedeutungslosen Inselgruppe zugetraut. Man kannte eben den eisernen Willen von Premierministerin Margaret Thatcher noch zu wenig. In Argentinien ging aus den Wahlen eine demokratische Regierung unter Raul Alfonsin hervor. Nun dachte das »Foreign and Commonwealth Office«, die Zeit könnte gekommen sein, um die Beziehungen zu normalisieren. Und es trat der britische Botschafter in Bern, John E. Powell-Jones, zu diesem Zweck an das EDA heran. Brunner, im April 1984 Staatssekretär geworden, hegte ähnliche Gedanken. Somit kam die britische Ouvertüre wie gerufen.

Alles lief gut an. Die Schweiz war erfreut, ihr Mandat um den erfragten Dienst erweitern zu können, und der argentinischen Regierung kam die britische Avance sehr gelegen. Es dauerte nicht lange, bis man sich darauf geeinigt hatte, je eine Delegation nach Bern zu entsenden. Dort sollten unter dem Vorsitz von Brunner Vorgespräche über eine Normalisierung der Beziehungen stattfinden. Und so kam es auch. Aber leider gingen die Vorstellungen, worüber man sprechen wollte, auseinander. Grossbritannien hatte im Voraus klar mitgeteilt, dass die britische Souveränität über die Falklandinseln kein Gesprächsthema sei. Argentinien gab zuerst zu verstehen, es würde sich an diese Bedingung halten. Doch als der Unterhändler Marcello Delpech in Bern eingetroffen war, wollte er davon nichts mehr wissen. Nun liess er verlauten, Argentinien könne nicht umhin, die Souveränitätsfrage der Malwinen in den Gesprächen aufzuwerfen. Das war ein schlechtes Vorzeichen für die Begegnung.

Mit seinem Erfindungsreichtum an diplomatischen Konstruktionen gab Brunner die Hoffnung dennoch nicht auf. Er glaubte, er könnte das Widersprüchliche in den Ausgangspositionen mit einigen Verhandlungskniffs überspielen. So schlug er vor, jede Delegation solle in ihrer eigenen Sprache reden, die Briten auf Englisch, die Argentinier auf Spanisch. Und wenn die Argentinier die Falklandfrage aufbrächten, dann würden die Briten antworten: »We are not prepared to discuss this issue.« Die argentinische Delegation würde diese Antwort dann folgendermassen übersetzen: Wir sind nicht vorbereitet, um dieses Thema zu diskutieren. In der Tat lässt die englische Sprache zwei Interpretationen zu. »We are not prepared« kann bedeuten: wir sind nicht bereit, wir wollen etwas nicht tun, oder es kann heissen: wir sind (zu diesem Zeitpunkt) darauf nicht vorbereitet – aber später könnten wir es sein, und dann würden wir die Frage diskutieren. Die Argentinier hätten natürlich dem Satz die letztere Bedeutung gegeben, die Briten hingegen die erste. Der britische Delegationschef, David Thomas, war an einem erfolgreichen Ausgang der Gespräche interessiert. Er war mit diesem Vorgehen einverstanden. Die Zentrale in London fand an solchen Zweideutigkeiten allerdings weniger Gefallen. Sie pfiff ihre Unterhändler zurück. Die Gespräche wurden schon am zweiten Tag abgebrochen. Sie endeten im Nichts. Man verabredete keine weiteren Folgen. London bot auch nicht Hand zu einer gemeinsamen Pressemitteilung. Das Treffen war ein krasser Misserfolg.[548]

Brunners Übersetzungsregie war an sich genial, ein Kabinettstück. Voller Sinn für sprachliche Nuancen und deren politische Tragweite zeigt der Vorschlag, wie ein Diplomat mit seinem wichtigsten Arbeitsinstrument, der Sprache, sollte umgehen können. Aber der Kunstgriff misslang. Es ist billig, im Nachhinein Schuldige zu suchen. Doch Brunner liess sich, wie er selbst eingesteht, einige Fehler zu Schulden kommen. Vorerst verstiess er gegen eine Grundregel der Vermittlung: Er bereitete die Verhandlungen nicht mit beiden Partnern ebenmässig vor. In Buenos Aires stützte er sich stark auf seinen Freund, Botschafter Jean-Pierre Keusch; den schweizerischen Botschafter in London, François Pictet, schaltete er dagegen kaum ein. Er glaubte, sich mit den Diensten des britischen Botschafters in Bern begnügen zu können. Das hatte schwerwiegende Folgen. Denn das Ansehen von Powell-Jones im britischen Aussenministerium und namentlich im Sonderstab, der sich mit der Falklandfrage befasste, war nicht über alle Zweifel erhaben. Er galt als hochfahrend und etwas selbstherrlich. Brunner hätte gut getan, sich bei der Botschaft in London zu vergewissern, ob die Zentrale das, was der britische Botschafter in Bern sagte, auch tatsächlich in allen Details deckte. Als er dann einsehen musste, dass die Verhandlungsmarge der britischen Delegation enger als erwartet war, schickte er sich nicht in das Unabänderliche, sondern er erlag der Versuchung, die in solchen Situationen an jeden Unterhändler herantritt: Er schlug die widrigen Umstände in den Wind; von Berufsstolz angestachelt, wollte er unbedingt einen Erfolg der von ihm vermittelten Verhandlungen herbeiführen. Und so überschritt er mit seinem Vorschlag jene Grenzen, die eine der Parteien im Voraus unmissverständlich gesetzt hatte.

In diesen Vermittlungsbemühungen unterlief Brunner zudem, was selten vorkam, eine politische Fehleinschätzung. Wer den Falklandkrieg aufmerksam beobachtet hatte, konnte eigentlich nicht im Geringsten daran zweifeln, dass die britische Regierung unter Premierministerin Thatcher nicht mit sich über die Souveränität der Inseln im Südatlantik sprechen liess. Sie hatte nicht nur die Territorien allen Einwänden zum Trotz verteidigt und zurückerobert, sie hatte auch während des Krieges alle Vermittlungsbemühungen kompromisslos abgewimmelt. Im Falle des amerikanischen Aussenministers kostete dies beträchtliche Mühe; sie benötigte gegen Al Haig den Flankenschutz von Verteidigungsminister Caspar Weinberger und letztlich von Präsident Reagan selbst; die Angebote von Peru und Mexiko schlug sie müheloser aus, und auch die Initiative von UN-Generalsekretär Perez de Cuellar hielt sie auf Distanz. Nachträglich bemerkte sie in ihren Memoiren: »In a crisis of this kind one finds any number of people lining up to act as mediators, some motivated by nothing more than a desire to cut a figure on the world stage.«[549] Thatchers Einstellung zu Vermittlungen im Falklandkonflikt war hinlänglich bekannt. Warum sollten die Briten nach einem gewonnenen Krieg über die Souveränität der Inseln verhandeln, wenn sie nicht einmal während des Kriegs dazu bereit waren? Sie liessen sich gewiss nicht am Verhandlungstisch nehmen, was sie im Gelände bravourös verteidigt hatten. Nicht über die Souveränität der Falklandinseln zu sprechen, das war die Vorbedingung der Briten gewesen, ehe sie mit Argentinien in Bern Gespräche aufnahmen. Die Bedingung war todernst gemeint. Sie nicht ganz zum Vollwert genommen zu haben war Brunners Fehler.

Wer viel unternimmt, begeht notgedrungen auch Fehler. Die missglückten Aktionen unter Brunners Regie sind auf diesem Konto abzubuchen. Stets ging es dem Diplomaten und Staatssekretär darum, die Schweizer

Aussenpolitik als etwas Eigenständiges in den internationalen Beziehungen zu behaupten und deren Nützlichkeit innerhalb der Staatengemeinschaft unter Beweis zu stellen. Er glaubt an die besondere Rolle der Schweiz – und er inszenierte diese auch hervorragend. Eine Politik des, wie Brunner spöttelte, »Suivisme«, also eine Politik des autonomen Nachvollzugs der EU-Bestimmungen, war und ist in vielen Bereichen eine Notwendigkeit. Aber sie behagte ihm nicht besonders. Dass diese Art von Politik manchmal auch in den Beziehungen der Schweiz zu Drittstaaten angewandt und mitunter gar beflissen vorweggenommen wurde, löste bei ihm nur Kopfschütteln aus. Der Jugoslawienkonflikt gab hierfür ein Musterbeispiel ab. Als die NATO in den Auseinandersetzungen um den Kosovo Belgrad bombardierte, brach Grossbritannien die diplomatischen Beziehungen zur Bundesrepublik Jugoslawien ab. London fragte die Schweiz an, ob sie bereit wäre, die britischen Interessen zu vertreten. Doch Bern lehnte ab. Bundesrat Cotti wollte sein Land nicht mehr mit solchen Aktionen profilieren. An der Aussenfront wollte er, soweit es die Umstände erlaubten, mit den EU-Staaten im Gleichklang handeln, an der Innenfront nicht jenen Munition liefern, die in einem solchen Mandat eine Bestätigung der Neutralität erblickten. Wohl zum ersten Mal in ihrer Geschichte hatte die Schweiz einem befreundeten Staat die Übernahme eines derartigen Mandates abgeschlagen. Das wirkte wie ein Signal in die Breite und in die Tiefe. Andere Länder realisierten, dass man in Krisensituationen nicht mehr wie von selbst auf die Schweiz zählen konnte. Und im aussenpolitischen Selbstverständnis der Schweiz wurde eine Tradition erschüttert.

Als Brunner Staatssekretär war, erlebte Europa, wie man im Rückblick erkennt, einen vergleichsweise ruhigen Zeitabschnitt. Die Aussenpolitik der Schweiz war indes, im Längsschnitt ihrer eigenen Geschichte betrachtet, überdurchschnittlich aktiv. Aber im Inland hatte man dies, wenn überhaupt, nur bedingt wahrgenommen. Das Nationale Forschungsprogramm 42 (»Grundlagen und Möglichkeiten der schweizerischen Aussenpolitik«) – unter dem Schock des Neins von Volk und Ständen zum EWR-Beitritt hatte der Bundesrat 1993 16 Millionen Franken bewilligt, um die Schweizer Aussenpolitik wissenschaftlich zu erforschen – belegt dies zur Genüge. Auch wenn man die 58 Studien nicht auf einen gemeinsamen Nenner bringen kann, klingt in etlichen Arbeiten dasselbe Motiv an: Man bemängelt, die aussenpolitischen Entscheidungsträger hätten eine passive Aussenpolitik betrieben. Unter Wissenschaftlern scheint Einigkeit zu herrschen, dass eine aktivere Aussenpolitik erwünscht ist. In der wichtigen Studie »Globaler Wandel und schweizerische Aussenpolitik« heisst es zum

Jahrzehnt von 1985–1995: »Die wohl wichtigsten Merkmale der schweizerischen Aussenpolitik im Kontext der Entwicklungen der Umbruchzeit sind ihre *Zurückhaltung,* ja Passivität, und *Reaktivität*. In den untersuchten Fällen verhielt sich der aussenpolitische Apparat zurückhaltend und zeigte geringes Profil. Nur bei grösserem Problemdruck kam es zu aussenpolitischem Handeln oberhalb der Routineebene. In der Regel wurde nur agiert, wenn der aussenpolitische Apparat von aussen zur Reaktion beinahe gezwungen war. Zur vorausschauenden Entwicklung konkreter Handlungsoptionen kam es kaum.«[550]

Ob dieses Urteils ist man etwas perplex. Wird hier die Messlatte nicht unvernünftig hoch angesetzt? Wozu braucht ein Kleinstaat wie die Schweiz eine vorausschauende Politik im Golfkrieg, beim Umbruch in der Sowjetunion, bei der deutschen Wiedervereinigung? Soll sie versuchen, mit dem Gehabe eines Grossstaats, aber ohne dessen Machtmittel den Gang der Weltgeschichte zu beeinflussen? Eine aktive Aussenpolitik um ihrer selbst willen, also eine Art von Prestigepolitik, sollte in einem Land wie der Schweiz kein Ziel sein. Jedes aussenpolitische Engagement muss Sinn machen. Ihm müssen Interessen oder Werte zu Grunde liegen, die über die blosse Befriedigung, etwas unternommen zu haben, hinausreichen. Deshalb will jeder Einsatz auch gut überlegt sein. Die erfolgreichen Guten Dienste belegen es, die misslungenen ebenfalls. Wenn man Brunner einen Vorwurf machen kann, dann nicht jenen der Passivität. Im Gegenteil. Er trieb zuweilen die Profilierung zu weit, im Namen der Schweiz oder aus eigenem Antrieb. Beispiele wurden erwähnt. Bedachtsamkeit und Zurückhaltung sind indes in der Aussenpolitik kein Fehler. Im Falle der Schweiz waren sie bisher eher ein Qualitätszeichen. Talleyrand gab Diplomaten den Rat, sich zu nichts hinreissen zu lassen, stets kühlen Kopf zu bewahren, alles gelassen zu nehmen. Seine Devise »Surtout pas trop de zèle« liegt quer zu den Eigenschaften, welche die Gegenwart preist. Aber deswegen muss sein Ratschlag nicht falsch sein. Er ist nicht Ausfluss von Bequemlichkeit, sondern von Weisheit.

Man sollte sich in der Schweiz daran erinnern und nicht das Unmögliche erwarten. Ein Kleinstaat kann nicht die Weichen der Weltgeschichte stellen. Die Eidgenossenschaft darf sich glücklich schätzen, wenn Bundesrat und Diplomatie auf die Herausforderungen der Aussenpolitik klug *re*agieren. Brunner hat dies, schaut man aufs Ganze, sehr geschickt getan. Mit professioneller Meisterschaft, mit sicherem Instinkt für die innenpolitischen Bruchlinien von Tradition und Neuerung und mit seltenem politischen Scharfsinn hat er die Diplomatie unseres Landes geprägt und teilweise auch verkörpert. Es war eine Aufführung von klassischem Zuschnitt.

Schlussbemerkung

Seit dem Ende des Kalten Krieges ist die Schweiz in ihren Grundfesten erschüttert. Sie ist unverhofft in den Sog von aussenpolitischen Strömungen geraten, denen sie sich nicht entziehen kann. Die Aussenpolitik überlagert die Innenpolitik so stark, wie es in Friedenszeiten selten je vorgekommen ist. Man muss bis zur Kraftprobe um den Beitritt zum Völkerbund, also Anfang der zwanziger Jahre, zurückblättern, um etwas Ähnliches zu finden. Und die neuen Herausforderungen spalten das Land in zwei ungefähr gleich grosse Lager. Das eine möchte ein aussenpolitisches »Aggiornamento« einleiten, das heisst, die Schweiz sollte zügig jene Standards übernehmen, wie sie für ein westeuropäisches Land üblich sind; das andere möchte die traditionellen Grundsätze in veränderter Umgebung unbeirrt hochhalten.

Diese Verunsicherung erstaunt. Denn die Schweiz lag keineswegs im Epizentrum der Erschütterungen, sondern in einer ausgesprochenen Randlage. Vergleichbare Staaten in Westeuropa wurden von den Umwälzungen wesentlich stärker betroffen, fanden sich indes rascher in der Umgestaltung zurecht. Der Zerfall der Sowjetunion hatte beispielsweise direkte Auswirkungen auf die Neutralität in Österreich oder in Finnland. Während des Kalten Krieges hätten die beiden Länder – im Gegensatz zur Schweiz – nicht der Europäischen Union beitreten können. Nach den Umwälzungen stand ihnen diese Möglichkeit offen, und sie nützten sie entschlossen. Ausserdem brachen für Finnland in der ehemaligen Sowjetunion wichtige Märkte weg. Das Land musste seine Wirtschaft weitgehend umstrukturieren. Derart fassbare Auswirkungen verspürten die Schweizer kaum. Ihnen geriet eher der Seelenhaushalt durcheinander.

Warum? Zur Erklärung gibt es mindestens drei Gründe. Der erste liegt in der eigenständigen politischen Kultur der Eidgenossenschaft. Mit ihren direkt-demokratischen Elementen, ihrem ausgeprägten föderalistischen Aufbau, den vier Sprachen und Kulturen und der immerwährenden Neutralität hob und hebt sich die Schweiz entschieden vom Typus des europäischen Nationalstaats ab. Sie ist nicht nach sprachlichen, auch nicht nach ethnischen Kriterien aufgebaut. Sie ist eine Zivilgesellschaft von ihrem Kern her. Ihre Gemeinsamkeit gründet in einer bestimmten Auffassung vom Staatswesen, die sich so umschreiben lässt: grösstmögliche

Eigenverantwortung der Bürger in der Innenpolitik, grösstmögliche Zurückhaltung des Staats in der Aussenpolitik. Kann man die Unabhängigkeit des Staates und das Wohlergehen des Volkes nach dem Ende des Kalten Krieges noch entlang dieser Richtlinien praktizieren? Oder ist es damit nun aus? Ist ganz Europa in den Sog von Zusammenschlüssen geraten, in denen Eigenständigkeit zu Eigensinn verkommt?

Den zweiten Grund findet man in einer ungebrochenen politischen Tradition. Seit der Gründung des Bundesstaates hat weder ein Krieg von aussen noch ein Umsturz von innen das Schweizer Staatswesen erschüttert. Brüche in der politischen Entwicklung, wie sie (ausser Grossbritannien – ein anderes Land, das um seine Traditionen ringt) fast alle Staaten erfahren haben, gab es in der Eidgenossenschaft seit der Napoleonischen Zeit keine. Die wichtigsten Grundsätze wurden von Generation zu Generation weitergereicht. Sie wurden gelebt, einfach aus sich selbst heraus gelebt – so wie es zum Wesen der Tradition gehört, dass sie einen Sinnzusammenhang anbietet, ohne dass der Einzelne ihn erst erarbeiten oder aufschlüsseln muss. Die eben erwähnten Elemente einer politischen Kultur gehörten wie von selbst zur Schweiz, ja sie erst machten die Schweiz zur Schweiz. Wenn nun das Traditionsgefüge aufbricht, dann nach folgender Regel: Je gefestigter die Tradition, desto heftiger die Erschütterungen. Die Schweizer Einrichtungen wurden unterschiedlich davon erfasst, die Neutralität stärker, die Volksrechte weniger. Die bange Frage indes, ob wir unter den veränderten Umständen bestehen können, überwölbt alles.

Kommt als Drittes, teils im Widerspruch zu den andern Gründen, eine neue Anspruchshaltung hinzu. Sie betrifft vor allem die so genannte politische Elite. Viele Schweizer möchten, dass ihr Land in internationalen Angelegenheiten prominenter auftritt. Keine Woche vergeht, ohne dass nicht eine Zeitung oder ein Politiker fragt, warum die Schweiz nicht hier, warum sie nicht dort eine internationale Aufgabe wahrnehme. Das war früher nicht so. Die Schweiz war insgesamt froh, wenn sie sich im Windschatten der grossen Politik entfalten konnte. Sie verstand sich als Kleinstaat – was sie zweifelsohne auch ist. Der Bevölkerung nach belegt sie von 193 Staaten – Mikrostaaten mitgezählt – den 93., der Fläche nach den 133. Rang. Auch sind ihre militärischen Machtmittel auf diese Dimensionen ausgerichtet. Ihr wirtschaftliches Potenzial, und vornehmlich ihre Bedeutung als Finanzplatz, berechtigte sie allerdings, in einer andern Liga zu spielen. Offenbar schlug die unübersehbare Stärke des eigenen Finanzplatzes auf das Selbstwertgefühl etlicher Eidgenossen durch. Sie glauben, dieser Sachverhalt müsse sich auch auf die Stellung der Schweiz in der Weltpolitik auswirken. Die Schweiz, ein finanzieller Riese und ein politischer Zwerg? Vielleicht, obschon man mit diesem Bild vorsichtig umgehen sollte. Denn aussenpolitische Macht beruht nicht nur auf einem Faktor. Sie setzt sich aus Bevölkerung, Fläche, militärischer Stärke und dem Wirtschaftspotenzial zusammen. Und etwas Entscheidendes kommt noch hinzu: nämlich der Wille, Macht in der Aussenpolitik einsetzen zu wollen. Ist der in der Schweiz vorhanden? Wohl kaum. Er kann gar nicht vorhanden sein. Denn im eigenen Land herrscht eine Geisteshaltung vor, die genau das Gegenteil von Machtprojektion bezweckt.

Die meisten Schweizer sind sich bewusst, was im internationalen Umfeld vorgeht. Der Aufbruch zu regionalen und globalen Gebilden ist unübersehbar. Und die neue Welle des Terrors bedroht die Schweiz nicht minder als andere Staaten. Als hoch entwickelter Finanzplatz ist sie äusserst verletzlich geworden. Ebenso offensichtlich ist, dass die Eidgenossenschaft ihre Möglichkeiten zur aussenpolitischen Mitgestaltung vergibt, wenn sie sich von der Neuordnung fern hält. All das bedrängt die Verhältnisse zu Hause. Es ruft zum Umdenken auf. Trotzdem kann sich eine Mehrheit nicht aufraffen, mit kühlem Verstand alle Folgerungen aus diesem Befund zu ziehen. Anderes wiegt schwerer. Die Furcht vor drohendem Verlust bewegt die Gemüter mehr als die Aussicht auf lockenden Gewinn. Deshalb ist die Nation seit dem Ende des Kalten Krieges hin- und hergerissen und in mancherlei Hinsicht in sich gespalten.

Wie hat der Bundesrat auf die Umwälzungen reagiert? Jedenfalls nicht mit jener Passivität, die ihm verschiedentlich unterstellt wurde. Er suchte intensiv, ja fast krampfhaft die Schweiz im veränderten Umfeld neu zu positionieren. Ein Bericht jagte den andern zu Fragen der Aussenpolitik. Kaum hatte der Bundesrat Stellung bezogen, war diese schon überholt. Noch nie hatte es eine derart hektische Folge an Positionsbezügen gegeben wie am Ende des 20. Jahrhunderts. Der »Bericht über die schweizerische Aussenpolitik in den Neunzigerjahren« von 1993 wurde schon sieben Jahre später vom »Aussenpolitischen Bericht 2000« abgelöst; der Neutralitätsbericht von 1993 erhielt anno 2000 eine Ergänzung durch den Bericht einer interdepartementalen Arbeitsgruppe; dem ersten »Bericht über die Stellung der Schweiz im europäischen Integrationsprozess« von 1988 folgte der zweite vom November 1990, dann der dritte vom Mai 1992, sodann der Zwischenbericht von 1995 und ein letzter von 1999. In raschem Rhythmus wurden auch Berichte zur Sicherheitspolitik und zur Verteidigung publiziert.

Doch es blieb nicht nur bei Berichten. Vieles änderte sich auch in der Aussenpolitik selbst, angefangen von der Neutralität über die Sicherheitspolitik bis zur europäischen Integration. Mit der Teilnahme an den UNO-

Sanktionen gegen den Irak rückte die Schweiz, mochte dies Bundesrat Felber damals auch bestreiten, von ihrer bisherigen Neutralität ab. Sie kehrte zu einer differenziellen Anwendung zurück und beteiligte sich fortan an den meisten Wirtschaftssanktionen, die von der UNO, aber auch von der EU verhängt wurden. Ohne viel Aufhebens hatte der Bundesrat die Weichen umgestellt. Sodann wagte sich die Schweiz in der Sicherheitspolitik auf ein Gelände vor, das sie vor der europäischen Neuordnung gemieden hatte. Ohne das Volk zu befragen, beschloss der Bundesrat 1996, der von der NATO gegründeten »Partnerschaft für den Frieden« beizutreten. Zudem wirkt die Schweiz an friedenserhaltenden Operationen der UNO und der OSZE mit, besonders sichtbar im Kosovo, wo sie der KFOR ein Freiwilligenkontingent von Armeeangehörigen stellt. Ein markanter Wechsel auch dies. Undenkbar nur wenige Jahre zuvor, dass sich die Schweiz an einem von der UNO abgesegneten, aber im Wesentlichen von der NATO wahrgenommenen Mandat beteiligt hätte, um in einem Land, gegen welches die NATO den ersten Krieg in ihrer Geschichte führte, den Frieden zu sichern.

Weitere Änderungen kamen hinzu. In ihrer Friedenspolitik auf dem Balkan kombiniert die Schweiz den Einsatz von beträchtlichen finanziellen Mitteln für den Wiederaufbau von kriegszerstörten Gegenden und die Rückkehr von Flüchtlingen mit diplomatischen Initiativen und einem namhaften sicherheitspolitischen Einsatz. In der Integrationspolitik schliesslich konnte sie mit der EU sieben bilaterale Abkommen aushandeln. Das Volk hiess das Resultat mit grosser Mehrheit gut. Das deutlichste Zeichen für einen Sinneswandel setzten indes die Stimmbürger mit ihrem Ja zu einem UNO-Beitritt am 3. März 2002. Was vor 16 Jahren noch haushoch verworfen wurde, fand nun, in veränderter weltpolitischer Lage, die Zustimmung einer vorsichtigen Nation.

Anderes hingegen, Entscheidendes liess sich nicht verwirklichen. Das Verdikt vom 6. Dezember 1992 verdutzte viele Befürworter. Sie zweifelten an der Zukunftsfähigkeit der Schweiz. An diesem denkwürdigen Tag hatten Volk und Stände den Antrag des Bundesrats, dem EWR beizutreten, abgelehnt. Trotz der Verwerfung zog die Landesbehörde das EU-Beitrittsgesuch, das sie ein halbes Jahr vor der Abstimmung eingereicht hatte, nicht zurück, obschon dieses, wenn es umgesetzt würde, viel weiterreichende Konsequenzen hätte als die abgelehnte EWR-Vorlage. Diese Interpretation des Volkswillens verübelten viele Integrationsgegner dem Bundesrat. Und zwei Jahre nach dem EWR-Votum wollten die Stimmbürger nichts von Blauhelmen wissen. Der negative Ausgang der Volksabstimmung hielt indes den Bundesrat nicht davon ab, Engagements in friedenserhaltenden Operationen einzugehen, die den in der verworfenen Vorlage beantragten Massnahmen nahe kommen.

Aussenpolitik ist in der Schweiz etwas Schwieriges – aus einem eher kuriosen Grund: weil diejenigen, für die man die Politik macht, selber mitentscheiden können. Nirgends spricht das Volk ein derart gewichtiges Wort mit. Die innenpolitischen Hürden der Aussenpolitik sind in der Schweiz hoch. In den Vereinigten Staaten hat der Senat beträchtliche Kompetenzen in der Gestaltung der Aussenpolitik. Nur schon diese Gewaltenteilung beeinträchtigt die Zuverlässigkeit der USA als internationalen Partner beträchtlich – beispielsweise bei der Ratifizierung von Verträgen, den Beitragszahlungen an die UNO, der Embargopolitik. Doch in der Eidgenossenschaft ist die Lage noch um einiges komplizierter. Im Vergleich zum Volk bildet das Parlament nur eine kleine Hürde. Die Diplomatie, die Exekutive und weitgehend auch das Parlament sind für internationale Gepflogenheiten empfänglich. Das Volk ist eher immun. Die Schweiz wäre nicht erst im Jahr 2002, sondern schon vor Jahrzehnten der UNO beigetreten, sie wäre Teil des EWR, ja wahrscheinlich der EU, und besässe Blaumhelmkontingente, wenn nur die eidgenössischen Räte die Politik des Bundesrates genehmigen müssten. Allein das Volk will es anders.

Die Schweizer Aussenpolitik beruht auf zwei verschiedenen Kräften: einer Regierung, welche in ihrer Diplomatie die Landesinteressen mit den Bestrebungen der Staatengemeinschaft zu vereinen sucht, und einem Volk, das diese Entwicklung bremst. Politische Entscheidungsprozesse laufen in der Schweiz bedächtig ab, oft sogar nervenaufreibend langsam. Nicht selten verpasst man Gelegenheiten, manchmal verheddert man sich auch in Eigenbrötlerei. Aber solange das Volk die direkt-demokratischen Rechte auch in aussenpolitischen Fragen ausüben will und die immer währende Neutralität zum Selbstverständnis der Schweiz gehört, müssen Regierung und Diplomatie mit diesem Handicap leben. Verlangsamte Entscheidungsprozesse haben freilich auch ihr Gutes. Sie läutern die Eingebungen des Augenblicks, sie bewahren das Land oft vor Irrtümern des Zeitgeistes. Zudem hat der Schweizer Souverän im Laufe der Geschichte bewiesen, dass er vernünftig handelt, auch wenn es manchmal mehrere Anläufe braucht, bis eine Änderung sich durchsetzt. Plebiszitäre Entscheide sind solide. Dieser Vorteil dürfte, zumindest in einem Kleinstaat, die Nachteile, die mit den Volksrechten in der Aussenpolitik verknüpft sind, mehr als aufwiegen.

Die Eidgenossenschaft als Sonderfall? Offensichtlich ist sie das. Die Geschichte belegt es, und die Gegenwart widerlegt es nicht. Die Schweiz darf sich dazu auch ohne Scham bekennen, obschon viele diese Vokabel meiden wie die Pest. Aber man soll nicht übertreiben, nicht gleich eine »manifest destiny« beanspruchen oder in allem und jedem eine Sonderrolle spielen wollen. Der Sonderfall ist nicht in Stein gemeisselt. Er kommt in verschiedenen Formen zum Ausdruck. Er ist wandelbar. Solange die Schweiz ihre Identität im Wesentlichen bewahrt, das heisst: die direktdemokratischen Rechte, den Föderalismus und die Neutralität aus Überzeugung heraus lebt, legt sie Zeugnis von einer einzigartigen Staatsordnung ab. Indem sie vor Jahrhunderten schon bewusst auf aussenpolitische Macht verzichtete und sich auf eine gedeihliche Entwicklung im Innern beschränkte, ist ihr das Kunststück gelungen, mehrere Konfessionen sowie verschiedene Sprachen und Kulturen in einem Staat zu vereinen. Ihre Bürger erkennen das nationale Wesensmerkmal nicht in einer sprachlichen oder religiösen Zugehörigkeit, sondern in einem gemeinsamen Verständnis von Recht und Freiheit. Auch pflegte sie in ihren staatlichen Ausdrucksformen einen einfachen republikanischen Stil, der sich entschieden von den Nachbarstaaten abhob und heute noch, allerdings von Jahr zu Jahr schwindend, nachwirkt.

Aber dieses Festhalten an der Tradition darf die Schweiz nicht daran hindern, ihre Aussenpolitik den internationalen Erfordernissen anzupassen. Folglich muss sie das Augenmass, das sie im Innern so erfolgreich praktiziert, auch nach aussen anwenden. Die Schweiz darf sich den neuen internationalen Anforderungen nicht verschliessen, noch darf sie ihre eigene Geschichte vergessen. Sie, die Konsensdemokratie par excellence, muss eine delikate Balance zwischen Integration und Selbstbehauptung finden. Integriert sie sich zu stark in die internationale Gemeinschaft, zerbricht der Konsens im Innern; verschliesst sie sich den neuen regionalen und globalen Herausforderungen, riskiert sie die Isolation nach aussen. Beides würde es der Schweiz verunmöglichen, das zu tradieren, was man gerade als unverzichtbares Erbe bewahren möchte.

Anhang

Anmerkungen

1 Brief an Lavater vom 7. 5. 1781. Zit. nach: Barbara Schnyder-Seidel: Goethes letzte Schweizer Reise. Frankfurt 1980, 187.
2 Ildefons von Arx: Geschichten des Kantons St. Gallen. St. Gallen 1813, Bd.3, 591.
3 Max Weber: Zwischen zwei Gesetzen (1916). In: Schriften und Reden I/15. Tübingen 1988, 39 f.
4 Vgl. Elmar Holenstein: Kulturphilosophische Perspektiven. Schulbeispiel Schweiz. Frankfurt 1998, 60 f.
5 S.u.S. 412.
6 Vgl. Jacob Bercovitch et alt.: International Conflict Management 1945–1995. Official Codebook for the International Conflict Management Dataset. Christchurch New Zealand 2000, und Gerald Schneider: Vom Sonderfall zum Normalfall. Eine Einführung in die Aussenpolitik der Schweiz. Zürich 1998.
7 DDS 1, Doc. 199, Antrag des EPD-Vorstehers Frey-Hérosé vom 30. März 1854, 415.
8 Johannes von Müller: Brief an J. Heinrich Füssli vom 27. 2. 1800. Zit. nach: Edgar Bonjour (Hg.): Johannes von Müller. Briefe, Auswahl. Basel 1954, 256.
9 Albert Weitnauer: Rechenschaft. Vierzig Jahre im Dienst des schweizerischen Staates. Zürich und München 1981, 245.
10 Zit. nach Artikel »Neutralität«. In: Geschichtliche Grundbegriffe, hg. v. Otto Brunner, Werner Conze u. Reinhart Koselleck. Stuttgart 1978, Bd. 4, 324.
11 Vgl. Carl Schmitt: Das neue Vae Neutris! In: Völkerbund und Völkerrecht, Bd. 4 (1937/38), 633–38.
12 Edgar Bonjour: Geschichte der schweizerischen Neutralität. Basel 1975, Band 1, 308.
13 Zit. nach: Daniel Sprecher: Generalstabschef Theophil Sprecher von Bernegg. Eine kritische Biographie. Zürich 2000, 106.
14 Vgl. Simon Geissbühler: »Une Suisse neutre ne doit pas être une Suisse morte.« In: Schweizerische Zeitschrift für Geschichte 51 (2001), 535–541.
15 Weitnauer, a.a.O., 59.
16 Brief an Louis de Végobre vom 15. 4. 1796. In: Edmond Pictet: Charles Pictet de Rochemont. Genf 1892, 55 f.
17 Charles Pictet: Tableau de la situation actuelle des Etats-Unis d'Amérique, Bde. 1 u. 2. Paris 1795/96, I 32.
18 Ebd., II 313.
19 E. Pictet, a.a.O., 57 f.
20 Ebd., 60.
21 Ebd., 59.
22 [Pierre Bertrand:] Lancy. Chapitres d'histoire d'une commune devenue ville. [Lancy 1979] 20.
23 Vgl. Dumas Malone: Jefferson and His Time. Boston 1981, Bd. 7, 8.
24 E. Pictet, a.a.O., 65.
25 Lucien Cramer (Hg.): Correspondance diplomatique de Pictet de Rochemont et de François d'Ivernois, 2 Bde. Genf und Paris 1914, I XIII f.

26 E. Pictet, a.a.O., 95.
27 Ebd., 104.
28 Cramer, a.a.O., I 12.
29 Ebd., I 123 f.
30 Ebd., I 102.
31 Jean-Gabriel Eynard: Journal au Congrès de Vienne, hg.v. Edouard Chapuisat. Paris und Genf 1914, 60 f.
32 Cramer, a.a.O., I 186
33 Ebd., I 103
34 Ebd., I 127.
35 Eynard, a.a.O., XXI f.
36 Ebd., 223 f.
37 Vgl. Johannes Dierauer: Geschichte der Schweizerischen Eidgenossenschaft. Gotha 1922, Bd. 5, 377 f.; vgl. auch Albert Hauser: Die deutschen Integrationspläne 1814 bis 1838 und die Schweiz. In: Neue Zürcher Zeitung Nr. 750 vom 23. 2. 1964.
38 Leben und Schriften Ulrich Bräkers, hg. v. Samuel Voellmy. Basel 1945, Bd. 2, 226.
39 Abschied der ausserordentlichen Tagsatzung vom 6. 4. 1814–31. 8. 1815. Bd. 2, Beilage Litt. A., 1 ff.
40 Aus Metternichs nachgelassenen Papieren, hg. von Alfons von Klinkowstroem. Wien 1880, Bd. 1, 179 f.
41 E. Pictet, a.a.O., 214.
42 Zit. nach: Hilde Spiel (Hg.): Der Wiener Kongress in Augenzeugenberichten. München 1978, 13.
43 Cramer, a.a.O., II 178.
44 [Anonym:] Un étranger aux Suisses. [O. O.] 1814. Diese Schrift rief übrigens eine heftige, ebenfalls anonym verfasste Reaktion des Berner Stadtschreibers Rudolf Stettler hervor, in welcher sich dieser pikiert dazu äusserte, dass ein Ausländer zu schweizerischen Belangen Ratschläge erteilte; vgl.: Réponse à l'étranger aux Suisses. [O. O., o. J.].
45 Cramer, a.a.O., I 441.
46 E. Pictet, a.a.O., 170.
47 Ebd., 167.
48 Cramer, a.a.O., I 442 f.
49 Ebd., I 742 ff.
50 Ebd., I 589 f.
51 Ebd., I 193.
52 Ebd., I 414.
53 Eynard, a.a.O., 323 f.
54 Cramer, a.a.O., I 379.
55 Ebd., I 469.
56 Repertorium der Abschiede der eidgenössischen Tagsatzungen 1814–1848. Bern 1876, II 786 ff.
57 Vgl. Aus Metternichs nachgelassenen Papieren, a.a.O., Bd. 1, 179 f.
58 So in der Erklärung der acht Mächte vom 13. 3. 1815 in Wien.
59 E. Pictet, a.a.O., 233.
60 Aus Metternichs nachgelassenen Papieren, a.a.O., I 184.
61 Brief vom 25. 7. 1815. In: Otto Karmin: Sir François d'Ivernois. Genf 1920, 598.
62 Abschiede der ausserordentlichen eidgenössischen Tagsatzung 1814–1815, Bd. III, Anhang Litt. N, 1–7.

63　Ebd.
64　Repertorium 1814–1848, a.a.O., Bd. II, Beilage 12, 813.
65　Metternich drängte mit diesem Hintergedanken darauf, die ersten Artikel der Bundesakte in die Wiener Kongressdokumente aufzunehmen. Auf diese Weise wurde der Deutsche Bund zu einem Bestandteil der neuen Friedensordnung; vgl. Friedrich Meinecke: Weltbürgertum und Nationalstaat. München und Berlin 1911, 200 ff.
66　Cramer, a.a.O., I 103.
67　Repertorium 1814 – 1848, a.a.O., I 190.
68　Ebd., II 263.
69　E. Pictet, a.a.O., 435.
70　Paris 1821. Wieder abgedruckt in: Ernest Judet: Le secret de la Suisse. Zürich 1919, 55 ff.
71　E. Pictet, a.a.O., 417 f.
72　Vgl. Daniel Frei: Neutralität – Ideal oder Kalkül? Frauenfeld und Stuttgart 1967, 109 f.
73　[Lausanne 1821.] Wieder abgedruckt in: E. Judet, a.a.O., 124. Judet schreibt die Schrift irrtümlich Pictet zu.
74　Ebd. 125.
75　Zit. nach D. Frei, a.a.O., 16.
76　Ebd. 17.
77　E. Pictet, a.a.O., 82
78　Tableau, a.a.O., 34 f.
79　Judet, a.a.O., 117.
80　Ebd. 57.
81　Cramer, a.a.O., I XXI f.
82　E. Pictet, a.a.O., 137.
83　Ebd. 138.
84　Cramer, a.a.O., II 265.
85　E. Pictet , a.a.O., 242.
86　Ebd. 253.
87　Judet, a.a.O., 56 f.
88　Ebd. 84 f., Anm. 2.
89　E. Pictet, a.a.O., 209.
90　Quelques mots sur les questions intéressantes pour la Suisse et Genève. Paris 1818, 25 ff.
91　E. Pictet, 402.
92　Cramer, a.a.O., II 34.
93　Ebd. 22.
94　S.u.S. 115.
95　Vgl. Schreiben des Eidg. Direktoriums vom 12. 12. 1816 an den Staatsrat von Genf, in: Cramer, a.a.O., II 213 ff.
96　Vgl. ebd. 278.
97　Cramer, a.a.O., I 361 f.
98　Cramer, a.a.O., II 277.
99　Judet, a.a.O., 108.
100　Ebd. 117 f.
101　E. Pictet, a.a.O., 242.
102　Judet. a.a.O., 117.
103　E. Pictet, a.a.O., 170.
104　Judet, a.a.O., 108.

105 Ebd. 114.
106 Vgl. Aus Metternichs nachgelassenen Papieren, a.a.O., Wien 1883, Bd. 7, 479 ff.
107 E. Bonjour, a.a.O., Bd. 1, 216 ff.
108 Judet, a.a.O., 114.
109 Ebd. 95.
110 Cramer, a.a.O., I 95 f.
111 Albert Schoop: Johann Konrad Kern, 2 Bde. Frauenfeld und Stuttgart 1968 u. 1974, I 16 u. 213 (hinfort zit.: Schoop).
112 Schweizerisches Familien-Wochenblatt Nr. 19 vom 20. 11. 1907, zit. nach: Schoop, a.a.O., I, 142.
113 Zit. nach: Erwin Bucher: Die Geschichte des Sonderbundskrieges. Zürich 1966, 81.
114 Th[eodor] Greyerz: Briefe von Dr. Konrad Kern an seine Brüder aus den Jahren 1845 bis 1870. In: Thurgauische Beiträge zur vaterländischen Geschichte 66 (1929), 183–212, 199.
115 Schoop, a.a.O., I 477.
116 Vgl. Paul Widmer: Die Schweizer Gesandtschaft in Berlin. Zürich 1997, 68.
117 Brief vom 3. 10. 48. In: Greyerz, a.a.O., 200.
118 J[ohann] C[onrad] Kern: Politische Erinnerungen 1833 bis 1883. Frauenfeld 1887, 84.
119 Ebd., 20.
120 Vgl. Schoop, a.a.O., II 658 f. u. I 124.
121 Zit. nach Schoop, a.a.O., I 127.
122 Schreiben vom 3. 9. 1838; zit. nach ebd. I 130.
123 Vgl. ebd., I 345.
124 Vgl. ebd., I 389.
125 Zit. nach: Eduard Fueter: Die Schweiz seit 1848. Zürich und Leipzig 1928, 82.
126 Bismarck an seine Frau, Brief vom 2. 3. 1857. In: Gesammelte Werke, hg. v. Wolfgang Windelband und Werner Frauendienst. Berlin 1933, XIV, I (Briefe 1822–1862).
127 Vgl. Paul Widmer. Verspekuliert. Bismarck und die Schweiz. In: NZZ vom 31. 12. 1998.
128 Vgl. Schoop, a.a.O., I 416 u. 498.
129 Zit. nach ebd., II 49.
130 Zit. nach: Hermann Böschenstein: Bundesrat Carl Schenk (1823–1895). Bern 1946, 105 f.
131 Zit. nach Schoop, a.a.O., II 395.
132 Ebd., II 613.
133 Albert Schoop: Der Berlinger Bürger und seine Leistung. In: Johann Konrad Kern. Gedenkfeier zum 100. Todestag. Sonderdruck aus: Thurgauer Beiträge zur Geschichte 125 (1988), 20–27, 24.
134 DDS I, Doc. 365, Schreiben vom 31. 1. 1860, 710.
135 Ebd., 711.
136 Schoop, a.a.O., II 717.
137 DDS I, Doc. 490, Antrag vom 23. 11. 1863, 982.
138 Ebd., 984.
139 Vgl. Gerold Ermatinger: Jakob Dubs als schweizerischer Bundesrat 1861 bis 1872. Horgen–Zürich 1933, 23 ff.
140 Zit. nach Edgar Bonjour: Geschichte der schweizerischen Neutralität. Basel 1970, Bd. 2, 70.
141 Ebd., 77.
142 Vgl. Daniel Sprecher, a.a.O., 128 ff.

143 Kern, a.a.O., 194.
144 Vgl. Alfred Stern: Aus den Gesandtschaftsberichten von Johann Konrad Kern, Paris 1870, 1871. In: Schweizer Monatshefte 5 (1925/26), 274–85 u. 360–69.
145 Zit. nach Schoop, a.a.O., II 435.
146 Ebd., 437.
147 Ebd., 454.
148 DDS II, Doc. 336, Bericht vom 24. 2. 1871, 523.
149 DDS II, Doc. 342, Schreiben vom 7. 3. 1871, 537.
150 Schoop, a.a.O., II 458 f.
151 S. o. S. 84 f.
152 Kern, a.a.O., 227.
153 Bundesblatt der Schweizerischen Eidgenossenschaft 1870, Bd. III, 827.
154 Vgl. Repertorium der Abschiede der eidg. Tagsatzungen in den Jahren 1814 bis 1848, a.a.O., Bd. 2, 78 f.
155 Kern, a.a.O., 228; hier zitiert nach der sprachlich leicht abgewandelten Version, die am 5. 1. 1945 in der Neuen Zürcher Zeitung unter dem Titel »Die Neutralität der Schweiz« publiziert wurde.
156 Zit. nach. D. Frei, a.a.O., 44.
157 Bundesblatt, a.a.O., 1870, Bd. III, 826 f.
158 Kern, a.a.O., 226 ff.; s. auch Anm. 46.
159 DDS I, Doc. 199, Antrag an den Bundesrat vom 30. 3. 1854, 415.
160 Vgl. Bericht in der NZZ vom 15. 7. 1867, zit. nach: Claude Altermatt: Les débuts de la diplomatie professionnelle en Suisse (1848–1914). Fribourg 1990, 190.
161 Vgl. Widmer: Gesandtschaft, a.a.O., 68.
162 Vgl. Numa Droz: Histoire d'un proscrit de 1793. La-Chaux-de-Fonds 1869, 45.
163 Vgl. Jean-François Aubert: Numa Droz. In: Musée neuchâtelois 48 (1961), 113–137, 116.
164 Zit. nach: Samuel Robert: Numa Droz, Un grand homme d'Etat 1844–1899. Neuchâtel und Paris 1944, 74 f.
165 Numa Droz: Histoire politique de la Suisse au XIXme siècle. In: Paul Seippel (Hg.): La Suisse au dix-neuvième siècle. Bd. 1. Lausanne u. Bern 1899, 51–378, 375 u. 366 f. u. 377.
166 Vgl. Robert, a.a.O., 145.
167 Vgl. Schoop, a.a.O., II, 641.
168 Droz: Histoire politique, a.a.O., 371.
169 DDS IV, Doc. 245, Schreiben Roth an Bundespräsident Deucher vom 29. 6. 1897, 547 f.
170 Vgl. Numa Droz: Pourquoi je n'ai pas été en Crète. In: Musée neuchâtelois 1931, 199–211, 199.
171 Vgl. Robert, a.a.O., 88.
172 Ebd., 144 f.
173 Numa Droz: La démocratie et son avenir. In: Etudes et portraits politiques. Genf und Paris 1895, 1–36, 26 f.
174 Vgl. ebd., 32 f.
175 Vgl. Numa Droz: La démocratie en Suisse et l'initiative populaire. In: Etudes et portraits politiques, a.a.O., 453–483, 453.
176 Numa Droz: La Suisse jugé par un Américain. In: Etudes et portraits politiques, a.a.O., 485–519, 515 u. 518 f.

177 Numa Droz: G.-F. Hertenstein. In: Etudes et portraits politiques, a.a.O., 243–273, 266 f.
178 Ursprünglich war die Gesandtschaft in Turin, 1865 übersiedelte sie nach Florenz und 1871 nach Rom.
179 Bundesblatt der schweizerischen Eidgenossenschaft 1872, III, 660.
180 Vgl. die gründliche, aber ungedruckte Lizentiatsarbeit von Rudolf Probst: Das Politische Departement 1848–1945. Uni Bern 1982, 92 ff.
181 Vgl. Robert, a.a.O., 118.
182 Numa Droz: La réorganisation du conseil fédéral. In: Etudes et portraits politiques, a.a.O., 381–413, 402 f.
183 Ebd., 401 f.
184 Bundesblatt der Schweizerischen Eidgenossenschaft 1894, II, 809 f.
185 Protokoll der Bundesratssitzung vom 8. 2. 1894, zit. nach: Altermatt: Les débuts, a.a.O., 174 f.
186 Vgl. Numa Droz: Histoire politique, a.a.O., 370.
187 Numa Droz: Du rôle international de la Suisse. In: Numa Droz: Etudes et portraits politiques, a.a.O., 31–68, 51 f.
188 Zit. nach: Robert, a.a.O., 91.
189 Zit. nach: Bonjour, a.a.O., Bd. 2, 50.
190 Numa Droz: Histoire politique, a.a.O., 352.
191 Zit. nach: Hansjörg Renk: Bismarcks Konflikt mit der Schweiz. Der Wohlgemuth-Handel von 1889. Basel 1972, 154.
192 Vgl. DDS III, Doc. 413. Schreiben an Lardy vom 15. 6. 1889, 918.
193 Zit. nach: Robert, 102.
194 Zit. nach: Renk, a.a.O., 188.
195 Vgl. Widmer, Gesandtschaft, a.a.O., 94 f.
196 Ständeratssitzung vom 20. 10. 1909; vgl. Bundesblatt, a.a.O., 1912 IV, 63.
197 Vgl. Robert, a.a.O., 116 f.
198 S. o. S. 161.
199 Ernest Roethlisberger: Le Rôle international de la Suisse. In: Paul Seippel (Hg.): La Suisse, a.a.O., 517–572, 523.
200 Vgl. Numa Droz: La Suisse jugée par un Américain, a.a.O., 510.
201 Numa Droz: Du rôle international, a.a.O., 54.
202 Vgl. DDS 3, Doc. 242, Notiz vom 28. 7. 1883, 515 f.
203 Numa Droz: Du rôle international, a.a.O., 67.
204 Ebd.
205 Eduard Fueter: Die Schweiz seit 1848, a.a.O., 214.
206 Vgl. Alexis de Tocqueville: Über die Demokratie in Amerika. München 1976, 177.
207 Friedrich Hegel: Grundlinien der Philosophie des Rechts, § 279.
208 Zit. nach: Walter Bussmann: Treitschke. Göttingen 1952, 231 f.
209 Friedrich Naumann: Der Kaiser im Volksstaat (1917). In: Werke, Bd. 2, 486.
210 Zit. nach: Altermatt: Les débuts, a.a.O., 195.
211 Ebd., 231, 226, 225.
212 Max Huber: Denkwürdigkeiten 1907–1924. Zürich 1974, 32.
213 Ebd.
214 DDS 4, Doc. 311, Schreiben vom 8. 5. 1899 an Bundespräsident Müller, 679 f.
215 DDS 4, Doc. 317, Schreiben vom 17. 6. 1899, 697 f.

216 Paul Schweizer: Ideen über eine Friedensvermittlung der neutralen Staaten. In: NZZ Nr. 209 vom 9. 2. 1916 u. Nr. 215 vom 10. 2. 1916.
217 Vgl. Daniel Sprecher, a.a.O., 389 ff.
218 Zit. nach D. Frei, a.a.O., 58.
219 Vgl. Peter Vogelsanger: Max Huber. Frauenfeld und Stuttgart 1967, 221 f.
220 Vgl. Carl J. Burckhardt: Max Huber zu seinem 80. Geburtstag. In: Schweizer Monatshefte 34 (1954/55), 625–631, 628.
221 Paul Ruegger: Max Huber. Zum Erscheinen seiner »Denkwürdigkeiten 1907–1924« anlässlich seines 100. Geburtstages. In: Schweizer Monatshefte 54 (1974/75), Sonderheft, 1–23, 17 f.
222 Vgl. Huber: Denkwürdigkeiten, a.a.O., 30.
223 Zit. nach: Vogelsanger, a.a.O., 66.
224 Max Huber: Koexistenz und Gemeinschaft. In: Ders.: Rückblick und Ausblick. Zürich 1957, 459–481, 460.
225 Vgl. Huber: Denkwürdigkeiten, a.a.O., 252.
226 S. o. S. 130 ff.
227 Vgl. Huber: Denkwürdigkeiten, a.a.O., 90 ff.
228 Ebd., 266.
229 Ebd., 300 u. 303.
230 Ebd., 288.
231 Huber: Koexistenz, a.a.O., 475.
232 Vgl. Jean-Claude Favez: Une mission impossible? Le CICR, les déportations et les camps de concentration nazis. Lausanne 1988, 38 f.
233 Zit. nach: Vogelsanger, a.a.O., 181.
234 Vgl. Ruegger: Max Huber, a.a.O., 18.
235 Vgl. Huber: Denkwürdigkeiten, a.a.O., 218.
236 Vgl. ebd., 225.
237 Bericht des Bundesrates an die Bundesversammlung betr. internationale Schiedsverträge, Bundesblatt 1919 V, 933.
238 Huber: Denkwürdigkeiten, a.a.O., 159 f.
239 Vgl. ebd., 111.
240 Vgl. William Rappard: La Suisse dans la communauté internationale. In: Die Schweiz 1954, ein nationales Jahrbuch. Bern 1954, 3–11, 11.
241 Vgl. William Rappard: Wie Genf Völkerbundsstadt wurde. In: Nord und Süd, Berlin 1924, 688.
242 Vgl. Huber: Denkwürdigkeiten, a.a.O., S.344, Anm. 59.
243 Alfred Frey, freisinniger Nationalrat und als Präsident des Vororts tonangebender Wirtschaftspolitiker.
244 Huber: Denkwürdigkeiten, 124 f.
245 Ebd. 128.
246 Huber: Die Schweiz in der Völkergemeinschaft. In: Ders.: Heimat und Tradition. Zürich 1947, 137–165, 155 f.
247 Huber: Denkwürdigkeiten, a.a.O., 48.
248 Huber: Der Schweizer Staatsgedanke. In: Ders.: Heimat und Tradition, a.a.O., 13–34, 32.
249 Memorandum des schweizerischen Bundesrates betreffend die Neutralität der Schweiz, vom 8. 2. 1919. In: Botschaft zum Völkerbundsbeitritt, vom 4. August 1919, Beilage III, 13, 324.

250 Huber: Denkwürdigkeiten, a.a.O., 114.
251 Ebd., 123 f.
252 Ebd., 120.
253 S. o. S. 115 ff.
254 Huber: Denkwürdigkeiten, a.a.O., 135.
255 Stenographisches Bulletin des Ständerates 1919, Sitzung vom 19. 11. 1919, 602.
256 Botschaft des Bundesrates an die Bundesversammlung betreffend die Frage des Beitritts der Schweiz zum Völkerbund, vom 4. August 1919, 37.
257 Ebd., 37.
258 Ebd., 41.
259 Huber: Koexistenz und Gemeinschaft. Völkerrechtliche Erinnerungen aus sechs Jahrzehnten. In: Ders. Rückblick und Ausblick, a.a.O., 459–481, 471.
260 Vgl. Ruegger: Max Huber, a.a.O., 10.
261 Werner Kägi: Professor Max Huber 1874–1960. In: Zeitschrift für Schweizerisches Recht N.F. 79 (1960), 1–16, 4.
262 Vgl. Bonjour, a.a.O., Bd. 2, 337 f.
263 Huber, Denkwürdigkeiten, a.a.O., 156 f.
264 Zit. nach: Hans Nabholz: Der Kampf um den Beitritt der Schweiz zum Völkerbund. In: Vom Krieg und vom Frieden. Festschrift der Universität Zürich zum siebzigsten Geburtstag von Max Huber. Zürich 1944, 219–254, 219.
265 Vgl. Huber: Bundesrat Felix Calonder. In: Ders.: Rückblick und Ausblick, a.a.O., 411–424, 412 ff.
266 Vgl. Paul Stauffer: »Sechs furchtbare Jahre ...« Auf den Spuren Carl J. Burckhardts durch den Zweiten Weltkrieg. Zürich 1998, 21 f. u. 221 f.
267 Huber: Denkwürdigkeiten, a.a.O., 159.
268 Botschaft vom 4. August 1919, a.a.O., 46.
269 Ebd., 105.
270 Ebd., 106.
271 Ebd., 108.
272 Huber: Die Schweiz in der Völkergemeinschaft, a.a.O., 144 u. 156.
273 Vgl. J. R. von Salis: Giuseppe Motta. Dreissig Jahre eidgenössische Politik. Zürich 1941, 229.
274 Bonjour, a.a.O., Bd. 2, 325.
275 Vgl. Daniel Sprecher, a.a.O., 493 f.
276 Theophil von Sprecher: Fünf Stimmen über den Völkerbund (1920), zit. nach: Sprecher, a.a.O., 495.
277 Ders.: Christentum und Völkerbund (1920), zit. nach: ebd., 493 f.
278 Zit. nach ebd., 500.
279 Konrad Falke: Welt-Neutralität. Betrachtungen über die Stellung der Schweiz zum Völkerbund. Zürich 1919, 21. (Zuerst erschienen als Folge in der NZZ vom 31. 10.–7. 11. 1919).
280 Ebd., 47 f.
281 Gottfried Bohnenblust: Spitteler und seine Richter. In: Der kleine Bund 6, 1925 (= Nr. 2 vom 11. 1. 1925).
282 Vgl. Jean Rudolf von Salis: Der Intellektuelle und die Politik. Carl Spittelers Rede »Unser Schweizer Standpunkt«. In: Neue Zürcher Zeitung vom 10. 1. 1965 (= Beilage Literatur und Kunst).
283 Carl Spitteler. Unser Schweizer Standpunkt. In: Werke Bd. 8, Zürich 1947, 577–594.

284 Ebd., 590.
285 Huber: Denkwürdigkeiten, a.a.O., 63.
286 Spitteler: Schweizer Standpunkt, a.a.O., 592.
287 Ebd., 593 f.
288 von Salis: Giuseppe Motta, a.a.O., 135.
289 Carl Spitteler: Vom »Volk«. In: Werke, a.a.O., Bd. 8, 561–575, 575.
290 Zit. nach: Daniel Brühlmeier: Die schweizerische Identität unter der Herausforderung Europas. In: Roberto Bernhard u.a. (Hg.): 150 Jahre moderne Schweiz. Biel 1997/98, 17–57, 55.
291 Jacob Burckhardt: Weltgeschichtliche Betrachtungen, hg. v. Rudolf Marx. Stuttgart 1969, 34 f. u. 97.
292 Huber: Denkwürdigkeiten, a.a.O., 156 f.
293 Zit. nach: von Salis: Giuseppe Motta, a.a.O., 202.
294 Vgl. Bonjour, a.a.O., Bd.3, 248.
295 Vgl. Nabholz, a.a.O., 238 ff.
296 Vgl. Gonzague de Reynold: Mes mémoires, Bd. 3. Genf 1962, 382 f.
297 Roland Ruffieux: La Suisse de l'entre-deux-guerres. Lausanne 1974, 101.
298 Vgl. Peter Stettler: Das aussenpolitische Bewusstsein in der Schweiz (1920–1930). Zürich 1969, 31.
299 Zit. nach ebd., 23.
300 Henry Kissinger: Diplomacy. London 1994, 231.
301 Harold Nicolson: Diplomacy. Third Edition. London, Oxford, New York 1963, 43.
302 Werner Näf: Die Epochen der neueren Geschichte, Bd. 2. München 1970, 480 f.
303 Botschaft vom 4. August 1919, a.a.O., 55.
304 Tagebucheintrag vom 12. 1. 1920, in: Hermann Böschenstein (Hg.): Bundesrat Karl Scheurer, Tagebücher 1914–1929. Bern 1971, 238.
305 Vgl. Stettler, a.a.O., 42.
306 Zit. nach: Hermann Böschenstein: Bundesrat Schulthess. Krieg und Krisen. Bern 1966, 136.
307 William Rappard: La politique de la Suisse dans la Société des Nations, 1920–1925. Genf 1925, 102 u. 138.
308 Vgl. Bonjour, a.a.O., Bd. 3, 276.
309 Vgl. Huber: Die Schweiz in der Völkergemeinschaft, a.a.O., 150 ff.
310 Vogelsanger, a.a.O., 221.
311 Zit nach: ebd., 221.
312 Franz von Ernst: Der Staatsmann. Nachruf vom 23. 1. 40. In: Giuseppe Motta 1871–1940. Gedenkschrift zu seinem 100. Geburtstag. Hg. von der CVP der Schweiz. [O. O., o. J.] 28–30, 28 u. 29.
313 Giuseppe Motta: Testimonia Temporum, Ausgewählte Reden und Schriften, Bd. 1, 1911–1931. Bellinzona 1931, 372.
314 Giuseppe Motta: Testimonia Temporum, Ausgewählte Reden und Schriften, Bd. 2, 1932–1936. Bellinzona 1936, 103–107, 107.
315 René Sonderegger: Motta – Diplomat der Kurie. Zürich 1936 (= Kulturpolitische Schriften 10), 13.
316 Vorwärts vom 20. 7. 1949. Zit. nach: Sacha Zala: Gebändigte Geschichte. Amtliche Historiographie und ihr Malaise mit der Geschichte der Neutralität 1945–1961. Bern 1998 (= Bundesarchiv Dossier 7), 46.

317 Zit. nach: Aymon de Mestral: Bundesrat Motta. Die Schweiz zwischen zwei Weltkriegen. Bern 1941, 335.
318 BAR E 1010 (A), Entwurf für eine Pressemitteilung vom 7. 9. 1939.
319 Vgl. Chantal Kaiser: Bundesrat Jean-Marie Musy 1919–1934. Freiburg 1999, 161.
320 Georges-Henri Martin: Motta, la Société des Nations et la recherche de l'identité suisse. Un témoignage du climat politique des années 1930 à 1940. In: Edouard Brunner et alt. (Hg.): Einblick in die schweizerische Aussenpolitik. Festschrift für Staatssekretär Raymond Probst. Zürich 1984, 269–289, 273.
321 Zit. nach: de Mestral, a.a.O., 315.
322 BAR J I 118/2 1920, 12. 11. 1920.
323 Zit. nach: Rolf Soland: Zwischen Proletariern und Potentaten. Bundesrat Heinrich Häberlin 1868–1947 und seine Tagebücher. Zürich 1997, 116.
324 BAR J I 118/2 1922, 30. 11. 1922.
325 Ernst Schürch: Um die Würdigung Mottas. In: Schweizer Monatshefte 25 (1945/46), 176–183, 179.
326 Vgl. Jules Humbert-Droz: Mottapolitik? Nein! Zürich [1939], 16.
327 Zit. nach: Leonhard Haas: Im Spiegel fremder Gesandter in Bern, Januar 1940. In: Giuseppe Motta 1871–1940, a.a.O., 66–86, 69.
328 Brief vom 30. 9. 1933. Zit. nach: Paul Stauffer: Carl J. Burckhardt. Zwischen Hofmannsthal und Hitler. Zürich 1991, 56.
329 Vgl. Widmer: Die Gesandtschaft in Berlin, a.a.O., 147.
330 Zit. nach: Paul Ruegger: In der Erinnerung eines engen Mitarbeiters. In: Giusepppe Motta 1871–1940, a.a.O., 34–40, 37.
331 Motta: Testimonia Temporum, Bd. 1, a.a.O., 372.
332 Rede im Nationalrat vom 28. 1. 1936; ebd., Bd.2, 162.
333 Ebd., Bd. 1, 382.
334 Tagebuch vom 5. 8. 1937, zit. nach: Soland, a.a.O., 116.
335 Motta: Testimonia Temporum, a.a.O., Bd. 2, 117.
336 Motta: Testimonia Temporum, Ausgewählte Reden und Schriften, Bd. 3, 1936–40. Bellinzona 1941, Rede am Bankett der Schweizermesse, Lugano 2. 10. 1938, 91.
337 Vgl. Walther Hofer, Herbert R. Reginbogin: Hitler, der Westen und die Schweiz 1936–1945. Zürich 2001, 365 f.
338 Zit. nach: Bonjour, a.a.O., Basel 1971, Bd. 4, 21.
339 Zit. nach: Soland, a.a.O., 261.
340 de Reynold, a.a.O., 472.
341 Motta: Testimonia Temporum, a.a.O., Bd. 1, 421.
342 Ebd., Bd.1, 415 ff.
343 S. o. S. 196 ff.
344 Vgl. Paul Ruegger: Retour à la tradition dans la politique suisse en matière de règlement de différends. In: Edouard Brunner et alt. (Hg.): Einblick in die schweizerische Aussenpolitik, a.a.O., 323–332.
345 Zit. nach: von Salis: Giuseppe Motta, a.a.O., 259.
346 Holenstein: Kulturphilosophische Perspektiven, a.a.O., 60.
347 Motta: Testimonia Temporum, a.a.O., Bd. 1, 423.
348 Zit. nach: ebd., 215.
349 Walther Hofer, Herbert R. Reginbogin, a.a.O., 230.
350 DDS 12, Doc. 277, Anhang, Memorandum vom 27. 4. 1938, 638.
351 Vgl. DDS 11, Doc. 293, Beilage 2 vom 14. 5. 1938, 684.

352 William E. Rappard: L'entrée de la Suisse dans la Société des Nations. Genf 1924, IV.
353 Motta: Testimonia Temporum, a.a.O., Bd. 1, 388.
354 Zit. nach: von Salis: Giuseppe Motta, a.a.O., 241.
355 Vgl. Hermann Böschenstein (Hg.): Bundesrat Karl Scheurer, a.a.O., 252 f.
356 DDS 10, Doc. 358 vom 21. 11. 1933 und Beilage A, 881.
357 Motta: Testimonia Temporum, a.a.O., Bd. 2, 193 f.
358 Ebd., Bd.2, 116.
359 Ebd., Bd. 3, 94.
360 Vgl. Mauro Cerutti: Le Tessin, la Suisse et l'Italie de Mussolini. Fascisme et antifascisme au Tessin 1921–1935. Lausanne 1988, 609.
361 Hermann Böschenstein (Hg.): Bundesrat Karl Scheurer, a.a.O., 228 f.
362 DDS 10, Doc. 143 vom 28. 1. 1932, 320.
363 Motta: Testimonia Temporum, a.a.O., Bd. 3, 172.
364 Vgl. DDS 11, Doc. 62 vom 3. 9. 1934, 204 ff.
365 Motta: Testimonia Temporum, a.a.O., Bd. 2, 213 f.
366 23. 1. 1940.
367 Zit. nach: Haas: Im Spiegel fremder Gesandter, a.a.O., 75.
368 Vgl. Mauro Cerutti: Politique ou commerce? Le Conseil fédéral et les relations avec l'Union soviétique au début des années trente. In: Studien und Quellen 7 (1981), 119–143.
369 Motta: Testimonia Temporum, a.a.O., Bd. 3, 174.
370 Vgl. von Salis: Giuseppe Motta, a.a.O., 417.
371 Vgl. Neville Wylie: Pilet-Golaz and the Making of Swiss Foreign Policy: Some Remarks. In: Schweizerische Zeitschrift für Geschichte 47 (1997), 608–620.
372 DDS 12, Doc. 416, Bundesratsprotokoll vom 4. 10. 1938, 945.
373 Motta: Testimonia Temporum, a.a.O., Bd. 2, 120.
374 Ebd., Bd. 1, 302.
375 Jules Humbert-Droz: Mottapolitik?, a.a.O., 7.
376 Böschenstein (Hg.): Bundesrat Karl Scheurer, a.a.O., 310.
377 Ebd., Eintrag vom 29. 10. 1922, 311.
378 Zit. nach: Cerutti: Le Tessin, la Suisse et l'Italie de Mussolini, a.a.O., 49.
379 Vgl. von Salis: Giuseppe Motta, a.a.O., 261.
380 Zit nach: Bonjour, a.a.O., Bd.3, 195.
381 Schreiben vom 21. 1. 1937, zit. nach ebd., 193 f.
382 Motta: Testimonia Temporum, a.a.O., Bd. 3, 199.
383 Zit. nach: de Mestral: Bundesrat Motta, a.a.O., 247.
384 Zit. nach: Bonjour, a.a.O., Bd. 3, 209.
385 Rede im Nationalrat vom 15. 6. 1937, in: Motta: Testimonia Temporum, a.a.O., Bd. 3, 172.
386 Rede im Nationalrat vom 39. 9. 1937, in: ebd., 182.
387 Zit. nach: Bonjour, a.a.O., Bd. 3, 214.
388 DDS 13, Doc. 7, Brief Frölicher an Motta vom 24. 1. 1939, 13.
389 von Salis: Giuseppe Motta, a.a.O., 440.
390 Vgl. de Reynold, a.a.O., Bd. 3, 376.
391 Motta: Testimonia Temporum, a.a.O., Bd. 2, 132.
392 Zit. nach: Bonjour, a.a.O., Bd. 3, 65.
393 DDS 11, Doc. 111, 342. Schreiben vom 2. 4. 1935 an Motta.
394 Motta: Testimonia Temporum, a.a.O., Bd. 2, 136.
395 S. o. S. 165 ff.

396 Schreiben vom 21. 1. 1940. In: Giuseppe Motta 1871–1940, a.a.O., 83 f.
397 Berner Tagwacht, Nr. 18 vom 23. 1. 1940.
398 Ebd., Nr. 19 vom 24. 1. 1940.
399 Schürch: Um die Würdigung Mottas, a.a.O., 176.
400 Zit nach: Walter Wolf: Walther Bringolf. Eine Biographie. Schaffhausen 1995, 160 f. Massive Vorbehalte gab es, mindestens hinter vorgehaltener Hand, vereinzelt auch im Departement. René de Weck, Schweizer Gesandter in Bukarest, überschüttete Motta in seinem Tagebuch mit Kritik. Sein rundum negatives Urteil, das selbst Mottas Charakter nicht ausnahm, entsprang freilich in erster Linie persönlichen Motiven. Er fühlte sich von seinem Chef nicht zum Vollwert genommen; vgl. Simon Roth (Hg.): René de Weck: Journal de guerre (1939–1945). Un diplomate suisse à Bucarest. Société d'histoire de la Suisse romande. 4ème série, t. 4, 2001, 94 ff.
401 Vgl. René-Henri Wüst: Max Petitpierre parle. Série d'entretiens parus dans la »Tribune de Genève« du 4 juin au 11 juillet 1980.
402 Ebd.
403 Walther Bringolf: Mein Leben. Weg und Umweg eines Schweizer Sozialdemokraten. Bern und München 1965, 374.
404 Zit. nach: Antoine Fleury: Max Petitpierre. In: Urs Altermatt (Hg.): Die Schweizer Bundesräte. Zürich und München 1991, 432.
405 Weitnauer, a.a.O., 113.
406 DDS 16, Doc. 54, Brief vom 15. 1. 1946, 161 f.
407 BAR E 2800, Schreiben von Staatsmännern, Bericht über den Besuch von Winston Churchill in der Schweiz, 23. August – 20. Sept. 1946, 2.
408 Vgl. DDS 16, Doc. 92, 289, Anm. 14.
409 Ebd., 288 u. 289.
410 DDS. 16, Doc. 91, Tg. vom 19. 9. 1946, 284.
411 DDS 16, Doc. 93, Notiz vom 24. 9. 1946, 291.
412 BAR E 2800, Schreiben von Staatsmännern, Bericht über den Besuch von Winston Churchill in der Schweiz, 23. August – 20. September 1946, 34.
413 Zit. nach: Bringolf, a.a.O., 489 f.
414 Ebd., 491.
415 Zit. nach: Bonjour, a.a.O., Bd. 6, 369 f.
416 Vgl. Linus von Castelmur: Schweizerisch-alliierte Finanzbeziehungen im Übergang vom Zweiten Weltkrieg zum Kalten Krieg. Zürich 1992, 24.
417 Vgl. ebd. 376.
418 Alfred Zehnder: Die aussenpolitische Lage der Schweiz am Endes des Zweiten Weltkrieges. In: Louis-Edouard Roulet (Hg.): Max Petitpierre. Seize ans de neutralité active. Neuenburg 1980, 13–32, 16 f.
419 Zit. nach: Bonjour, a.a.O., Bd. 6, 363.
420 Vgl. NZZ vom 18. 5. 1998 mit nachträglicher Korrektur des Namens des Informanten.
421 DDS 16, Doc. 72, Schreiben vom 13. 5. 1946, 228.
422 Walter Stucki: Das Abkommen von Washington und die deutschen Vermögenswerte in der Schweiz. In: Die Schweiz. Jahrbuch der Neuen Helvetischen Gesellschaft 1950 [O. O.] 1950, 137–143, 138.
423 Vgl. von Castelmur, a.a.O., 97 ff.
424 Dass sich die Schweiz für den Schutz deutscher Vermögenswerte einsetzte, verdient nicht die Kritik, die der amerikanische Unterstaatssekretär Stuart E. Eizenstat im Vorwort

zum so genannten Eizenstat-Bericht glaubte anbringen zu müssen. Vielmehr verdient sie dafür Anerkennung. Sie belegt, dass die Schweiz auch in einer Situation, in der es viel einfacher gewesen wäre, dem Druck nachzugeben, zu ihren Prinzipien stand und das Recht verteidigte. Dietrich Schindler hält fest: »Die Aushändigung dieser Werte wäre einer völkerrechtswidrigen Konfiskation fremden Eigentums und einer Anerkennung der Kollektivschuld aller Deutschen, einschliesslich der Opfer des Naziregimes, gleichgekommen. Die schweizerische Haltung diente der Verteidigung grundlegender Rechtsgrundsätze ...« (Umstrittene Neutralität. Anerkennung und Kritik in der Kriegs- und Nachkriegszeit. In: Kenneth Angst (Hg.): Der Zweite Weltkrieg und die Schweiz. Zürich 1997, 99–106, 104). Dass diese Haltung in moralischer Hinsicht Fragen aufwirft, hält die Unabhängige Expertenkommission Schweiz – Zweiter Weltkrieg fest; vgl.: Die Schweiz, der Nationalsozialismus und der Zweite Weltkrieg. Schlussbericht. Zürich 2002, 456 ff.

425 Vgl. Zehnder: Die aussenpolitische Lage, a.a.O., 27.

426 DDS 16, Doc. 75, Schreiben vom 27. 5. 1946, 233.

427 DDS 17, Doc. 91, Notiz Petitpierre vom 20. 8. 1948, 291.

428 Daniel Möckli: Neutralität, Solidarität, Sonderfall. Die Konzeptionierung der schweizerischen Aussenpolitik der Nachkriegszeit, 1943–1947. Zürich 2000, 293 (= Zürcher Beiträge zur Sicherheitspolitik und Konfliktforschung 55).

429 DDS 17, Doc. 61, Exposé vom 8./9. 3. 1948, 203 f.

430 Vgl. Discours prononcé au Congrès du Parti radical suisse, Bâle 28 octobre 1945. In: Roulet (Hg.): Max Petitpierre, a.a.O., 191.

431 Vgl. DDS 17, Doc. 26, Exposé vom 12. 9. 1947, 89 ff.

432 DDS 17, Doc. 92, Protokollauszug der Gesandtenkonferenz vom 9./10. 9. 1948, 296.

433 DDS 17, Doc. 123, Geheimes Rundschreiben der Abteilung für Politische Angelegenheiten des EPD vom 5. 4. 1949, 404 f.

434 Vgl. Jakob Tanner: Grundlinien der schweizerischen Aussenpolitik seit 1945. Arbeitspapier der Schweizerischen Friedensstiftung Nr. 16. Bern 1993, 7. Vgl. auch: André Schaller: Schweizer Neutralität im West-Ost-Handel: das Hotz-Linder-Agreement vom 23. Juli 1951. Bern u. Stuttgart 1987.

435 Markus Schmitz und Bernd Haunfelder: Humanität und Diplomatie. Die Schweiz in Köln 1940–1949. Münster 2001, 14.

436 Botschaft des Bundesrates vom 1. Dezember 1944, zit. nach: Die Schweizer Spende. Tätigkeitsbericht 1944–1948. O. O., o. J. [Bern 1949], 16.

437 S. o. S. 130 ff.

438 Vgl. Die Schweizer Spende, a.a.O., 45.

439 Zehnder: Die aussenpolitische Lage, a.a.O., 29.

440 Schmitz und Haunfelder, a.a.O., 101.

441 Vgl. Pierre Micheli: Les grandes lignes de la politique étrangère conduite par M. Max Petitpierre de 1945 à 1961. In: Roulet (Hg.): Max Petitpierre, a.a.O., 33–39, 37.

442 Antwort vom 12. Dez. 1956 auf die Interpellation der aussenpolitischen Kommission. In: ebd., 339.

443 Antwort vom 20. Juni 1956 auf Postulat Walther Bringolf. In: ebd., 320. Vgl. auch: Yves Collart: La Suisse et le Tiers monde. In: ebd., 129–142, 140.

444 Vgl. Aufzeichnung über das Gespräch mit Botschafter Taylor vom 22. Jan. 1958. In: ebd., 440.

445 Antwort vom 20. Dez. 1960 auf die Motion Bachmann-Wollerau. In: ebd., 388.

446 Antwort vom 20. Juni 1956 auf das Postulat Walther Bringolf. In: ebd., 326.

447 Brief vom 22. 12. 1951. Zit. nach: Marius Schwarb: Die Mission der Schweiz in Ko-

rea. Ein Beitrag zur Geschichte der schweizerischen Aussenpolitik im Kalten Krieg. Bern 1986, 21.

448 Notiz an den Departementschef, undatiert. Zit nach: ebd., 29.
449 Memorandum vom 14. 4. 1953. Zit. nach: ebd., 37.
450 Memorandum vom 10. 5. 1953. Zit. nach: ebd., 68.
451 Vgl. Brief vom 15. 6. 1954 an Minister Zehnder. In: ebd., 5.
452 Rede vom 23. 11. 1953 in Uster. In: Roulet (Hg.): Max Petitpierre, a.a.O., 298.
453 Gespräch vom 24. 6. 1954 mit Prinz Wan, dem Aussenminister von Thailand. In: ebd., 433.
454 Besprechungsnotiz vom 12. 6. 1954. In: ebd., 428.
455 Schreiben vom 27. 7. 1954. In: ebd., 436.
456 Zit. nach: Katharina Bretscher-Spindler: Vom Heissen zum Kalten Krieg. Vorgeschichte und Geschichte der Schweiz im Kalten Krieg 1943 bis 1968. Zürich 1997, 176.
457 Zit. nach: Alois Riklin: Die Neutralität der Schweiz. In: Ders. et alt. (Hg.): Neues Handbuch der schweizerischen Aussenpolitik. Bern 1992, 193.
458 Gesprächsnotiz vom 28. 5. 1954. In: Roulet (Hg.): Max Petitpierre, a.a.O., 426.
459 Zit nach: ebd., 313.
460 Vgl. Bretscher-Spindler, a.a.O., 159 u. 463.
461 Anwort vom 29. 10. 1961 im Nationalrat auf die Interpellationen Conzett und Tenchio. Zit. nach: Frei, a.a.O., 85.
462 Vgl. Wüst: Max Petitpierre parle, a.a.O.
463 Zit. nach. Mauro Mantovani: Schweizerische Sicherheitspolitik im Kalten Krieg (1947–1963). Zwischen angelsächsischem Containment und Neutralitäts-Doktrin. Zürich 1999, 212.
464 Vgl. NZZ Nr. 3198 vom 12. 11. 1956.
465 Vgl. Wüst: Max Petitpierre parle, a.a.O.
466 Vgl. Olivier Long: Le dossier secret des Accords d'Evian. Lausanne 1988, 158.
467 Vgl. Wüst: Max Petitpierre parle, a.a.O.
468 Rede im Nationalrat vom 20. 6. 1945. In: Roulet (Hg.): Max Petitpierre, a.a.O., 184.
469 Vgl. Raymond Probst: Heimschaffung sowjetischer Militärinternierter im Sommer 1945. In: NZZ vom 7. 8. 1995.
470 Zit. nach: Theres Steffen: Gegensätzliche Partner – Die Beziehungen Schweiz – Sowjetunion 1946–1956. In: Studien und Quellen, Bd. 21. Bern 1995, 45–91, 56.
471 DDS 16, Doc.52, Besprechungsnotiz von Alfred Zehnder vom 4. 1. 1946, 153 ff.
472 Vgl. Raymond Probst: Heimschaffung sowjetischer Militärinternierter im Sommer 1945, a.a.O.
473 Christine Gehrig-Straube: Beziehungslose Zeiten. Das schweizerisch-sowjetische Verhältnis zwischen Abbruch und Wiederaufnahme der Beziehungen (1918–1946) aufgrund schweizerischer Akten. Zürich 1997, 471.
474 Wüst: Max Petitpierre parle, a.a.O.
475 Vgl. Michele Coduri: Die Chinapolitik Petitpierres. In: NZZ vom 13. 1. 2000.
476 Bundesratsprotokoll vom 16. 3. 1951. Zit. nach: Widmer: Die Schweizer Gesandtschaft, a.a.O., 357.
477 Zehnder: Die aussenpolitische Lage, a.a.O., 22.
478 Antwort vom 2. 4. 1946 auf die Interpellation Boerlin im Nationalrat. In: Roulet (Hg.): Max Petitpierre, a.a.O., 200.
479 DDS 16, Doc. 96, Undatierte Notiz über Gespräch vom 9. 10. 1946, 298.
480 Zehnder: Die aussenpolitische Lage, a.a.O., 24.

481 DDS 17, Doc. 6, Notiz von Max Petitpierre vom 22. 6. 1947, 21.
482 Heinrich Homberger: Schwerpunkte der schweizerischen Handelspolitik seit dem Zweiten Weltkrieg. In: Roulet (Hg.): Max Petitpierre, a.a.O., 55–67, 57.
483 DDS 17, Doc. 29, Besprechungsnotiz vom 23. 9. 1947, 103 u. 107.
484 Erklärung im Nationalrat vom 17. 3. 1960. In: Roulet (Hg.): Max Petitpierre, a.a.O., 363.
485 Botschaft des Bundesrates an die Bundesversammlung vom 16. August 1972. In: Bundesblatt 1972 II, 653–739, 729.
486 Erklärung vom 15. 3. 1955 im Nationalrat. In: Roulet (Hg.): Max Petitpierre, a.a.O., 301.
487 Vgl. DDS 18, Doc. 60, Schreiben vom 5.10.1950, 176.
488 Notiz über das Gespräch mit Aussenminister H. Lange vom 17. 3. 1959. In: ebd., 441.
489 Wüst: Max Petitpierre parle, a.a.O.
490 Zit. nach: Rudolf Wyder: Die Schweiz und der Europarat 1949–1971. Bern u. Stuttgart 1984, 105.
491 Vgl. Alfred Borel: Le Conseil de l'Europe. In: Roulet (Hg.): Max Petitpierre, a.a.O., 103–107 u. 391 ff.
492 BAR E 2800, 211.2, Europarat 1968–1979 II, Notiz vom Mai 1978. Zur Kritik an Petitpierres Politik gegenüber dem Europarat vgl. auch: Hans-Ulrich Jost: Europa und die Schweiz 1945–1950. Zürich 1999.
493 Erklärung vom 17. 3. 1960 im Nationalrat. In: Roulet (Hg.): Max Petitpierre, a.a.O., 371.
494 Bericht des Bundesrates vom 24. August 1988 über die Stellung der Schweiz im europäischen Integrationsprozess. In: Bundesblatt 1988 III, 254.
495 Sitzungsprotokoll vom 13. 2. 1951. Zit. nach: 1798–1998. Zwei Jahrhunderte Schweizer Aussenvertretungen [EDA-Broschüre. Bern 1998].
496 Petitpierre an F.-R. von Weiss, 3. 3. 1949. Zit. nach: Schmitz und Haunfelder, a.a.O., 130.
497 Wüst: Max Petitpierre, a.a.O.
498 Antwort vom 15. 3. 1955 auf die Interpellation Borel. In: Roulet (Hg.): Max Petitpierre, a.a.O., 303.
499 Max Petitpierre: Ist die Neutralität der Schweiz noch gerechtfertigt? In: Die Schweiz zwischen heute und morgen. Jahrbuch der Neuen Helvetischen Gesellschaft 1963. Bern 1963, 49–64, 64.
500 Daniel Frei: Die Ära Petitpierre, 1945–1961 – Rückblick auf eine Epoche schweizerischer Aussenpolitik. In: Roulet (Hg.): Max Petitpierre, a.a.O., 165–174, 168.
501 Urs Altermatt: Vom Ende des Zweiten Weltkrieges bis zur Gegenwart (1945–1991). In: Alois Riklin et alt. (Hg.): Neues Handbuch, a.a.O., 61–78, 66 f.
502 DDS 16, Doc. 92, Notiz von J.-A. Cuttat vom 17. 9. 1946, 288.
503 Vgl. Aviva Schnur: Die Golfkrise. In: Thomas Bernauer und Dieter Ruloff (Hg.): Globaler Wandel und schweizerische Aussenpolitik. Chur und Zürich 2000, 209–266, 255 f.
504 Vgl. Edouard Brunner: Lambris dorés et coulisses. Souvenirs d'un diplomate. Genf 2001, 3.
505 Motta: Testimonia Temporum, a.a.O., Bd. 3, 55.
506 S. o. S. 362 f.
507 Brunner: Lambris dorés, a.a.O., 109.
508 Stephen P. Halbrook: La Suisse encerclée. Avant-propos et conclusion d'Edouard Brunner. Genf 2000, 7.

509 Edouard Brunner: Principaux problèmes de la politique étrangère pour la Suisse ces prochaines années. Rede vom 19. 11. 1987 vor dem Cercle des Amitiés Internationales in Genf. In: EDA-Agenda Nov. 1987, 54.

510 Vgl. Daniel Frei: Neutralität – Ideal oder Kalkül, a.a.O., 75.

511 Vgl. Brunner: Lambris dorés, a.a.O., 12.

512 Vgl. ders.: La négociation – quelques enseignements et quelques réminiscences. In: Mario A. Corti (Hg.): Diplomatische Negoziation. Festschrift für Franz A. Blankart zum 60. Geburtstag. Bern 1997, 33–36, 34.

513 S. o. S. 197 ff.

514 John Maresca: To Helsinki. The Conference on Security and Cooperation in Europe, 1973–1975. Duke University Press 1985, 97.

515 Vgl. Hans-Jörg Renk: Der Weg der Schweiz nach Helsinki. Bern, Stuttgart, Wien 1996, 76 f.

516 Zit. nach ebd., 32.

517 Vgl. Brunner: Lambris dorés, a.a.O., 51 f.

518 Maresca, a.a.O., 127.

519 Fred Luchsinger: Realitäten und Illusionen. NZZ-Leitartikel zur internationalen Politik 1963–1983. Zürich 1983, 294.

520 Brunner: Lambris dorés, a.a.O., 54.

521 Rudolf Bindschedler: Friedliche Streiterledigung. In: Roulet (Hg.): Max Petitpierre, a.a.O., 155–162, 160.

522 Brunner: Lambris dorés, a.a.O., 54.

523 Hugo Bütler: Die Schweiz und die KSZE. Betrachtungen nach dem Madrider Folgetreffen. In: Edouard Brunner et alt. (Hg.): Einblick in die schweizerische Aussenpolitik, a.a.O., 115–131, 119.

524 Edouard Brunner: Das KSZE-Folgetreffen von Madrid aus der Sicht der neutralen Schweiz. In: Europa-Archiv 23 (1983), 723–728, 728.

525 Ivan Denes: Interview with Swiss State Secretary Edouard Brunner. In: The Atlantic Community Quarterly 25 (1987), 17–23, 18.

526 Brunner: Lambris dorés, a.a.O., 53.

527 Ebd., 96.

528 Ebd., 148.

529 Vgl. Edouard Brunner: Principaux problèmes de politique étrangère, a.a.O., 50 f.

530 Vgl. ders.: Interview de M. Edouard Brunner pour l'émission »Midi Première« de la Radio Suisse Romande, 8. 1. 89. In: EDA-Agenda Jan. 1989, 7–14, 14.

531 Bericht über die Stellung der Schweiz im europäischen Integrationsprozess, vom 24. August 1988. In: Bundesblatt 1988 III, 249–462, 340.

532 Jacques Delors: Déclaration sur les orientations de la Commission des Communautés européennes. Strassburg 17. 1. 1989, 33.

533 Brunner: Lambris dorés, a.a.O., 32.

534 Vgl. Peter Moser: Die Schweiz und die integrationspolitische Herausforderung Ende der 80er Jahre: Die EWR-Verhandlungen. In: Thomas Bernauer und Dieter Ruloff (Hg.): Globaler Wandel und schweizerische Aussenpolitik. Chur und Zürich 2000, 267–321, 292 ff.

535 Edouard Brunner: Lignes directrices de la politique étrangère suisse. Rede zur Eröffnung des akademischen Jahres 1984–1985. IUHEI. Genf, 29. 10. 1984.

536 Vgl. Urs Altermatt: Vom Ende des Zweiten Weltkriegs bis zur Gegenwart, a.a.O., 74.

537 Brunner: Lambris dorés, a.a.O., 37.

538 S. o. S. 201 ff. (Huber)
539 Brunner: Lambris dorés, a.a.O., 156.
540 Brunner: Interview pour l'émission »Midi Première«, a.a.O., 10 u. 11.
541 Ders.: Lambris dorés, a.a.O., 20.
542 Thomas Fischer: Die guten Dienste des IKRK und der Schweiz in der Kubakrise 1962. In: Schweizerische Zeitschrift für Geschichte 51 (2001), 218–223, 223.
543 S. o. S. 340 ff.
544 Vgl. George P. Shultz: Turmoil and Triumph. My Years as Secretary of State. New York 1993, 513.
545 Vgl. Brunner: Lambris dorés, a.a.O., 67 ff.
546 Ebd., 104.
547 Klaus Jacobi: Missbrauch Guter Dienste. In: NZZ vom 26. 2. 2001.
548 Vgl. Brunner: Lambris dorés, a.a.O., 61 ff.
549 Margaret Thatcher: The Downing Street Years. New York 1993, 188.
550 Thomas Bernauer und Dieter Ruloff (Hg.): Globaler Wandel, a.a.O., 323.

Abkürzungsverzeichnis

BAR	Schweizerisches Bundesarchiv, Bern
COCOM	Coordinating Committee for Multilateral Export Controls
CSCE	Conférence sur la Sécurité et la Coopération en Europe, KSZE
DDS	Diplomatische Dokumente der Schweiz
EDA	Eidgenössisches Departement für auswärtige Angelegenheiten
EFTA	European Free Trade Association, Europäische Freihandelsassoziation
EMD	Eidgenössisches Militärdepartement, heute VBS
EPD	Eidgenössisches Politisches Departement, heute EDA
ETH	Eidgenössische Technische Hochschule, Zürich
EU	Europäische Union
EURATOM	Europäische Atomgemeinschaft
EWR	Europäischer Wirtschaftsraum
GATT	General Agreement on Tariffs and Trade, Allgemeines Zoll- und Handelsabkommen
GPRA	Gouvernement provisoire de la République d'Algérie
IFOR	Implementation Force, UNO-Operationen in Bosnien und Herzegowina
IKRK	Internationales Komitee vom Roten Kreuz
ITU	International Telecommunications Union, Internationale Fernmeldeunion
IUHEI	Institut universitaire de hautes études internationales, Genf
IWF	Internationaler Währungsfonds
KFOR	Kosovo Force, internationale Friedenstruppe im Kosovo unter Führung der NATO
KSZE	Konferenz über Sicherheit und Zusammenarbeit in Europa, heute OSZE
NATO	North Atlantic Treaty Organization, Nordatlantikpakt
NHG	Neue Helvetische Gesellschaft
NNSC	Neutral Nations Supervisory Commission, Korea
NZZ	Neue Zürcher Zeitung
OECD	Organization for Economic Cooperation and Development, Organisation für wirtschaftliche Zusammenarbeit und Entwicklung
OEEC	Organization for European Economic Cooperation, Organisation für europäische wirtschaftliche Zusammenarbeit, heute OECD
OSZE	Organisation für Sicherheit und Zusammenarbeit in Europa
SFOR	Stabilization Force, Nachfolgetruppen der IFOR
UNICEF	United Nations Children's Fund, Kinderhilfswerk der Vereinten Nationen
UNO	United Nations Organization, Organisation der Vereinten Nationen
VBS	Eidgenössisches Departement für Verteidigung, Bevölkerungsschutz und Sport
WIPO	World Intellectual Property Organization, Weltorganisation für geistiges Eigentum
WTO	World Trade Organization, Welthandelsorganisation

Quellen- und Literaturverzeichnis

Abschied der ausserordentlichen Tagsatzung vom 6. 4. 1814 – 31. 8. 1815.
Altermatt, Claude: Les débuts de la diplomatie professionnelle en Suisse (1848–1914). Fribourg 1990.
Altermatt, Urs: Vom Ende des Zweiten Weltkrieges bis zur Gegenwart (1945–1991). In: Alois Riklin et alt. (Hg.): Neues Handbuch, a. a. O., 61–78.
[Anonym:] Un étranger aux Suisses. [O. O.] 1814.
Arx, Ildefons von: Geschichten des Kantons St. Gallen. 3 Bde. St. Gallen 1813.
Aubert, Jean-François: Numa Droz. In: Musée neuchâtelois 48 (1961), 113–137.
Bercovitch, Jacob et alt. International Conflict Management 1945–1995. Official Codebook for the International Conflict Management Dataset. Christchurch, New Zealand 2000.
Bericht über die Stellung der Schweiz im europäischen Integrationsprozess, vom 24. August 1988. In: Bundesblatt 1988 III, 249–462.
Bericht über einen Beitritt der Schweiz zur Europäischen Gemeinschaft vom 18. Mai 1992. Bern 1992.
Bernauer, Thomas und Dieter Ruloff (Hg.): Globaler Wandel und schweizerische Aussenpolitik. Chur und Zürich 2000.
Berner Tagwacht.
[Bertrand, Pierre]: Lancy. Chapitres d'histoire d'une commune devenue ville. [Lancy 1979].
Bindschedler, Rudolf: Friedliche Streiterledigung. In: Roulet (Hg.): Max Petitpierre, a. a. O., 155–162.
Bismarck, Otto von: Gesammelte Werke, hg. v. Wolfgang Windelband und Werner Frauendienst. Berlin 1933, XIV, I (Briefe 1822 –1862).
Bohnenblust, Gottfried: Spitteler und seine Richter. In: Der kleine Bund 6, 1925, (= Nr. 2 vom 11. 1. 1925).
Bonjour, Edgar (Hg.): Johannes von Müller. Briefe, Auswahl. Basel 1954.
Bonjour, Edgar: Geschichte der schweizerischen Neutralität. 9 Bde. Basel und Stuttgart. 1970 ff.
Borel, Alfred: Le Conseil de l'Europe. In: Roulet (Hg.): Max Petitpierre, a. a. O., 103–107.
Böschenstein, Hermann (Hg.): Bundesrat Karl Scheurer, Tagebücher 1914–1929. Bern 1971.
Böschenstein, Hermann: Bundesrat Carl Schenk (1823–1895). Bern 1946.
Böschenstein, Hermann: Bundesrat Schulthess. Krieg und Krisen. Bern 1966.
Botschaft des Bundesrates zum Völkerbundsbeitritt, vom 4. August 1919.
Bräker, Ulrich: Leben und Schriften, hg. v. Samuel Voellmy. 3 Bde. Basel 1945.
Bretscher-Spindler, Katharina: Vom Heissen zum Kalten Krieg. Vorgeschichte und Geschichte der Schweiz im Kalten Krieg 1943 bis 1968. Zürich 1997.
Bringolf, Walther: Mein Leben. Weg und Umweg eines Schweizer Sozialdemokraten. Bern und München 1965.
Brühlmeier, Daniel: Die schweizerische Identität unter der Herausforderung Europas. In: Roberto Bernhard u. a. (Hg.): 150 Jahre moderne Schweiz. Biel 1997/98, 17–57.
Brunner, Edouard: Das KSZE-Folgetreffen von Madrid aus der Sicht der neutralen Schweiz. In: Europa-Archiv 23 (1983), 723–728.

Edouard Brunner et alt. (Hg.): Einblick in die schweizerische Aussenpolitik. Festschrift für Staatssekretär Raymond Probst. Zürich 1984.

[Brunner, Edouard]: Interview de M. Edouard Brunner pour l'émission »Midi Première« de la Radio Suisse Romande, 8. 1. 1989. In: EDA-Agenda Jan. 1989, 7–14.

Brunner, Edouard: Lambris dorés et coulisses. Souvenirs d'un diplomate. Genf 2001.

Brunner, Edouard: La négociation – quelques enseignements et quelques réminiscences. In: Mario A. Corti (Hg.): Diplomatische Negoziation. Festschrift für Franz A. Blankart zum 60. Geburtstag. Bern 1997, 33–36.

Brunner, Edouard: Lignes directrices de la politique étrangère suisse. Rede zur Eröffnung des akademischen Jahres 1984–1985. IUHEI. Genf, 29. 10. 1984.

Brunner, Edouard: Principaux problèmes de la politique étrangère pour la Suisse ces prochaines années. Rede vom 19. 11. 1987 vor dem Cercle des Amitiés Internationales in Genf. In: EDA-Agenda Nov. 1987.

Bucher, Erwin: Die Geschichte des Sonderbundskrieges. Zürich 1966.

Bundesblatt der Schweizerischen Eidgenossenschaft.

Burckhardt, Carl. J.: Max Huber zu seinem 80. Geburtstag. In: Schweizer Monatshefte 34 (1954/55), 625–631.

Burckhardt, Jacob: Weltgeschichtliche Betrachtungen, hg. v. Rudolf Marx. Stuttgart 1969.

Bussmann, Walter: Treitschke. Göttingen 1952.

Bütler, Hugo: Die Schweiz und die KSZE. Betrachtungen nach dem Madrider Folgetreffen. In: Edouard Brunner et alt. (Hg.): Einblick in die schweizerische Aussenpolitik, a.a.O., 115–131.

Castelmur, Linus von: Schweizerisch-alliierte Finanzbeziehungen im Übergang vom Zweiten Weltkrieg zum Kalten Krieg. Zürich 1992.

Cerutti, Mauro: Le Tessin, la Suisse et l'Italie de Mussolini. Fascisme et antifascisme au Tessin 1921–1935. Lausanne 1988.

Cerutti, Mauro: Politique ou commerce? Le Conseil fédéral et les relations avec l'Union soviétique au début des annés trente. In: Studien und Quellen, Bd. 7. Bern 1981, 119–143.

Conduri, Michele: Die Chinapolitik Petitpierres. In: NZZ vom 13. 1. 2000.

Cramer, Lucien (Hg.): Correspondance diplomatique de Pictet de Rochemont et de François d'Ivernois, 2 Bde. Genf und Paris 1914.

Delors, Jacques: Déclaration sur les orientations de la Commission des Communautés européennes. Strassburg 17. 1. 1989.

Denes, Ivan: Interview with Swiss State Secretary Edouard Brunner. In: The Atlantic Community Quarterly 25 (1987), 17–23.

Dierauer, Johannes: Geschichte der Schweizerischen Eidgenossenschaft. Bd. 5. Gotha 1922.

Dietrich Schindler: Umstrittene Neutralität. Anerkennung und Kritik in der Kriegs- und Nachkriegszeit. In: Kenneth Angst (Hg.): Der Zweite Weltkrieg und die Schweiz. Zürich 1997, 99–106.

Diplomatische Dokumente der Schweiz. 17 Bde. Bern 1979 ff.

Droz, Numa: Du rôle international de la Suisse. In: Droz, Numa: Etudes et portraits politiques, a.a.O., 31–68.

Droz, Numa: Etudes et portraits politiques. Genf und Paris 1895.

Droz, Numa: G.-F. Hertenstein. In: Etudes et portraits politiques, a.a.O., 243–273.

Droz, Numa: Histoire d'un proscrit de 1793. La-Chaux-de-Fonds 1869.

Droz, Numa: Histoire politique de la Suisse au XIXme siècle. In: Paul Seippel (Hg.).: La Suisse au dix-neuvième siècle. Bd.1. Lausanne u. Bern 1899, 51–378.

Droz, Numa: La démocratie en Suisse et l'initiative populaire. In: Etudes et portraits politiques, a. a. O., 453–483.
Droz, Numa: La démocratie et son avenir. In: Etudes et portraits politiques, a. a. O., 1–36.
Droz, Numa: La réorganisation du conseil fédéral. In: Etudes et portraits politiques, a. a. O., 381–413.
Droz, Numa: La Suisse jugé par un Américain. In: Etudes et portraits politiques, a. a. O., 485–519.
Droz, Numa: Pourquoi je n'ai pas été en Crète. In: Musée neuchâtelois 1931, 199–211.
[EDA-Broschüre:] 1798–1998. Zwei Jahrhunderte Schweizer Aussenvertretungen. [Bern 1998].
Ermatinger, Gerold: Jakob Dubs als schweizerischer Bundesrat 1861 bis 1872. Horgen–Zürich 1933.
Ernst, Franz von: Der Staatsmann. Nachruf vom 23. 1. 1940. In: Giuseppe Motta, a. a. O., 28–30.
Eynard, Jean-Gabriel: Journal au Congrès de Vienne, hg. v. Edouard Chapuisat. Paris und Genf 1914.
Falke, Konrad: Welt-Neutralität. Betrachtungen über die Stellung der Schweiz zum Völkerbund. Zürich 1919.
Favez, Jean-Claude: Une mission impossible? Le CICR, les déportations et les camps de concentration nazis. Lausanne 1988.
Fischer, Thomas: Die guten Dienste des IKRK und der Schweiz in der Kubakrise 1962. In: Schweizerische Zeitschrift für Geschichte 51 (2001), 218–223.
Fleury, Antoine: Max Petitpierre. In: Urs Altermatt (Hg.): Die Schweizer Bundesräte. Zürich und München 1991.
Frei, Daniel: Die Ära Petitpierre, 1945–1961 – Rückblick auf eine Epoche schweizerischer Aussenpolitik. In: Roulet (Hg.): Max Petitpierre, a. a. O., 165–174.
Frei, Daniel: Neutralität – Ideal oder Kalkül? Frauenfeld und Stuttgart 1967.
Fueter, Eduard: Die Schweiz seit 1848. Zürich und Leipzig 1928.
Gehrig–Straube, Christine: Beziehungslose Zeiten. Das schweizerisch-sowjetische Verhältnis zwischen Abbruch und Wiederaufnahme der Beziehungen (1918–1946) aufgrund schweizerischer Akten. Zürich 1997.
Geissbühler, Simon: »Une Suisse neutre ne doit pas être une Suisse morte.« In: Schweizerische Zeitschrift für Geschichte 51 (2001), 535–541.
Geschichtliche Grundbegriffe, hg. v. Otto Brunner, Werner Conze u. Reinhart Koselleck. Bd. 4. Stuttgart 1978.
Greyerz, Th[eodor]: Briefe von Dr. Konrad Kern an seine Brüder aus den Jahren 1845 bis 1870. In: Thurgauische Beiträge zur vaterländischen Geschichte 66 (1929), 183–212.
Haas, Leonhard: Im Spiegel fremder Gesandter in Bern, Januar 1940. In: Giuseppe Motta 1871–1940, a. a. O., 66–86.
Halbrook, Stephen P.: La Suisse encerclée. Avant-propos et conclusion d'Edouard Brunner. Genf 2000.
Hauser, Albert: Die deutschen Integrationspläne 1814 bis 1838 und die Schweiz. In: Neue Zürcher Zeitung Nr. 750 vom 23. 2. 1964.
Hegel, Georg Wilhelm Friedrich: Grundlinien der Philosophie des Rechts. Stuttgart 1970.
Hofer, Walther und Herbert R. Reginbogin: Hitler, der Westen und die Schweiz 1936–1945. Zürich 2001.
Holenstein, Elmar: Kulturphilosophische Perspektiven. Schulbeispiel Schweiz. Frankfurt 1998.

Homberger, Heinrich: Schwerpunkte der schweizerischen Handelspolitik seit dem Zweiten Weltkrieg. In: Roulet (Hg.): Max Petitpierre, a.a.O., 55–67.
Huber, Max: Bundesrat Felix Calonder. In: Ders.: Rückblick und Ausblick, a.a.O., 411–424.
Huber, Max: Denkwürdigkeiten 1907–1924. Zürich 1974.
Huber, Max: Die Schweiz in der Völkergemeinschaft. In: Ders.: Heimat und Tradition. Zürich 1947, 137–165.
Huber, Max: Koexistenz und Gemeinschaft. Völkerrechtliche Erinnerungen aus sechs Jahrzehnten. In: Ders.: Rückblick und Ausblick, a.a.O., 459–481.
Huber, Max: Heimat und Tradition. Zürich 1947.
Huber Max: Rückblick und Ausblick. Zürich 1957.
Huber: Der Schweizer Staatsgedanke. In: Ders.: Heimat und Tradition, a.a.O., 13–34.
Humbert-Droz, Jules: Mottapolitik? Nein! Zürich [1939].
Jacobi, Klaus: Missbrauch Guter Dienste. In: NZZ vom 26. 2. 2001.
Jost, Hans-Ulrich: Europa und die Schweiz 1945–1950. Europarat, Supranationalität und schweizerische Unabhängigkeit. Zürich 1999.
Judet, Ernest: Le secret de la Suisse. Zurich 1919.
Kägi, Werner: Professor Max Huber 1874–1960. In: Zeitschrift für Schweizerisches Recht N.F. 79 (1960), 1–16.
Kaiser, Chantal: Bundesrat Jean-Marie Musy 1919–1934. Freiburg 1999.
Karmin, Otto: Sir François d'Ivernois. Genf 1920.
Kern, J[ohann] C[onrad]: Politische Erinnerungen 1833 bis 1883. Frauenfeld 1887.
Kissinger, Henry: Diplomacy. London 1994.
Long, Olivier: Le dossier secret des Accords d'Evian. Lausanne 1988.
Luchsinger, Fred: Realitäten und Illusionen. NZZ-Leitartikel zur internationalen Politik 1963–1983. Zürich 1983.
Malone, Dumas: Jefferson and His Time. Bd.7. Boston 1981.
Mantovani, Mauro: Schweizerische Sicherheitspolitik im Kalten Krieg (1947–1963). Zwischen angelsächsischem Containment und Neutralitäts-Doktrin. Zürich 1999.
Maresca, John: To Helsinki. The Conference on Security and Cooperation in Europe, 1973–1975. Duke University Press 1985.
Martin, Georges-Henri: Motta, la Société des Nations et la recherche de l'identité suisse. Un témoinage du climat politique des années 1930 à 1940. In: Edouard Brunner et alt. (Hg.): Einblick in die schweizerische Aussenpolitik, a.a.O., 269–289.
Meinecke, Friedrich: Weltbürgertum und Nationalstaat. München und Berlin 1911.
Mestral, Aymon de: Bundesrat Motta. Die Schweiz zwischen zwei Weltkriegen. Bern 1941.
[Metternich, Clemens:] Aus Metternichs nachgelassenen Papieren, hg. von Alfons von Klinkowstroem. 8 Bde. Wien 1880.
Micheli, Pierre: Les grandes lignes de la politique étrangère conduite par M. Max Petitpierre de 1945 à 1961. In: Roulet (Hg.): Max Petitpierre, a.a.O., 33–39.
Möckli, Daniel: Neutralität, Solidarität, Sonderfall. Die Konzeptionierung der schweizerischen Aussenpolitik der Nachkriegszeit, 1943–1947. Zürich 2000, 293 (= Zürcher Beiträge zur Sicherheitspolitik und Konflikforschung 55).
Moser, Peter: Die Schweiz und die integrationspolitische Herausforderung Ende der 80er Jahre: Die EWR-Verhandlungen. In: Thomas Bernauer und Dieter Ruloff /Hg.): Globaler Wandel und schweizerische Aussenpolitik. Chur und Zürich 2000, 267–321.
[Giuseppe Motta:] 1871–1940. Gedenkschrift zu seinem 100. Geburtstag. Hg. von der CVP der Schweiz [O. O., o. J.]. 28–30.

Motta, Giuseppe: Testimonia Temporum, Ausgewählte Reden und Schriften, Bd. 1, 1911–1931. Bellinzona 1931

Motta, Giuseppe: Testimonia Temporum, Ausgewählte Reden und Schriften, Bd. 2, 1932–1936. Bellinzona 1936.

Motta, Giuseppe: Testimonia Temporum, Ausgewählte Reden und Schriften, Bd. 3, 1936–1940. Bellinzona 1941.

Nabholz, Hans: Der Kampf um den Beitritt der Schweiz zum Völkerbund. In: Vom Krieg und vom Frieden. Festschrift der Universität Zürich zum siebzigsten Geburtstag von Max Huber. Zürich 1944, 219–254.

Näf, Werner: Die Epochen der neueren Geschichte, Bd. 2. München 1970.

Neues Handbuch der schweizerischen Aussenpolitik, hg. von Alois Riklin et alt. Bern 1992.

Nicolson, Harold: Diplomacy. Third Edition. London, Oxford, New York 1963.

Peter Vogelsanger: Max Huber. Frauenfeld und Stuttgart 1967

Petitpierre, Max: Ist die Neutralität der Schweiz noch gerechtfertigt? In: Die Schweiz zwischen heute und morgen. Jahrbuch der Neuen Helvetischen Gesellschaft 1963. Bern 1963, 49–64.

[Pictet, Charles, de Rochemont:] De la Suisse, dans l'intérêt de l'Europe. [Paris 1821].

[Pictet, Charles, de Rochemont:] Quelques mots sur les questions intéressantes pour la Suisse et Genève. Paris 1818.

Pictet, Charles, de Rochemont: Tableau de la situation actuelle des Etats-Unis d'Amérique, 2 Bde. Paris 1795/96.

Pictet, Edmond: Charles Pictet de Rochemont. Genf 1892.

Probst, Raymond: Heimschaffung sowjetischer Militärinternierter im Sommer 1945. In: NZZ vom 7. 8. 1995.

Probst, Rudolf: Das Politische Departement 1848–1945. Lizentiatsarbeit. Uni Bern 1982.

Rappard, William E.: L'entrée de la Suisse dans la Société des Nations. Genf 1924.

Rappard, William: La politique de la Suisse dans la Société des Nations, 1920–1925. Genf 1925.

Rappard, William: La Suisse dans la communauté internationale. In: Die Schweiz 1954, ein nationales Jahrbuch. Bern 1954, 3–11.

Rappard, William: Wie Genf Völkerbundsstadt wurde. In: Nord und Süd, Berlin 1924.

Renk, Hansjörg: Bismarcks Konflikt mit der Schweiz. Der Wohlgemuth-Handel von 1889. Basel 1972.

Renk, Hans-Jörg: Der Weg der Schweiz nach Helsinki. Bern, Stuttgart, Wien 1996.

Repertorium der Abschiede der eidgenössischen Tagsatzungen 1814–1848. Bern 1876.

Reynold, Gonzague de: Mes mémoires, Bd. 3. Genf 1962.

Riklin, Alois: Die Neutralität der Schweiz. In: Ders. et alt. (Hg.): Neues Handbuch der schweizerischen Aussenpolitik. Bern 1992, 191–202.

Robert, Samuel: Numa Droz, Un grand homme d'Etat 1844–1899. Neuchâtel und Paris 1944.

Roethlisberger, Ernest: Le Rôle international de la Suisse. In: Paul Seippel (Hg.): La Suisse, Lausanne 1899, 517–572.

Roth, Simon (Hg.): René de Weck: Journal de guerre (1939–1945). Un diplomate suisse à Bucarest. Société d'histoire de la Suisse romande. 4ème série, t. 4, 2001.

Roulet, Louis-Edouard (Hg.): Max Petitpierre. 16 ans de neutralité active. Neuenburg 1980.

Ruegger, Paul: [Motta] in der Erinnerung eines engen Mitarbeiters. In: Giusepppe Motta 1871–1940, a. a. O., 34–40.

Ruegger, Paul: Max Huber. Zum Erscheinen seiner »Denkwürdigkeiten 1907–1924« anlässlich seines 100. Geburtstages. In: Schweizer Monatshefte 54 (1974/75), Sonderheft, 1–23.
Ruegger, Paul: Retour à la tradition dans la politique suisse en matière de règlement de différends. In: Edouard Brunner et alt. (Hg.): Einblick in die schweizerische Aussenpolitik, a. a. O., 323–332.
Ruffieux, Roland: La Suisse de l'entre-deux-guerres. Lausanne 1974.
Salis, Jean Rudolf von: Der Intellektuelle und die Politik. Carl Spittelers Rede »Unser Schweizer Standpunkt«. In: Neue Zürcher Zeitung vom 10. 1. 1965 (= Beilage Literatur und Kunst).
Salis, Jean Rudolf von: Giuseppe Motta. Dreissig Jahre eidgenössische Politik. Zürich 1941.
Schaller, André: Schweizer Neutralität im West-Ost-Handel: das Hotz-Linder-Agreement vom 23. Juli 1951. Bern und Stuttgart 1987.
Schmitt, Carl: Das neue Vae Neutris! In: Völkerbund und Völkerrecht, Bd. 4 (1937/38), 633–38.
Schmitz, Markus und Bernd Haunfelder: Humanität und Diplomatie. Die Schweiz in Köln 1940–1949. Münster 2001.
Schneider, Gerald: Vom Sonderfall zum Normalfall. Eine Einführung in die Aussenpolitik der Schweiz. Zürich 1998.
Schnur, Aviva: Die Golfkrise. In: Thomas Bernauer und Dieter Ruloff (Hg.): Globaler Wandel und schweizerische Aussenpolitik. Chur und Zürich 2000, 209–266.
Schnyder-Seidel, Barbara: Goethes letzte Schweizer Reise. Frankfurt 1980.
Schoop, Albert: Der Berlinger Bürger und seine Leistung. In: Johann Konrad Kern. Gedenkfeier zum 100. Todestag. Sonderdruck aus: Thurgauer Beiträge zur Geschichte 125 (1988), 20–27.
Schoop, Albert: Johann Konrad Kern, 2 Bde. Frauenfeld und Stuttgart 1968 u. 1974.
Schürch, Ernst: Um die Würdigung Mottas. In: Schweizer Monatshefte 25 (1945/46), 176–183.
Schwarb, Marius: Die Mission der Schweiz in Korea. Ein Beitrag zur Geschichte der schweizerischen Aussenpolitik im Kalten Krieg. Bern 1986.
Schweizer, Paul: Ideen über eine Friedensvermittlung der neutralen Staaten. In: NZZ Nr. 209 vom 9. 2. 1916 u. Nr. 215 vom 10. 2. 1916.
Schweizerisches Bundesarchiv: Einzelne ungedruckte Quellen zu Motta und Petitpierre.
Shultz, George P.: Turmoil and Triumph. My Years as Secretary of State. New York 1993.
Soland, Rolf: Zwischen Proletariern und Potentaten. Bundesrat Heinrich Häberlin 1868–1947 und seine Tagebücher. Zürich 1997.
Sonderegger, René: Motta – Diplomat der Kurie. Zürich 1936 (= Kulturpolitische Schriften 10).
Spiel, Hilde (Hg.): Der Wiener Kongress in Augenzeugenberichten. München 1978.
Spitteler, Carl: Unser Schweizer Standpunkt. In: Werke Bd. 8, Zürich 1947, 577–594.
Spitteler, Carl: Vom »Volk«. In: Werke, a. a. O., Bd. 8, 561–575.
Sprecher, Daniel: Generalstabschef Theophil Sprecher von Bernegg. Eine kritische Biographie. Zürich 2000.
Stauffer, Paul: »Sechs furchtbare Jahre ...« Auf den Spuren Carl J. Burckhardts durch den Zweiten Weltkrieg. Zürich 1998.
Stauffer, Paul: Carl J. Burckhardt. Zwischen Hofmannsthal und Hitler. Zürich 1991.
Steffen, Theres: Gegensätzliche Partner – Die Beziehungen Schweiz – Sowjetunion 1946–1956. In: Studien und Quellen, Bd. 21. Bern 1995, 45–91.
Stenographisches Bulletin des Ständerates.

Stern, Alfred: Aus den Gesandtschaftsberichten von Johann Konrad Kern, Paris 1870, 1871. In: Schweizer Monatshefte 5 (1925/26), 274–285 u. 360–369.

Stettler, Peter: Das aussenpolitische Bewusstsein in der Schweiz (1920 – 1930). Zürich 1969.

Stucki, Walter: Das Abkommen von Washington und die deutschen Vermögenswerte in der Schweiz. In: Die Schweiz. Jahrbuch der Neuen Helvetischen Gesellschaft 1950. [O. O.] 1950, 137–143.

Tanner, Jakob: Grundlinien der schweizerischen Aussenpolitik seit 1945. Arbeitspapier der Schweizerischen Friedensstiftung Nr. 16. Bern 1993.

Thatcher, Margaret: The Downing Street Years. New York 1993.

Tocqueville, Alexis de: Über die Demokratie in Amerika. München 1976.

von Tscharner, Benedikt: CH – CD. Schweizer Diplomatie – heute. Zürich 1993.

Unabhängige Expertenkommission Schweiz – Zweiter Weltkrieg: Die Schweiz, der Nationalsozialismus und der Zweite Weltkrieg. Schlussbericht. Zürich 2002.

Weber, Max: Zwischen zwei Gesetzen (1916). In: Schriften und Reden I/15. Tübingen 1988.

Weitnauer, Albert: Rechenschaft. Vierzig Jahre im Dienst des schweizerischen Staates. Zürich und München 1981.

Widmer, Paul: Die Schweizer Gesandtschaft in Berlin. Zürich 1997.

Widmer, Paul: Verspekuliert. Bismarck und die Schweiz. In: NZZ vom 31. 12. 1998.

Wolf, Walter: Walther Bringolf. Eine Biographie. Schaffhausen 1995.

Wüst, René-Henri: Max Petitpierre parle. Série d'entretiens parus dans la »Tribune de Genève« du 4 juin au 11 juillet 1980.

Wyder, Rudolf: Die Schweiz und der Europarat 1949–1971. Bern u. Stuttgart 1984.

Wylie, Neville: Pilet-Golaz and the Making of Swiss Foreign Policy: Some Remarks. In: Schweizerische Zeitschrift für Geschichte 47 (1997), 608–620.

Zala, Sacha: Gebändigte Geschichte. Amtliche Historiographie und ihr Malaise mit der Geschichte der Neutralität 1945–1961. Bern 1998 (= Bundesarchiv Dossier 7).

Zehnder, Alfred: Die aussenpolitische Lage der Schweiz am Endes des Zweiten Weltkrieges. In: Louis-Edouard Roulet (Hg.): Max Petitpierre. Seize ans de neutralité active. Neuenburg 1980, 13–32.

Personenregister

Adenauer, Konrad 362
Adolf, König Gustav 26
Ador, Gustave 160, 172, 186, 190, 192 f, 195, 205 ff., 209, 213, 223, 265, 280
Albert von Savoyen, König 29
Alexander I., Zar 42, 44 f., 48, 53 f., 56, 62, 64, 84, 92
Alexander II., Zar 128, 149, 162
Alfonsin, Raul 409
Alphand, Charles-Hervé 273, 283, 297
Altermatt, Urs 366, 399
Anderwert, Fridolin 141
Andreazzi, Agostina 241
Andropow, Jurij 387
Arx, Ildefons von 13
Aubert, Jean-François 143
Aubert, Pierre 375, 391, 399, 400
Aziz, Tarek 408 f.

Bachmann, Niklaus Franz von 69
Badinter, Robert 390
Baker, James 408
Bär, Roger 378
Barman, Joseph-Hyacinthe 112
Baumgartner, Gallus Jakob 100
Bavier, Simeon 146
Beauharnais, Hortense de 104
Béguin, Pierre 273
Benesch, Eduard 250, 258
Bernstein, Eduard 164
Bindschedler, Rudolf 200, 382 ff., 389 ff.
Bismarck, Otto Fürst von 25, 98, 110 f., 120 f., 125 ff., 161, 163 ff.
Blankart, Franz 395
Bluntschli, Johann Caspar 72, 134, 136
Bohnenblust, Gottfried 224
Bonald, Louis de 71 f., 77
Bonjour, Edgar 93, 221
Bonstetten, Karl Viktor von 42, 45
Borel, Alfred 375

Borel, Eugène 143
Boutros-Ghali, Boutros 376
Bracher, Hans 308
Bräker, Ulrich 52
Bretscher, Willy 181, 186, 238
Bringolf, Walther 299, 304, 308 f.
Broger, Raymond 309
Brousse, Paul 162
Bruggmann, Karl 329, 350
Brunner, Alfred 371 f.
Brunner- Sgourdeos, Dora 372
Brunner, Edouard 8 f., 13, 369 ff., 385 ff., 391 ff., 399 ff., 418
Brunner, Miriam 373
Bryner, Boris 342
Brynner, Yul 342
Brynstein, Jakob 162
Budé, Auguste Saladin de 44
Burckhardt, Carl J. 187, 195, 251, 305
Burckhardt, Jacob 14, 227, 237
Bush, George 376, 408
Bush, George W. 403
Bütler, Hugo 392

Caflisch, Luzius 200, 390
Cahn, Wilhelm 113, 126
Calonder, Felix 7, 160, 172, 186 f., 189, 192 f., 197, 205, 207, 211 f., 214 f., 227, 233, 251, 291
Campiche, Samuel 378, 385, 392
Canning, Sir Stradford 56, 58 f., 67
Capo d'Istria, Johannes Anton Graf 56 ff., 66 f., 86
Carlin, Gaston 178
Carter, Jimmy 392
Castlereagh, Lord 50 f., 54, 58
Castro, Fidel 404
Ceausescu, Nicolae 382
Cecil, Lord Robert 205
Chamberlain, Neville 256
Chruschtschow, Nikita Sergejewitsch 335

Churchill, Winston 285, 301, 306 f., 317, 356, 368
Claparède, Alfred de 155
Clemenceau, Georges 233 f., 290
Comtesse, Robert 156
Cotta, Johann Friedrich 55
Cotti, Flavio 156, 412
Coxe, William 54
Cramer, Lucien 192 f.
Currie, Laughlin 311 ff.
Cuttat, Jacques-Albert 307

Daladier, Édouard 256
Dalberg, Freiherr Joseph von 59
Däniker, Armin 338
Dardel, Otto de 262
Decoppet, Camille 221, 222
Deiss, Joseph 365
Delolme, Jean-Louis 40
Delors, Jacques 396
Delpech, Marcello 410
Des Arts, Joseph 44, 80
Deucher, Adolf 140, 159, 168
Dinichert, Paul 251, 294, 295
Droz, Numa 89, 114, 139, 141 ff., 171 ff., 187, 197, 203 f., 210, 233, 302 f., 418
Druey, Henry 29, 100, 134
Drummond, Sir Eric 247
Dubs, Jakob 118, 120, 141
Dufour, Henri Guillaume 83, 100, 105 f., 108 ff., 117, 131
Dulles, John Foster 364 f.
Dunant, Henry 131, 196, 324
Dunant Alphonse 202, 206
Dunkel, Arthur 354
Dupont de Nemours, Pierre-Samuel 41
Dürrenmatt, Ulrich 176

Eden, Sir Robert Anthony 335
Egli, Karl 183, 191 f., 279
Eisenhower, Dwight David 335, 364
Eizenstat, Stuart E. 28, 432
Elisabeth, Kaiserin von Österreich 161, 178
Ender, Otto 290
Ernst, Franz von 434
Escher, Alfred 99, 102 f., 118
Eynard, Jean-Gabriel 47, 50 f., 57, 60

Falke, Konrad (d. i. Karl Frey) 223
Favre, Jules 114, 126
Fazy, James 108, 115
Felber, René 368, 371, 375, 401, 417
Feldmann, Markus 308, 337
Fellenberg, Philipp Emanuel 37, 39, 42, 44, 56
Feller, Harald 341 ff.
Feyler, Fernand 262
Finlay, Lord 193
Fischer, Jakob 164, 167
Fisher Williams, John 28
Fleiner, Fritz 251
Flückiger, Hermann 340, 345
Flüe, Niklaus von 197, 260
Fornerod, Constant 119
Forrer, Ludwig 159, 198
Franco, Bahamonde Francisco 272, 284 ff., 399
Franz I., Kaiser von Österreich 64, 94
Frei, Daniel 366
Frey, Alfred 202
Frey, Emil 29
Freyenmuth, Johann Konrad 98
Frey-Hérosé, Friedrich 22, 118, 140
Freytagh-Loringhoven, Freiherr von 295
Friedrich Wilhelm IV., König 108 ff.
Frölicher, Hans 251, 287 f., 378
Fueter, Eduard 174, 190
Furgler, Kurt 406 ff.
Furrer, Jonas 99, 118

Ganz, Roy 344
Gaulle, Charles de 304, 338, 353, 355
Georg IV, König 40
Giolitti, Giovanni 279
Goebbels, Joseph 256
Goethe, Johann Wolfgang von 12, 185
Gonzenbach, August von 140
Gorbatschow, Michail 376, 392, 406 f.
Graber, Pierre 309, 399
Graffina, Gustavo 178
Gräflein, Johann Melchior 98
Grimm, Robert 184, 278, 298
Gromyko, Andrei 407

Haab, Robert 194, 291
Häberlin, Heinrich 248, 256 f., 269, 279
Haig, Al 411
Halbrook, Stephen 379
Halm, Fritz 354
Hammarskjöld, Dag 333, 337 f.
Hammer, Bernhard 121, 141, 146
Haunfelder, Bernd 324
Heer, Joachim 101, 140, 141, 146
Hegel, Georg Wilhelm Friedrich 175
Hegner, Anton 374, 399
Hertenstein, Wilhelm Friedrich 153
Hilty, Carl 224
Hitler, Adolf 31, 257, 273, 275, 292, 295, 306, 390
Hobbes, Thomas 227
Hofer, Walther 262
Hoffmann, Arthur 159, 184, 192, 226, 246, 250, 275, 279, 280, 338
Holenstein, Elmar 260
Homberger, Heinrich 352 ff.
House, Edward 201
Huber-Escher, Emma 187
Huber, Eugen 212
Huber, Max 7 ff., 15, 19, 27, 33, 136, 178, 181, 185 ff., 224 ff., 229 ff., 235, 237 f., 240, 247, 251, 260, 295, 383, 418
Huber, Peter Emil 186
Humbert-Droz, Julesv249
Humboldt, Wilhelm von 59

Ivernois, François d' 50 f., 54, 58 f., 65

Jacob Salomon, Berthold 293 ff., 298
Jacobi, Klaus 370 f., 408 f.
Jacobi, Titi 371
Jagmetti, Carlo 378
Jefferson, Thomas 36, 41 f.
Johann, Erzherzog von Österreich 63, 66, 90
Jolles, Paul 356
Jomini, Antoine-Henri 53, 71

Kägi, Werner 209
Kampelmann, Max 392
Karl VI., König 21
Karl, Erzherzog von Österreich 55, 66
Kellenberg, Jakob 395

Keller, Gottfried 223
Keller, Paul 352
Kennedy, John Fitzgerald 404
Kerenski, Alexander 184
Kern, Johann Konrad 8, 15, 19, 22, 30, 96 ff., 110 ff., 123 ff., 145 f., 155, 173, 378
Kern, Johann Martin 101
Kern-Freyenmuth, Aline 98 f., 113, 132
Keusch, Jean-Pierre 410
Kimmit, Robert 376
Kissinger, Henry 10, 233, 235
Klöti, Emil 297
Knesebeck, Karl Friedrich Freiherr von 52
Kobelt, Karl 329
Kondratschow, Sergei 387
Kotschetow, Genadi 341, 343 f.
Kreisky, Bruno 250, 398
Kropotkin, Fürst 162
Künzli, Arnold 178

Lachenal, Adrien 178
Laharpe, Frédéric César de 37, 48, 53 f., 59, 62, 71, 77
Lange, Halvard 357
Lardy, Charles 113 f., 146, 155, 178, 212
Latour, Theodor Graf Baillet 102
Lavater, Johann Caspar 12
Lebzeltern, Ludwig von 55
Leopold, Prinz 124
Ligne, Fürst Karl Josef von 55
Lindt, August 378, 404
Litwinow, Maxim 263, 275
Lloyd George, David 234
Long, Olivier 16, 339, 354
Louis-Philippe, König 71, 105 f., 162
Luccheni, Luigi 161
Luchsinger, Fred 389
Ludwig XVIII., König 42, 47, 69
Lullin, Ami 41, 43, 94
Lullin, Anna 50
Lutz, Balthasar Anton 165

Mac-Mahon, Patrice Maurice de 132
Madison, James 175
Malleville, Léon de 51
Manz, Johannes 406
Manzoni, Alessandro 247
Mao Zedong 345 f.

Maresca, John 388
Marshall, George 132, 321, 351
Martin, William 247, 291
Maurice, Frédéric-Guillaume 39
McCrackan, W. D. 151, 171, 175
Meier, Max 342 ff.
Mendès-France, Pierre 338
Mercier, Philipp 101
Mestral, Aymon de 244
Metternich, Klemens Wenzel Fürst von 25, 52 ff., 59 f., 62, 64, 66 f., 79, 92, 169, 248, 423
Micheli, Pierre 326
Minger, Rudolf 236
Mitterrand, François 393
Molotow, Wjatscheslaw 335, 342
Monod, Henri 46
Montenach, Jean de 59
Morse, Jedidiah 38
Motta, Giuseppe 7, 9, 160, 181, 184, 186, 193 f., 199, 209, 222, 227, 229 f., 233, 235 ff., 240 ff., 291 ff., 308, 339, 367, 372, 432
Moynier, Gustave 131
Muggli, Arnold 363
Mülinen, Friedrich von 46
Müller, Eduard 121, 178, 209
Müller, Johannes von 24
Mussolini, Benito 256 f., 269, 279 ff., 287, 299, 378
Musy, Jean-Marie 291

Näf, Werner 234 f.
Napoleon I. 26 f., 40 f., 43 ff., 52, 56, 59, 62 f., 65, 71, 73, 83, 169, 398
Napoleon III., Louis 30 f., 85, 104 f., 107 ff., 124, 131, 162, 167
Nasser, Gamal Abd al 326
Naumann, Friedrich 175
Naville, François André 39
Nef, Max 336
Nehru, Dschawaharlal 326
Neurath, Konstantin von 256
Nicole, Léon 297, 340
Nicolson, Sir Harold 234
Nixon, Richard 393 f.
Nobs, Ernst 230, 313
Nowikow, Wladimir 341 ff.

Obrecht, Hermann 364
Oeri, Albert 231
Ogi, Adolf 377, 378
Oprecht, Hans 313

Palme, Olaf 398
Perez de Cuellar, Javier 376, 411
Pestalozzi, Johann Heinrich 37, 42, 44, 99
Petitpierre, Gilles 358
Petitpierre, Max 8 f., 19, 33, 156, 275, 301 ff., 313, 325 ff., 330, 332 f., 335 ff., 418
Piaget, Arthur 168
Pictet de Rochemont, Adélaïde-Sara 38, 43
Pictet de Rochemont, Amélie 43, 76
Pictet de Rochemont, Charles 8, 13, 15, 32, 36 ff., 53 ff., 117, 122 f., 126, 147, 192, 396, 418
Pictet, François 410
Pictet, Marc-Auguste 39
Pilet-Golaz, Marcel 275, 298, 303 f., 324, 339, 344, 346
Pinay, Antoine 335
Pioda, Giovanni Battista 146
Planta, Alfred von 212
Planta, Martin 37
Powell-Jones, John E. 409 f.
Probst, Raymond 200, 340, 370, 374, 400, 405
Pury, David de 395
Puttkammer, Robert von 164

Rappard, William 7, 185, 201 f., 212 f., 236, 264 f., 272, 316
Raynal, François 12
Reagan, Ronald 392, 406 f., 411
Real, Fritz 334
Reding, Alois von 46
Reichstadt, Herzog von 105
Reinhard, Hans von 37, 59, 61
Renan, Ernest 12, 174
Rengger, Albrecht 58
Renk, Hans-Jürg 385
Respini, Gioachimo 241
Reynold, Gonzague de 231, 257, 291 f.
Rezzonico, Clemente 332, 346

Richelieu, Herzog Armand-Emauel de 42, 57, 66
Ritter, Paul 183 f., 226
Rittinghausen, Moritz 175
Rochemont, Ami de 38
Rochemont, François de 38
Roethlisberger, Ernest 171
Roosevelt, Franklin D. 310 f., 317
Roosevelt, Theodor 189
Rossi, Luigi 241
Rossi, Pellegrino 100,
Roth, Arnold 155, 165 f., 168, 178
Rothmund, Heinrich 276
Rougemont, Antoinette de 302
Rougemont, Denis de 356
Rousseau, Jean-Jacques 36, 80, 202
Ruchonnet, Louis 172
Ruegger, Paul 188, 195, 200, 260, 306
Rüfenacht, Hermann 274
Ruffieux, Roland 231
Rusk, Dean 404

Saint-Saphorin, François Louis de 20
Salis, Jean Rudolf von 225 f., 244, 256, 280, 289
Savigny, Carl von 98
Schaffner, Hans 355, 395
Schenk, Blaise 385
Schenk, Carl 113, 128 f., 141, 158 f.
Scherrer-Füllemann, Joseph Anton 212
Scheurer, Karl 235 f., 248, 265, 269, 279 f.
Schewardnadse, Eduard 376
Schmid von Schwarzenhorn, Johann Rudolf 21
Schmitt, Carl 28
Schmitz, Markus 234
Schobinger, Josef Anton 242
Schoop, Albert 96, 105, 114
Schulthess, Edmund 209, 235, 246, 274, 291, 390
Schuman, Robert 354
Schürch, Ernst 248, 299
Schweizer, Paul 182 f.
Sébastiani, Horace François Bastien 71, 81 ff.
Segesser, Philipp Anton von 176
Selassie, Kaiser Haile 280 ff.
Shultz, George 407

Singer, Paul 164 f.
Sonderegger, René 244
Spaak, Paul-Henri 250, 350, 356, 364
Speiser, Ernst 324
Spitteler, Carl 220, 224 ff.
Sprecher, Theophil von 122, 190 f., 220 ff., 230 f., 279
St. Pierre, Abbé de 80
Stadelhofer, Hans 404
Staël, Madam de 40, 49, 73
Stalin, Jossif Wissarionowitsch 273, 317, 387
Stämpfli, Jakob 115, 118
Stampfli, Walther 312
Steiger, Eduard von 307 f., 310
Stein, Karl Freiherr zum 44, 59, 91
Stewart, Lord William 54, 58 f.
Streng, Johann Baptist von 98
Streuli, Hans 307
Stucki, Walter 304 ff., 311 ff., 322, 339 f., 343, 363
Sukarno, Achmed 326
Suttner, Bertha von 189

Talleyrand, Charles Maurice de 41, 48, 50, 55, 57 ff., 66, 84, 379, 413
Tallichet, Edouard 147 ff.
Tschou En-lai 333
Thalmann, Ernesto 399
Thatcher, Margaret 409, 411
Thiers, Adolphe 126 f.
Thomas, David 410
Thouvenel, Edouard 117
Tito, Josip 326, 328
Tocqueville, Alexis de 175
Treitschke, Heinrich von 175
Troxler, Ignaz Paul Vital 100
Truman, Harry S. 325
Tscharner, Benedikt von 378
Tschiang Kai-schek 345 f.
Turrettini, Albert 44, 61, 69, 84, 94

Usteri, Emil 185
Usteri, Paul 230, 253

Vattel, Emer de 21, 126
Villiger, Kaspar 371
Vincent, John C. 323

Viviani, René-Raphael 264 f.
Vogelsanger, Peter 237

Wagnière, Georges 279, 378
Wahlen, Friedrich Traugott 309, 336 f., 358
Wallenberg, Raoul 342, 344
Walther, Heinrich 246
Washington, George 23
Wattenwyl, Moritz von 183, 191 f., 279
Wattenwyl, Niklaus Rudolf von 64
Weber, Max 14
Weinberger, Caspar 411
Weiss, Franz Rudolph von 362
Weitnauer, Albert 24, 35, 304, 354, 370, 378, 398 ff.
Wellington, Arthur Wellersley Herzog von 54, 58
Welti, Emil 113, 120, 141

Werdmüller, Anna Marie 186
Wessenberg, Freiherr Johann Philipp von 47 f., 55, 59, 66, 101 f.
Wey, Max 304
Wicharew, Alexander 341 ff.
Wieland, Johann Heinrich 59, 71
Wilhelm I., Kaiser 128, 164, 124, 131
Wilhelm II., Kaiser 23, 167 f.
Wille, Ulrich 148. 186. 190 ff., 219, 230
Wilson, Woodrow 16, 27 f., 122, 183, 192, 201 f., 206, 211, 213 f., 233 f., 236, 266
Wirz, Adalbert 201
Wohlgemuth 165 ff.
Wyss, David von 56, 80

Zeerleder, Ludwig 58
Zehnder, Alfred 305, 308, 313, 325, 342 f., 348
Zellweger, Eduard 344